中国近代法学经典

民律释义
MinlüShiyi

邵 义／著

王志华／勘校

北京大学出版社

图书在版编目(CIP)数据

民律释义/邵义著;王志华勘校.—北京:北京大学出版社,2008.6
(中国近代法学经典)
ISBN 978-7-301-13900-4

Ⅰ.民… Ⅱ.①邵… ②王… Ⅲ.民法－中国－近代 Ⅳ.D923.02

中国版本图书馆 CIP 数据核字(2008)第 077825 号

书　　　名：民律释义
著作责任者：邵　义　著　王志华　勘校
责　任　编　辑：孙战营
标　准　书　号：ISBN 978-7-301-13900-4/D·2068
出　版　发　行：北京大学出版社
地　　　址：北京市海淀区成府路 205 号　100871
网　　　址：http://www.pup.cn　电子邮箱：law@pup.pku.edu.cn
电　　　话：邮购部 62752015　发行部 62750672　编辑部 62752027
　　　　　　出版部 62754962
印　刷　者：北京汇林印务有限公司
经　销　者：新华书店
　　　　　　650 毫米×980 毫米　16 开本　37 印张　568 千字
　　　　　　2008 年 6 月第 1 版　2008 年 6 月第 1 次印刷
定　　　价：59.00 元

未经许可,不得以任何方式复制或抄袭本书之部分或全部内容。
版权所有,侵权必究
举报电话：010-62752024　电子邮箱：fd@pup.pku.edu.cn

《中国近代法学丛书》序

近三十年来,中国法学繁荣发展,硕果累累。然学术理论的发展必以前人的积累为基础,不能凭空杜撰。中国近代西方法律制度的引入和学理探讨,便是今日法学繁荣的前提条件之一。

中国传统法律文化源远流长,但在近代以前,与西方传统迥然有别。罗马私法是近现代西方法律制度的源头,其规则来源于各部落和社会各阶层的利益平衡,并以公平正义为价值取向,因此,民法即私法极为发达,公法殊少规范。而近代公法的发展,也以保障私权利的实现为目标,强调私法优位。中国的法律传统却与罗马法截然相反,制定法几乎均为公法规范,而没有民事制定法,在公私法的制定上,与罗马法刚好形成正相对立的两极。其价值取向以统治为目的,公平正义只有在不危及统治时才会予以考虑。而在法律渊源上,也只有君主立法,法自君出,与普通民众无关,崇君权而抑民权,这也就是几千年的中国只有"王法"而无"民法"的原因所在。传统律学只局限于对"刑律"条文的解释,具有人文主义精神的士大夫,也只能在如何减轻酷刑上下工夫。因此,法律文化的历史虽然久远,却不能创造出具有符合人类社会发展与合作精神的社会规则。

近代西风东渐,乃中国几千年来未有之大变局。太阳从西方升起,真理之光透过弥漫的硝烟,照临东方这片古老的灰暗土地,与此同时,自由之风徐徐吹来。中国迎来了一个有可能自由发展的时代。这也是中国第一个立法和法学繁荣发展的时代。

中国近代法制始于20世纪初满清末期的变法修律,至20世纪30年代国民政府完成六法全书的编纂,一个西方式的近代化的法律体系基本确立。与此同时,对立法的解释和学理的探讨,也取得了丰硕的成果,一大批著名法学家撰写了学术水平很高的法学著作,从而奠定了中国的近现代法学理论基础。但这一法律近代化进程在20世纪50年代戛然而止,中国全面倒向苏联,废除旧法统和六法全书。由于各种原因,按照苏联模式建立

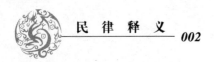

中国自己法律体系的努力并不成功。直到20世纪70年代末，可以说中国的法学有近三十年的时间等于空白。那些在20世纪30年代至40年代崭露头角的法学家，在这一时期也许没有停止思考，但却停止了创作。这一时期，法学理论不仅没有得到发展，而且还出现了断代。

正因如此，近代法学理论对20世纪80年代以后的中国法学发展便有了特别重要的意义。首先，中国近代法学是现代法的理论渊源，因为在传统法文化中寻找不到依据，我们无法追溯得更远。在百年历史进程中，中国移植西方法的足迹清晰可辨，其得失成败都可为我们的未来发展提供历史与现实的借鉴。其次，由于近代是中国历史上绝无仅有的一段舆论自由时期，思想之花竞相绽放，各种法学观点得以尽情发挥，在学术上也达到很高的水平，具有相当高的学术价值。再次，法律移植不能无视传统文化的影响，新制度对旧传统的改造当然不能一蹴而就。中国近代法学理论与实践的探索，对于今天中国法学克服传统消极因素影响，确定未来发展方向，仍然具有现实借鉴意义。

实际上，近代法学理论的价值和作用，现实已给予了充分肯定的回答。20世纪90年代以后，许多近代法学理论著作得以再版，为改革开放以后的中国法学发展提供了理论基础。但是，中国近代法学理论宝库极为丰富，至今仍有一些有价值的法学著作未能面世。因此之故，北京大学出版社选择部分近代法学著作予以再版，以飨读者，既可为新时期的法学发展提供理论支持，亦可免遗珠之憾。另启：因本套丛书原书出版年代久远，作者早已作古。如有人对本套丛书存有疑义，请直接与勘校者联系。

是为序。

王志华
2008年4月25日于中国政法大学

勘校说明

一、本书原分上、下两卷,民国六年二月上海中华书局出版发行。本勘校本将两卷合为一卷,目录也作了相应调整。

二、著者邵义,曾为日本法科留学生,参与1907—1909年由上海商务总会等发起组织的《中国商事习惯调查案理由书》的编辑事宜,宣统三年二月(1911年3月)与他人发起成立《法政杂志社》。

三、本书原本民律条文顶格起行,释义内容首行缩进,现将条文排为黑体字,释义内容为宋体,以示区别。

四、原书为竖排本,改为现在的横排本时,"左开"、"如左"等用语,也相应改为"下列"、"如下"等等。

五、原书繁体字一律改为简体。也有些字与现代用法不尽相同,如"藉"只在用于"借口"之意时才改为"借",其他词语均保留原用法不变。

六、原书标点均为"。",由勘校者一律改为新标点。在断句上,也根据现代汉语习惯有所调整。

七、本书原有国家译名全部改为新译,如"义大利"改为"意大利","和蘭"改为"荷兰";人名也改为现代习惯译法,如"遮诺"改译为"芝诺"等。

八、一些词的用法在汉语演进过程中发生变异,本书在勘校时作了相应调整,如"幕书"改为"背书"等。还有一些字的用法发生变化,如"折衷"改为"折中"等。

九、本书为勘校本,对原书未作任何内容上的改动,只对有些明显的错误之处作了勘误,如"债权""债务"之误等。

勘校者识
2008年1月

目　录

卷　上

第一编　总则 …………………………………………………… 003
　第一章　法例 …………………………………………………… 003
　第二章　人 ……………………………………………………… 005
　　第一节　权利能力 …………………………………………… 005
　　第二节　行为能力 …………………………………………… 006
　　第三节　责任能力 …………………………………………… 018
　　第四节　住址 ………………………………………………… 019
　　第五节　人格保护 …………………………………………… 022
　　第六节　死亡宣告 …………………………………………… 024
　第三章　法人 …………………………………………………… 026
　　第一节　通则 ………………………………………………… 026
　　第二节　社团法人 …………………………………………… 029
　　第三节　财团法人 …………………………………………… 066
　第四章　物 ……………………………………………………… 077
　第五章　法律行为 ……………………………………………… 085
　　第一节　意思表示 …………………………………………… 086
　　第二节　契约 ………………………………………………… 102
　　第三节　代理 ………………………………………………… 109
　　第四节　条件及期限 ………………………………………… 123

第五节　无效、撤销及同意 ……………………………… 127
　第六章　期间及期日 ………………………………………… 134
　第七章　时效 ………………………………………………… 137
　　　第一节　通则 …………………………………………… 137
　　　第二节　取得时效 ……………………………………… 144
　　　第三节　消灭时效 ……………………………………… 145
　第八章　权利之行使及担保 ………………………………… 148
第二编　债权 …………………………………………………… 152
　第一章　通则 ………………………………………………… 152
　　　第一节　债权之标的 …………………………………… 152
　　　第二节　债权之效力 …………………………………… 160
　　　第三节　债权之让与 …………………………………… 182
　　　第四节　债务之承任 …………………………………… 189
　　　第五节　债权之消灭 …………………………………… 192
　　　第六节　多数债权人及债务人 ………………………… 211
　第二章　契约 ………………………………………………… 222
　　　第一节　通则 …………………………………………… 222
　　　第二节　买卖 …………………………………………… 236
　　　第三节　互易 …………………………………………… 253
　　　第四节　赠与 …………………………………………… 254
　　　第五节　使用赁贷借 …………………………………… 258
　　　第六节　用益赁贷借 …………………………………… 270
　　　第七节　使用贷借 ……………………………………… 274
　　　第八节　消费贷借 ……………………………………… 276
　　　第九节　雇佣 …………………………………………… 278
　　　第十节　承揽 …………………………………………… 282
　　　第十一节　居间 ………………………………………… 289
　　　第十二节　委任 ………………………………………… 291
　　　第十三节　寄托 ………………………………………… 295
　　　第十四节　合伙 ………………………………………… 299

第十五节　隐名合伙 ………………………………… 309
　　第十六节　终身定期金契约 ………………………… 311
　　第十七节　博戏及赌事 ……………………………… 313
　　第十八节　和解 ……………………………………… 314
　　第十九节　债务约束及债务认诺 …………………… 315
　　第二十节　保证 ……………………………………… 316
第三章　广告 …………………………………………………… 321
第四章　发行指示证券 ………………………………………… 324
第五章　发行无记名证券 ……………………………………… 328
第六章　管理事务 ……………………………………………… 333
第七章　不当利得 ……………………………………………… 336
第八章　侵权行为 ……………………………………………… 341

卷　下

第三编　物权 …………………………………………………… 351
　第一章　通则 ………………………………………………… 352
　第二章　所有权 ……………………………………………… 356
　　第一节　通则 ………………………………………… 356
　　第二节　不动产所有权 ……………………………… 358
　　第三节　动产所有权 ………………………………… 370
　　第四节　共有 ………………………………………… 376
　第三章　地上权 ……………………………………………… 385
　第四章　永佃权 ……………………………………………… 391
　第五章　地役权 ……………………………………………… 396
　第六章　担保物权 …………………………………………… 403
　　第一节　通则 ………………………………………… 403
　　第二节　抵押权 ……………………………………… 407
　　第三节　土地债务 …………………………………… 424

第四节　不动产质权 ·················· 428
　　第五节　动产质权 ···················· 433
第七章　占有 ···························· 449
第四编　亲属 ································ 469
第一章　通则 ···························· 470
第二章　家制 ···························· 478
　　第一节　总则 ························ 478
　　第二节　家长及家属 ·················· 479
第三章　婚姻 ···························· 483
　　第一节　婚姻之要件 ·················· 484
　　第二节　婚姻之无效及撤销 ············ 487
　　第三节　婚姻之效力 ·················· 492
　　第四节　离婚 ························ 494
第四章　亲子 ···························· 500
　　第一节　亲权 ························ 500
　　第二节　嫡子 ························ 503
　　第三节　庶子 ························ 506
　　第四节　嗣子 ························ 507
　　第五节　私生子 ······················ 515
第五章　监护 ···························· 519
　　第一节　未成年人之监护 ·············· 519
　　第二节　成年人之监护 ················ 527
　　第三节　保佐 ························ 528
第六章　亲属会 ·························· 530
第七章　扶养之义务 ······················ 534
第五编　继承 ································ 538
第一章　通则 ···························· 539
第二章　继承 ···························· 542
　　第一节　继承人 ······················ 542
　　第二节　继承之效力 ·················· 544

第三章　遗嘱 …………………………………………… 553
　　第一节　总则 ………………………………………… 553
　　第二节　遗嘱之方法 ………………………………… 556
　　第三节　遗嘱之效力 ………………………………… 559
　　第四节　遗嘱之执行 ………………………………… 565
　　第五节　遗嘱之撤销 ………………………………… 569
第四章　特留财产 ……………………………………… 572
第五章　无人承认之继承 ……………………………… 577
第六章　债权人或受遗人之权利 ……………………… 580

卷 ◆ 上

第一编

总　则

第一章　法　例

第一条　民事，本律所未规定者，依习惯法无习惯法者依条理。

民律专规定私人相互间之法律关系为主。我国素无单纯民律，征之历史，惟有习惯与条理二种。民律之起源始于法国。而法国民律之用语，由罗马市民法变化而来。市民法专适用于罗马市民之法，对于万民法而言也。当时罗马以市民法专适用于国内之市民，取其习惯风俗一致，另采各国之习惯与条理，制定万民法以审判各国人与罗马市民及各国人相互间之争讼。可知民律所最注重者首在一国之习惯与条理。但为民律所采取而规定者为成文法，其他之习惯与条理为不成文法。吾国民律草案直接取法日本，间接取法德国，多半由各国模仿而来，规定或犹未完备。故本条揭定法之本旨，凡本律所未规定者，仍依本国之习惯法为主。否则以条理断之，所以补充民律之不足，以图审判官之易于依据也。

第二条　行使权利履行义务，应依诚实及信用方法。

诚实及信用，为社会上良好之习惯。本条规定，乃维持社会之道德，而法律加以保护之，使行使权利者与履行义务者皆有确实之保障，违背此规定时，法律即当加制裁，使享有权利者不得滥用其权利，负担义务者不能不尽履行之责。

第三条 关于权利效力之善意，以无恶意之反证者为限，推定其为善意。

行使权利者，因行使权利所发生之效力，关系其权利得失范围甚大，故当以善意为主。若不知其事情之真伪与否，仍当推定其为善意，惟限于无反证其为恶意者。

第二章 人

人得为私权之主体。若人类以外之动物及无机物,均不得为权利之主体,而仅为私权之客体。故权利之主体常为人。然有时非人而法律上亦可认其为有人格者,是曰法人。法人云者,别乎自然人类之谓也。法文不称自然人而曰人,因习俗所称为人者,皆从狭义解释者也。

第一节 权利能力

何谓权利能力?即具享受私权之能力。然人当何时为享受权利之始,又何等人始得为何等权利之主体,不可无规定。德国学者分权利能力、行为能力二种。我国仿之,此与日本民法体例不同。

第四条 人于法令限制内,得享受权利或担负义务。

权利义务,皆由法律关系而生。人为享受权利之主体,亦即为担负义务之主体。凡人无论老幼男女,均当有权利能力,否则生存之事不能完全。惟女子因为重夫权起见,法令不认其有权利能力。若无夫之妇女,仍与普通人无异,一律享受权利,担负义务。

第五条 权利能力于出生完全时为始。

人之权利能力由何时为始,法律不可无明文规定。本条规定以出生完全时为始。所谓出生完全者,凡在母腹中而未与母体分离时,不得为出生完全。必须与母体分离有独立之生存,始得为完全。故胎儿离母体后,若不能生活,仍不能为完全。必保持其生命而出生,始为出生完全。其保持生命之长短,非所问也。本条规定人之权利能力发生之始期。至其终期,虽无规定,即以人之死亡为终期。盖人之权利能力,因死亡而自然消灭。各国民法,对于权利之终期皆无规定,均以死亡为权利能力消灭之原因也。

第六条 胎儿惟以生体分娩者,始得有出生前之权利能力。

胎儿当未出生以前,为母体之一部,不独立生存,故不能为享受私权之主体。但有预计胎儿将来之利益者，特别加以保护。如损害赔偿、继承、受人遗赠等各权利。各国之立法例不一。有以胎儿将来完全出生为条件，而先视为权利主体者。有必须生体分娩后始溯其出生前应享受之权利者。本条规定系采第二主义。然德、日二国民法常有则例，若因不法行为之被害者，虽胎儿对加害者亦有要求赔偿损害之权。胎儿虽未出生，而法律上已视为现生者，许以要偿之权利。

第二节 行为能力

何谓行为能力？即关于权利行使之问题，犹权利能力为享有权利之问题也。夫人亦既享有权利而行使之，必为法律行为（例如卖买、赠与、贷借等之行为必依于法律，而后其卖买、赠与、贷借等之效力始能发生。设仅有卖买、赠与、贷借等行使之事实，而行为与法律相反，固不得行使其权利），而法律行为又必有行之之资格。故一切以使生法律上之效力为目的之意思表示。所谓如何之人得为之，如何之人不得为之，皆有行为能力之问题。惟行为能力又有广义与狭义之分。广义的分为法律行为能力、不法行为能力与特别行为能力之三种。狭义之行为能力仅指法律行为能力而言。本节所规定，系采第二主义。

第七条 有行为能力人，始有因法律行为取得权利或担负义务之能力。

法律行为，为人类生存于世界之最要者。如卖买、赠与、贷借等，皆因人类意思之作用而成之。法律行为，即重要之法律事实也。其成立要件，即行为者欲使发生一定之私法的效力之意思表示，而生私法上之效力也，基于此而后能取得权利或担负义务。盖以其人有法律行为必要之法律上之资格。换言之，即有为法律行为之法律上之效力也。故凡因法律行为而取得权利或担负义务者，不可无行为能力。

第八条 无行为能力人之行为无效。
前项规定，于一时丧失心神者在丧失中所为之行为准用之。

从法律上原则论之，无论何人，皆有行为能力，自无问题之发生。就法律上例外论之，亦有认为无行为能力者。所谓认为无行为能力者，即行为能力之被制限者也。行为能力被制限之理由,实保护(一)行为者;(二)第三者;(三)行为者及第三者共同之利益。本条第一项之规定为保护无能力人之利益起见,意盖指绝对无能力者而言(如幼者、白痴、疯癫之类)。第二项之规定,虽丧失心神属于一时,然在丧失中所为之行为,与无能力人之行为并未区别,故亦准用前项之规定。因之无能力者不得为完全有效之法律行为,为之即生无效之结果。无效者法律行为,自幼即不能成立,无待于取消者也。

第九条 达于成年兼有识别力者有行为能力,但妻不在此限。

因年龄上而无能力者,以年龄定之者也。就理论上言,人之能力之有无,由于智识之发达有迟速,不能以年龄限制之。然今各国仍持年龄主义,不以智识为标准。故本条以年龄为主,而附以识别力之有无为断。夫人既达一定之年龄,则其智能完全发达,又有识别利害得失之能力,以之为有行为能力者,使得因自己之法律行为而取得权利,担负义务,实为适宜。但妻虽已达于成年兼有识别力,然为尊重夫权与维持一家平和起见,其能力应受限制也。

第十条 满二十岁者为成年人。

凡人达于若干年龄,法律上认其有完全之行为能力,此年龄名曰成年。如日本与瑞士均以满二十岁者为成年。人之行为能力之有无,原不能以智识为标准。若仅以智识为标准,则对于世人既无一定之则,使至诉讼之时一任审判官临时酌定。遇有争讼,须调查当事人之智识程度始得定之,既属困难,又虑诉讼迟延。本条采多数立法例及旧有习惯,认定满二十岁为成年。律云满者,应依出生登记之日计算。惟中国现无出生登记,不能以严格定之也。

第十一条 未成年人无亲权可服从者,应置监护人。

未成年人智识未充足,阅历未深练,自己所行为之利害得失,皆不能辨识,独立而行使权利,甚为危险。故有行亲权之父或母,应使之服从之,无则应置监护人(即日民法之后见人,学者又称之为法定代理人)。盖(一)为无能力者得收权利能力之实效,而备相当之设施;(二)为保护未成年人之利益。

第十二条 未满七岁之未成年人,无行为能力。

人之行为能力，因经年龄上之阶级，渐渐扩充。迨至法定之平均年龄而后有完全之行为能力，此谓多数阶级主义。罗马法及德法系均采之。日本只有成年与未成年之分界，而无幼年之规定。本条从德系，以未满七岁之幼者，虽不得谓为全无意思能力，然确有意思能力与否，事实上颇不易证明。故本条以明文规定，七岁未满之幼者为无能力人，足以防无益之争论。本条规定，学者间称之为绝对无能力。以种类言，又称之为一般无能力。

第十三条 满七岁之未成年人，其行为能力依后四条规定限制之。

意思能力问题，前条既以年龄明定其界限。则满七岁之未成年人，已达行为年龄之境，固不待言。惟七岁以上智识尚未完全者，实居多数，故于其行为能力，不可不加以限制，学者称之为限定能力。限定能力者，非不得为一切之法律行为，惟限定其种类之法律行为，非经行亲权之父或母与监护人补充其不完全之意思能力，不得为之。亦非为之即当无效，不过于将来得为撤销耳。换言之，即为法律所制限而仅有之能力之谓也。依后四条规定限制，皆为保护未成人之利益也。

第十四条 未成年人为负义务之行为，须经行亲权人或监护人之同意。

违前项规定之行为，得撤销之。

未成年人非得行亲权人或监护人之同意，不得为法律行为。此为原则。然关于专享权利（如受财产之赠与）、单免义务（如获债务之免除）之行为，未成年人得自由为之，亦不致受损害。至负义务之行为，非智识发达，利害难知。故非经行亲权人或监护人之同意，不得独断自为。如不经同意而为负义务之行为，法律又许其撤销。盖前者防未成年人之不利益，后者为保护其固有之利益。撤销者。有使其撤销前所发生之一切法律上效力，溯于已往而消灭之效力也。

第十五条 行亲权人或监护人预定目的允许未成年人处置之财产，未成年人于其目的之范围内，均得随意处置。

前项规定，于行使亲权人或监护人未预定目的而许其处置之财产准用之。

未成年人达于相当之年龄，则当应其智能，使随意得为法律行为，以增长其经验。如行亲权人或监护人遣未成年人就学，而与以若干之学费，许其自由处置。则未成年人于其所预定处置目的之范围内,得独断为之。所谓预定目的,许未成年人处置一定之财产是也。本条第一项采之。又如行亲权人或监护人,与未成年人以若干金钱,绝不指定供何项费用。未成年人以其所与之金额为限,亦得随意处置。所谓未预定目的,许未成年人处置一定之财产是也。本条第二项采之。惟法律上皆有制限,以不超越目的之范围或财产之范围为标准。若超越此范围,其法律行为仍得撤销。

第十六条　行亲权人或监护人允许未成年人独立为一种或数种营业者,未成年人于其营业,与成年人有同一能力。

未成年人有不胜营业情形,行亲权人或监护人得将前项允许撤销或限制之。

智能之发达,人各异其程度。故有未满二十岁,其智能充满,已能独立为法律行为者,不乏其人。对于此等未成年人,若父主持,可径许其独立营业。若由母或监护人主持,则须得亲族会同意,为一定之营业。关于被许营业之范围(如许其专为某业,或许其于该业之外兼营他业是),其所为之法律行为,与成年人有同一之能力。是欲使其由营业而生之诸种行为,均得灵敏为之。若允许后有不胜营业之情形(如因智能不足致招失败之类),则行亲权人或监护人得从亲属编之规定,撤销其允许或加以制限。此项撤销及限制之法,即向善意之第三人亦可对抗,以示完之保护。

第十七条　行亲权人或监护人允许未成年人为他人服劳务者,未成年人于劳务法律关系之成立、变更、消灭及其履行义务,与成年人有同一能力。

前条第二项规定,于前项准用之。

欲使未成年人易于谋生,则既经行亲权人或监护人允许为他人服劳务之未成年人,应与成年人同。于劳务契约,须使得自由缔结、解除或履行义务。若允许后有不胜劳务之情形(如因劳力不足不能履行之类),则行亲权人或监护人亦得依前条第二项之规定撤销或限制之,以防未成年人之操劳过度,而示完全保护之精神。

第十八条　幼年心神丧失或耗弱,及因类此之事由而不能为合理之行动者,视为无识别力。

德国民法认为七岁以下为绝对无能力,称为幼年。其法始于罗马,采其法系之诸国皆然。盖以实际未满七岁之幼年，其于利害关系，不能知之者多。心神丧失者（又称之为精神病者），如白痴者（即生而不辨菽麦之人），精神昏迷，毫无作用。疯癫者，精神有作用而无辨别。又有在睡梦时，泥醉时及困于催眠术时，即有行为，亦视为无意思能力。心神耗弱者，即（一）有心神耗弱之继续的状态者；（二）聋者；（三）哑者；（四）盲者是也。此外尚有因类此之事由，而不能为合理之行动者，如浪费者（即有财产滥费之病的性癖）等是也。此等人，法律上不以为意思无能力，即以为智识不完全，故皆视为无辨别力。即有为法律行为，亦以为无效或得撤销之。

第十九条　对于常有心神丧失之情形者，审判衙门须因本人、配偶、三亲等内之宗亲、监护人、保佐人或检察官之声请，宣告禁治产。

妻欲声请禁其夫之治产，无须经夫允许。

常有心神丧失之情形者，其精神受故障，而乏辨识自己行为之能力之继续的状态也。以之为禁治产人，其行为即为无效。禁治产之制，固为强度之心神不健全者而设。其定义谓于审判衙门为精神上之故障，宣告某者为行为无能力者也。其程序固规定于民事诉讼律中。至应受禁治产之宣告者及有声请权者，则于本条明定之。禁治产宣告之手续，因（一）本人、（二）配偶者、（三）三亲等内之宗亲、（四）监护人、（五）保佐人、（六）检察官之声请而开始。本人者即心神丧失者，于精神回复时知自己精神时时错乱，不辨利害得失，不如预为请求置监护人代己为法律行为，可免不虞之损害。配偶者，即配偶者之一方（如夫或妻）有心神丧失时，而他之一方因其有利害关系，得请求宣告禁治产。所谓三亲等内之宗亲者，固规定于亲属编中，兹图解如下：

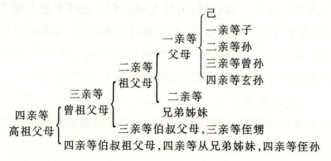

以己为本位而上溯之，父母为一亲等，祖父母为二亲等，曾祖父母为三

亲等,高祖父母为四亲等。又由己而下推之,子为一亲等,孙为二亲等,曾孙为三亲等,玄孙为四亲等。皆直系也。就旁系言之,父母为一亲等,则兄弟姊妹为二亲等,侄甥为三亲等,侄孙为四亲等。祖父母为二亲等,故伯叔父母为三亲等,从兄弟姊妹为四亲等。又曾祖父母为三亲等,故伯叔祖母为四亲等。是为旁系。至因配偶者而生之亲属关系,于直系其父母为一亲等,其祖父母为二亲等,其曾祖父母为三亲等。于旁系其兄弟姊妹为二亲等,其侄为三亲等,无四亲等。乃姻族也。此亲等之计算法,据罗马法之主义,于亲属中包含血族与姻族。监护人者,监护禁治产人之身体及其财产,而有代表外部一切之权。保佐人者,不过补助准禁治产者之欠缺,而辅佐其行为。检察官为公民之代表,或因虑疯癫者,直接有害公安,特设之监督者。或因直接谋社会一般之疯癫者之利益,保护其身体财产,而于间接为谋国家之公益,得以自己之职权请求禁治产。至妻欲声请禁其夫之治产时,夫之自身已无能力,即对于妻与以许可,亦失权衡。故法律完全畀以声请权,而不以经夫之允许为必要。

第二十条　禁治产人应置监护人。

监护人之意义,谓监督保护禁治产人之身体、财产,而为代表法律行为之职务者也(其监护未受亲权所支配之未成年人亦同)。监护人之类别有三:(一)指定;(二)法定;(三)选定。本条采第二类,而由法律设定。即法律上预定监护人之资格,俟有禁治产者之宣告,而令其开始监护之。故有强制的规定之性质。

第二十一条　禁治产人无行为能力。

禁治产者,由审判衙门宣告其行为无能力,禁其自治产。所有行为,别设法定代理人以代理之固已。然有二主义之别:(一)为意思无能力。此主义于精神上之故障较重者,认为意思无能力。既宣告禁治产后,无论何时,不复与有意思能力者等。(二)为限定无能力。此主义乃限定其时为无能力,而于某时间,仍以其行为为有能力者。如于精神错乱时之行为认为无效,回复时之行为认为有效是也。本条专为保护禁治产人之利益,采用第一主义。盖恐其不辨利害,为不利于己之行为,故禁其自治产,而说定代理人以代理之。又恐其独断为不利于己之行为,故认禁治产中所为之行为为无效。此皆立法之精神。

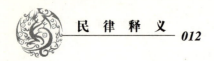

第二十二条 禁治产之原因终止时,须依民事诉讼律撤销宣告。

禁治产宣告之原因,固基于心神丧失之常况。然禁治产人或他人自由告决定发生效力后,确知神智渐清,心疾既愈,以情理论,自不能再束缚一切行为之自由。故依法定程序,经合例者之请求,而原管辖之审判衙门又认其为有理由,应撤销禁治产之宣告。以原因终止,无须存续故也。

第二十三条 对于心神耗弱人、聋人、哑人、盲人及浪费人,审判衙门须宣告准禁治产。

第十九条规定,于准禁治产准用之。

准禁治产者,准用禁治产之规定之谓。对于精神上、身体上有一部无能力之人,审判衙门受合例者之请求而下宣告。受此宣告者,则称准禁治产人。心神耗弱人,谓其心神不及常人之健全。耗弱者。非概由生质薄弱发达之不完,或由于老耄疾病。而精神之作用不充分,若任其所为,不加保护,则智虑不周,受损必大,故有宣告之必要。聋人、哑人、盲人,论其精神虽与常人无异,然失其五官机能之一,人必以其不及者欺之,故亦有宣告之必要。浪费人之普通智识,亦无所劣于常人,而于理财上之智识,则大有缺点。每眩惑目前之快乐,而倾覆其财产,致陷于穷迫之境。此不惟本人之不利,国家亦间接受其影响,故又有宣告之必要也。请求宣告准禁治产之人,即第十九条所揭请求宣告禁治产之人。惟准用云者,非关于禁治产之规定悉适用之。故保佐人不适用,因准禁治产之未经宣告时,原无有保佐人故也。

第二十四条 准禁治产人应置保佐人。

保佐人之意义,谓保护辅佐准禁治产人为重大之法律行为。故遇有重大之法律行为之发生,保佐人不得擅代,以准禁治产人自为之。保佐人之责任,至保护辅佐为止。惟不得同意时,可撤销其行为。然保佐人者,以何人为之乎?日民法第九百零九条云,前七条之规定,保佐人准用之。是可为监护人者,亦可为保佐人。本律第一千四百三十九条云,关于成年人之监护人之规定,于保佐人准用之。是仅以成年人之监护人之规定,为保佐人之适用,其详让诸亲属编。

第二十五条 准禁治产人,与满七岁之未成年人有同一能力。

第十三条至第十七条及第二十二条之规定,于准禁治产人准用之。

关于能力，就原则言，准禁治产人以有能力者为多。惟其能力有被制限者，必得保佐人之同意，乃例外也。故宣告准禁治产人，其意思能力之程度，殆与满七岁之未成年人同，因之准禁治产人得为专享权利或免除义务之行为。又得保佐人之同意，得为营业或其他法律行为。于其准禁治产之原因终止（如耗弱者变为健全，五官缺一不备者变为与常人无异之类），审判官亦不可不依法撤销之。关于法定之法律行为，即（一）原本之领收及利用；（二）借财及保证；（三）以关于不动产及重要动产权利得丧为目的；（四）诉讼行为；（五）赠与、和解及仲裁契约；（六）继承之承认或抛弃；（七）拒绝赠与或遗赠及受诺负担附之赠与或遗赠；（八）新筑、改筑、增筑及大修缮；（九）超过法定十年、五年、三年及六个月之赁贷借是也。

关于审判衙门指定之法律行为，即审判衙门应准禁治产人智能之程度，亦得于法定法律行为以外，宣告某种法律行为须得保佐人之同意而后为之之谓也。以上之法律行为，准禁治产人为独断为之之时，得以全部或一部撤销之。日民等皆有此规定，亦无非保护准禁治产人之利益也。

第二十六条 妻之行为能力，依后四条规定限制之。

古代法律，多以女子为无能力。今日不然，虽女子亦非无能力者。如未嫁者，或寡居者，于民法上之能力毫无异于男子。其视为无能力者，惟有夫之女子即妻是也。故学者称为因于婚姻无能力，又称之为特别无能力。谓对于特别之人，始无行为能力也。假令一家之中而有二主，必不能整理一家之事务，保持一家之秩序。因而为整理家政保持秩序之必要，不能不于统系上求统一。故认家族制度之国，日趋于进化，而亲权夫权，遂至形其发达。亦以亲权者，基于天然之爱情；夫权者，基于人间之爱情，实为不可动之原则也。既有夫权，则妻之能力自不能不受制限。实行制限，于后四条规定之。

第二十七条 不属于日常家事之行为，须经夫允许。

违前项规定之行为，得撤销之。

妻与准禁治产人能力上之异点有二：（一）准禁治产人，身体行动强受羁束，然不如妻之甚；（二）准禁治产人赠与人或受人遗赠，但得保佐人同意即可。妻凡赠与或受人遗赠，非经夫之允许不能。属于日常家事之行为（如关于中馈、手红之类），固妻之所有事。不属于日常家事之行为，其最著者如:(一)关于与准禁治产人为同一之限定者(见前解第二项第一款至第六款);(二)关于赠与、遗赠之受诺或拒绝;(三)关于受身体羁绊之契约。日民等皆有此例示规定。以上皆应得夫允许之行为。若未经允许而先为之,妻仍应受夫之撤销。

第二十八条　妻得夫允许独立为一种或数种营业者,于其营业与独立之妇有同一能力。

前项允许,夫得撤销或限制之。但其撤销或限制不得与善意第三人对抗。

本条对于前条为例外之规定。妻也者,非因财产上之保护,亦非因其能力上之欠缺,不过因尊重夫权维持家室和平之结果,而认为无能力者(学者称之为身份无能力)。则凡经夫允许而营业之妻,就其所许营业范围之营业,视为有完全能力。是欲使由营业而生之诸种行为,均得灵敏为之。然妻于营业有不胜任时,其夫仍得撤销或限制之。惟撤销与制限,皆基于夫权之作用也。其撤销之若何,制限之若何,第三人不之知也。假如第三人与其妻为正当之卖买时,夫不得以撤销制限之故而为对抗,以妨卖买之安全。盖恐因夫妻间之效力而累及他人,故特设此规定以保护之。若第三人而出于恶意,当然可以行使撤销与限制权,无保护第三人之必要。限制者,如许数种之营业,日后于其所许之范围内加某部分之制限,不使纯然自由者也。

第二十九条　夫未成年时,对于其妻之行为,非经行亲权人或监护人之同意,不得擅行允许。

夫之允许权,本夫权之一作用。故于其行使时,以不容他人干涉为原则。但夫为未成年者之时,于自己尚无完全之能力,焉有亲自判断利害得失始行允许之智能。若得允许其妻之行为,必至失当。故未成年者之夫,非经行亲权人或监护人之同意,不得擅自行使允许权。此同意亦即补充未成年人不完全之意思能力也。妻之成年与否,本律不问之,亦为尊重夫权故也。

第三十条　遇有下列各款情形,无须经夫允许:

一、夫妇利害相反;

二、夫弃其妻;

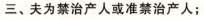

三、夫为禁治产人或准禁治产人；

四、夫为精神病人；

五、夫受一年以上之徒刑在执行中者。

本条为绝对的例外之规定。妻应经夫允许而为之事件,有时若经夫之允许,反为不合于条理者,则不必经其允许。又有虽应经其允许,而在此时亦无须经其允许者,妻即可径自为之。夫妇利害相反者,如夫妻各有财产,夫欲占妻所有之财产。为妻者虽可诉讼以为救济,然妻欲对夫而为诉讼,法律上须得其夫之允许。且未有夫愿听其妻之诉已者。故特设此规定,不须得夫之同意。是开为妻者救济之途,杀为夫者束缚之程度。夫弃其妻者,夫妻之间已无爱情,且其夫亦必不能代妻详察利害。故可不依第二十七条之规定,不必经夫之允许。夫为禁治产人或准禁治产人者,夫之自身已无能力,即对于妻与以允许,亦失权衡。夫为精神病人者,精神病人多为禁治产,上款既言禁治产,此复言精神病人,乃专就其夫之患精神病而未经宣告决定者而言。夫受一年以上之徒刑在执行中者,刑期至短者,或可待其期间之满了。既云一年以上,则时日甚长,于家政之整理,必无坐以待之之理。又在极远之监狱,欲一一以通信为之,事实上亦属困难。遇此情形,夫若再拘束其行为或靳其允许,对于妻究未免过酷。故为妻者可不受夫之允许而径自为之,法律上之所许也。

第三十一条 满七岁之未成年人、准禁治产人及妻之相对人,适用后四条之规定。

满七岁之未成年人、准禁治产人及妻,皆为限制无能力,法律上固以保护为目的。然欲达此目的,往往发生侵害无能力人之相对人利益之结果。因此法律以不及乎无能力制之宗旨为限,亦保护无能力人之相对人之利益。其用意之最重要者有二:(一)滥用无能力制,失法律行为撤销之权;(二)相对人有追认之催告权,其详于后四条规定之。

第三十二条 限制能力人之相对人,于限制终止后得定一月以上之期间而行催告,令其于得撤销之行为,确答是否追认。

于前项期间内若不发确答,其行为视为撤销。

限制能力人之利益保护过厚,其相对人之利益保护过薄,殊失公平。故本条认相对人有追认催告权,使相对人得免其义务。又不认限制能力人撤销权，以保护相对人之利益。例如准禁治产人甲，与不知其为准禁治产人之某乙结双务契约。甲迟滞不履行，而准禁治产之原因忽焉终止。某乙知之，为定期催告，谓双务契约之履行与否须于一月内答复。甲若于一定期间内不发确答，则准禁治产人所为之双务契约为无效是也。本条之追认催告，于限制终止后为之，故对于本人而行催告。第二项之规定，本欲除去法律关系之不确定所生公私之不便，因而发生推定之术。其一为撤销权抛弃之推定（即追认），其二为撤销权实行之推定（即不追认）是也。

第三十三条　限制能力人之相对人，于限制尚未终止时，得定一月以上之期间，对其行亲权人、监护人、保佐人或夫而行催告，令其于得撤销之行为确答是否追认。

前条第二项规定，于前项准用之。

法律行为可得撤销云者，谓得不认其效力发生之状态也。其性质与无效行为不同。彼未具成立要件，此则成立要件具备。方其未撤销间，完全发生一切效果。惟因有特定瑕疵，法律爰畀若干人以撤销之权。如其行使也，则行为因之失效。不然，或因追认而抛弃，或罹时效而消灭，则其行为效力，从此完全确定也。撤销原因，不外法律行为有瑕疵，共通者为一般原因，当事人之能力受限制，撤销权之归属，直接因可得撤销行为存在。而受不利之当事人一造及与此视同一律者，方得有之。限制能力人之独断自行追认，虽非俟限制原因终止后不可，然在限制原因终止前，苟由其行亲权人、监护人、保佐人或夫为追认者，则其追认即完全有效。故限制能力人之相对人，得对之而为催告。盖其法定代理人与夫，法律上既认有撤销（散见各条），当然有行使（或抛弃）撤销之权利也。追认行为，以溯及既往为原则。一旦追认以后，则前此行为视为从始不得撤销。有追认之权利人，不于一定期间内确答是否追认，本律为除去法律关系之不确定所生公私之不便起见，亦准用前条第二项之规定。

第三十四条　妻之相对人，对于妻得定一月之期间催告。其若经夫允许，应追认其行为。

于前项之期间内不发经夫允许之通知，其行为视为撤销。

允许云者，除去法律行为效力发生之障碍之意思表示也。允许乃独立行为，非法律行为之成立要件。盖缔结法律行为，有仅恃当事人意思表示既以为未足。欲使该行为有确实效力,尚须有第三人之确实允许者。法律认妻为限制无能力,且原则上明定不可不得夫之允许而为行为。故妻之相对人,希冀其行为之有效,不可不定期而为必须经夫允许之催告。此为尊重夫权之精神,使其妻于定期内不发经夫允许之通知,推定其为不追认妻之所为之行为,则其行为亦视为撤销。

第三十五条 限制能力人,用诈术使人信其为有能力人,或使人信其为已经行亲权人、监护人、保佐人及夫之同意或允许者,其行为不得撤销。

限制能力人以诈欺之术,使相对人信为有能力人而成之法律行为,过在限制能力人。相对人有损害时,并可请求赔偿。立法政策上,以为撤销后仍准相对人以所受损失请求赔偿,是不如不准其撤销,可以省撤销与赔偿之周折。日本民法如是。德法系国之民法,大都如是。言诈术之学说甚多。以我之意解释之,乃相对人陷于错误之积极的方法也。例如未成年人伪造二十年出生之证书,或伪造法定代理之同意证书,出示于相对人,因与之为卖买等之法律行为,皆谓之诈术。若未成年人并无伪造之术,相对人先问未成年人为能者与否。未成年人乘机而伪答,有认为能力者。此不过为不实之陈述,不得称之为诈术。关于诈术之虚实不为辨明,则保护限制能力人之力不厚。如限制能力人确有因使人信为能力者,故用诈术而为之法律行为。如此之限制能力人,乃对于相对人为不法行为也。基于不法行为而发生之损害赔偿,虽限制能力人,不得免其责任。而其损害,因法律行为撤销而生。故与其因法律行为之撤销而损害发生后,对于限制能力人使之赔偿,不如不许其为损害原因之行为之撤销,较为直截了当。此法律所以对于信为有能力者而用诈术之限制能力人,不付以撤销权,学者称之为撤销之否认。

第三十六条 第七条至第三十五条之规定,于法律行为以外之适法行为准用之。

适法行为,以积极言之,则法律所许容之行为也。以消极言之,则不违背法律之行为也。故适法行为因不违背法律,故而生法律上之效力。适法行为再别为法律行为及特别行为之二种。法律行为以行为者欲使生一定之法律上效力之意思表示为要件。而生法律上效力之行为,例如卖买、赠与之类是也。特别行为不以当事者使生一定之法律上效力之意思表示为

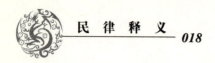

要件,而生法律上效力之行为也。例如埋藏物之发见,又学术上之著作之类是也。特别行为因无将此支配之概括的规定。故须准用关于法律行为之法则,学者称之为类似法律行为之行为。

第三节 责任能力

广义之行为能力,包含法律行为能力、不法行为能力及特别行为能力。不法行为又分违法行为及侵权行为之二种。违法行为者,即因违背法令,丧失其私权之行为。其责任能力,应规定于关系之各条文中。至侵权行为,则由侵害他人权利之行为,而负损害赔偿责任之能力。规定于此,立法上方为得宜。故不法行为能力,即责任能力之谓。如甲毁损乙之所有物,甲对于乙任损害赔偿之责。不法行为者对于被害者任损害赔偿之责时,须有责任能力。如未成年人强加损害于他人,因其不具足辨识此行为责任之智识,即无损害赔偿之责任。故责任能力,乃得为不法行为之责任者之能力也。

第三十七条 因故意或过失而侵害他人之权利者,于侵权行为须负责任。

责任之意义,谓以身体动作与本人精神上联络之关系,以称之为物心两界之联络。然责任之所由生,必先由责任成立之要件,即故意或过失是也。故意云者,知行为违法,且因是而生结果系其所欲也。过失云者,谓对不法行为使负责任之意思缺点也。法律上责任之发生,以因故意或过失者为原则。故有因之而为他人权利之侵害者,于侵权行为范围内,应受损害赔偿之制裁。

权利之内容,支配力之范围也。夫人类若非有排斥外部之压迫,得任意利用法律货物(有有形、无形之分)之支配力,则不能各全其生存。然利用法货,亦自有适当之界限,不得侵害他人之私意(或社会之公益)。若侵害之,则是滥用而非利用也。故权力之内容,乃法律所承认且保护之意思之支配力范围。断未见无一定范围之权利。故属于他人之权利,以不得侵害为原则。

第三十八条 未满七岁之未成年人不负侵权行为之责任。

责任年龄,有分为绝对无责任、相对无责任二期。未满七岁之未成年人,其于加害行为之是非尚无识别力,焉知其行为之为不法。故即为侵权行为时,亦应不负责任,学者称之为绝对无责任。

第三十九条 满七岁之未成年人以为侵权行为时,无识别力者为限,不负责任。

满七岁之未成年人,智识渐渐发达,容有以他人之权利攘为己有或毁损之之意思能力。法律为保护他人之权利起见,故于满七岁之未成年人为侵权行为时,不可不加以限制。意盖谓为侵权行为时有识别力者,亦负责任,学者称之为相对无责任。

第四十条 在心神丧失中为侵权行为者不负责任。但其心神丧失因故意或过失而发者,不在此限。

心神丧失中,身体之动作与本人精神上无联络之关系,其动作直可视为物类之动力,不得谓为人类之行动。故于丧失中侵害他人权利者,不负何等之责任。惟心神丧失,有基于有行为意思或注意有缺而发者,仍负其责,亦法律保护他人权利之要点也。

第四节 住 址

人类者,乃以一定之地域为根据而活动之动物也。日本民法以住所为生活之本据。亦即此意。立法政策上利用此人类与土地之关系,而规定法律关系。故古今各国,对于各人与一定地域之关系,付以法律上重要之效力。其关系以大别为现在地居所、营业所及住址为通例。住址为各人常住之所,或依法律之规定定之(如兵营地或军舰定系所为军人或军属之住址是),或依当事人之意思定之,即所谓任意之住址。同律以债权者之住址,为债务者履行债务之地。民事诉讼律,住址之所在,即普通审判籍之所在。国际私法上涉外的法律关系有用住址地法者,此外尚有适用于其他法律者,不一而足。关系之重要如此,本节所由规定也。

第四十一条 以常居之意思而住于一定之地域内者,于其地域内设定住址。

住址因两要素而成立,即常住于一定地域(如市乡)内之意思及意思之实行是也。故住址者,必有永久住居之事实,不能仅以住居为标准也。常住之意思之实行,其程度有可揣测而知者。譬如有人意欲住北京,其身已至北京,是可为实行其意思矣。而并未挈眷而往,是可揣测其意思,尚未有实行之程度。然有时或得以住居为住址者,是亦不外重本人之意思之所主而已。其人之意,不以此为生活之本据而移之他,则即以其他认为住址。苟有事实,法律亦不限定。故任意之住址,自有设定行为,使受因住址而生法律之效果。

第四十二条 同时不得有二住址。

罗马、德意志采数个住址主义,英、法、意、日本采唯一住址主义。就立法上之见解而言,欲为活动之国民,则必以数个住址为适当。然住址多则事难断定,一个住址,则易于办理。此则为法律上之一大问题。本条规定,使各人得设定一处,不得同时设定一处以上。此因同时若许设定数处之住所,则将使法律关系臻于错杂,于事实上颇为不便。

第四十三条 以废止之意思而停止常居者,其住址即为废止。

住址既许各人自由设定,应许各人自由废止为宜。惟废止之要件,须以法律规定之。虽有废止住址之意思而不实行,或虽停止常居而无废止之意思(如有归还之意),均不得为住址之废止。故住址依其成立要件之常住意思与常住事实之消灭而废止之。

第四十四条 遇有下列各款情形,其居所视为住址:

一、住址无可考者;

二、于中国及外国均无住址者。但须依住址地之法令时,不在此限。

居所之成立,有二要件:(一)为继续居此,(二)为有继续居此之意思而实行之。二者缺一,即不得为居所。居所亦有重要之关系。故法律上不知其人之住址时,或于中国及外国均无住址时,即以其人之居所为住所,使受因住址而生法律上之效果。学者称之为住址之代用。惟依国际私法之原则,须从住址地之法令时,不可以其无住址于中国即以居所视为住址,而适用中国之法令。盖恐背乎依住址地法之法意也。

第四十五条 因特定行为选定假住址者,关于其行为视为住址。

假住址者,关于特定之行为,有与住址同一效力之地也。当事人之住址彼此远隔,实际上极为不便。例如法律上清偿债务之地,为债权者之住址。故若甲债权者有住址于天津,乙债务者有住址于北京时,乙不得不到天津而清偿债务。国家因为避实际上之不便计,特设假住址制,关于特定之行为,认与住址有同一之效力。例如以前例言,乙对于甲履行债务时,以北京为假住址,而得于北京履行债务是也。选定者,以双方合意为断(即基于当事人以各个住址为不便)。推立法上之旨,有约定之意存乎其中。国家立法,以便于人民为目的。如于国家无害,则必迁就以从之。故关于其行为视为住址。

假住址制,日本采用而德国不采用。其理由在德国用数个住址主义,故不必有假住址。日本为采用一个住址之国,不用假住址,实际上极为不便。我国亦采唯一住址主义,故不能不有假住址之规定。

第四十六条　妻以夫之住址为住址。但夫之住址无可考或无住址及与夫别居者,不在此限。

住址以任意选定为原则,而以法定为例外,德民法,夫之住址为妻之法定住址。本律采之。盖妻对于夫,法律上负同住之义务。故除夫之住址无可考或无住址及与夫别居外,当然以夫之住址为住址。学者称之为随从的住址,即原则上不能独立自有其住址也。

第四十七条　服从亲权人,以行亲权人之住址为住址。

未成年人在亲权之下,本无受因住址而生法律上之效果。即使许其有独立之住址,于事实上亦多窒碍。故凡服从亲权人,应与行亲权人同一住址之为便。其理由虽与妻之规定不同,然学者间亦称之为随从的住址,无非限制能力之结果也。

第四十八条　去向来之住址或居所而生死无可考者为失踪。

管理失踪人之财产,依非讼事件程序律。

权利能力之终时,原则为死亡,其例外即失踪之宣告是也。失踪之要件,以生死无可考为重要原因。苟去向来之住址或居所,而有确知其行方者,不得为失踪。本条规定,实因与住址生反对之结果,而连类以及之。失踪人之遗留财产,关于国家干涉之点,必至本人自行管理或选任管理人及死亡宣告而为承继开始之时,审判衙门始得为撤销之设施。故失踪者之财产管理人,关于其选任、改任、辞任之程序,不可不依非诉事件程序律。

第五节　人格保护

权利之客体,有有形与无形之分。无形之权利客体,有对于己身之权利而认为权利主体之目的物者,即以关于生命、身体、名誉、自由、姓名等之权利,为人格权是也。人格权者,为必要维持权利者人格之私权,亦即支配不得与人格分离之法律货物之权利也。私法之目的,在规定各人权利义务,且加以保护。其范围不仅限财产权,凡人处社会中之法律上及其在亲属上之地位,皆宜包含之。盖人处社会中,其人格之受人认识,亦生活资料之最足宝贵者。故保护之方法,不可不以法文明示。德民法于总则置保护姓名权规定。瑞士民法更于姓名权外,设人格保护之通则。本律效之。惟关于人格之保护,不以明定于特别法规为必要。故苟有对于侵害之处而保护之之法规,已足扞卫自己之人格而完全享有也。

第四十九条　权利能力及行为能力不得抛弃。

权利能力及行为能力,其性质属强制法,不得以个人间相互之合意,抛弃其全部或一部。故为任意置自己于监护之下,法律上不生效力。瑞士民法定有明文,本律从之。以权利与行为,皆为维持人格所必要之事项。若其缺乏,人格即消灭,不能视为人之存在。如生命失去,则变为尸。法学家以尸为一种物品,不复认之为有人格。身体、名誉等失去,则为奴隶,亦无人格之可言。故抛弃特用法律禁止之,以均强弱,而杜侵陵之弊。

第五十条　自由不得抛弃。

不得违背公共秩序或善良风俗而限制自由。

法治国尊重人格,均许人享受法律中之自由。人若抛弃其自由,则人格受缺损。又背乎公共秩序或善良风俗而限制自由,则有害于公益,均当然在所不许。故设本条以防强者迫弱者抛弃其自由,或限制其自由之弊也。

抛弃自由或过度限制,如约负不变更自己住址之义务,约不加入某种宗教团体,或约绝对不营某同种业等,皆其例也。

第五十一条　人格关系受侵害者,得请求屏除其侵害。

前项情形,以法律特别规定者为限,请求损害赔偿或慰抚金。

人格权受侵害时,得向加害人提起屏除侵害之诉。盖侵权行为之制裁,虽得请求损害赔偿及自余慰抚之金,然使无屏除侵害之诉权,则保护人格权,不可谓周至。发生损害,是否为损害赔偿之要件,罗马法系立法与英国法主义不同。英国法苟其侵害权利,纵无损害,亦须赔偿,盖赔偿名誉上损害也。罗马主义则必俟发生损害者始责其赔偿,盖事实无损害而使之赔偿,似不合损害赔偿之目的。本律采大陆主义,惟加以制限,即限于法律特别规定者是也。人格关系受侵害者,例如毁损名誉是。请求权之行使,即令侵害者公示更正,恢复至与未受侵害前同一状态为止。损害谓人因某事故,就财产及自余生活资料所受之不利益也。故损害不仅为财产的不利益,即无形的不利益亦属之。夫损害亦既发生,纵不能将既发生者消灭之,然固可对现在及将来排除之。排除方法为何?(一)赔偿,(二)慰抚金请求是也。损害赔偿,以受侵害之程度为限。慰抚金则因损害而生之损害赔偿额也。前者谓之回复原状,后者谓之赔偿金钱。

第五十二条 姓名,须依户籍法规定登记之。

姓名,非登记不得与善意第三人对抗。

姓名为表异于他人之法上称号。姓以示家,名以示其人。故立法政策上,以一人一姓名为通例。然法律许其专用而生姓名权之效力者,非以自己之姓名,先向所在地之户籍吏(在市区则总董为户籍吏,在乡区则以乡董为户籍吏)登记不可。登记之程序,须依户籍法而行之。负真确之责任,为对抗善意第三人之余地也。非登记,则不能完全行使姓名权。

第五十三条 改名,以经主管衙门允许为限。

前条规定,于前项准用之。

改名者,谓废去向来之名,而改用其他新名也。故如婚姻、养子、缘组入籍、废绝家再兴等,因此而入他家,称他家之姓者,此为法律上当然之结果,非兹所谓改名也。姓之变更,惟复旧者要有正当之理由。而名之变更则反是,苟有正当之理由,固可为之。然其果有正当之理由与否,除同姓同名外,一认主管衙门之认定,所谓得主管衙门之允许者是也。未经允许而改名者,则名之变更为无效,亦不得对抗善意第三人。主管衙门者,即管辖请愿者之住址地之地方长官也。

第五十四条 因改名而利益受损害者,得从其知悉之日起一年内请求

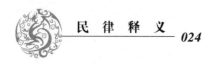

撤销。

因一方之改名之结果，而他之一方受利益之损害者，法律许被害人从知其改名而受损害之日起一年内，向主管衙门请求改名之撤销。此为保护相对人之利益计也。然从其知悉之日起，经过一年而不行使请求撤销权者，则因时效而消灭。

第五十五条　姓名权受侵害者，得请求屏除其侵害。

前项之侵害恐有继续情形者，得声请审判衙门禁止之。

姓名权者，因区别人己而存人格权之一也。故有使用姓名之权利人。若他人争其使用权时，得对争议者起姓名权确认之诉。此项诉权，若正当解释之，不限真正姓名可以适用。凡惯用之姓名即如别名，亦宜同受保护。此其为一人一姓名之例外也。又其侵害恐有继续情形者，法律为使被害者排除现在及将来之侵害起见，许其向审判衙门声请禁止。如自愿抛弃声请权，法律亦在所不问。盖审判衙门必据声请之有理由，而后实施禁止侵害之手段，亦采不告不理之主义也。

第六节　死亡宣告

凡人财产上及亲属上之关系，于生死相关者甚大。故生死不分明之不在者（即宣告失踪者），其财产上及亲属上之法律关系，在于不确定之状态。不确定之状态如永久存续时，则不特有害承继人及其他利害关系人之利益，又害国家之经济的利益。故法律无不设除去此等不确定状态之规定。本节之规定，即对于生死不分明之不在者，经过一定期间，因审判上之宣告，而被视为死亡者之状态也。

第五十六条　审判衙门，得依公示催告程序为死亡宣告。

失踪人（即去向来之住址或居所而生死无可考者）之生死及遇危难，为历久不明时，审判衙门得依适当之程序宣告死亡，免失踪人之法律关系永不确定。至其程序，应依民事诉讼律中公示催告程序之规定。其要点即审判衙门应以判决宣示失踪人确定死亡之时期。

第五十七条　遇有下列各款情形，得为死亡之宣告：

一、失踪人生死不明满十年者；

二、遇危难人自危难消弭后生死不明满三年者。

死亡之宣告，非漫无根据，必有一定之事由与一定之期间而后得为之。失踪人生死不明与遇危难人自危难消弭后生死不明，皆为宣告死亡之主要事由。其不分明之期间，前者满十年，后者满三年者，皆为消灭时效。况关于失踪之公示催告，固明言（一）失踪人应于公示催告日期前，声明其存在；若不声明，应宣告死亡；（二）知失踪人之生死者，应于公示催告日期前声明之。惟生死无可考之法定期间，立法上似有原则与例外之分。原则即从失踪人有生存确证最后之时起算为十年。如遇危难，则自危难消弭后之时起算为三年。此其例外也。学者间又称前者为常时，后者为特别时。期间满了，皆自始视为死亡。

第五十八条　受死亡之宣告者，以判决内所确定死亡之时日，推定其为死亡。

前条期间终结之日，即为前项死亡时日。但有反证者，不在此限。

审判衙门之审判手续，有种种之形式（如判决、决定、命令等）。而于死亡之宣告为慎重重大事件起见，用判决之形式者，则以判决内所确定死亡之时日，推定其为死亡。其人不必真死亡，与死亡之时日，不必即判决内所确定死亡之时日。限于无反对证据者之时，法律上皆所不问。判决内所确定死亡之时日，即前条所定十年与三年终结之日。但宣告后，现确实为生存，或明知其不生存，与同时其宣告前既确实为死亡时，法律上亦不许其推定。盖有反乎事实之确实证据也。

第五十九条　宣告死亡后，得依民事诉讼律规定，撤销其宣告。

德国民法，以失踪人之死亡宣告为单纯之死亡之推测。故依于确实反证，而推测当然消灭。失踪者于实际为生存，或因与法律所定之时不同时而有死亡之确证，当然破坏死亡之推测。本律采之。惟关于使失其效力之方法，则因国不同而有多少之异趣。今得分其主义为二，即一则依事实者，一则依裁判者。日本采后主义，本律从之。故依民事诉讼律之规定，得撤销其死亡之宣告。

第三章 法　　人

世无不死之自然人（即人），而有不灭之社会。自然人之运命有尽，社会之运命无尽。以自然人欲使社会之永久接续而不替，于是乎有法人之组织。以消极的方面言，人格何必以自然人为限。以积极的方面言，国家如欲达社会之目的，何物不可与之以人格。以消极积极两方面言之，皆不可无有权利能力之人格的社会组织体。古称无形人，至近世始称为法人。就日本言之，从前惟以国家、寺院为有人格者。今则凡公共事业，皆视为有人格者。故从前法律，凡关于法人之规定，不能完全。法律中惟法兰西民法为最旧，其中并无法人之规定。意大利、西班牙，皆继受西班牙民法，虽有法人之规定，而极不完全。日本、德国之民法为最新，而法人之规定亦极详备。然亦不能以法、意、西三国法律无法人之规定，即谓其法律之不善也。当生存竞争尚未剧烈之时代，团体之思想尚未发达，其无法人之规定也固宜。今则竞争日盛，自不能无法人之规定。此本章所特设也。

第一节　通　　则

法人有法人之实质，有法人之权利能力、行为能力、责任能力及其住址。法人于法律上视同自然人，则于法人之人格，不可不加以保护。又私法，人必有一定之住址，若在内国，则为内国之私法人固矣。在于外国，其得称为外国之法人乎？关于此点，法律亦不可不明为规定。此本节所以为一般之规定也。

第六十条　社团及财团，得依本律及其他法律，成为法人。

自群治既进，人类公共心发达，经济事业，范围日广。事之小者，虽少数人足以维持。然至其大者，必合多数人之力，方能达经营之目的。时势所需，于是谋公益，谋营利而组织团体。此团体与其组织之各人，其权利关系不能并合而为一。所谓团体者，势不能不认有独立权利能力。由各人组

第三章　法　人

织而成之团体既如此,则为某种目的所供之一定财产,其事亦复相同。故因欲达某种之目的而为人之集合,名为社团。因使用于特定之目的而为财产之集合,名为财团。二者依狭义的民律(即本律)及自余商律结社集会律等之规定,得使之成为有人格者。故特设本条,以示社团、财团皆得为法人并其区别。

第六十一条　法人,于法令限制内有享受权利、担负义务之能力。但专属于人之权利义务,不在此限。

权利关系,苟无主体,末由附丽而存。故法人云者,以非自然人,因于法律某范围内而视为与人同一者也。故下法人之定义,则非自然人而为权利义务之主体者。既为权利义务之主体,即得为诉讼其他法律行为之当事人。惟法人虽与自然人同为有人格,然关于亲属法上之权利义务,法人无享受与担负之必要。故除专属于人之性质之权义外,于法令限制内,应使法人皆享受或担负之之为便。故日民法规定,法人从法律之规定,于定款或寄附行为所定之目的范围内,有权利而负义务。本律从之。总之,法人可以有享受人类之非专属权之能力,而不得享有人类之专属权。

第六十二条　法人,自其依法令或规条设置必要之机关时起,有行为能力。

法人虽为有权利能力之社会组织体,然不有固有之意思。故法律乃以为法人机关之自然人意思,作为法人之意思。又以为,法人机关之自然人所谓法律行为,作为法人之法律行为,使法人得达其目的。行为能力者,即因自己之行为,而享权利负义务能力之谓。法人于何时始有此能力乎?则自设置依法令或规条必要之机关之时起,即具备下之三条例:(甲)依于法律之规定;(乙)依于准则之设备;(丙)设立行为之完存,而始有此行为能力也。例如理事乃其代表机关。法人完全意思之发动,不能不根据于代表机关。而实行其意思。所谓必要者,以示发起团与创立总会等,皆不能认为必要之机关。以其徒具法人之雏形,而不能认为有法律上行为之完全资格。此本条所由设也。

第六十三条　法人,于其机关行职务之际所加于他人之损害,任赔偿之责。

法人有无责任能力,学说甚多。本律则从德、日立法例,认为有不法行为能力。盖法人之目的虽属适法，而其达此目的之手段，难保无不法行为。法人与自然人异，不得自为行为，故以自然人为代表机关，乃法人之本质上所必要。因之其代表机关，关于法人事务所为之一切行为，乃法人之行为，法人不可不任其责。不能独以法人之代表机关所为之不法行为置于度外。此所以断定法人于其目的之范围内，有不法行为能力。试绎其意。第一，要由理事、其他代理人所加于他人之损害。故无代表法人之权限者，如法人之雇人所加于他人之损害者，法人不任其责。盖无法人代表权者之行为，非法人之行为故也。第二，须要理事、其他之代理人，当行属于其职务之法人事务时所加于他人之损害。故理事、其他代理人，当为不属于其法人事务之行为时，其所加于他人之损害，固无赔偿之责。即行不属于其职务之法人事务时，亦不任赔偿之责也。故设本条，以明示其旨。

  第六十四条　法人以主事务所之所在地为住址。但规条别有订定者，不在此限。

  法律既认法人有人格，不得不认其住址。然法人无形体，无真生活，故无生活本据之住址，而惟以主事务所为执行业务之中心视为住址（指有数个事务所之法人而言。若唯有一个事务所之法人，则以其事务所为住址，固无待言）。例如对法人而起诉讼者，可诉其为主之事务所所在地之审判衙门。对于法人而有债权时，亦以其为主之事务所为之是也。但当事者间于设立法人之定款上，有特别订定者，则从其规条之所定，尊重当事人之意思也。

  第六十五条　第五十一条至第五十四条规定，于法人准用之。

  法人之人格，虽限于目的之范围而生。然其享有人格权与自然人无异。故法人之人格关系受侵害者，亦有屏除侵害之诉权。与损害赔偿请求权，法人之设立，非向事务所所在地之官厅为登记，则对外不生何等之效力。故以依法登记为必要。其变更也亦然。如法人名称之使用，有受外界之侵害者，亦得于法定期间内请求撤销。其侵害恐有继续情形者，得声请官厅禁止之，与自然人同一其保护。

  第六十六条　外国法人，不认许其成立。但国家及国家之行政区域商事公司或法律条约所认许者，不在此限。

  既认许成立之外国法人，与同种类之中国法人有同一之权利能力及行为能力。但依法令或条约不得享受之权利及外国人不得享受之权利,不在此限。

外国法人,在其本国虽系有益,而在内国,则因异其国情之故,非必有益。故以不认许其成立为原则。然如此原则,不能行于今日之社会。盖今日乃内外交涉频繁,贸易隆盛之时也。所以日本民法,以不害公益之外国法人为限,出于例外而认许之。如国家行政区划商事会社是也。其依特别法律而被认许之外国法人,及依条约而被认许之外国法人,则因法律或条约之结果,日本民法亦认许其为法人。本律从之。惟关于付与权利之一点,尚有一例外之例外。即依法令或条约不得享受之权利,及外国人不得享受之权利(日本法律不许外国人有土地所有权,欧美诸国亦有认许之者),仍不能许之者是也。

第二节　社团法人

社会当尚未进步之时代,各人独以单独之力享有利益。故人类不必创设社会的组织体,亦不必付以权利能力。及社会渐进步,生存之竞争日盛,各人不得以其单独之力享有利益。以其团体之力,享有利益,法律亦必须以权利能力付与如此之团体,使容易达其目的。基于如此之必要而发生,又被付与权利能力之组织体,称曰社团。社团法人者,其定义谓因二人以上之共同行为所设立,且即以设立者及他之人格者,为其法人之构成分子者也。例如凡有政治、宗教、学术、技艺、社交,及其他非经济上目的之社团皆是。此本律所以分节规定也。

第六十七条　社团法人有经济上目的者,其设立及其他事件,依特别法之规定。

社团法人者,既为由人之集合体而成之法人。又得从其目的,分为经济的社团法人与非经济的社团法人。经济的社团法人,种类甚多,故其设立及其他事件,规定于特别法中(如商事公司则依商律之规定是)。本律规定,只以非经济的社团法人为限。

第六十八条　社团法人有经济上之目的兼有非经济上之目的者,视为有经济上目的之社团法人。

社团法人之为经济的社团法人与非经济的社团法人,以法人之目的为标准而定之。经济之社团法人,以关于财产上利益事项为目的之社团法人,故学者称之为营利法人。非经济的社团法人,以不关于财产上利益之事项为目的之社团法人,学者称之谓公益法人。然营利法人有二种,即商事公司及民法的营利法人是。商事公司以商行为为营业之社团法人。民法的营利法人,单以图社员之利益,或避社员之损失为目的之社团法人。由是以言,民法的营利法人,其目的虽与商事公司不同,至就其性质以言,绝无所异。故日民法对于民法上之营利法人,皆准用关于商事会社之规定。以其有经济上之目的,兼有非经济上之目的也。本律从之,以避重复,而清本律所定社团法人之界限。至目的上有无主从之分,在所不问。

第六十九条　设立社团法人无经济上之目的者,须经主管衙门允许。

设立社团法人无经济上之目的者,简言之,即为公益法人。公益法人之设立,日本则用特许设立、准据设立两主义。特许主义者,凡法人之设立,必经国家之特许而后有人格。准据主义者,法律载定法人所必要之条件,有具备此条件之组织体,即可以享有人格。本律虽对于公益法人,只有须经主管衙门允许之规定(特许主义)。然绎本律第六十七条之意,社团法人之设立,有非经济上之目的者,当然依本律之规定(准据主义)。是亦采用特许、准据之两主义焉。所以必经允许者,以有政治、宗教、学术、技艺、社交及其他非经济上目的之社团,若滥行设立,转有害于公益也。

第七十条　前条之社团法人,适用后七十二条之规定。

无经济上之目的之社团法人,虽经订立规条及依主管衙门之允许而成立。然非于主事务所所在地为设立之登记,则不得以之对抗第三人。盖自身之效力虽发生,若对于第三人无效力,则法人之目的仍不能达。对于第三人之效力如何,即于可得对抗与否见之。法人者,必须登记始可对抗第三人也。社团法人之一般规定既如此。非经济的社团法人,又有此适用之规定者,实际为保护第三人之利益计也。

第七十一条　设立社团法人者,须订立规条。

规条内须记载下列事项:

一、目的;

二、名称;

第三章　法　人

三、事务所；

四、任免董事之规定；

五、总会招集之要件与其程序及总会决议之证明；

六、社员出资之规定；

七、社员资格之规定。

规条者，谓以设立法人为目的之社员，表示其共同行为于书面也。故学者称之为法人之宪典。凡设立法人，必有发起之社员。其于一切之共同行为，不能仅以社员之口头约束为证据，必以之表示于书面，而为组织及活动之基础的规约。故关于设立次序之内部关系，以订立规条为必要。规条内有绝对必要事项与任意事项之分。绝对必要事项，非记载则规条无效，学者称为定款之要素，又称之为法定事项。惟关于社团法人规条之记载，与他种法人不同。故其事项，不能不以法律明定之。（一）目的。即就法人经营之事实而言之，如贫儿院以救济贫儿为目的是也。（二）名称。凡法人必有名称，如某贫儿院称为北京贫儿院是也。（三）事务所。即执行法人之业务一定之处也。（四）任免董事之规定。如董事以社员总会选举之，其免职之法，或达若干时为满任，或任其中有不当行为，由社员总会免除之是也。（五）总会招集之要件与其程序及总会决议之证明。如总会由总社员五分之一以上将会议目的及招集理由，以书件提出于董事会请求招集者，董事会须即招集。由董事会招集者，至少须于开会之五日前发通知于各社员。总会决议，依到会社员多数决之之类是也。（六）社员出资之规定。即法人资产之种类、价格及其评价之标准，或甲以金钱，乙以不动产，丙以劳务之类是也。（七）社员资格之规定。谓本社社员当具备若何之条件。欲加入于本社之社员，当经社员若干人之介绍，皆有明文规定。以上各款，皆为社团法人规条中必要记载之事项。依法记载，于实际上最为便利。此本律所以明定也。

第七十二条　社团法人之设立，非于其主事务所所在地登记，不得与第三人对抗。

登记制度，为保护他人，非全为法人之自己。登记有数种：（一）登记之事项；（二）登记之期间；（三）变更之登记；（四）不登记之制裁。不登记之制裁有二，即（一）设立法人而不登记，不得对抗他人；（二）罚则是也。本条采第一主义。所谓于其主事务所所在地为登记者,盖但有一事务所,当于其一事务所所在地为登记。若有数事务所时,则当于数事务所所在地为登记。所在地者,即其事务所所在之登记所,皆备有登记簿。非为此登记,不足以对抗他人。登记期间,日民法有明文规定。谓法人者,自其设立之日之二周间内,于各事务所之所在地尽为登记。然亦有例外,即自官厅许可书到达之日起算是也。本律虽不明定,然设立后当速行登记为便。

第七十三条 社团法人设立之登记,须由于全体董事声请。

社团法人之设立,即订立规条,经主管衙门允许,则须选任董事,以执行法人之之业务。董事为法人之代表机关,有执行业务之权义。故设立登记之声请,当然属于董事。称全体者,即以董事会名义行之是也。至声请及登记之程序,应依非讼事件程序律之规定。

第七十四条 应登记之事项如下:

一、目的;

二、名称;

三、事务所;

四、设立允许之年、月、日;

五、定有存立时期者,则其时期;

六、财产之总额;

七、定有出资之方法者,则其方法;

八、董事之姓名及住所。

登记之事件,为登记制度中之主要目的。然事项繁多,究于何种事项可以为登记之资料乎?法律不可不有明文规定。一至三各款,悉依规条之所定,固无待言。其四为设立允许之年、月、日。夫社团法人之设立,必经主管衙门之允许,是为行政处分形式。如是,则人人皆知其有人格,不至有不测之损害。且或许或不许,权在国家,可以斟酌而改良之,以实行其监督。故允许书送达之年、月、日,亦为法人成立存在之根本的重大事项。其五为定有存立时期者,则其时期。法人之设立,多永久继续,非必须预定其时期之限度者。有其预定者,法律上亦许可之,为设立社团法人定若干年为限是也。其六为财产之总额,即金钱及金钱以外之动产、不动产或债权之类之财产总额是也。其七为定有出资之方法者，则其方法。如社员定每月或每年出若干之金，以供法人目的之用是也。其八为董事之姓名及住所。以其对于外部则代表法人，在内部则执行法人业务，权利义务关系于社团法人者，较他社员为尤大。故其姓名及住所，不可不向登记所登记。以上各款，亦为法定事项，有强制的性质也。

第七十五条 社团法人应备社员名簿。遇社员有变更时，则订正之。董事须依审判衙门之命令，随时提出社员名簿。

社团法人尚有一特别之事项，即社员名簿是也。社员之姓名，并非应记载于规条中之事件，亦非应登记之事件。然社员与社团法人之设立极有关系，须设备社员名簿，以便随时订正社员之变更。盖社团法人，以社员为组织之要素。社员进退不于名簿订正，官厅无从监督。若不备名簿，或备名簿而不订正其变更，在日本则处以过料。本律虽未有此规定，然亦不可不及早设备，以便随时提出。又，审判衙门既有认许社员招集总会之权，则社员资格，理应知悉，亦可令其随时提出名簿。故执行业务之董事，不可不限审判衙门之命令而随时提出之。自官厅方面言之，此亦监督之一方法也。

第七十六条 社团法人，须于设立时或于每年首三个月内编造财产目录，存于各事务所。但特定有业务年度者，须于设立时及年度终编造之。

财产目录，乃一法人财产之状况，使利害关系人（如社员）及主管衙门知之为目的而作成之书面也。法人既有财产，而于其设立时又须有必践之程序，即编造财产目录是也。设立之时固当作之，设立之后，于财产不无变更，故于设立后之每年首三个月内，亦当别制之，存于各事务所，使利害关系人得便于检查。惟特定有业务年度者，于其设立之始及年度之终，皆须作财产目录。盖法人可以就业务之便利上，得自由定其年度，不必从历之规定。如以本年四月一日始，至来年三月三十日为一年度是也。

第七十七条 社团法人，其事务所有数处者，须于各事务所之所在地依第七十三条规定速行登记。

自然人之住址，唯一而无二。社团法人之事务所，不以一处为限。故设立之际，若有数事务所时，除于主事务所之所在地登记外，尚须于他事务所各个之所在地速行登记，以保护利害关系人之利益。其登记之声请，仍由全体董事行之。所谓速者,即不许迟缓之意。日本谓之无迟滞。惟迟缓与否,究属事实问题,不可不依距离之远近及其他情事而决之。

第七十八条　社团法人,于设立后新设事务所者,须于其新事务所之所在地依第七十三条规定速行登记,并须于其他各事务所所在地将新设事务所事由速行登记。

于同一登记所管辖区域内新设事务所者,只为新设之登记。

新设事务所者,须于其新事务所之所在地依法登记,庶符设立登记于各事务所之所在地为之之原则。然其他各事务所所在地,容有不知新设之情形与其事由者。故除新事务所所在地登记外,尚须于其他各事务所所在地速行登记。惟于同一登记所管辖区域内新设事务所者,不必于其他各事务所所在地为设立之登记,只须为新设之登记。盖同一登记所管辖区域内,已有一事务所之设立登记,则其他各事务所所在地,即有不知新设之情由,于事亦无大碍。所谓依第七十三条规定者,即由全体董事声请各项之登记是也。

第七十九条　社团法人将事务所迁移者,须于旧所在地速为迁移之登记,并于新所在地依第七十三条规定速行登记。

于同一登记所之管辖区域内迁移者,只须为迁移之登记。

就其第一项所规定者言之,例如其法人事务所所在地为上海,后迁移于天津。则于旧所在地之上海,只为迁移之登记而已足。于新所在地之天津,须依第七十三条之规定为各项之设立登记,因新所在地不知其设立之组织如何也。就其第二项言之,盖其事务所虽迁移,仍在其同一登记所管辖区域内,故但为事务所之迁移之登记而已足,不必举第七十三条所载之事项悉为登记。

第八十条　登记后其事项有变更或消灭者,须于各事务所之所在地速为变更或消灭之登记。

登记后其事项有变更或消灭者,如登记时出资之方法,各社员定每年出若干之金。后以总会决议,改为每月出若干之金。则按年出资,变为按月出资矣。此变更之说也。又登记时,法人之存立定为二十年。后以总会决议,改为永久继续。注销二十年之存立时期,此消灭之说也。登记后,如遇有变更或消灭事项之发生,须于各事务所之所在地速为登记。一则维持登记之信用,再则使第三人不至蒙不测之损害也。

第八十一条　应登记之事项,非经登记不得与第三人对抗。

依第七十四条规定而登记,则对抗第三人之效力即时发生。此为法律保护社团法人之点。然登记制度,非全为法人之自己,兼为保护他人。故应登记之事项(有变更或消灭时亦然)而不登记,不得对抗第三人,是为保护第三人之利益。而自法人主观的言之,已受不登记之制裁,不生何等之对抗关系。因之法人成立上之绝对必要事件,不可不速行登记也。

第八十二条　外国社团法人在中国设立事务所者,准用第七十四条及第七十七条至第八十一条之规定。

既认许成立之外国社团法人中,有在中国有事务所者,有不有事务所者。不有事务所于中国之外国法人,实际上经营之事甚少。故虽不经何等之手续,而许其得以存在,对抗于他人,亦不至生弊害。若有事务所于中国之外国法人,实际上与设立于中国之法人,殆无所异。故不可不使与中国法人设立事务所时,为同一之登记,公示其目的及组织,以使第三人不被不测之损害。即其他关于事务所之增设或迁移,以及登记事项之变更或消灭,亦不可不为同一之登记。此本条所由设也。

第八十三条　外国社团法人若在中国初设事务所者,于其事务所所在地未登记以前,第三人不得认其成立。

以日本法律言,外国法人在日本有事务所者必须登记,限一星期内,由法人代表至事务所所在地之裁判所登记。登记之后,人始认之为法人,不登记则不认之为法人。惟外国法人不准其成立,势固有所不能。准其成立,而又不易于监督。故外国法人,在中国未有事务所之前,其承认与否,置之不论不议之列。若开始设置事务所于中国,而依中国法人设立之条件速行登记,则不生承认与否之问题。惟于未登记以前,特与第三人以得不认其成立之权利,其制裁力足以及于外国法人,而除去种种不测之损害。

第八十四条　外国法人之登记,须由其法人之代表人全体声请。

中国法人之登记,由全体董事声请,以全体董事皆有代表法人执行业务之权义。外国法人之组织,究不知以何者为代表法人执行业务之机关乎。惟法人之设立,无论中外,原则上必有一代表机关。故声请登记之规定,由其法人之代表人全体行之。抽象的规定,其登记殊难遁逃也。

第八十五条　社团法人之组织，以规条定之。但后十八条规定之事项，不在此限。

多数国家，于民律之规定，原则上皆采契约自由主义。惟加以限制之条件者，恐其与法律抵触，失契约上之安全。本律依多数之法例，故特设此规定。规条为当事者间设立法人之契约，故欲组织何等之社团法人，当以社团法人为目的之社员，表示其共同行为于书面以为准（学者称之为定款之作成）。此契约自由之说也。然认此法则而毫无限制，不但不利于法人，抑且害于公益。故有后十八条例外之规定。

第八十六条　社团法人，须置一人或数人之董事会。

社团法人不能自行活动，故必须有对于外部则代表法人，在内部则执行法人事务之常设机关，此称之曰董事。可分三段言之。第一，董事为代表机关，非民律所谓法定代理人。又，理事之行为，即法人之行为，非法定代理人之行为也。第二，董事为执行之机关，处理法人之事务。故董事对于法人之法律关系，与受任者对于委任者之法律关系相类似。第三，董事者，常设之机关也，代表法人，又执行法人事务之机关。苟非常设，则不能达法人之目的，故法律有必要设置之规定。其人数，则视社团法人之大小及事务之烦简而定，法律仅予以最低之限度为一人。至一人以上之董事会，则仍由社员总会决定之，实际上较为便利。

第八十七条　选任董事，由总会决议。

经总会决议，得随时解董事之任。但得以规条限定解任原因。

董事之选任，依规条所定。有由社员选定者，有由社员以外之人选定者。社员之意见相同时，则社员选定之。社员意见不同时，则请公正之第三人代选定之。惟决定选任之方法，不可不让之于社员总会。盖社员总会为社员集合体发表意思之最高机关。组织董事，又为社团法人之执行机关。故其选任也，不可不以组织法人之社员直接的共同意思也。为选任之准据，所谓总会决议是也。总会之决议，事实上虽为各社员共同意思之表示，而法律上乃法人意思之表示也。故董事之解任，亦得由总会随时决议而实行之。惟订立规条时，先已明定其解任之条件者，则须俟解任原因之发生，不得随时由总会决议而解任。盖总会不过为法人之议会，而规条乃其宪法也。

第八十八条 董事会有执行社团法人业务之权利与义务。

委任规定,于董事会与社团法人之法律关系准用之。

董事既承允其选任,则于总会或规条所定之事件,有执行社团法人业务之权利义务。此董事会与社团法人之内部关系,其为雇佣关系,抑委任关系,抑特种之法律关系。本律则认为委任关系。委任者,其当事者之一方,因此法律行为。委托于相对人,相对人承诺之而生其效力。董事者,社团法人之受任者也。故董事对于法人,有受任者所应有之权利义务。例如董事以有特约为限,有求一定报酬之权利。当处理法人事务之际,有求偿还所支出费用之权利。以善良管理者之注意,负处理法人事务之义务。当处理法人事务时,有以所受之物件交与法人之义务是也。关于委任制之法律关系既如此,故董事会对于社团法人,应与受任者负同一法意之义务,并得依特约而求报酬。此准用委任制之所由规定也。

第八十九条 董事会关于社团法人之业务,于审判上及审判外均得代表法人。

法定代理权之规定,于董事会之代表权准用之。

加于董事会代表权之限制,不得与善意第三人对抗。

董事会为法人机关,当区为内部权限与外部权限。内部之权限,即处理法人事务之权限,例如理事有数人时,则从规条或法律之所定,处理法人事务是也。外部之权限,即代表法人之权限,本律所称之代理权是也。故董事会得代表法人,为审判上(即诉讼行为,如代法人起诉或答辩之行为是)及审判外之行为(即法律行为,如买卖之类是)。盖董事会若不有如此之权限,即不能达法人之目的故也。但董事有数人时,则本诸规条或法律之所定而所为之决议,有代理权之董事,始有代表法人之权。盖董事会虽非法定代理人,而其法律上之地位,与法定代理人之地位相似。故关于法定代理权之规定,可准用之。然董事会于代表法人处理其一切事务之时,有与法人目的不合者,得以规条或总会之决议,限制董事之权限(例如购买高价之物件时,须经总会之决议是)。因之董事不可不服从其制限固矣。然法律上亦有时不许法人向第三者对抗董事之所为(例如董事为其制限外之买卖,而相对人系善意时,即不知其为制限外之行为外,则其行为为有效。法人不得以制限外之行为为理由,主张其无效是也)。因董事会之代表权,虽亦可加以限制,然不得以之对抗善意之第三人。此为保护善意之第三人也。

第九十条 社员总会决议之规定,于由数人而成之董事会决议准用之。

对社团法人表示意思,得只向一董事表示之。

社员总会之决议,为各社员共同意思之表示,有拘束总会一切社员之效力。共同意思,各社员非依法定之手续不得作成。又共同之意思,得作为法人之意思,而有拘束总社员之效力。各社员作成共同意思之权利,称表决权(以平等为原则。然有时以规条所定使社员之表决权为不平等)。作成此手续,称决议手续。所作成之共同意思之效力,称决议之效力。社员总会既如此,董事会亦何独不然。盖董事有数人时,则于社团法人之事务,为执行行为及代表行为,非经各董事之同意,不得为之。是为理论上当然之事。然事实上有不能依此办理者,故准据社员总会决议之规定,使得执行法人之事务,或代法人而为行为,方为便利。至对于社团法人之意思表示,只向董事一人表示之而已足,不必问其有无代理权,亦不必向其他各董事一一表示。此固不但使之易于表示也,盖既为董事中之一人,原则上皆有执行业务代表法人之权义。向一董事表示,不啻向全体董事表示也。

第九十一条 规条所定之董事若有缺额,他董事得行董事会之事务至补额时为止。

规条所定之董事有数人以上时,各董事皆有特定之事务。如甲董事管理社团法人之财产,乙董事掌司社员名簿之修正,丙董事处理其他之一切事务。分科办理,各有所司。一旦甲、乙、丙三人中,有因死亡、辞任、精神丧失及其他事由而出缺者,则所遗之缺之事务,不将因此而停止执行乎?若竟听其缺额,则法人少一活动之机能,事实上易生损害。故法律特许规条所定以外其他董事,得行董事会之事务,属于社团法人,或不至有损害之虞。如所缺之额已经总会决议选任某董事,而得就任之承诺者,则他董事应解暂时执行之职。

第九十二条 董事缺额若虑因迟延而生损害者,审判衙门应由利害关系人之声请选任假董事。

何谓假董事?因董事或有精神上之障碍时或死亡时,倘法人有迫不及待之事务,则选一人暂为办理,谓之假董事。盖董事者,为法人之代表,执一切之事务,故法人非依赖董事不得活动,不能一日缺者。若缺董事,速选任其后任。而选任之方法,从规条或法律之所定,须经许久之时期。且法人或仅有一之董事,必至贻误其事。即法人而有数之董事,于决议其事,亦有因缺其一而不能为决议者。种种损害,将由兹起。故于此不复依规条之所定,而于便利上暂置假董事,以选任权付于审判衙门。然非经利害关系人(即董事及他之代理人)之声请,不得以职权行使假董事之制。例如社团法人对于甲有债权之关系,逾七日,债权之时效将消灭。而董事适于七日之内暴死,不能为时效中断之行为,而七日之内,又不能速选董事,则用假董事暂为办理事务之类是也。

第九十三条　董事,于自己与社团法人利益相反事件,不得参与董事会之决议,或因代表法人加入董事会之组织。

前二条规定,于前项情形准用之。

社团法人与董事之自己利益相反之事件,董事无代表法人而处理之之权限。盖董事之利,为法人之不利。法人之利,为董事之不利。例如法人须买不动产,而董事适有不动产欲卖与法人。法人须借入金钱,而董事适有金钱欲贷与法人。在董事以高价厚息为利,在法人以廉价薄息为利,是两者之利益相反。法人无意思,董事本可代表法人而为一切之活动。若于此等之事项,亦听董事代法人与己为契约,势必惟有为一己利益之意思,无代表法人利益之意思,而法人之不利必甚。故关于为此之事件,法律上不许其有代理权,即不得参与董事会之决议,或因代表法人加入董事会之组织是也。其暂行董事会事务之董事,与审判衙门选任之假董事,亦有为社团法人法定代理人之地位,实际上与董事无殊。故准用本条之规定。

第九十四条　社团法人得以规条声明,就特定业务得选任特别代理人。

第六十三条之规定,于前项代理人行权限内业务之际加损害于他人者准用之。

法律上之原则,就同一之法律行为,无论何人,不得为其相对人之代理人,及为当事者双方之代理人。故就特定之业务,社团法人得以规条声明,选任特别代理人。特别代理人者,可就特定之业务,代理人为法律上之行为,是为社团法人目的上不可少之事。故订立规条时,多数皆有明文,以为特别选任之地步。试言其例。如某董事买得法人所有之物件,而不付代价,法人应提起诉讼。假使董事依有代表法人之权限,则董事一方为被告,一方又为原告,断无此办法也。故当此之际,社团法人得以选任为其行为之特别代理人,为之提起诉讼是也。惟特别代理人,既由社团法人依据规条之所定而选任。故于其行权限内业务之际加损害于他人者,社团法人亦应负赔偿之责。如其所行非权限内业务,而加损害于他人者,则由特别代理人之自身任其责,此固无待言也。

第九十五条　社团法人之事业不属于董事会及其他办事人之职务内者,依总会决议行之。

社员总会,作成社团法人意思之常设机关也。是以第一,社员总会,乃法人之意思机关,非社员之集合体。又总会之决议乃法人之意思,非社员之意思也。第二,社员总会乃法人之机关,非社员之机关。盖社员总会因作成法人之意思故而设定之机关也。第三,社员总会,乃法人之意思机关,非法人之执行机关。此总会与董事异其性质之要点也。然社团法人之事业繁多,不尽属于董事会及其他办事人之职务内者,如董事会及其他办事人之执行事务,既以职务内为限。而社员总会又只以发表意思而生共同一致之效力,则其残存之事业,应由何种机关行之乎?法律上亦不可不有明文规定。盖董事会及其他办事人(如假董事及特别代理人等),其对外关系虽代表社团法人,至对内关系,则应服从总会之决议。如代表权之限制,不可不遵守者也。又规条之变更,董事之退任、解任,及社团法人业务之监督等,均依总会之决议行之。是不但尊重法人之意思机关,亦为表决上实行之便利也。

第九十六条　总会由董事会招集。

社员总会以招集而成立,而必依法律或规条之所定而招集。如不依规定而招集,不得为社员总会。盖社员总会之招集,不啻国会之召集,必为招集之权利以招集总会,而后为成立。若无招集之权利,以社员数人自相聚集,不得为总会之成立。总会之招集,乃使社员总会开会之意思表示也。社员总会不得自开之,故以招集之者为必要。董事会为执行法人事务之机关,招集总会,亦为法人事务之一。故规条上若无特别规定外,以由董事会

第三章 法 人

招集为适当。此本条所由设也。

第九十七条　总会，须于规条所定及社团法人有利益之时招集之。

由总社员五分之一以上将会议目的及招集理由以书件提出于董事会请求招集总会者，董事会须即招集。但其定数，得以规条增减之。

董事会受前项之请求后不于二星期内招集者，得由请求之社员经审判衙门之允许招集之。

社员总会以分为定期总会及临时总会为通例。定期总会，从法律或规条之所定，于每年定期所开之总会。临时总会，则临时有必要时所开之总会也。故定期总会及临时总会，乃以开会之时期为标准而区别之，非以其权限为标准而区别之也。日民法之规定，其于通常总会，则理事至少须每年招集一次。为在临时总会，则理事认为必要时，不论何时，得以招集。本律则不然。对于定期总会，则从规条之所定，不采法定主义。对于临时总会，则于社团法人有利益之时招集之，较之认为必要时，更有标准之可言。

总会之招集，有董事会之招集，与总社员五分之一以上之请求招集。如是，则社员与董事之势力平均，即董事有不得人时，亦不至生把持之弊。所谓由总社员五分之一以上者，非必一人不能请求。但非得社员多数之同意，不能即时招集。所谓以书件提示会议目的及招集理由者，如欲弹劾董事，必示明董事何者之不当；欲变更规条，必示明规条何者之当改。盖请求之手续既臻完备，董事会无反对之理由，故以速即招集为必要。惟总社员五分之一以上，并非强制的规定，得以规条增减之，或为四分之一以上，或为六分之一以上，均无不可。

招集总会之时间，必以接受请求后二星期内为限者，恐董事会故意迟延，殊有碍社团法人之利益。故董事会不于法定限期内招集者，得经审判衙门之允许，由请求之社员招集之（学者称之为招集权之代用）。盖审判衙门必先审查其请求之是否适法，招集理由之是否充分，会议目的之曾是否标明，而后以招集权界之，于法人亦有利益。以理论，一方抛弃招集，即一方取得招集权，乃当然之结果。此本律所由明定也。

第九十八条　招集总会，至少须于开会之五日前发通知于各社员。

前项通知，须记明会议目的、处所及日时。

招集手续：第一，招集之通知，不可不依规条所定之方法。例如从规条之所定,以邮电通知招集,或公告于新闻纸而通知招集是也。第二,发通知至少须于开会之五日前。盖总会之招集,若至会议之日为其通知,则社员于所议之事项不惟不得详为考虑,且有因时促而不及出席者。故法律定以最少限度为开会之五日前。为各社员计,亦为法人计也。惟通知书上有必要记明之事项,即(一)会议之目的,(二)会议之处所,(三)会议之日时是也。如缺其一,则与未通知等。盖社员总会之目的,在知社员多数之意思。故就其会议之事项,当使社员得详为考虑之便宜。若于通知上不明示其会议之目的,则社员于所议之事项,曾无考虑之机会。以是而望完全之决议,盖不可得(如关于财产事项,非详为考虑不能完全发表意思)。不记明处所,则欲赴会议而无从。不记明日时,无以为开会之准据。故招集总会之程序,欲其有效,不可不致完备也。

第九十九条　总会只就前条规定预行通知之事件得决议之。但规条特别订定者,不在此限。

总会之招集,必有种种会议之目的。其目的之事件,当于开会之五日前通知各社员,前条已明文规定。盖未为通知之事件,社员或不能悉其端委,及其利害,咄嗟之间,使之发表意思,难期正当,或有因之竟不能决议者。故除前条预行通知之事件外,不得复为他事之决议,此原则也。然亦有例外。例如因董事之缺员招集总会,行董事之选举,是为已通知之事件。然于选举时,适有董事之一人,因暴病而出缺者,则董事又有一人之缺员,而有补选之必要。使于此时亦视为通知以外之事件,更为数日之犹豫,非再招集总会不得为选举,是徒重无用之手续,而于实际反为不便。且法人范围之小者,于总会决议之事颇少。苟决议而有余时,皆可利用其时,以议其他。是皆规条中别有订定,不必拘泥原则也。惟就预行通知之事件得为决议者,立法之精神,不过欲使社员对于会议之目的有所准备而已。而在董事一方,亦限制其得依规条指挥会议之权。故设此规定。

第一百条　各社员有平等表决权。

总会决议,除本律有特别规定外,依到会社员多数决之。

社员得用代理人行表决权,但代理人须提出证明代理权之书件于董事会。

总会之决议,为团体之关系。如为个人之利益,而不服从团体之决议,则不能达团体之目的。有社员之表决权,始有决议之手续。各社员之表决权(即参与决议之权),乃社员于总会表示自己意思之权利也。以平等为原则,故一人一表决权。不因出资额之多寡,功劳之有无,与社员之身份如何以为准。日民法之规定,则有出于例外者。谓在定数中有特别规定之时,则不适用平等表决之原则。例如甲、乙、丙三社员,甲、乙之出资额各二百元,丙之出资为五百元。甲、丙同意或丙、乙同意,皆可为多数之决议。此不平等之决议也。故法律认之为例外。平等云者,谓以社员一人为单位,而各出席之社员,皆有表决权,无差异于其间也。但规条有特别订定时,从规条之所定。本律虽无明文规定,当然适用之。

决议之后续,有多头决与多额决两方法之分。多头决者,例如百社员以五十一员以上决议为过半数之谓也。多额决者,不问决议社员之多寡,但论决议社员资本之多额之谓也。而多数之办法亦有不同。法律规定三分二以上,或四分三以上,或五分四以上,为绝对多数。过半以上为比较多数。以一般法人言之,以社员为重,则用多头决。以资本为重,则用多额决。社团法人以社员为本位,故多数国家皆系多头决,本律从之。又虑绝对多数制之不易于表决也,则采比较多数制。就现出席社员之数计算(以到会为限,不必计算全体),以此为原则。例外则以本律有特别规定者,从其所规定决之。如变更规条等,须经总社员四分之三以上之同意是也。

社员之表决权,以社员各自到会为原则。然事实上有因疾病或公务,万不能如期到会,即用代理人代理本人之表决,皆可生决议之效力,法律亦认之为例外。然德国之立法例,不能使代理人行使表决权,则以表决权为社员之专属权。日本之立法例,代理人可以行使其表决权,则以保护未出席社员之利益。本律从之。惟代理人须提出代理证书于董事会,一借以审查委任关系之确否,二保存代理表决之权源,是亦补救代理人行使表决权之流弊之一方法也。

第一百零一条　社团法人规条,以全体社员四分之三以上之同意为限,始得变更。但法人之目的,非经全体社员同意,不得变更。

变更规条,非经主管衙门允许,不生效力。

总会之决议,欲其有效成立,不可不据规条所定之方法。若规条无特别之规定时,不可不从本律之所定。规条为规定法人组织及其活动准则之书件,学者间称为法人之宪法。此乃形容规条重要之词。故订立规条,为法人设立之要事。变更规条,当然为法人之重大事件。既为法人之重大事件,究以何等法定程序而始得变更乎？法律不可不有明文规定。盖法人从法律所规定之事项,而订立规条后,得于其目的范围内而为活动,使易于变更,则法人将不能永久保持,或因而发生莫大之损害。然使绝对不许变更,则因于社会之进步,法人之行为,亦有不能不应于社会而为变迁。若为不可变更之规条所束缚,亦于法人有所不利。故酌于二者之间,虽许变更,惟必定以严重之手续,所谓限于全体社员四分之三以上之同意是也。决议之方法,法律上虽有规定,而不强加以限制,于其规条中有特定者,即与法律上之规定相异,亦任其自由。惟对于规条之变更,兹事体大,不能任全体社员之自由。盖其他事项之决议（除法人解散之议决外）,以得到会社员多数之同意,即有效而成立。变更规条,不能不用严重之议决方法。称以上者,犹言全体同意,尤法律之所与也。总会之决议,法律上认过半数为原则,此固对于过半数之原则为例外。然犹有一例外之例外焉,即变更法人目的之决议,不能以四分之三以上为标准。盖以重要程度论,变更规则,虽于法人之活动准则,不无动摇,然亦不过立法上之修正问题。变更目的,乃为法人根本上之问题（如以政治为目的忽变而为技艺）,故应得全体社员之同意。其不得本律所定之同意权而变更者,其变更为无效,此固不言而喻。且规条之变更,虽依法定程序,然非经主管衙门之允许,仍不生变更上之效力。至目的变更,等于某种法人之自初设立,当然请求主管衙门之承认,法固无庸明定者也。

第一百零二条 全体社员以书件表同意者,不问其决议之事件如何,与总会之决议有同一效力。

表决权以社员自出席于总会而行使之为原则。然社员中或有因疾病暨公务故,不得自出席于总会者,为社员便利起见,法律除用代理人行使代表权外,又出于例外,许不出席于总会之社员,以书件为表决。如全体不到会,则以全体行之。故全体社员对于社团法人之事件,既以书件表同意者,虽不开总会,亦成为总会所决议之事件。此为节省招集总会及开始程序而设也。

第一百零三条 关于社团法人与社员及其配偶或其直系亲属之关系

第三章 法 人

而为议决者,该社员无表决权。

各社员皆有表决权,已有明文规定(本律第一百条)。而有同一之社员,有时无此表决权者。则以其所决议之事,与该社员有直接间接之利害关系。直接之关系,为社员之本身。所谓配偶者,如男性的社员,则为妻之类。直系亲族者,由己而上溯之,则为父、为祖父、为曾祖父之类。由己而下推之,则为子、为孙、为曾孙之类。此皆为间接之关系。然关系之发生,又因行为而异其性质。例如法人欲买入某财产,而此社员适有某财产,欲卖出于法人,于总会集议其价值,是为法律关系。又如决议法人对于某社员宜提起诉讼与否之时,是为诉讼关系。法律于此,非绝对的于有关系之事,无与议之权。其欲到会而陈述其意见,则亦听之。但不认有议决之意思耳。关于此际,所以不认其有表决权者,盖恐该社员不能为公平无私之判决,而有妨社团法人之利益故也。

社团法人之组织,采契约自由主义,故以规条定之。然自第八十六条起迄本条止,皆为法律上特别规定,适用时不可不遵守之。盖法人之组织以规条定之者,冀法人设立后之生存发达。以法律定之者,冀不反乎法人之实质,而为实施监督之准程。适用次序之先后,一任法人便宜上之自由决定,惟不抵触于法之强行的规定耳。

第一百零四条　社团法人目的及偿还债务所必要之金额,各社员须按平等之比例出资。但规条有特别订定者,不在此限。

社团法人者,谓因数多之人之共同行为所设立。且即以设立者及他之人格者,为其法人之构成分子也。故各社员于规条无特别订定时,则于社团法人欲达其目的及偿还其债务所必要之金额,皆负平等比例出资之义务。盖除规条所载各社员每年出若干之金,或每月出若干之金,则出资社员必到期方负缴纳之义务外,如法人现存之金银财产不足以供法人目的之用,或偿还其所负担之债务者,则欲期法人之生成发达,非由组织之各社员平均负担,势必陷于破产之危境。故法律定以平等比例出资,以扶助法人之存在。所谓平等之比例者,例如甲、乙、丙三社员,甲之出资为二百金,乙为三百金,丙为五百金,皆曾于规条上明载。于此须按原出资之金额之多寡比例而出之,庶不背平均负担之原则。如规条有特别订定者,例如甲、乙、丙三社员,于订立规条时,载明甲、乙二社员仅限于每年或每月出若干之金,而丙以无限责任自认。则于此有必要金额发生时,应从规条之所定,不能按平等比例而出资也。

第一百零五条 社员之特别权,不得以总会之决议侵害之。但经该社员同意者,不在此限。

社员对于法人之权利,可分为两种:(一)社员权;(二)一般权。不可与社员地位相分离者,为社员权。举实例言之。如社员总会中,社员有议决之权利,为法律所规定。社员可以无偿的利用法人之建筑物,可以为归属权利者,受法人之剩余财产,为规条所认许者是也。社员与普通人所皆有者,为一般权。即物权、债权之类是也。然社员与社员间之权利关系,亦有一般与特别之分。社员与社员间,同有应享之权利者,为一般权。此社员与其他之社员比,更有特殊之权利者为特别权。例如比他社员可出资较少之权利是。特别权之发生,基于规条上之特别订定固矣。然有时有权者自甘抛弃,法律于此,不能不尊重当事人之意思。即经该社员之同意,虽加侵害,亦属何妨。惟不得以总会之决议,侵害社员之特别权。如因总会之决议可得而左右之,则其利益易蒙损害。故设本条,以明示其旨。

第一百零六条 社员之资格,不得让与或继承。

社团法人未设立之先,必集数多之人而共同商酌之。至共同议决,乃见成立。是创立此法人之社员,即为其法人之构成分子,社员外并无有参议于其间。有社员资格者,其本质上当然有专属之性质,非社员固不得强而求之,亦不得攘而夺之也。故社员之资格,因此发生不可让与、不可继承之事实。若可得而让与或继承之,则社员与社团法人之法律关系,不能有密切之态度。盖法人万一不利,影响必及于社员。而社员乃出于让与或继承之一途,以消灭其资格。然此等事,于法人破产时关系尤大。故法律不许之。(一)以防卫第三人之受不利益;(二)以维持社员与社团法人之法律关系。盖社员之资格,为原始的取得。如中途让与或继承之,于立法政策上,亦背原始取得之本则。此本条所由设也。

第一百零七条 社员入社,经第一百条所规定之总会决议。但规条有特别订定者,不在此限。

社员之入社,须得已成立之法人之许可。社团法人之许可,即社员总会之决议也。决议方法,除本律有特别规定外,亦依到会社员多数决之。

第三章 法　人

始以开社员总会为太烦难,则订立规条时,预先规定以允许权委诸董事,得董事之允许,即可以入社。此为自由入社之办法。如规条有不准入社之规定时,即不得入社。有交付社金之规定,即须交付社金,而后能入社。此为限制入社之办法。本条但书规定,含有自由入社与限制入社之两种办法也。社员之入社,实际上采用自由与限制主义者为多。盖虽有数多人之入社,决不能同时提出志愿书。有数多人之入社,亦不得谓于法人为无利益。认为有利益,则须招集总会。数多人如此,少数人亦然。则凡为社员者,毋乃有疲于应召之嫌乎！故除严格的规定以防滥竽充数外,不能不有但书,以便利已入社之各社员也。

第一百零八条　社员得随时退社。但规条中限定于业务年度终或经过预告期间后始准退社者,不在此限。

前项预告期间不得逾一年。

社员之退社,或本诸死亡,或本诸法人之不存在。夫社员死亡,则丧失人格,无权利能力,固应退社(本律于社员资格有不得继承之规定,故继承人毋许继续死者而为社员)。法人不存在,社员因之退社,亦属当然之事。然社员亦有由自己告退者。盖一经入社,如永远不得退社,是有害于公益。故法律以得使社员自由退社为原则。但规条中定有退社之时期及方法者,若不从规条之所定,亦有害于社团法人之利益,故例外之规定,不过为限制的(非永久的),于一定之时不能脱退耳。何谓一定之时？即业务年度终或经过预告期间后之限定是也。业务年度终,例如本年四月一日至明年三月三十日,为一业务年度。至年度时将社团法人之业务,整理一次。社员之欲脱退者,于此时脱退,不至年度不得脱退也。经过预告期间后者,例如规条上载明退社预告期间为十个月。倘该社员于本年四月一日提出退社书,则须至明年二月始得实行退社是也。惟预告期间,亦不能为长时之规定,致不便利于欲为退社之社员。故本律又有不得逾一年之规定。

第一百零九条　有正当之事由者,得依总会决议,令社员除名。但除名之事由,得以规条定之。

前项但书规定,被除名之社员对于除名之决议,不得以失当为理由提起撤销之诉。

社员之除名，应以规条所定者为限。盖除名之事由，其范围有广狭之殊。若不预先约定，其弊之大者，一则使各社员均不注意，再则发生后难于执行。故除名之事由，不可不以规条限定。然亦有用法律规定者，此种立法例颇多。本律为除去社团法人之障害计，于有正当之理由者，则许其依总会之决议而除名。惟除名之事由，非以规条限定者，其被除名之社员，为系保护其利益起见，对于除名之决议，得向审判厅提起调查除名理由是否正当之诉，是属当然之事，无待明文规定。其除名之事由，以规条限定者，被除名之社员，对于除名之决议，果否背于规条，不得向审判厅提起撤销之诉，以防无益之争论，而于总会之决议权，不致侵害。此第一项但书及第二项所由设也。

第一百十条　既退社或除名之社员，关于社团法人财产失其一切请求权。

前项社员，其退社或除名时应分担之金额，负偿还义务。

社员自行退社或被除名，其持分应返还否，关于此问题，主张不一。日本松冈学士以为，定款如无返还之规定，则社员不得请求返还其持分。何以言之？民法上法人，公益法人也，以有达法人目的之财产而成立。如社员之持分可以返还，则财产减少，而目的不能达，法人将被其破坏，故不得返还也。本律采之，以既退社或除名为限，即丧失其对于法人之一切请求权。又，社员对于第三人有担保责任，退社或除名时，应继续否，松冈学士以为，社员于未脱退以前所负之保证责任、连带责任，脱退以后，必待此债权消灭，始不负责任。如脱退后即不负责任，在社员近于诳骗，在取引之第三人则多危险。必使负责任，为保护取引之安全。然不能使之永负责任，不可无政策以调和之。调和之法，定以期限而已。本律又采之。故前项社员应负偿还之义务者，限于退社或除名时应分担之金额，不使之负永久之责任也。

第一百十一条　总会之决议有违法令或规条者，其不同意之各社员，得以诉请求审判衙门宣告撤销决议。

前项之诉，须从知决议之日起一个月内提起之。但从决议之日经过三个月者，不得提起此诉。

总会之决议，为法人之意思表示，有拘束总会一切社员之效力。说明其理由有两议论，一说以团体关系为根据，一说以个人关系为根据。团体关系说，谓其数人应服从多数人之决议，否则不足以达团体之目的。总会决议乃多数人之决议，故有拘束各社员之效力，其意重在服从。个人关系说，许少数人服从多数人之效力，乃少数人请多数人为之代理。无论何人，皆有服从代理决议之义务。故总会决议，有拘束各社员之效力，其意重在代理。总之，个人说之重代理，代理人仍以本人之意思为意思。而总会多数人之议论，不必同于少数人之意思。故经总会表决之会议事件，以不背乎现行法令或公订规条者为限，其决议始确定而不可移。如有违反法令或规条者，其不同意之各社员，得向审判衙门提起撤销决议之诉。至审判衙门果宣告撤销与否，此乃事实问题。法律不过以请求撤销权，付于不同意之各社员而已，一方为尊重法令或规条之所定，一方为保护不赞成之少数社员利益起见。然请求权长此保存，于总会之决议亦有妨害。故不能不有消灭时效之规定。即从决议之日经过三个月者，不得提起请求撤销之诉。其不同意之各社员，限于决议中有违法令或规条者，须从知决议之日起一个月内提起之，否则因时效而消灭。举其例，如一月一日所议决之事件，不同意之该社员，于三月三十日始知决议之有违法令或规条者，则须即日提起请求撤销之诉。缘翌日即为法定期间之经过，其请求为无效。法言从知决议之日起，则当总会决议时。其不同意之社员，到会与否，法律所不问。惟限于法定期间内，发觉决议之有违法令或规条之所定耳。此为维护社员总会之表决权，与不同意社员之请求撤销权，不致两相冲突，俾社团法人蒙其损害。此本条第二项所由设也。

第一百十二条　社团法人之业务，属主管衙门监督。

主管衙门得随时调查法人业务及财产情形。

各国奖励法人，不遗余力。法人日发达，则国家经济日发达。然法人之流弊日亦多，故国家设为监督以防其流弊。本律采之，以主管衙门，作为国家法人之监督机关，使监督法人。故法人之业务，属于主管衙门之监督。主管衙门以权限为管辖，如学校法人，则教育部为主管衙门。实业法人，则农商部为主管衙门。邮电、铁路等法人，则交通部为主管衙门。其实行监督权，如法人为目的以外之事业，或违反设立之条件，或有害公益之行为时，得撤销其允许，或允许规条之变更与否之类是也。说者谓社团法人之设立,采契约自由主义。若主管衙门过用其监督之权,于不宜干涉者而干涉之,亦非法人之利益。然社团法人业务之盛衰,其关系公众之利害,又有影响于国家之利害者实多。故主管衙门除监督外,无论何时,得以职权调查法人之业务及财产之情形。董事若妨其检查,为不实之声明或隐蔽事实时,则科以五元以上五百元以下之罚锾。法律于监督外,又以调查权付于主管衙门者,亦严重监督之一法也。所谓财产情形者,即法人财产之出入也。

第一百十三条　社团法人,因下列各款情形解散:

一、总会决议;

二、规条内所定解散之事由发生;

三、破产;

四、设立允许之撤销;

五、目的事业之已成就或不能成就;

六、社员之缺亡。

法人之人格消灭,原于解散之事由。法人因解散而丧失其人格,犹之自然人因死亡而丧失其人格。惟法人之解散,乃基于法定原因。故法人因解散而丧失人格,非因解散后所宜为之清算或破产之终了而消灭也。又,法人虽因法定之原因而丧失人格,不因他原因而丧失人格。盖法人为社会的生产物,非自然人生产物。故除法律上所定人格丧失之原因外,无基于他原因而丧失人格之理也。法人消灭之事由,本可分为解散之事由及权利能力丧失之事由二种。依权利能力丧失之事由而法人消灭者,尚可作为无法人人格之社团而使之存续。然在外国,虽有此种立法例,不免失于烦杂,实际上并无裨益。故本律不采之。本律之所采,乃基于法定原因:(一)总会之决议。法人之解散,不必经总社员全体之赞成,有四分三以上之同意,即可以解散。惟法人因总会决议而解散,非一般法人共通之事由,乃社团法人特有之事由。(二)规条内所定解散之事由发生。法人设立时,于规条上可以自由规定解散之原因。例如以百年或五十年为期限,则至百年五十年之期,即解散之原因发生。又如甲、乙、丙三人组织一社团法人,其组织之原因,乙、丙为甲之才能,乃与甲组织此法人。规条上说明甲死亡则法人解散。是甲死亡之时期,即解散原因发生之时期也。(三)破产。法人之债务多，恐其有偿还，有不偿还。破产法者，所以使债权者得公平之偿还也。法人不能履行全部之债务，其势不能不破产。法人既破产，财产之信用已无，其势不能不解散。（四）设立允许之撤销。法人设立时，必得主管衙门之允许。允许之后，调查其事业之目的，不同于设立时之目的，或有害于公共之秩序，则撤销其允许，而发生解散之原因。例如以政治上之目的而设立法人，其中或有赌博等事。则主管衙门撤销允许而解散之是也。（五）目的事业之已成就或不能成就。何谓目的事业之已成就？例如为开博览会而设立法人，博览会开设后而会闭，则法人解散，而目的事业亦已成就。此以成就而发生解散之原因者也。何谓不能成就？如为研究学术，须社员各人担任经济若干，社员不能担任。是有经济则成就，无经济则解散。（六）社员之缺亡。缺亡者，非一二社员之缺亡，全体社员之缺亡也。亦非专指死亡之缺亡。或退谢，或死亡，皆缺亡也。盖社团法人以社员为基础，无基础则法人当然解散。如尚有三人以下之社员，即不能为法人解散之原因。法人因社员缺亡而解散，亦为社团法人特有之事由。苟有以上各款情形之一，社团法人即无须存续。此为法定解散之原因。

第一百十四条 解散社团法人之决议，须有全体社员四分之三以上之同意。但规条有特别订定者，不在此限。

社团法人既因社员之意思而设立，自不得不以社员之意思而解散。然解散而必得全体社员之承诺，不惟实际上见为困难，且狡猾之社员，将以之居奇，而动梗众议矣。是以本条之规定，虽知其事之重大，非一二人所能主，而亦不必得全体社员之承诺，但有其四分之三以上之同意者，亦已足矣。然此乃一般之原则，非关于公益之规定。若规条上定为三分之二以上，或必须全体之同意，亦无不可。以理论上言之，全体赞成，事所罕见。本律定为四分之三以上，折中之数也。以积极方面言之，社团法人之解散，是为重大事件。故解散之决议，于规条无特别订定者，以有全体社员四分之三以上之同意为必要，于义亦通。

第一百十五条 社团法人之财产不能清还债务者，董事会须速向审判衙门声请破产。

董事因故意或过失怠于前项声请致法人之债权人受损害时，须任赔偿之责。但董事有数人，应连带负责任。

社团法人既无资力,不能清还债务,必先解散法人,而后可以其财产分配与各债权者。若当此之际,复令其法人存续,不但债权者将益以受累,且有害于公益,决不可也。就破产律言之,非必财产少而债务多,始可宣告破产。即财产多而债务少,亦有受宣告者。然此乃一般破产之宣告。若法人之破产,必债务多而财产少者。何则?法人有财产之目录,易于调查也。董事会有编制财产目录之职责,故于法人财产之状况,知之最详。若明知法人财产之不足以偿其债,而不为破产之声请,或急于声请者,此固基于董事之故意或过失,致法人之债权人受其损害。法律为保护法人之债权人起见,故以损害赔偿之责,使该董事任之。如董事有数人时,并使之连带负责任。盖董事有声请破产之权利,亦有声请破产之义务。法人财产,苟不足以清还债务,董事知之最早。若出于故意或过失,不速向法人所在地之审判衙门为破产之声请,债权者必日受损害。故本律除科以罚锾外,又使之负损害赔偿之责。

第一百十六条　社团法人,为目的外之事业,或违背设立允许之条件及有害于公益之行为者,主管衙门得将允许撤销。

主管衙门既有监督法人之权,不能不有制裁法人之权。其制裁之规定,散见于本律者有二,即一允许之撤销,二罚锾是也。撤销法人设立之允许者,非知其有撤销原因之行为即撤销之也。必于已知之后,先发命令,使之改正。法人不受命令,而依然为其行为,然后撤销其允许耳。所谓为目的外之事业者,如公益法人不以公益为目的,而以营利为目的,变更其目的之事是也。夫主管衙门据其法人之目的而与以允许,若法人为其目的以外之事业,是反乎允许之本旨,其得撤销之,固属当然之事。所谓违背设立允许之条件者何?盖主管衙门为允许之时,必附以一定之条件。符此条件,乃得成立。如令其规条中增加某条件,或变更其条件是也。若不守其条件,反乎允许之精神,亦得撤销之。所谓有害于公益之行为者何,盖设立之允许,必以其不背善良风俗与公共秩序而允许之。至允许后若害于公益,是反乎允许之意思,亦当然撤销之。撤销允许,形式上为解散,实际使社团法人丧失其权利能力也。

第一百十七条　董事会须向社团法人住址地之登记所开具解散之原因及年、月、日,声请登记,并须将其事件呈报主管衙门。但因破产或撤销

第三章 法　人

设立允许而解散者,不在此限。

社团法人因解散而丧失人格,似不必特行登记。然以解散之故,公示于利害关系人,于实际上最为紧要。至呈报于主管衙门亦然。故解散之原因,除破产或撤销设立允许外,董事会须从速向社团法人住址地之登记所声请登记,并以其事件呈报于主管衙门。盖设立登记,既由全体董事声请。则解散登记,当然由董事会声请之。所以然者,以法人之解散,或因总会之决议,或因规条内所定解散之事由发生,或因目的事业之已成就或不能成就,或因社员之缺亡,情形各殊,原因自异。非由董事会之声请,则难期确实。登记者,于法人住址地之登记所登记法人解散之原因及其年、月、日。呈报者,于主管衙门呈报法人解散之事实,均为使皆知法人解散之方法,立法政策上,多采强制的规定。故本律对于董事有怠于上述登记时,则科以五元以上五百元以下之罚锾。至因破产或撤销设立允许而解散者,应由该主管衙门书通知登记之程序,不必由董事会声请,于后二条详之。

第一百十八条　社团法人因破产而解散者,审判衙门须将其事由通知于法人住址地之登记所及主管衙门。破产宣告之撤销时亦同。

受前项通知之登记所,得以职权将所通知之事件登记之。

法人之目的事业,有行政上之知识,即可以监督,故以主管衙门监督之。公力上之监督,非有法律上之知识,不足以达监督之目的,故以审判衙门监督之。盖法人将行解散,其事条非其目的事业之执行,乃其财产上之整理,故以使审判衙门监督之为适当。夫法人财产既不足履行债务,审判衙门不必待破产之声请,亦可以职权为破产之宣告。诚以破产之事,于公益关系甚大。如法人应破产而不为破产之宣告,债权者必受其累。以破产为公平之分配,则益于债权者实多。故法人破产之宣告,为审判衙门之职权。唯一经破产之宣告,法人随之而解散。然解散之故,亦不可不使法人住址地之登记所及主管衙门知之。故审判衙门于宣告破产后,以通知为必要。撤销破产宣告时亦然。法人住址地之登记所,既受审判衙门因破产而解散法人之通知,或撤销破产宣告之通知,其事由亦不可不公示于众,故得以职权将所通知之事件登记之。此本条第二项所由设也。

第一百十九条　社团法人因设立允许之撤销而解散者,主管衙门须将其事由通知于法人住址地之登记所。

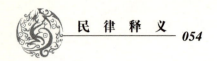

前条第二项规定,于前面准用之。

设立社团法人,无经济上之目的者,须经主管衙门之允许。设立后,须由全体董事声请登记。一则恐滥行设立,有害公益;一则以法人之成立及其组织,不可不公示于各人。若设立后,法人为目的外之事业,或违背设立允许之条件及有害于公益之行为者,主管衙门不可不将允许撤销。惟法人一经允许之撤销,亦当然因之而解散。法人之解散,既基于主管衙门之职权,则董事会断无自愿声请解散登记之理。故主管衙门应尽通知之程序,方为妥协。否则,登记所对于该社团法人,只有设立之登记,而无解散之登记也。

第一百二十条 社团法人解散后,其财产归属于规条中所指定之权利人。

规条中若未指定归属权利人,或其指定方法并未订定者,因总会之决议,择其与法人目的相类事业将其财产处置之,但须经主管衙门允许。

依前二项规定不能处置者,归属于国库。

社团法人解散后,其残余财产(例如法人财产一万元,债务八千元,两者相抵,尚有残余财产二千元是)当为如何之处置,学理上实际上共有议论之问题,别之为四:(一)依于设立者之意思;(二)归于设立者或其承继人;(三)供类似之目的;(四)归于国库。以上四主义,各有所据。虽难决其取舍,而据其所可信者,则以第一主义为最优。盖法人解散后,其财产归属何者,应尊重设立者之意思。若法律规定与之相反,是失设立者之公义心,而使社会上法人之设立之事,将日见其衰退矣。日本民法亦以第一主义为原则。本律采之,是于理论上最稳当,于实际上亦最足奖励法人之设立,可谓其为至当者也。虽然,欲使终依此主义,亦属不可。何则?法人之设立者,往往竟忘其意思之表示,而于规条中何无等之规定者。当此之际,将为何乎?则于第一主义以下之三主义,不可不择其一。然而就其第二主义观之,实有不可采用者。盖第二主义,谓法人之遗产,当然归属于法人之设立者或其承继人。推此主义之意,谓后日解散,仍归属于设立者及其承继人,为设立者所希望。不知设立者以自己财产设立法人,至成立以后,其财产全与设立者分离,而为法人之所有,设立者对之无何等之权利。若谓其据存解散后归属之希望,则于规条中当明定之。有明定者,从意思或可也。未有明定,而云当然归属于设立者及承继人,不亦谬哉。故从理论上言之,既与财政之关系断绝,无复仍为所有之理。而从实际上言之,果以此为归属,则设立者与承继人,必驱于利欲。法人而有余资也,将促其解散而图一己之利矣,是于法人大有妨害者也。故本律不采之。然仅采第一主义,亦有不足适用之处。故欲补第一主义之不足,不得不采第三、第四两主义。盖社团法人之残余财产,若不以规条指定归属权利人,或不定指定之方法时,则定用于与解散法人相类似之目的而处置。但为此处置时,一不可不基于总会之决议,二须经主管衙门之允许。此乃防止董事之专横,且因判断究为相类似之目的而处置之与否故也。又,规条中不指定受解散法人之财产之人。而法人之解散,或属于成就之不能,必无类似之目的。当此之际,乃不得不采用第四主义。盖国库为一国公益而设者,社团法人之设立,多关于公益。故其解散后之财产,以之归于国库,亦设立者所乐从也。要之,既解散法人之财产,于规条有指定归属权利者之人,则从其所定。其无指定者,则投入于类似其目的之法人。若又无类似之法人,乃不得已投入国库。国库者,归属权利之一种。国库即国家也。国家为财产权上之主体,谓之国库。综以上言之,学者间称之为残余财产之引渡。

第一百二十一条 社团法人解散后,其财产须依后十六条规定清算之。

前项规定, 于社团法人因破产而解散者不适用之。

清算之定义,谓明法人之资产与负债。因其权利之行使,收集其利益,履行其义务,而以其残余财产交付于权利者也。所谓明法人之资产与负债者何?盖资产为法人之财产,负债为法人之义务,两者间之界限,须令分明。所谓因其权利之行使,收集其利益者何?盖法人有债权、物权,于解散时得以其权利而使人返还之也。所谓履行其义务者何?乃他人对于法人有债权、物权,于解散时法人当负其义务,而返还于他人也。所谓以其残余财产交付于权利者何?残余财产,乃于其所收集者为偿还后,尚有剩余之额也。权利者,即应受取其余额之归属权利者也。是以第一,就清算言,法人之债权必须实行,其债务必须履行,残余财产,必须交付于归属权利者。盖此等之行为,乃使法人之法律关系消灭所必要之行为也。第二,法人法律关系之消灭,不可不互为关联之多数行为。其行为之全体,即是手续,称曰清算。社团法人解散时，为清偿债权人及交付余剩财产于归属权利人起见，其财产必须清算。各国立法例，归属国库时，间有以国库为取得继承财产不须清算者。本律则否。无论何人为归属权利人，均须清算。故有后十六条之明文规定。惟解散原因为破产时，其财产须依破产律之清算。盖法人解散之原因，有破产与非破产之别。破产之手续最为慎重，故另有破产律。但无论破产非破产，要皆有清算之手续。惟因破产而解散之法人，不适用后十六条之规定耳。

  第一百二十二条　社团法人，于清算目的之范围内至清算之终结为止，视为存续。

  关于清算，有不可不解决之问题。即在解散后清算时，其法人尚得为存在否乎？就理论言，法人者，不过法律之假定。而此假定者，实因法人目的之事业而存在。至法人解散，其目的消灭，而其假定者亦从而消灭，当然之理也。然以法人之假定者，与解散同时而消灭，亦有大不便者。何也？清算者，虽在法人解散之后，以尚认为法人之存在，而有其效力者也。若于清算时，无复有法人资格之存在，其结果如何，有可想而知者。盖法人者，以假定而有人格。若无人格，则无权利义务之主体。虽解散后尚有权利义务之存在，将无从行使之、履行之，复何清算之有哉！因此之故，法律上于清算时，必视为法人之尚存，不以解散而消灭其假定者，虽然，是亦非绝对使之存续其假定者，而与未解散时有同一之权限也。惟于其清算之范围内，而认其存续耳。征之日民法与德民法，皆设一个之拟制，于解散之法人，在清算之目的范围内至清算之终结为止，视为存续者。本律采之，夫亦使解散之法人，有达清算目的所必要之权利能力。为手续之便利也。

  第一百二十三条　社团法人解散后，其清算事务仍由董事会行之。但规条有特别订定或由总会选任他人者，不在此限。

  依前项规定，无行其清算事务之人或因其缺额恐生有损害者，管辖社团法人住址地之初级审判厅，得依利害关系人之声请选任清算人。

  法人不能由己实施清算，故必须设清算机关，使实施法人之清算事务，此名曰清算人（清算人有时指组织此清算机关之自然人而言，有时指清算机关而言）。凡法人解散时，立法上之原则，以董事为清算人。盖法人者，不拘财产之多寡及社员之多少，必有一人或数人之理事。若际解散时，不有特别订定或新选清算人，即以从来之董事执清算之事务，不惟可省其手续，且知法人之权利义务及财产之状况，亦无逾于董事者。故以董事会为清算人，实为便利。若不欲以董事为清算人，自初以规条特别订定者，或于总会选任他人者，则悉任其自由，无强以董事为代理人之必要。本条但书之规定，即此意也。然此系通常之规定。若临时之规定，所谓依前项规定无行其清算事务之人。例如于规条中无何等之规定，而其董事死亡或辞任时，不得直以董事为清算人，且无董事不能招集总会是也。所谓因其缺额恐生有损害者，盖清算人难保无以一人任之者。而有死亡或辞任，则法人财产未免丧失，其与利害关系人之损害将不浅。所谓利害关系人者，为不为清算人之前任董事，及他之社员与法人之债权人，皆有声请权者是也。际无为清算人时，及清算人之缺额时，不使监督法人之主管衙门选任，而使管辖社团法人住址地之初级审判厅选任之者，其理由何在？盖清算之目的，主公平保护利害关系人。故使以行政官厅选任清算人，不如裁判所选任之为当。况第一百三十八条所载，法人之清算属于初级审判厅之监督。本条之规定，亦属当然之结果。惟据日民法之规定，于声请选任外，又有职权选任。如不待声请者，于发见其当选任之时，自以其职权选任之。本律则无此规定，恐蹈过度干涉之弊。

第一百二十四条　依前条第二项规定而选任者，以有重要事由为限，审判衙门得依利害关系人之声请而解任之。

清算人既依法选定后，当不使之易为变更。以易为变更，恐于法人多不利益。然绝对不能解其任，则于清算人有不正之行为，或对于利害关系人为不正之处置，或因疾病与无经验，不堪执行其事务之时，颇见困难。故限于有重要事由，审判衙门得依利害关系人之声请而解其任。惟其事由，果足为解任清算人之重要事由否乎？则一依审判衙门之认定。至声请解任之清算人，非由管辖社团法人住址地之初级审判厅选任者，不适用本条之规定。日民法则不问解任之清算人，果出于裁判所之选任与否，其定裁判所之职权，较本条为大。然其主旨亦无非希冀清算之适当也。

第一百二十五条　非董事而行清算事务者，须于就职后之一星期内向社团法人住址地之登记所开具姓名及住址，声请登记，并须将其事件呈报主管衙门。

前项规定，于非董事而行清算事务者解任或有变更时准用之。

董事因清算事务被除名者，董事会于一星期内须将其事由声请登记，并呈报于主管衙门。

清算人与董事不同。即以董事为清算人，而前后资格亦异。故日民法第七十七条第一项云：清算人除破产之场合外，于解散后一周间内，为其氏名、住所及解散之原因年、月、日之登记。又，无论如何之场合，须届出于主务官厅。又第二项云：清算中就职之清算人，于就职后一周间内，为其氏名、住所之登记，且届出于主务官厅。是清算人之资格，无论董事与非董事，除破产外，于就职后之一星期内，皆须声请登记。以理论上言之，固当尔尔。本律则限于非董事而行清算事务者。若董事而行清算事务，则其姓名及住址，已于法人设立时声请登记。以事实上言之，于此似不必重费手续也。故以非董事为限，须于就职后之一星期内，向社团法人住址地之登记所声请登记，并须呈报主管衙门。是欲使利害关系人可得而知，主管衙门易于监督也。盖主管衙门为法人最上之监督，故在其监督之下之法人于解散时，有必要使知之者。至其解任及有变更之时（即指清算人死亡或其他原因而缺额及由审判衙门依法解任，另选之新清算人而言），则使现行清算事务者声请登记，并呈报于主管衙门。至董事因清算事务被除名者（如行清算事务时不胜任或不忠实等，经总会决议除名者），董事会须于一星期内，将其事由声请登记，并呈报于主管衙门。盖董事一经除名，即丧失董事之资格。故设立登记上不可不注销之。而监督官厅亦有知之之必要。定一星期以内者，为急为登记者处罚之地步也。

第一百二十六条　清算会须完结现务，收回债权及变换财产，清偿债务，移交余剩财产于归属权利人。

清算会得行前项职务所必要之一切行为。

社团法人解散后，除破产外，须置一人或数人之清算机关，是为清算会。所谓完结现务者，谓法人解散之当时，尚在施行中之事务不少，非完结之，则法人之权利义务不明。故清算会必先完结其现务，乃得确定其所生之权利义务。所谓收回债权者，清算会就确定之权利义务中，法人对于第三人有债权之关系，请求索取之谓也。收回云者，行使其权利也。所谓变换财产清偿债务者，如欲得清算费偿还金，而将财产变换之（例如将动产与不动产公卖而得现金是),以偿还法人之债务。清偿之者,履行其义务也。法人之财产,于清偿债务后,尚有余剩者,须依第一百二十条之规定移交于归属权利人。于此清算之事务,乃全告终。惟清算人之权限,最为广泛。就行其职务必要之行为,不问其审判上之行为,与审判外之行为,得以一切专断为之。至与清算会目的无关系之行为,清算会不得为之。如为与清算无关系之新交易,及并非偿还债务所必要,而变换其财产等行为是也。

第一百二十七条 清算会须将社团法人之解散速行公告。

前项公告中并须附记催告债权人应报明其权利。

社团法人之债务虽记载于财产目录,清算人着手其事务时,必先阅其财产目录,而后从事于清偿。然债务之种类千差万别,未必尽记载于财产目录。例如法人对于他人而有损害赔偿之义务,常所不载是也。况财产目录之记载,遗漏亦所不免乎!故当此之际,不以财产目录所记之债权者为定数,只于解散后速行公告,使对于法人有债权者,悉知法人解散,于一定之期间内,或来请求。而法人得速为债务之清偿。但其公告中有必要附记之旨。即清算会经第一次所定手续后,虽如何债权者,皆可知法人之解散。苟重自己权利之债权者,必于其期间内,为权利之报明。若不于其期间内报明者,则视为抛弃其权利,得从清算而除斥之。不得算入法人之债权中。是为权利报明之催告。清算会必以此旨附记于公告中,得为抛弃权利者之对抗。此本条第二项所由设也。

第一百二十八条 管辖社团法人住址地之初级审判厅,应将解散之公告登记于因审判公示所定之新闻纸。

前项公告,于登载后经过二日始生效力。

法人解散之公告,究用何种方法乎?法律不可不有明文规定。盖社团法人之解散,既属于管辖社团法人住址地之初级审判厅监督。则解散之公告,登载于因审判公示所定之新闻纸为宜。审判公示所定之新闻纸,为审判厅公示之薮,使人易于注意。而公告效力发生之时期,亦可因之而收确定之效。本律定为登载后经过二日始生效力。恐登载之开始,容有距离稍远、寓目较迟者。故与以相当之期间,而后发生公告之效力。亦为保护一般债权者之起见也。

第一百二十九条 清算会对于已知之债权人,须逐一催告其报明权利。

公告本为不知法人之债权而公告。而已知之债权人,不得以此论也。对于已知之债权人,于解散之公告外,尚宜一一催告其报明,以保护其权利。虽解散公告中,亦附有一般催告,然对于已知之债权人,不可不有特别催告。如知其住址,则于公告外逐一以邮电或差送通知之。有时清算会知其为法人之债权者,而不能详其债权之数额或债权之事项,亦可逐一催告其报明。事前处理周密,可免事后之龃龉也。本律虽只定逐一催告,而未明定种种之方法。然以特别催告一点观之,其手续不可不以完备为要。

第一百三十条　清算会,非于解散之公告后经过一年,不得以余剩财产移交于归属权利人。

于前项期间后始行报明之债权人,只得就尚未移交于归属权利人之财产,请求清偿。

解散之公告后经过一年,当已达清算之目的。故使清算会将余剩财产,移交于归属权利人而弛其责。然此一年之期间,并非除斥期间。故于期间经过之后,余剩财产尚未移交之前,债权人报明其权利。尚须清偿,以保护债权人之利益。盖清算会以完结现务,收回债权,及变换财产,清偿债务,移交余剩财产于归属权利人为其责任。如未移交于归属权利人,则此财产尚为法人之财产。而于其时所有之债务,亦法人之债务。清算人不能不代法人任其清偿之责。故虽债权者为过期之请求,亦有其效力。若已移交于归属权利人之后,既无余剩之财产。又无法人之存在,使重为清算,于势不能。使出归属权利人之所得,重为分偿,于情亦难。则惟有除斥之而已。但于余剩财产移交后,债权人仍得本于不当利得之规定,向归属权利人行其赔偿请求权。此属当然之事,无须明文规定也。

第一百三十一条　债权未至清偿期,或债权虽至清偿期其标的物不便于提存或有争讼者,清算会以供具担保于债权人为限,得将余剩财产移交于归属权利人。已知之债权人不报明其权利时,清算会须速将标的物提存之。

社团法人之债务,尚未至偿还期,固不得为偿还。或虽至偿还期,而偿还之标的物,不便向提存所寄存,又不能向债权人及受有领清偿之权限人为清偿,则亦不得为偿还。或虽至偿还期,尚在争论未经确定判决者,则又不得为偿还。当此之际,清算会限于供具担保于债权人,得以其余剩财产,移交于归属权利人,俾得易弛其责。又,已知之债权人,不报明其权利时,清算会须速将其标的物提存之。如此既可保护债权人之利益,亦使清算人易于弛责也。提存者,为欲消灭债权,将清偿之标的物寄存之谓也。履行债务之行为,虽以清偿最为适当。然债务之消灭,固不仅由清偿。若提存亦不失债务履行之一法。债权人有迟延或其他事由,债务人不能向债权人及受有领清偿之权限人为清偿,则使债务人寄存清偿之标的物而免其义务。此提存之方法,各国所共认,本律亦从之。如国立银行、农工银行、私立公司等,皆有为债务履行地之提存所供具担保者。以通常言之,即债务者对于债权者以其物而为担保之行为。此则由归属权利人共具担保于债权人,藉以弛清算会之责,情形殊不同也。

第一百三十二条　清算完结时,清算会须速向社团法人住址地之登记所声请登记,并向主管衙门呈报清算完结。

清算会完结其事务时,即清算人完结法人之现务,收回债权,偿还债务,交付余剩财产于归属权利人时,则因之而清算完结。盖社团法人之法律关系,依如此事务之完结而消灭也。然完结之际,又有一宜注意之问题。如清算时,清算人收回法人之债权,债务者或有所争论,不履行债务,则必提起诉讼。如其原因复杂,诉讼延长,则清算亦为之牵连而不能终了,清算费用及清算人之报酬,必日加增。其结果使法人之财产日减少,是皆债权者及归属权利者之不利益也。学者多研究之。松冈学士以为,除将系争物让渡于人,而得其贷金之抵债权外,别无他法。然此方法,亦必清算人为原告而后可用。若非清算人为原告时,惟有清算人用和解方法了结之而已。此指有争论之债权债务而言也。亦有并无争论,而债权不能收回者。若期限附债权,有以十年为期或五年为期者。期限未到,不能以待期限之故,使清算不得完结。若条件附债权,必有一种情形,始能履行此债权。如此情形永不发生,则债权永不能收回,清算永不能完结。亦惟有以此债权让渡于人之方法,即本律第一百二十六条所规定之变换财产是也。清算完结,亦应登记,使利害关系人明知其事,并呈报于主管衙门,使其明知为宜,以主管衙门为社团法人之监督衙门故也。

第一百三十三条　清算会查悉社团法人之财产不足清偿其债务者,须速声请破产,并公告之。

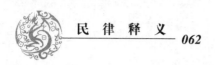

第一百二十八条之规定,于前项之公告准用之。

社团法人之解散,必有清算。若其解散为破产之解散,则置破产管财人,则有手续,不适用清算。有时于清算中发见当为破产之宣告者,其清算亦即停止。盖法人之财产,经清算会查悉至不足清偿其债务时,债权人势不能无所损失,使非速即声请破产,不得有公平之处置。既声请破产,清算因而停止,而利害关系人或不之知,不可不公告其旨,使之注意。宣告破产,清算之局终。而破产之手续始。自后应依破产程序,将法人之财产公平分配于各债权人。故使清算会负声请破产与公告之义务。其公告之方法及其效力发生之时期,准用第一百二十八条之规定。

第一百三十四条　对于清算中之社团法人宣告破产者,破产审判衙门须通知于法人住址地之登记所及主管衙门。

第一百十八条之规定,于前项情形准用之。

社团法人因破产而解散者,审判衙门须将其事由通知于法人住址地之登记所及主管衙门。兹因清算中之社团法人发见其财产不足清偿债务,经清算会之声请而宣告破产者,该破产审判衙门亦不可不尽通知之程序。盖因破产而解散之法人,与因清算中发见当为破产之宣告者情形略异。因破产而解散者,至清算之完结,非必财产少而债务多。清算中之破产,必债务多而财产少,所谓不足清偿债务者是也。其通知之程序,准用第一百十八条之规定。

第一百三十五条　清算员以其事务移交于破产管财人时,其职务终止。

前项情形,破产管财人得将已给付于债权人或已移交于归属权利人者取回之。

宣告破产,清算之局终,而破产之程序始。法人代表者之地位,移于破产管财人,清算员不可不退其地位。故清算员移交事务于破产管财人时,其职务权限,全为消灭。然清算员当执行事务时,脱漏遗算,所不免也。设清算员不知法人债权者之总数,以其财产给付于某债权者;或因其财产已无所给付,以其余额移交于归属权利人。于其后始发见复有债权者之时,不得已为破产宣告之请求。则破产管财人,得使从前取得者为返还,再因破产程序,公平分配。不致各债权者间,生或幸或不幸之感,此本条第二项所由设也。

　　第一百三十六条　清算会以清算目的之范围内为限,准用关于董事会之规定。

　　清算会于清算之目的范围内,应令与法律上之董事会地位相同,庶得完全行其职务也。故清算会于对外关系,有代表社团法人为一切审判上及审判外行为之权利。且对其代表权而加以限制者,不得与善意第三人对抗。对内关系,则于社团法人与董事会有同一之权利义务。又,社团法人凡由清算会行其职务,所加于他人之损害,则任赔偿之责。盖法人者,不拘财产之多寡及社员之多少,必有一人或数人之董事。若际解散时,不新选任清算人,而即以从来之董事执清算之事务,本律既有明文规定。是清算会之清算员,即董事会之董事,地位不同,权利则一。此本条立法上之要旨也。

　　第一百三十七条　清算员违第一百二十七条至第一百三十一条及第一百三十三条所规定之义务,致损害社团法人之债权人,须任赔偿之责。

　　前项情形,清算员若有数人,应连带负责任。

　　清算员不速将社团法人之解散公告于众,或公告中并未附记权利报明之催告,致债权人有不知解散之情形者;或公告不依法,对于已知之债权人,亦未用逐一催告之程序,致债仅人有不明了清算之实际者;或公告未满一年,即以余剩财产移交于归属权利人者;或对于债权人请求尚未移交之财产而不为清偿;或以事实上不得清偿之债务而转为清偿,致使真正债权人受不利益之事;或于清算中已查悉社团法人之财产不足清偿其债务,而不速即声请破产并公告于众者,致使法人之债权人不能公平分配其财产,此其中皆有损害存焉,故使清算员负其责。即清算员违本条所指之义务,须赔偿因此而生之损害是也。如清算员有数人时,应使之连带负其责,虽属当然之事,然亦不可不以明文规定也。

　　第一百三十八条　社团法人之解散及清算,属于住址地之初级审判厅监督。

　　审判厅得随时为前项监督上所必要之检查。

　　社团法人未解散时,所监督者在关于能达其目的,及能增进公益与否是也。故以行政官厅之监督为旨。既解散后,不拘其目的之能达不能达,而公益之目的,已不复存,惟使利害关系人受公平之保护而已。故解散后及清算中之事务,以司法官厅之监督为宜。而必以社团法人住址地之初级审判厅监督之者,则以住址地为法人事业之本据,初级审判厅为单独判断,取其调查便利而判断敏捷也。且其事亦易于公平,无须合议庭手续之繁重,并得随时加以检查,盖有监督必有检查。所谓监督上所必要之检查者。即检查其行使债权、履行义务、移交余剩财产等之正当与否是也。如此则社团法人之解散及清算,庶不至有不法之举动,而利害关系人均受公平之保护矣。

第一百三十九条　董事或清算员有下列各款情形,科五元以上五百元以下罚锾:

一、怠为本节所规定之登记;

二、违第七十五条及第七十六条之规定,或于社员名簿及财产目录有不正之记载;

三、于第一百十二条或第一百三十八条之情形,妨碍主管衙门或审判厅之检查;

四、对于衙门或总会为不实之声请及隐蔽其事实;

五、违第一百十五条及第一百三十三条之规定,怠于声请破产宣告;

六、怠为第一百二十七条或第一百三十三条所定之公告或为不正之公告。

欲使董事会及清算会尽其职务,应定罚则,于实际上斯为平允。罚锾非犯罪之刑罚,不过民法上之一种处分而已。罚锾与罚金异,与科料、过料同。罚金有刑罚之性质。惟违警律之罚金,亦为一种行政处分,与此不同。科料与过料,皆为行政罚。学者间有谓对于本条所列各款情形,仅科以罚锾,未免失之太轻,宜加以刑事上之制裁。不知各国立法例,皆仅有过料之规定,从未有受刑事上之制裁者。故本律依多数立法例,而设此规定。一、怠为登记。即应登记而不登记,或应速即登记而偏迟滞是也。二、为不正之记载。以名簿言,即以少报多或以无为有。以目录言,非不尽即不实之记载也。三、不受官厅之检查。如主管衙门调查法人财产之情形,而不以目录呈示。初级审判厅检查收回债权之正当与否,而不以书面证明是也。四、为不实之声请及隐蔽其事实。系由衙门或总会所查悉者。五、怠为声

第三章 法 人

请破产宣告者。六、怠为公告或为不正之公告者。皆应受五元以上五百元以下之罚锾。称以上以下者,俱连本数计算,留审判官酌量之余地也。

第一百四十条 无权利能力之社团,不问其是否合伙,应从合伙之规定。

合伙者,二人以上之当事人互结契约,公同出资,以达公同之目的而成立之集合体也。其契约谓之合伙,其各当事人谓之合伙人。至其公同之目的,或为财产上之目的,或为精神上之目的,不能一概而论。无权利能力之社团者,只有社团法人之组织,并无所谓人格。凡因缺社团法人设立之要件,不能取得权利能力之社团,与开始即不能取得人格之社团均属之。此等社团,虽亦有独立之目的,独立之财产,可与独立之社团法人一体办理。实则位于社团法人与合伙之间,为一种人之集合而已。故本律不问其是否属于合伙,凡关于合伙之规定,均适用之。因其无权利能力,法律上不作为成立,而适用社团法人之规定,以防止一切之危险。故设本条,以明示其旨。

第一百四十一条 以无权利能力社团之名义而与第三人为法律行为者,就其行为应负责任。

为前项行为者有数人,应连带负责任。

以无权利能力社团之名义与第三人为法律行为者,不得以其无法律上之权利能力而退于不负责之地位。故本律不问其为董事为社员,只有以无权利能力社团之名义而为第三人为法律行为者,其人应负其责。否则,以无权利能力社团之名义与第三人为买卖行为,而不负给付之义务,又与第三人为借贷行为而不负返还之义务,则第三人苦矣。本律故设此规定,以保护第三人之利益。其有数人之上为本条第一项行为者,应使之连带负其责,亦当然之事也。

第一百四十二条 前二条之规定,准用于不认许其成立之外国社团法人。

外国法人不准其成立,势固有所不能。准其成立,而又不易于监督。故本律规定,外国社团法人于其事务所所在地未登记以前,特与第三人以得不认其成立之权利。是不认许成立之外国社团法人,即在此未登记以前之一时期耳。既不认许其成立,当然视作无权利能力者。然法律为保护第三人之利益起见，以准用无权利能力之社团为宜。否则，外国社团法人以未经承认，而以无权利能力社团之资格与第三人为法律行为，一切皆不负其责，第三人将蒙种种不测之损害矣。此本条立法上之本旨也。

第三节　财团法人

自社会日见进步，生存之竞争日益盛，则仅仅认为社团法人，不能达社会生活之目的。于是因使多数不定之人类享有幸福，故必须集合多数之财产，组织一个之团体，即设不属于个人或社团之独立营造物，以供公共之用。法律亦必须对于如此之团体付与权利能力，使容易达其目的。基于如此之必要而发生，又被付与权利能力之组织体，称曰财团法人。其定义谓为供一定目的之财产之主体，而设立者且无其构成分子之人格者也，因为特定与继续之目的，所使用财产之集合而成之法人。故其目的有公共目的（如学校、医院之类）、私益目的（如亲属救助之类）之二种。一般学者谓法人分类，只有公益与营利之分。于公益中再分为社团、财团，不必独立。此大误也。凡分类者，要以观察点为准。取此标准，与之相合者即属于此。取他标准，与之相合者即属于他。有合于两者，即可属于两者。非既属于此，即不能复属于他也。如公益、营利，以目的为标准。前者以公益为目的，后者以私益为目的。社团、财团以组织为标准。前者以社员为组织，后者以财产为组织。两者固不嫌其复。此本律所以分节规定也。

第一百四十三条　设立财团法人，须经主管衙门允许。

财团法人以为公益法人故，亦与公益社团法人相同。非寄附行为（其定义谓为供一定目的之财产之主体。而以设立法人为目的，有其财产之寄附者之意思表示也）者之承继人或遗言执行者，受主管之行政衙门之允许，不得成立。此因关于公益法人之设立，亦用特许设立、准据设立两主义。所谓主管衙门者，例如设立以教育为目的事业之公益财团法人，须经教育部直接或间接之允许。设立以疗病为目的事业之公益财团法人，须经内务部直接或间接之允许之类是也。若自由设立，转恐有害于公益。故本条亦认官厅之允许为必要。

第一百四十四条　设立财团法人之人，须订立规条。

第三章 法 人

规条内须记载下列事项：

一、目的；

二、名称；

三、事务所；

四、捐助财产之规定；

五、任免董事之规定。

以捐助行为所定事项，视为记载于规条者同。

设立财团法人，须有捐助行为。捐助行为者，因特定与继续之目的，不求报偿而处置其财产。因之设定财团法人，为一方之法律行为。财团法人不因捐助行为不得成立。又，捐助行为既为设立财团法人之法律行为，应以设立财团法人所必要之事项为内容，固属当然之事。故设立财团法人之人，除捐助行为所定事项外，不可不为规条之订立。其内容一至三及五各款之所定，与社团法人同。其四款则为捐助财产之规定。盖财产者，为财团法人所最要。且财产有财产之种类（如动产、不动产等），有财产之价格及其评价之标准，设有人有一目的事业，因之提出财产为财团法人之基础，则其所捐助者，究为何种财产乎？如于财产乎？综计究有多少之财产乎？不可不有书面上之表示。事实上，在捐助行为所定事项中，未有不详细载明之理。然法律上但能认捐助行为所定事项，与所记载于规条者有同一效力，不能推定其为必载，而于规条中可略之也。捐助行为之通说，是以第一，因一定之目的，以无偿的提出自己之财产作为基础。第二，创设财团法人。第三，规定财团法人之组织及其活动事务之单纯行为。故捐助行为，与抛弃财产异以其有一定之目的也。与赠与亦不同，以无直接之人受其利益也。捐助行为必待完全成立后，得官厅之允许，始有财团法人之组织。财团法人之成立后，始有受利益者。若赠与则不必有此手续，然则与赠与同其目的而不同其行为者也。有一学说，谓捐助行为乃双方之法律行为。为捐助行为者，对于主管衙门表示意思，是主管衙门为相对人。殊不知其未对于主管衙门意思表示之前，其捐助行为业已成立，不得为有相对人也。规条为设立法人之人所订立，捐助行为为捐助者所作成，财团法人以捐助行为者之意思为意思之法人。故以捐助行为所定事项，不可不与记载于规条者视为有同一之效力也。且财团法人无社员，故无总会。捐助者以财产捐助于法人，于法人绝无关系，非社员比也。财团法人虽有董事，实际上固多系经捐助者选任之。然非以设立之资格为之，不过以代表财团法人之资格而掌理其机关耳。故法律不能不以捐助行为所定之事项为重，规条特不过为设立法人所必要之手续耳。

　　第一百四十五条　设立财团法人之人，若未定有名称、事务所及任免董事之方法而死亡者，审判衙门须依利害关系人或检察官之声请定之。

　　捐助行为之事项，亦有必要，有任意，与规条同。假使为捐助行为者未将必要事项尽行规定，而其人已死，法律为鼓励财团法人起见，必为设法以辅助之。如目的与财产已确定，其余事项，审判衙门为之补足可也。夫审判衙门代为补足，本于理不合。时因其行为未能完全，扶其意而为之，乃政策上之问题也。苟创设财团法人之人，未将其目的及捐助财产确定而即死亡者，则旁人亦无可为力。故其捐助行为，可为无效。若只因名称、事务所及任免董事之方法尚未确定，而创设人死亡，审判衙门须代为确定，俾得贯彻创设人之意思也。本条之规定，不及于目的及财产二者，是有理由存焉。目的者，在创设财团法人之先。若本人未定其目的，不能代想其目的之为何。又有目的而无财产之明定，其目的亦不能达。盖不知其所捐助之财产额之如何，不能代为处分。故缺此两者时，当然归于无效。而名称、事务所及董事之任免，审判衙门可以代为定之者，以此三者，不过组织其法人之行为而已。然审判衙门之代定，只能依有声请权者之声请而为之，不能纯以审判上之职权代定，恐不能贯彻创设人之意思也。所谓利害关系人者，如捐助行为之继承人或管财人，或其财团法人特为某人而设立者（如设立医院时特定其人为院长之类），某人亦利害关系人也。所谓检察官者，以其代表国家公益。财团法人关于公益，故亦有声请权也。

　　第一百四十六条　设立财团法人，须示明一定目的捐助财产。

　　财团法人设立之行为，即须有为一定目的所使用之财产。而以设立法人为目的，有其财产之捐助者之意思表示也。所谓财产之捐助者，以自己一定之财产，寄附于他之处也。然其寄附于他之处也，必有一定之目的存焉，非漫无所欲为。而以财产捐助之者，既曰捐助此财产必与人分离。既有目的，此财产当有其主体。故财团法人之设立，乃捐助财产者目的之所在，因而从其所以捐助之意思为表示。此即本条所谓示明一定目的捐助财产之谓也。例如,某人欲创设学校,捐助洋五十万元。创设救贫院,捐助洋十万元。或以书件,或以遗嘱为意思之表示。且实行提出捐助金,曰学校,曰救贫院。皆为设立财团法人之一定目的。曰五十万元,曰十万元,皆为现实财产之捐助。否则,无所依据,法人亦难以成立也。

第一百四十七条 在生前捐助者,须立书件。

设立财团法人之人,未经设立之允许前得撤销其捐助行为。

前项撤销若已向主管衙门为设立允许之声请者,须向该衙门声明。

捐助行为与规条之必用书件,于日本法律无明文之规定。即不用书件,而用他之方法为之,法律未尝不认其有完全之效力。但实际上未有不用书件者。则以书件者,捐助行为与规条为后日变更之手续,而为预言之记载者也。捐助行为与规条,凡欲得主管衙门之允许,当以书件为请求。至其为变更之时(如变更事务所之类),尤必根据于预定记载之书件。故书件为实际上所不可少。论捐助行为之形式,本有生前处置与遗嘱之分。以遗嘱为捐助者,无论事实上与法律上,均有一定之方法固矣。然法律为期生前之捐助行为之确实,故亦使之以书件为之。若设立财团法人之人于未经允许之前,欲撤销其捐助行为者,得自由撤销之。此不唯适于一方行为之性质,揆诸条理,亦应如是。然已向主管衙门为设立允许之声请始为撤销者,其撤销须向主管衙门为之。盖设立财团法人之人,未经设立允许之声请者,其撤销权固完全存在。一经声请,撤销权即受制限,不能自由行使。以事实上言之,已请求监督之法人,其撤销之情形,当然使主管衙门知之为必要。否则,第三人亦可不认其为捐助行为之撤销。须向主管衙门声明,于实际上方为允协。

第一百四十八条 设立财团法人之人已向主管衙门为允许设立之声请后,其继承人不得撤销其生前捐助行为。

捐助行为,在未经设立之允许前,不但设立财团法人之人得以撤销,即设立财团法人之人之继承人亦可撤销。惟已向主管衙门为允许设立之声请后,在设立者本人,尚可声请主管衙门撤销其捐助行为。至继承人则不得撤销。盖继承开始,已在设立人向主管衙门为允许之声请后,若得撤销其生前捐助行为,不但不能贯彻设立人之意思,抑将有害于其他之利害关系人,故本律不许之。其必以允许设立之声请后为标准者,以其已受主管衙门之监督,即不得自由撤销。此立法之本旨也。

第一百四十九条　设立财团法人之人设立法人后,其债权人不得依第三百九十九条至第四百零二条之规定撤销其捐助行为。

设立财团法人,以公益为目的。如设立学校,以教育为目的。设立医院,以医病为目的。若法人设立后(指完全成立而言)许设立财团法人之人之债权人得以废罢诉权(即撤销诈害行为之诉权),撤销此捐助行为,大有害于法人之安全。且废罢诉之性质,以法律行为者。因其为法律行为而受利益,或转得利益之人于其行为或转得时,知有加损害于债权人之事实者为限。兹则捐助财产,以公益为目的。虽明知加损害于债权人而为之法律行为,然亦不得依本律撤销诉之规定。请求撤销其捐助行为,本律第三百九十九条至第四百零二条,乃规定撤销诉及撤销权之行使与其消灭时效。其详让之债权编。

第一百五十条　得设立财团法人之允许者,须将生前捐助财产移转于财团法人。专以意思表示即可移转之权利,于得设立允许时归属于财团法人。

财团法人,由捐助者欲达一定之目的,而捐助自己之财产。既捐助后,此财产尤绝对的为财团之财产,非以其捐助者为主体也。虽然,其附托之也,必其财团亦有人格而后可。若无人格,而法律上不假定其有人格,则其财产无主体。而权利之享有,与义务之负担,仍归属于捐助者。则就其义务之负担言之,此财产仍以捐助者为主体。而此捐助者必视与己之财产无异,将有以己之消费过巨,不能清偿债务时,卒至于出此财产以偿债权者。而为财团之债权人,反无所取偿,至受莫大之损失。且凡与法人为交易之人,必预计法人之财产如何,而后与之为交易。今以捐助者为主体,则何者为法人之财产,何者非法人之财产,无从调查,势将人怀疑惧,而无与为交易者。故法律上不得不假定法人之人格,以为财产之主体,使捐助者不能动用,而债权者得以安全。至就其权利之享有言之,亦增长法人之信用。盖法人之财产,盖登记于登记簿。则与为交易之人,既可调查而得其标准,因之安然毫无疑惧。而为法人者,乃得以见信于人之故,其行动亦无阻滞不通之虞。综以上两点观之,法人欲为财产之主体,不可不有独立之人格。然法人于何时始有人格,不可不有明文规定。本律以得设立之允许者,为财团法人之完全成立而始有其人格。故财产之捐助,限于生前捐助者,至迟须于此时移转之,为法人之所管领。其未得设立允许前,视为财团法人之未成立,故无归属之必要。本条第一项之所定,乃为既得设立财团法人之允许。而生前捐助者,仍不将捐助之财产移转于财团法人而设也。至专以意思表示即可移转之权利(如不动产中之房屋等),何时得设立之允许,即何时归属于财团法人,可省移交之程序。即捐助者不于设立允许后为移交之方式,亦当然归属于财团法人。此第二项所由设也。

第一百五十一条 设立人死亡后财团法人始得设立允许者,其生前捐助财产视为财团法人在该设立人死亡前业已设立。

设立人生前欲以捐助行为设立财团法人,已向主管衙门为设立允许之声请。而未得设立之允许者,或因声请时间之短促,或因主管衙门之不暇,或因允许送达之迟滞及其他事故。有此种种原因,致未得设立允许之书件。至设立人死亡后,始得设立之允许。其生前捐助财产,不问其为专以意思表示即可移转之权利与否,视为于未死亡前已归属于财团法人。即认财团法人于设立人死亡前已设立,盖欲贯彻设立人之意思也。若将财产先归属于设立人之继承人,复从继承人取出归属于法人,则其程序殊涉烦杂。但设立人生前欲以捐助行为设立财团法人,无遗言之方式,亦未经设立允许之声请者,一旦设立人死亡,其生前捐助财产,承继人仍得归属于己,固无待明文规定也。

第一百五十二条 捐助,得以遗嘱为之。

捐助行为之形式,分为生前处分及遗言。析言之。第一,由于生前处分之捐助行为,乃设立者死亡前可生效力之捐助行为也。例如,设立者于其生前提出自己之财产而以设立学校是也。此捐助行为,类似于赠与者甚多。故曰民法有准用关于赠与之规定。第二,因遗言之捐助行为,即因设立者之死亡而生效力之捐助行为也。例如,设立者提出自己之财产,表示欲于死后以此设立医院之意思是也。此捐助行为,类似于遗赠者甚多。故日本民法亦有通用关于遗赠之规定。本律于生前处置而外,亦许以遗嘱为之,其方式依遗嘱之规定,方为适当。若非有一定之方法,则遗嘱捐助人死亡后,必不能自证其遗嘱之正确与否,而他人且将乘机而舞弊。故同律关于遗嘱之规定,特限以二条件。其一,必依本律所定方法;其二,必系所继人自立意。盖使他人不得更改，以保所继人特立遗嘱之本意也。故以遗嘱捐助者，不可不依遗嘱之规定。

第一百五十三条　以遗嘱捐助者，其继承人或执行遗嘱人须为设立允许之声请。

遗嘱乃遗嘱人在生前处分死后之事，故其效力非至遗嘱人死亡时不能发生。例如，有某人因患痨疾之困顿，而知人之患此者亦困顿，乃提出财产之一部，至死亡后，以其财产设立医院，以养人之患痨疾者。故其行为类于遗赠，以死亡而生效力。因其提出之财产，必死亡后始作为财团法人之财产故也。是遗嘱人死亡之日，即捐助效力自初发生之日。故其继承人或执行遗嘱人，不可不为设立允许之声请，以遂遗嘱捐助者之意思。盖遗嘱捐助者，必有执行遗嘱之人。继承人为当然执行遗嘱之人。此外尚有指定执行遗嘱人与选定执行遗嘱人。指定执行遗嘱人，由遗嘱人以遗嘱指定之。选定执行遗嘱人，由亲属会选定。以上皆于遗嘱人死亡后，负声请设立允许之义务，以扶助财团法人之成立也。

第一百五十四条　依遗嘱为捐助者，其继承人或执行遗嘱人须依第一百五十条第一项之规定，将死亡后捐助财产移转于财团法人。

第一百五十条第二项规定，于前项情形准用之。

继承人或执行遗嘱人既为设立允许之声请，而得主管衙门之允许者，须将死亡后捐助财产之部分移转于财团法人。盖既得主管衙门之允许设立，财团即自始有人格而成立为法人，故以财产移转为必要。惟专以意思表示即可移转之权利，于得设立允许时，亦不必经移交之程序，当然归属于财团法人。此本条第二项所由设也。

第一百五十五条　财团法人之设立，非于其主事务所之所在地登记，不得与第三人对抗。

设立法人而不登记，除本律所定科以罚锾外，尚有一不登记之制裁，即不得与第三人对抗是也。设立登记，必于其主事务所之所在地为之者，一则以主事务所为法人业务之中心，一则使与为交易之人便于调查而得其实，一则悉行登记，亦增长法人之信用。故不登记不足以对抗第三人，亦属当然之事。一方为制裁不登记，一方为保护第三人之利益也。

第一百五十六条　第七十三条、第七十四条、第七十六条至第八十四

第三章 法　人

条之规定，于财团法人准用之。

　　财团法人之董事，实际上虽多系经捐助者选任之，然亦有代表财团法人之资格，而掌理其机关。故设立登记，亦可由全体董事声请，与社团同。财团法人无社员。然除捐助人与董事外，尚有其他之办事人。故亦不可不备置名簿，以便随时提出，供审判衙门之调查。财团法人以财产为构成分子之重要部分，当然于适当时期内编造财产目录。其他关于事务所之新设及迁移，与登记事项之变更或消灭，亦当然与社团法人同一其手续。对于外国财团法人亦然。此本条所由规定也。

　　第一百五十七条　财团法人之组织，以规条定之。但第八十六条、第八十八条至第九十四条规定之事项，不在此限。

　　财团法人以设立人之意思为其意思，其组织当然以规条自由定之。然不得因此违反关于组织财团法人之强制规定。故财团法人之组织，必须设置一人或数人之董事会。董事会有执行法人之权义，为审判上或审判外之代表。至董事之选任与其补额，及董事会之决议与其限制，亦必与社团法人之规定从同。此外，就特定业务，亦得选任特别代理人。此皆组织财团法人之强制规定，不得以规条之所未定，而少此组织上必要之条件。故以第八十六条、第八十八条至第九十四条规定之事项为除外，其余皆得以规条自由定之。但书之规定，盖欲使规条不致与法律抵触也。

　　第一百五十八条　财团法人之业务，属于主管衙门监督。

　　第一百十二条第二项之规定，于前项情形准用之。

　　财团法人事业之盛衰，关于公益甚巨，应使主管衙门监督之，以杜将其财产用于财团法人目的以外事业之弊。此为法人存在时（对破产解散而言）之监督，关于能达其目的及能增进公益与否是也。故主管衙门又得随时调查法人业务及其财产情形。此本条第二项所由设也。

　　第一百五十九条　主管衙门，以维持财团法人之目的或保存其财产所必要为限，得命变更财团法人之组织。

　　财团法人之组织，其于为捐助行为者之意思。故其目的事业及财产处分，不可违反捐助者设立当时之意旨。然有时财团法人之目的事业，于时宜雅不相合，而其财产又不能支持财团法人之存在。为存续计，不能不出于变更组织之一途。法律恐变更组织，易与捐助者处绝对反对之地，故有必要条件之规定,即(一)维持财团法人之目的,(二)保存其财产是也。限于此二者,得为变更组织。变更组织之实际,当然由董事会或其他办事人行之。然其发动,不能不兆端于受监督之主管衙门。盖董事会或其他办事人,虽欲维持财团法人之目的,或保存其财产,亦不可不听监督机关之命。否则,轻于变更,非使法人蒙损害,即违反捐助者之意思。此本条所由设也。

第一百六十条 因情事变更致财团法人之目的不能达或违反公益者,主管衙门得斟酌设立人之意思,命变更目的或并变更其所必要之组织。

设立财团法人之人,自初必有一定之目的,或为公益起见。然时异势迁,设立时之情事,与设立后之情事,容有大相径庭之时,因此而财团法人之目的不能达或与公益相乖者。当此之际,不但不利益于财团法人,且与设立人之意思,亦日趋于反对之方向。故法律许法人之主管衙门,得因情事之变更,斟酌设立人之意思,命其为目的之变更,与夫必要之组织,亦无非冀财团法人之存续也。反对学说则谓,法人之目的,犹自然人之生命。自然人之生命变更,则死亡;法人之目的变更,则消灭。他事可变更,目的不可变更者也。然法人之变更目的,无异法人之设立(如宗教事业之目的变更为慈善事业之目的是)。设立时须经主管衙门之允许,变更时亦然,得允许而后可以变更。日民法采用此说,而无德国民法之限制。本律从之,故有此规定。

第一百六十一条 前二条情形,须征董事会之意见。

限于维持财团法人之目的或保存其财产所必要而变更者,是为组织之变更。因情事变更,而命其为变更目的并变更其所必要之组织者,是为目的之变更。二者均关重要,故主管衙门虽有命其为之职权,然亦不可不征集董事会之意见,以为决定之资料。否则漫不加察,贸然发布命令,容于事实上有隔阂,而董事会之执行匪易。本律特设此规定,其以此欤。

第一百六十二条 财团法人,因下列各款情形解散:

一、规条内所定解散事由之发生;

二、破产;

三、设立允许之撤销;

四、目的事业已成就或不能成就。

法人之解散，即法人人格之消灭，非因解散后所宜为之清算或破产之终了而解散也。法人之解散。乃基于法定原因。因法定原因之发生而丧失权利能力，不因他原因之发生而丧失权利能力。惟本律于解散法人清算中，尚视为有权利能力，此因所采主义不同之结果也。本条之所定，其情形乃少于社团法人。以社团有总会，而财团则无总会，故无总会决议解散之情形。社团有社员，而财团则无社员，故亦无因社员缺亡而解散。财团法人之解散，只有本条所列各款情形，亦无明示消灭法人之人格。各款之详解，已见前（第一百十三条）。

第一百六十三条　财团法人解散后，其财产归属于规条中所指定之权利人。

规条内若未指定归属权利人，或其指定方法并未订定者，董事会得经主管衙门允许，择其与法人目的相类之事业将其财产处置之。

依前二条规定不能处置者，归属于国库。

财团法人之解散，因债务多而财产少，当然适用破产之程序，平均分配，固不生财产归属之问题。如解散后，尚有财产之余存，则归属问题起。第一，须视规条之所定。规条为设立人之意思，故于规条中所预先指定之权利人。法人解散后，不可不以其财产归属之。第二，须视所订指定之方法如何，则依其方法而为财产之归属。第三，经主管衙门之允许，择其与法人目的相类之事业，而处置其财产。惟此点殊与社团法人之规定异。社团法人须因总会之决议，财团则并无总会，故不须经其决议。依以上所定不能处置者，则归属于国库。此为最后之财产归属。苟依以上所定，有可以处置之一者，则恒不适用之。

第一百六十四条　第八十六条、第八十八条至第九十四条、第一百十五条至第一百十九条及第一百二十一条至第一百三十八条规定，于财团法人准用之。

财团法人之执行机关及其权利义务，关系于法人之生存发达者甚大，其破产解散与非破产解散，在在皆关于公益。至解散后之清算，尤与权利人之利害相关，故以准用关于社团法人之规定为宜。本律所指第八十六条、第八十八条至第九十四条为执行机关及其权利义务之规定，第一百十五条至第一百十九条，为破产解散与非破产解散之规定，第一百二十一条

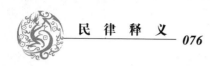

至第一百三十八条为解散后清算之规定。此本条所由设也。

第一百六十五条　董事或清算员有下列各款情形,科五元以上五百元以下之罚锾:

一、怠为本节之规定;

二、违第一百五十六条及第七十六条之规定,或于财产目录有不正之记载;

三、第一百五十八条、第一百十二条、第一百三十八条及第一百六十四条之情形妨碍主管衙门或审判厅之检查;

四、对于衙门为不实之声请或隐蔽其事实;

五、违第一百六十四条、第一百十五条及第一百三十三条之规定怠于声请破产宣告;

六、怠为第一百六十四条、第一百二十七条、第一百三十三条所规定之公告或为不正之公告。

本条之所定,法律欲使董事及清算员对于财团法人尽其职务,与社团法人之规定(第一百三十九条)同一其理由。盖不有罚则附随于其后,则董事或清算员之尽职为难,而法人蒙其不利。故有本条所列各款情形者,亦同一科以五元以上五百元以下之罚锾。

第四章 物

权利之客体附表于后，即权利之标的。客体云者，为学问上之用语。法律上之用语则为标的，故法文上无客体之用语。而普通用例，客体之语常为物，异于理论上正当用语之为权利者之行为。盖在普通见解，以为凡权利者之行使权利，必有被其行为者。故人对于某物行使权利，其物即私权之客体也。从理论上言，宜取客体为行为说（行为者、权利者，行为之约语也）。从便利上言，宁取客体为物说。兹就客体为物说，以例明之如下。

第一，物权　物权之客体为何？曰物，盖物即物权者权利之客体也。例如，吾人对于某物有处分权，其物即吾人权利之客体。故所有权者，对于其物有完全行使之权利。然在客体为行为说，则以行使之行为为客体。而在客体为物说，则以其所有物为客体。

第二，债权　债权之客体为何？曰债务者之行为，即债权之客体。盖债务被债权者要求其偿还，而生债务履行之行为。其要求之权利行为，出于债权者。然其结果，则履行之义务行为，出于债务者。故若在客体为行为说，则以债权者要求之行为，为债权之客体。而在客体为物说，则以债务者履行之行为，为债权之客体。所谓债权直接之目的为他人之行为，是即与权利者之行为为相差别之点也。

第三，亲属权　亲属权之客体为何？曰他人或他人之行为，即亲属权之客体。盖如父对于子得行使亲权，父为权利者，子即他人，为被权利者之行使者。又，父对于子行使亲权之结果，子因之而为某行为，即他人之行为，此行为亦被权利者之行使者。故若在客体为行为说，则以亲权者之行为为客体。而在客体为物说，则以被亲权之行使者或其行为为客体。而于他人或他人之行为中，尤以人为亲属权之客体为得其当。

第四，无形财产权　无形财产权者，如著作权等。其客体为何？曰世人对之负消极的义务者之行为（所谓负不复制、发行其著作物之义务者之行为），即无形财产权之客体。盖无形财产者，得排斥他人侵害其权利，而其结果遂生他人不得为侵害之之行为。即为著作权，他人不得复制发行之，其行为即客体也。是在客体为行为说，则以著作权者之权利行为为客体。而在客体为物说，则以世人之义务（即消极的义务）行为为客体。是直接之目的，亦在他人之行为也。

以上皆普通所称客体即物说与客体为行为说，各各不同。试就其所谓行为者言之：一以为权利者之行为，一以为他人之行为。同一从行为上观察，而或为权利者，或为他人，遂生二说之差别，是最宜注意者。而以他人之行为为客体，特就其直接者言之。而其间接者仍为物，是所谓间接为物者如何。盖如上述种种，多以其物为其客体。即有时不以物为客体，亦不能离乎物而言之（虽非直接之物，实间接与物有关系）。物权之所有权，直接间接，无一非物，不待论矣。若债权者，直接之标的虽在他人之行为。而间接之标的，多在金钱，固为物也。即非金钱之债权，如工事之债权者，对于建筑物为契约。建筑者负建筑之债务，其直接之标的，在于建筑者之行为。间接之标的，在于所建筑者，仍为物也。至若亲属权中之标的，似若在人，以物为标的者甚稀。然父对于子，直接管理身体，即间接管理其财产（是不要依据于奴隶制度之思想），财产亦物也。又若无形财产权，如著作权之于著作物等，非得著作权者之承诺，即不得复制、发行其著作物，又终不离乎物也。由此以言，则权利之客体多在于物。此普通客体为物说之所由成也。本律从之。故特设本章之规定。所谓物者，盖亦统民律之全体言之也。

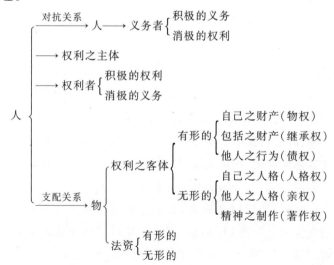

第一百六十六条　称物者，为有体物。

罗马法(无物之称)以来，欧洲多数之立法例，于物有有体、无体之区别。若单云物时，常并有体物及无体物而包含之。如日本旧民法亦采此见解，于财产编第六条第一项特为"物有有体有无体"之规定。是理论上似殆无所间然。然若欲贯彻此理论时，实生奇妙之结果，终至苦于说明。何则？采此见解之法律上所称无体物者，以指权利为主，如物权、人权并包含之。故存于物上之权利(即物权)，不得不谓为得存于他之物权或人权之上者。不仅于债权之所有权，地上权、抵当权之所有权等，不可不认之。而所有权其他债权之所有权，并地上权及抵当权之所有权等，亦皆为物。故更于此等权利之上，得为所有权之存在，遂至不可不认所有权之所有权，债权所有权之所有权，地上权所有权之所有权，殆不知何所底止，是徒为拘泥理论之结果。是以世之学者虽认无体物，而苦于说明此结果，往往付之暧昧，实不贯彻理论者。如此，宁不若自初不认无体物之为优也。况于罗马法以来，欧洲大陆并日本之实际，无以所有权认为无体物之事。所谓"与某物"云者，常不外为"与其有体物之所有权"之义。要之如此区别，殆不仅无其实用，却有混淆权利与物之弊。故日本新民法，全不采用此区别。法文中所云物者，仅指有体物。权利则称之为权利，断无称之为物者。其他如名誉或行为之无体物，各从其名称，决不用无体物之总称，盖于实际最为便利者。即日本民法第八十五条云，在于本法所称之物即有体物，是其规定也。本律承继日民法，故亦以有体物为限。而何者为有体物，何者为无体物，则未有详细之指明，是在审判官以实验判断之。判断必有所依据以为准，然亦不必尽以物理学为凭。兹将本律所称有体物之意义，说明如下：

有体物者，乃占领一定空间之人类以外之一部，而人类得支配之，且得充自己需要之独立之一体也。是以第一，物者，人类以外之一部也。故为自然界一部之土地、禽兽、草木等，虽属于物。而自然人及法人不属于物。第二，物者，占领一定空间之一部也。故具备不定形体之物，如气体、液体等，及具备一定形体之物，如木、石、禽兽等，皆有形体。占领一定之空间，虽属于物。而不具形体之物，如光线、热气、香气、音响、势力等，以不占领一定之空间，故不属于物。第三，物者，人类得支配之之物体也。故日月星辰，在物理上占领一定之空间，虽属于物，而以非人类所得支配，故法律上不属于物。第四，物者，得充人类需要之物体也。故一滴之水及一粒之粟，物理上亦占领一定之空间，虽属于物，而以不足充人类生活上之需要，故法律上不属于物。第五，物者，独立之一体也。故一斗之液体，一个之时计，以其为独立之一体，虽属于物。而家畜之手足，器物之外包，则以非独立之一体，故不属于物焉。知有体物之定义，则临时决定为易易矣。

第一百六十七条 非变更物之本质或毁损其物不能与其物分离之部分，为物之重要成分。

不得专以物之重要成分为权利之标的。

依物理学上之原则，无物不可分。以法律学上言，物有可分者，有不可分者。凡分之而于物之本质上或价格上有妨害者，法律上谓之不可分物。换言之，不可分物者，非害物之本质或其价格即不得分割之物之谓也。学者称之为因于物之性质之不可分物。既有不可分之性质，则分之必非固有状态之物，亦非与从前同一地位之物。物虽犹是物，而已失物所构成之重要部分矣。故本律以变更物之本质或毁损其物，而得与其物分离之部分为物之重要成分。例如与房屋分离之木材，与牛羊分离之肉脔。木材与肉脔，则为房屋与牛羊之重要成分。重要成分，不得为权利之标的，是欲不损物之价值与当事人之意思也。如钟表中之针，为钟表之重要成分，不得专以针为所有权之标的是。至不必变更物之本质或毁损其物，而得与其物分离之部分，即不为物之重要成分。不为物之重要成分，当然不得为权利之标的，无待明文规定矣。

第一百六十八条 土地之定着物及与土地未分离之出产物，为土地之重要成分。但房屋不在此限。

种子从其播种时，植物从其种植时，视为土地之重要成分。

因保存房屋而附置之物，视为房屋之重要成分。

土地所有权，于地球上占有一部分之土地，于地面可以耕作，为支配地表之权；可以掘井，为支配地体之权；可以建筑房屋，为支配地上空间之权。古今各国，皆以土地为不动产。就学说上言之，有谓房屋者，乃土地之延长物，不可作为独立之权利标的物。关于此问题，较为重要。以各国之立法例言之，罗马法以土地及其附属物为不动产，附属物与定着物之意义相当。而罗马法不认定着物为独立之一体，以为土地之从物，与延长物之说，观察相同。德意志民法以构成部分为不动产。其所谓构成部分者,虽与日本之所谓定着物相当,而解释不同。日本以定着物为独立物,德国不以构成部分为独立物,本律采之。故土地之定着物(例如沟渠紧接于土地,本诸人工)及与土地未分离之出产物(例如竹木由地中生出,本诸自然),皆为土地之重要成分,而不可以为独立之一体,即不得为权利之标的。惟房屋乃从其用法,永续的固着于土地之物体,可以为卖买、让与及贷借等之标的物,不得以其定着于土地,为土地之重要成分,而否认其为独立之一体也。故本律特设例外之规定,以完全不动产之效用。此外,如土地上之耕作,有种子之生产物则从其播种时起,无种子之植物则从其种植时起,视为土地之重要成分。因保存房屋而附置之物,如防御风火之墙,支持倾圮之木,皆视为房屋之重要成分,不问前条之规定如何,为欲完全其经济之效用。此第二、第三两项所由设也。

  第一百六十九条 以暂时目的附着于土地之物,不为土地之成分。有使用他人土地之权利者,因行使权利而设置于其土地之工作物亦同。

  以暂时目的附着于房屋之物,不为房屋之成分。

  以暂时目的附着于土地之物,如包土木工程木厂所设之板屋,时过即拆,非永续固着,即不得为定着物。故不问其附着者为第三人、为所有人或为有权利之人,均不为土地之成分。又,有使用他人土地之权利人(有地役权人,地役权者为地役权人得依设定行为所定之目的以他人土地供自己土地便宜之用之物权也),因为使用其土地而设之工作物(如通水地役权、通行地役权所设定之物,惟房屋不包在内),亦不为土地之成分,以其基于地役权之作用也。其他为观瞻起见,而暂时附设于房屋之装饰品(如彩棚、彩牌之类),亦不为房屋之成分。以上皆为以暂时目的附着于土地或房屋者之物,故不为不动产之重要成分。徒以供其物之用,或随于主物(物有主从之分)为处分而已。

  第一百七十条 称不动产者,谓土地及房屋。

  有体物者,因其为土地及固着于此之物与否,分为动产及不动产。故动产、不动产之区别,本诸有体物之性质。不动产者,土地及其固着于此之物之总称也。故不动产为土地及固着于此之物。土地者,有于空间无变更之位置之物体,总称地表、地体及地上空间。土地之为不动产,古今各国之所同也。固着于土地之物者,非土地之构成部分,乃从其用法永续的固着于土地之物体也。日民法之规定,则以土地及定着物为不动产,以房屋赅于定着物之中。盖日本以定着物为独立物,异于德国之不以构成部分为独立物也。本律不从日本而采德制,以土地及房屋为不动产,其他之物皆为动产。于言外见之,诚以动产、不动产之区别,于权利之得失颇有关系。至无记名证券是否属于动产,须依特定法之规定。

第一百七十一条 称替代物者,谓依种类、数量、容积所指定之动产。

德意志民法九十一条之规定云:"从交易之通例,得以数量或度量而定之动产为替代物。"以立法例之解释定入条文,较为明显。即无条文,其意未可知也。如金钱米谷,皆替代物也。指明动产,则土地之不能为替代物可知。因有此定义,学者又称替代物为代偿物。定量物与定种物,可以他物偿还为代偿物。以数量而定者为定量物,以种类而定者为定种物。不替代物适与此相反,不能以种类、数量、容积而定,以物之特质而定者也。金钱米谷等,可用种类、数量、容积指定,名替代物。若古玩及古代泉币,非可以种类、数量、容积指定,名不替代物。其以替代物为标的之债务时,债务人只须给付以同种及同量之物,即可清偿(如甲约乙给付米百石,不指定何处之米,则乙履行交付时,凡同种同等同量之米百石,皆可以替代,而为债务之履行)。故替代物与不替代物之区别,于实际上颇为重要。本条明定之曰依种类依数量依容积,皆为区别之标准也。

第一百七十二条 称消费物者,谓依通常使用方法即归消耗或可让与之物。

有体物者,得视其用法在消耗或让与与否,而分为消费物及不消费物。消费不消费,在于物之用法,并非本诸交易之观念,亦非本诸当事人之意思。德意志民法九十二条规定之,日本民法无规定。消费物者,若非消耗或让与,即不能从其用法而使用之有体物也。惟使用方法,不必限特定情形,只依一般使用方法而已足。例如谷米酒油,从其用法之在消耗,故属于消费物。货币纸币,从其用法之使用在让与,故亦为消费物。消费物及不消费物之区别,与消费贷债(即当事人之一造约明向相对人领取金钱或其他替代物其后归还以种类等级及数量相同之物之契约也)颇有关系。故设本条,以明示其旨。

第一百七十三条 称天然孳息者,谓依物之用法所收取之出产物。称法定孳息者,使用该物之对价所受金钱及其他物。

有体物者,有供给出产物之经济的性质。供给出产物之有体物称元物(或元本),被供给之出产物称孳息(日本谓之果实)。孳息者,元物从其经济的本质而供给之出产物,以分为天然孳息及法定孳息为通例。天然孳息,学说甚少。试举一、二之重要者言之。(一)谓不消耗元物而收取之物也。在昔时之情形,固为确当,与今日社会之情形则不合也。夫采矿事业,亦天然之孳息。然皆归于消耗耳。(二)谓天然孳息乃定期收取之物。此说亦不足以包括今日之天然孳息。依本律之所定,第一,天然孳息乃出产物为从元物分出之物,米谷、牛乳之类是也。第二,从物之用法而收取之出产物,乃与物之经济的性质相适合,为从物之用法。譬有山林于此,以正当之方法采其树木,乃经济的性质之方法。如其树为风推拔,即非经济的性质之方法之出产物也。法定孳息,有一学说谓法定孳息者,乃指可受之金钱及其他物件之权利本体而言。故日本、德国之民法皆依此规定,本律从之。盖法定孳息,乃对于元物使用之报酬,不必限于金钱。于使用元物之时,每时发生(惟计算每时之对价失诸繁杂,故法定孳息之计算以日之比例定之)。例如租屋之租金,债权之利息,或田亩之租钱,皆法定孳息也。法定孳息乃由法律规定而生,散见同律各条中。或基于损害赔偿之观念(迟延利息),或基于不当利得之理由乃当事人意思之推测皆是。天然孳息与法定孳息之区别,在明确孳息收取权利者之权利范围,又使孳息返还义务者之义务范围得以明白也。

第一百七十四条 有收取天然孳息权利之人,其权利存续中取得与原物分离之孳息。

有收取法定孳息权利之人,按其权利存续期间之日数取得之。

天然孳息者,其与元物分离之时,属于有收取此孳息之权利者,惟以权利存续中为限。例如甲有田而耕种其田,所得孳息,固为甲所收取无疑矣。设使于未收取之前,甲以田卖于乙,其孳息归甲收取乎?归乙收取乎?于此成一问题焉。德意志古代法谓宜归播种者收取,是甲应收取。罗马法则谓归割取人所有,是乙应收取。近世各国立法例虽不尽照罗马法,大要本诸罗马法以办理,不问孳息与元物分离之原因,但问分离之时为何人所有,即归何人收取。若必如罗马法以割取为条件，则为风所吹落者归何人所有乎？是不如以分离之时为标准之为得。诚以未分离之前，为元物之构成部分，当属于原物之所有者也。分离复应使收取权利人取得之，藉以保全其利益。法定孳息者，于收取此权利之存续期间，以日之比例取得之，非由清偿而始取得者也。日本、法国之民法，皆为是规定，本律从之。以法定孳息为对于元物使用之对价，以理言，当以时计。因太繁杂，乃按日计。例如乙租借甲之房屋，每月租金十元。至月半，甲以屋让与于丙。则此月之租金，甲、丙各分其半。此关系于甲、乙间之契约无相涉也。然使甲、乙间之契约，如以月朔交付租金，则由让与于丙之日，甲已收取一月之租金，甲仍当以一半（即五元）分之于丙，所谓以日之比例为之也。按其收取权利存续期间之日数，使之取得孳息，法律为昭平允起见也。

第五章　法律行为

　　法律行为,为人类生存于世界之最要者,买卖、赠与、婚姻,皆因人类意思之作用而成之法律行为,即重要之法律事实也。买卖、赠与,为财产上之法律行为。婚姻为人事上之法律行为。法律行为之种类甚多,而自有一贯之大原则存乎其中。考法律行为之名词,始于一千八百零五年。德国学者非文架氏为解释罗马法之便利起见,乃创此名词,各国学者皆认此名词为非常重要而采用之。而其定义,则各国学者意见不一。有一学说谓此名词如果重要,则学者之解释当无不合。今各国学者之解释各有不同,不如弃之不用,此宜注意者。法律行为之定义,不必尽同。今择学者间所下最正当之定义而解之曰,法律行为者,乃以欲使发生一定之私法的效力之行为者之意思表示为要件,而生私法上效力之法律的行为也。分释之如下:

　　第一,法律行为者,以欲使发生私法上效力之行为者之意思表示为要件也。此为法律行为之特质,与其他行为相异之要点。故与友人约散步、约会食,行为者之所欲,而不发生私法上之效力,非法律行为也。不法行为,非行为者之所欲发生私法上之效力,而发生私法上之效力,亦非法律行为也。又有混合行为,两人各为所有者,一为酒,一为水。水与酒混合,其所有权应为何人所得,皆当照法律之规定,而不能随当事人之所欲,故亦不得为法律行为。第欲者,为法律行为所必要,与预期不同。但有此欲而已,其效力出于预期以外与否不问也。例如买卖,法律行为也。甲欲买得美物,乙欲卖得善价。至交付时而物已败坏,卖主以有瑕疵担保之义务,而价亦跌落。则皆出于甲与乙所预期者之外。当事者注意时,则所欲者圆满,法律上所生之效力亦圆满。有不注意时,则所欲圆满,法律上所生之效力不圆满。而法律上效力之所以发生,未尝有异也。

　　第二,法律行为,乃生私法上效力之行为也。故生公法上效力之行为,非法律行为。例如国际条约、行政处分,为公法上之效力,非法律行为也固矣。若审判厅之判决、承发吏之扣押,为何等行为乎?此当称为审判上之诉讼行为,发生公法上之效力,非发生私法上之效力,不得为法律行为。

第三,法律行为,法律的行为也。原来法律行为,有由一个之意思表示而成者,例如催告及遗嘱等之单独行为是。有由数个意思表示之合致而成者,例如买卖、赠与等之语成契约是。故以法律行为为一个之意思表示,实失诸狭,此所以称法律行为为法律行为也。由此以言,凡因行为人之所欲,可生法律上效力之行为,于实际上颇为重要。本律采多数立法例,于本章规定之。亦以权利须依一定之事实而得失,或依一定之事实而变更。国家为维持秩序计,当然采取之立法政策也。

第一节　意　思　表　示

意思表示,为法律行为之一重要事件。关于意思表示之问题,自来有三主义,述之如下：

第一,意思主义,是专重实际之意思,探究当事人果有如何之意思,依之而定法律行为之效力。其已现于外面与否,在所不问也。现于法兰西等,不曰意思表示,而曰意思。纵令当事人虽不表示之意思,然后日得证其有意思者,仍有法律上之效力。

第二,表示意思,是仅以现于其外面者,视为当事人之意思,不问其真意思之如何,与第一主义为正反对者。例如于契约书所记载之事项,虽明与当事人之真意思相异之处,亦视为当事人之真意,付之以法律上之效力。

第三,意思表示主义,即必要意思与表示二者之合致是也。此主义不驰于极端,而折中于第一、第二之两主义者,故以必要意思与表示二者为原则。惟例外于真之意思与表示相异者之处。有仅据其表示视为当事人之真意思者。盖人之行为,为意思之活动,无意思则不可有行为(据学理上说)。是以意思为基础,最为当然。因而于意思表示之表示,以意思为主,因自不可争者。虽然,人之意思,原无形而不可见,无由从外部而知之。故非表示之,则法律上不能付之以效力。法律行为之根本,所以不为意思(即意思主义之略)而为意思表示也。若然则必要意思与表示二者之合致,实属当然,何待论者。惟是于意思与表示相异之处,他人见其表示,直以为真之意思。当此之际,法律不得不视为真意思,而付以法律上之效力。否则,

第五章　法律行为

害善意者不少。此主义之所以认例外也。而此主义于理论上、实际上最为稳当者。故日本新民法采用此主义，本律从之，采上述第三主义。而意思表示之定义，可得而下矣。意思表示者，谓使生法律上之效力之意思，以他人可得知之方法而发表者也。例如买卖，其意思表示可从买卖双方分观之。卖主表示移转其物而受取代金（对价），苟不即为物之交付，即当为债务之负担之意思。买主表示既受物之交付，而取得其所有权，即有支付代金之义务之意思。是即所谓使生法律上之效力之意思也。买卖当事人双方间，各以最易表示之方法（言语或文字），使相对人得知自己之意思，是即所谓以他人可得知之方法而发表者也。故于法律上有效之意思表示，不可不规定之。此本节所由设也。

第一百七十五条　以违公共秩序之事项为标的者，其法律行为无效。

公共秩序云者，其语始于德国，法国译之与善良之风俗一语相当，由法国民法传于诸国民法，惟德国民法不采用之，以其用语不同。然日本民法从多数之民法，以确定其义意有必要者。德国民法第一草案理由书，论善良之风俗与公共之秩序。有云前者虽不外道德上之问题，然法律行为之内容（即日民法所谓法律行为之目的是）不独有反乎道德之时，且有反乎国家一般利益之时。而反乎道德与反乎国家一般利益二者，不必常相伴而生。故于善良之风俗外，更须添公共之秩序一语，与之并立也。例如管业禁止之契约不属于前者，而属于后者。由此思之，则国家之一般之利益问题，即可视为公共秩序问题也。法国学者多同此见解，谓公共之秩序，即公共之利益，亦即一般之利益也。又有谓于命令法或禁止法全相抵触及不相抵触之时，其有与公法及私法之一般原则相抵触者，则皆反乎公共之秩序者也。要之，以公共之利益为标准的利益说，与以法律之命令禁止为标准的法律说，相对并立，而采用前说者为多。盖公共秩序者，维持国家的共同生活，而使之发达之必要状态也。因欲令此状态不破坏，国家遂设命令法与禁止法。然若误解之，谓国家所未曾设命令法及禁止法之时，则必无违反公共秩序，此谬见也。夫不反强行法规，为法定之事项。不违公共秩序，非法律之事项。虽无非为妨害人类共同生活之事项，实质上并无区别，而形式上则有法律非法律之分别也。有一学说谓强行法规与公共秩序，实质皆同，何不皆为强行法规。不知社会之变态，瞬息万状，不能尽定为法规。

况时代不同,变迁互异,不如抽象的规定之为得。惟属于法律与属于道德,观察点确有不同,终以道德说为胜。例如甲与乙立一契约,使乙杀丙,酬乙金钱若干。此种契约违公共之秩序,当然无效。又如甲男与乙女,立一私通之契约,亦当然无效。同为无效之结果而已。兹前言有效无效者,皆为法律行为有效无效之问题。而就缘由(动机)论,则与法律行为之有效无效毫无关系。举实例以明之。为甲欲杀乙,而买刀于丙。甲买刀之缘由在于杀人,当然无效。而甲、丙间之卖买,仍为无效,此问题第一注意之点。动机之善恶,无关系于法律行为之有效无效。第二注意之点,譬如偷窃人之财物,固反公共秩序。假有甲、乙结不可偷窃之契约,可为有效否乎?学说甚多。松冈学士以为此等契约,当然无效者也。何乎?夫不为恶事,国民道德中应有之观念。今为此不可偷窃之契约,反使国民道德之程度降而愈下,安得为有效乎!本律从之,故特设此规定。惟法律行为之标的,异于权利之标的。权利之标的,可云客体。法律行为之标的,则在使发生何等之效力。无效云者,乃不发生法律上效力之谓也。

第一百七十六条 以违法律中禁止规定之事项为标的者,其法律行为无效。但法律有特别规定者,不在此限。

法律行为之标的,乃行为者依法律行为而欲使发生私法上效力之事项,须可能及适法。可能之内容,谓于法律上、事实上,均无绝对不能之事项也。适法之内容,即法律所不禁止之事项。观于禁止之事项,即可知不禁止之事项之适法也。例如强行规定之事项,即法律所禁止之事项。今以一私人不得国家之许可,不得发行钞票。不得警察厅之许可,不能贩卖各药。此皆属于禁止之强行法规。尚有属于命令之强行法规,亦包括于其中。禁止法规为消极的,命令法规为积极的。自实质上论之,则禁止法之法规者,凡禁止之事项,非独因反乎公共秩序而制定之也。而往往反乎公共之秩序的事项,为禁止法之目的。故禁止法者,自形式上立论也。欲贯彻禁止法之法意,不得不以违法律禁止事项为标的之法律行为,使其无效。然法令中亦有特别规定,并不以之为无效者。例如宣告被产后,破产人所为之法律行为,惟对破产债权人为无效。又如以强制拍卖时,不得干预之人而为拍卖人,则须利害关系人之同意始为有效。故设本条,以明示其旨。

第一百七十七条 以违法律或裁判因保护特定人之利益而禁止让与

第五章　法律行为

之事项为标的者，其法律行为惟对特定人无效。但受益人非因归责于己之事由而不知者，不在此限。

前项规定，于强制执行假扣押、假处分准用之。

凡法律行为，违背保护公益之法律者，得适用前条，使其行为无效，是属当然之事，无待明文规定也。又违禁止让与特约之法律行为，亦应使有效。反之，若其法律行为违背保护一私人而禁止让与之法律时（如因为保护破产债权人之利益对于破产财团所属之财产，禁止破产人让与时）及其法律行为，违背因为保护假处分债权人之利益，对于所争物，禁止债务人让与之审判时（例如乙有戊、己两物，与甲为卖买，甲买其戊物，乙欲让与其己物，以此龃龉而起诉。甲请审判厅先假处分乙之戊物，不得出卖。而乙仍以戊物出卖于丙，则乙、丙间之卖买，对于甲为无效。丙对于乙，则为有效。又如甲将物卖于乙，禁止其让与他人。乙违约卖与丙。乙、丙间之卖买行为仍为有效，以契约本非强行法规也），则其法律行为之效力，不可不以法律定之，以息无益之争论。但有一必有之注意者，即以受益者确实不知其有为而然者为限。否则，实际之受益人，诿为不知或佯为不知，而取得系争物之权利，岂法律之所应保护哉。故法律上或裁判上虽因特定人之利益禁止让与，而以之为标的者，乃出于因归责于己之事由而不知之受益人，其法律行为亦不能使之有效。至强制执行假扣押、假处分等，亦应以此种之法律行为为准。

强制执行为法律上之执行行为，纵令非强制执行者，亦实许其强制执行。故扣押为纯然的强制执行，使债务人不能自由处分其财产。例如不动产之扣押，不必承发吏看守其土地。但于登记簿登记其不动产已属扣押，则债务者即不能复为处分，而卖与于他人也。又如动产之扣押，其可移动者，由承发吏收取而保管之，原则也。或封印而保存之，例外也（将封印破坏者即成立刑法上之罪）。又如债权之扣押。如甲从乙借入金钱，乙又从丙借入金钱。乙对于丙不为偿还时，即由审判厅命令使甲不能得径直偿还其金于乙，而偿还于丙是也。是皆债权者之例，然他种权利者亦可适用之。凡扣押最为严重，苟非确定判决，必不能执行之也。

假扣押者，于判决未确定之时，而先执行其扣押也。所以设假扣押之制者，盖恐债务者于判决未确定之先，预以其所有财产藏匿，而于判决确定

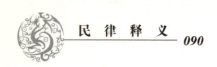

后,无可为扣押,以偿其债权也。故其效力与扣押同。

假处分者,因用假扣押之方法,恐尚不能达其目的之时而用之者也。例如甲有土地,为乙所占有。甲以其证据诉之于审判厅,是土地当属之甲。乙于判决未确定之时,先将其所占有之土地卖与于人。是甲虽胜诉,仍不能收回其土地,受损必甚。假处分者,甲于起诉时,即可请求审判厅,禁乙处分其占有之土地。俟判决确定后,再定其权利之所归属也。

以上所言,法律或裁判恒有因保护特定人之利益而禁止让与之事项。故其法律行为,亦应对于特定人为无效,对于非因归责于己之事由而不知者为有效也。

第一百七十八条　表意人于已表示之事项,其心中实保留其有不欲之意者,其意思表示并不因之无效。但相对人明知其心中保留或可得而知者,不在此限。

为法律行为要素之意思表示,须要法律行为的意思与表示之意思相符合。且所以有法律行为的意思,即为此决意之缘由,以无出于诈欺及强迫等之瑕疵为要。与法律行为的意思不符合之表示。如有瑕疵之意思表示,法律行为的意思与表示不一致,亦有完全之效力。何以有有瑕疵之意思表示。然自相对人一方观之,表示者,表示其意思也。可以推定其表示必与意思相符合。行为者如以己之表示与意思不符合时,则非举出确据以证明之不可。此所以有有瑕疵之意思表示也。有瑕疵之意思表示中,其一为心中保留。行为者有故意表示与其真意不符合之意思者,此意思表示,称心中保留(或称意中留保、秘密留保)。故行为者不知真意与表示不符合时,乃错误之意思表示,非心中保留。又行为者因期他人故与相对人通谋,表示与真意不符合之意思时,乃虚伪之意思表示,非心中保留。心中保留之有效,为保护交易之安全。果以为无效,则受领者有非常之危险。从意思主义,在法律上当然无效。若从表示主义,法律上当然有效。日民法从折中主义,以心中保留为有效。本律从之。然有相对人之意思表示,若相对人明知行为者之真意或应知之时,无保护相对人利益之必要。故心中保留归诸无效。例如有人对于毫无关系之人,忽以广厦相持赠。此等表示不问而知其与意思不符合者也,可以无效。曰于已表示之事项,其心中实保留有不欲之意者,即表意人故意表示其与真意不符合之意思也。曰可得而知

第五章 法律行为

者,虽非望而知之,然有可以知之之方法是也。

第一百七十九条 表意人预期他人可认为非真实而为意思表示者,其意思表示无效。

心中保留之表示,须有行为者之故意。虚伪之表示,须故意与相对人通谋。此则表意人预期他人可认为非真实而为意思表示者。无故意,亦未与相对人通谋,不过片面的表示非真实之意思,或供他人之取噱,或为事实之证明。前者谓之谐谑,后者谓之举例。例如行为者无负义务之意,出以戏言,对于竞争马会之优胜者,为赠与巨金之广告。及行为者无负义务之意,出以假定,对于他人为赠与百万元金额之表意是也。其意思表示,讵得认之为有效乎?本律故特设此规定。

第一百八十条 表意人因欲误第三人与相对人通谋而为虚伪意思表示者,其意思表示无效。但不得以无效与善意第三人对抗。

前项之意思表示将他项法律行为隐蔽之者,其法律行为不因隐蔽而失其效力。

与相对人通谋而为之意思表示,是欲欺第三人,非欲欺相对人也。无论于相对人无效,即对第三人亦当然无效。惟此无效,不得对善意第三人对抗,以保护善意第三人之利益。例如甲、丙间之卖买,本属虚伪,可以无效。而丙若以所假卖之物转卖于丁,是丁为善意第三人,其卖买自当有效。故甲对于丙,可以主张无效,对于丁不能主张无效。又虚伪之意思表示,有隐蔽在当事人间已成立之真正法律行为,以欺第三人者,被其隐蔽之法律行为,并不因隐蔽而无效。例如甲之真意,本以物送丙。因碍于乙之感情,表面上作为卖买,以隐蔽赠送之真意。则甲、丙间之赠与行为,自然有效也。本条宜注意之点,即信托行为(对内关系与对外关系相异之行为),不可视为虚伪行为。以信托行为对外关系,委托人对受托人是与以所有权或债权之资格。虽有使之完全执行委任人权利之权限。至对内关系,对受托人不过与以受任者之资格。故所有权、债权属于委托人,并不属于受托人也。然皆出于当事人之真意,并非本于虚伪,故当然有效,无待明文规定。

第一百八十一条 意思表示之内容有错误或表意人不欲为该内容之意思表示者,表意人得将其意思表示撤销。但以可认为表意人若知审其事情即不为此意思表示者为限。

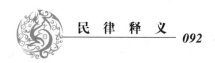

当事人之资格或物之性质虽不为意思表示之内容,若公认为重要者,于其错误,准用前项规定。

行为者,有因错误不知与其真意不符合而表示意思者。此意思表示,称错误之意思表示。错误者,关于事物观念之不合及缺乏也。故误信(即反于事物真实之认识)及不识(即关于事物认识之缺乏)皆是。例如吾人误信甲马为乙马而买受时,即因于误信之意思表示。又吾人无负连带债务之意思,而为负此之表示时,即因于不识之意思表示也。凡关于意思表示内容之错误(即关于当事人标的物及法律行为种类之错误)及于交易上认为重要,而当事人之资格或物之性质有错误时(如信用交易之买主支付能力或房屋赁贷契约之房屋性质),若表意人知其事情即不为其意思表示者,均当然谓之错误。至表意人虽表示有一定内容之意思,惟不欲为内容之表示,且可认表意人若知其事情,则不为其意思表示者亦然(如表意人误信为有真正之内容而署名于其书件者)。错误之意思表示,非当然无效之行为,乃得以撤销之行为(即有撤销权之本人得撤销之而使无效之行为)。故错误之表意人,须于知有撤销原因后,速行撤销其表示。否则,法律行为之错误,非其本来行为之为无效也。惟日民法则于法律行为之要素有错误之时,则直认其为无效。本律不采之,而仅以撤销权予之,并限于可认为表意人若知审其事情即不为此意思表示。意盖谓行为者若因其重大之过失而陷于错误时,不得主张意思表示之无效。

第一百八十二条　前条规定,于意思表示因传达人传达不确者准用之。

表意人不自直接表示于相对人,用使人(被雇人之类)、电报局及其他媒介机关而表示其意思,其媒介机关因而传达不实者,与表意人陷于错误者无异。盖传达人为表意人之媒介机关,传达人之传述,应即表意人之意思。乃传达人之传述,与表意人之意思不符合,而必欲使传达之不确者认为有效,则表意人危矣。法律为保护表意人起见,故亦以撤销权予之。例如拍电报,拍者无误,司电码者有误。说电话,说者无误,接电机者有误。是皆媒介机关之错误,非行为者之错误。然机关犹行为者之手足,其错误仍为行为者之错误。故传达之不确,虽为传达人为不确之传达(故意与否,另一问题),实则与表意人自己为错误之表示无殊。以法理上言之,亦非原始的无效。故表意人不于法定期间内知有撤销原因后速行撤销之,则不确之传达亦生有效之结果矣。

第一百八十三条　前二条情形,有撤销权之人须于知有撤销原因后速行撤销。

撤销权于意思表示后逾二年而消灭。

撤销者,乃有撤销权之人得撤销之而使无效。此为撤销生绝对的效力之行为,即因撤销而视作原始无效者之行为也。故此行为之撤销,有使其撤销前所发生之一切法律上效力,溯于已往而消灭之之效力。故其对抗关系之发生,实有伟大之势力,法律于此不能不有制限的规定。即一,须于知有撤销原因后,速向相对人撤销。二,撤销权于表示后计算逾二年而消灭。是为撤销权行使之制限。盖意思表示之撤销权,如许永久继续,是使相对人及其他利害关系人之权利状态永不确定。故特设本条,以保护利害关系人之利益。

第一百八十四条　依第一百七十九条之规定其意思表示无效者,或依第一百八十一条及第一百八十二条之规定其意思表示撤销者,表意人对于信其意思表示为有效而受损害之相对人或第三人,须赔偿其损害。但被害人明知无效之原因或可得而知者,不在此限。

意思表示发生其效力时,须法律行为的意思与表示之意思相一致。故法律行为的意思,与表示之意思若不一致,则意思之效力不发生,乃理论上当然之原则也。然此原则若绝对的应用,虑害交易之安全。故德国民法,出于例外,关于与法律行为的意思不一致之表示,使附着于法律上一定之效力,即所谓折中主义是也。本律从之。故表意人预期他人可为非真实而为意思表示,以其未与相对人通谋,自不能认其为有效。至意思表示之内容有错误,或表意人不欲为该内容之意思表示,乃于交易上认为重要。而当事人之资格或物之性质有错误之意思表示时,又因传达人传达之不确,是皆表意人自己或他人陷于错误,法律亦不能不以撤销权予之。然表意人一方之利益保护过周。而相对人或当事人以外之第三人,必有受多少之损害。盖意思表示之有效无效,限于表意人之无过失(包故意与过失而言),自初未有不自认为有效者。故相对人或第三人容易信其为有效。信其为有效,而无何等之损害及于己者,则亦无何等之问题。若信其有效而损害即及于己者,则谁为此意思表示,即谁任损害赔偿之责。保护利益,斯为平允。否则,因而受害之相对人或第三人,终无排除损害使恢复至与无损害同一地位为止之一日也。

第一百八十五条　被诈欺而为意思表示者,得撤销之。

第三人行其诈欺时,表意人以相对人明知其事实或可得而知者为限,得撤销其意思表示。

被诈欺而为意思表示之撤销,不得与善意第三人对抗。

诈欺之表示者,隐匿其真意而表示其假意。日本民法名之曰欺罔。其要件在于表示其虚伪之事实。如以真为假,以假为真,非诈欺也。又必隐匿其真正之事实而为诈欺之意思表示,乃为诈欺之要件。凡诈欺者,必使他人生错误之意思。如为诈欺之表示,不使他人陷于错误,是为戏言,非因于诈欺之错误也。所以成为法律上之诈欺者,第一界限,使他人生错误之意思。第二界限,使他人持续其错误。此民法上之诈欺。有以为与刑法上之诈欺同者,有以为异者。其实法律上所谓诈欺之性质,民法与刑法同。不过其程度稍有差异。民法上之诈欺,不必有受财产上利益之意思亦可成立。行为者有因诈欺陷于错误而意思表示者,称曰被诈欺之意思表示。所以,因于诈欺之意思表示,第一,要有诈欺。诈欺者,表示虚伪之事实,挑发他人之错误,又使他人持续其一旦所陷于错误之行为也。第二,要诈欺者有使行为者陷于错误,由是而使决定法律行为的意思之意思。盖此意思不存,则诈欺与意思表示之间,不有因果关系。第三,要行为者因诈欺之结果陷于错误,由此而表示意思。盖诈欺于结果未发生,则有妨行为者之利益,而必要保护之不正事项尚未存焉故也。凡意思表示所以生法律上之效力,应以其意思之自由为限。若表意人受诈欺而表示其意思,并非出于自由,则其意思表示使得撤销之,以保护表意人之利益。

刑法上之诈欺,不因第三人成立。若民法上之诈欺,第三人亦得为之。例如甲为买马者,乙为卖马者。而丙因与乙有亲戚关系,诈言甲马将死,令其速买乙马。是为第三人之诈欺行为。然第三人行诈欺时,行为者非于相对人知诈欺之事实时,不得撤销其表示。此因保护不知诈欺事实之相对人之利益,而确保交易之安全也。但行为者对于行其诈欺之第三人,得基于不法行为之损害赔偿请求撤销者,使因于诈欺之意思表示,生自初无效之

第五章　法律行为

效力。此效力有绝对的效力，对于相对人固无论，即对于第三人亦得主张其效力。然第三人系善意时，不得对抗撤销之效力。此保护善意之第三人利益。例如甲受乙之诈欺，以某物卖之于乙，乙又转于丙。则丙不知乙之诈欺行为，即为善意之第三人，甲不得对之撤销是也。

第一百八十六条　被胁迫而为意思表示者，得撤销之。

被胁迫之意思表示，亦可分三层说明。第一，要胁迫者对他人通告害恶，使生恐怖心。害恶包现在、将来言。如以刀胁人为某行为，此为现在之害恶。如昌言欲烧某人房屋，此为将来之害恶。就罗马法及法兰西法言，将来之害恶不在胁迫内。以未来之侵害，尽可设法防卫，不成为胁迫之原因。然不如日本及德意志民法以包括现在、将来为是。第二，要使行为者因恐怖而决定法律行为之意思。欲知其因恐怖而决定意思与否，当以被害者为主眼，由主观的观察之。如对于强有力之人示欲加害彼必不生恐怖心。至对于极柔暗之人示欲加害，未有不生恐怖心者。故欲知其有无恐怖心，须从男女上、年龄上、教育之程度上定之。且加害不以本人为限。如对于其父母或子女有害恶之通告，亦不能不生恐怖心。第三，因于胁迫之意思表示，与因于暴行之意思表示有别。因于暴行之意思表示，乃被害者因加害者之暴行为机械的动作。此动作只可谓加害之意思表示，非被害者之意思表示。因于胁迫之意思表示，乃以行为者因胁迫而发生之恐怖为缘由，故宜保护行为者之利益，乃当然之事。此所以对于因胁迫而表示之行为者，付以撤销权，以保护该行为者之利益也。撤销者使因于胁迫之意思表示，生自初无效之效力。此效力乃绝对的，对于恶意之第三人固无论，即对于善意之第三人，亦得主张之。此因保护被胁迫者之利益。自罗马法以来，即有此办法也，故本律亦采之。

第一百八十七条　前二条之意思表示，有撤销权人须于发见诈欺或胁迫终止后一年内撤销之。其期间之进行，准用第二百九十四条至第二百九十六条之规定。

前项之意思表示，从表示时起逾二十年者，不得撤销。

因诈欺或胁迫而为意思表示者，虽许其撤销，然不加以限制，则权利状态永不确定，实有害于交易之安全。故有撤销权人在表示之际，自初虽不知其为受人之愚，或出于不容易脱避之情事，然于尔后必有发见诈欺之日与夫胁迫终止之时。何时发见诈欺,何时终止胁迫,当于发见或终止日起算一年内撤销之,是为法定一年之撤销时期。若不于发见或终止日起算一年内撤销之者。抛弃撤销权之行使,其亦可以见矣。至一年期间之进行,因天灾与不可避之事变或其他法定事由,致不能中断其时效者,法律又于相当期间内认时效之不完全,亦为保护有撤销权人之起见也,故有适用之规定。惟何时发见诈欺或终止胁迫,殊难一定。故法律不得不宽其期间,以为被诈欺或胁迫而为意思表示者撤销之地步。以权利状态言,撤销权之行使为无制限,则又害交易之安全。故自表示时起逾二十年者为撤销权时效之消灭,此本条第二项所由设也。

第一百八十八条 意思表示缺法定方式者无效。

法律行为,以不要式为原则,以要式为例外。所谓不要式者,即方式自由主义。要式者,即方式强制主义。方式强制主义者,必照法律或契约之方式,方为有效,否则无效。方式自由主义者,即不照法律或契约之方式,亦有效力。有一学说,谓方式强制主义照法律而行,不包含契约在内。此主义盛行于罗马法、德意志古代法时代。欲溯此主义之始于何时,已无可考。近世方式自由主义,则起于法兰西北部之习惯法,其他受罗马法之影响甚少。故其办事皆受习惯法之支配,乃发生方式自由主义。所谓有要式的意思表示,乃行为者非照法律或契约所定之方法,则法律上无效之意思表示也。故要式的意思表示,大别为法定之要式的意思表示及约定之要式的意思表示。原来方法者要时间与费用,不适于以简易迅速为必要之交易。然使行为者不轻忽表示意思,使明确行为者之意思,预防后日之纷争。又使权利之转辗,是其所长也。故近世之法律,出于例外而认法定之要式的行为,又认约定之要式的行为也。本律采之,亦以法律行为中有数种须为要式行为,使其成立确实。惟要式行为,其意思表示应依法定方式,否则违背法意,应使无效也。

第一百八十九条 依本律规定以书件为意思表示者,作书件人须署名。

契约各当事人须署名于同一书件。但一契约而作书件数份者,各当事人只须署名于送交相对人之书件。

要式的意思表示,所以防后来之纷争。以书件为意思表示,尤为法定方式中之最正确者。故于达其目的所必要之事项，均须用书件之方式。例如股份公司股份之承诺，若但用言词而不记载于书件，遇公司有损失时，为股东者，至欲收回其资本，而争端必多。惟照法定方式而记载于书件，则争端自息。故表示之际，果何人为此法定方式之意思表示乎？亦为法定方式中最关紧要之点。表意人之意思，既明示于书件，固矣。然表意人之为甲为丙，亦当由作书件人自署姓名于其上，以明此意思表示非异人任，此其所以以署名为必要也。对于同一书件，契约各当事人以共同署名为原则。然例外只须署名于送交相对人之书件者，以一契约而作书件数份也，以送交相对人之书件为准，则自余不署名之同一书件，当然有同等之效力。此但书之所由设也。契约之要义，详见本章第二节中。

第一百九十条 当事人若不能署名，须捺拇印，受官署或公署之认证。

教育未普及，人民文字程度有不能自书姓名者甚多。故于署名外，不可不别设方式。法律即令不能署名之当事人，自捺拇印于书件上，并经官署或公署察其拇指之印影是否为该当事人所为，或监视其捺印以为证。即此以观，知法律所称署名者，以自书姓名为要。故对于署名不能之当事人，令其亲捺拇印以存真，绝无采用他种方法之余地。所谓官署者，行政及司法衙门之类是。所谓公署者，指自治机关而言。非受其认证，则拇印为无效也。

第一百九十一条 前二条之书件，得以审判上或公证上之书件代之。

以书件为意思表示所作成之书件，为一般的书件。由审判厅或公证人所作成之书件，为极正确之书件。既有此种书件，则前二条之书件，可以省略。盖一则基于处分命令，一则出于公断手续。较之一般的以书件为意思表示者，实有伟大之势力。故有以彼代此之权。此本条所由设也。

第一百九十二条 意思表示缺约定方式者无效。但有特别订定者，不在此限。

法律所定方式之关系，前既言之。若夫约定之方式，虽无法律上一定之方式，然其为要式的意思表示则一。故当事人以法律行为定意思表示之方式时，宜践其方式，否则作为无效。例如甲、乙间之卖买，约定时记载于书件，当事人不照书件办理，其卖买为无效。日本松冈学士以为，卖买不能即作为无效，而当事人之一造某甲可以请求相对人某乙，仍照书件办理。

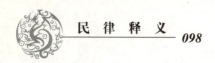

如乙已照书件一次,二次乙违约。甲以始终均照书件为请求,乙以不愿为此卖买而解除之,则卖买始无效。本律不采此说。但有特别表示时,则从其特约之所定,与日民法同。

第一百九十三条　第一百八十九条至第一百九十一条之规定,于由约定以书件为意思表示者准用之。但有特别订定者,不在此限。

由电报而为意思表示者,以无特别订定者为限,视为已践约定之方式,但仍得请求作前项相当之书件。

由约定以书件为意思表示者,亦须由当事人署名。其不能署名者,须捺拇印,并受适法之认证。其书件亦不必由当事人自作之。如因审判上或公证上所作成之书件,对于当事人间有同一之效力。如有一并约定方式者,则从其特约之所定。未约定时,始准用第一百八十九条至第一百九十一条之规定。

电报为当事人间之媒介机关。故由电报为意思表示者,既经送交于相对人(受信主义),限于无特表意思时,视为已践约定之方式,使全其效用。但其后仍得请求交付合式之书件,藉以确定其权利之安全。此本条第二项所由设也。

第一百九十四条　向非对话人之意思表示,自其通知达到相对人时生其效力。但撤回之通知同时或先时达到,不在此限。

表意人于发出通知后,虽死亡或失其能力,或能力受制限,其意思表示不因之而失其效力。

前二项之规定,于向官署或公署之意思表示准用之。

有相对人之意思表示,有二者之殊,即(一)隔地者间之意思表示,与(二)对话者间之意思表示是也。隔地者间之意思表示,则有表示、发信、到达、了解四主义。采用何种主义,各国不同。德国、奥地利、日本民法采用到达主义;德国商法、瑞士债务法采用发信主义;法国民法采用何种主义,未有文明。其对话者间之意思表示,本律则用了解主义。以日本现行法言,所谓隔地者,非指远隔之地。但不能对话,即相离咫尺,亦谓之隔地。譬如同在京城,由西城差人至前门店铺买物,虽相去不远,亦为隔地,不能照对话之办法。所谓对话者,不必晤面,但使能直接语言,即相隔数百里,亦为对话。譬如在北京与天津由电话对话,可直接交换意思,即为对话,不

第五章 法律行为

能照隔地之办理。关于隔地者间之意思表示,采用到达主义。其果合于理论或便于实际与否,以他主义比较而自明。如表示主义,一经表示即发生效力,是使相对人不知其意思,于理论不合。表示者,行为者之心理作用。相对人惟听命于行为之意思,于实际上亦不便。到达主义无此弊也。发信主义,于交易之实际并无不便。然相对人尚未知其意思,于理论上则有欠缺。了解主义于理论上已无遗憾。然意思表示之后,必待受领者知之,始发生效力。倘受领者永不视其信,即永不发生效力乎?于实际上亦多不便也。各种主义皆不能无弊,惟到达主义,合于理论又便于实际。例如甲发通知于乙,以到达为标准。发通知者既不能随口更易,受领者亦不能以未认知为推诿。故日民法采用此主义为原则,本律从之。所谓向非对话人之意思表示,即向不得直接通知之相对人为意思表示,日民法称之为隔地者间之意思表示,应取到达主义为宜。所谓到达者,不可不定一界限。但照平常交易上之惯例,可以使相对人接到即可为到达。假如某甲寄信于某乙,其信送至乙门首之邮政箱内即为到达。倘乙因他事未睹其信,亦不问也。用到达主义(又称受信主义),于是生一结果。譬如甲以意思表示而发信于乙,忽欲撤销其意思,又发信于乙,两信同时或先时到达。用到达主义,无论乙先视表示之信,或先视撤销之信,法律上均无关系。若采用了解主义,则信虽同时到达,乙如先睹表示之信,即有撤销之信,亦不能撤销矣。故撤回之通知,与意思表示同时或先时到达于相对人,其意思表示不生效力。又绝对的采用到达主义,无论何事,皆以到达时发生效力,则损失亦多。例如甲发通知于乙之后而丧失其能力,到达于乙之时。甲已为无能力者,其通知作为无效,乙必受其损害。若采用发信主义,则甲发信时自有能力,依然有效。故表意人于发出通知后死亡或失其能力,或能力受制限者,其意思表示似应无效。然相对人不知表意人之死亡或失其能力与能力受制限,因而为种种之行为者有之。此时如使无效,相对人易蒙不测之损害。此本条第二项于原则之适用特加以限制之所由设也。又第一项及第二项之规定,当事人提出书件于官署或公署时,亦使之适用,以防无益之争议。

第一百九十五条 向无能力人或限制能力人之意思表示,自其通知达到于行亲权人、监护人或保佐人时生效力。但限制能力人若专享权利免义务或经行亲权人、监护人、保佐人之同意者,其通知从达到于限制能力人时生效力。

向法人之意思表示,自其通知达到于代表机关时生效力。

第一项规定,于向妻为意思表示者不适用之。

受此意思表示之相对人为系未成年者或禁治产者及准禁治产者,则不问其为对话者间之意思表示与隔地者间之意思表示,皆不得以其意思表示对抗于未成年者或禁治产者及准禁治产者。此出于保护未成年者或禁治产者及准禁治产者之利益也。盖无能力人或限制能力人,其所受之意思表示不能十分了解。故有向之而为意思表示者,须其通知达到于行亲权人、监护人或保佐人时始生效力。然向限制能力人之意思表示,专与以法律上之利益,或系经行亲权人、监护人、保佐人之同意者,与向有能力人为表示者无异,自达到于限制能力人时即生效力。例如乙为未成年者,甲对于乙为意思表示,甲不能以其表示对抗乙,然非全然无效也,乙则可以对抗甲耳。如乙因甲之意思表示而有利,则为有效。假使乙以甲之意思表示告知法定代理人,则甲之意思表示为全然有效。但妻为限制能力人,实有了解意思表示之能力,不适用本条第一项之规定。又相对人如系法人,自其通知达到于代表机关时始生效力。所谓代表机关者,如董事会之类是。盖董事有执行业务代表法人之权。故法人之相对人之通知,不达到于代表机关时,法人可以对抗,亦当然之事也。

第一百九十六条　意思表示,得依民事诉讼律规定由承发吏送达。

前项意思表示,自送达于相对人时视为达到于相对人。

意思表示达到于相对人之事实及其时期,实际上易生争论,故得依承发吏之送达而为意思表示以防止之。承发吏之送达,规定于民事诉讼律者,如送达应由送达吏作制送达证书,将原本提出审判衙门书记,而以缮本附入送达文件。送达证书须记明:(一)使为送达之当事人或审判衙门;(二)应受送达人;(三)送达处所及年、月、日;(四)送达方法。并由送达吏签名。承发吏为送达者,若送达人不能认识送达文件之所载事项,承发吏应据声明以言词告知文件中要旨,并记明其事由于送达证书之类是也。故其意思表示,自送达于相对人时,法律视为已到达,以防无益之争议。此本条第二项所由设也。

第一百九十七条　相对人居所不明时,或表意人不知相对人姓名非因

自己过失者,得依民事诉讼律规定,以公示送达为意思表示。

因相对人居所不明欲为公示送达者,须经管辖受送达人最后住址地初级审判厅之允许;若无住址,须经管辖其最后居所地初级审判厅之允许。因表意人不知相对人姓名为公示送达者,须经管辖表意人住址地初级审判厅之允许;若无住址,须经管辖其居所地初级审判厅之允许。

通知之内容,固以事由为主。然相对人之居所及其姓名,亦为通知之必要条件。例如甲欲发通知于乙,而乙之居所不明,或并非因自己过失,偶忘相对人之姓名,则甲之通知不能到达。当此之际,立法上将如何办理乎?日本民法关于此问题,未有明文规定。据松冈之见解,以为当照民事诉讼法公示送达之办法,本律从之,故特设此规定。《民事诉讼律》第二百零七条之规定云:不知应受送达人之居所者,得为公示送达。第二百零九条云:当事人声请为公示送达者,应声叙其事由。盖公示送达,由受诉审判衙门以决定裁判之。故因相对人居所不明,或表意人不知相对人姓名欲为公示送达者,须经相当之初级审判衙门之允许,使其依公示送达而为意思表示。此本条第二项所由设也。

第一百九十八条　向对话人之意思表示,自相对人了解其通知时生效力。

向对话人之意思表示,用何主义,议论甚多。第一说谓当采用表示主义。然此主义,至不合于有相对人之意思表示。第二说谓宜准用隔地者间之意思表示,以到达主义为原则,发信主义为例外。然此学说亦不正当。据日学士松冈意见谓对话者间之意思表示,欲合于理论,又便于实际,莫如用了解主义。何也?诚以当事者直接交换意思,彼此皆易互知其意思,与隔地者间固不同也。本律从之,故自相对人了解其意思表示时起即生通知之效力。了解主义之理由,谓达表示意思之目的,必使相对人明知其意思。若通知后而相对人仍不能了解,不能成立者也。

第一百九十九条　向对话人之意思表示,若相对人为无能力人或限制能力人时不生效力。

第一百九十五条第一项但书及第三项之规定,于前项情形准用之。

依前条言之,向对话人意思表示,必以能使相对人了解为标准。第相对人有无了解能力时,如受此意思表示之相对人为未成年者,或禁治产者及准禁治产者,则或为无能力,或为能力之不完全,其所受之意思表示必不能完全了解,虽系对话,亦不能发生效力也。本条规定,盖亦出于保护未成年者、禁治产者及准禁治产者之法意。然而限制能力人之意思表示,若专与以法律上之利益,或经其行亲权人、监护人或保佐人之同意,即使其发生效力,于相对人之利益无损。又妻为限制能力人,实有完全了解意思表示之能力,故准用第一百九十五条第一项但书及第三项之规定。此因妻及准禁治产者,与未成年者及禁治产者,异其了解能力之程度,不必加以同一之保护也。

第二百条 解释意思表示,不得拘泥语言字句,须探究其真意。

意思表示,不问其措辞之详略与文字之工拙,但视其真意之所在为何如耳。盖为意思表示之人,除有口才或工于文字者之外,其意义往往有欠明了者。应将不明了之处解释之。但不可拘泥语言字句,致失真意。此本条所由设也。

第二节 契 约

契约之定义,因时代而不同。最初谓契约者必创生一种债权者,如有卖买而生债权与因组合而生债权是也。然此定义,范围失之太狭。至后乃扩之曰:契约者乃创生一种权利者也。云权利者,不惟包有债权,即物权亦包含之。虽然,债权由物权而生。最初之意义既言债权,即无复言物权之必要。故毋庸以改用权利之文字,谓为范围较扩于债权之文字也。但学者间亦有谓物权与债权有不同之点者。就此点观之,故亦可谓此意义,又较广于最初者。至于今日契约之定义,为凡可生法律上之效力者之总称。盖不惟权利之发生可云契约,即权利之消灭变更,亦得云契约也。试言其例。如清偿债务,亦契约也。此契约于权利非为发生而为消灭。必要债权者债务者双方意思之合致,而法律上可生效力者也。又如延期契约,于权利非发生消灭而为变更者,苟债权者债务者双方意思之合致,法律上亦可生效力者也。由是以观,则今日契约范围之广可知。不宁惟是,即国际条约,亦有谓为国际契约者。不外国与国皆法人,而为有人格者之故。然姑不论之。兹所谓契约云者,惟限于私法上之范围而已。就于契约之为何,于古

第五章 法律行为

来之法律,其意义多歧。而德国民法于契约之文字,用为最广之意思,谓以使生法律上之效力为目的,有二人以上之意思之合致者也。盖契约为法律行为之一,而为法律行为中之重者也。各国民法,皆有明文,故本律亦设本节之规定。至其主义,则一任诸学说。惟契约之效力,绝不以债权之发生、变更及消灭为限。即物权关系与身份关系之发生变更、消灭亦及之,于理论上及实际上均为适宜也。

第二百零一条　要约定有承诺期间者,不得撤回。

契约者,由二人以上之意思表示合一而成之双方行为也。凡契约,须当事人之一方将欲为契约内容之旨提示于他方(即要约),得他方之同意(即承诺),斯能成立。故当事人双方意思表示尚未合一之间,各当事人当然不受契约之拘束,得以撤销。但定有承诺期间之要约(例如要约者于要约之际附言于五日内可答诺否之旨是),于其期间内,要约人不得将其要约自由撤销。法律为要约者计利益,同时亦为相对人计利益也。此规定惟限于要约之通知已到达于相对人之后适用之。若于要约之通知未到达于相对人之时,而先以迅速方法,或同时到达之方法撤销之,其撤销亦有效。例如以邮便为要约之后,以电报撤销之。或于其邮便未被发送之时同时以邮便撤销之。其撤销之电报及邮便,若较要约之邮便先时或同时到达于相对人,其撤销为有效。本律虽无明文规定,然解释上固当如是也。不宁惟是。且于定有要约期间之际,则相对人必于其期间内,不可不为承诺之通知。若于其期间内不为承诺时,则要约失其效力。纵令至期间后为承诺,然契约仍不成立。盖定承诺期间与否,全出要约者之随意。故于其期间内听相对人之诺否,而不能撤销之者,恐相对人受损害而蒙迷惑也。逾期而不为承诺之通知,是相对人之意思,已不合于要约之意思。即于期间后,承诺于通知到达于要约者,亦与要约者定期间之趣旨相反,使于此而复以要约为有效力,要约者必有意外之损害,是以不待撤销,可许为无效也。以上所述,皆属法律上当然之事,无待明文规定也。日本民法之规定,在学者间,亦有此当然之解释,故述之。

第二百零二条　向非对话人之要约未定有承诺期间者,要约人于受承诺通知之相当期间内不得撤销。

于未定有承诺期间之要约,相对人无论何时可为承诺。极端言之,即要约不附以特别之意思表示,虽经过数年,亦可得为承诺也。然在要约者之一方,于相对人为承诺之相当期间,则不得撤销其要约。所谓相当之期间者何？盖要约之性质,虽可为诱起承诺之方法,而常存得为承诺之余地。即要约之通知到达相对人之时间,与相对人决诺否必要之时间及承诺之通知到达于相对人之时间也。所谓向非对话人之要约者何？盖契约之性质,因距离之远近而不一致。本条之规定,惟隔地者间之契约见为必要。在对话者间之契约,即无是之必要。何则？在对话者间得直接使相对人知其意思。故虽于相对人为承诺时,许其随意撤销,毫无弊害。反之在隔地者间,以不能使直知其意思,则相对人为承诺之相当期间,当与定有承诺期间,视有同一之必要者也。盖非对话人之契约,若要约时未定承诺期间者,于受承诺通知之必要期间内,当然受要约之拘束,否则契约不得缔结。惟承诺时应用电报与否,非要约人特请以电报回答,无必用电报之义务。至相当期间之标准,应以通常之交通方法为便。故设本条,以明示其旨。

第二百零三条　向对话人之要约未定有承诺期间者,非即时承诺,不生效力。

定有承诺期间之要约,虽在对话者间,于其期间内必不得撤销其要约。而在未定承诺期间之际,唯就隔地者间之契约,于为承诺之相当期间不得撤销其要约足矣。至于经过其期间之际,要约之效力,在定有承诺期间者,当然失其效力。在未定有承诺期间者,正惟因其期间之经过,而不失要约之效力。以要约者不为撤销之意思表示之间,终可得为有效之承诺也。虽然,是唯就隔地者间之契约见其必要,而在对话者间之契约,则无如是之必要。何则？在对话者间则直使相对人得知其意思,故于相对人为承诺而止,则许其随意撤销之。盖对话人之契约,若于要约时并未定有承诺期间,必即时承诺,始生效力,否则契约不能成立也。

第二百零四条　要约经拒绝者,失其效力。

前项规定,于要约后逾第二百零一条、第二百零二条所定之期间者准用之。

契约之成立,在当事者双方意思之合致,其要素有二,即要约承诺是也。故仅有要约,尚未为法律行为之成立。如德国民法以要约为一种之法律行为,其论据谓趋于世之文明,法律务使当事之意思有效力之倾向。而要约虽非独立之行为,必遇承诺,始可生十分之效力者,是固然矣。然既于当事之一方为十分之决意,则其所表示决意者,务必使之有效而后可。此其说固有不能使人心服者在。何则?谓要约有拘束力,则似当事者之意思,反不重之者也。故仅有要约使有拘束力之主义,终不可采。况于实际,因要约而相对人受损害蒙迷惑者殆稀。若蒙迷惑时,则为不法行为之制裁,与有损害赔偿之责任,同使要约者负责任可也。信如是故,于当事人之要约,无附拘束力之必要。日民法因之不采此主义。本律之规定,乃折衷德、日之间,诚以要约既经拒绝,则要约不得存续。此时要约人可脱离其拘束,即逾第二百零一条及第二百零二条所定之期间者亦同。故要约者不受相对人承诺之通知,皆为拒绝,不必限于有一定之方式者。凡要约定有承诺期间者,逾期不承诺,即为拒绝。未定承诺期间者,于受承诺通知之相当期间内不承诺者,亦为拒绝。盖相对人之意思,已不合于要约者之意思,使于此而复以要约为有效力,殊背于契约成立之要素也。本律特设此规定,亦以明示其旨。

第二百零五条 承诺非对话人之要约,须于要约人所定之期间内,或第二百零二条所定期间内,承诺之。

前项规定,于承诺对话人之要约定有期间者准用之。

于定有承诺期间或于受承诺通知之相当期间内之要约,则隔地者之相对人必于其期间内,不可不为承诺。若于其期间内不为承诺时,则要约失其效力。纵令至期间后为承诺,然契约仍不成立。故凡承诺非对话人之要约,须于要约人所定之期间或二百零二条所定之期间内承诺之,否则要约人可不受要约之拘束。当此之际,承诺之意思表示,从意思表示之通则。在隔地者间,则其通知须于其期间内到达于要约者,固属当然之事(参照第一百九十四条之规定)。惟承诺对话人之要约定有期间者,其承诺亦不可不明定之。故本律有准用前项规定之文。至向对话人要约未定有期间者,须即时承诺始生效力,有第二百零三条规定,无庸另设明文也。

第二百零六条 承诺之通知,于前条之期间后达到,若要约人知其发送通知系于期间内可达到者,须向相对人发迟到通知。但于到达前已发迟延通知者,不在此限。

要约人怠于前项之通知者,承诺之通知视为不迟到。

定承诺期间与否,全出要约者之自由。故于其期间内听相对人之诺否,而不能撤销之者(此点民法与商法不同。民法上向非对话人之要约未定期间者,须经相当时日方可撤销,是为撤销时期之限制。商法上则经过相当时日当然无效,是为契约自由消灭之原因),恐相对人受损害而蒙迷惑也。然要约者既定有承诺期间,或有相当之期间,则相对人须于其期间内为承诺通知之达到,始合于要约之意思。若于前条之期间经过后始达到者,除要约人知其发送通知未必期间内可达到者,或于到达前已发迟延通知外,须向相对人发迟到通知。盖相对人依前条之期间及方法,将承诺之通知发送,而因偶然之事由迟到于要约人之处者有之。此时须使要约人速将迟到之事实通知于相对人,为撤销要约之准据。如要约者怠于为迟到之通知,其制裁则依法律上之拟制,视承诺之通知并未迟到,使契约得以成立也。

第二百零七条 迟延之承诺,视为新要约。

将要约扩张、限制或变更之始行承诺者,视为拒绝原要约,而为新要约。

设于前条之期间经过后,受通知者始发承诺之通知,前之契约得因以成立否乎?依上述之原则言之,自无成立之余地。惟本律立法者对于后期承诺之承诺,不看做为承诺,而看做为新要约,庶与原则不背。例如甲为通知者,乙为变通知者,假定之受承诺通知之相当期间为十日。甲于一月一号发通知,乙于十号以后发承诺之通知,于十五号始到达。此承诺之通知,惟不看做为乙之承诺,而看做为乙之要约(学者称之为契约之复活)。如认为承诺,则甲对于乙,有必须践言之义务。认为新要约,则甲之承诺与否,惟甲之自由。盖迟延之承诺,即于要约已失效力后,其承诺始达到于要约人之处也。其契约虽无成立之效力,然承诺人对要约人所要求之契约,实有欲与缔结意思之表示,故视为新要约,使契约易于成立。又受通知人将要约扩张、限制或变更之始行承诺者,是与要约者之要约不一致,其契约不能成立,自不待言。然此等承诺,则视为新要约,使契约易于成立固矣。然法之所以如是规定者,一以维持立法之原则,一以尊重当事人之意思也。

第二百零八条 依通常惯例其承诺不必通知者,其契约自可认为有承诺之事实时成立。

前项规定,于因要约人之意思表示以承诺为不必通知者准用之。

契约之成立,以受要约之相对人对于要约者为有效之承诺。故要约之有效,不可不受相对人承诺之通知。又承诺得以明示或默示表示之,均属当然之事。然依通常惯例,以承诺之通知为不必要者(例如金钱之消费贷借,则以贷主交付其金钱于借主而始成立。虽亦有约为每年交付若干元者,似属承诺,然此不过为预约。至实行其所预约,要交付其所诺为贷与之金额。故一般学者称为授物契约。又如寄托契约,即约为寄托自己之某物于他人。然其成立,亦必要交付其物于受寄托者是也),以可认为有承诺之事实时,其契约即为成立,以防止无益之争论。又依要约人之意思表示,以承诺为不必通知者,自其要约之通知达到相对人时即生效力,故亦准用前项之规定。其契约自要约通知后,即可认为有承诺之事实,此本条第二项所由设也。

第二百零九条 要约人于承诺前死亡或失其能力者,其契约仍得成立。但要约人显有反对意思者,不在此限。

要约人之死亡或失其能力者,谓要约者已发要约之通知于相对人,其通知尚未到达,而要约者死亡或失其能力是也。当此之际,其要约果有效力否乎,亦一问题也。所谓能力丧失者(未成年人不包含之),法律上之能力丧失如禁治产人、准禁治产人、妻是也。或为事实上之能力丧失,如疯癫、白痴,虽未受法律之宣告,而精神上已丧失其能力是也。就原则言,要约者死亡或能力丧失,与要约之效力,毫无影响。据本律第一百九十四条第二项之规定云,表意人于发出通知后虽死亡,或失其能力,或能力受制限,其意思表示不因之而失其效力。谓其要约之通知到达于相对人时,虽表意人死亡或能力丧失,仍有效力者也。此规定为意思表示之通则,采发信主义。对于同条第一项为例外。特尚非绝对之例外,以其非仅发信而未到达于相对人亦有效力者,而契约上现行之范围,不问其要约之通知到达于相对人与否,终有要约之效力,则较于此规定为尤广也。以上为其原则。对于此原则而有一例外焉,即要约表示反对意思之际。例如要约者于卧病濒死时,于要约之通知,附言若于存命中得承诺则成立契约,若于死后始得承诺则不成立契约。又要约者因屡有精神丧失,自请求禁治产之宣告时于要约之通知,附言若不得承诺前受其宣告则不成立契约是也。当此之际,得承诺在死亡或能力丧失时,其要约失其效力。盖要约人于承诺前死亡或失其能力,尚得以一经承诺使契约成立与否,则须视要约人有必期其成立与否之意思解释而定。在寻常契约,虽以积极的解释为是。然如委任契约,是有专属的性质者,当事人明有不欲其成立之意思,应不作为成立。故设本条,以明示其旨。

第二百十条 要约人预定于契约未成立前随时得将要约撤回而为要约者,若要约撤回之通知于发出承诺之通知后始行达到,以承诺人知其发送通知于发出承诺前可达到者为限,承诺人对于要约人须发迟到之通知。承诺人怠于前项之通知者,其契约视为不成立。

要约有附条件者,有不附条件者。不附条件者为一般的要约,附条件者为特别的要约。如要约人预定于契约未成立前,无论何时得将要约撤回之旨始行要约者。故要约之有效与否,视撤回与否以为衡。若其要约撤回之通知,于发出承诺之通知后始行达到,惟以承诺人知其发送撤回之通知,本可于发出承诺以前到达者为限(如特因天灾而迟到),使承诺人向要约人负发迟到通知之义务,使其契约仍以有效而成立。如承诺人怠于为迟到之通知者,则依法律上之拟制,其契约视为不成立。惟以承诺人知其发送通知,未必于发出承诺以前达到者为其除外,此本条所由设也。

第二百十一条 契约之要素已为合意者,其他事项虽不合意,亦推定其契约成立。

当事人于缔结契约之事项中,有合意者,有不合意者,其契约是否成立,是一问题。此时斟酌各种情形,固应探究当事人之意思而定。然依寻常之状态,设为解释规定,实际上颇为适宜,此本条及次条所由设也。所谓契约之要素及其他之事实,依当事人之意思而定。如卖买一事,其价金及目的物之指定,实为卖买之要素。其支付价金期及交付处所,只可认为卖买之附带事项。凡契约之要素合意,他事虽不合意,其契约亦推定其为成立。若当事人主张契约不成立,须提出其事项与要素不可不分离之反证,于交易实际上方为妥协。

第二百十二条 契约当事人有作书件之约者,于作书件前推定其契约不成立。

契约之成立,在实质上虽只有要约与承诺二者而已。然在形式上之要

第五章 法律行为

件,不一而足。当事人如约定契约须作书件而后成立时,则其意思非专为证据之用,乃以书件为契约成立之要件。于未作书件以前(即作书件前),推定其契约为不成立。盖据当事人之表示,仅有作书件之约而已,未达契约完成之境,故毫不生何等之效力也。本条之规定,乃重当事人约定之要件,要件具备,契约即伴之而成立也。

第三节 代 理

罗马古代法无代理制度,其时家长以下,只有家族及奴隶。故尝有权利可由家族奴隶取得,不能由自由人取得之格言。后世人事日趋复杂,非有特别技术之人,不能办理特别之事。故罗马后世,亦有特许代理为例外者。如关于所有权、占有权、质权、抵押权、由于消费贷借之债权等特别之事,许由自由人中选任代理。德国古代法亦与罗马同。自十七世纪,有一种寺院法出,规定代理办法。于是以代理为原则,而以不许代理为例外。因而影响所及,遂有德国之普通法。自有此普通法,各国益知代理制度之不可缺也。故近世文明诸国之法律,则以许法律行为之代理为原则。如婚姻、遗言等,以当事者本人之行为为必要,乃不许其代理,此例外也。本律从之,特设本节之规定。惟关于代理之本质,古来学者聚讼,各国立法例亦不一致。本节则采以代理人意思表示之效力,直接及于本人之制度。又代理人之意思表示,以法律行为之意思表示为限。若不法行为之代理,为本律所不取。其他间接代理、匿名代理等,亦均非本律所谓代理也。本律所谓代理者,系指行为能力不完全之人,为保护其利益计,须藉他人补充其能力之欠缺。若不使他人补充其行为能力之欠缺,以为交易而取得权利,则殊难付以权利能力之实益。又虽有完全之行为能力,而因疾病或其他原因事实上不得亲自为法律行为者。宜准其依他人而将自己之行为能力为事实的扩张,以充实交易之需要。此本节规定之概要也。

第二百十三条 代理人于代理权内以本人名义所为之意思表示,其利益或不利益均直接对于本人生效力。

以代理为营业者,于其代理权内所为之意思表示虽不示明本人之名义,其利益或不利益亦均直接对于本人生效力。但相对人若不知其行使代

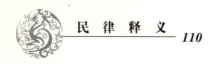

理权,得对于代理人请求履行。

前二项规定,于应向本人为意思表示而向其代理人为之者准用之。

代理者,甲示以为乙办事,对丙通告自己之法律行为的意思表示,其利益或不利益之效果,即直接对于乙而生。或甲示以为乙办事,自受领丙之法律行为的意思表示,其利益或不利益之效果,亦直接对于乙而生。皆系代理之义,不问甲因乙故,而有为法律行为的意思表示之通告受领权限否也。称甲曰代理人,称乙曰本人,称丙曰第三人。故第一,须代理人有为本人之意思;第二,代理者要代理人示为本人办事、为通告或受领法律行为的意思表示。就通告言,为自动的代理;就受领言,为被动的代理,然皆要有为本人之意思。例如甲为乙卖物于丙,所得代价必归诸乙。为乙向丙买入之物,所有权必归诸乙。是即因本人之意思,而生代理上之效力也。惟代理权之范围,亦有广狭之不同。属于法定代理,则由法律规定。属于意定代理,则由授权行为而定。代理人所有之权利曰代理权。代理人之权利,即以甲之意思表示而能代乙生效果,法律所付与之权力也。故代理人于代理权内,以本人名义所为之意思表示,即示明为本人办事之意思,其代理行为之效果,应使其直接归于本人。此乃民律上之原则。若商律则订有例外,盖商行为以迅速简易为要,必一一示明为本人办事,与商行为性质不合。此种办法,各国皆同,本律从之。故以代理为营业者,于代理权内所为之意思表示,虽不用本人之名义,其利益或不利益,均直接对于本人生效力,藉以谋营业上之便利。然代理人不示明本人之名义,而为代理权内之意思表示,则相对人容有不知其行使代理权之事实。法律为保护相对人之利益起见,许相对人不知其行使代理权时,得向代理人请求债务或一切义务之履行。以不知其行使代理权,不能认为本人之意思表示,故只向代理人请求履行。惟相对人不知之故,必非由于不注意。本律虽无明文规定,亦当然之解释也(征之次条但书亦然)。至相对人应向本人为意思表示,而向其代理人为之者,其效果亦对于本人而生。如夫为禁治产,妻为监护人时,相对人应向其夫为意思表示,而乃以其为禁治产之故,向其妻为之者,则其代理行为之结果,不啻与夫之直接对于相对人为法律行为的意思表示,有同等之效力也。

第二百十四条 代理人未示明本人之名义而为之意思表示,视为自己而为。但有前条第二项情形,或相对人明知其行使代理权,或可得而知者,不在此限。

甲之意思表示代乙而生效果,斯为代理。然代理人未示明本人之名义而为之意思表示,此表示之意思,为甲耶?为乙者耶?学者聚讼,问题难决。惟按诸法律上或事实上,此意思表示直谓之代理人者可。盖代理人未示明本人之名义而为之意思表示,既不得为本人之意思表示,又不得为代理人自己之意思表示,诚如是不免轻视相对人之利益。故代理人未示明本人之名义而为之意思表示,则依法律上之拟制,视与代理人自为者同。但以代理为营业者,虽不示明本人之名义,仍为本人之意思表示。至相对人明知其行使代理权或有可得而知之方法时,亦认为本人之意思表示。相对人若有所不知时,得对于代理人请求履行。此本条所由设也。

第二百十五条 意思表示若因意思欠缺,或明知其事情,或可得而知致其效力受影响者,其事实之有无,均就代理人决之。

代理人所为之意思表示及向代理人而为之意思表示,二者虽均由代理人,然其效力及于本人。故关于意思表示要件之事项,而宜受影响时,其事实之有无,就代理人而定。意思表示,若因意思之欠缺者(心中保留虚伪之表示、错误之表意),例如甲为乙之代理人,与丙为卖买行为,其目的物错误时,此错误之意思表示,即系甲意思之欠缺,于乙无干。又或知其事情或可得而知之者,例如甲为乙向丙买一物件,照寻常规则,丙须为瑕疵担保,但结约时丙无瑕疵担保之说,丙应否负责,当以甲之知与不知为断。如甲买物时,早知其有瑕疵,或可得而知之者,丙不负责。甲若出于不知,则丙应负责。无论知由于恶意,不知出于过失与否,皆就代理人定之,于本人无与。至关于能力之事项(如权利取得能力),则就本人而定,是属当然之事。此本条所由设也。

第二百十六条 代理人或向代理人所为意思表示之效力,并不因代理人为限制能力人而受影响。

就于特定之法律行为,当本人委任于代理人时,为特别之指示,代理人依此而为其法律行为。一旦代理人非将本人之意思赞于相对人,因自己之意思为法律行为时,代理人似宜有充分行为能力之必要者。是不然,盖以无能力之规定,所以保护无能力者。然代理人所为之法律行为,直接对于本人而生效力，仅以代理关系之点观察之时，其行为对于代理人不生何等之效力。故虽无能力者亦得为代理人（如夫为禁治产，妻为监督人者是）。但宜注意以下之二点。

第一，所谓无能力者，非意思能力欠缺之谓。盖代理人以自己之意思为法律行为，故无意思者不能为代理人。故前所谓无能力者，为具有意思能力者。例如违相当之年龄而未成年者，一时复于本心之禁治产者，准禁治者及妻是也。

第二，前所述者，若代理人为无能力者时，以一般之规定而受保护。例如代理人由委任而为代理时，因其过失而加损害于本人之际，以原则言之，虽对于本人负责任，而因其代理人无能力，故依一般之规定，取消其委任契约，得免其责任。故本条之意义，唯无能力者之代理人所为之法律行为，亦如有能力者所为之法律行为，一律对于本人直接生效力也。盖代理人所为或所受领之意思表示，其效力及于本人不及代理人。虽代理人为限制能力人，其意思表示并不因此而妨其效力。故限制能力人亦得为法定及意定代理人。惟法定代理人，法律为达其法定代理之目的，有时特以明文规定者，不得以无适当能力人为代理人，是属当然之事。

第二百十七条 代理人非经本人之许诺，不得为本人与自己之法律行为，亦不得既为第三人之代理人而为本人与第三人之法律行为。但其法律行为系履行债务者，不在此限。

当事人之一方，得为他方之代理人而为法律行为。然使之得为双方之代理人而为法律行为，利益冲突，代理人决不得完全尽其义务，则为法律所不许。盖代理者，固为一意专心计本人之利益者。若为代理人，为本人与自己之法律行为，计自己之利益，则有害本人利益之虞。计本人之利益，则于自身有生不利益之结果之患。当此之际，欲义则招损，欲利则不义。故代理人不得不立于困难之地位。是以法律于同一之法律行为，同时以自己之资格与他人之资格，当事者双方兼营所不许也。若代理人同时为当事者双方之代理人之时，苟欲充其一方之代理，以图其利益，势必有怠于他之一方义务之虞。但经本人许诺（以本条非禁止法），或其法律行为系履行债务（无利益冲突之弊），应作为例外。以上所述，在以一人不得兼利害相反之当事者双方之资格。若于一法律行为，当事者双方之利害无相反之虞

第五章 法律行为

之际,虽兼双方之资格,亦未见其有害也。故于本条但书,于债务之履行,双方之资格得以兼之。盖债务之履行,不外其目的之实行。而其目的自初已一定,故至其实行,不可不视为双方之利害无相冲突者。以代理制之大体言之,许其代理只以法律行为为限。本节之隶于法律行为章以此。然亦非举一切法律行为均许其代理,如亲属上之法律行为,其性质上不许代理。此理易明,无待明文规定也。故本律专设本条,以明示其旨。

第二百十八条 代理人有数人者,非数人共同不得为代理。但法律有特别规定或当事人有特别之意思表示者,不在此限。

代理人有数人时,其代理权为共同代理权,抑各别代理权乎?法律不可不有明文规定。通例依法律(指法定代理人而言)或当事人之意思表示定之。如无特别规定或当事人特表意思时,则视为共同代理权,以防无益之争议。否则,有数人代理人之一滥于行使代理权,决非本人之所欲,亦非他之代理人所自甘。同一代理而权义不均,殊失公允。故代理人有数人时,以共同代理为其原则。此本条所由设也。

第二百十九条 称法定代理权者,谓依法律规定所授与之代理权。

代理权者,代理人以其所为之意思表示或所受之意思表示,使直接及于本人之权利也。代理权发生之原因,有本人之法律行为及本人之法律行为以外之事项两者。基于前者之原因而发生之代理权,称意定代理权;基于后者之原因而发生之代理权,称法定代理权。所谓意定代理,乃基于任意之代理权之代理。法定代理,则基于法定的代理权之代理也。代理权有法定代理权及意定代理权二种。其区别之标准,古来学者颇滋聚讼。本律则因法律规定授与以代理权者,名为法定代理权。日民法之规定,采列举主义,以法定代理乃基于由本人之法律行为以外之事项而发生之代理权。然为其原因之本人法律行为以外之事项,不可不以法律之规定限之。盖由裁判所选定之代理人,如不在者之财产管理人,由亲族会决议之代理人,如选定后见人及指定后见人,皆显然属于法定代理人也。本律则采概括主义,故曰依法律规定所授与之代理权,即为法定代理权。以待人之适用而已,并不有何等之指示也。

第二百二十条 称意定代理权者,谓法律行为所授与之代理权。

意定代理权与法定代理权,其准据之法则迥异。意定代理,基于本人之法律行为而发生之代理权之代理，固已明白。然其法律行为为授权行为，抑为委任契约，各国之立法例不一。在旧派学者，以授权行为与委任契约，皆包括于代理一语之中，新派学者以为专指授权行为言。德民法在法兰西后，采新派学说，以代理权由授权行为而发生，不由委任契约发生。日本民法采何学说，尚不明了。然据一百零四、一百零六等条文推测之，可断其以任意代理为委任契约，与法兰西之立法例同。不知委任契约，必与他人有关系，不能任一方之意思为之，其范围甚狭。若任意代理，只须出于本人之愿意，与他人无关系，只可称为单独行为。故本人可以随意主张，不以契约为限，是以范围广而方法亦易。况谓代理为委任契约，于理论上亦甚不合。盖有有委任契约而发生代理权者，亦有有委任契约而不发生代理权者。由委任契约而发生之代理权，必加入授权行为。然既有授权行为，何如将委任契约除去，而专以授权行为为发生代理权之为正当也。故本律规定由法律行为授与以代理权者，名为意定代理权之所由来也。

第二百二十一条　意定代理权之授与，应向代理人或其行为之相对人以意思表示为之。

依法兰西法系诸国之立法例，以委任契约为任意代理权发生之原因。由斯言之，任意的代理权，非因委任契约则不发生。而对于第三者表示与代理权于他人者，则其于代理权之范围内，因他人与第三者间所为之行为而任其责任。本律则不采此说，以授与意定代理权之行为是有相对人之单独行为，非委任亦非他种契约也。又代理人所为之行为效力直接及于本人，故对于相对人为意思表示，即使之发生效力，亦无弊害，且转有利于交易也。例如甲对于乙有债权，以偿还受领之代理托于丙之事向乙表示后，乙如偿还于丙，则因之而该债权消灭，甲不得再对于乙为偿还之请求。甲于以偿还受领之代理托于丙之事向乙表示时，即为意定代理权之授与，并非皆由有委任契约而发生代理权者也。

第二百二十二条　意定代理权之授与人，若已以授与代理权于他人之事通知第三人，不问其有无授与，代理人得因其通知，对于第三人行使其代理权。

前项规定，于代理人将意定代理权之授与人所交付之授权书提示于第三人之际准用之。

第五章 法律行为

意定代理权之授与,除意定代理权之授与人以意思表示向代理人为之者外,亦得以授与代理权于他人之事通知于第三人。在事实上不问其有无实际之授与,只因其通知,即使被通知于第三者之代理人,得对于第三人,为代理权之行使。又意定代理权之授与人交付授权书后,代理人提示于第三人者亦同。盖授权书虽非为授与行为之要件,然意定代理权之授与人,既以授权书交付某代理人后,则该代理人已取得授与之物证,当然自提示于第三人之时起行使其代理权。此第二项之所由设也。

第二百二十三条 意定代理权之授与人,若将代理权授与于他人之事公告之,代理人对于第三人得行使其代理权。

本人以授与代理权于他人之事通知于第三人,代理人因之得行使其代理权,固矣。然有时意定代理权之授与人,不用通知之方法,而用公告之程序则代理人对于已将授与之事公告后,宜若何之处置乎?盖通知于第三人与公告授与代理权于他人之事,皆为通告中之一方法。故代理人对于各第三人亦得行使其代理权,方为妥协。称各第三人者,与前条所称之第三人有间。前条所称之第三人,指一般的而言。兹称之曰各,系指特定之第三人而言。所谓公告者,如粘贴全文于广告处,或登载全文于官报及新闻纸之类是也。

第二百二十四条 意定代理人之行为依本人指示而为者,本人于已知或因过失而不知之事情,不得以代理人不知为借口。

意思表示之效力,于意思之欠缺(心中之保留、虚伪之表意、错误之表意),或知其事情,或可得而知。致其效力受影响时,其事实之有无,就代理人定之。然本人对于代理人委托特定之法律行为时,若代理人从本人之所指示而为其行为,则本人关于其自知或因其过失而不知之事情,不得主张代理之人不知,否则害交易上之信用矣。例如本人明知相对人之卖买要约,并非出于真意,而向代理人为买受承诺之指示,若许本人得以代理人不知其事情为主张,而使其卖买为有效,殊非正当。故特设本条,为第二百十五条之例外。

第二百二十五条 意定代理权,因代理原因之法律关系终结而消灭。

代理权,得于原因之法律关系存续中撤回之。但该法律关系有特别订定者,不在此限。

第二百二十一条规定,于前项撤回准用之。

授与意定代理权之法律行为,其为要因行为,抑为不要因行为,学者颇滋聚讼。本律于当事人无特别之意思表示者,作为要因行为。如代理权授与原因之法律关系终结(即因委任、雇佣等法律关系之终结)即归消灭,此第一项所由设也。

又意定代理权之授与人,于授与原因之法律关系存续中,使其得将代理权撤回,亦无弊害。此第二项及第三项所由设也。

代理权之消灭,据日民法第一百十一条第一项云:代理权者,因以下之事由而消灭:一、本人之死亡;二、代理人之死亡。禁治产及破产第二项云:其他委任之代理权,因委任之终了而消灭。虽与本律同为要因行为,然特采列举主义,与本律不同。至代理权之授与,不必俟代理原因之法律关系终结而自然消灭之,亦得于法律关系存续中,由意定代理权之授与人撤回其所授与之权。惟该法律关系有消灭原因之特别订定时,不能不从其特约之所定。日民法皆无此规定,不及本律为详。第二百二十一条规定,乃以意思表示为意定代理权之授与者也。

第二百二十六条　意定代理权消灭时,代理人须将授权书交还于代理权授与人。关于留置权之规定,于前项情形不适用之。

意定代理人于代理权消灭时(不问其为因代理原因之法律关系终结而消灭与于法律关系存续中撤回之),须将授权书交还于授与人。盖代理权消灭,授权书亦随之而消灭,固属当然之事。本律特设此规定者,防代理人之滥用,害及于意定代理人之授与人也。惟此法亦有一不适用之处,即关于留置权之行使是也。如代理人对于代理权授与人有留置权时,则虽代理权已归消灭,然本人所授与之授权书,可以暂不交还,否则留置权不能行使。盖留置权之作用,谓由正当之权原,占有他人之物,即债权者因欲使确实履行债务,其所占有物品,于关于该物之债权未清偿以前得暂留之,以行使其权利。故特设第二项,以明示其旨。

第二百二十七条　意定代理权之授与人,得依公示催告之规定,声请宣示授权书无效。

代理权消灭,授权书亦应消灭。惟授权书之消灭,方法不一,非直以交还而已也。代理人若将授权书遗失,则不得依前条之规定交还。故使意定

第五章 法律行为

代理权之授与人，得依民事诉讼律规定，声请宣示授权书无效。所谓依公示催告之规定者，即由授与人向初级审判厅声请宣示，将所付予于代理人之授权书，自某日起应作为无效是也。否则以遗失论。是使第三者亦得行使代理人之权（以授权书虽非为授与行为之要件，然明明为意定代理权授与之确证），故其危害及于授与人。较之于代理人于代理权消灭时，不交还而滥用者为尤甚也。本律为保护授与人权利起见，不能不设此规定。

第二百二十八条 向第三人为意思表示而授与以代理权者，其代理权之存续，至授与人以代理权消灭通知于第三人时而止。

意定代理权之授与人，若已以授与代理权于他人之事通知第三人，不问其有无授与，代理人得因其通知对于第三人行使其代理权。此为被通知于第三者之代理人，于何时始为代理开始之规定，即第三人对之而视为代理之存续期间。故向第三人为意思表示而授与以代理权者，至授与人将代理权消灭通知于第三人为止，其代理权尚为存续。质言之，即代理权之存续与否，视撤回原先之通知与否以为断。否则代理权虽消灭，非经授与人通知，第三者仍认为代理权之存续，以保护第三人之利益也。

第二百二十九条 第二百二十二条第一项及第二百二十三条情形，其代理权之存续，至依授权时之通知及公告方法而撤回时为止。

意定代理权之授与人，既向第三人通知或公告而为代理权之授与者，至依同一方法（即通知或公告）而撤回代理权时为止，其代理权尚为存续，亦以保护第三人之利益也。第二百二十二条第一项所举之情形，为向第三人为授与代理权于他人之事之通知。第二百二十三条所举之情形，为公告授与之事于众。授权时之方法不同，故撤回亦因之而异。此本条所由设也。

第二百三十条 第二百二十二条第二项情形，其代理权之存续，至代理人将授权书交还授与人或宣示授权书无效时为止。

本条亦为保护第三人之利益而设，否则代理人已将意定代理权之授与人所交付之授权书提示于第三人，而行使其权利，其代理权之存续与否，第三人尚不可得而知。故本律对于第二百二十二条第二项情形，定其存续期间为至代理人将授权书交还授与人或宣示授权书无效时为止，且以防无益之争议也。

第二百三十一条　前三条规定,若第三人当为法律行为时明知代理权之消灭或可得而知者不适用之。

代理权之存续,视撤回原先之通知(或公告)与否以为断,固矣。然代理之消灭,非经授与人通知,事实上往往有不能使第三人知其为代理权之消灭者,故有前三条之保护。若第三人当为法律行为之际,明知代理权之消灭或可得而知者,无须保护其利益。此本条所由设也。

第二百三十二条　意定代理人所为之单独行为,非提示授权书,其行为不生效力。但相对人于行为前或行为时对于未提示授权书而为之行为表同意,或其代理权之授与人将授与代理权之事已通知相对人者,不在此限。

意定代理人所为之单独行为(即授权行为),非将授权书提示,其有无代理权,相对人或第三人不易确知。非提示授权书,代理人所为之单独行为不生效力,固属当然之事。然相对人于行为前或行为时,对于不提示授权书而为之行为既表同意者,则相对人已不至蒙不测之损害,或其代理权之授与人已将授与代理权之事通知于相对人,则授权书并非必要,即不提示,其单独行为亦可使为有效。故有此但书之规定。

第二百三十三条　法定代理人,得以自己之责任选任复代理人。但因不得已事由选任复代理人者,只就选任及监督负责任。

复代理制为现今诸国所共认。以有复代理之规定,能使代理人之任务易于履行故也。所谓复代理人者,一须为本人之代理人,二须本于代理人之权利而选任之,三须属于代理人权限内之事项而选任者。若非本人之代理人,其效力不能直接及于本人。故代理人之代理人,及受人指挥、监督为机械的行为之补助者,非复代理人也。若非本于代理人之权利,则代理人不能自由主张。故由本人委托所选任之代理人,非复代理人也。若代理人以其权限外之事项所选任之代理人,乃代理人之代理人,非复代理人。又代理人以其权限内事项之全部移转于他人,则为代理之交代,亦不谓之复代理人。盖复代理之选任权,乃代理人所有之权利。此种权利之性质,其学说现尚幼稚,而普通则称为处分权。处分权与代理权同时发生,非代理权之一部分。特代理权为原因,处分权为结果耳。得行使代理权时,须用本人之名。选任复代理人,则用代理人自己之名。用自己之名则可自由主张,此其所以为处分权也。至代理人以自己之名选任复代理人,与以自己之名选任自己之代理人,又奚以别?则以授与之权限别之。选任复代理人时,以代理本人之权限予之。而选任自己之代理人,则以代理人自己之权限予之。总之,关于复代理之说明,不外本人代理说,自己代理权授与说,代理权移转说三种。本律采自己代理权授与说,即所谓代理人以自己之名,将代理本人之权限再行授与于第三人之行为是也。法定代理人为欲完全其职务,有必须复代理者,法律特与法定代理人以选任复代理人之权限。然为保护本人之利益计,应使代理人负一切之责任,是为选任复代理之原则。但有不得已事由(如因疾病之类)而选任复代理人时,惟使负选任及监督二项之责,以减少其责任上之程度。法之所以如是规定者,一、恐代理人滥用复代理制。将不利益于本人,故有本条前半之规定。二、负责太重,苟有不得已事由发生而出于选任者,则代理人苦甚。故于原则外又有但书之规定也。

第二百三十四条 意定代理人,以经本人许诺或有不得已事由为限,得选任复代理人。

代理人就复代理人之选任及监督,对于本人负责任。但本人指定人名代理人从而选任者,以明知其不胜任或不诚实,而怠于通知本人或解其任者为限,始负责任。

意定代理人与法定代理人,其选任复代理人之权限有别。法定代理人以自己之责任选任复代理人,意定代理人非经本人之许诺或有不得已事由,不得选任复代理人。盖意定代理权,乃本人信任代理人而授与之也。故意定代理人,以经本人之许诺或有不得已之事由为限,始得选任复代理人,不得以自己之责任而选任也。又选任复代理人之代理人,于选任及监督不注意时,虽经本人之许诺或有不得已之事由,然对于本人仍应负不注意之责,藉以保护本人之利益也。但本人指定人名,代理人从而选任者,则其责任应予减少,即限于代理人明知本人所指定之人,不胜代理之任或不诚实,而怠于通知本人或以权限解其任者,始负其责。此本条所由设也。

第二百三十五条 复代理人,于代理权内以本人名义所为之意思表示,其利益或不利益,均直接对于本人生效力。

第二百十三条第二项之规定,于复代理人适用之。

复代理人对于本人及第三人,与代理人有同一之权利义务。

复代理人仍为本人之代理人,非代理人之代理人。故其意思表示,直接对于本人生效力。惟须具备二要件:一、须于代理权内之意思表示;二、其表示须以本人名义为之。否则表意结果所生之利益或不利益,其效力均不能直接对于本人而生。此固不但保护本人之利益,且以防止复代理人之滥于行使代理权。至以代理为营业如第二百十三条第二项之规定者,于复代理人适用之,亦无弊害。复代理人对于本人及第三人之权利义务关系,与代理人对于本人及第三人之权利义务关系无异,盖以复代理人即为本人之代理人之故,代理人为因于委任之代理人时,本人与复代理人之关系,乃是委任关系。若为法定代理人时,则本人与复代理人之关系,乃法定代理之关系也。又该代理人与第三人之关系,乃代理人与第三人之关系也。复代理人对于代理人之权利义务关系,法律上无特别规定,实际即以自己代理权全部授与于复代理人。故复代理人对于本人及第三人,与代理人有同一之权利义务。此本条第三项所由规定也。

第二百三十六条 无代理权人以他人之代理人名义而订立契约者,非经本人追认,对于本人不生效力。

无代理权人(日民法称之为无权代理),即不基于代理权之代理者也。如本人对于第三人不与代理权于其人之时,而是人与他之第三人间所成立之行为,为无权代理中之一。又代理人为其权限外之行为,且第三人有信其有权限之正当理由时,亦属于无权代理之一种。除前述外,又有两种之分。一为授权行为无效。例如甲为无能力者,而以代理权授之于乙,在法律上作为无效是也。一为追认之预期。例如乙未受甲之委托,向丙买入一马,由甲追认其为代理是也。本条规定,乃以无代理权人以他人之代理人名义(即自称代理人),而与第三人订立契约者,理论上作为无效。然该契约因本人之追认溯及于既往,对于本人与有权代理人之法律行为,生同一之效力。故该契约之效力,与无能力人不得其法定代理人之同意所为行为之效力相类似。所谓契约者,包物权契约与债权契约而言之。无权代理,因本人之追认,与有权代理生同一之效力。德、日民法皆如此规定,本律从之。故无权代理之行为,非全然无效之行为,乃不确定之行为,必得本人追认或拒绝,方为确定。追认为有的确定,拒绝为无的确定也。

第五章　法律行为

第二百三十七条　前条契约之追认或拒绝,须向相对人为之。

追认者,本人于无权代理人所为行为之效力,使直接生于自己之事,为同一之一方的意思表示也。故追认与撤销权抛弃之追认不得相混。撤销权抛弃之追认,乃无能力人对于可以撤销之行为而加以追认。无代理权之追认,则本人对于无代理权之行为,与无行为等。本无不可以撤销,而特追认之。两者之关系,各有不同。所谓拒绝者,乃本人抛弃追认权之一方的意思表示也。故无权代理人不得为追认之拒绝。惟本人之追认或拒绝之意思表示,应向何人为之,法律不可不有明文规定。就日民法言,对于无权代理人或相对人皆可为之。若照德国民法之规定,只对于相对人可以追认。两国立法例孰为正当,则各有其可采之处。本律规定,乃从德之立法例,只对于相对人生追认之效力,于交易上最为适当。盖本人对于无权代理人而为追认或拒绝时,不得以此对抗于不知追认或拒绝事实之相对人。此因保护不知追认或拒绝事实之相对人利益,使不至于其事实不知之间,丧失无权代理人之行为之撤销权也,岂止防无益之争论而已哉。

第二百三十八条　第二百三十六条情形,相对人得定相当之期间而行催告,令本人于期间内确答,是否追认。

本人于前项期间内不追认者,视为拒绝追认。

无代理权人,以他人之代理人名义订立契约,依本人之追认而即生代理行为之效力。盖不确定之法律关系若永久存续,则有害于相对人之利益。故法律特许相对人有确答是否追认之催告权,使得除去法律关系不确定之状态。所谓相当期间者,究以何为标准,此当依距离之远近,交易之性质及其他情事而定。若本人于催告期间内不追认者,依法律上之拟制,视为无权代理之拒绝,不问其有无其他之原因也。

第二百三十九条　无代理权人所订立之契约,于本人未追认前,相对人得撤回之。但订立契约时相对人明知代理人无代理权者,不在此限。

前项之撤回,对于无代理权人亦得表示之。

无代理权人,以他人之代理人名义订立契约后,相对人始知其无代理权之事实,使得撤回,以保护其利益。但订立契约业经本人追认,其契约为有效,此时无许相对人撤回之理由。若订立契约当时,相对人明知其代理权之事实,则无须法律之保护。至撤回之意思表示,无论可向本人表示,即

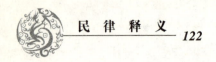

向代理人表示,亦使有效,使其易于撤回。此第二项所由设也。

第二百四十条 以他人之代理人名义订立契约,若不能证明其代理权并经本人拒绝追认者,相对人得向订立契约之人请求履行,或赔偿损害。

前项情形,若无代理权人不知其无代理权者,相对人只于信为有代理权所受之损害得请求赔偿。但其赔偿额不得逾相对人因契约有效所得之利益。

以他人之代理人名义订立契约者,就契约之履行可视为默示担保。故不能证明其代理权,并本人不追认时,订立契约之人当然向相对人履行契约或任损害赔偿之责。若不履行与赔偿之际,法律以请求权予相对人,俾其易于行使,以保护其利益。然其应赔偿之损害,以相对人因信为有代理权所受之损害为限。如因订立契约而生之费用、旅费等是也。盖无代理权人,不知其无代理权而与相对人订立契约,则其责任应予减少,其赔偿额为不得逾相对人因契约有效所得之利益。否则,相对人亦为不当之利得矣。

第二百四十一条 相对人明知其无代理权,及可得而知,或自称为代理人而订立契约之人系为限制能力人者,代理人不负前条之责任。

遇前条情形,若相对人明知其无代理权及因过失而不知者,则无须保护,故代理人不负履行契约或损害赔偿之责。又自称为代理人而订立契约者,如系限制能力人,未经法定代理人或夫之允许时,亦不负上述之责任。盖如是,于保护限制能力人之法意始得贯彻也。

第二百四十二条 无代理权人,以他人之代理人名义所为之单独行为,不生效力。但其行为时相对人于其代理权并不争执,或于其行为表同意者,准用前六条之规定。其相对人行为经无代理权人同意者亦同。

无代理权人以他人之代理人名义而为之单独行为,不问其为自动,抑为受动,及是否有相对人,均当然无效。盖无相对人之单独行为,其性质上无须使生效力。又有相对人之单独行为,亦不能使生效力。盖如上述之单独行为,有相对人者,若使与无代理权人所为之契约生同一之效力,则使不干与单独行为成立之相对人,立于不确定之地位,而害其利益颇多也。因并未与闻之相对人,不能使之立于不确定之地位,是为原则。然亦有二例外。(一)相对人于其自称为代理人而为行为之时,不计其有无代理权,如对于自己之催告,并不拒绝其催告,或于其自称为代理人而为行为之时,其

第五章 法律行为

无代理权而为之行为特表同意,如承诺其无代理权而甘受其催告者,似应准用无代理权人以他人代理人名义订立契约者之规定。故凡单独行为效力之有无,应视本人之追认与否而定。而此时之相对人,自甘居于不确定之地位,则应如斯规定也。(二)向无代理权人特表其同意而为之单独行为(如抛弃),则使其得为本人而为追认。此本条所由设也。

第四节 条件及期限

法律行为之附随条款(即附款)之数极多,然重要而适用之范围且最广泛者为条件及期限。此日、德诸国民法所以于总则中规定条件及期限也。本律依多数之立法例,特于本节设条件及期限之规定。条件之沿革,以罗马法言,当初许条件附死后处分。至于末世,许条件附生前处分。近世诸国之民法,皆许条件附法律行为。条件者,当事人随意将法律行为效力之发生或消灭,使系诸客观上不确定的未来事实成否之附随条款是也。其实际上最为重要者,停止条件及解除条件是。本律专就此二者规定之。期限之沿革无可考,然亦为古今各国所共认,于法律行为之效力,设时间之界限。故期限者,当事人随意将法律行为效力之发生或消灭,使系诸确定的未来事实届至之附随条款是也。其实际上最为重要者,始期及终期是。故本律专规定此二者。

第二百四十三条　附停止条件之法律行为,自条件成就时生效力。

附解除条件之法律行为,自条件成就时失效力。

停止条件者,在为条件之事实成立以前,停止法律行为效力之发生之条件也。故附停止条件之法律行为,其法律行为效力之全部或一部,因条件之成就而发生。而法律行为之效力,为法律关系之发生及消灭。故停止条件,或有停止法律关系之成立者,或有停止法律关系之消灭者(例如甲与乙约定若结婚姻,则赠乙一定之财产,此为停止法律关系发生之条件。又如甲与乙约定若结婚姻,则免除其债务,此为停止法律关系消灭之条件也)。解除条件者,为条件之事实成立时,使消灭一旦发生之法律行为效力之条件也。故附解除条件之法律行为,其法律行为效力之全部或一部,因条件之成就而消灭。而法律行为之效力,为法律关系之成立及消灭。故解除条件,或有关于法律关系之成立者,或有关于法律关系之消灭者(例如甲向乙赠与一定之财产,且附加乙若与某为婚姻,则使丧失其赠与之效力,是为解除法律关系成立之条件。又甲对于乙免除其债务,且附加乙若与某结婚,则丧失其免除效力之条件,是为解除法律关系消灭之条件也)。附停止条件与附解除条件之法律行为,应从条件成就时生效力,抑应溯诸法律行为成立之时生效力,各国之立法例,本不一致。本律则以当事人不表示溯及既往之意思为限,认为从条件成就时生效力,期合于当事人之意思也。故原则上,凡当事人于条件成就时所取得之孳息,无返还之义务,又无请求费用之权利。故设本条,以明示其旨。

第二百四十四条　附条件之法律行为,其当事人得以特约使条件成就之效力,溯及成就以前。

前项情形,当事人向相对人负回复条件成就效力发生时原状之义务。

条件成就之不溯及成就以前,既非属于公益之规定,应许当事人有反对之特约,使条件成就之效力溯及成就以前。第其效力不过为回复条件成就效力发生时之原状而止,即只发生债权关系,不发生物权关系也。若使生此种效力,则不适于实际,徒使交易上生出烦杂而已。此第二项所由设也。

第二百四十五条　附条件之法律行为,各当事人于条件之成否未定前,若有害相对人因条件成就所受利益之行为者,负赔偿损害之责。

附条件之法律行为,当然有条件成否确定前之状态,与条件成否确定后之状态。其条件成否之确定,因条件之成就及不成就而生。故因条件之成就而得利益之当事者,于条件成就之际,有取得一定权利之希望,不仅单纯之事实上希望。而相对人又负不将此侵害之义务,不仅单纯之羁束,所谓条件附权利义务是也。是以条件附法律行为之各当事人,于条件之成否未定前,不得害因条件之成就当自其行为而生之相对人利益。例如甲以条件附约以某物赠乙,其后又将该物卖与于丙。此在条件未成就以前,甲为所有者,乙无如甲何。及至条件成就时,乙可向甲索取其物,如无其物,可请求损害赔偿是也。盖附停止条件法律行为,其当事人之一造,于条件成就前有因条件之成就,当然取得本来权利之权利,则他造有尊重此权利之义务。又为附解除条件法律行为,其当事人之一造,虽直取得本来之权利,然对于他造因条件成就所取得本来之权利,有尊重之义务,即他造有此种权利。故附条件义务人,不得害及附条件权利人之利益。若害之,则为不法行为,须任损害赔偿之责。

第二百四十六条 因条件成就而受不利益之当事人,若违诚实及信用而阻条件成就者,视为条件已成就。

因条件成就而受利益之当事人,若违诚实及信用而促条件成就者,视为条件不成就。

因条件成就而受不利益之当事人,只任其条件自然成就,而使他之一造受利益。若违交易上之诚实及信用,阻害条件之成就者,依法律上之拟制,其条件视为已成就。又因条件成就而受利益之当事人,亦任其条件渐次成就,若违交易上之诚实及信用,促使条件成就者,其条件视为不成就。如此,然后可以保护相对人之利益,而禁止背诚实及信用之行动也。至依第二百四十五条规定而赔偿损害,是属当然之事,无待明文规定也。

第二百四十七条 条件之成否未定前,当事人之法律关系得依普通规定为处置、继承、保存或担保。

条件之成否未定前,当事人之权利义务得从一般之规定,而为处置、继承、保存或担保。所谓处置者,如甲以条件附赠物与乙,则乙得照寻常处置之法,将此条件附之权利让与于丙是。继承者,如照普通继承之法,以条件附之权利移转于继承人是。保存者,如乙恐甲损害其约赠之物,用民诉律假处分之法,将其物保存是。担保者,如乙恐甲将来不承认有此条件,另请丁为保证是。盖条件之成否未定前,当事人之法律关系,与普通之权义同,使得处置、继承、保存或担保,以确保法律关系之安全,兼使易于为附条件之法律行为也。

第二百四十八条 附停止条件之处置行为,其当事人嗣后复以同一之标的物别为处置者,其处置以无碍条件成就时因条件成就所生之效力为限有效力。

前项规定,于条件成否未定前,因强制执行与假扣押、假执行所为之处置,或破产管财人所为之处置准用之。

由无权利人让受权利者,关于其利益之规定,于前二项情形准用之。

附停止条件义务者,以同一之标的物而为处置行为(如所有权之让与),至条件成就时,其因条件成就而生之权利,不因此处置而害其效力。第因此处置而取得权利者,为完全之权利人应受保护时(如动产之善意占有者),不在此限,是属当然之事,无待明文规定也。又上列之法则,当然准用于因强制执行与假扣押、假执行及破产程序而为之处置。由无权利人让受权利者,关于其利益之规定亦同。所谓强制执行者,以公之威力,实行审判衙门之审判所确定之私权之方法也。假扣押与假执行,乃保全他日权利之确定时,得为强制执行之方法也。破产管财人,乃于宣告破产时之所选任,而管理其财产者也。

第二百四十九条 前条规定,于以解除条件成就所应消灭之权利为处置者准用之。

前条规定,凡附解除条件义务者,以同一标的而为之处置行为,及条件成否未定间之强制执行处置、假扣押处置等,均当然准用。此本条所由设也。

第二百五十条 条件之成就不成就,在法律行为时虽已确定而当事人不知者,其行为视为附条件之法律行为。

条件须为客观的不确定之未来事实。故条件之成就不成就,当为法律行为之时已经确定者,理论上似不得为条件。然当事人不知,即主观的不确定,则其行为依法律上之拟制,视为附条件(停止或解除)之法律行为。凡关于附条件法律行为之规定,均使准用。是盖从实际上必要起见,否则主观的不确定条件与条件性质不符。兹因保护当事人之希望,故其结果仍使与真正条件同,当事人亦不得害相对人之利益。又当事人之权利义务,从一般之规定而为处置、继承、保存或担保。此本条所由设也。

第二百五十一条 法律行为之效力附有始期者,其效力于期限届至时发生法律行为之效力;附有终期者,其效力于期限届至时消灭。

第二百四十三条、第二百四十五条至第二百五十条规定,于前二项准用之。

以法律行为效力之发生,使系诸确定的未来事实届至之期限,所谓始期是。此种法律行为,与附停止条件法律行为相似,及准用关于停止条件之规定为宜。例如甲对于乙卖与其物品,约定其交付期限为明年十二月三十日。故始期为停止法律行为效力发生之期限。始期之届至,当然生使权

第五章　法律行为

利者得完全行使其权利之效力。又以法律行为效力之消灭,使系诸确定的未来事实届至之期限,所谓终期是。此种法律行为,与附解除条件法律行为相似,以准用关于解除条件之规定为宜。如甲向乙受金千元,约定其返还期为明年十二月三十日。故终期为解除法律行为效力消灭之期限。终期之届至,当然生使法律行为效力消灭之效力。盖期限分为始期及终期两种。凡于法律行为之效力附有始期者,其效力于期限届至时发生;附有终期者,其效力于期限届至时消灭。故记本条,以明示其旨。

第五节　无效、撤销及同意

法律行为有因其要件不完备,而其为目的之效力不发生者(即全然不发生法律上之效力),亦有其为目的之效力虽发生,而法律上特定之人得除去其效力者(即不完全发生法律上之效力)。前者名为无效之行为,后者名为可得撤销之行为。又有法律行为,其要件完备,虽已成立,而其效力与第三人之同意有关,所谓法律行为效力之发生,须经第三人之同意者是。故于本节设三者之规定。

第二百五十二条　法律行为之一部无效者,全部皆为无效。但除无效一部外,因其情形仍可认当事人为该法律行为者,不在此限。

法律行为系属一体,一部无效,全部亦当然无效。然除无效之一部外,而因其情形,仍可认当事人为该法律行为者,则其法律行为为有效。如是,斯能副当事人之意思也。盖就法律行为言,以全部无效为原则。因行为成立,于当事人之意思表示,有原因、结果之关系,其中略有欠缺,即归无效。但以行为成立时之情形观之,若只一部无效者,不须令其全部无效。此但书之所由规定也。

第二百五十三条　无效之法律行为,若具备他法律行为之要件,并因其情形可认当事人若知无效而欲为他法律行为者,有他法律行为之效力。

法律行为无效时,若其行为备有他法律行为之要件,且依他法律行为可达同一之目的者,是当事人若明知所为之无效,有为他种法律行为之意思。因其如是之情形,此时应使其他之法律行为为有效,藉以副当事人之意思。例如甲向乙借洋五百元。甲发出票据于乙,其票据不照商律票据之方式，则不发生票据之效力。而以此票据为甲、乙间借款之凭据，则有效力也。盖发生票据之行为，虽因法定要件欠缺而无效，若可作为不要因债务之承受契约者，其契约仍为有效也。

第二百五十四条 无效法律行为，若当事人知其无效而采认者，视为新法律行为。

采认者，抛弃撤销权而追认有效之行为也。故以理论上言之，无效之行为不能追认，如死亡者之不能复生也。但罗马法不采此议论。因为便利起见，以无效之行为一经追认，即与有效之行为同。就日本立法例言，无效之行为虽经追认，而行为之本体仍不能发生法律上之效力。例如甲、乙间之卖买本属无效。在罗马法可以追认而有效。就近世言，虽追认亦无效。然则法律上何以有采认之规定，实以经追认之行为本体无效，而与此无效行为同一内容之之新行为，则可以有效。无效行为之采认，乃新使与无效行为有同一内容之行为成立之意思表示也。夫无效之行为，自当初不发生其法律上效力之行为，故不得因采认而作为有效。然当事人采认无效之行为时，则类于当事人新为与无效行为同一之行为，故视作当事人新为与无效力为同一之行为。盖为无效法律行为之当事人，若明知其无效而采认之者，就其同一内容视为从新成立之行为，于当事人之意思亦适合也。至其效力从采认时发生，是属当然之事。又当事人得以特约使生债权之溯及力，亦属当然之事，无待明文规定也。

第二百五十五条 得撤销之法律行为，惟限制能力人、意思表示有瑕疵人、并其代理人、继承人或夫得撤销之。

得以撤销之行为，乃因之而受不利益之各人，有本诸附着于其行为之瑕疵，使丧失其行为效力之权利之行为也。故得以撤销之行为，与无效行为不可相混。得以撤销之行为，在撤销以前，保有其效力。因之其所为之效力，于使此丧失之权利，因抛弃时效等而消灭时永远存续。盖得撤销之行为者，是特定人得除去其效力之行为，非当然无效之行为也。故欲使其行为无效，须有撤销之行为。至何人应有撤销权，应以法律规定之。据日民法之规定，则基于一般撤销原因之撤销权者，其类凡五，本律从之。所谓限制能力人者，如未成年人之类。法律为保护限制能力人之利益与以撤销权，而为撤销权之主体。意思表示有瑕疵人，即由于诈欺或强迫之意思表示,付以撤销权,所以保护其意思与表示之不一致者。代理人,即限制能力人之法定代理人,与意思表示有瑕疵人之委任代理人,皆付以撤销权,得以撤销其行为。继承人包括一般继承及特别继承。何谓特别继承?例如甲以物让与于乙,乙为特别继承人。甲又以物让与于丙,乙可以特别继承之资格撤销甲丙间之让与。何谓一般继承?即如乙为甲之继承人,是为甲之一般继承人。乙可以一般继承之资格,撤销甲丙间之让与是也。所谓夫,即妻不得夫之同意所为之法律行为,夫有可以行使其撤销权云。

第二百五十六条　撤销,向相对人以意思表示为之。

得撤销行为之相对人确定时,以其相对人为撤销之相对人。但第三人因其行为而直接取得权利者,以第三人为撤销之相对人。

得撤销行为之相对人不确定时,以因其行为而直接取得权利者为撤销之相对人。

撤销权者,要相对人接受之一方行为也。撤销之方法,须向相对人以意思表示为之。否则,法律关系,相对人有不明白之虞。又撤销之相对人,须由法律规定,以防无益之争论。故可得撤销之行为若为契约,或为要相对人接受之一方行为,则以其相对人为撤销之相对人。例如甲以物卖于乙,乙转卖于丙。甲为撤销权者,乙为相对人,丙为第三人。甲撤销卖买,乙即当以所买之物返还于甲,即其物为丙所占有,甲不必向丙表示其撤销权,自有其效力。若第三人因可得撤销行为而直接取得权利者,则以第三人为撤销之相对人。如上例,乙或丙为无能力人时,甲之行使撤销权,当负偿还利益之义务。或甲因被乙之诈欺,撤销其卖买,乙又以物卖之于丙。是丙为善意第三人,甲只能以撤销权对抗乙,不能对抗丙也。又相对人不确定时,则以因其行为而直接取得权利者,为撤销之相对人,均属当然之事。此本条所由设也。

第二百五十七条　得撤销之行为,视为从始无效。

撤销权以使有瑕疵之法律行为效力,全然丧失为目的。故被撤销之行为,视为从始无效。对于将来不必论,且溯及于既往,而丧失其效力。因之撤销有溯及的效力。又被撤销之行为,不仅在当事者间无效,即对于第三人亦无效。因之撤销有物权的效力(对于既往,对于无论何人皆有效力,是为物权之效力)。例如甲为卖主,乙为买主。甲撤销其卖买,则回复未尝卖买以前之原状,与无卖买同。溯及撤销前买主既得之利益,皆返还于卖主。故非但原物当返还,即此原物所生之孳息,亦当返还也。盖可得撤销之法律行为,至撤销时,则使当事人之行为无效,抑使第三人之行为亦为无效。各国之立法例,不一其揆。本律则依多数之立法例,认为对于第三人亦得使其无效。故相对人因撤销行为而取得权利者,当然复归于撤销权人。又从其相对人让受同一权利之第三人,亦当然丧失其权利。然法律上别有规定者,则第三人并不因此而丧失其权利。又相对人或第三人如为限制能力人时,则惟以因撤销行为所现受之利益为限,负偿还之债务,固属当然之事,无待明文规定也。

第二百五十八条 有撤销权人追认得撤销之行为者,其行为视为从始不得撤销。

追认为撤销权之抛弃。故有撤销权人将得撤销之行为追认之,则其行为视为从始有效。盖追认之效力甚大,既经追认,则成为完全之行为,嗣后不得复行撤销。此须视与第三人之权利有关系否。有第三人之权利关系时,对于从始有效之原则,限制其适用。若无第三人之权利关系时,一经追认,即视为从始有效。此因保护交易之安全,解释上固当如是。否则,因之而害第三人之权利者有之。例如未成年人之甲,让与不动产于乙。及达于成年以后,以同一不动产让与于丙。且为第一回让与之追认时,不得因此而害丙之权利。此因丙预想甲乙间所成立之事实之可以撤销,而与甲为交易也。若无丙之权利关系时,由甲、乙间之让与,因经追认而视为从始不得撤销。此本条之所由设也。

第二百五十九条 第二百五十六条之规定,于追认之意思表示准用之。

追认者,即抛弃其撤销权,是要相对人接受之一方行为也。故其意思表示,应准用第二百五十六条撤销意思表示之规定。即追认得撤销行为之相对人确定时,以其相对人为追认得撤销行为之相对人。但第三人因其行为而直接取得权利者,以第三人为追认得撤销行为之相对人。若追认得撤销行为之相对人不确定时,以因其行为而直接取得权利者,为追认得撤销行为之相对人是也。

第二百六十条 追认,非于撤销之原因终止,并有撤销权人明知得撤销之行为后为之者,不生效力。

前项规定,于法定代理人或夫为追认者不适用之。

追认既为撤销权之抛弃,故撤销权之原因存在而为追认,是为有瑕疵之行为,当然无效。又有撤销权人抛弃其撤销权时,须明知其为得撤销之行为。故禁治产人于能力回复后而为追认者,须明知其为得撤销之行为。但由法定代理人或夫为追认者,则撤销原因之存续,及本人或妻明知可得行为与否,均非所问。以规定代理人或夫,得完全抛弃其撤销权,而为有效之追认,故不适用前项之规定。

第二百六十一条 撤销权,自得为追认时起五年内不行使,或自行为之时逾二十年而消灭。但本律有特别规定者,不在此限。

第二百九十四条至第二百九十六条之规定,于前项五年期间之进行准用之。

撤销权有溯及效力,称物权的效力。效力既大,若不论何时,常可撤销,是许其撤销权之永远存续,使权利状态不得确定,实有害于交易之安全。故法律不可无时效之规定。考德、日诸国民法,各种撤销权所共通之消灭时效(即一般的消灭时效),有二者之殊,即短期时效及长期时效是也。短期时效者,撤销权由得为追认之时起,不于五年内行之,因时效而消灭。长期时效者,撤销权自得以撤销之行为之时起,经过二十年,因时效而消灭。本律从之。故凡于本律无特别规定者,皆准此相当之期间内使得除斥,以保交易之安全。惟短期时效之进行,可准用后之第二百九十四条至第二百九十六条之规定,以保护其利益。此第二项所由设也。

第二百六十二条 契约,因第三人同意而生效力者,其同意或拒绝得向契约当事人之一造或他造以意思表示为之。

前项规定,于须相对人接受之单独行为因第三人之同意而生效力者准用之。

契约或单独行为有数种。因第三人之行为而生效力者,如无代理权人之行为,因本人追认(事后同意)而生效力。法定代理人之行为,因亲属会之同意而生效力。无权利人所为之处置,因权利人之同意或追认而生效力是。欲知第三人为同意或拒绝之方法。须于法律规定之,以防无益之争论。然同意者为除去法律行为效力发生之障害,是为独立行为,非法律成

立之要件。故不必依法律行为之方式,是属当然之事,无俟明文规定也。

第二百六十三条 于行为前预表同意者,于为该法律行为前得撤回之。但有法律关系为同意之原因其性质不得撤回者,不在此限。

前项规定,于预表同意而撤回者准用之。

于行为前预表同意者,是为不要因行为。故不问其原因之法律关系,使于为该法律行为前得撤回之,方为平允。然为同意之标的法律行为后,同意原因之法律关系,其性质不得撤回者,如求其同意之请求权已成立时,则不许撤回其同意。故设本条第一项,并明示撤回方法。其于预表同意而撤回者亦同。

第二百六十四条 追认无特别订定者,溯及法律行为时生效力。

前项规定,于追认人在追认前就法律行为之标的所为之处置,或由强制执行,或依假扣押执行之处分,或破产管财人之处分不受影响。

同意于事前事后均得为之。事后之同意,即所谓追认者,以除去法律行为效力发生之障害为标的(于法律行为之成立无关系)。故无特别订定之追认,溯及法律行为之时生效力,亦不得撤回其追认,是属当然之事。然追认虽有溯及既往之效力,而于追认人在追认前,就法律行为之标的所为之处置,强制执行或假扣押之处置,或破产管财人之处分,则无影响。如是,则始可保护第三人之利益,此本条所由设也。

第二百六十五条 无权利人就权利标的所为之处置,经有权利人之同意或追认而生效力。

无权利人就权利标的而为处置后,若为处置行为人取得权利或有权利人为处置行为人之继承人者,其处置有效力。

权利之处置,须有为其处置之权利者而后能为之。故无权利人就其权利而为之处置,法律上当然不生效力。此种处置,虽经权利人于事前或事后表同意,在理论上亦应使之无效。然如此办理,于实际上颇多不便。故无权利人为自己而处置他人之权利,若经对于权利标的有权利之人,于事前为同意或事后为追认者,其行为溯及既往而生效力。又无权利人于为自己而处置他人权利之后,依一般继承或特别继承成为权利人或该权利人,即为处置行为人之单纯承认继承人时,其处置从成为权利人或成为继承人时起发生效力,于实际上颇为便利,且无害于事实也。

第二百六十六条 前条第二项情形,若数人之处置相抵触时,惟最先之处置有效力。

同一债权让与于数人,其处置有抵触,而于权利人为追认时,则因此而定为可生效力之处置。盖对一债务人即有数债权人,然其效力同等,不得享优先利益,无须另行规定。然前条第二项情形,不得依此方法而定之。故可生效力之处置,必以法律明定之,以追认有物权的效力。此本条所由设也。

第六章　期间及期日

时与权利之成立及消灭,有重大之关系,古来各国皆规定之。如逾一定之时间,则生法律上之效力,或失法律上之效力。又或于一定之期间行使其权利者,则取得其权利(取得时效);于一定之期间不行使其权利者,则丧失其权利是。但时有期间及期日之别。期间者,时间之谓。期日者,其时点不得区分之特定日也。如约定自明年五月一日起至十五日止交付物品者,则其时间即为期间。又如约定明年五月一日交付物品者,则其日即为期日。本章乃规定期间及期日。至时之分类,应依时历,不于法律规定为宜。又期间及期日,有依历而指定者,如云明年五月一日或明年三月中是。有不依历而指定者,如定为通知接受或通知接受后一个月内是。欲知期日及期间之方法。以法律规定之,于实际上较为便利。凡无特定者皆准此,故设本章之规定。

第二百六十七条　依法令审判或法律行为而定之期间及期日,除有特定外,依后六条之规定。

期间及期日,定之以法令者有之,定之以审判者有之,定之以法律行为者(如由契约而定之类)亦有之。如无上述之特定期间及期日时,则依法律所定期间及期日之方法为宜,以省无益之争论。有特定时则从其特定。此本条所由设也。

第二百六十八条　以日、星期、月或年定期日者,其期间之始日不算入。但其期间由午前零时起者,不在此限。

以时定期间者,即时起算。

期间之计算法,古来分二种。其一为自然的计算法,其二为历法的计算法。前者将历日之一日细分之,自起算期间之时刻或自事件届至之时刻计算期间之方法也。故从自然的计算法,则一日者,乃自起算期间或事件届至之时刻(例如本日午前八时)起算,经二十四时间也。后者以历之一日为单位而计算期间之方法也,故从历法的计算法。所称一日者,乃指

第六章 期间及期日

自午前零时起至午后十二时而言。此外之小时刻，付诸不问也。自然的计算法，虽属完全。惟于期间之起算点，颇难确知，于实际上颇为不便。历法的计算法，虽不完全，而于实际上实为便利。本律采多数立法例，原则上认历法计算法，而以自然计算法为例外之规定。既定此依历法计算法之原则，其以日、星期、月或年定期间之始日，应否算入，不可不定。本律复采多数之立法例，定期间之始日不算入，盖以一日未满之时间为一日，实不当也。然以是日午前零时定期间之起算点者，其始日亦应算入。又以时定期间者，是注重在时，故以即时起算。此本条所由设也。

第二百六十九条　年龄，自出生之日起算。

年龄之计算法，其出生之日应否算入，古来学说聚讼，各国立法例亦不一致。然出生之日亦应算入，实合于人类生活上之观念。盖自然人人格之始期，即权利能力之始期。自然人既为有权利能力之人类，则自然人之人格，自与权利能力不可有须臾之离。人类若不于出生之时即有权利能力，则不得全其生存。此古今各国之民法，所由以人类之出生为权利能力之始期也，本律从之。故以出生之始日为年龄之起算点，即出生之日亦应算入，以历日之一日为单位也。

第二百七十条　以月或年定期间者，依历计算。

以时定期间者，即时起算。而算定其期间，以日或星期定期间者，自翌日午时零时起算而算定其期间，无待明文规定。然以月或年定期间者，则一月之日数不等，一年之日数亦不等。如何计算，不可不有明确之规定。本律则定为依历计算。例如自一日起算，至二十八日（西历二月）、三十日（小月）、三十一日（大月）为一月。自一月一日起算至十二月三十一日为一年，于交易上实为便利。此本条所由设也。

第二百七十一条　以日、星期、月或年定期间者，期间末日之终止为期间之终止。

期间之不以星期、月或年之始起算者，以最后之星期、月或年与起算日相当日之前日为期间之末日。但月或年定期间于最后之月无相当日者，以其月之末日为期间之末日。

本律既采多数立法例，定历法计算法，则以日、星期、月或年定期间者，应否以期末日之开始为期间之终止，抑以其末日之终止为期间之终止，法律须明定之。故复依多数立法例，以期间末日之终止为期间之终止，此第一项所由设也。又本律于以星期、月或年定期间者，系从历算定之。故自星期、月或年之开始起算期间者，其期间以星期、月或年之终止为终止，自属当然之事，无待明文规定也。如从星期日起算至星期六为一星期是。反之，其期间不从星期、月或年之开始起算期间者，必以特别之明文，定期间之末日，然后期间之终止可得而知。以有相当日者，即以其相当日为期间之末日，最为平允。如于星期一日午后三时起算，约定一星期之期间。则从翌日星期二起算，以下星期之相当日（即下星期二之前一日）为期间之末日。又如于正月三十日起算，约定一个月之期间。至二月无相当日（三十日），则以二月之末日（即二十九日）为期间之末日。此第二项所由设也。

第二百七十二条　于一定期间内为意思表示或为给付者，若其期间之末日适值星期日、庆祝日、其他普通休息日者，其期间以休息日之次日终止为终止。

于一定期间内（如约定自明年五月一日起至十五日止）为意思表示或为给付者（即债务人之行为或不行为），其期间之末日适值星期日、庆祝日、其他普通休息日，则不能为意思表示或给付。故规定期间完满之时期，即以上述休息日之次日之终止，为一定期间之终止，以防无益之争议也。

第二百七十三条　前条规定，于以特定之日为意思表示或给付者准用之。

以特定之日（如约定明年五月一日）为意思表示或为给付者，若特定之日届至适值星期日、庆祝日或其他普通休息日者，准用前条规定，亦使之于休息日之次日为之。此本条所由设也。

第七章 时　　效

　　有权利者能使权利排斥与此相反之事实,其效力甚为强固。故无权利则已,苟有权利,则理论上决不容有与权利相反之事实。然纯系此理论之适用,将无以保交易之安全而动多妨碍。法律为确保交易之安全,维持社会之秩序计,则永久存续之状态不可不尊重,此时效制度之所由来也。时效者,因一定之期间,永续行使其权利,或不行使其权利,而生权利得失之法律事实之谓也。近世诸国所行之时效制度,发源于罗马。罗马法分时效为二,即取得时效与消灭时效是也。取得时效之制甚古,始于纪元前四百五十年,距今二千三百年。盖于一定期间,以善意占有他人之所有物时,则取得其物权,故称取得时效。消灭时效之制,始于纪元后四百二十四年,距今一千四百余年。盖于一定期间不行使权利,则丧失其诉权,故称消灭时效。本律之规定,亦分为取得时效及消灭时效之二者(指种类而言)。故本章第一节规定通则,第二节规定取得时效,第三节规定消灭时效。

第一节　通　　则

　　取得时效及消灭时效应否合为一制度,抑以其性质迥异,别为两制度,关于此事,各国之立法例不一。惟别为两制度,则法律关系之发生,易滋烦杂。本律特认为一制度,于实际上颇为适宜。故以取得时效及消灭时效为时效之种类。此本节所由规定也。

　　第二百七十四条　时效,溯及起算日发生取得权利或消灭权利之效力。

　　时效有使取得权利或消灭权利之效力,故其效力自何时发生,法律不可不有明文规定,以防无益之争议。本律规定,乃溯及起算日发生效力。

　　第二百七十五条　主权利之时效,其效力及于从权利。但本律有特别规定者,不在此限。

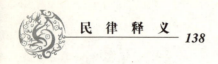

权利有主从之分。主权利之时效尚未完成,则从权利自不生取得或消灭之效力,无待明文规定。反之,从权利之时效虽未完成,亦应依主权利之时效而取得或消灭之。此本条所由设也。

第二百七十六条 依时效之审判,审判衙门不得因职权为之。

时效虽可生取得权利或消灭权利之效力。然时效之利益,在当事人间仍得自由抛弃之。审判衙门于当事人之一造不提出时效之抗辩时,不得因职权而为依时效之审判,以反乎当事人之意思。故设本条,以明示其旨。

第二百七十七条 因时效之法律效果,不得预行抛弃。

时效之实益,以与公益有相同之处者实多。故当事人间不得预行订立抛弃因时效而生法律效果之契约,亦不得订立延长时效期间之契约。法之所以如是规定者,重公益而拒私图。至完成时效之法律效果,当事人自愿抛弃,则无不许之理由。又缩短时效期间之契约,若无背于时效之目的,当于时效完成前得预行约定,固属当然之事,无待明文规定也。

第二百七十八条 时效,因债务人承认相对人之权利而中断。

法律为保护因时效而受不利益者起见,特设一补救之方法,即时效之中断是也。时效之中断云者,乃于时效进行中发生,且使已经过之时效期间利益丧失之法律事实也。因时效而受利益之人(即债权人),于时效进行中若承认相对人之权利,是不啻抛弃其已经过时效期间之利益,故以之为中断之原因,学者称之为特别中断。

第二百七十九条 为前条之承认人,就相对人之权利无须有处置之能力或权利。

前条规定之承认,是认相对人权利存在之行为,非抛弃其权利或担负义务之行为也。故为前条之承认人,只有管理能力或管理权限即可,无须有处置之能力或其权利也。故设本条,以防无益之争论。

第二百八十条 时效,因提起履行之诉或确认之诉、或请求执行支付之诉、或请求谕知执行判决之诉而中断。

下列事项,与起诉有同一效力:

一、依督促程序送达支付命令;

二、因和解而传唤;

三、呈报破产债权;

四、告知诉讼；
五、开始执行行为或声请强制执行。

诉之提起，使时效中断，是为由于权利人行为之中断原因。纵令时效之受益者（即债务人）不承认该权利，亦足以认权利之行使，所以保护权利人之利益也。如提起履行债务（或赔偿损害）之诉，确定法律关系成立之诉（如于权利状态恐有危险时请求审判官之判决，确认权利状态之存在是也），或请求支付命令之执行（如一定数额标的物及原因之表示是也），或请求执行判决之谕知（如依民事诉讼律之规定，就记载于支付命令之请求债权者得宣言假执行之旨是也），皆得以之而为中断原因。此外，可与起诉有同一效力者，如支付命令之送达等项是。本条乃明示审判上之中断事项，学者称之为法定中断。

督促程序者，即简易诉讼程序之一种，于不依通常诉讼程序时，得省费用及时日之消费，以债权者容易清偿债务为目的之一种简便方法也。盖如财产权上一定金额之支付，及其他代替物或有价证券一定数量之给付，以之为目的之请求时，不拘于当事人间之有无争论，惟以债务者无资力不能履行之故而起诉。若债权者依通常之诉讼程序，则徒费费用时间，无何等之实益。故法律许债权者以得强制执行之债务名义为足，而有此简易程序之规定也。

和解者，当事人约明互相让步，就某项法律关系彼此停止争执，或将不明确之状态除去，或将实行某项请求权有不确实之状态除去之契约是也。

告知诉讼者，由诉讼当事人将诉讼之程度及其理由，告知于因败诉而有法律上利害关系之第三人是也。

第二百八十一条 因起诉而声请指定管辖审判衙门者，时效中断。但于指定后三个月内不起诉者，不生中断之效力。

依民事诉讼律规定，指定管辖审判衙门者，为指定后得为适法之起诉也。故声请指定管辖审判衙门而起诉者，须使有中断之效力，以保护权利人之利益。若不于指定后三个月内向指定衙门起诉者，法律无所用其保护，故以不生中断效力明定之。

第二百八十二条 因起诉而时效中断者，至撤回其诉，或因不合法而驳回其诉之判决确定时，不生中断之效力。

撤回其诉,是当事人抛弃其依诉而生之保护请求权。又审判衙门以其诉为不合法而驳回其诉之判决确定时,其诉既为无效,则其因诉之提起而生中断之效力者,至此亦失其效力,固属当然之律。此本条所由设也。

第二百八十三条　因送达支付之命令而时效中断者,至诉讼拘束失其效力时,不生中断之效力。

因送达支付命令而发生之诉讼拘束,一旦失其效力,则与未发支付命令无异,不使因送达而生时效中断之效力。盖权利人之利益,至此亦无所用其保护也。

第二百八十四条　因和解之传唤而时效中断者,若相对人不到庭或和解不成时,不生中断之效力。但在一个月内起诉者,不在此限。

因和解之传唤(由审判衙门为之),而相对人到庭,和解因之而成立者,是为完全发生时效中断之效力。若相对人不到庭,或和解不成,并于一个月内不起诉者,是不得完全行使其权利,故不使发生中断之效力。此本条所由设也。

第二百八十五条　因呈报破产债权而时效中断者,至债权人撤回其呈报时,不生中断之效力。

债权人为破产债权之呈报,即生时效中断之效力。至其后撤回其呈报时(是为不要因行为),则与同律第二百八十二条规定诉之撤回者无异。则其因破产债权之呈报而生中断之效力者,至此亦失其效力。

第二百八十六条　因告知诉讼而时效中断,于诉讼终结后六个月内不提起履行或确认之诉者,不生中断之效力。

依民事诉讼律之规定,当事人之一造对于第三人为诉讼之告知。告知人须于诉讼终结后六个月内提起履行或确认之诉,是为完全发生时效中断之效力。若不于诉讼终结后六个月内提起者,是不欲完全行使其权利,亦不使因诉讼告知而生时效中断之效力。此本条所由设也。

第二百八十七条　因开始执行行为而时效中断者,因权利人之声请或法律上要件之欠缺而撤销其执行处分时,不生中断之效力。

因声请强制执行而时效中断者,若驳回其声请或于执行行为之开始前撤回声请,不生中断之效力。执行处分,因前项规定而撤回者亦同。

强制执行依承发吏而为之者,以执行行为(扣押)之开始为时效中断

第七章 时 效

之事由。又依审判衙门而为之者,以执行之声请为时效中断之事由。故本条分别规定,并明示执行撤销及声请驳回或撤回者,不生时效中断之效力。

第二百八十八条　因起诉而时效中断者,至确定判决或因其他方法诉讼终结时为止,存续中断之效力。

因起诉而时效中断之存续时期并其终结时期,不可不明晰规定,否则必起无益之争议,而权利人之利益,仍不能完全保护。故本律明定至确定判决或因其他方法诉讼终结(如和解之类)时而止,为时效中断之存续时期。实际即以审判上之事务终结以前,为存续中断之效力。

第二百八十九条　因呈报破产债权而时效中断者,至破产程序终结时止,存续中断之效力。

对于破产债权有异议因而诉讼系属者,于提存债权之金额虽在破产程序终结后,仍准用前条规定。

因呈报破产债权而时效中断之存续时期,并其终结时期,应规定明晰,以免疑义。否则,债权人之利益,亦不能完全保护。故本律明定至破产程序终结时止,存续中断之效力。又就破产债权,于破产债权调查期日,因有异议而诉讼系属者,应区别其诉讼在破产程序终结以前与否。其在破产程序终结以前者,依本条第一项之规定为宜。其在后者,于提存债权之金额虽在破产程序终结后,仍使之于诉讼终结日存续其中断之效力。此第二项所由设也。

第二百九十条　因告知诉讼而时效中断者,至确定判决或因其他之方法诉讼终结时为止,存续中断之效力。

因告知诉讼而时效中断,于诉讼终结后六个月内不提起履行或确认之诉者,不生中断之效力。若于法定期间内提起上述之诉者,则其时效中断之。存续时期并其终结时期,亦应规定明晰。故本律规定,至确定判决或因其他之方法诉讼终结时为止,存续中断之效力。

第二百九十一条　中断之时效,自中断之事由终止时,再起始进行。

时效中断之效力,唯使丧失已经过之期间之利益,不妨新时效之进行。申言之,时效中断之效力,惟对于已往,不及于将来。故时效自其中断事由终止之时,又开始其进行。例如时效以十年为完成,进行至第三年有中断之事由,从其事由终止之日起仍从新起算,至十年而完成。盖中断之时效,应于中断事由之终止时,使为新时效之进行。中断前已经过之时间并不算入也。否则,不足以保护权利人之利益。故设本条,以明示其旨。

第二百九十二条　时效中断,以当事人及其承继人之间为限,始有效力。但法令有特别规定者,不在此限。

时效之中断,于法令无特别规定时,则当事人及其承继人之间,当然使之有效。盖他人不能无故而受中断之利益或被损害也。至受时效中断效力之主体,本律于当事人外,又及于承继人者,立法上之理由,盖以长期时效须经三十年而消灭。故于时效进行中发生中断之法律事实者,不必于最近年期内容,或于最长年期将届至时,发生中断之效力,故不可不有承继人之规定。此本条所由设也。

第二百九十三条　时效,因公断人于判断前审讯当事人而中断。

第二百八十八条、第二百九十一条及第二百九十二条之规定,于前项准用之。

公断人(日本称之为仲裁人)既审讯当事人,则视同起诉,使生时效中断之效力。又其中断之效力,在公断程序(日本谓之仲裁手续)终结以前尚为存续,故准用第二百八十八条之规定。至公断程序终结以后,则为新时效之进行,以保护当事人(兼承继人而言)之利益,故亦适用第二百九十一条及第二百九十二条之规定。

第二百九十四条　时效之期间终止时,因天灾或其他不可避之事变致不能中断其时效者,从其妨碍终止时起于一月内,其时效不完全。

因天灾或其他不可抗力之事变,致不能中断其时效之债权人利益,亦须保护。故从其妨碍时效之期间终止时起于一月内其时效不完全,学者称之为时效之停止。盖时效进行,若既不能中断,又不能停止,则因时效而受不利益者,过蒙损害。故时效有不能中断者,用停止之方法,亦足以保护。此本条所由设也。

第二百九十五条　属于继承财产之权利,或对于继承财产之权利,从继承人确定、管理人选任或破产之宣告时起于六个月内其时效不完全。

属于继承财产之权利,或对于继承财产之权利,其时效从继承人之确定、管理人之选任、或破产管财人之选任时起,于六个月内时效不完全。立法上之理由,盖以此时缺为中断行为之主体,或缺受中断行为人,故亦用停止时效之方法。

第二百九十六条　对于无能力人或限制能力人之权利,若无法定代理人或保佐人时,自此等人成为能力人或法定代理人与保佐人就职时起,于六个月内其时效不完全。

前项规定,其限制能力人系有诉讼能力者不适用之。

时效之期间终止后,于六个月内,无能力人或限制能力人尚无法定代理人或保佐人时,停止时效之进行,以保护其利益。然限制能力人有诉讼能力时,则以其得中断时效,无须再保护也。

第二百九十七条　服从亲权人对于行亲权人之权利,其亲属关系存续中,其时效停止进行。

前项规定,于被监护人对于监督人权利,及准禁治产人据于保佐人权利之时效准用之。

服从亲权人对于行亲权人所有之权利,被监护人对于监护人所有之权利,准禁治产人对于保佐人所有之权利,此等权利之时效,于亲属监护及保佐之关系存续中,停止其进行,以保护此等无能力人及限制能力人之利益,此本条所由设也。

第二百九十八条　妻对于夫之权利,于婚姻关系存续中,其时效停止进行。

妻对于夫所有之权利,若亦使为时效之中断,则虑有害于家室之平和。故设本条,于婚姻关系存续中(如未为法律上或协议上之离婚之类是),使停止时效之进行。若脱离夫妻关系后,当然使为时效之中断,无待明文规定。

第二百九十九条　时效之停止时间,不算入于时效期间。

时效之停止时间,若仍算入时效期间内,与未停止无异。法律为保护因时效而受不利益之人,故以停止期间为不完全之时效,不以之算入时效期间内也。例如未成年人因缺少能力,不能自为法律行为,故不能使时效中断。欲使时效中断,必由法定代理人为之。设无法定代理人时,则未成年人必将因时效而受不利益,故以必使受停止之利益为要。若以无法定代理人之若干时间算入时效期间内,则未成年人仍未受停止之实益。此本条所由设也。

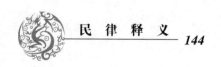

第二节 取得时效

取得时效,乃因于一定期间,永续行使权利而取得私权之时效。再别为所有权之取得时效,及所有权以外之财产权之取得时效。此本节所由规定也。

第三百条 以所有之意思,于三十年间和平并公然占有他人未登记之不动产者,取得其所有权。

前项规定,于动产适用之。

以三十年间所有之意思,并具备和平与公然之要件,占有他人未登记之不动产者,使之取得所有权,以保护其利益。对于具有上述之要件,占有他人之动产者亦然。若他人既以所有人之名义,登记其不动产之所有权,即不能因其具备同一要件,使占有人取得所有权。盖认取得时效之制,要不背登记之内容。既经登记,仍使他人依时效而取得之,是有害于登记之信用也(登记要件主义,于各不动产所在地之官厅备置公簿,于簿上记载不动产物权之得丧变更,使有利害关系之第三人,得就公簿推知该不动产物权之权利状态,并得以之对抗第三人)。占有之意义,谓对于物有事实上管领力,学者称之为法律保护行使权利之事实之关系也。

第三百零一条 未取得不动产之所有权,而用所有人之名义为登记,以所有之意思于二十年间和平并公然占有其不动产,并其占有之始系善意而无过失者,取得其所有权。

背于登记内容之取得时效,以其有害于登记之信用,或登记权利人依登记而行使其权利,皆为本律所不许。然未取得不动产之所有权而为所有权之登记,以二十年间所有之意思,和平且公然占有其不动产,并其占有之始系善意而无过失者,应取得不动产之所有权,以保护占有人之利益。此本条所由设也。

第三百零二条 占有人中止其占有,变更其占有之名义,或占有为他人所夺者,其所有权之取得时效中断。

所有权之取得时效,若受益人任意抛弃其占有,变更其占有之名义,或其占有被所有人或第三人侵害时,则中断其时效。例如,占有者于时效进行中将占有物返还,是谓任意中止其权利之行使。又如,未经一定期间,而占有物被人夺去,是谓因他人之妨害,时效皆因之而中断也。

第三百零三条 以为己之意思和平并公然行使其所有权以外之财产权者,取得其财产权。

第三百条至第三百零二条之规定,于前项准用之。

依时效可取得所有权以外之财产权,古来多数立法例虽均认之,然其财产权或限定物权,或限定特种之物权,或物权、债权则不一致。本律依法律上或权利性质上,可因时效而取得者许之。至所有权以外之财产中应为登记之权利,准用关于不动产所有权取得之规定。又不为登记之权利,准用关于动产所有权取得时效之规定。又关于所有权取得时效中断之规定,准用关于所有权以外财产权取得时效之规定,均属当然之事。此第二项所由设也。

第三节 消灭时效

消灭时效者,因于一定期间内永续不行使权利,而丧失其权利之时效。再别为债权之消灭时效及所有权以外之财产权之消灭时效。此本节所由规定也。

第三百零四条 债权之请求权,因三十年间不行使而消灭。但法律所定期间较短者,不在此限。

通常债权之请求权消灭时效,其期间之短长,古来各国立法例亦不一致。本律系酌中国社会之情形,以三十年为限,为请求权消灭之时期。但以此为原则,如法律中定有较短期间者,则从其法律之所定。

第三百零五条 定期给付之债权有三十年以上之存续期间者,债权人得因证明时效之中断,随时向债务人请求承认书。

以三十年以上存续期间之定期给付为目的之债权,其定期之给付,从淹滞时起逾三十年,虑有因时效而失其权利,故债务人若未完全履行其债务,于三十年后主张消灭时效,则债权人不可不证明其时效之中断。然定期给付之受领证书,债务人有之,债权人所无,应使债权人得随时请求承认书之交付,以保护其利益。此本条所由设也。

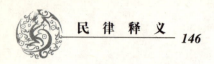

第三百零六条　定期给付债权之各定期给付请求权，以一年或不及一年之定期者为限，因五年间不行使而消灭。

利息、定期金、地租、赁金等，以一年或不及一年之时期为定期之各定期给付请求权。此种债权，有速行履行之性质。故其消灭时效之期间，以定为五年为宜。盖此种债权，因债权人可从速请求，债务人应从速履行，方为妥当。故消灭时效期间，以五年间为限。此本条所由设也。

第三百零七条　下列各款请求权，因三年间不行使而消灭：

一、医师、产婆、制药师关于技术勤劳及配制者；

二、技师及承揽人关于工事者；

三、律师、公证人、承发吏关于其职务而生者；

四、因律师、公证人、承发吏执行职务时，所交付之书件请求应送还者。

本条列举请求权之各种债权，亦有速行履行之性质。盖特种之债权，应由特种债权人从速向该债务人请求履行。如关于技术勤劳及配制之债权之请求权，为该医师、产婆及制药师其人者，不于三年间行使，其任意抛弃请求权可知。故本律定三年为其消灭时效之期间，较之前条为短。二至四各款亦同。

第三百零八条　下列各款请求权，因二年间不行使而消灭：

一、商人、制造人、工作人所供给之商品及产物之价金；

二、运送费或运送人所垫款；

三、旅店、饮食店及娱游所之住宿费、饮食费、座费、消费、物价金及其垫款；

四、以赁贷动产为营业者之赁金；

五、以一月或不及一月之时期而定雇工人之工资；

六、制造人及工作人关于工作之工资；

七、劳力人及卖艺人之赁金，并其供给物之价金；

八、校长、塾长、受业师对于学生习业人之教育、衣食及住宿等费。

本条列举请求权，以债权人不交付受领证为通例之债权也。与前条所列举者略异。前条各款之债权，以交付受领证为原则，以不交付为例外。故本条于其债权之消灭时效定为二年，较前条又短，使得速行消灭。此本条所由设也。

第三百零九条 所有权以外之财产权不属于债权者,因二十年间不行使而消灭。

消灭时效,须有直接受益人。然因消灭时效而消灭之所有权,只成为无主之物而已,无直接受益人也。故所有权之消灭时效,当然在所不许。然所有权以外之财产权,以依其性质或依特别规定,不生反对之结果者为限,须使之因时效而消灭。故其消灭时效之期间,以定为二十年为宜。此本条所由设也。

第三百十条 已登记之权利,并不因时效而消灭。但登记业经涂销者,不在此限。

登记之信用,不可不维持之。故既向登记所登记之权利,不因时效之完成而消灭。然登记后再为涂销时,则无信用之可言,亦无维持之必要。虽其涂销本于不法之原因,亦当然因时效而消灭。此本条所由设也。

第三百十一条 消灭时效,自请求权成立时进行。但以不行为为目的之请求权,其消灭时效,自其行为时进行。

消灭时效,自得行使请求权时进行,是属当然之事。如债权无停止条件或无期限者,以债权成立时即得行使,故从此时进行。至其物权则不然,自第三人为与其内容相反之行为时进行之。又附停止条件与期限权利,从其条件成就或期限届至时进行之。但以不行为为目的之债权,则于债务人不为违反义务之行为间,债权人均得受清偿。对于债务人无须请求,则从债务人为违反义务之行为时起,使进行时效。

第八章　权利之行使及担保

　　有权利能力之权利人，无论何人，均得行使其权利，享受其实益。如有妨害其权利之行使，俾其应有之实益不得享受者，各权利人之自身，得依法定之种种方法除去障害，完全行使其权利，故设本章规定。关于权利之行使，担保将来之损害赔偿，及担保将来之义务履行，皆为完全保护权利之方法。故使权利人得行使其权利，与回复法律上及事实上状态外，兼得要求其权利之担保（权利担保者，为确保履行债权以物之交换价格归属于权利人之权利也）。权利担保之制度，适当与否，于交易之发达安全，关系至巨。本律于相当之处，规定应供权利之担保，先于本章规定权利担保之通则。故第三百十二条至第三百十七条规定权利之行使，第三百十八条至第三百二十三条规定关于权利之担保。

　　第三百十二条　权利人于法律限制内，得自由行使其权利。但专以损害他人为目的者，不在此限。

　　权利人于法律限制范围内，以自由行使其权利为法律上之原则。然权利人行使之目的，并非图自己之利益。若专为损害他人者，其权利之行使，实为不法行为（不法行为者，侵害他人权利，且有责违法之行为也，故又谓之为侵权行为。而此行为为债权发生之重要原因，实际上往往有之，近世各国皆编入民法，本律从之），须禁止之。此本条但书之所由设也。

　　第三百十三条　对于现时违法之攻击，为防御自己或他人所必要之行为，不为违法行为。

　　防御行为，若逾必要之程度，或未具正当之要件。因过失误信其要件而为之者，当然作为违法行为，无待明文规定。其为自己或他人所必要对于现时违法之攻击而为防御者，即为正当防卫，为完全保护权利之必要行为，故认各权利人有为此种行为之权利。此本条所由设也。

　　第三百十四条　由不属于己之物生有急迫之危险，因避自己或他人之危险将该物破坏或毁损者，其行为以避险所必要，并未逾危险之程度为限，不为违法行为。但危险之发生行为人有责任者,负损害赔偿之责。

避险行为,又称之为紧急行为,以各人均得为之为原则,使得完全保护其利益。否则,不属于己之物生有急迫之危险时,不将该物破坏或毁损者,其危险且及于自己或他人。故法律许以避险有必要,并未逾危险之程度为限,得为避险行为,不认其为违法。但危险之发生,行为人应负责任者,如因自己对于他人之物欠注意而发生危险,使负不注意之责任,即令其损害赔偿,以保护被害人之利益也。

第三百十五条　下列行为,以不及受官署援助并非于其时为之,则请求权不得实行或其实行显有困难者为限,不为违法行为:

一、以自卫为目的,将某物押收、破坏或毁损者;

二、以自卫为目的,恐义务人逃走而拘束其自由,或义务人于应容许之权利人行为而为抵抗权利人,屏除义务人所抵抗者。

以自卫为目的,即以自己权力实行享有权利之谓也。以自己权力实行享有权利,因而为有害于社会秩序之行为,当然在所不许,无待明文规定。然有时非自由行使,则不得实行享有权利,或且有显著之困难时,如一、二各款所列之行为,若必受官署援助,或于特定之时始得为之,非请求权从此不得实行,即实行显有困难。故本律特于例外,许其依自己权力实行权利,限于不及受官署援助,并非于其时为之,则请求权不得实行或其实行显有困难者,亦不认其为违法。

第三百十六条　依前条规定将某物押收之者,须速向审判衙门声请保全财产之假扣押。但得为强制执行者,不在此限。

依前条规定而拘束义务人自由者,须速向拘束地之审判衙门声请保全身体之假扣押,并须将义务人交出。但已释放者,不在此限。

假扣押之声请被驳回,或其声请迟延者,须速将扣押物交还,或将义务人释放。

为前条之行为者,于实行享有权利之目的既达后,不能永续为前条之行为。以前条之行为,若许其永续,实有害于相对人之利益。故本条规定,于前目的既达后,须依通常权利保护之方法,即据民事诉讼律中保全诉讼之规定,速向审判衙门为假扣押之声请是也。

第三百十七条　误认第三百十四条之要件存在而为该行为者,其错误

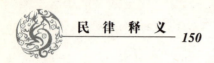

虽非出于过失,向相对人亦负损害赔偿之责。

无第三百十四条之要件,误认其要件存在而为该条之行为者,即非避险行为,应从不法行为之法则,而负损害赔偿之责。虽不法行为以故意或过失为通则,误认要件存在而为第三百十四条之行为者,是无过失(包故意而言),在理论上似应不负损害赔偿之责。然于相对人之利益,亦不可保护过轻。故就其错误言之,虽非出于过失,亦当认损害赔偿之责。

第三百十八条　凡提出担保者,应依下列各款方法:

一、提存金钱或有价证券;

二、设定抵当权;

三、设定质权。

前项第二款、第三款所列之物权,若以不动产为标的者,其不动产须在国内。

本条于相当之处,规定应供权利之担保。故依本律提出担保者,其担保之方法,不可不规定明晰,以防无益之争议。而确实之担保,莫如提存金钱或有价证券,与设定抵当权及质权等项,学者称之为物的担保,故用为担保方法。夫人负担债务,信用素著,斯无他说。苟不能见信于人,债权人恐有意外损失,斯必有以坚其信用,此担保之所由昉也。故担保品以现实能让与为要。若以不动产为标的之担保物权,其不动产在国外者,殊难谋权利之巩固,抑且不便实甚也。故本律规定,以在国内者为限。

第三百十九条　前条第一项所列担保之标的物,关于价额有争议者,应依下列各款方法:

一、有价证券由国库指定其担保价额者,从其价额以下;

二、有价证券非国库之担保品而有公定市价者,从其市价以下;

三、前二款外之有价证券,从其价额以下;

四、抵当权及质权之标的价额,从其现有价额以下。

前条第一项所列担保之标的物,乃为金钱及有价证券。惟关于价额有争议时,应以何为标准,法律不可不有明晰之规定。故本条规定担保之标的,若当事人间于其价额有争议者,可提起诉讼,使审判衙门评定。其详定之法,即以本条所列各款为准绳,以防无益之争议。

第三百二十条　担保之权利人于提存时,就提存之金钱或有价证券取

第八章 权利之行使及担保

得质权。但该金钱或有价证券归提存所所有者,就返还同额金钱或有价证券之债权,取得权利质。

担保之权利人,于提存所之标的物(金钱或有价证券),视提存所曾取得其所有权与否而定。其标的物未归提存所所有者,则担保之权利人取得法律上之质权。若已归提存所所有,则取得法律上之权利质,以保护担保权利人之利益。所谓权利质者,如债权等(地上权、永佃权)权利,得供特别担保之标的之谓也。此种利质,虽与质权相类似,特非纯粹之质权。盖质权为一种物权,行于物上之权利。而权利非物也。故权利质不过为权利上之质而已,与质权异其性质也。

第三百二十一条 以提存金钱或有价证券为担保者,得以相当之有价证券换提存之金钱,或以相当之有价证券及金钱换提存之有价证券。

以提存金钱或有价证券为担保之提存人,即用他物交换担保物,亦无害于担保权利人。故设本条,以明示其旨,使提存人得为适法之交换,实际上殊觉便利也。

第三百二十二条 不能依第三百十八条所列方法提出担保者,得以适当保证人为担保。

保证人于应提出之担保有相当之财产,并在中国有普通审判籍者,视为适当。依第三百十八条所列之方法,不能提出其可供担保之一者,法律又许其以保证人为担保(学者称之为人的担保)。惟承任担保之保证人,不可不具适当之条件,即:(一)保证人自身对于应提出之担保有相当之财产;(二)保证人在中国有普通审判籍之二要件是也。故本条于第二项明定之,恐人之滥用保证人为担保,失交易上之安全。

第三百二十三条 已提出之担保者有不足者,须补充之,或提出其他担保。但担保之不足得权利人合意或因权利人之过失者,不在此限。

担保品之不足,殊有妨于权利之巩固。故法律以令提出担保人负补充不足之义务,为原则上之规定,即以未得权利人之合意及过失为限,须补充其不足或再提出其他之担保,以巩固权利之信用,亦即保护权利人之利益也。若当事人既以契约定担保之方法及种类,或因权利人之过失而有不足者,则不可不有例外之规定也。

第二编 债权

债权云者,谓人与人权利义务之关系也。就权利方面言之,则为债权;就义务方面言之,则为债务。故债权之当事者,一为债权人,一为债务人。近世法律多采权利本位主义,故称为债权。且权利与义务相对待,言权利即可见义务也。草案第二编题为债权,盖从近世立法之趋势也。

第一章 通 则

债权法,规定债权之法律关系。此关系由法律行为及法律行为以外之事实而生,可分为三种:第一,如契约、广告、发行指示证券、发行无记名证券等之法律行为,乃均一经济上之需要与供给而流通货物之正当媒介手段也,应规定于债权编中,各国之立法例,亦无不如是;第二,法律行为以外之事实,如管理事务、不当利得及侵权行为等,均为发生债权之普通原因,亦宜规定于债权编中;第三,如附随于物权之债权关系,附随于亲属之债权关系,及本于遗嘱之债权关系,可于物权、亲属及相续法中规定之,以不规定于债权编中为适当。本章总揭各种债权共通之法则,故谓之通则。

第一节 债权之标的

债权者,特定一私人(债权人)对于他之特定一私人(债务人)使为一定之行为或不行为之权利也。故债权为对于特定人要求特定行为之权利。债权之标的,即为特定之行为。例如支付价金,为卖主债权之标的。交付物件,为买主债权之标的。债权标的之区别,虽分为行为及不行为二种,本草案以给付二字括之。盖给付者,有债权标的行为不行为之意义者也。

第三百二十四条　债权人得向债务人请求给付。

前项给付,不以有财产价格者为限。

债权之标的不外乎给付。故债权人对于债务人,有使其为特定之行为或不行为之法律上能力。债务人对于债权人,受不可不为特定之行为或不行为之法律上羁绊。债权人既有此法律上能力,自有请求给付之权利。债务人既受此法律上羁绊,自有履行给付之义务。但给付须以得为债权之标的者,故须备一定要件。(甲)要不背乎公共之秩序。以违公共秩序之事项为标的者,其法律行为无效(民总草案第一百七十五条)。例如甲对于乙约以窃取他人之物为给付,法律上当然认为无效者也。(乙)要非法令禁止规定者。如以法律中禁止规定之事项为标的者,其法律行为无效(民总草案第一百七十六条)。例如日本商法禁止权利股票之买卖是也(日本商法第一百四十九条)。(丙)要必为可能之事。如以不可能之事项为标的者,其法律行为无效。(丁)债权之标的要为确定者。例如约定付谷物若干,须明定付某处所产之谷物,种类、数量不有一定之标准,则给付时每多争论。(戊)债权标的不以有财产价格为限。债权之标的,得以金钱价格计算者固占多数。然必有金钱上之价值,始足为债权标的者,不仅理论上无有实据,即征诸实际之状态与吾人享受之利益,亦多未符。例如约以精神或劳力为给付者(如医师、教师),其金钱价格,甚难确定。近世德国民法,有不得以金钱估算者,亦可为债权之标的。日本民法亦有虽不以金钱见积,亦得为债权目的之规定。其立法皆取最进步主义。本条第二项规定,即采主义者也。

第三百二十五条　债权之标的若系特定物之交付,债务人至交付时为止,须以善良管理人之注意,保存其特定物。

特定物者,指定物之种类、品质、数量者也。例如甲以所乘之马价卖于乙,则乙之债权,即以给付特定之马为其标的也。特定物之债权,依特定物而存在,债务人必负交付特定物之义务。但有债权成立时即交付者,有债权成立后约定期间交付者。即时交付，则债权消灭，债务者亦无义务。约期交付，则自债权成立时起至交付时止，债务人有保管其特定物之义务。若有遗失、消灭，当任赔偿之责。然债务人负保管之责任，应以如何程度为准，即为以善良管理人之注意是也。夫注意之说，原有二种，一为抽象的注意，一为具体的注意。抽象的注意者，以通常人所应注意之程度为标准。具体的注意者，以本人所能注意之程度为标准。各国法律，多以抽象的注意为原则。本条谓须以善良管理人之注意，亦取抽象的主义也。

  第三百二十六条 债权之标的物若只以种类指示者，债务人须给付中等品质之物。

  前项情形，债务人给付其物之必要行为完结后，即以其物为债权之标的物。

  债权之标的物，原有特定物与替代物之分。仅以种类指示者，即指替代物而言也。例如约定交付上海白米若干石，种类虽已指定，而上海白米亦有多种，品质又各不齐，究应交付何种。初无明定。于此时间，各国立法例亦不一致。在罗马法，则标的物不能推定时，惟给付最下等之品质，此保护债务者之意也。瑞士债务法，适与罗马法相反，须给付中等以上之品质，此保护债权者之意也。至法兰西、意大利关于此项之规定，则又不同，谓债务者固无给付最上品质之义务，债权者亦无收受最下品质之义务，应除去最上等与最下等，而划定其范围。学者谓之范围限定主义，已较罗马、瑞士之立法为善。而日本与德意志民法，乃明定为中等品质，则更准而为法定主义矣。本条制定之理由，谓既不能依法律行为之性质或当事人之意思而定其品质，则使债务人给付中等品质之物，方合于当事人之意思。故从多数之立法例，而有第一项之规定。

  前项替代物之给付，既以中等品质为准，则债务人于给付时，必先择定其标的物，以交付于债权人。于此时期，替代物即可成为特定物乎？各国立法例，有发送与受取二主义也。盖债务人给付虽已完了，其物未必即入于债权人之手。如隔地者间之给付，发送与受取之间，常历许多时间。若采受取主义，则给付后，所有物上之危险，在债权人未受取之前，皆由债务人负担。然此于债务人之妨害殊多。日本及德意志民法，皆采发送主义，债务人于给付其物必要之行为完结后，其物即由替代物而成为特定物，此

第一章 通　则

物之权利,即属于债权人,危险亦由债权人负担。本条第二项之规定亦同。

第三百二十七条　债权之标的若系金钱之支付,债务人得以各种通用货币清偿之。但已支付特种通用货币为债权之标的者,不在此限。

以金钱给付为债权之标的,为世间最通行之事。然法律学上所称之金钱有三,即广义金钱、狭义金钱及惯用金钱是也。凡可为货物交换之材料所称为金钱者,曰广义金钱。以法定货币为交换材料者,曰狭义金钱。在市场上与流通货物同一使用者,曰惯用金钱。广义金钱,因其有实价而流通,例如金叶、金条是。狭义金钱,因其有强制力而流通,例如银币、铜元是。因授受者之特约而流通,如商家纸票既无强制力,又无实价,而流通则同,以其为惯用金钱也。但民法上所称金钱债权,乃指有强制力而流通之货币,所谓狭义金钱是也。若以金钱支付而无何种特约者,则由债务人选择各种通用货币而为清偿。盖通货皆有强制通用之效力,无害于债权人之利益也。惟为选择给付时,于银币若干、铜币若干,应守法律上限制。本条虽无明文规定,但属当然之事,不可或违也。至于支付特种通用货币有特约者,则从其特约。例如约定给付龙洋,或京平足银,或何种纸币,债权人须以约定之通用货币为支付。特约之效力,当然如是,所谓特种通货之债权是也。

第三百二十八条　以特种通用货币之支付为债权之标的者,若其通用货币至清偿期失强制通用之效力,须以他种通用货币为清偿。

于通货种类虽有特约,至清偿期已失强制通用之效力,则与未定特约同。若必拘于特约,不惟不合于债权人之意思,亦或为债务人所难能。推缔结特约者之意思,于各种通用货币中特为指定者,以其有通用力,并图便利计也。若通用力已失,则予者受者,均属不便。以他种通用货币代之清偿,既于债权人有利益,而于债务人亦无损害也。

第三百二十九条　以外国通用货币指定债权额者,债务人得依支付期及支付地之市价,以中国之通用货币支付之。但以外国通用货币之给付为债权之标的者,不在此限。

前条规定,于前项但书情形准用之。

外国通货,不能在内国有强制通用之效力。此固关于国权,亦货币制度应如是也。如当事人有以外国通用货币指定在中国支付之债权额,此非以外国货币为给付标的,仅以之定债权额而已。例如甲在英伦,汇百万金镑于上海之乙。则不必以金镑为给付,即以其时上海之镑价,合中国货币之市价,应有额数若干,即以中国之通货而为交付。此等办法,于债权人之利益毫无损害。然以外国之通用货币为债权之标的物而订立特约者,则不以外国通用货币为支付,不能收交易之实用,自应从其特约,以外国通用货币为给付。但有时外国通用货币失其强制通行之效力,自宜准用前条之规定,以外国他种通用货币支付之。此本条第二项之规定也。

第三百三十条 债权可生利息者,其利率周年为百分之五分。但法令有特别规定或有特别之意思表示者,不在此限。

按使用他人金钱或替代物,皆有利益可得。故金钱债权可生利息,替代物债权有时亦生利息。故利息者,为使用一定数量之金钱或替代物之对价(即报酬之意),其发生之要件有三:(一) 要有原本债权。利息与原本是否须为同一种类,其说不一,然以同种类者为正当。如金钱使用之利息为金钱,米谷使用之利息仍为米谷,按之习惯皆然。(二) 以经过之时间为必要。时间不经过,不生使用之观念,即无利息之发生。(三) 利息视原本额之多寡及使用期间之长短而为异。例如百元之利息较千元为寡,三年之利息比一年为多是也。然有利息之债权,若无法定利率,常起无益之争议。本条体察本国经济状况及从来习惯,定利率为每周年百分之五分,即债权额百元每年之利息为五元也。然有法令特别规定或有特别之意思表示者适用之。如商法上于利率另有规定,则应以商法为准。或当事人另有于利率特约,自以当事人之意思为重。故本条但书之规定如此。

第三百三十一条 债务人约明以周年百分之六分以上之利率支付利息,经一年后得随时将原本清偿,此权利不得以契约除去或限制之。

前项规定,于无记名证券不适用之。

前条规定利率为百分之五分,是法定利率。然有时由当事人之意思表示而定利率者,是为约定利率。关于约定利率有无限制,各国立法例亦不一致。有采利息制限主义者,先限定利率之最高度,于此范围以内,可以自由约定利息额之多寡。罗马法及日本法是也(日本利息制限法内定原金百元以下年二分,百元以上千元以下年一分五厘,千元以上年一分三厘以下,以此为最高限度,于超越之部分,不许其于裁判上请求,以保护债务者之利益)。有采利息无制限主义者,利息额之约定,一任当事者之自由,不与法律限制之。如中古寺院法与犹太人之高利贷特权是。德意志民法,亦是认利息无制限主义,而对于有特别情事之人,则以高利契约为无效(德民法第一百三十八条)。有采折中主义者,折中利息制限主义与无制限主义。例如法兰西,于民事则是认利息制限主义,于商事则是认利息无制限主义。本案于民事上,亦采利息无制限主义。盖近世经济进步,金融异常活动,遇有急迫情事,约明依每年百分之六以上之利率支付利息者,为事所恒有。法律为保护债务人利益起见,不问其有无期限,经一年后,使债务人有随时偿还原金之权利,并予以特别保障,有不得以契约除去或限制之规定。此第一项之义如此。又无记名证券,以其不害经济上性质,应不使适用本条第一项规定。此第二项之义也。

  第三百三十二条 当事人若预约至清偿期之利息滚入母金中,且偿还其利息者,其预约为无效。

  利息迟延一年以上,经债权人催告债务人亦不偿其利息时,债权人得将利息滚入母金中,并请求其利息。

  利息由原本而生,必使用原本后,经过一定之时间,始有利息可言。若预约至清偿期之利息滚入母金中,而偿还其利息者,则以利为本,由利生利,债权人取盈无已,债务人积累愈深,将富者愈富,贫者愈贫,其有害于社会经济实甚,故应使之无效。在罗马法,关于此项,亦有二重限制:(一)增加禁止谓利息之额,不能超过原本。(二)重利禁止。如甲借乙洋百元,约每年利息十元。如过十年未付,则利息已与原本相等,以后毋庸再付利息。其规定之法不同,其保护债务者之利益则一也。若债务人支付利息迟延至一年以上,经债权人催告仍不支付。是债务人默认其利息与母金同,应许债权人得将利息滚入母金中,并请求其利息,为保护债权人之利益也。

  第三百三十三条 为债权标的之数宗给付中只须履行其一者,则以选择权属于债务人。但法令或法律行为有特别订定者,不在此限。

  债权标的有数宗,债务人只须履行其一。例如债务人有牛与马,约给付其中之一,则以牛以马为给付均可。又如有马数匹,约给付其中之一,则任择其一,均无不可。惟有此选择权之人为债权人乎?抑为债务人乎?法律上苟无明定,常起无益之争论。故有特约定其选择权之时,从其特约。

否则使债务人有此权,是亦保护债务人之意也。且于数宗给付中,其物苟大相悬殊,债权人必早拒绝选择之事。其物若不甚悬殊,则数个之中,于债务人之利益关系较为密切,故由债务人选择之,亦最得其理之平也。

第三百三十四条　前条选择权,向相对人以意思表示为之。

债务人行使其选择权,即债权之标的物由此确定。故须向相对人以意思表示为之。既为意思表示,自不能随意取消。惟意思表示应以何种方式行之,法律上并未明定,则口头、书面、明示、默示,均无不可。

第三百三十五条　债务人于开始强制执行前不行使其选择权,则债权人得就其选定之给付开始强制执行。但于债权人于所选定之给付尚未受全部或一部之清偿时,债务人得以他宗给付清偿之。

此条当分三节说明之。第一,债务人不履行其债务,债权人为裁判上之请求时,裁判官只能令债务人应履行而已,不能令其必以某物为履行也。例如甲对于乙、约定以金百元或马一匹履行债务。甲届期怠于履行,乙请求于裁判所。则裁判所只能判令甲履行债务,不能令其必以金为履行,或以马为履行也。何则？因债务人尚未丧失其选择权也。本条前半节,谓债务人于开始强制执行前不行使其选择权。可见于强制执行前,债务人犹得行使其选择权。此乃保护债务人之意也。第二,债务人经裁判后若仍不履行,并不行使选择权,裁判所因债务人之请求而为强制执行之开始,此时若不予债务人以选择权,则债权标的物终无确定,执行亦无从实施。本条定债权人得就其选定之给付开始强制执行,此为保护债权人之利益也。第三,债务人既因强制执行之开始而失其以意思表示之选择权,使债权人所选定之给付,债务人认为实有不利,亦应有调处之方法。本条谓债权人于所选定之给付尚未受全部或一部之请偿时,债务人得以他宗给付清偿之。此又保护债务人之意也。

第三百三十六条　债权人有选择权者,得因起诉或声请强制执行行使其选择权。

第三百三十四条规定,于前项情形适用之。

债权人有选择权者,其行使选择权时有二:(一)向相对人以意思表示为之,与债务人之行使选择权同,此第二项之规定也;(二)若行使第二项之方式而有窒碍时,得因起诉或声请强制执行行使之,此第一项之规定,所

第一章 通 则

以救第二项行使之穷,而欲使选择权易于行使也。

第三百三十七条 债权至清偿期,有选择权之债权人若不选择者,债务人得定相当期间,催告其于期间内选择之。

债权人于前项期间内不选择者,选择权属于债务人。

债权已至清偿期,而有选择权之债权人怠于行使者,则债权标的物不能确定,即债务者之债务不能履行,于债务人殊多不利。法律与债务人以催告权,使债权人于相当期间内速行选择。设不能于期间内而行使选择者,则使丧失其选择权,以其权属于债务人。此为保护债务人之利益,亦确定给付之一法也。

第三百三十八条 由第三人为选择者,向债权人或债务人以意思表示为之。

第三人不得选择或不欲选择时,其选择权属于债务人。

选择权以属于债务人为原则,属于债权人或第三人为例外。故债权人或第三人有选择权时,不可不据特别之法律行为。例如以契约而债权人有选择权,以遗言而第三人有选择权是也。第三人行使选择权时,其方式与当事人同。惟当事人但向相对人以意思表示为之,而第三人向债权人或债务人以意思表示为之。此第一项之规定也。至第三人不得选择或不欲选择时,以理论言,债权当不成立。盖第三人之选择,乃法律行为成立之要件。若不行使其选择权,要件既属不备,债权即不能成立。但此于事实上殊多不便。故法律认为与当事人不定选择权同,使债务人有选择权。此第二项之规定也。

第三百三十九条 选择之效力,溯及于债权发生时。但不得妨碍第三人之权利。

债权标的物,因选择而确定。此选择之效力,溯及于债权发生之始。例如以牛或马为债权标的物。而牛自债权发生后即生一犊。若选择在牛,并可以得其牛所生之犊。盖既被选择之给付,不啻从始即为债权之标的。故选择者不过除去其他之标的而已。其发生效力,应溯及于债权成立时,实属当然之事。惟不得因此而害及第三人之权利。例如甲有地三方,为给付乙债权之标的。于未选择前,甲将土地之一方抵押于丙。至乙行选择权时,适为抵押于丙之一方。则丙之抵押权当然不能消灭,就由甲、乙间另行议定。此又保护第三人之利益也。

第三百四十条 为选择债权标的之数宗给付中,有从始不能或嗣后不能履行者,其债权就剩余之给付存在之。但因无选择权之当事人过失致不能给付者,不在此限。

债权标的物所以重选择者,欲使给付之确定也。然有时因天灾、地变与当事人之过失致不能履行者,将何以处置乎? 夫不能之原因,有从始不能或嗣后不能二种。然不论从始与嗣后,均有全部不能或一部不能之分。其全部为从始不能者,则债权不成立。至嗣后不因无选择权人之过失而全部不能者,则债权消灭。若一部从始或嗣后不能给付,而不因无选择权人之过失者,应就剩余之部分而付之。此本条前半节规定之意也。但因无选择权之当事人过失致不能给付者,则又不同。如有过失者为债务人,有选择权者为债权人,不妨仍选其已经灭失毁损之物。何者? 以过失在于相对人,恐有因物之被人选择而故毁之情弊也。又如有过失者为债权人,有选择权者为债务人。虽选其已经灭失、毁损之物,向债权人而为给付,亦可免责。何者? 过失在于相对人,安知其不为于不欲选择之物而毁之乎? 此但书所以又有不用剩余给付之规定也。

第二节 债权之效力

债权既为对于特定人要求特定行为之权利,则其效力,亦为对于特定人使于债权标的特定之行为为履行而已。惟效力有普通及特别二种。如债务之履行,为普通效力。至价金之支付,则为买卖债权之特别效力。特别效力,至第二章以下分别规定之。普通效力,应于通则中规定。此本节所以设也。

第三百四十一条 债权之标的虽为可分割之给付,债务人无为一部给付之权利。

债务之履行,生债务关系消灭之效力。其所以能消灭债务关系者,因债务人将债权之标的物,向债权人而为给付也。然债权之标的,有可分割与不可分割之别。其为不可分割者,固非给付其全部,则债权不能消灭。即为可分割之给付,而债权之标的,固在全部,不在一部。债权人既有要求全部给付之权利,债务人应负全部给付之义务。此本条为保护债权人之利益起见,所以设此规定。

第三百四十二条　给付得由第三人为之。但债务之性质所不许或当事人有反对之意思表示者,不在此限。

债务人有异议时,债权人得拒绝第三人之给付。

债权标的,由债务人给付,固属原则。然有时第三人得当事人之同意,而代为给付者,亦为法律所许。盖债务固以从速履行为贵,既有第三人好义,而又无损于当事人之利益,自应认为有效。但于债务之性质上,有须债务人亲自为之者。如请债务人写字、绘画,非出诸本人之手不可。又当事人表示反对之意思,须债务人亲为之者。如当事人间有特约,非亲自履行不可。于此自应尊重当事人之意思,与债务原有之性质,由债务人自为履行,而不许第三人代为给付。此第一项所由设也。且第三人代为给付,必有利于债务人,自属当然之事。而第三人亦不得无故拒绝,致生履行迟延之弊。若债务人先述异议,则债权人自应尊重债务人之意思,拒绝第三人之给付。此第二项所由设也。

第三百四十三条　有利害关系之第三人,得反债权人及债务人之意思,向债权人履行债务。

前项之履行债务,得依提存或抵消之方法为之。

前条规定,当事人有反对之意思表示,不许第三人为清偿者,实以第三人无利害关系故耳。如债权之消灭与否,实与第三人有密切之利害关系,例如债务人故为履行迟滞,债权人请求强制执行,使第三人存于标的物上之权利,即因之而受损失,则第三人亦为利害关系人。法律为保护第三人起见,许其得反于当事人意思而为履行债务,且其履行债务,不以现实之清偿为限,得依提存或抵消之方法为之。一则使第三人之权利,不致损害,一则使原有之债务,易于清偿也。

第三百四十四条　前项情形,其债权移转于履行债务之第三人。但其移转有妨碍债权人之利益者,不得主张之。

有利害关系之第三人。向债权人履行债务,债权人之权利,虽因之消灭,而债务人之义务,仍存在也。债务人之义务既仍存在,则其相对待之权利,于受清偿之债权人虽已消灭,于无义务而代为清偿之第三人,又当发生。故法律认此第三人为债权人之代位，而使债权移转，以第三人为债权人。即债务人原有之债务，应向第三人为履行。而第三人以履行债务，而取得债权，终无所损，但不可因之而害债权人之利益，例如甲负乙之债务五百元，约定每年清偿五分之一。甲至次年，即不能履行其债务，而由丙代其履行。则丙一部分之债权，不能即与债权人之债权相竞争。故设但书，以明示其旨。

第三百四十五条　给付之处所，若无特别之意思表示或法令无特别规定者，须向债权关系发生时之债务人住址为之。

若债权本于债务人之营业发生，其债务人于住址外别有营业所者，以营业所视为前项住址。

给付之处所，即履行债务之地点，若无明文规定，则债权人与债务人将各图自己便利，债权人欲于债权人住址为给付，债务人欲于债务人住址为给付，而争端以起。本条之规定，则以当事人间有特约者，应从其特约。如无特别之意思表示，与他项法令并无特别规定者，则以债务人之住所或营业所为其原则也。此项规定，与日本民法所取主义微有不同。日本民法第四百八十四条曰："清偿处所，无有特别之意思表示时，特定物之交付，则以债权发生时其物之存在地为之。其他之清偿，要于债权者现时之住所为之。"可见其以债权人住所为原则矣。

第三百四十六条　以特定物之交付为债权之标的者，若无特别之意思表示，须向债权关系发生时其物所存在之处所为之。

前条之规定，为替代物之给付，故以债务人住址或营业所为原则。本条为规定不特定物之给付，须于债权关系发生时其物所存在之处所为之，庶适于当事人之意思。日本民法，其规定亦同（见前条）。

第三百四十七条　以金钱之支付为债权之标的者，若无特别之意思表示，须向支付时债权人之住址为之。

若债权本于债权人之营业发生，其债权人于住址外别有营业所者，以营业所视为住址。

本条为规定金钱债权之给付。如当事人间有特约之处所者，应从其特约。否则，须于偿还时就债权人之住址为之。盖债务人履行金钱债务，若使债权人向债务人住址受取，常有或先或后不能适合当事人之意思。惟使

第一章 通则

就债权人住址或营业所为之,则债务人之责任,既可速了,而债权人必甚乐从。交易上之习惯大都如是,此乃重视习惯而设也。

第三百四十八条 履行债务之费用,如无特别之意思表示者,归债务人担负。但因债权人移转住址或其他行为而增加履行费用者,其增加额归债权人担负。

债务履行,为债务人所应为之行为。凡为履行债务,所有运送、汇兑、关税之费用,若当事人无特别之意思表示者,当然由债务人担负。本条明定之,以防无益之争议也。但依前条之规定,自有一定之住址或营业所,则履行既不困难,而费用亦自有定。若债权人移转住址,或有其他特别行为而增加履行费用者,则增加之原因,既由债权人发生,所有增加额,应归债权人担负。如此,可免债权人故意留难,于债务人亦不致受无端损失。此所以又有但书之规定也。

第三百四十九条 给付时期,若无特别之意思表示或法令无特别规定者,债权人得即时请求给付,债务人亦得即时给付之。

债权之履行,有当事人间依特别之意思表示者,或法令有特别规定时期者,自应按特定或规定之时期而为履行,不生疑问。惟当事人间并无特约,或法令并无规定,则债权人应俟何时得以请求乎？债务人应俟何时得以清偿乎？本条明定为债权人得即时请求给付,债务人亦得即时给付之。即时者,不论何时之谓也。例如债务人向债权人借用某物,若未约定给付时期,则债权人无论何时可以索取,债务人无论何时得以返还。若既经请求,债权不即履行,则债务人应任迟延之责。

第三百五十条 定有给付时期而无特别之意思表示者,债务人得于其时期前为给付。但债权人不得于时期前请求给付。

前条无定期债务,债权人得以即时请求,债务人得以即时给付。因给付之迟速,均无害债务人之利益也。本条则以给付定有时期者,自应按照时期为原则,时期未至,恐债务人有不能给付之情事也。但债权人于时期前请求给付,则强人所难,应为法律所不许。而债务人自愿于时期前为给付,则债权人之权利既得先时收回,债务人之义务,亦可从速终了,法律亦无禁止之也。

第三百五十一条 债务人在清偿期前于无利息债务预行清偿者,不得请求扣除从清偿时至清偿期为止之利息。

无利息债务,若非定有清偿期者,则债务人固可随时清偿,而债权人亦可随时请求给付,此当然也。若定有清偿期者,则债务人于期间到来而为清偿,亦属当然之事。但于清偿期前预行清偿者,亦为法律所许,但不得请求扣除从清偿时至清偿期为止之利息。例如甲借乙千元,以五年为清偿期,不付利息。至二年后,甲即履行千元之债务,惟自二年后至五年为止,此原本千元所生之利息,债务人不得请求扣除。何则?无利息债务,债权人既不向债务人请求利息,则此债权之成立,本无利息之可言。使债务人因未至清偿期预行清偿,欲请求利息,实属有负债权人廉让之美德,抑亦违反债权成立之本意,自为法律所不许。此本条所以设也。

第三百五十二条　债务人因与债务之同一法律关系对于债权人有请求权,其请求权已至清偿期者,于债权人未向自己为给付前,自己亦得拒绝给付。但债权人供有相当担保者,不在此限。

债务已至清偿期,债权人请求给付,债务人不得拒绝,此固当然。若债务人因与其债务之同一法律关系,对于债权人有请求权,并已至清偿之期者,则债权人应先按期给付,以保持其信用。苟债权人不履行其所担负之给付,而惟请求债务人之给付,是债权人之债务,难免迟延之嫌。而债务人之债权,恐无清偿之望。法律为维持交易上之信用起见,故使债务人于债权人未向自己为给付前,自己亦得拒绝给付,以相抵制。其意实欲使债权人速为履行,使债务人无以借口,权义之关系,不至纠扰不清。此本条规定之意也。但债权人供有相当担保者,是债权人之不先给付,固有理由,而向债务人为请求亦属正当,则债务人不得拒绝给付。此但书规定之理由也。

第三百五十三条　债务人若向债权人以诉讼主张前条之权利者,审判衙门须以判决命债权人向债务人为给付,并命其受债务人之给付。

债务人若有迟延,债权人得据前项之判决为强制执行。

债务人若据前条之理由拒绝给付,而债权人请求不已,无以对付,至以诉讼主张其权利者,审判衙门亦应认债务人之起诉为正当,须以判决命债权人向债务人为给付,并命其受债务人之给付,此前项所由设也。若债权人经判决后,即已先行给付,而债务人仍迟延而不履行,是债务人原无履行债务之意。其前之拒绝给付及其后之提起诉讼,皆为延缓履行之方法,

第一章 通 则

虽经判决确定,彼仍有意迟延,则债权人可据前项之判决为强制执行,以保护其利益。此第二项所由设也。

第三百五十四条 物之交付义务人,关于其物之费用或于其物所生之损害有请求权。其请求权已至清偿期者,义务人于未受清偿前得拒绝交付。但因义务人侵权行为而占有其物者,不在此限。

第三百五十二条但书及第三百五十三条规定,于前项情形准用之。

债务人有交付债权标的物之义务,是固然矣。但当事人间约明关于某物之费用或于其物所生之损害,由债权人担负者。例如甲以洋千元,向乙购买蒙古马十匹。约明购买之费用,及其他损害,均由甲承认。嗣由乙计算往来蒙古及供给马之食料费用约三百元。一马中途病死,添购一匹,损害约一百二十元,向甲请求给付。则甲应即依照前约为清偿,而后再请求马之交付。如乙未受甲之清偿,则可拒绝甲之请求。盖为保护交易上之诚实及信用起见也。但义务人因侵权行为而占有其物者,不能受同等之保护。故有但书之规定。

前条及第三百五十二条但书有前项情形者,则债务人均得请求费用及损害之清偿,而后为物之交付。故第二项之规定如此。

第三百五十五条 债权关系发生后,因归责于债务人之事由致不能给付者,债权人得向其债务人请求不履行之损害赔偿。

债权关系既已成立,则债务人有给付标的物之义务,于未交付前,亦须以善良管理人之注意保存其物,此为债务人应尽之责任。如因归责于债务人之事由,致不能给付者,其大半由债务人之过失而生。然如承继人不知被承继人之权利义务,代理人不知被代理人之权利义务,以致履行不能者,虽由疏忽而起,亦可为归责于债务人之事由。凡此均有损于债权人之利益,债权人得请求不履行之损害赔偿。盖法律为保护债权人,亦所以警惩债务人也。

第三百五十六条 因归责于债务人之事由致不能为一部之给付者,若其他一部之履行于债权人无利益,债权人得拒绝该部之给付,请求全部不履行之损害赔偿。

前项情形有契约者,得解除其契约。

债权标的物,因归责于债务人之事由,致全部不能给付者,应为全部之

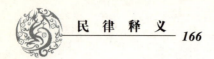

赔偿,固所当然。若仅不能为一部之给付者,则债权人承受其可履行之一部,而请求其一部不履行之损害赔偿,亦属当然之事。苟其一部之履行于债权人毫无利益,则债权人仍可行使其拒绝权,而请求全部不履行之损害赔偿。盖所贵乎履行者,徒以有利益在耳。使仅存其一部,或缺利用之效能,或失固有之真相,虽有若无,有何益哉!若债权之发生由于契约者,债权人又可行使其解除权。盖债权标的既已毁损,而契约效力,自应消除也。

第三百五十七条　债务人于法令或法律行为无特别订定者,因故意或过失致不能给付时,应任其责。

债务人若怠于交易上必要之注意,即为有过失之债务人。

关于侵权行为之责任能力规定,于前二项情形适用之。

债权之标的,在使债务人为给付。故给付标的物,实为债务人之专责。然因天灾地变或其他不可抗力,致债务人不能给付者,于此或为债权消灭,或由债务人任赔偿,一任当事人之意思而定。且有时因债务人故意或过失,致不能给付,而有法令或法律行为特别订定,不由债务人负担者,则债务人仍可免除其责。若除此二者外,而有不能给付时,则债务人应任损害赔偿之责。此本条第一项之规定也。债务人既负交付其物之义务,则其于标的物,应随时注意,因尽人所能知也。若怠于交易上必要之注意,致给付不能者,则为有过失之债务人,不待言矣。此第二项之规定也。若债务人因未成年或因精神身体之状况,需人监督者,其因故意或过失致不能给付时,则法定监督人应负赔偿之义务。此第三项之规定也。

第三百五十八条　债务人所负责任应与自己事务同一注意者,有重过失时,不得免其责任。

债务人于标的物未交付之前,有保管其物之责,不得以其物为债权人之物,而与自己之物异视。故法律规定所负责任,应与自己事务同一注意者(例如本草案第七百八十四条无报酬之受寄人、保管受寄物、须切实注意,与保管自己之财产同),债务人应即以保管自己财产之注意保管其物。所谓与自己事务同一注意,较之前条交易上必要之注意,其注意之程度,更应增进。即债务人所负之责任,尤宜加重。如有重过失时,应使负因过失而生之责任,自属当然。本条明定不得免其责任,使债务人无卸过之余地也。

第三百五十九条 预以契约免除债务人故意之责任者,其契约无效。

债务人之责任,于债务完全履行后,而始克免。于履行前,如因天灾地变及其他不可抗力所生之事由,亦可免其责任。或因轻微过失而生之损害,得以减轻责任。然必由事实发生,核其情由以为断。若出于故意之责任,实可免除之理由。苟当事人以契约免除债务人故意之责任,未免过信债务人,而使相对人蒙非常之损害,其契约应归无效。

第三百六十条 债务人之法定代理人及因履行义务所使用之人,若有故意或过失,债务人因与自己之故意或过失负同一之责任。

第三百五十九条规定,于前项情形不适用之。

债权关系,为特定人对于特定人之关系,即债权人与债务人有直接之关系是也。债务人自己所有故意或过失,应由本人担负,不待言矣。其债务人之法定代理人,及因履行义务所使用之人,此等人之行为,皆为代债务人之行为,非为其自己之行为,于其行为上所生之关系,与债务人有直接之关系,与债权人不生直接之关系。故债务人对于此等人所有故意或过失,因与自己之故意或过失负同一之责任。使法律无此规定,则债务人之与代理人及使用人,常有串同舞弊及互相推诿情事,不能确保交易上之安全。此第一项所以设也。若债务人与债权人有特约,及债务人与其代理人及使用人有特约,所有代理人等之故意或过失,不由债务人负责,此特约应为有效。此第二项所以设也。

第三百六十一条 债务关系发生后,非因归责于债务人之事由致不能给付者,债务人免其义务。

前项规定,于因同一事由债务人无给付之资力者准用之。

非归责于债务人之事由者,非因债务人之故意或过失所生之事由也。例如债务人交付标的物,而债权人故意留难。或因天灾地变,债务人不能抗拒。因此情由,致标的物不能交付者,应使债务人免其义务,即债权由是消灭也。前条以代理人等故意或过失,由债权人负责者,盖履行债务,本应债务人自为之,所有责任,亦应债务人自负,与本条情形原属不同。故负责之人,规定亦异。本条第二项,所谓因同一事由,致债务人无给付之资力者,其理亦同。故准用前条之规定。

第三百六十二条 债权之标的物只以种类指示者,虽非因归责于债务人之事由致不能给付，债务人仍不得免其义务。但无同种类之物可给付者，不在此限。

债权之标的物，仅以种类指示者，固为不特定物之给付也。不特定物之给付，则于同类之物，皆可为给付。苟非因同种类物之灭失，致债务人不能给付，虽依非因归责于债务人之事由，致主观之不能给付，亦不得免其义务。无可免除义务之理由也。

第三百六十三条　不能给付，是否归责于债务人有争议时，债务人负举证之责任。

债务人有给付之义务，至不能给付，原属例外。若不能给付之事由，是否应归责于债务人有争议时，须使债务人就不能给付之原因及不可归责于自己之事由，任证明之责。盖债务人苟能证明，即可依第三百六十一条之规定，免其履行之义务也。

第三百六十四条　债务人因不能给付之事由就债务之标的受第三人之损害赔偿者，债权人得向债务人请求其交付因赔偿所受领之物。

债务人本于前项原因向第三人取得损害赔偿请求权者，债权人得向债务人请求让与其损害赔偿之请求权。

债权不能给付，如因归责于债务人之事由，债权人得向债务人请求不履行之损害赔偿，前条业已详述。如债务人因其债务标的不能给付，有向第三人受损害赔偿者，此时债务人所受领之物，即系赔偿债权之标的物，应由债权人取得。苟债务人于受领后不即交付于债权人，则债权人得请求其交付。如债务人本于前项原因尚未受领赔偿之物，仅取得损害赔偿请求权者，债权人亦得向债务人请求其请求权之让与。此为保护债权人之利益，亦当事人间之关系，固应如是也。

第三百六十五条　债权人有不履行之损害赔偿请求权者，须从请求之全额中，将行使前条权利所取得之损害赔偿价额或损害赔偿请求权价额扣除之。

债权人因归责于债务人之事由，而致不能给付，得向债务人请求损害赔偿。又因债务人受第三人之损害赔偿，得向债务人请求交付所受领之物，或让与所取得之请求权。苟债权人请求债务人赔偿之价额，与债务人取得于第三人之价额相等，则债权人行使前条权利之后，所有不履行之损

第一章 通则

害赔偿请求权,即归消灭。惟债权人请求于债务人者,或为全部,而债务人取得于第三人者,或为一部。则债权人须从请求之全额中,扣除其所取得于第三人之权利。于其他部分,仍取偿于债务人。否则,已转取之于第三人,复责全额于债务人,于权利既嫌重复,适成为不当利得矣。

第三百六十六条 债务人于清偿期后受债权人催告之给付时起,任迟延之责。提起给付之诉及送达支付命令,与前项催告有同一之效力。

清偿期者,债务人为特定行为发生拘束之时期也。债务已至清偿期,债务人理应清偿,无待债权人之催告。即受债权人之催告而急速履行,亦可免其责任。若受催告后,仍不行清偿,从受催告时起,应任迟延之责。此种立法例,各国原不一致。在罗马法,以期限不待人催告为原则,待人催告为变则。从原则,可于受催告时始任迟延之责。从变则,则到清偿期即任迟延之责。法国从原则者也,英国、日本、德国从变则者也。从原则者,以民事必异于商事。从变则者,谓原则不便于交通敏速之时代,且生人民怠惰心。本条之规定,亦从原则者也。至于提起给付之诉,或依督促程序有支付命令之送达者,虽非催告,实有催告之意思,应与催告有同一之效力,以省催告之程序。

第三百六十七条 给付有确定期限者,债务人自到期限时起,任迟延之责。

前条之规定,其清偿期非即确定期限。故债务人受催告时起,始任迟延之责。本条有确定期限者,如债权成立时,约定某月某日为给付期限。则债务人至确定期限,已受期限之催告,毋庸债权人更为催告。若债务人不依确定期限而为清偿,则非债权人之疏忽,实为债务人之懈怠。故本条规定,债务人自到期限时起,即任迟延之责。

第三百六十八条 因不归责于债务人之事由而不为给付者,债务人不任迟延之责。

前二条规定债务人任迟延之责者,谓债务人至清偿期,可履行而不履行也。若其不为给付,因不归责于债务人之事由,则既不能使债务人任损害赔偿之责,即不能使债务人任迟延之责。盖债务人并非怠于履行,实其不为给付,有出于不得已者。故本条明定债务人不任迟延之责,以保护债务人之利益也。

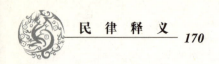

第三百六十九条 债务人对于债权人,须赔偿迟延之损害。

债权人以受给付为其应有之权利。给付届期,即有受取给付之权利。若期限已到,而债务人迟延不为给付,债权人常有因此而受损害者。例如债权人预定至清偿期,领取债务人给付之物,由北京前往汉口者。若债务人给付迟延,则债权人可请求因迟延而生之费用,债务人应即赔偿之,俾于正当时期受给付者同,以保护债权人之利益。

第三百七十条 已迟延之债务人,因归责于己之事由致不能给付者,任损害赔偿之责。

前项规定,于因天灾及其他不可抗力致给付不能者适用之。但债务人证明虽在正当时间为给付仍有损害之事实者,不在此限。

第三百六十八条规定债务人不任迟延之责者,因有不归责于债务人之事由也。若债务人给付迟延,因自己之故意或过失,而损失其给付之标的物,致不能给付时,则债务人应任损害赔偿之责,自属当然之事。又债务人既有迟延,则虽因天灾地变或其他不可抗力,而损失其给付之标的物,致不能给付,其原因究系本于债务人之迟延,故仍使债权人得请求其不履行之损害赔偿,而债务人亦应任赔偿之责。然后者情形,债务人若能证明虽于正当时间为履行,而因天灾或其他不可抗力已发生在前,仍难免损失其应给付之物者,则其损害不得谓本于债务人之迟延,实因不归责于债务人之事由,债务人自得据第三百六十八条之例,不任损害赔偿之责。

第三百七十一条 迟延之债务,若以支付金钱为标的者,债务人赔偿依法定利率而定损害额。但约定利率逾法定利率时,依约定利率而定损害额。

前项损害赔偿,债权人无须证明其损害,债务人亦不得以不可抗力为抗辩。

前二项规定,若有其他损害者,仍得请求赔偿。

金钱债权,有约定支付利息者,有约定不支付利息者。支付利息,有依法定利率者,有依约定利率者。若因债务人迟延,致债权人于清偿期后仍未受给付,则债务人为损害赔偿时,无论约定有无利息,其赔偿额一以法定利率为准(即百分之五)。或债权成立时,另有约定之利率,则迟延之赔偿额,即以约定利率为准。盖尊重当事人之意思也。金钱债权,因迟延履行

第一章 通 则

致生损害,乃显而易知之事,无所用其证明。且系替代物之给付,不致有履行不能(客观之不能)。故债务人不得以不可抗力为抗辩。苟债权人于法定利息、约定利息外,尚受其他损害者,仍得请求赔偿,惟债权人有时须证明其损害耳。

第三百七十二条 迟延之债务人因给付之标的物灭失,或其他事由致不能给付而赔偿其价格者,债务人自有价格算定之标准时起,对于赔偿额须支付利息。

前项规定,于迟延之债务人因给付之标的物价格减少而赔偿其损害者准用之。因债务人之迟延致给付之标的物灭失,或其他事由而不能给付,应赔偿其价格者,是由普通债权而变为金钱债权。其价格之多寡,必有算定之标准。价格既经算定,如债务人即行赔偿者,自无利息之可言。若债务人于其金钱债务一时不能清偿,则自有价格算定之标准时起,对于赔偿额,须依前条之规定而支付利息。此第一项之规定也。又或因债务人之迟延,不将应给付之标的物按期交付,致时期已过,标的物之价格减少,应依前项规定,算定减少价额若干,而为损害之赔偿。若算定后不即赔偿,则对于因减少之赔偿额,亦须支付利息。此第二项之规定也。

第三百七十三条 迟延债务人之金钱债务生有利息者,债务人对于其利息,无须支付迟延利息。但债权人有迟延损害者,得请求赔偿。

重利盘剥,由利生利,为法律所不许。若债务人之金钱债务原定有利息者,则于迟延后,其原定之利息固须照付。而对于利息,无须交付迟延利息。即利息之交付,亦属迟延,债权人亦不得请求迟延之利息。盖以利息滚入母金中,法律认为无效。既不能滚入,则对于利息,不能请求再付利息。此本条前半节之义也。然债权人证明,因不支付利息而生之损害(即由迟延而生之损害),当然得请求债务人赔偿。此本条又规定但书之义也。

第三百七十四条 迟延后之给付,债权人无利益者,债权人得不接受其给付,并得请求赔偿因不履行而生之损害。

前项情形,有契约者,得解除契约。

债务关系,以保持交易上之诚实及信用为必要。故履行必有一定期限,使彼此互相遵从,各得利益。如因债务人迟延履行,致给付后债权人无利益者,债权人不得接受其给付。例如甲债权人于初冬时,以二百元向乙皮货铺定买狐皮衣服四件,约一个月内交付。嗣因该皮货铺迟延不交,甲又以重价(二百五十元)向他铺购买。后乙皮货铺至春初始将前定衣件给付。则甲苟因时已和暖,无须狐裘,得不接受其给付,而索还原金,并可依法定利率而请求利息及因迟买价增之五十元。此第一项之规定也。于此情形,债务人有无解除契约权,各国立法例亦不一致。本案则认债权人有解除契约权,使债权人于因不履行而生之损害赔偿请求权,或解除契约权,两者之中,择其一而行使之,以保护债权人之利益。

  第三百七十五条 债权人于已提出之给付拒绝领受或不能领受者,自有提出时起,债权人任迟延之责。

  债权人任迟延之责者,因债权人不受领债务人适法之提出也。债权人有适法受领之权利,债务人亦有履行终结而免债务之利益。使债务人业已适法提出,债权人不即领受,则权利之益,两不确实。于此法律上之规定,有二法系焉。在法法系,则以债务人为给付提存而免债务。据此主义,则无所谓债权人迟延。履行提出,不过为一提存之条件而已。在德法系,则以履行提出,债权人拒绝领受,为债权人之迟延。据此主义,则提出为效果分歧之关键。至于提存,为最后之一手段而已。本案即取第二主义,债务人之利益,不仅在提存之时,虽提存以前,为提出给付时,即使债权人任迟延之责。

  第三百七十六条 债务人非向债权人依债务本旨实行提出给付者,不生提出之效力。但债权人对于债务人预示拒绝领受之意,或其给付兼须债权人之行为者,只须有准备给付之通知而催告其领受。

  前条规定,债务人为给付提出后,债权人即任迟延责之者,须于正当时期(如已至清偿期),正当处所(如寻常债权以债务人住址或营业所为给付处所,金钱债权以债权人住址或营业所为给付处所),以正当之标的物(如特定物债权以特定物为给付,金钱债权以金钱为给付),提出于债权人,即本条所谓依债务本旨实行提出之谓也。否则,债务人于不当时期,不当处所,以不正当之标的物,漫行提出,无论债权人拒绝与否,不生提出之效力。然债权人向债务人若预示拒绝领受之意,或其给付兼须债权人之行为者(例如债务人于其自己之住址或营业所为标的物之给付,则债权人必自己或委托第三人前往领受),则只须以书件或言辞为准备给付之通知,不必实行提出。盖提出分现实与文辞二种,苟不必以现实提出者,则文辞提出,亦为有效。

第三百七十七条 债权人须提出对待给付,债务人始负给付之义务时,若债权人不提出债务人所请求之对待给付者,债权人任迟延之责。

所谓对待给付者,例如双务契约,债务人向债权人为给付,债权人向债务人亦有给付(双务契约之性质详下第二章)。若债权人之给付须提出在前,而债务人始负给付义务者,以买卖言之,买者为债权人,卖者为债务人。债权人对于债务人有金钱之给付,债务人对于债权人有货物之交付。惟交易上之惯例,必债权人先给付金钱,债务人始交付货物。苟债务人请求债权人为金钱之给付,而债权人不先提出,则债务人不为货物之交付,亦有理由。于此情形,债务关系不能按期终了,非为债务人之迟延,债权人应任迟延之责。

第三百七十八条 清偿期不确定,或债务人于确定清偿期前有为给付之权利,而债务人所提出之给付,债权人拒绝领受或不能领受者,以偿务人于相当期间前向债权人预行通知给付者为限,债权人任迟延之责。

清偿期不于债权成立时确定者,或其期限可由债务人自行确定者,则债务人于何时为给付,可自由酌定。而债权人每不知债务人何时履行,得以先为准备。若债务人不于相当期间前而为通知,债权人虽拒绝领受,或不能领受,并不因此而任迟延之责。惟既经通知后,债权人仍有此等情事者,非其领受不及准备,或者故为留难,应使债权人任迟延之责。

第三百七十九条 债权人迟延后,债务人只就故意或重过失致给付不能者任其责。

依种类指定之物负有债务者,关于其物之危险,于债权人迟延后归债权人担负。

因债权人之迟延,致债务关系不能速行终了。而债务人之债务,仍继续存在。则债务人对于其应给付之标的物,亦当以善良保管人之注意,不使毁损灭失。斯债权债务,均各有利。惟既因债权人延迟,则债务人之责任,自应减轻。故债务人只因故意或重大过失,致给付不能者任其责。此外,均归责于债权人,以明迟延在债权人也。又债务之标的物,若系种类指定之物,则债权人迟延后,关于其物所生之危险,亦应归债权人担负。盖债

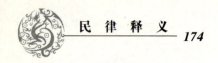

权人既指定种类在前,仍复迟延于后,其疏忽实甚。关于其物之危险,非债权人负之而谁负乎?

第三百八十条 有交付不动产义务之债务人,于债权人迟延后得抛弃其占有。

前项抛弃,须预行通知于债权人。但不能通知或其通知显形困难者,不在此限。

债务人有交付不动产之义务者,则自交付后,因债权移转,而抛弃其占有。若由债权人迟延,致不动产不能即时交付,此时有交付义务之债务人,须对于债权人先为抛弃其占有之通知,即将占有之不动产,抛弃其占有。苟债务人不能通知,或其通知显形困难者,则不为通知,亦得抛弃其占有。例如甲债务人对于乙债权人有交付房屋之义务。因乙迟延不即领受,致甲欲免除其义务而无由。此情形则甲可以抛弃占有之意通知于乙。苟乙仍不领受,则甲即抛弃房屋之占有。此后房屋有无毁损,甲可不任其责。若甲欲行通知,或因势有不能,或因事有困难,则迟延既由于乙,即不为前项之通知,亦得将占有抛弃之。

第三百八十一条 有交付动产义务之债务人,于债权人迟延后,得收该动产提存之。

提存之方法,于本章第五节有详细之规定,兹姑从略。本条规定免除交付动产义务之方法,谓债务人以交付动产为债权之标的者,于债权人迟延后,债务人得提存动产,而免其义务。例如乙债权人对于甲债权人有交付米谷之义务。若债权人迟延而不领受,则债务人为免除其义务起见,将其应交付之米谷,提出于提存所(提存所之制度,于下第五节规定之)。则此后关于米谷所生之损害,债务人不任其责。债权人只可向提存所请求交付其债权之标的物,不得再向债务人而请求给付也。

第三百八十二条 生有利息之金钱债权,于债权人迟延后,债务人无须支付利息。

金钱债权,有应支付利息者。若由债务人迟延,自宜依法定或约定利率支付利息,于第三百七十一条已有规定。若由债权人迟延者,则债务人自不应再付利息。惟于债权人迟延后,即行停止利息乎?抑将金钱提存后,始行停止利息乎?关于此问题,学者议论不一。罗马法以来之立法例,亦不尽同。罗马法规定，由提存之时停止利息。其理由以提存前金钱尚在债务者之手，可以利用。使付利息，亦不为过。据德意志（民法）第三百一条规定，则利息之支付，由债权者之迟延时停止。其理由以为，此时金钱虽在债务者之手，债权者得随时取偿，必不敢利用。既不利用，自应停止利息。本案即采德意志之立法例，故于债权人迟延后，债务人无须支付利息。

第三百八十三条 债务人须返还由债权标的物所生之孳息，或须偿还其价金者，若在债权人迟延后，债务人只负返还已收取之孳息，或偿还其价金之义务。

何谓债权标的物所生之孳息？例如甲向乙借牛一头为使用，而牛于承借期间产生一犊，则犊即债权标的物所生之孳息也。又如甲向乙借地一方为使用，而地上树木所生之果实，亦即债权标的物所生之孳息也。若债权成立时，当事人间约明债权标的物所生之孳息，债务人收取后，须返还于债权人，或债务人将孳息自己收用，须偿还其价金者，则债权人迟延后，债务人只须返还前已收取之孳息，或偿还其价金。至迟延后，虽有可收取之孳息，因债务人之故意或过失而不收取者，不负迟延与偿还之责任，以保护债务人之利益。

第三百八十四条 债权人有迟延时，债务人得请求其赔偿提出无效及保存给付标的之费用。

债务人为适当之履行，而债权人不受。因此所生债务人之损害，债权人必任赔偿之责。其赔偿之事项有二：一为提出无效之费用，一为保存给付标的之费用。提出无效之费用者，例如债务人以债权之标的物，提出至债权人之处所，因债权人拒绝领受而仍运回己宅所生之费用是也。保存给付标的之费用者，例如债务人将标的物保存于仓库，则凡修理房屋及雇人管理之费用是也。此二者之费用，均由债权人迟延而起，债务人得请求其赔偿。

第三百八十五条 赔偿损害，须以金钱为之。但法令或法律行为有特别订定者，不在此限。

赔偿损害，不问其原因为债务不履行，或为侵权行为，若法令或法律行为无特别订定者，须以金钱赔偿之，于实际上最为便利。虽各国立法例，亦有以回复原形为原则，以赔偿金钱为例外者，但于实际上不便殊甚。故本条不采用之。

第三百八十六条　损害赔偿,以填补债权人已受之损害及已失之利得为标的。但法令有特别规定者,不在此限。

依普通之情事或特别情事得预见之利得,视为所失之利得。

损害赔偿者,债务人不为适法履行,使债权人受损害,失利益,而填补其损失之谓也。其损失之范围,应以何者为定,古来学者,亦不一说。有谓须赔偿因不履行所生一切损害者,有谓宜分直接损害、间接损害,仅赔偿直接所生者。有谓赔偿应及于可预见之事实者,有谓赔偿仅及于不可避之损害者,有谓宜分故意或过失,而异其赔偿之范围者。广与狭均各有弊,要不可执一而定之,是必定其范围之标准也。本条规定,以填补债权人已受之损害已失之利得为标的,此为赔偿现实之损害。例如甲以百元,向乙定购米若干,而转卖于丙。乙到期不能交付,致甲以高价另向他处购买而为履行。此以高价购买,即已受之损害也。所失百元之利息,即已失之利得也。债务人应赔偿之,理固宜然。又第二项规定,依普通之情事或特别情事得预见之利得,视为所失之利得,此为赔偿将来之损害。例如甲向乙购米若干。其后米价即日渐昂贵。若乙能照约交付,则甲可获厚利。此即依普通情事得预见之利得也。又如甲向乙购米后,忽遭水旱,米价势将骤贵。此限依特别情事得预见之利得也。凡此预见之利得,苟债务人能如期履行,可成实在之利得。故不履行而为损害赔偿时,亦应与所失之利得同视,以保护债权人完全之利益。

第三百八十七条　损害之发生,受害人若有过失者,审判衙门应斟酌情形,定损害赔偿之责任及其金额。若债务人所不知或不能知之危险有重大损害者,受害人并不促债务人注意或怠于避损害及减损害者亦同。

第三百六十条之规定,于前项情形准用之。

损害之发生,若债权人有过失时,债务人应任赔偿之责否乎？则审判衙门应斟酌情形,定损害赔偿之责任及其金额。例如债权人因过失,而损毁其债务标的之特定物时,则只因债权人之过失,债务人无赔偿之责。又如债务人置其物于容易颠覆之处,因债权人之过失,颠覆之而毁损之。此时因债权人之过失发生,债务人亦无赔偿之责。又如债务人持其债权目的物疾走,而债权人适与之相撞,致物堕落破坏。则两人有共同过失,其过失

第一章 通 则

之程度相若,应各负担其损害之半额。又如债权人横其足于债务人经行之地,以妨债务者之通行。债务人不之觉,竟颠蹶而毁损其手持之标的物。此时过失虽重在债务人,而债权人亦应分任。故本条又规定,受害人有怠于适当之注意,或受损害及减损害应尽之方法而有过失者亦同,即此意也。又债务人之法定代理人,及因履行义务所使用之人,有前项情形致损害之发生者,亦应与债务人同视,以定损害赔偿之关系。此第二项之规定也。

第三百八十八条 因物或权利丧失而有损害赔偿之责任人,非其损害赔偿之权利人将其物之所有权,或因其权利对于第三人而有之请求权让与后,无须赔偿其损害。

本条为禁止债权人之不当利得,而保护债务人之利益也。例如甲以债权标的物寄存于乙,因乙之保存不得其宜,其物被丙取去。此时甲对于乙,因物之丧失,有损害赔偿请求权。甲对于丙,又有本于所有权之请求权。故甲既得从乙受全部损害之赔偿,又得主张本于所有权之请求权,从丙受物之返还,或损害赔偿之权利。是甲受二重之利益,可谓不当之利得。于此情形,甲非将对于丙之所有权请求权及损害赔偿请求权让与于乙,则乙无须赔偿其损害。盖债权人欲受债务人之赔偿,则于其本有之物或权利,应抛弃于债务者,使债务人当然为债权人之代位,得取回其物于他人或行使其权利焉。

第三百八十九条 因债务不履行之损害赔偿额,当事人得以契约预定之。

前项之损害赔偿额,审判衙门不得增减。

当事人间约定债务不履行时当付一定金额于债权人,以为赔偿,所谓预定赔偿额是也。赔偿额之预定,原以重当事人之意思,而免审判上之偏畸。夫债务不履行,相对人常受其损害。于此请求裁判所,求其损害之赔偿,理论上固属正当。但裁判所每不能于实际证明其损害,或即能证明其损害,而所受损害之多寡,最难评定。是以裁判所每据极不确实之标准,以定赔偿额,恒不能适合当事人之意思。故有当事人预料债权人因不履行之所受损害,及至不履行时,毋庸向裁判所证明其有损害,即依当事人所预定之金额以为赔偿,于实际上最为便利。此第一项之规定也。惟此契约预定之效力,从来立法例亦有五种:(一)一切不许其增减者;(二)限于履行其一部时,许其增减者;(三)许依实际损害之多寡,增减其额者;(四)限于显然不当之时,得增减之者;(五)证明其实际不生损害时,毋庸为其给付者。本条则采用第一主义,预定赔偿额,审判衙门不得增减。缘赔偿额于事前预定,乃当事人欲免无益之争讼,而缔结合意契约,有极正当之意思,法律当尊重此意思,不加干涉,最为允洽。此第二项之规定也。

第三百九十条 当事人预定不清偿债务时所应赔偿之损害额者,债权人得请求预定之损害额,以代债务之清偿。

债权人将前项请求通知债务人后,不得请求清偿债务。

预定赔偿额,果必限于有现实损害时而后有效乎?此固为事实问题。但据约定时之情由,推究当事人之意思,未必以实害发生为要件。债权人得以不清偿债务之理由,请求其赔偿损害,以代债务之清偿,不必再证明其损害也。盖债务人既有赔偿额之预定,则及时履行其债务可也,或迟延而给付其损害额亦可也。于两者中得自由选择,以免除其义务。债权人处于相对待之地位,亦得以债务人所应为之事而为请求。此第一项之规定也。惟债权人既请求其赔偿预定之损害额,不得再请求其履行债务,亦属当然之事。缘债权人之权利一也,既实行其赔偿请求权,则请求履行之权自应中止,不宜使债务人无所适从也。又债权人所受之损害较多于预定之损害额时,各国立法例有仍使债权人得请求之者。本案不采用之,因有害于预定损害额之效用也。

第三百九十一条 前条之债权人已受一部之清偿者,以返还于债务人为限,得请求预定损害额之赔偿。

债权人因已受一部之清偿,而于其他部分,虽债务人迟延而不履行,即不得请求预定损害额之赔偿,则于债权人之利益,不能完全保护,未免失之于酷。然债权人于既收受之部分并不返还,仍得请求预定损害额之赔偿,则于债务人之责任,加以两重担负,未免失之过苛。故法律为保护当事人双方利益起见,以债权人返还已受一部之清偿于债务人为限,得请求预定损害额之赔偿。此本条为完足前条未尽之意,而特设之规定也。

第三百九十二条 当事人预定清偿债务不适当时所应赔偿之损害额者,债权人得请求其债务之清偿及预定损害额之赔偿。

本条情形,与前二条情形不同。所谓清偿债务不适当者,即不于正当

第一章 通 则

时期、正当处所,并不以正当之标的物而为清偿之谓也。有预定清偿不适当赔偿其损害额之特约者,其特约原为清偿之适当与否而设,与普通之预定损害额不同。故债权人得请求债务之清偿,并得请求预定损害额之赔偿。盖清偿债务请求权为主权利,赔偿损害请求权为从权利,二者固可并行不悖也。

第三百九十三条 前条情形,债权人若已受债务之清偿,推定其抛弃预定损害额之赔偿请求权。但债权人于受债务清偿时将损害赔偿请求权保留之者,不在此限。

于不当处所、不当时期及以不正当之标的物而为清偿,债务人本有拒绝之权利,而请求预定损害额之赔偿。若已坦然受之,则似债权人以债务人之履行为适当,所有赔偿损害之预约,将由是取消。故法律推定债权人抛弃其损害额之赔偿请求权。但债权人于受债务清偿时保留此权者,则虽未向债务人为请求,而实无抛弃之意思,仍得依前条之规定,而为请求。

第三百九十四条 违约金,推定其为预定之损害赔偿。

当事人往往有预料债务之不履行,以特约违约金,强制债务人者。而此违约金之性质甚难认定,有谓系违约之罚金,债权人以之惩戒债务人之迟延者。然此说于理论上不甚充分。盖债权人与债务人同立于对等之地位,不能有科罚之权。罚金必经审判衙门之判定,岂得由当事人之意思而为预约。故谓罚金者,非也。有谓系担保债务之确实,似为一种之担保金者。然担保金额必于事前先为提存,非于事后始行交付。故谓担保金者,亦非也。法律因推定其为预定之损害赔偿。盖推究当事人之意思,其有违约金之预定者,实于赔偿损害之意义较为近似也。

第三百九十五条 前六条规定,于当事人预定不以金钱赔偿损害者准用之。

据前第三百八十五条规定,损害赔偿以给付金钱为原则。然由当事人之意思,预定以金钱外之给付充损害赔偿者,揆诸契约自由之原则,亦不为背,故法律允许之。凡以契约预定不以金钱赔偿损害者,亦准用前六条之规定。

第三百九十六条 债权人得因保全债权,行使属于债务人之权利。但专属于债务人一身之权利,不在此限。

债权人之权利,以受债务人之清偿,始能保全。然债权人果何所据而信其能清偿乎?亦以债务人之财产,可供担保而已。故债务人财产之增减,与债权人甚有利害关系。但债权人既无处分债务人财产之权利,其债权又无及于第三人之效力。苟担保尽失,难以清偿,虽强制执行,亦已无及。本条规定,债权人因保全自己之债权,得行使属于债务人之权利。其情事有二:(一)债务人有应行使之权利而不行使者,债权人得代行使之;(二)债务人有不应处分之财产而处分者,债权人得取消之。例如,债务人所取得之不动产怠于登记时,债权人恐第三人出而让受其不动产,以夺债务人之所有权,得因保全自己之债权,代债务人请求登记。又如债务人对于第三人有债权,而怠于请求其债务之履行时,则债权人得因保全自己之债权,代债务人对于第三人而为请求。此皆行使属于债务人之权利也。但权利专属债务人之一身者,债权人不得行使之。例如,债务人所有之雇人,有使役其服务之权,而债权人不得代之使役其雇人。缘雇人虽负为债务人执役之义务,而不负为他人执役之义务也。又如对于债务人负扶养义务之人,按月当付以金若干,而债权人不能代债务人请求金额之支付。凡此皆属于一身之权利,固非他人所得代谋也。

第三百九十七条 债权未至清偿期,债权人不得行使前条之权利。但保存行为,不在此限。

债权已至清偿期,债权人为保全自己之权利,欲速受其清偿,而为前条之行为,固属正当。惟清偿期犹未到来,则债权人本未能行使自己之权利,而请求债务人之履行,乃欲为债务人之代位,直行使其权利,未免近于干涉,而有损于债务人之利益。故本条又禁止之。但于此项规定,各国立法例,有采有经裁判上之许可得行使前项权利者。本案为尊重当事人意思起见,不用此主义。惟为保存行为所必要者,债权人亦得于清偿期前行使之。盖保存行为之性质,一则事非迅速,恐即无效;一则所属行为,均甚简单。例如债权人恐债务人所有之权利时效将过,而代为登记是也。

第三百九十八条 对于第三百九十六条行使债务人权利之债权人与债务人相对人之裁判,于债务人不生效力。

债权人行使其债务人之权利,对于债务人之相对人,只得请求其向相对人履行义务,不能请求其向自己履行。又第三债务人虽有向其原有之债

第一章 通 则

权人履行债务之义务,而无向其债权人之债权人履行义务。盖债权为特定人对于特定人之关系,而于第三人不生何种之关系也。惟债权人为行使前条之权利,与债务人之相对人生有诉讼关系,其裁判之效力如何,则以债务人未依民事诉讼律参加者为限,其裁判对于债务人不生效力。盖行使债务人权利之债权人,并非债务人之代理人也。

第三百九十九条 债务人明知加损害于债权人而为之法律行为,债权人得以诉请求撤销之。但其法律行为不以财产为标的者,不在此限。

债务人之法律行为,若明知其有害于债权人之债权而仍为之者,债权人得提起诉讼请求撤销之。但行使此撤销之权,必具下列数项要件:(一)要有法律行为存在,债务人所为之法律行为如已无效,则无所用其撤销矣;(二)法律行为之目的要为财产权者,请求撤销之目的,原因债务人之财产减少而思回复其权利。若非财产权,则与其债权有何关系?(三)法律行为要为债务人知其有害债权而为之者。债务人处分财产之权能,债权人虽不能夺取之,然债务人亦当参斟其财产状况而定其可否。使明知其所为有害于债权而故为之,是其出于恶意,已无疑义,应使债权人得请求撤销之。惟法律行为不以财产为标的者,则于债权人之债权无所损害,故不适用撤销之规定。

第四百条 依前条规定请求撤销其法律行为者,以因其法律行为而受利益或转得利益之人,于其行为或转得时知有加损害于债权人之事实者为限。

债权人起诉时,须以前项受益人及转得人与债务人为共同被告。

本条所云受利益之人,大抵即为相对人。然法律行为以第三人之利益为目的时,则受利益者为第三人。苟受利益者为相对人,自得依前条之规定,请求撤销其法律行为。受利益者为第三人,则有善意与恶意之分。如出于善意,以法律不得害及善意之第三人为原则,不但不能撤销,犹宜切实保护。至出于恶意,则所谓知有加损害于债权人之事实是矣。其法律行为之成立固非正当,应许撤销之,以使债权人得完全行使其权利。至于由受利益者,更转得其目的物之人,亦得撤销其法律行为乎?则此人非于转得时证明其不知有加损害于债权人之事实者,不免适用前条之规定。盖受利益与转得利益人之间,初无区别之标准。即转得人为恶意,而为法律行为之相对人初非恶意之时,因本条之规定,专为对于恶意者而设。则转得者既为恶意,即得对之而行本条之诉权。而其中间为法律行为之相对人,毋庸问其善意与恶意也。据此以言,故债权人为起诉时,须以前项受益人及转得人,与债务人为共同被告。否则,债权人不得同时达其撤销之目的也。

第四百零一条　依第三百九十九条规定之撤销,为总债权人之利益生效力。

撤销诉权之行使,其效力仅及于行使诉权之一人乎?抑他债权人同受其利益乎?本条规定为总债权人之利益而生效力也。例如甲债务人对于乙、丙、丁三债权人均有债务之关系。若甲因让渡其所有之不动产,而乙认为有损害于其债权,提起诉权撤销之。于是所让渡之不动产,仍收回而归于债务人之财产中。此时,丙、丁债权人均得对于甲债务人所有之财产主张权利,非甲债权人可收特别利益也。

第四百零二条　第三百九十九条之撤销权,自债权人知有撤销之原因时逾二年不行使而消灭,自行为时逾二十年者亦同。

时效规定,于前项二年之期间进行准用之。

本条为规定撤销诉权之时效。盖法律行为于得行撤销之时,常对于第三人亦生效力。又法律行为之当事人,经数十年之后,一旦变更其既定之关系,常致意外之纷扰。故撤销诉权之行使,非正确规定,其结果虽足以保护债权人,而债务人与第三人,常被意外之损失。是以本条明定,自债权人知有撤销之原因时起,逾二年不行使而诉权消灭,自其有法律行为时起,经过二十年而诉权消灭。但本条虽为特别之时效,而关于时效中断、停止等之规定,适用时效之通则。

第三节　债权之让与

债权让与,即债权之移转。债权移转,即主体变更。古时立法例,注重在人,不认债权之移转。倘欲变更之,必旧债权人与新债权人及债务人更立契约,使新债权发生,旧债权消灭,而后始可移转,则实际上之不便可知矣。于是有委任之主义。旧债权人向债务人请求义务,是较古法已稍宽

第一章 通 则

矣。然委任人或中途变计,被委任人未免受损,是于实际仍不便也。于是有行使权让与之主义。债权人仍有债权名义,而不必有其行使权,受任人虽无债权人名义,而受有其行使权,斯无虑委任人之变计矣。然彼此名实不符,于实际终多不便。故有最近之主义,不惟行使权可以让与,即债权亦可直接让与。且不必用消灭旧债权发生新债权之手续,直将债权让与之而已。德国债务关系法即采用之,于第三章规定债权让与,于第四章规定债权让受。而日本债权编第四节规定债权之让渡。本案亦采用之,而规定于债权效力之次。

债权之移转,多因当事人之契约,或本于审判及法律之规定行之。本案以因当事人之契约而债权移转者,为债权之让与。其本于审判或法律之规定而债权移转者,使准用关于债权让与之规定。

第四百零三条 债权人得以契约将债权让与他人。

本条乃规定债权得以让与为原则。盖权利均可让与,本无待明文规定。惟债权为人与人之关系,或为性质上不得之让与者,或为当事人意思所不许让与者。故本条特明揭之,以债权不得让与为例外,得以让与为原则。其让与须以契约。其契约成立时,让受人当然有让与人之地位,即让受人得代位为债权人也。

第四百零四条 下列债权不得让与:

一、依债权性质不得让与者;

二、债权人对于债务人约定不让与他人者;

三、债权依执行律规定不得扣押者。

债权虽许让与,然有特种之债权,非变更债权内容不得让与者。约分为三种:(一)依债权性质不得让与者。例如由身份上所生之债权,与由不法行为所生之债权是矣。由身份上所生之债权者,如扶养之债权,以特定扶养权利者之需要,与扶养义务者之身份、资力而定其程度,此固不得让与。推而言之,如受教育之债权,受医疗之债权,皆必以特定之人为受履行者,其不能让与,自不待言。(二)债权人对于债务人约定不让与他人者,此为尊重当事人之意思。盖债务者之意思,常有对于某人而负义务,则承诺之,对于他人而负义务,则不承诺者,其事甚多。具此意思者,亦有正当之理由,法律应承认之。(三)债权依执行律规定不得扣押者。例如债务

人之财产,已被扣押之宣言,或已受破产之宣言者,皆不能由其自己处分,斯亦不得让与者也。

  第四百零五条　债权让与时,担保债权之权利当然移转于让受人。但专属于让与人一身之权利,不在此限。

  前项规定,于强制执行或破产时债权人有优先权者准用之。

  债权让与,让受人为债权人之代位。所有债权人之债权,即为让受人之权利,固无待言。然如质权、抵押权对于保证人之权利等,是为担保债权履行之权利,以无反对之特约为限,当然随债权之让与而移转于让受人。惟迟延利息之请求权,与未至清偿期之利息请求权,应否随债权之让与而移转,则任当事人之意思定之。至于专属于让与人一身之权利,则惟让与人得享有之,他人不得而承受之,自无让与之可言。又债权人于债务人强制执行或破产时有优先权者,则债权让与后,其优先权亦应移转于让受人,而准用前项之规定。

  第四百零六条　让与人须向让受人说明让与债权必要之主张,并将自己有证明债权之书件交付之。

  债权让与后,让与人对于债务人之权利业已移转。故让与人须使让受人于已让受之债权易于保全及实行。于是有说明债权所必要之主张,及交付自己所占有之书件也。说明债权所必要之主张者,盖让与人与债务人,其债权关系成立较久,其如何可以保全,如何可以实行。必已悉心体察,筹之甚熟。一旦移转于他人,则让受人于此中关系尚属茫然。故让与人有说明之义务焉。至于证明债权之书件,即对于债务人行使权利之证据。无此种书件,不能证明债务人之义务。让与人既无债权,即无保留书件之必要,故应向让受人为交付也。

  第四百零七条　让与人因让受人之请求,须交出债权让与之公正证书。

  前项费用,归让受人担负,并须行支。

  让受人何以能取信于债务人,要必有一种证书,足以证明其权利,所谓债权让与之公正证书是也。此公正证书,所以证明取得债权人权利之准据,非此不能使债务人对于让受人履行义务也。故让与人若因让受人之请求,须负交出之义务。但公正证书,原为巩固让受人之利益而设。故作成

第一章 通　则

证书之费用,须用债务人负担,是亦理之所宜然。

第四百零八条　让与人若担保债务人之资力者,推定其担保让与时债务之资力。

但让与之债权未至清偿期者,推定其担保清偿期之资力。

让受人何所受?受其权利也。权利何所据?据债务人之资力也。然债权让与时,债务人有无履行债务之能力,让受人或未之悉。若让受人必调查债务人之资力如何,非特事有困难,抑恐涉于纷扰。于是有让与人担保债务人之资力者。惟经济状况,变幻无常,担保责任,要有制限。使让受人一日未受履行,让与人一日不能免责,斯亦未免过酷。于是以让与之时期,推定担保之责任。于清偿期前让与者,以担保至清偿期为断。于清偿期后让与者,以担保让与时债务之资力为断。

第四百零九条　债务人于债权让与后,对于让与人所为之给付,及与让与人就债权所为之法律行为,得与让受人对抗。但债务人于为给付及法律行为时知其债权已让与者,不在此限。

债权让与后,债务人及让与人间所系属之诉讼就其债权已有确定判决者,债务人得以其判决与让受人对抗。但债务人于诉讼拘束发生时知其债权已让与者,不在此限。

债权让与者,债权主体有所变更,债务主体依然未改,特变更其履行义务之所趋向耳。然有时债务人不知有债权让与之事,仍对于让与人(旧债权人)而为给付,或与让与人就债权所为之法律行为。此时,在债务人已履行其义务之全部或一部,固当视为有效。而让受人因未受债权之履行,又当视为无效。本条为保护债务人利益起见,以债务人于其给付及法律行为时,不知其债权已让与者为限,得与让受人对抗。又债务人及让受人间所系属之诉讼,若不知其债权让与,而诉讼已有确定判决者,则应视其判决为有效,得与第三人对抗。例如债务人对于让与人有抵消之原因。若债权让与后,债务人不知其让与,而仍对于让与人为抵消之行为者,则其行为得以对抗让受人。苟因抵消之事由而起诉讼,其诉讼判决确定时,债务人不知其债权已让与者,则其判决得以对抗让受人。此为保护债务人之利益,并以债权让与后,让受人应速通知债务人也。

第四百十条　让与人已将债权之让与通知债务人,其让与虽不成立或

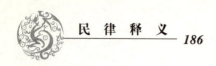

无效,债务人得与让与人对抗。

前项通知,以经让受人同意者为限,得撤销之。

债权之让与,只为让与人与让受人间之利益起见,而于债务人固无利益之可言。如让与人已对于债务人为债权让与之通知,则债务人将本其对于让与人所负之义务,转而为对于让受人所负之义务。此时,向让受人履行债务为有效,向让与人履行债务为无效也。若欲撤销其前次之通知,不得但以让与人个人之意思,须经让受人之同意。否则,其让与虽不成立或无效。债务人得据前次之通知,与让与人对抗。

第四百十一条　让与人将债权让与之证书交付让受人,并由让受人提示于债务人者,视为债权让与已经通知。

债权让与后,应向债务人而为通知,为一种之程序。其意不过使债务人应向让受人为给付,勿再向让与人为给付也。若让受人已将让与人交付之债权让与证书提示于债务人者,则债务人应知债权业已移转,应向何人为给付,亦已了然,无烦再用书件通知之程序。

第四百十二条　债务人向债权让受人得请求交出让与人所作之让与书据,以易自己之给付。但债权之让与已由让与人以书件通知债务人者,不在此限。

债务人因债权业已让与,应向让受人而为清偿固已。若清偿后,让与人不认有债权让与之事,再向债务人请求清偿,则债务人无凭对抗,法律为保护债务人之利益计,于给付之前,债务人得向债权让受人请求交出让与人所作之让与书据。则让与人或有请求给付时,得以让与书据对抗之。但让与人先以书件将债权之让与通知债务人者,是让与人明示债权移转于他人,不再向债务人而为请求之意。债务人亦可不必过虑让与之不确实,对于让受人而迟延其履行也。

第四百十三条　债权之让受人不提示前条之书据则向债务人为告知或催告,债务人以不提示为理由而速行拒绝者,其告知或催告不生效力。但债权之让与已由让与人以书件通知债务人者,不在此限。

债权之让受人,不能与债务人直接发生关系,必由让与人为之媒介。其媒介之方式如何,以书件通知债权之让与于债务人可也,以书据证明债权让与之事亦可也。在债务人亦以受让与人之通知,或让受人提示之书据

第一章 通　则

后,方知债权让与之确实,而后为之给付,自无他虑。若让与人既未将书件通知,而让受人亦不提示让与之书据,径向债务人告知或催告其履行,则债务人因何所据对于让受人而负义务？其以不提示为理由而拒绝者,自属正当。所有让受人之告知或催告,应为无效。

第四百十四条　债务人得以债权让与时对于让与人所生之事由,与让受人对抗。

债权之让与,在债务人若未与闻,则不得使债务人无故而变其地位。应使债务人于债权让与时,对于让与人所生之事由,得与让受人对抗。即于债权让与之当时,对于旧债权人所有之抗辩,可以对抗于新债权人也。姑无论实体法上之抗辩,诉讼法上之抗辩,或阻却请求原因之抗辩,总以让与当时所生者为断。其抗辩之理由,非必于让与当时现实存在者。即其事实发生虽在让与以后,而其原因关系,实在让与行为以前,亦无不可据为理由,而与让受人对抗。

第四百十五条　债务人有债务证书交付于债权人,其债权人已将证书提示而让与债权者,债务人不得主张债务关系之成立或认诺出于虚伪,并不得主张与让与人或有禁止让与之契约。但让受人于让与时明知其情事或可得而知者,不在此限。

债权让与,其效力及于债务人。然发生效力之事有二。债权人向债务人为让与之通知,一也。经债务人之承诺,二也。二者具备其一已足。盖既行通知,债务人不致受二重清偿之危险。既经承诺,债务人自表同意,可无后悔也。此对于让与后言之。若让与前债务人有债务证书交付于债权人者,即债务人对于债权人保证其债务关系之信实也。债权人又将证书提示而让与债权者,即让与人对于让受人保证其债务关系之信实也。债务人有此证书交付,既不得对于债权人而为抗辩。则债权让与后,债务人自不得对于让受人而为抗辩。苟主张债务关系之成立或认诺出于虚伪,或主张与让与人有禁止让与之契约者,均属无效。此为保护善意让受人起见,而特设之规定也。但让受人于让与时,明知虽有债务证书,而债务关系之成立,并非正当,或有禁止让与之预约,而故为让受者。则让受人于让与之意思,已非诚实。故法律亦不保护之,而有但书之规定。

第四百十六条　债务人对于让与人所有之债权,得转向让受人主张抵消。但债务人向让与人取得债权时,知其债权已让与或债务人所取得之债权其清偿期系在知有债权让与后,并系在让与债权之清偿期以后者,不在此限。

按抵消之要件有二:一为两人必互负同种类之债权,一为两方债权必均至清偿期。同种类之债权,抵消较易,无待详言。至于清偿期限,原为债务人之利益而设,不能以既到期之债权,与未到期之债权互相抵消。本条为保护债务人之利益起见,故债权让与后,债务人对于让与人所有之债权,仍得转向让受人主张抵消。但债务人向让与人取得债权,在已知债权让与后,或清偿期在知有让与之事后,且其清偿期系在让与债权之清偿期后者,则以债务人本不预期有此抵消利益之故,不许其主张抵消。

第四百十七条 让与人将已让与之债权再行让与于第三人,若债务人向第三人为给付,或债务人与第三人之间就已让与之债权,其法律行为已成立或诉讼系属者,债务人对于前让受人准用前四百零九条规定。

前项规定,于让与债权因审判而转付于第三人,或法律上当移转于第三人而为让与人认诺者准用之。

让与人以同一债权,于让与之后,再行让与于第三人。此时以一债权而经两次让与,第一让受人为债权人,第二让受人亦为债权人,而债务人一而已。为债务人者,若不知有第一让受人,而但知有第二让受人(即第三人),则债务人于债权让与后向让受人而为给付,固属当然。故债务人对于第三人所为之给付,及于第三人就债权所为之法律行为,与所系属之诉讼,得与第二让受人对抗。盖债务人只有给付一种债权之义务,其向第三人所为之行为,即为其清偿债务之行为。在债务人之义务,业已终了。固不得以让与人为两次让与,而债务人亦负二重债务也。若第一让受人于让受之后,即已提示让与证书于债务人,或让与人于初次让与后,亦已通知债务人,则让与人虽有两次让与,而债务人应向第一让受人为给付,此准用第四百零九条但书之规定也。又有债权让与后,因审判之结果而转付于第三人,或既让与之债权,依法律而移转于第三人,均为让与人所认诺者,则债务人向第三人为给付,或就债权所为之法律行为,均可与第一让受人对抗。

第四百十八条 因法律规定而债权移转者,准用第四百零七条、第四百零九条至第四百十三条及第四百十五条至第四百十七条之规定。

债权移转由于当事人之意思者,已如前所述矣。但有时因法律规定而债权移转者,亦所时有。如债权人应交出债权让与之公正证书,准用第四百零七条规定。债务人对于让与人所为之行为,得与让受人对抗,准用第四百零九条规定。余亦准此。

第四百十九条　本节规定,于债权以外权利之让与准用之。但法律有特别规定者,不在此限。

债权让与,为权利让与之一种。债权以外之权利有让与时,苟法律无特别规定者,亦准用债权让与之规定。

第四百二十条　本节规定,于票据及有价证券之移转不适用之。

日本民法债权编规定债权让与,于其让与之方法规定甚简,而指图债权之让与、无记名债权之让与,均于此章规定也。究之证券让与,虽为证券上特权之移转,让受人独立取得其从证券上所生之债权。然比于债权让与,微有间也。故从严格而论,指图无记名债权之让与,不得与债权让与并论也。德国债务法,无记名债券,详于契约各论。本条亦以票据及有价证券之移转,应别行规定。故本节规定,不适用之。

第四节　债务之承任

承任与清偿,虽性质各异,然有相联之关系。承任者,清偿之先导。清偿者,承任之结果也。何言之?盖债务人负担债务,而向债权人为清偿,固属当然。由第三人代债务人而为清偿,亦为法律所许(本案第三百四十二条,给付得由第三人为之)。若第三人不即代债务人而为清偿,特先承任代债务人而为清偿。苟得债权人之同意,亦无不可。此时将债务人之债务,移转于第三人。而债务人为旧债务人,第三人为新债务人,则第三人为债务人之代位。如第三人向债权人而为清偿,则债权人之债权消灭,而第三人之债权发生。即债权人为旧债权人,第三人为新债权人,而第三人为债权人之代位。日本债权编于债权消灭,特设代位清偿之规定。本案于债务之承任,别为一节,盖仿德国之编制焉(德国债务法第五章第四百十四条至第四百十九条)。

第四百二十一条　第三人得与债权人订立契约,承任债务人之债务。

承任方法,不外得债权人与债务人之同意而已。然于两方之同意,其效力亦微有间。得债权人同意者,不必再经债务人之同意,即能发生效力。盖债权人愿与第三人订立契约,为债务之承任,必深信第三人有承任之信用与清偿之能力。此时债权虽仍如故,而债务实已随契约而移转。第三人即为承任后之债务人,而旧债务人因承任之结果,足以消灭其对于债权人之债务,自必乐从,谅无反对。故不必经债务人之同意,其承任即能有效也。得债务人同意者,于次条说明之。

第四百二十二条　第三人与债务人订立承任其债务之契约者,经债权人同意发生效力。

前项同意,得于债务人或第三人以承任债务之事通知债权人时为之。

债务之承任,于债权人之利害关系最为密切。使债务人之资力,足以清偿债务,而第三人之资力,较逊于债务人者,此时债权人以无承任为利,有承任为害也。反是,则债权人以有承任为利,无承任为害。若第三人与债务人串通舞弊,订立承任其债务之契约。而债务人经承任后虽有资财,可不履行,第三人本无资财,无可履行。是债权人之债权,因承任而危险。法律为保护债权人利益起见,以经债权人同意为限,始发生承任之效力。惟债权人之同意,应于何时表示乎? 则于债务人或第三人以承任债务之事通知时为之,使通知后而无反对之意思表示者,应认为已得同意。

第四百二十三条　债权人未同意前,承任人对于债务人负清偿债务于债权人之义务。但有特别之意思表示者,不在此限。

第三人与债务人所为之承任契约,于债权人未表同意以前,对于债权人不生效力固矣。然第三人对于债务人之承任义务,实为法律所认许。即债权人拒绝其承任,仍向债务人请求履行。而承任人既与债务人结契约矣,欲始终贯彻其承任之目的,则债权人之债务,一日未受清偿,即承任人对于债务人之义务,一日未能终了。盖债权人虽可不认承任之关系,而承任人与债务人间,仍不妨确守承任之契约也。若承任人于订立契约之后,有撤销或变更此契约者,亦属当然之事。故设但书之规定。

第四百二十四条　承任契约,债权人拒绝同意时,其契约对于债权人不生效力。前条规定,于前项情形适用之。

债务人间之承任契约,必经债权人同意,始对于债权人发生效力,已如

第一章 通 则

前条所述。至债权人拒绝同意时,则债权人必认此承任契约于己不利,不欲以承任人为其债务人,而使原有之债务人,不得免其义务。此时承任人与债务人所为之契约,其当事人间虽认为有效,而对于债权人则为无效。若承任人欲代债务人而为清偿,固无不可。此所以有但书之规定也。

第四百二十五条 债务人或承任人得定一期间催告债权人,于承任契约是否同意。

债权人于前项期间内不表示同意者,视为拒绝同意。

承任契约,对于债权人是否可生效力,一以债权人有无同意为断。若债权人对于契约不表示可否,则契约应否有效,即难确定。故使债务人或承任人得定一期间,向债权人催告之,使于前项期间内,债权人而有正确之答复。则是否同意,即可于答复之意思认定之。若期间已过而不表示同意者,则实无承认契约之意可知矣,故视为拒绝同意。

第四百二十六条 承任人得本于债权人及债务人间法律关系之抗辩,与债权人对抗。但不得以属于债务人之债权为抵消。

承任人本于承任债务原因之法律关系而有抗辩者,不得与债权人对抗。

承任人既因承任契约得债权人之同意,而代位债务人。则债务人之义务,即为承任人之义务。债务人得主张之事由,承任人亦得而主张之。故债权人及债务人间法律关系之抗辩,承任人即可本之而与债权人对抗。然其抗辩,仅限于债权人债务人间者而已。若由于承任人之关系,则不得与之同论也。例如甲承任乙之债务。其承任之原因,则以乙曾交付千元于甲。甲与乙虽可因此而为特约,对于债权人,则不得主张本于该特约之抗辩也。盖债务人虽变,而债务关系未曾变也。且承任人以承任债务为本旨,不得援债权让与债务人得转向让受人主张抵消之例。以彼则义务主体,未曾变更;此则义务主体,业已变更也。如债务人与债权人已行抵消,则承任之债务,应即消灭,固无待承任人之主张也。

第四百二十七条 依法律行为而设定之保证,于债务承任时消灭,但保证人承诺其债务之承任者,不在此限。

前项规定,于第三人供债务担保之动产质权者准用之。

保证人于债务为保证,必其人与债务人有亲厚之感情,恐债务人不能取信于债权人。特为担保其债务之确实而已。是保证原为债务人而起,非为债务而起也。若既有人承任其债务矣,则债务人对于债权人所负之义务业已消灭,无所用其保证。此后债务之是否确实,应由承任人负其责。其原有之保证,本为债务人而为之。非为承任人而为之也,故当于债务承任时消灭。如有第三人供债务担保之动产质权者,其理亦同,不必随债务为移转也。但保证人或第三人承诺其债务之承任者,则由保证债务人者,转而为保证第三人,亦可与承任共移转矣。

第四百二十八条　第三人依法律行为而设定之抵押权,因债务之承任视为债权人已抛弃此权利。但第三人承诺其债务之承任者,不在此限。

前项规定,于第三人供债务担保之不动产质权者准用之。

第三人为担保债务人之债务,于自己之不动产上设定抵押权或不动产质权者,于债务有承任时,当视为债权人抛弃其抵押权或不动产质权,使得涂销登记,而消灭其权利,以杜无益之争论。

第四百二十九条　破产时,附于债权之优先权,于承任人破产时不得主张。

债权人甲对于债务人乙有优先权之债权。则乙破产时,甲应受优先权之清偿,与普通债权人有异。若丙承任乙对于甲之债务,此时甲之债务人业已移转,而优先权不随债务为移转。若丙破产时,甲不得主张受优先权之清偿。盖甲若主张优先权,则必害及他债权(对于丙而有债权者)之利益故也。

第五节　债权之消灭

凡权利之发生变更、消灭,要依法律规定而生效力。故债权消灭有种种原因,法律必直接规定之。有此消灭之事实,法律即与以消灭之效力。虽由当事人意思表示而消灭者,其消灭亦事实也。本案所定消灭之原因有六:一、清偿,二、提存,三、抵消,四、更改,五、免除,六、混同是也。此外,如解除条件之成就,期限之到来,法律行为之抵消,消灭时效之完成,履行不能,契约解除,当事人死亡,虽皆为债权消灭之原因,然或于总则中规定之,或已散见于各条,兹故略焉。

第一款 清　偿

清偿为给付债权之标的，故由债务人自为之，或由第三人为之，或由债权人协力为之。总之，为消灭其债务之行为而已。清偿与履行，本为一事。但彼则从债权之效力观察之，此则从债权之消灭观察之。故履行者，债权人据其债权之效力，使债务人为特定行为之谓也。清偿者，债务人既为特定行为，而债权消灭之谓也。然清偿为债务消灭之普通原因，各国法例，多有此项之规定。本案亦采用之，而列于债权消灭之首。

第四百三十条　债务人向债权人为标的之给付者，债务消灭。其向有受领清偿权限之人为之者亦同。

债权为人与人之关系，以人之行为为标的，债权人有使特定人为特定行为之权利，债务人有对于特定人负特定行为之义务。故债务人向债权人或有受领清偿权限之人为标的之给付者，其债务消灭。盖债权之存在，只以债权之标的尚未向债权人为给付而已。是以标的之给付，从债权人之方面言之，为债权消灭，从债务人之方面言之，为债务消灭。

第四百三十一条　向债权之准占有人为清偿者，以清偿人之善意为限有效力。

债权之准占有人者，非债权人而以为自己之意思，行使债权人权利之人也。此时债权已入于其人之手。若债务人即认为债权人而向其清偿者，以无恶意为限，其清偿为有效。盖债务人以清偿而消灭其债务。如其清偿出于善意，固不可视为无效，而再使向债权人清偿也。

第四百三十二条　因清偿而向第三人为给付，以经债权人承诺或追认为限，有清偿之效力。第三人取得其已给付之债权者亦同。

清偿为消灭债权之原因，须向债权人或有受领权限之人为之，固属当然之事。然有时因给付之便利，向第三人而为之者。若债权人已于事前承诺，或事后追认，则既得债权人之同意，与向债权人为给付，同有清偿之效力。至第三人取得债务人已给付之债权者，若不由债权人承诺或追认，是谓不当利得，自当返还其物。使债务人更向债权人为给付，如已得债权人同意者，其效力亦同。

第四百三十三条　除前二条外，向无受领清偿权限之人为清偿者，于

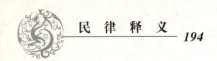

债权人因此而受利益之限度有效力。

清偿为债权人之利益，无受领清偿权限之人，不能得此利益，事固当然。若债务人已向其为清偿者，而债权人业已因此而受利益。例如债权人之管理事务者，受债务人清偿后，为债权人之利益而使用之时。若竟以为无效，则管理事务者必返还其物于债务人，债务人必再向债权人为清偿，债权人亦须将前所得之利益，偿还于管理事务者。转辗交付，徒生无谓之周折。不如以债权人因此而受利益为限度，视清偿为有效。若债务人未受全部之利益者，则止就其不足之部分，得请求债权人为清偿焉。

第四百三十四条 因清偿债权而提存之给付，债权人于受领后，以其给付与债权之标的不符或不完全为事由不认清偿之效力者，须证明其事由。

债务人因清偿债权而为提存之给付，在债务人之义务，自此业已免除。而债权人于领取其提存物之时，必为相当之注意。如认为与债权之标的不符或不完全，应先拒绝领受，请求债务人更为给付，事固当然。若已坦然领受，毫无异议，则推定其为正当完全之给付可也。及至事后，始以给付与标的不符或不完全为事由，欲使清偿不生效力。安知债权人不于领受后，将其标的物变换移易乎？故非证明其事由，不得以清偿为无效。

第四百三十五条 债权人受领他种给付以代债权标的之给付者，其给付与清偿有同一效力。

债务人得债权人承诺，以他种给付代其债权标的之给付，是谓代物清偿。与给付标的物之清偿有同一效力。关于此项规定，其要件有四：一、债权人受领他种给付之时，必要债权存在，否则为不当利得矣，二、债务人于他种物件要有处分之能力，否则不得以之为清偿矣；三、须为代债权标的之给付，否则使债务人有选择权，近于任意债务矣；四、必经债权人之领受而后可，否则请求其本来标的物之给付，而代物清偿为无效矣。具此要件，始与给付标的同其效力。然债权人领受后，或受第三人追夺而不能完全移转其权利时，则应如何解决乎？于此有三说焉。一谓请求本来标的之给付；二谓请求损害赔偿；三谓于此二者之间，任债权人之选择。当以第三说为最善焉。

第四百三十六条 前条清偿人以他种给付代其担负之给付者，就其给

第一章 通 则

付物或权利之瑕疵,于卖主负同一担保之责任。

按卖买之通例,卖主负追夺担保及瑕疵担保之义务。追夺担保者,例如卖主以第三人所有之物为交付,而第三人主张其所有权,买主追夺其物,则卖主应另以物为给付,或任损害赔偿之责。瑕疵担保者,例如买主定买米谷若干石。其后所有给付之物或已霉腐,或已变色者,则卖主应另为给付,或任损害赔偿之责。此卖主负担保之义务也。若负有债务之清偿人以他种给付,代其担负之给付者,苟不与卖主负同一担保责任,则债权人之利益,将不能确保。故设本条之规定。

第四百三十七条　债务人向同一债权人担负同种标的之数宗债务,其为清偿而提出之给付不足消灭总债务者,清偿人于给付时,得指定充当其清偿之债务。

有债务则必应清偿,有清偿则债务消灭,此有因果之关系也。唯一债务人对于同一债权人,负同种标的之数宗债务,而一次清偿不能消灭其总债务者,不能不定一充当清偿之法。充当清偿者,指定消灭何种债务之方法也。其成立之要件有四:一、必债务人对于同一债权人负担数宗债务;二、必其数宗债务之给付标的为同一种类;三、必为不特定之债务,若须给付特定物者,不能用充当之法也;四、提出之给付,必为不能清偿总债务。否则,债权将因清偿而消灭矣。具此要件,方可适用充当清偿之规定,清偿人有指定充当之权。

第四百三十八条　清偿人不为前条之指定者,依下列规定充当清偿:

一、总债务中有在清偿期与不在清偿期者,以在清偿期者为先;

二、总债务均在清偿期或均不在清偿期者,以债务人清偿之利益多者为先;

三、债务人清偿之利益相同时,以清偿期已先至者或应先至者为先;

四、清偿期及其利益均相同者,则按各债务之额充当之。

指定充当,依前条规定,为清偿人之权利。若有此指定,则债权人受其拘束,而不能拒绝领受。惟清偿人如不行使此权利,则各国立法例,有予债权人以指定之权。本案以债权人行使指定充当权。于实际上并非必要,且恐损害债务人之利益。故清偿人不行使指定权时,即使依法律规定充当之,按法定之充当有四:甲、于总债务中以在清偿期者为先。例如债务三宗。一宗业已到期，二宗尚需时日。则先充当到期之一宗是也。乙、以债务人因清偿而多受利益者为先。例如数宗债务，利息有二分者，有一分者。则先充当其二分者是也。丙、利益若相同，则先充当其期之先至者。例如清偿期限有在三月者，有在五月者，则以在三月者为先也。丁、清偿期与利益均相同，则应各债务之额充当之。例如三宗债务，每宗各为二百元。兹以三百元为清偿，则每宗各充当其百元是也。

第四百三十九条 清偿一宗债务而为数宗给付者，若清偿人之给付不足消灭其全部债务，准用前二条之规定。

前二条规定，为数宗债务同种标的者，故适用充当清偿之法，本条为一宗债务数种标的者。如一次给付不足消灭其全部债务，此时所发生之问题，均与前二条同。故适用前二条之规定。

第四百四十条 原本外尚应支付利息及费用者，若清偿人之给付不足消灭其全部债务，须先充当费用，次利息，次原本。

清偿人不依前项规定之充当者，债权人得拒绝领受。

原本以外之利息、费用，均可为独立之债权，其清偿若不足消灭全部债务，则应如何充当乎？于是有法定之顺位也。先偿费用，次付利息，最后乃还原本。例如卖买，有卖主垫付买主应出之费用，及买主于其正价应付利息者。若买主所给付之金额不足消灭其全额时，则当先扣费用，次取利息，以其所余，充原本之偿还。盖费用者，本属债务人所应支付，而债权人代为垫付者，不能包含于原本债务之内，应有受清偿之优先权者也。利息者，为原本所生之果实，乃债权人特别之收入。社会惯习，付息应先于还本，亦非可迟延者也。如债务人不依此顺位，而欲充当利息先于费用，或充原本先于利息，债权人得拒绝之，如第二项之规定是也。

第四百四十一条 因清偿人之请求，债权人须于领受清偿时交付领受证书。

债务人于请求交付特别格式之领受证书系有法律上之利益者，清偿人得请求具备方式之领受证书。

债务人于清偿后，欲得清偿之凭证者，得请求债权人交付领受证书，以证明清偿之有效。此领受证书即为消灭债权之证据，其方式本无特别规定。原以证明清偿，使双方均可取信。苟债务人必以特别方式而有法律上

第一章 通 则

之利益者,如以之为请求,债权人亦不能不从之也。

第四百四十二条 清偿领受证书之费用,须归债务人担负,并先行支付。但债权人与债务人有特别订定者,不在此限。

因债权之让与或继承,债权人有数人致费用增加者,其增加额归债权人担负。

清偿领受证书之交付,专为债务人之利益,当事人苟无特别订定者,当由债务人负担其费用,并须先行支付,以易债权人之领受证书。若因债权让与或继承之结果,债权人之人数增加,致费用亦因之增加者,则增加之原因,既由债权人而起,不能因此而重债务人之担负,其增加额,应归诸债权人。

第四百四十三条 清偿领受证书持有人,视为有清偿领受权限之人。但清偿人知其无权限或因过失而不知者,不在此限。

领受证书,清偿之证据。债务人因清偿债务,而请求交付领受证书。是清偿之人,与请求领受证书之人,必出于一人。债权人因受其清偿而交付领受证书,是受清偿之人与交付领受证书之人,亦必出于一人。故持有清偿领受证书之人,当然得视为有清偿领受权限之人。债务人向持有领受证书人为清偿者,不得视为无效。但债务人于领受证书之持有人,明知其无领受权限,或因过失而不知者,则无领受权限人所交付之领受证书固应视为无效。而债务人向之为清偿者,其清偿亦为无效。

第四百四十四条 有证书之债权,清偿人于全部清偿时得请求清偿领受证书,并请求其返还证书。

债权人不能返还前项证书者,清偿人得请求承认债权消灭之公正证书。

前项公正证书之费用,归债权人担负。

清偿全部债务时,得请求债权人返还债权证书,否则,债权人必交付承认债权消灭之公正证书。盖债权人若有证书,即可证明其债权之所由生。债务人如不请求返还,恐将来不免有二重之清偿。即如前条之清偿领受证书,恒不免于遗失。如分数次清偿者,其遗失一二,又为事所常有。况领受证书之为物,人每视为不得债权证书之贵重,稍经岁月,多已不复收存。而债权证书,在债权人既受全部清偿之后,本无需用之处。且债务人于债权成立时,作此证书交付于债权人者,其效用原以债权存在之时为限,故清偿人于全部清偿后,请求返还此证书,于理实为至当。或谓既有本条之规定,则前条领受证书之规定,似属无用。盖债权人既不复持有证书,自不能再请求其清偿也。曰:不然。是有三义。第一,债权之发生,有并无作制债权证书者,则清偿后如不请求领受证书,无从证明其清偿。第二,清偿人即持有债权证书,亦未足证明其必由债权人交付,以欺诈窃取等行为而占有此证书者,为事所恒有。不有领受证书,则清偿几无确证。第三,于清偿一部分之时,自不请求应返还债权证书,故以领受证书为必要。具此三义,故本条与前条之规定,均有切实之应用,并无重复之意义焉。

第二款 提存

提存者,债务人欲消灭债权,将清偿之标的物寄存之谓也。凡债务履行,恒要债权人协力(如领受或交付费用之类)。如债权人不为协力,或因特别事由不能协力之时,则债务人恒因不能免除义务,而有法律上或事实上之不利益。于是有提存之法,使之早轻负担焉。夫提存非仅为债务人免责之法,其他若保证,若担保之标的,均可用之。如质权者,得以债权清偿到期之时,使第三债务人提存其金额。又如保证债务之主债务人,得为提存而免保证之义务是也。

第四百四十五条 债权人于领受金钱或有价证券、其他证书及重价物有迟延时,债务人得将清偿之标的物为债权人提存之而免其债务。其因债权人所生迟延以外之事由,或非清偿人之过失而不能确知债权人所在致不得清偿者亦同。

提存,为债务人速免其义务之方法,其效力与向债权人为清偿同。但提存之时,要有一定之事由。第一,债权人之迟延,如债权人无故拒绝领受者是;第二,债权人所生迟延以外之事由,如债权人无能力不能领受之时是。第三,债务人无过失而不能确定债权人所在,如债权人死亡而其相续人未确定者是也。然此三种事由,债务人亦应详加审察,不得漫为提存。如债权人拒绝领受。若其清偿,本非悉从债务之本旨,则咎在债务人。而债权人之迟延为有理由,债务人应更为适当之清偿,不能以提存而免其债务。又如债权人纵为无能力,苟有法定代理人者,债务人应向法定代理为清偿,无所用其提存。又如债权人死亡,其正当之相续人,业以得为相续之原因通知债务人,则债务人应向相续人为清偿,亦可不为提存。盖提存之法,虽为保护债务人而设,亦不可忽视债权人也。又清偿标的物之种类,何者适于提存,法律须一一限定之。以防滥行提存之弊。故以无特别法之规定为限,惟以金钱、或有价证券、其他证书及重价物,为适于提存者。

第四百四十六条 提存,须于债务履行地之提存所为之。

提存所法令无特别规定者,审判衙门须因债务人之声请指定提存所,或选任提存物之保管人。

提存人于提存后,须速通知债权人。但不能通知者,不在此限。

提存为代债务之履行。履行债务,有一定之处所(如第三百四十五条、第三百四十七条之规定)。故提存须于债务履行地之提存所为之,最为适当。在债务人,与清偿债务同一便利,不至增加费用。在债权人领取其提存物之时,与领受于债务人相等,不致有他种困难。惟清偿之标的物,种类颇多。若悉依法令而规定提存所,实非易事。故以法令无特别规定者为限,由审判衙门定之,或指定提存所,或选任提存物之保管人,一视提存之标的物而定。至于提存之后,如债权人不知提存者,在债务人以为债务消灭,在债权人认为债权存在,必生无益之争辩。故提存人须即以提存之事通知债权人。苟怠于通知,而有损害及于债权者,提存人应任损害赔偿之责。但有不能通知之情事者,固当别论。盖提存之效力,非生于通知之日,实生于提存之时也。

第四百四十七条 提存物藉邮递而送交提存所者,其提存效力之发生,溯及于其该标的物交付邮递之时。

提存所为保管提存标的物而设。故以提存物送到提存所时,发生提存之效力,为普通之规定。如提存物可藉邮递而送交提存所者,因邮递为国家所设之运送机关,在提存人于交付邮递之时,其提存之手续业已完竣,故溯及于其交付邮递之时,发生提存之效力。

第四百四十八条 债务人得将提存物取回。

提存有消灭债务之效力。以法理言,债务人不得仅依自己之意思而取消之。盖消灭债务,往往不止债权人与债务人间之关系,亦有涉及第三人之利害者。例如债务人有连带人或保证人时,又或债权人有质权及抵当权之担保时。若提存而得取消，则取消之效力及于第三人，往往害及第三人之权利。即其取消之效力不及第三人，而惟对于债权人为有效，则债权人被其损害，固不待言。是以提存应以不得取消为适当。本条之规定，则以事实上之便利为准。盖提存以适法为限，始对于债权人有效力。如债务人于提存之适法与否有疑问时，或债权人不承认其提存，而债务人又为正式之清偿时，为事实上所常有。此时提存之效力，业已从根本上取消，应许取回提存物。以保债务人之权利。

第四百四十九条　下列各款情状，债务人无取回提存物之权：

一、债务人已抛弃取回权而通知于提存所者；
二、债权人已承认提存而通知于提存所者；
三、债务人及债权人间，其提存有效之判决已确定者。

前条之规定，提存物许其取回者，因恐提存之无效，使取回之，以保债务人之利益也。本条规定，其情形适与之相反。第一，债务人已抛弃取回权，通知于提存所。是债务人已不欲取回，即使取回亦无利益也。第二，债权人对于提存所已发承认其提存之通知者，是提存已为有效，若再令债务人取回，必有害债权人之利益。第三，提存有效之判决已确定者。所谓提存有效，其提存物应归债权人，而债务人之取回权，即因之丧失。有此三者，债务人均无取回提存物之权。

第四百五十条　提存物之取回权，不得扣押。

债务人对于自己之破产程序中，不得行前项之权利。

提存为消灭债务之方法。提存之后，不得仍视提存物为债务人之财产。是以债权人以外之债权人，不得将其取回权扣押。惟提存物取回权，因不得扣押，故不属于破产财团。其破产管财人，不得行使此权利。此于破产法中应有规定。若债务人于破产程序中，不得行使取回权，此固当然之事，所以保护债权人之利益也。

第四百五十一条　提存物之取回权未消灭间，债务人得对于债权人为抗辩，使就提存物受清偿。

清偿之标的物提存后，债权人负担其物灭失或毁损之危险，债务人亦不任支付利息及其他赔偿之责。

提存，为清偿债务之一种方法。债务人因不得向债权人而为清偿，乃

第一章 通 则

向提存所而为提存。如提存之后,取回权未消灭之间,债权人仍向其而求清偿,是债务人既提存于前,复清偿于后,一种债务,而为两重给付。其利益之损害,固不待言。故使债务人得对于债权人为抗辩,使就提存物受清偿。又清偿之标的物提存后,在债权人虽未领受,在债务人已为给付。所有标的物发生灭失或毁损之危险,自能不再令债务人担负。其物已保管于提存所,自不能再生利息。故债务人不任支付利息及其他赔偿之责,所有危险,由债权人负担之。

第四百五十二条 债务人取回提存物者,视为未提存。

债务人失提存物之取回权者,视为已于提存时清偿。

提存之物,直接交于提存所,间接交于债权人。债务人于提存后,其债务消灭。债权人于领受提存物后,其债权亦消灭。如债务人于提存后仍取回者,不特债权人未曾领受标的物,债权依然存在。即债务人亦已取回其标的物,债务亦依然存在。故视与未提存同。又提存之目的原在清偿债务,但取回权未经消灭之时,其有清偿之效力与否,尚难确定。如债务人已失提存物之取回权者,则提存业已有效,故视与提存时已行清偿同。

第四百五十三条 债务人之清偿应对债权人之给付而为之者,若债权人不为对待给付,债务人得不许债权人领受提存物。

对待给付者,债务人对于债权人为给付,债权人对于债务人亦有给付之谓也。依本案第三百五十二条规定,债务人因与债务之同一法律关系,对于债权人有请求权。其请求权已至清偿期者,于债权人未向自己为给付前,自己亦得拒绝给付云云。是债务人对债权人为清偿,必同时债务人受债权人之清偿。若债务人业将债权之标的物提存,其效力即与对债权人为清偿相等。而有对待给付之债权人,仍未向债务人为给付,或不于提存所为提存。据前条债务人得拒绝给付之意,应使债务人得不许债权人领受提存物。

第四百五十四条 提存法规定,债权人欲证明其受领提存物之权利须债务人表示认诺其权利之意思者,得请求债务人为意思表示。

债权之成立,当事人间有订立证书者,有无证书者,有担保人者,有无担保人者。债务人之为提存者,原为债权人而提存之。如债权人持有证书,或带同担保人。赴提存所领取标的物,则提存所自可深信不疑,而交付其物。若无证书或无担保人之债权，此时债权人欲证明有受领提存物之权利，非经债务人表示认诺其权利之意思者，则提存所不敢以提存物交付。恐债权人受领之后，尚有真正债权人提出证据，而请求交付也。若提存法中规定，必使债务人为认诺其权利之意思表示，始足证明债权人得领受提存物之权利者，则债权人得向债务人为请求。而债务人亦有为意思表示之义务。

第四百五十五条　债权人关于提存物之权利，自债权人受提存之通知时起逾二十年期间而消灭。但债权人于期间前已允受提存而通知于提存所者，不在此限。前项情形，债务人于抛弃提存物之取回权后，仍得取回其物。

凡债权，均依时效而消灭。如债权人于受提存之通知后，逾二十年，不表示其允受提存之意思者，是债权人有抛弃债权不受清偿之意。而债权标的物，提存过久，亦恐有灭失腐败之虞，故使其依时效而消灭。而债务人以债权既已消灭，其为债权提出之物，依然存在，则可因时效而取回其物。盖提存之意，原欲使债权人受领。乃债权人至债权消灭之时效，尚未向提存所受领，其与免除债务人之债务而返还其债权之标的物相同。故债务人虽于抛弃提存物之取回权后，仍得取回其物。

第四百五十六条　提存费用，归债权人担负。但债务人取回提存物者，不在此限。

提存之原因，必为债权人迟延或其他之事由，不受领其交付之标的物，致债务人向提存所而为提存也。其事由既因债权人而起，其费用应归债权人负担，事固当然。惟提存后而仍取回者，则此提存为无效，与未提存同，其费用应归债务人担负。

第四百五十七条　清偿之标的物，不宜于提存或其物有灭失、毁损之虞者，债务人经审判衙门之允许，得将其物拍卖之，而提存其价金。其物之保存费用过巨者亦同。

清偿之标的物而难于提存者，经审判衙门之许可，债务人得拍卖之，而提存其价金。然所谓难于提存者，亦非漫无限制。约为下列之三种：一是不宜于提存者，如木材、砖石等。容积甚大，数量甚多之物，极难得适当之提存及保管是也。二是易于灭失、毁损者，如动物易于逃逸及倒毙，植物易于萎死及干枯,鱼、菜易于腐败及腥膻,皆极难提存者是也。三是保存费用过巨者,如珍禽异兽,其饲养资料既贵,费用自奢,且甚难得美满之结果。凡以上各种标的物,不如于拍卖之后,而提存其价金,较为便利。盖债权人受清偿标的物之价额,与受清偿之利益,固无差异也。

第四百五十八条　拍卖清偿标的物,在债务履行地为之。但该地难得相当价金之望者,得向他地拍卖。

依第四百十六条之规定,提存须于债务履行地之提存所为之。既于债务履行地为提存,自于债务履行地为拍卖,最为便利。然有时履行地无人购卖,而不能得相当之价格者,应移置于他地而为拍卖。

第四百五十九条　拍卖清偿标的物,债务人应委任拍卖地初级审判厅承发吏为之。

拍卖之有效与否,全视拍卖之机关,与拍卖之手续为准。故委任于拍卖地初级审判厅之承发吏为之,最为相宜。盖承发吏固有办理拍卖之权限,既资熟习,且昭信用也。

第四百六十条　承发吏受拍卖清偿标的物之委任者,须依适当方法公告之,自公告至拍卖须有一星期以上之期间。

拍卖之意义,即招集多人,以最高价额卖却其物之谓也,故以公告为必要。而公告须依适当之方法,其期间过促,每有不能周知或不及到来者,是以本条第二项又规定须有一星期以上之期间。

第四百六十一条　前条公告,须记明下列事项:

一、拍卖处所及年、月、日、时;

二、拍卖物之种类、数量及品质;

三、受拍卖委任之承发吏姓名、住址。

公告若不详细列示,则见者不明晰其拍卖之内容,于拍卖之影响甚大。本条各项,皆公告时所必须记载者。故以法律规定之,以杜无益之争议。

第四百六十二条　拍卖之处所及日、时,须通知利害关系人。但受通知人之住址或居所无可考者,不在此限。

拍卖之物,即债权人受清偿之标的物。如拍卖前不将拍卖之处所及日、时通知于债权人,则恐债权人于事后忽生异议。盖将清偿标的物为拍卖,与债权人最有利害关系也。如知其住址或居所而不为通知者,须任损

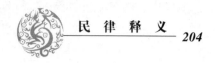

害赔偿之责。

第四百六十三条 有交易所行市之物,或有市场行市之物,承发吏得随意出卖。但其卖去之价金,不得在当日行市以下。

清偿之标的物,如系有行市之物。则出卖之价格,自有标准,应使承发吏得随意出卖,既属便利,且可省拍卖之费用。惟价金不得在当日行市以下,所以防承发吏之疏忽,且保护债权人之利益也。

第四百六十四条 拍卖及前条卖去之费用,归债权人担负。但债务人取回提存物者,不在此限。

债务人于提存后,如债权人即行受领其标的物,本无拍卖之必要。是拍卖及前条之出卖,均为债权人之利益而设。所生之费用,应归债权人担负,固属当然。至于但书之规定,实有疑义。如以不在此限,即指拍卖费用而言乎?则提存物既由债务人取回,即毋庸拍卖,安有费用之可言。债权人虽欲负担其费用,亦不可得。如指提存费用而言乎?则第四百五十六条已有规定,何用有此衍文。故此条应待修正。

第三款 抵 消

抵消者,二人互有债权,互负债务,各以其债权充债务之清偿,使双方之债权债务同时消灭之谓也。抵消之利益有二:一为实际所便利,一为结果之公平。实际所便利者何?甲向乙为清偿,乙又向甲为清偿,有二重之劳力及费用,一经抵消,则彼此均无所用其清偿,而其效力与甲、乙各为清偿等。其为便利,固不待言。结果之公平者何?双方互有债务,如一方既迅速清偿,一方犹迟延交付。则诚实者有损,而狡猾者获益,其不公平实甚。一经抵消,则无论诚实与狡猾,与双方同时清偿,得同一之结果。其为公平,又可公认。故自罗马法以来,其立法主义虽有变迁,而于抵消一节,各国无不采用之。本案亦采多数之立法例,而设本款之规定。

第四百六十五条 二人互负同种标的之债务均至清偿期者,各债务人得以自己之债权与相对人之债权互相抵消。

本条为规定抵消之要件。合此条件者,准予抵消,以杜无益之争议。第一,须二人互负同种标的之债务。例如彼此均以金钱为债权之标的,或均以米谷为债权之标的是也。苟一方以金钱为标的,一方以米谷为标的;

或一方以土地为标的,一方以劳役为标的,则终不能相抵。盖抵消之目的在两有利益,如其标的之种类不同,而强为抵消,则其所得之结果,应得金钱者反得米谷,应得米谷者或得金钱,反于当事人之意思,或受意外之损失,其抵消甚无谓也。第二,须债务均至清偿期者。例如双方债务均以二月一日为期限,或三月一日为限是也。如一方业已到期,一方期限尚远,则不能以一方之意思,夺其相对人自己期限之利益也。具有以上二种要件者,许其以彼此债权互相抵消,以代债务之清偿。

第四百六十六条 当事人之两造其债务履行地各异者,亦得抵消之。但抵消之当事人须赔偿相对人因抵消而生之损害。

抵消为互相债权之两造利益而设。如债务履行地彼此不同,则抵消之利益自各有异。以严格言之,或难视为同种标的之债权。以实际言之,虽履行之地有异,而当事人因抵消所得之利益,必较因履行所得之利益为多。故各国法律,于此种情形,大抵皆准其抵消。但因履行之地有异,当事人之一方或受若干之损害,则其相对人须任赔偿之责焉。

第四百六十七条 当事人表示反对之意思,或债务性质所不许者,不得抵消。

前项意思表示,不得与善意第三人对抗。

当事人表示反对之意思者,例如甲以金钱寄托于乙,约定无论何时,均得请求一部或全部之返还,并特约此种债权不可为相抵之标的。则当事人已有不允抵消之意思表示也。债务性质不许抵消者,例如甲对于乙有扶养请求权,则乙应以扶养金为给付,不能以他项债权而为抵消。盖前者为尊重当事人之意思,后者恐破坏债务成立之本质也。惟反对之意思表示,不得与善意第三人对抗。因第三人或不知有此特约,而信其债权得为抵消之标的,或让受其债权,或为之保证。则此善意第三人,于其债权有利害之关系。故第三人行其抵消时,不得依反对之意思表示,而害其权利之行使。

第四百六十八条 当事人有于一定时期及一定处所履行之特约者,推定其债权不得与履行地各异之他债权抵消。

第四百六十六条规定,债务履行地各异者亦得抵消,缘当事人间并无特约故也。如约定于一定时期及一定处所为履行者,则可推定当事人之意思,不欲与履行地各异之他债权抵消。故设本条规定,以补充前条之余意。

第四百六十九条　因故意侵权行为而生之债务,债务人不得以抵消与债权人对抗。

本条以下,乃规定抵消之条件虽备,而有特别之原因,不准抵消者也。如因故意侵权行为而生之债务,则其性质,与他种债务异,无受法律保护之价值,应速向债权人为履行,使被害者不致多受损失,方为正当。至其对于被害人而有债权,乃另一原因,不可适用抵消之方法,故不得以抵消与债权人对抗。若被害人以履行债务为困难,愿以自己债权与之抵消为便利,则为法律所允许,固不待言。

第四百七十条　禁止扣押之债权,债务人不得以抵消与债权人对抗。

禁止扣押之债权者,例如法律上应受扶养权利之债权,劳役者应受报酬之债权等,为维持债权人生活必要之债权也。债务人负此种债权之义务者,必须特为履行,是以禁止使不得扣押。使债务人得以他的债权抵消之,则债权人必觉有非常之困难,而与扣押其债权,同陷于一般之危境。与法律保护债权人禁止扣押之意,不能贯彻。此本条所以有债务人不得以抵消与债权人对抗之规定也。

第四百七十一条　受债权扣押命令之第三债务人将命令送达后取得债权者,不得以抵消与扣押债权人对抗。

第三债务人者,例如甲为债权人,乙为债务人,丙承乙之债务,代乙而为债务人。例如第三债务人若甲之债权,已受扣押命令之宣告。则欲达扣押之目的,不能使其债权即因消灭,故应不准抵消。但丙对于甲,或取得他种债权,而其取得之时,在扣押命令送达前者,此时扣押之效力,尚未发生。甲对于丙所有之债权,与丙对于甲所有之债权,其性质初无稍异。法律以不得害及善意第三人为原则,则彼此债权,应准抵消。惟丙取得甲之债权,如在扣押命令送达之后,则甲之债权,已受法律之拘束,与丙所取得之债权,其性不同。法律为维持扣押之效力起见,故使第三债务人(例如丙)不得以抵消与扣押债权人(例如甲)对抗。

第四百七十二条　债务人,不得以无须清偿之债权为抵消。但已经消灭之债权,在时效完成前宜于抵消者,得以其债权为抵消。

无须清偿之债权者,如因赌博而得之债权,虽债务人亦有为清偿者,然此实为无须清偿之债权也。盖权利之所以可贵者,必有诉讼以持其后焉。

第一章 通则

若赌博之行为,本非正当。故所得之债权,不能在审判上请求之。如有请求者,例应拒绝。故债务人不得以此种债权与他债权为抵消。

第四百七十三条 抵消,由当事人之一造向相对人以意思表示为之。但意思表示附有条件或期限者无效。

本条为规定抵消之方法。关于此项规定,各国立法例有三主义。第一主义,如法国民法,以抵消为法律上当然行之者。第二主义,如罗马法,以对抗于法庭而行之者。第三主义,如法国民法,依当事人一方之意思表示而行之者。然第一主义虽为正当,不无有反于当事人之意思,第二主义,虽属公平,但必诉于裁判所,又涉纷烦。第三主义似极便利,但恐利于狡狯者,不利于纯厚者。要之,以上三主义虽各有利有害,然就立法论之,似以第一主义为最善。本条规定,抵消由当事人之一造向相对人以意思表示为之,是采第一主义。但合下条之意言之,则实际与第一主义,归于同一之结果。所谓意思表示者,为变更当事人间之法律关系,当然由一方对于他方为之。若相对人有数名时,则应对其各人为之,固不待言。惟意思表示须为单纯者,不得附以条件或期限。盖抵消为速令债务消灭之方法,如许其附以条件或期限,则当事人间之法律关系,未即由是确定,与法律采取抵消之意义有背驰矣。

第四百七十四条 抵消,就两造债务相当额溯及宜为抵消时,生消灭效力。

意思表示虽为抵消必要之方式,然抵消之效力,如必以意思表示时而始发生,则狡狯者不免缘之为利,或以抵消为对抗,或迟延行之,而纯厚者反为其所左右。例以甲对于乙之债权为有利息,乙对于甲之债权则无利息。如甲为狡狯者,必不以抵消为对抗,欲谋可得之利息。如乙为狡狯者,必先以抵消为对抗,谋免利息之负担。本条鉴于此弊而预防规定之,抵消溯及宜为抵消时生消灭效力,始足以贯彻抵消之目的。例如甲对于乙之债权,以三年八月三十一日为期限。乙对于甲之债权,以是年九月三十日为期限。则是年十月一日,为双方债权可为抵消之日,虽当事人之一方表示,其抵消之意思为是年九月三十日,亦仍以是年十月一日为双方债务消灭效力发生之日也。

第四百七十五条 第四百三十七条至第四百四十条之规定,于抵消准用之。

债权有数宗时，不能同时而为抵消，则可由当事人指定一种债权而为抵消，故准用第三百七十五条至第四百四十条之规定。

第四款　更　改

更改者，变更债权之要素，发生新债务消灭旧债务之契约也。债权之要素有三：一为债权标的，二为债权人，三为债务人。于是三者而有变更，是为更改。然标的物变更，则代为清偿类也。债权人变更，则债权让与类也。债务人变更，则债务承任类也。性质既相类，而又有此各别之规定，则其意思何在乎？德国民法有债权让与，债务承任，代物清偿，而无更改。日本民法有债权让与，代物清偿，有更改，而无债务承任。中国草案，有债权让与，债务承任，代物清偿，又有更改。观规定之各异，则知必有不同之点在矣。

更改，与他行为相异之性质，一为标的物变更，与代物清偿，似无大异。然代物清偿，为仅有消灭债务之意思，而更改则有负担新债务之意思也。债权人变更，与债权让与，债务人变更，与债务承任，形式虽觉相类，然彼则债务尚继续进行。更改者，新陈代谢，旧债务已归乌有也。故商事债权，因更改而为民事债权。凡商法、民法关系之差，皆由此而异。而让与、承任，则不能也。长期时效之债权，因更改而为短期时效。而让与、承任，则不能也。此本案所以有更改之规定也。

第四百七十六条　当事人因债务标的之变更，或因债权人及债务人之替换订立担负新债务之契约者，其旧债务因更改而消灭。

前项规定，于附条件债务易为无条件债务，以无条件债务易为附条件债务，或变更其条件时准用之。

更改之要件，共有数种。一为债权标的之变更。例如金钱债权改为动产或不动产之给付。此为债权性质上之变更，故曰更改。他如给付期限之变更，或给付物数量之变更。虽有似于更改，而不能以更改论。二为债权人变更。例如甲对于乙之债权。因甲、乙间与丙发生新关系订立契约，改为丙对于乙之债权。三为债务人变更。例如甲对于乙之债务，因甲、乙与丙发生新关系订立契约，改为丙对于乙之债务。此时新债务发生，其旧债务即行消灭。即如前例,金钱债权改为动产或不动产之给付,而金钱债务,即行消灭。其余附条件债务易为无条件债务,无条件债务易为附条件债务,虽条件仅为偶素,不得与要素并论。然条件之成否,与当事人利害关系甚为密切,故亦准用更改之规定。

第四百七十七条　因债权人替换之更改,得以旧债权人及新债权人与债务人之契约为之。

前项契约,非用确定日期证书者,不得与第三人对抗。

更改,必须当事人间意思之合致。即如债权人替换之更改,则旧债权人、新债权人及债务人,均为当事人。必当事人间订立合意之契约,而后其更改为有效。此与债权让与不同。债权让与者,让与人(旧债权人)与让受人(新债权人)订立契约,即为有效(本案第四百零三条),不至经债务人之同意。更改,则手续更为烦重。故契约成立后,旧债务即行消灭。债务人对于新债权人之债务,不可仍视为对于旧债权人之债务也。且前项契约,非有确定日期之证书,不得与第三人对抗。盖契约虽经成立,难保无当事人间彼此通谋,而害第三人之利益。故须有确定日期证书,以保证其信实。

第四百七十八条　因债务人替换之更改,得以债权人与新债务人之契约为之。

更改者,因新债务发生,而消灭其旧债务之方法也。欲使新债务发生,则由债权人与新债务人订立契约足矣。新债务既发生,旧债务自应消灭。故不必使旧债务人为订立契约之当事人。盖免除债务,纯为有利无害,债务人当然认可,不必得其同意。况履行债务,本可由第三人为之。而债务之免除,止须由债权人之意思表示为之。是以与债权人替换之更改不同,而其规定亦异。

第四百七十九条　因更改而生之债务,若因不法原因或不知当事人之事由而失其效力时,旧债权不消灭。

更改为一种法律行为,旧债务之消灭,与新债务之发生,其间有联络之关系。故新债务发生,旧债务当然消灭。旧债务不能消灭,新债务自不发生。惟由更改所生之债务,若有不法之原因而不能成立,或因当事人不知之事由而被撤销,则所生之债务为无效,新债务既属无效,则更改为不成立。更改不成立,则旧债务自应存在,故旧债权不消灭。

第五款 免　　除

免除者,债权人抛弃其债权而消灭债务人之债务也。以纯理言,免除必由双方合意为之。盖此固有守经循礼之士,恒以债务获免,在金钱上虽受利益,在精神上实受损害。而表示反对之意思者,其免除不能成立。以实际言,免除不妨由债权人以意表示为之。盖债权亦一种权利,凡权利均得抛弃。债权人自抛弃其权利,而有益于债务人,自无须相对人之同意。故本案规定免除为单独行为,由债权人之意思表示为之。

第四百八十条　债权人对于债务人表示免除其债务之意思者,其债权消灭。

免除得专由债权人之意思为之。而此意思表示,应于债务人为之。盖免除为消灭债务人之债务,非对之而表示意思,不足为法律之所谓意思表示。且债权人非直接对于债务人表示免除之意思,则其意思,恐尚游移而未决,不能于法律上生效力。惟表示意思,非必限于明示,即默示亦无不可。例如债权人以债权证书返还于债务人,即可推定为已表示免除债务之意思,其债权应即消灭。

第六款 混　　同

混同者,债权人与债务人之资格归于一人是矣。例如债权人相续于债务人,或债务人相续于债权人。此时因债权人与债务人合而为一,而消灭其债权及债务,是之谓混同。

第四百八十一条　债权及债务同归一人者,其债权消灭。但其债权系为第三人权利之标的物者,不在此限。

因混同而消灭之债权,乃债务人即为债权人。自己向自己为给付,自己受自己之清偿,其债权当然消灭。然不得因此而害及第三人之权利。例如其债权在第三人为质权之标的时,则为保护第三人之利益起见,其债权不能消灭。

第六节　多数债权人及债务人

债权之当事人，债权债务，各为一人，最为普通。然多数当事人之债权，亦所恒有。或债权人多数，或债务人多数，或债权债务人各为多数。是不仅债权人与债务人间有特别之情形，即债权人间、债务人间、亦有特别之情形焉。故债务关系，若为多数乎。其原因虽不同，标的虽不同，而其为债务当事人则同焉。从此方面观之，是谓连带债务。其债权标的物，若为单一乎。虽债务人非为一人，债权人非为一人，而履行则不可分也。从此方面观之，是谓不可分债务。凡此种债务关系，实际上最为重要，在昔即为吾国所认许。本案采多数之立法例，特设本节以规定之。

第四百八十二条　数债务人负可分给付之义务，或数债权人有请求可分给付之权利而无特别之意思表示者，各债务人或各债权人以平等之比例，负债务或享权利。

可分给付者，谓无害于债权之本质及其价值，而得分割其给付也。可分给付之债权，如有多数债权人或多数债务人，此时行使权利，负担义务，以分之为贵乎？抑以合之为宜乎？一以当事人之意思为断。苟无特别之意思表示者，则以平等比例，令各债务人分担义务，各债权人分享权利，最合于事理之公平，且适于当事人之意思。此本于罗马法而来。凡债权人或债务人有数人时，为实际上之便利，其权利义务，以可分为原则。如当事人欲结连带之契约，则亦任其自由，而为有效也。

第四百八十三条　数人担负债务各任清偿之责，并约定一债务人清偿债务他债务人对于债权人亦得免其债务者，为连带债务人而任连带之责。

连带债务者，为各债务人皆独立而负全部债务之义务。即无论债务为几何人，债权人可依自己之权利，对于债务人中之一人请求全部之履行也。此项债务，只须债务人中之一人富有资产，其他债务人虽无资产者，亦得受全部之清偿。于债权人之利益固多，于债务人之便利亦不少。各国立法例皆采用之，本案亦特别规定焉。

第四百八十四条　债权人得向连带债务人之一人，或同时或依次向总债务人请求其全部或一部之给付。

各债务人既独立负担全部债务之义务,故债权人对于债务人之一人,得为全部或一部之请求。又债务人间既有连带之关系,故债权人对于总债务人,亦得为全部或一部之请求。其同时而为请求,或依次而为请求,则任债权人之便利。盖各债务人即有连带关系,自不能单认债务之一部,苟受债权人之请求,不得谓自己之外尚有他债务人,以免其全部之责任。唯一人之资产,或不充分履行,自不能消灭全部之债务。故又许债权人得向总债务人,同时或依次而为请求焉。

第四百八十五条 就连带债务人之一人所生事项,其利益或不利益,于他债务人不生效力。但后七条规定之事项,不在此限。

连带债务,为各债务人各独立负其全之债务。故就其中之一人所生事项,无论有无利益,其影响不及于他债务人。例如连带债务者之一人,于法律行为之当时,因精神错乱而不成立其行为,其人即无有债务存焉。然若他债务人有完全之意思者,则他债务人之债务,仍为有效。又如连带债务者之一人为无能力时,固可取消其行为,然他债务人为有能力者,则不能因此而免其义务。但关于特种事项,亦应认为例外,而使对于其他债务人发生效力者,故又设但书之规定。

第四百八十六条 向连带债务人之一人请求给付者,他债务人亦生效力。

依第四百八十四条,债权人得向连带债务人之一人,请求其全部或一部之给付。然若对于一人所为之请求,对于他债务人为无效,是为债权人者必一一向各债务人而为请求,殊嫌烦扰,且与连带债务之意旨不符。故本条规定,对于债务一人之请求,于他债务人亦生效力。本此规定,其所生之结果有二:(一)于债务不定期限时,则由其请求之日起,各债务人均任迟延之责;(二)为时效中断之原因,对于一人之请求,同时为各债务人生时效中断之效力。

第四百八十七条 债权人对于连带债务人之一人有迟延时,为他债务人之利益亦生效力。

连带债务之性质,本有不可分之关系。如前条所述,债务人中之一人有迟延时,各债务人均任迟延之责。此为债务人对于债权人也。反之,债权人对于债务人亦然。债权人对于连带债务人之一人有迟延时,其效力及

第一章 通则

于他债务人。

第四百八十八条　连带债务人之一人向债权人为清偿者,为他债务人之利益亦生效力。其为提存及代物清偿者亦同。

连带债务人纵有多数,而债权人一而已。如连带债务人之一人,向债权人为清偿,则债权因受清偿而消灭。债权既经消灭,债务亦不能存在,故其清偿之效力及于他债务人。此外,与清偿有同一效力之代物清偿及提存亦同。

第四百八十九条　连带债务人之一人对于债权人有债权而为抵消者,为他债务人之利益亦生效力。

他债务人不得以前项债权为抵消。

抵消,为一种简便清偿之方法。如连带债务人之一人对于债权人有债权,而为抵消者,则债权人之债权,因抵消而消灭。债权人自不能再向他债务人为请求,而债务人亦无须再向债权人为给付。故其抵消实为总债务人之利益,其效力应及于他债务人。苟不能抵消全部而抵消债务之一部者亦同。但抵消之行为,必须有此债权之本人为之,他债务人不能藉口于同为债务人,而以他人之债权为抵消,而免自己之债务。故设第二项之规定。

第四百九十条　连带债务人之一人与债权人有更改契约者,他债务人亦免义务。

更改者,为消灭旧债务发生新债务所订立之契约也。连带债务人之一人与债权人为更改时,依连带之性质,必为债权全部之更改可知。旧债务既因更改而消灭,则旧债务之各债务人当然因更改而免其义务。但此更改之人,不能以一人之意思令各债务人同负新债务。故旧债务消灭后,因更改而生之新债务,止存于为更改者之一人。而各债务人,均不任此债务焉。

第四百九十一条　向连带债务人之一人免除其债者,为他债务人之利益亦生效力。但债权人对于他债务人无消灭其债权之意思者,不在此限。

前项但书情形,债权人非扣去免除债务人所担负部分之债权额,不得向他债务人请求给付。

债权人向连带债务人之一人免除其全部债务者,则全部债务,因免除而消灭,各债务人均受免除之利益。如债权人仅欲免除一人之债务,对于他债务人无消灭其债权之意思者,则可免除一人所担负之部分。其他债务人之债务,依然存在。唯一人之债务既经免除,即总债务中,已免除其债务之一部。故债权人向他债务人为请求,不能请求全部之履行,应扣去免除债务人所担负部分之债权额。例如甲、乙、丙三人为连带债务人,负丁九千元之债务。则丁对于甲、乙、丙三人,可各请求其全部或一部之给付。如丁与甲因他种原因,而免除其全部(九千元)债务者,则乙、丙亦同时免其债务。若丁只免除甲之债务(三千元),而无免除乙、丙债务之意思者,此时甲部分之债务(三千元)消灭,而乙、丙二人之债务存在。债权人如向乙、丙请求给付,不能清债务之全部(九千元),应扣去甲免除之部分(三千元),以其余部分(六千元)而为请求。

　　第四百九十二条　连带债务人之一人与债权人混同者,惟就其债务人所担负部分,为他债务人之利益亦生效力。

　　前项规定,于连带债务人之一人时效已完成者准用之。

　　混同,为债务消灭之一原因,已如第四百八十一条所述。如连带债务人之一人与债权人混同者,则此混同之债务人,同时即为债权人。其所负债务,自应消灭。总债务中,去此已消灭之部分,其余债务,应归各债务人负担。但各债务人,本独立负担全部债务之义务,今一部既因混同而消灭,则消灭部分之利益,其效力及于他债务人。苟他债务人向混同后之债权人(即连带债务人之一人)而为清偿,应扣去混同之债务人所担负部分。盖连带债务人之一人时效已完成者,则因时效而消灭其债务。此债务人之债务消灭,于他债务人之债务,似无影响。然因连带之故,一人所生之事项,于他债务人亦生效力。故时效完成人所担负债务之部分,因混同而消灭,其利益及于他债务人。

　　第四百九十三条　数人因契约而共同担负可分给付者,任连带债务人之责。但有特别之意思表示者,不在此限。

　　依第四百八十二条规定负可分给付之义务者,各债务人以平等之比例,负担义务。是数人负担可分给付者,以各人分担为原则。然以契约规定而为共同担负者,亦非不可。此时,各债务人所负之责任,与未结契约时不同,应任连带债务人之责。凡对于债权人所有之关系,与连带债务人之规定同。即各债务人对于债权人,各有负担全部债务之义务也。

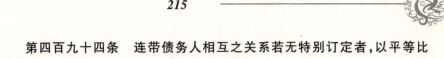

第一章 通 则

第四百九十四条 连带债务人相互之关系若无特别订定者,以平等比例担负义务。

连带债务人,虽对于债权人负独立清偿之义务,而债务人相互之间,仍为各自分立,应分任其债务之负担。苟非有特别之事情,或特订之契约,应依第四百八十二条之通则,各以平等之比例,担负义务也。

第四百九十五条 连带债务人之一人以清偿债务或其他行为而免共同之责者,向他债务人就其各自担负部分有求偿权。

前项求偿,包有清偿日或其他免责日以后之法定利息、必要之费用及其他损害。连带债务人之一人,如对于债权人以清偿或抵消更改等行为,而免共同债务者,苟于债务人之利益无有妨害,即可移转债权人对于债务人之债权,向他债务人行使其求偿权。而其求偿权之范围约有下列数种:(一)各债务人各自担负之部分,此依前条规定,以平等比例应各为担负也;(二)清偿日或其他免责日(如因抵消、更改等行为而免其债务)以后之法定利息,盖债权既经移转,其附带之利息亦应求偿也;(三)必要之费用,如债权人在隔地时之运送或汇兑之费用;(四)其他之损害,如以息借金钱而为清偿之利息,或以廉价卖却不动产,以其代价充清偿之损害是也。

第四百九十六条 连带债务人中有无偿还资力者,其不能偿还部分,求偿人及他之有资力人各按担负部分分任之。但求偿人有过失时,不得向他债务人请求分担。

连带债务人中有无资力足以担负偿还部分者,应由其他债务人分任之。例如甲、乙、丙负丁九千元之连带债务,依第四百九十四条规定,则甲、乙、丙三人各担负三千元之债务。如由甲一人为清偿,固可向乙、丙而为求偿。若乙为无资力,不能分任三千元时,则甲惟有请丙分任之而已。于此又有例外焉。如乙之无资力,实由甲之过失,则不能求丙为分任,惟有自己独任之而已。即如甲为清偿时,乙尚有偿还资力。因甲怠于通知,或于乙之财产不为保全行为,致消费殆尽。则乙之无资力,实由甲之过失而来,而丙实无分任之义务焉。且从过失解释之,尚有他意焉。即如前例,甲对于丁之债权为清偿。设乙于甲未曾清偿之前已,贷于丁千元,则丁请求给付,乙可主张抵消。乃甲不先询问而竟贸然清偿,向乙、丙各求偿其分担之三千元。此时在丁之方面,有可抵消之千元,而更受全部之清偿,固为不当。

但甲不向乙为通知，亦不能无过，则乙有可以对抗于甲之理由。甲即不能向乙而为求偿（一千元），亦惟转向于丁请求返还其抵消之数可也。若乙之债务为无效及取消，则更不能求偿矣。又或甲清偿债务后，不通知于乙、丙，乙又为第二次之清偿。此时在丁受二次清偿，固为不当利得。而甲不但不能求偿于乙，且须向乙赔偿，再向丁请求返还。以甲有不通知之过失，致乙以善意为第二次之清偿故也。

第四百九十七条　连带债务人之一人清偿债务者，债权人对他债务人之债权，于求偿目的之范围内移转于清偿人。但其移转有害于债权人之利益者，不得主张之。

前项规定，于连带债务人中一人因清偿以外之行为而免共同之责者准用之。

依第四百九十五条规定，连带债务人之一人，以清偿债务而免共同之责者，向他债务人有求偿权。然清偿人虽可以之为求偿，如他债务人以债权未经移转为对抗。则清偿人对于他债务人，不能主张其债权，即难达其求偿之目的。故本条规定，债权人对他债务人之债权，于求偿目的之范围内移转于清偿人，使其求偿权易于行使。但债权移转，而于债权人之利益有妨害者，清偿人不得主张之。盖移转必由债权人之意思故也。此外，如清偿人以抵消、更改等行为，而免使债务人共同之责者，亦准用此规定。

第四百九十八条　连带债务人之一人受连带之免除，他债务人中若有无清偿资力者，债权人就于无资力人不能清偿之部分，应担负受连带免除所担负之部分。

债权人对于连带债务人之一人免除其债务者，其免除之部分，虽仅为免除人所应担负之部分，在债权人之意思，固欲其免除人不担负债务，可推定也。若一人免除后，而其他债务人中有无清偿资力者，其不能清偿之部分，应依第四百九十六条规定，由全数债务人各按担负部分任之。但免除人既已脱离债务关系，仍使分担无清偿资力人之债务，于免除之意旨，不能贯彻，固属不可。若使其他债务人代免除人分担无清偿资力人之债务，则因免除人之利益，而增他债务人之担负，又属不公。故本条规定，其已得免除连带之债务人所担负部分，应由债权人担负，与他债务人无涉。试举例以明之。甲、乙、丙、丁四人，负戊一万二千元之连带债务。如甲为无清偿

第一章　通　则

资力者,则因连带之关系,由乙、丙、丁分担甲应担负之部分(三千元),则三人各担任四千元。若乙先经债权人免除其债务(三千元),则乙已脱离连带之关系,自不能使仍负他人之债务。此时,甲应担负之三千元,丙、丁二人固应各任一千元。其余一千元,既不能乙为担任,又不能使丙、丁分担,应由债权人任之。盖债权人因免除乙之债务所得之结果也。

第四百九十九条　数人有债权各得请求偿还,并约定债务人若向一债权人偿还,其债务对于其他债权人亦免其债务者,为连带债权人,得行其权利。

连带债权者,债权人有数人,各得独立请求履行其全部债权之谓也。各债权人个人之行为,等于全体债权人之行为。债务人对于债权人之一人所为之行为,等于对全体债权人所为之行为。是以债务人若向一债权人偿还其债务,对于其他债权人,亦可免其债务。盖债权人多数,不过债权人间有相互之关系,与债务人并无特别之关系也。

第五百条　债务人于连带债权人之一人提起给付之诉后,仍得随意选定连带债权人给付之。

给付之诉者,债务已至清偿期,迟延而不履行,债权人向审判厅提起请求债务人给付之诉讼也。给付之诉,连带债权人中,无论何人均得提起之。惟各债权人均得向债务人请求给付之全部,而债务人亦得任意选定债权人之一人而为清偿。此种选定权,不以已经起诉而受影响。

第五百零一条　就连带债权人之一人所生事项,其利益或不利益,于他债权人不生效力。但后五条规定之事项,不在此限。

连带债权,各债权人仅于其债权有连带之关系,而于债权以外所发生之关系,其影响不及于债权。故就连带债权人之一人所生之事项,对于其他债权人无论有无利益,不生效力,是为原则。然关特种事项,亦有应认为例外者,如后五条之规定是也。

第五百零二条　连带债权人之一人请求给付者,为他债权人之利益亦生效力。

连带债权,为共同债权。其债权人之一人与债务人所生之关系,非为债权一部之关系,直为债权全部之关系。其向债务人请求给付,非以一人之意思为请求,直合全体债权人之意思为请求。故请求效力,其利益及于

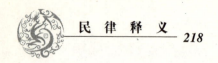

他债权人。他债权人苟无反对之意思表示者,亦应认其请求为有效。

第五百零三条 连带债权人之一人有迟延者,对于他债权人亦生效力。

债务人得选定连带债权人之一人而为给付,其给付之效力,及于他债权人。如被选定之债权人对于债务人之给付而有迟延,则债务人必因一债权人之迟延,遂致对于各债权人,均不得免其义务,其受损害实甚。若对于他债权人不生效力,则债务人必于各债权人皆有迟延之情形,始生迟延之效力。是以一债务,将受数种损害矣。本条为保护债务人利益起见,规定一债权人之迟延,对于他债权人亦生效力,始于连带之性质,不至背驰也。

第五百零四条 连带债权人之一人与债务人有更改契约者,就该债权人所有之债权部分,为债务人之利益发生效力。

前项规定,于连带债权人之一人为债务之免除者准用之。

更改与免除,必债权人与债务人间有特别之关系与感情,而始发生也。故为此种行为者,必得各债务人之同意,始对于他债权人亦可发生效力。若连带债权人之一人,仅以各人意思与债务人有更改契约,或为债务之免除者,应就该债权人所有之债权部分发生效力,与他债权人无涉。盖多数债权人,其与债务人之关系或感情未必尽同。如因债权人中之一人与债务人有特别之关系,而为更改,或有特别之感情而为免除,使全部债权,均因之而消灭,则他债权人必受非常之损害矣。故本条之规定如是。

第五百零五条 连带债权人之一人与债务人有混同时,他债权人对于债务人之债权亦消灭。

连带债权人之一人,如发生继承等原因,与债务人有混同时,其本人之债权,自归消灭。而他债权人之债权,不能因一人之混同而亦归消灭。惟债务人于混同后,其债务自不能存在,不特对于与混同之人无有债务,即对于他债权人,亦不负债务。反之,即他债权人对于债务人之债权,亦归消灭。此时,债务实已移转于与债务人混同之人,他债权人得对于新债务人(混同后之债务人)请求给付。新债务人已由债权人之地位,而处于债务人之地位,应向他债权人为清偿,惟须除去其混同之部分。

第五百零六条 第四百八十八条、第四百八十九条及第四百九十二条之规定,于连带债权准用之。

连带债权,债权人与债务人间所有之关系,与连带债务,债务人与债权人间所有之关系,大致相同。故准用第四百八十八条、第四百八十九条及第四百九十二条之规定。如连带债务人之一人向债权人为清偿者,为他债务人之利益亦生效力,此指连带债务而言也。若债务人向连带债权人之一人为清偿者,为他债权人之利益亦生效力。此连带债权与连带债务相同之点也。其余如提存、代物清偿、抵消、混同、时效完成等,莫不皆然。

第五百零七条 连带债权人相互之关系无特别订定者,以平等比例享有权利。

连带债权人,对于债务人均得请求全部之清偿,此言债权人各有独立行使权利之能力也。至债权人相互之关系,因有股份多寡者。亦有股份相等者。本案以平等此例享有权利为原则,以有特别订定多寡不均者为例外。

第五百零八条 数人担负不可分给付者,准用连带债务之规定。但第四百八十五条但书及第四百八十六条至第四百九十二条之规定,不在此限。

债权人已对于不可分债务人之一人为更改或免除,若从他债务人受债务全部清偿者,须将已更改或免除之债务人所担负部分,偿还于该债权人。

不可分给付者,即债权之标的物不可分之谓也。或其物之性质不可分,或由于当事人之意思不可分皆是。若当事人之双方各为一人,自无异议。如债务人有数人时,则债权人因不可分给付之故,对于各债务人,均得请求其履行债务之全部。各债务人对于债权人,亦因不可分给付之故,均有全部履行之责,是以准用连带债务之规定。然不可分之债务,只因标的物不便分任而已。而其债务之性质,究与连带债务不同。故第四百八十五条但书及第四百八十六条至第四百九十二条之规定不适用之。且债务人之一人与债权人有更改、免除等事者,其效力不及于他债务人,以其物本不可分,不能为一部之更改、免除故也。即有一人为更改、免除者,他债务人仍宜履行全部,债权人须将更改或免除之部返还之也。

第五百零九条 不可分给付之债权,其债权人有数人时,各债权人只得为债务人请求给付,又债务人只得对于债权人为共同给付。

前项情形,各债权人对于债务人得为总债权人请求其提存债务标的物。若不宜于提存者,可请求其交付于审判衙门所选任之保管人。

数人共有不可分给付之债权,如各债权人必彼此联合,始得向债务人为请求。而债务人必约同各债权人,始为给付。于理论虽甚正当,于事实不无窒碍。故各债权人均得向债务人而为请求,惟不以个人名义,而以债权人之名义。债务人亦得向债权人之一人为给付,惟不为单独给付,而为共同给付。且各债权人又得以总债权人之名义,请求债务人提存债务标的物,而提存亦可向审判衙门选任之保管人为之。

第五百十条 就不可分债权人之一人所生之事项,对于他债权人不生效力。

不可分债权人之一人与债务人为更改或免除,若他债权人受债务全部清偿者,须将债权人之一人未失权利时所应分与之利益,偿还于债务人。

不可分债权,各债权人之关系,仅存于债权标的物不便分割而已。至于债权人之一人所生之事项,苟于债权标的物无关,其效力不及于他债权人。即与债务人为更改或免除等事项,因恐有害于他债权人权利,对于他债权人,亦不生效力。然不可不保护为更改或免除之债务人。故他债权人受债务全部清偿者,须将债权人之一人未为更改或免除时所应分与之利益,偿还于债务人。例如甲、乙二人对于丙有马一匹之不可分债权。甲与丙因特别之原因,免除其所有部分之债务。则甲之债权消灭,而乙之债权仍存在,丙仍须给付一马,因马为不可分故也。然丙已得甲之免除,而复给付全部,未免有损利益。故乙必以甲已为免除之额返还于丙。又如马之价值千元。甲以其所享权利之部分,当得五百。乃与丙为更改,请求给付五百元。是更改之原因生于甲,其效力不及于乙。丙仍须向乙给付一马,乙以五百元返还于丙可也。盖债权标的物不可分,而债权之权利未始不可分也。

第五百十一条 第五百零七条规定,于不可分债权人有数人时准用之。

不可分债权人有数人时,其相互之关系,推定其与连带债权人之关系相似。第五百零七条规定,连带债权人相互之关系无特别订定者,以平等比例享有权利。不可分债权亦然。当事人间如无特别订定者,对于债务人所有之给付,自以平均享有为宜。

第五百十二条　不可分债务变为可分债务者,各债权人只得就自己部分请求履行,各债务人只就所担负部分任履行之责。

不可分债务,因其标的物为不可分者,故各债权人得请求其履行全部,各债务人亦任履行全部之责。如不可分之标的物,因灭失毁损而为损害赔偿时,则由不可分债务,变为可分债务。其各债权人得各就其所有之部分为请求,各债务人亦得各就其所担负之部分为履行也。

第二章 契 约

契约之意义,今与昔不同。罗马法所谓契约,专指创设债务之意思合致而言。降至近世,私人间之关系,益形复杂。契约意义,亦渐扩充。凡以创设权利为标的之意思合致,皆得谓之契约。而据最近立法例及学说,则契约之义益广,凡一切意思合致,苟足生法律上效力者,亦皆谓之契约。故本案关于契约之成立,于第一编总则中规定之。本于契约所生之债务关系,则规定于本章。

第一节 通 则

关于债务关系之契约,其共同之原则可分为三类:(一)契约之成立及其内容;(二)契约之效力;(三)契约之解除。

第一款 契约之成立及其内容

关于契约之成立及内容,于本款有逐条之规定。因法律行为所发生之债务关系及其内容之变更,于第五百十三条规定之。契约内容必须可能之意,于第五百十四条以下规定之。契约内容合法之要义与契约内容须一定之要义,于第五百十八条以下规定之。契约内容之限制,于第五百二十九条及第五百三十条规定之。

第五百十三条 依法律行为而债务关系发生或其内容变更、消灭者,若法令无特别规定,须依利害关系人之契约。

债务关系,多由债权人与债务人双方之意思合致而发生。如卖买、互易、贷借等皆是。虽有时以单独行为而发生,如赠与等事项,仅由当事人一方之意思,不必得相对人之同意者。然此种究属少数。故债务关系之发生,或其内容变更、消灭,苟法令无特别订定者,须依利害关系人之契约。契约者,当事人于法律上有效之双方意思合致也。若契约之订定,于法律

第二章 契 约

上不能发生效力者,必不可谓之法律行为。盖契约即法律行为之一种,债务关系如依法律行为而成立,须以契约规定之。

第五百十四条　以不能给付为标的之契约为无效。

契约成立,债权人对于债务人,有请求给付之权。债务人对于债权人,有给付标的物之责。故债权之标的,原在给付。而债务关系必以契约订定,亦在给付。若契约订定之内容,而其标的为不能给付者,则债权人固无受此契约之权利,而债务人亦无负此契约之义务。是此契约,竟同虚设,自应作为无效。

第五百十五条　契约以不能之给付为标的者,知其不能之当事人或因过失而不知之当事人,于相对人信为契约有效而受之损害任赔偿之责。但其赔偿额,不得逾相对人于其契约有效时所受之利益。

前项规定,于相对人亦知其给付之不能或因过失而不知者不适用之。

前条规定,以不能给付为标的之契约为无效者,指当事人两造均知其不能而言也。如当事人一造业已知其不能,或因过失而不知其不能,与相对人订立契约,相对人信为有效而受其损害者,则为契约之当事人应负赔偿之责。其赔偿之额,以相对人于其契约有效时可得之利益为限。惟相对人于订立契约时,亦知其给付之不能者,自应依前条规定,认契约为无效,不适用前项之规定。此第二项所由设也。

第五百十六条　契约因不能给付之一部无效,而于可能给付之他部有效,或依选择而定数种给付中有一种给付不能者,准用前条规定。

给付之标的物,有一部不能给付,而他部为可能者,或于选择债务之数种,有一种不能给付者,则其不能给付之部分固归无效,而可能给付之部分应仍有效。如订立契约时,两造皆知其一部不能给付,或一种不能给付者,自必不订入契约中。即使订入,其契约关于不能给付之订定,本属无效,自无损害赔偿之可言。惟当事人一造,业已知其不能,或因过失而不知者,而相对人信为有效,遂受其损害,则准用前条规定,当事人一造任损害赔偿之责。

第五百十七条　给付不能之情形可以除去者,若当事人订立除去后应生效力之契约,其契约为有效。

以附停止条件契约或附始期契约而为不能给付之约定者,若于条件成

就前或期限届至前已除去其不能情形,其契约为有效。

订立债务之契约,原以给付为主义。若系不能给付,则与订立契约之主义背驰,应归无效。此前数条之规定也。如给付之不能只系暂时,并非永久者,是不能给付,本有除去之时。当事人若订立除去后应生效力之契约,则其契约,仍以可能给付为标的,自属有效。又订立契约时附以停止条件,约定某项事件发生后,即不能给付者,或附以始期,约定至某时期,即不能给付者,苟其不能之情形,于条件成就以前或到期以前既经除去者,于事实既无妨碍,其契约自应认为有效也。

第五百十八条　违法律中禁止规定之契约,准用前二条规定。

契约,由当事人间以自由意思订定之,苟与法令无违背,则其效力于当事人间与法律相等。从契约所生之权利,与法律直接所畀之权利同。从契约所生之义务,与法律直接所命之义务同。缘契约为法律所保护,斯其效力亦与法律同也。若契约系违背法律中禁止规定者,如当事人间缔结违反公共秩序之契约,或妨害善良风俗之契约,则此种契约,以法律上不能行使为理由,与前条所定事实上不能给付为标的,均背乎订立契约之本旨,应作为无效。其契约中有给付之一部,不违法律禁止者,或约定禁止规定除去后应生效力者,准用前二条之规定。

第五百十九条　给付由当事人之一造指定者,须依条理指定之。但有特别订定者,不在此限。

前项指定,须向相对人以意思表示为之。

债权标的之给付,其种类及范围,于契约中订明者,是为通例。然有时就契约之本条,不能直接确知,须由当事人之一造指定者,则不能任意指定,致碍相对人之利益。苟无特别订定,须依条理指定之。其指定之方法,向相对人以意思表示为之。

第五百二十条　前条指定,是否合于条理有争执时,审判衙门须以判决指定之。当事人于指定有迟延者亦同。

给付指定,须依条理,既如前条所定。然条理之本体如何,并无明文规定。如当事人一造以为合于条理,而其相对人以为不合条理,彼此争执,不能解决。则其指定权,应移转于审判衙门,由审判衙门以判决指定之。若有指定权之当事人迟延而不行使,因相对人之请求,审判衙门亦得指定之。

第二章 契 约

第五百二十一条 对于给付而为对待给付,其对待给付之范围未定者,有请求对待给付之权利人得指定之。但有特别订定者,不在此限。

前二条规定,于前项情形准用之。

给付,可由当事人之一造指定。对待给付,亦给付之一种,其范围未定者亦得指定之。但由自己指定,恐指定之物,未必为相对人需要之物,致损相对人之利益,故须有对待给付之权利人指定之。其指定应依条理,对于条理有争执时,应由审判衙门指定,均与给付相同,故准用前二条之规定。

第五百二十二条 给付由第三人指定者,第三人须依条理指定之。但有特别订定者,不在此限。

前项情形,第三人有数人时,其指定须一致。但有特别订定者,不在此限。

债权之给付,得由第三人为之,故给付亦可由第三人为指定。第三人为指定,与当事人为指定,原无相异,亦应依条理指定之。但第三人有数人时,如使数人各为指定,则彼此意见,未必相同,恐指定之物,必有数种,致给付时反无所适从。故本条明定,其指定须一致。

第五百二十三条 前条指定,须向当事人一造以意思表示为之。

第三人为指定,苟非通知当事人,或竟与当事人之意思相反,则当事人必有不承认其指定者。故其办法,应明为规定。因第三人之指定,与当事人一造之指定无异,是以使其向当事人之一造以意思表示为之。

第五百二十四条 第三人之指定系因错误、强迫或诈欺者,以当事人之一造为限得撤销之,即以相对人为撤销行为之相对人。

权利人知有撤销原因时,须速行使前项撤销权。

第三人并无利害关系,则其指定,应属公平。如有错误、强迫或诈欺等行为,必有不利益于当事人之一造可知。故撤销权之行使,亦以当事人之一造为限,其相对人即为撤销行为之相对人。如有受给付之权利人,知有前项所列之撤销原因时,为保护自己之权利起见,得行使其撤销权,固不待言。

第五百二十五条 前条之撤销权,自第三人指定给付时起,逾二十年而消灭。

前条之撤销权,若使当事人得永久行使,则其权利状态,久不确定,于社会经济,殊不利益。而为给付之当事人,其于被指定之标的物,保管既属困难,且恐发生他项危险。故本条准普通权利消灭之时效,自指定给付时起,逾二十年而消灭。

第五百二十六条　第三人之指定是否合于条理有争执时,审判衙门须以判决指定之。至第三人不能指定,或不欲指定,或指定有迟延者亦同。

第三人之指定显然有背条理者,既如第五百二十四条所述错误、强迫或诈欺等,得撤销之。惟是否合于条理不能明定时,应由审判衙门以判决指定之。若第三人为指定,而有不能或不欲或迟延之情形者,则有害于当事人之利益,亦应由审判衙门判决之。

第五百二十七条　第三人得以自由意思指定给付时,若第三人不能指定,与不欲指定或其指定有迟延者,其契约为无效。

第三人得以自由意思指定给付者,是给付必经第三人指定,方得为之。若第三人不能指定,或不欲指定,或其指定有迟延者,其契约应视为有效乎?本条规定其为无效。盖契约之成立,既以第三人指定给付为条件,则无第三人之指定,其条件为不完备,而契约自归无效。

第五百二十八条　第三人得以自由意思指定给付时,若其指定系因错误、强迫或诈欺者,准用第五百二十四条及第五百二十五条规定。

第三人虽得以自由意思指定给付,若其指定之原因而有错误、强迫或诈欺者,不得仍以自由意思论,应予当事人以撤销之权。其撤销权之行使,与撤销权消灭之时效,准用由当事人指定给付之规定。

第五百二十九条　对于当事人之一造,以契约使负有让与将来取得财产全部或一部之义务者,其契约无效。

当事人一造,对于相对人以让与将来取得财产全部或一部为契约者,其契约无效。何则?取得犹在将来,其果能取得与否,尚难确定。况取得之后,不为己有,业已属之他人,则必无奋勉取得之意。虽有契约,不能给付。此在让与者方面而言也。而在让受者,以取得他人全部财产,使人丧失其独立之资格,与经济上之自由,实有背于善良风俗,法律应禁止之。故其契约,当然无效。

第五百三十条　就继承未开始之继承财产订立契约者,其契约无效。

继承财产,应为继承人所有,此固无疑。惟继承犹未开始,则财产犹属

第二章 契约

他人,其得为继承人与否,与能取得此财产与否,尚属疑问,乃即以此财产为标的订立契约,实属有害善良风俗。故不问关于财产全部或一部,或关于特定之物,且不问当事人关系如何,均应使之无效。

第二款 契约之效力

契约之种类不同,其效力亦随之而异,似宜于各节规定之。惟双务契约及因第三人所为契约之效力,实为契约之大部分所通用,故于通则内设本款以规定之。

第五百三十一条 因双务契约而负义务者,至受对待给付时止,得拒绝自己所担负之给付。

双务契约当事人之一造向数相对人为可分给付者,至受全部之对待给付时止,得拒绝属于各相对人部分之给付。

前二项规定,双务契约当事人之一造负有先向相对人为给付之义务,或相对人已为一部之给付,而自己拒绝所担负之给付违信用及诚实者不适用之。

双务契约,以交换给付为标的。两造所负之义务,须交互履行。苟无特别事由,自以不得各别履行为原则。如当事人一造,不先履行其债务,而但向他一造请求债务之履行。则他一造因未受其对待给付,得拒绝自己所担负之给付。此第一项之意也。又如当事人一造,对于数相对人负可分给付,而数相对人亦向其为对待给付。若对待给付犹未全部履行时,得拒绝属于各相对人部分之给付。例如甲、乙、丙三人向丁买马三十匹,订明每匹百元。甲先交付一千元,请求丁为给付。若丁犹未受乙、丙之给付时,得拒绝属于甲部分之给付。此第二项之义也。然若彼此所负义务,给付之先后有不同者,或对待给付,业已过半,而拒绝为无理由者,又当别论。即如前例,甲与丙与丁订约之初,声明丁须先行给付者,或甲、乙、丙三人共已交付二千数百元,而丁仍一马未交者,此为违背交易上之诚实及信用,故不能适用前二项之规定。

第五百三十二条 双务契约当事人之一造应先向相对人为给付者,若契约成立后相对人之财产显形减少恐不能受对待给付时,至受对待给付或提出担保时止,得拒绝自己所担负之给付。

当事人之一造与相对人订立契约,约定先为给付者,必深信相对人有对待给付之能力故也。若契约成立后,相对人之财产显形减少,致有不能对待给付之虞。则与当初之情形迥异,与当事人一造所属望之意思亦殊,是相对人已不足信,故于受相对人对待给付或提出担保前,得拒绝自己债务之履行。盖双务契约,原以交换给付为本旨。如相对人既不为对待给付,则与契约之本旨,已属背驰。故当事人一造即违背先为给付之义务,并不能以有违信用及诚实责之也。

第五百三十三条　双务契约当事人之一造,于所应受之给付向相对人起诉者,其相对人提出抗辩主张尚未受对待给付前拒绝自己所担负之给付时,其主张之效力,只得使审判衙门以判决令与对待人互相清偿。

双务契约当事人之一造负有先向相对人为给付之义务,相对人于受领给付有迟延者,得向相对人提起于受领给付后应为所担负给付之诉。

依前二项规定受胜诉判决之债权人,以债务人于其所应受之给付有迟延时为限,得不为自己所担负之给付,即依强制执行行使权利。

双务契约,当事人之一造为履行,其相对人亦必同时为对待给付,理固然也。如当事人一造,不欲先为给付,因相对人之不向其为给付而提起诉讼,其相对人又因双务契约无应先给付之义务,提出抗辩,主张未受对待给付前,拒绝自己所担负之给付。审判衙门于此,对于起诉人及被告人,均难令其孰应先为给付,惟以判决令其互相清偿,此第一项之理由也。或相对人之一造,负有先向相对人为给付之义务,则相对人应即受领后而为对待给付。如相对人受领有迟延者,对于相对人得提起应受领给付后,再为其应给付之诉。此第二项之理由也。经前二项之诉讼而为胜诉之债权人,则应先受债务人之给付,而后履行其自己之债务。若债务人于其所应受之给付有迟延者,可毋庸先为给付,竟依强制执行以实行其权利。

第五百三十四条　双务契约当事人之一造所担负给付,因不能归责于当事人两造之事由而不能者,向相对人无请求对待给付之权利。但一部不能给付者,须依卖买价金减少之规定,减少对待给付之额。

前项情形,相对人依第三百六十四条规定而行其权利,不得免对待给付之义务。但赔偿或请求之价额少于债务标的之价额者,须依卖买价金减少之规定,减少对待给付之额。

第二章 契 约

依前二项规定已为担负外之对待给付者,得依不当利得之规定,请求偿还。

双务契约,其标的互相关系。一造之给付义务,即为他造之请求权。故订立契约后,当事人一造所担负之给付,非因归责于当事人两造之事由而不能给付者,则对于相对人,无对待给付之请求权,以求合于双务契约之本质,并不反于当事人之意思。使其不能给付,仅属一部,则相对人即少受一部之利益,而为对待给付者,应依卖买价金减少之规定,减少其给付之额。此第一项之理由也。惟当事人之一造,不能给付之事由,就债务之标的受第三人之损害赔偿者,债权人得向债务人请求其交付因赔偿所受领之物。相对人既转受第三人之赔偿,则与受全部清偿同,自不得免对待给付之义务。然请求之价额,少于债务标的之价额者,自与受全部清偿有异。则为对待给付时,应准用卖买价额减少之规定。此第二项之理由也。但此皆言给付之数,不足担负之数也。如有为担负外之对待给付者,则一造获利,即为一造之损害,自可依不当利得之规定,请求返还已给付之物。此第三项所由设也。

第五百三十五条 双务契约当事人之一造所担负给付,应归责于相对人之事由而不能者,不失其受对待给付之权利。但须将自己因免债务而得之利益,或因故意怠于取得之利益,偿还于相对人。

前项规定,于双务契约当事人一造所担负给付因不归责于己之事由而相对人受领迟延致成为不能者适用之。

双务契约,虽同时生双方之义务。然其义务既发生者,即各有独立之存在,非必为相牵连者。若因债权人应任其责之事由,而致债务人不能履行,则债务人不仅免其义务,并有受反对给付于债权人之权利。惟债务人若因免其债务而得多少利益,则其利益,因与反对给付之利益相重复。非以之偿还债权人,则债务人竟将为不当之利得矣。又债务人所担负给付,因不归责于己之事由,而债权人受领迟延,致成为不能者。则因债权人之事故,而致债务不能终了。在债务人固可免除其义务,在债权人初不能免其义务焉。故准用前项之规定。

第五百三十六条 双务契约当事人之一造所担负给付,因归责于己之事由而不能者,相对人得请求因债务不履行之损害赔偿,或解除其契约。

但给付之一部不能其他部之履行于相对人无利益者,相对人得依第三百五十六条之规定,请求全部不履行之损害赔偿,或解除其契约。

前项规定,相对人得不行使损害赔偿请求权或契约解除权,而行使第五百三十四条所规定之权利。

债权通则编第三百五十五条规定,债权关系发生后,因归责于债务人之事由致不能给付者,债权人得向其债务人请求不履行之损害赔偿。第三百五十六条规定,因归责于债务人之事由致不能为一部之给付者,若其他一部之履行,于债权人无利益,债权人得拒绝该部之给付,请求全部不履行之损害赔偿。此指单务契约而言也。双务契约亦然,并得为契约之解除。然债权人得不行使损害赔偿请求权,或契约解除权,而行使第五百三十四条所规定之权利。给付之全部不能者,使债权人得不为自己所担负之给付,并请求返还已为之给付。给付之一部不能者,使得请求减少自己所担负之给付,以保护债权人之利益也。

第五百三十七条　双务契约当事人之一造于所担负之给付有迟延时,相对人得定相当期间催告其给付。若于期间内仍不给付者,得请求不履行之损害赔偿,或解除契约。但不得请求其清偿债务。

契约之履行因迟延而无利益于相对人者,相对人得行使前项之权利。

前条第一项但书规定,于第一项期间内履行一部分者准用之。

双务契约,自以同时履行为本旨。若一造于所担负之给付有迟延时,相对人自可行使履行请求权,定相当期间,而催告其给付。如债务人有意迟延,于期间内仍不给付者,则违背双务契约之本旨,而无清偿债务之决心。故债权人不当再请求其清偿债务,应请求不履行之损害赔偿,或为解除契约。此第一项之理由也。若契约之履行并未经相对人之催告,只因迟延而于相对人无利益者,相对人亦得行使前项之权利。此第二项之理由也。又前条第一项但书,规定给付之一部不能,其他部之履行于相对人无利益者,得拒绝给付,请求全部不履行之损害赔偿。如于前项所定催告期间内,而履行之部分即属无利益于相对人者,准用前条但书之规定。

第五百三十八条　双务契约,因非归责于相对人之事由而解除者,相对人只依不当利得之规定而任其责。

一造已为给付,相对人自宜为对待给付。若有其他事由而解除契约,

第二章 契 约

不能归责于相对人者,则相对人不为对待给付。而先得债权人所为之给付,实为不当利得,故应依不当利得之原则,返还其所受之给付。

第五百三十九条 当事人之一造,依契约允向第三人为给付者,第三人对于允约人直接取得请求给付之权利。

前项情形,自第三人对于允约人表示享受其利益之意思时,其权利成立。

双务契约,以交互给付为本旨。然当事人之一造,订立向第三人给付之契约,此契约亦应有效。盖订立契约之意,不尽使自己受利益,苟当事人愿以自己利益允第三人享受者,则负给付义务之人自应向第三人为给付,而第三人对于允约人有请求给付之权利。但权利之发生,应于第三人对于允约人表示享受契约利益之意思时始。

第五百四十条 依前条规定,第三人之权利发生后,当事人不得将其契约变更或废止之。

前条第三人表示享受契约利益之意思,则权利业已确定。若使当事人得任意变更契约或废止之,则第三人之权利,将既得而复失,必有受意外之损失者。故设本条以禁止之。

第五百四十一条 第五百三十九条所载要约人于第三人有请求给付之权利时,得向允约人请求其对于第三人为给付。但当事人有反对之意思表示者,不在此限。

第五百三十九条规定当事人之一造,依契约允向第三人为给付者,第三人对于允约人直接取得请求给付之权利。此言第三人有此权利也,而要约人亦有向允约人请求其向第三人为给付之权利乎?则依当事人之意思定之。如无反对之意思表示,应使要约人亦有此权利。

第五百四十二条 本于第五百三十九条所载契约之抗辩,允约人得与受此契约利益之第三人对抗。

依第五百三十九条规定,第三人对于允约人得请求给付之权利者,本诸契约之订立也。若当事人与第三人间所订契约,或不允洽,致生抗辩者,则允约人固可与要约人对抗,又须使允约人得与第三人为对抗。否则,第三人据不正当之契约而要求不应得之权利,允约人一时疏误,即无法以救济于后,甚非所以保护允约人之利益也。

第三款　契约之解除

契约之解除云者，废止当事人间所缔结之契约，而消灭其效力之谓焉。此解除原因有种种，或因当事人之意思，或依法律之规定。而法律规定之情形，又各有异，或有当然解除者，或有因当事人之意思表示者，或有于裁判所判决之者。故解除一端，于实际上颇为重要，本案特设本款以规定之。

第五百四十三条　当事人之一造，依契约有解除契约之权利者，其行使解除权时，应向相对人以意思表示为之。

前项之意思表示，不得撤销。

当事人之一造，于缔结契约时，或契约成立后，以附带契约定契约之解除权者，则其取得解除之权利。由于契约，与生于法律规定者不同。其行使解除权之方法，应向相对人以意思表示为之。盖解除其已成立于相互间之契约，而欲消灭其关系，其应对于相对人而表示意思，固所当然。如相对人有数人时，应对于其各人而表示意思。惟经此表示之后，即生消灭契约之效力。故行使解除权者，必以决心出之，不可任意撤销，使相对人于权利之位置不能确定。

第五百四十四条　契约当事人之一造行使其解除权者，各当事人使相对人负有回复契约前原状之义务，但不得害第三人之权利。

前项情形，其应返还之金钱须自领受时起附添利息。若因毁损灭失或其他事由不能返还标的物应赔偿其损害者，准用所有人与占有人关系之规定。孳息之返还或偿还及费用之赔偿亦同。

解除之效力，在使当事人间与未订立此契约同。即有因契约所生之关系，亦当一一取消之，而回复其原状。例如甲若受乙之给付，则当返还之。乙若受甲金钱之支付，亦当偿还之。如生有利息者，并应返还其利息。苟不能返还原有之标的物，应为损害赔偿者，准用所有人与占有人之规定。惟对于第三人，则解除效力所不能及。例如甲将房屋所有权移转于乙，而乙又转卖于丙。其后因乙交付价金迟延，甲遂解除其契约。然丙所得之所有权，毫不被其损害。

第五百四十五条　因解除而生各当事人之义务，须交互履行，并准用第五百三十一条及第五百三十三条规定。

第二章 契约

各当事人因契约解除而生之义务,如返还标的物,偿还价金及赔偿损害,亦如双务契约,须交互履行,并准用第五百三十一条对待给付及第五百三十三条互相清偿之规定。

第五百四十六条 解除权人于返还已收受之标的物或其重要部分有迟延时,相对人得定相当期间催告其返还。

解除权人不于前项期间内返还者,其解除无效。

解除,须有解除契约之权利者乃得为之,已如第五百四十三条所述。契约解除后,各当事人使相对人负有回复契约前原状之义务。又如第五百四十四条所述,若有解除权人为契约之解除,而解除后于已收受之标的物,或其重要部分返还有迟延时,应许相对人得定相当期间为催告之权利。如经催告,而解除权人仍不于前项期间内返还,是解除权人违反契约之本旨,或有意与相对人为难。法律为保护相对人之利益,应使其解除无效。

第五百四十七条 解除权人因归责于己之事由,致已收受之标的物毁损、灭失或其他情形不能返还者,解除权消灭。其标的物之重要部分灭失,或依第三百六十条规定因他人之过失仍应归责于己者亦同。

解除权人所受之标的物,因不归责于己之事由致毁损、灭失者,解除权不消灭。解除之效力,在使回复契约成立前之原状。若解除权人因归责于己之事由,致已收受之标的物灭失、毁损,不能履行回复原状之义务。则其解除权有害于相对人之利益,应使其消灭。或有解除权人之法定代理人,及因履行义务所使用之人,于其标的物之重要部分灭失,仍应自己负责,其解除权消灭亦同。惟因不归责于解除权人之事由,致收受之标的物灭失、毁损者,则如天灾地变,均属不可抗力,标的物虽不能返还,其解除权不消灭。

第五百四十八条 解除权人,因加工或改造将收受之标的物变为他种类之物者,解除权消灭。

解除权人,将收受之标的物为加工或改造,例如将收受之金章改为金表,或改为戒指,则标的物之形式已变,欲其回复原状甚难。而解除权人有此行为,亦若已抛弃其解除权者。在相对人收受此返还之物,必大反乎初意。故由两方推定,行使解除权,必均有不利,应使其解除权消灭。

第五百四十九条 解除权人将收受之标的物或重要部分让与他人,或

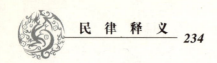

设定第三人之权利时,若因其处置而收受标的物之人具有前二条所规定之要件者,解除权消灭。

依强制执行或假扣押执行方法所为之处分,或破产管理人所为之处分,与前项之处置同。

第三人收受解除权人让与之标的物,或重要部分,有因归责于己之事由将标的物毁损、灭失,或加工及改造,则第三人处置标的物之结果,与解除权人处置之结果同,应有同一之效力。故解除权人之解除权亦消灭。至为强制执行处分,或假扣押处分及破产处分者,与前二条所规定之情形相似,故认为与前项之处置同。其解除权亦消灭。

第五百五十条　解除权之行使未定有期间者,相对人于解除权人得定相当期间而为催告,令其于期间内确答是否解除。

相对人于期间内不受解除之通知者,解除权消灭。

依契约而保留解除权,有附期限者,有不附期限者。若无期限之解除权,得许相对人定相当期间而为催告。如解除权人受催告后,不于前项期间内而为解除之通知者,是有抛弃其解除权之意,应使解除权消灭。

第五百五十一条　订立契约时声明债务人不履行义务,即失其由契约而生之权利者,若债务人不履行义务,债权人得即解除契约。

解除契约,有依法律上当然解除者,有依契约上保留之者。若订立契约时声明债务人不履行义务,即失其本于契约之权利者,可推定债权人依契约而保留其解除权。苟债务人不思取得契约上之权利,故意不履行其义务,是已默认契约之解除,应许债权人得即解除契约。

第五百五十二条　依契约之性质,或当事人之意思表示,非于一定时日或一定期间内为给付不得达其契约之目的者,若当事人之一造于该时期不为给付,相对人得即解除契约。

依契约之性质,或当事人之意思表示,非于一定时日或一定期间内而为给付,不能达契约之目的者。例如甲为远道之旅行,向乙定其旅装。则乙非于甲出发前而为给付,即不能达契约之目的。其订立契约时,特别将此意订定者,可推定有保留解除权之意思。如当事人之一造,不于该时期而为给付,则相对人必受非常之损害,故应许相对人得即解除契约。

第五百五十三条　债务人不履行债务,债权人即有解除其契约之权利时,若债权人行使权利后债务人速即表示抵消之意思者,其解除无效。

解除契约者,必当事人之一造既不履行债务,复无提存、更改、抵消之行为,将使一造被其损害也。故解除契约后,其债权不得与债务人之债权抵消,自属当然之事。如债务人不履行债务,债权人即行使其解除权,在债权人亦属正当。苟债务人速即表示抵消之意思者,则既可因抵消消灭两造之债权债务,自无解除之必要,应使抵消为有效,其解除为无效。

第五百五十四条 前条情形,债务人以已履行债务为理由,于行使解除权是否正当有争执者,须证明已经履行。但其担负之给付系不作为者,不在此限。

债权人依前项规定,因债务人不履行其债务而即行使其解除权,如债务人以业已履行为理由,争执解除之当否,则债务人应负证明其履行之义务。苟债务人所担负之义务系不作为者,则应使债权人证明债务人违背义务之行为,始可行使解除之权利。

第五百五十五条 当事人之一造,以支付解约金为条件而保留其解除契约之权利者,若其解约金不于行使权利前或行使权利时支付,相对人据此为理由即屏斥其解除契约之意思表示者,其解除无效。但其后即将解约金交付者,不在此限。

契约解除,有当事人两造俱受利益者,有当事人一造或受损失者,故有解约金之制焉。如当事人一造欲保留其解除权,而以支付解约金为条件者,则解除之有效与否,应以解约金之已否支付为准。若但行使解除权而不支付解约金,相对人即可以条件不备为理由,屏斥其解除契约之意思表示,而解除亦归无效。但于解除契约之意思表示后即将解约金交付者,则条件已备,而效力自生。

第五百五十六条 当事人之一造有数人者,其契约只得由其全体或对其全体解除之。

前项情形,其解除权于当事人之一人消灭者,于他人亦消灭。

解除对于契约为之,并非对于当事人为之。故当事人之一造虽有数人,既共此契约,即共此解除权。欲解除其契约者,如债权人多数,须由债权人全体为之。债务人多数,须对于债务人全体为之。如解除权因当事人之一人而消灭者,则其消灭之效力,应本契约关系,及于其全体。故于他人

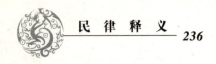

之解除权,亦同时消灭。

第五百五十七条　第五百四十三条至第五百五十六条规定,依于法律规定当事人之一造有契约解除权时准用之。

第五百四十三条至第五百五十六条所规定之解除权,有依契约而发生者,有因当事人之意思表示者,业于各条分述。然依法律规定,当事人之一造有契约解除权者,其解除权发生之原因虽各有异,而因解除所生之结果则同,故准用前数条之规定。

第二节　买　　卖

买卖者,当事人一造移转财产权于相对人,而相对人支付其价金之契约也。此契约之特性有四:(一)此种契约,因当事人意思表示即生效力,不必以交付标的物,或自余现行给付为成立要件,盖诺成契约也;(二)其契约成立,在当事人间只有意思表示已足,不拘何种方式,乃不要式契约也;(三)卖主负移转财产权之债务,买主负支付价金之债务,系双务契约;(四)此财产权与价金互相交易,为有偿契约。

第一款　通　　则

本款为揭买卖之定义,及关于买卖成立之规定,为各款共通之原则。

第五百五十八条　买卖,因当事人之一造约明移转财产权于相对人,相对人约明支付其价金而生效力。

买卖之标的为财产权,在日本民法,各种财产权,均许为买卖之标的。在罗马法、法国法,债权不许为买卖之标的,而准用买卖之规定。英美普通法,买卖之标的,必以动产上之普通所有权为限。本案则无此制限。惟财产必为现实存在者,与非法律禁止不得让与者,乃可为买卖之标的。当事人一造移转财产权于相对人,相对人必以价金为对待给付。而其效力之发生,则以当事人之意思合致而定。

第五百五十九条　买主已交定银于卖主者,于当事人之一造履行契约开始前,买主抛弃其定银或卖主赔偿其定银,均得解除契约。

买卖之契约,不必即时履行。有于订立契约时,买主先付定银,预定卖主至某时期交付某项标的物者。如其后当事人之一造不欲履行契约，而欲解除之者，在买主为解除，应抛弃其定银，在卖主为解除，应赔偿其定银。盖既以定银为契约之附加条件，则解除契约者，自应先解决其条件也。

第五百六十条　买卖契约之费用，当事人两造平分担负。

按买卖之习惯，其费用由买主担负者为最多。若于买主所在地为给付，而费用由卖主担负者，亦属通例。然此皆由当事人之意思定之。若当事人无意思表示，而于费用，彼此争执，不能解决者，若使一造独为担负，未免偏倚，应由两造平分担负，始昭公允。

第五百六十一条　本节规定，于买卖契约以外之有偿契约准用之。但为其契约性质所不许者，不在此限。

买卖契约，仅有偿契约之一种，然居有偿契约之最重要部分。故关于本节规定，准用于其他有偿契约。惟各种契约性质不同，如由契约性质上不能适用本节规定者，自以当事人意思或法令特别规定为准。

第二款　买卖之效力

买卖之效力，在使卖主向买主移转其财产权，买主向卖主支付价金。本款为便于适用计，先规定卖主之义务，如移转权利、追夺担保、瑕疵担保及费用之负担、书件之交出是也。

第五百六十二条　所有权之卖主，负移转其所有权并交付其标的物之义务。

所有权以外权利之卖主，负移转其权利之义务。若因其权利而占有其物者，并负交付其物之义务。

买卖之标的，在财产权之移转。而财产权中以所有权为最要。故所有权之卖主，有移转所有权及交付标的物之义务。若买卖之标的，而为所有权以外之权利者，则卖主负移转其权利之义务。如其权利为地上权等，以占有其物为必要者，应负交付其标的物之义务，盖非此不足以达买主之标的也。

第五百六十三条　卖主对于买主，应担保于订立契约时第三人就其标的物无对于买主得主张之权利。

债权或其他权利之卖主，对于买主应担保订立契约时其权利确系存

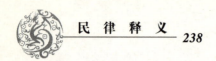

在。但有价证券之卖主,并应担保其证券不因宣言无效而为公示催告之标的物。

前二项规定,买主于买卖时知其权利有瑕疵者不适用之。当事人有反对之意思表示者,不在此限。

卖主,负移转财产权于买主之义务。欲完全履行此义务,则于订立契约时,应先为切实之担保。其买卖系交付标的物者,则卖主对于买主,应担保无第三人得就其标的物主张权利。其买卖系移转权利者,应担保其权利确系存在。若为有价证券,应担保该证券行使有效,不为公示催告之标的物。然买主知其权利有瑕疵,或不存在,仍与之订买卖契约者,则应认为对于卖主抛弃其追夺担保权。但买主虽知有瑕疵,而卖主故意欺饰,欲隐蔽其瑕疵者,则卖主仍不能免追夺担保之义务。

第五百六十四条　卖主不履行前二条所规定之义务,卖主得依双务契约规定行使其权利。

买卖,以财产权之移转为标的。若卖主不交付标的物及移转权利,并不为追夺之担保,则卖主失交易上之诚实及信用。而为买主者,自无先履行义务之理。故得用双务契约之规定,拒绝自己所担负之给付,或定相当期间而为催告,并请求不履行之损害赔偿。

第五百六十五条　买主主张其权利有瑕疵而卖主有争执者,买主任证明之责。

买卖之成立,必由两造之同意。买主之标的,固在所得权利之确实。如有瑕疵,必不适于买主之意思。但权利有无瑕疵,须有显著之证据,若买主认为有瑕疵,而卖主以为无瑕疵,则彼此争执,殊不足以保交易上之信用及安全。故应使买主任证明之责。如不能证明者,应推定其为无瑕疵,以维持买卖之效力。

第五百六十六条　前四条规定,卖主之担保义务以特约免除或限制者,若卖主故意不告知权利有瑕疵,其特约无效。

担保义务,为买主之利益。权利瑕疵,为买主之损害。若买主以特约免除或限制前四条规定之担保义务,固为法律所许,而应使有效。然卖主不能因担保义务之免除,明知权利有瑕疵亦秘而不告,使买主因此而受损害。本条为保持交易之信实及惩儆卖主之刁狡,应使其特约无效。

第二章　契　约

第五百六十七条　卖主对于买主,于买卖标的物之危险移转于买主时,应担保其物之价额无灭失或减少之瑕疵。

前项规定,于其物通常使用或约定使用之用法有灭失或减少之瑕疵时适用之。

卖主应负担保义务者,固欲使买主安全使用标的物,而不致有他种之损害焉。若卖主移转权利时,其标的物之价格,或其使用价值,若有灭失或有显形减少之瑕疵者,应使卖主负法律上之担保责任,以保持交易上之安全。

第五百六十八条　卖主对于买主,于买卖标的物之危险移转于买主时,应担保其物实有确保性质。

买卖标的物之危险,自标的物交付时移转于买主。故卖主对于买主,应担保其标的物实有确保性质。例如交付供军用之马,应确保其堪任军用之性质。如以驾车之马为给付者,即为违背其所确保,应负担保之责任。

第五百六十九条　订立契约时,卖主于买主已知标的物之瑕疵不任担保之责。

买主于第五百六十七条所载之瑕疵,因重大过失而不知,若卖主故意不告知者,任担保其瑕疵之责。卖主担保其无瑕疵者亦同。

买卖当事人订立契约时,若买主已知标的物之瑕疵者,应先声明其契约无效,或请求代物给付,或保留其损害赔偿请求权。乃竟坦然与卖主订立契约,则是买主抛弃其请求担保之权利,卖主应不任其责。又如第五百六十七条规定,关于标的物之价格,或使用价值有瑕疵,买主因重大过失而不知者,应与已知者同。若卖主故意隐蔽,或特担保其无瑕疵,以欺罔买主者,应使任担保其瑕疵之责。

第五百七十条　公拍卖之卖主,于买卖标的物之瑕疵,不任担保之责。

公拍卖者,为买卖之竞争,与普通之买卖有异。拍卖人非必即为卖主,而卖主与买主,初无直接之关系。故买卖标的物有瑕疵时,卖主不任担保之责。

第五百七十一条　卖主于标的物之瑕疵应任担保之责者,买主得解除其买卖,或请求减少价金之额。

卖主交付标的物,应选择无瑕疵者,以保交易上之信用。若买主发见标的物有瑕疵，自属卖主之故意或过失，应负担保之责。在为买主者，解除契约而退还原物可也。或仍卖其物，而减少价金亦可也。于此二权利之中，应由买主自由选择，以保护其利益。

第五百七十二条　买卖之标的物缺少契约时卖主所担保之性质者，买主得请求不履行之损害赔偿，以代买卖之解除或减少价额之请求。卖主故意不告知标的物之瑕疵者亦同。

依第五百六十八条规定，卖主确保标的物之性质者，若买主查知标的物之性质与契约时所担保不符，是为性质上有瑕疵，则买主解除买卖之契约可也，请求减少其价额亦可也。即均不为此，而请求不履行之损害赔偿，亦无不可。如卖主明知标的物有瑕疵而故意不告知者，亦应负同等之责任。

第五百七十三条　买主知其标的物有瑕疵而领受者，若领受时不保留前二条所定之权利者，失其权利。

卖主应负瑕疵担保之责者，因买主不知标的物有瑕疵也。如买主于订约时已知标的物有瑕疵者，已如前第五百六十九条所述，卖主不任担保之责。若订约时不知，而领受时知之者，则应拒绝领受，而行使前一条所规定之权利。苟买主坦然领受，并不保留此种权利者，则可推定买主已抛弃担保权之意思，卖主即不任瑕疵担保之责。

第五百七十四条　买主对于卖主主张买卖标的物有瑕疵者，卖主得定相当期间，催告买主于期间内解除买卖。

于前项期间内不解除买卖者，失其权利。

买卖标的物有瑕疵，买主得解除其买卖，已如第五百七十一条所述。若买主已知标的物有瑕疵，并未主张解除契约，则买卖应否成立，尚难确定，应许卖主得定相当期间，催告买主于期间内解除买卖，以除去此不确实之状态。若买主受催告后，于前项期间内不解除买卖者，可推定买主无解除契约之意思，应丧失其前条所定得解除买卖之权利。

第五百七十五条　因买卖标的物之瑕疵而解除买卖者，适用关于契约解除之规定。但后六条有规定者，不在此限。

因标的物有瑕疵之故而解除买卖契约者，则一切解除之方法，如向相对人以意思表示为之，各当事人负回复契约前原状之义务，及标的物已让

第二章 契 约

与他人者解除权消灭等,适用关于契约解除之规定。盖买卖亦契约之一种,契约之普通规定,买卖均准用之。但如后六条所规定,其情形不同,自当别论。

第五百七十六条 买主因加工或改造将其标的物变为他种类之物始发见有瑕疵者,买主不因第五百四十八条规定而妨碍买卖之解除。

买主不知标的物有瑕疵而领受者,本有解除买卖之权利。若领受后,因加工或改造将其标的物变为他种类之物时,始发见有瑕疵者,例如买主买金戒指二,卖主指为纯金,买主亦信为纯金而领受之。嗣后将戒指改造金针,发见中混三成之铜。若依第五百四十八条规定,其解除权应消灭,则买主受重大之损失。故应视为前条规定之例外,仍得行使解除权。

第五百七十七条 因买卖标的物有瑕疵而解除买卖者,卖主对于买主,须赔偿其契约之费用。

买主与卖主订立买卖之契约,原欲期完全有效,彼此各达其标的也。若因买卖之标的物有瑕疵,以致解除契约,则实由卖主之诈伪,遂使买主耗损无益之精神及无益之费用。精神固难赔偿损失,而费用应由卖主赔偿。

第五百七十八条 不动产之卖主,对于买主确保其有一定之面积者,与确保物之性质之卖主任同一之责。但买主只以履行契约得因不动产之面积不足而于己无利益时为限,得解除买卖。

不动产中,土地居重要部分。而土地之买卖,习惯上概以面积之大小,以定价格之多寡。若不动产之卖主确保其有一定之面积者,则与动产之买卖,确保物之性质同,应准第五百七十二条之规定,卖主任同一之责。但买主对于此不动产,虽不能如初意之所定,或可移作他用者(如不能以之建筑房屋可以之改造花园),则可请求减少价额,或为损害赔偿,不必即解除其契约。苟因面积不足而于己无利益者(如买主拟定建筑三进之房舍,而面积只可建造二进),则应解除买卖,以保护买主之利益。

第五百七十九条 卖出数宗标的物中一宗有瑕疵者,虽以总价金将数宗物同时卖出,仍得就一宗物解除买卖。

前项情形,各当事人若非显受损害不能将有瑕疵之物与他物分离者,得就一切之标的物解除买卖。

于数宗买卖标的物中一宗有瑕疵者,则无瑕疵者,固可留存使用。有瑕疵之一宗，应即返还。解除买卖，而于总价金中，请求偿还一宗之价金。例如同时买金表二，总价金一百元。嗣知一金表有瑕疵，可将有瑕疵之金表返还，而请求偿还一金表之价金五十元。若其数宗标的物不便分离者，即强为分离，势必显受损害，则可将一切之标的物解除买卖。例如买珠与戒指各一，使为镶合，言明珠价洋五十元，戒指价洋二十元，总价金七十元。嗣知戒指虽甚精致，惟于珠稍有瑕疵。而珠与戒指镶嵌甚固，强为分离，恐遭损坏。则可将珠与戒指之买卖，均行解除。

第五百八十条　因主物有瑕疵而解除买卖者，其从物之买卖，亦生解除效力。

从物有瑕疵时，买主只得解除从物之买卖。

从物附丽于主物，随主物为转移。主物有瑕疵，应解除买卖者，则虽得从物，亦属无益，故应一并解除。然买卖之标的，原在主物。苟主物无瑕疵，从物有瑕疵时，则改换从物，自必较易，解除从物之买卖可也。而主物之买卖，应仍有效。例如买钟一座。钟价三十元，座价二元。若钟有瑕疵，则钟座虽美，留之何用。故解除钟之买卖者，其效力并及于钟座。或钟无瑕疵，而钟座有损坏，则更换钟座可也。钟之买卖，毋庸解除。

第五百八十一条　以总价金卖出数宗之物，其有一宗解除买卖者，须减少价金之额。

买主向卖主同时买取数宗标的物，则必交付总价金。若数宗中而其一宗有瑕疵，解除一宗之买卖者，则卖主既少卖一宗之物，自应少得一宗之价金。买主既退回一宗之物，亦应取回一宗之价金。其向卖主取回者，即于总价金中减少一宗之价额也。

第五百八十二条　应减少价金之额者，审判衙门须因买主之声请定之，但当事人约定减少之额者，不在此限。

应减少价金之额，如无当事人之约定，将以何者为标准乎？各国立法例，于此有三种制度：（一）由评价人评定者；（二）以法律详细规定者；（三）使审判衙门判定者。本案则采第三种制度，因于实际最为便利也。然审判衙门行使此权，必因买主之声请定之。如由当事人彼此协议者，则从其协议。

第五百八十三条　当事人之一造有数人者，其价金减少额得由各人或

第二章 契约

向各人请求之。

前项情形，有一买主请求减少其额后，不得解除买卖。

买卖当事人，其一造若有数人者，则为减少价金之时，如系买主多数，则买主各人均得请求之。或系卖主多数，则卖主各人均得减少之。盖买卖之解除权，其性质为不可分。而减少价额之请求权，则为可分也。何则？买主数人，同时买数宗之物。其得无瑕疵物之买主，固无庸为买卖解除，亦何必为请求减额。而为卖主者亦然。惟买主数人中，既有一买主为减额之请求，则卖主担保之责任已尽。故其余买主，不得再对此契约而为解除买卖。

第五百八十四条　卖主担保买卖之标的物瑕疵之义务，即以特约免除或限制者，若卖主故意不告知物之瑕疵，其特约为无效。

本条规定，与第五百六十六条之意义同。前条业已详述，兹不再赘。

第五百八十五条　因瑕疵之买卖解除权，买主因标的物瑕疵而有之请求权，于卖主交付标的物于买主后逾一年者，因时效而消灭。但其期间，得依契约延长之。

卖主故意不告知物之瑕疵者，不得援用前项之时效。

前数条规定，因瑕疵之买卖解除权，与因标的物瑕疵而有之请求权，此种权利，苟永久存在，则买卖之效力，终难确定。故于卖主交付权的物于买主一年后，因时效而消灭，以除去权利不确实之状态。但当事人间另订契约延长之者，则从其契约。此指普通情形而言也。若卖主故意不告知物之瑕疵者，则对待恶意之卖主，其解除权及请求权，不能限于前项之时效。

第五百八十六条　买主因保全证据，向审判衙门声请调查证据者，前条之时效即行中断。此中断至调查证据程序终止时为止。

买主撤回调查证据之声请，或审判衙门驳回其声请者，不生时效中断之效力。前条规定解除权及请求权逾一年而消灭者，指时效未经中断而言也。若买主因保全证据，向审判衙门为调查证据之声请者，则自声请时起至调查证据程序终止时止，应视为时效中断。如买主既经声请而仍撤回者，或由审判衙门驳回者，不生时效中断之效力。

第五百八十七条　买卖解除权，减少价金额之请求权，因确保标的物性质之瑕疵而生之损害赔偿请求权，若就一权利生时效停止或中断之效力者,他权利亦生时效停止或中断之效力。

买卖解除权,减少价额请求权,及因确保标的物性质之瑕疵而生之损害赔偿请求权,此三种权利同时存在,亦同时进行。故有一权利生时效停止或中断之效力者,其效力亦及于他权利。

第五百八十八条 前条权利之时效若已完成者,买主虽依抗辩方法亦不得主张之。

时效完成,权利自应消灭,此为法律之通则。前条规定三种权利,当然因时效而消灭。买主不能依抗辩方法,而为无谓之主张,使买卖之效力,终不确定。

第五百八十九条 依种类而定之物之买卖,若其物有瑕疵者,买主得解除买卖,或请求减少价金之额,或请求另行交付无瑕疵之物。

第五百七十三条至第五百七十五条、第五百七十九条、第五百八十条、第五百八十三条至第五百八十七条之规定,于请求交付无瑕疵之物者准用之。

买卖标的物之危险已归于买主所担负时,若其物缺少卖主所确保之性质,或卖主故意不告知物之瑕疵者,得请求不履行而生之损害赔偿,以代第一项之权利。

依种类而定之物之买卖,则卖主宜依所定种类之物为交付。若其物有瑕疵者,自可依前条所定解除买卖或请求减少价金之额,并可以特定物之给付,易为替代物之给付,而请求另行交付无瑕疵之物,此第一项之意也。其请求代物给付,于列举各条,均可准用,此第二项之意也。至第三项之规定,于前第五百七十二条,已示其旨,兹姑略焉。

第五百九十条 卖主对于买主,负有就买卖标的物之法律关系为必要之证明,并交出可证明权利书件之义务。但其书件不归卖主占有者,不在此限。

前项情形,其书件尚须备他事件之用者,卖主惟负交付其公证节本之义务。

财产权移转于买主,故卖主关于标的物之法律关系,对于买主应为必要之说明,并交出足以证明权利之书件,以完交易上之诚实及信用。但有不必交出者,限于下列二端:(一)书件不归卖主占有时,如买卖标的物系

第二章　契约

由共有分割而得之物，其证书不属卖主保存者，则卖主只将其对于第三人之书件使用权让与买主已足，固不能强其必交也。（二）其书件尚须备他事件之用者，则卖主惟负交付公证节本之义务。

第五百九十一条　买主负有交付其约定价金及领受买得物之义务。

卖主有移转财产权之义务，同时买主即有交付约定价金及领受买得物之义务。盖买卖为双务契约，一方既已履行，一方自应向相对人领受给付及为对待给付也。

第五百九十二条　依市场价格约定价金者，视为以清偿期及清偿处所之市场价格约定之。但其意思表示有与此异者，不在此限。

价金数率，通常于订约时约定。但亦有未明定其数率，仅云依市场价格定之者。惟市场价格，因时因地而各异。苟当事人不特别表示意思，则视为清偿期及清偿处所之市场价格，所以防争议也。

第五百九十三条　买卖标的物之交付附有期限者，其交付价金亦推定其为同一期限。

按价金之交付，通常习惯有三时期：（一）当事人间有约定交付价金确期，自宜如期交付，或得于其时期前交付；（二）当事人间未定交付价金时期，并未定交付标的物时期，则买主得即时交付，或应卖主请求时交付；（三）当事人间仅定交付标的物时期，未定交付价金时期，可推定其为同一期限交付。此即本条之规定。盖交付价金，与交付标的物同时行之，于当事人之意思，最为适合故也。

第五百九十四条　买卖标的物之交付，同时应即支付价金者，须于交付处所支付之。

支付价金，系金钱债务。据债权通则，苟当事人无特别表示意思，须向支付时债权人之住址为之。虽然，此特就交付标的物与支付价金不同时者而言。若交付标的物，同时应即支付价金者，则其价金须于交付标的物处所支付之，所以省劳力及费用也。

第五百九十五条　买主自有标的物交付时起，须支付价金之利息。但价金之支付有期限者，在期限内不须支付利息。

价金有约定无利息者，有约定有利息者。无利息者，固不生问题。有利息者，应从何时起息，本条规定买主自有标的物交付时起，须支付利息。

盖买主于交付时起,得为买卖标的物之收益,故亦应从此时起支付价金之利息。但支付价金有期限者,于期限内不须支付利息,使享有期限之实益也。

第五百九十六条　买主恐第三人主张权利,致失其所买受权利之全部或一部者,得视危险之限度拒绝支付价金之全部或一部。但卖主已提出相当担保者,不在此限。

前项规定,卖主得请求买主提存价金。

买主交付其约定价金,为当然之义务,已如第五百九十一条所述。若买受之权利,尚有不确实之虞,法律得许买主有预为保护之方法。故买主恐第三人主张权利,致失其所买受权利之全部或一部者,须使买主得拒绝价金全部或一部之支付,以保护其利益。惟恐之一字,在买主须实有足信其将罹追夺危险之重大理由。若无谓之杞忧,不得为抗辩之根据。但卖主已提出担保,则应支付价金。而请求提存价金,亦应允许之。

第五百九十七条　卖主已履行契约,并于买主之支付价金许其延缓者,无第五百三十七条之解除权。但卖主已保留解除权者,不在此限。

买卖为双务契约,卖主移转财产权,买主应即支付价金。如买主履行义务有延缓者,卖主得依第五百三十七条之规定。双务契约当事人之一造,于所担负之给付有迟延时,相对人得定相当期间催告其给付。若于期间内仍不给付者,得解除契约。然卖主于买主之支付价金许其延缓者,应视为已抛弃契约之解除权。惟特为保留者,自当别论。

第五百九十八条　买卖标的物,因不可抗力而有灭失或毁损之危险者,自标的物交付时,其危险亦归于买主。至买卖标的物之收益及担负亦同。

不动产之买主,于受交付前已为权利取得之登记者,自登记时生前项之效力。

买卖标的物,于未交付前,因不可抗力而有灭失、毁损者,其危险应由何人负担,此种学说,约分三种:第一,危险在债权人。买卖由契约成立而发生效力,买卖之标的物虽未交付,然契约已发生效力,其标的物应视为债权人之物。故危险宜在债权人。第二,危险在所有人。英国民法,所有权以契约成立同时移转为原则。日本民法亦同,标的物虽未交付,然契约已成立,而危险应由所有人(即买主)担负。第三,危险在债务人。谓所有权虽已移转,而标的物尚未交付,卖主既有保管之责,即应负担危险。本条即采用第三说者,自标的物交付时,其危险亦归于买主。可见,未交付前应由卖主担负危险,自不待言。标的物交付,所有物之收益及物之担负,均于此时移转于买主。若为不动产之买主,苟于交付前而为权利取得之登记者,则其登记应与交付同视,自登记之时始,即生前项之效力。

第五百九十九条　卖主依买主之请求,将买卖标的物送交履行处所以外之处所者,自卖主将标的物交付于运送承揽人或运送选定人时,其标的物之危险归买主担负。

买主于送付标的物方法有特别指示,而卖主并无正当理由违其指示者,买主因此所生之损害,卖主任赔偿之责。

卖主有向交付处所交付之义务,初无向交付处所以外之处所交付之义务。交付处所者,即如第三百四十五条至第三百四十七条之规定。不特定物须向债权关系发生时之债务人住址或营业所为之,特定物以债权关系发生时其物所存在之处所为之,金钱支付须向债权人之住址或营业所为之是也。其通常送付中所发生之危险,因尚在交付前,应由卖主担负。若应买主之请求,将标的物送付于交付处所以外之处所,则标的物之危险,应由卖主将标的物交付于运送承揽人或运送选定人时,即归买主担负。盖交付之迁地,实由买主主张之也。惟买主已特别指示送付标的物方法,而卖主并无正当理由违其指示致生危险,而买主因此受损害者,则咎由卖主,应使卖主任赔偿之责。

第六百条　承任其物之费用及关于登记之费用,归买主担负。履行处所以外之运送费用亦同。

前项规定,于有特别意思表示或习惯者不适用之。

买主有领受买得物之义务,故其结果,如承任其物之费用为取得权利登记之费用,及于履行处所以外运送之费用,均宜由买主担负。但当事人有特别意思表示,或有特别习惯者,应从其意思与习惯。

第六百零一条　权利移转之费用及物之交付费用,归卖主担负。但有意思表示或习惯与此相异者,不在此限。

卖主既有移转权利并交付标的物之义务,故移转及交付之费用,苟无

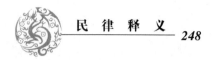

特别之意思表示或习惯,应使卖主担负之,于实际最为适合。

第六百零二条　关于买卖标的物之危险,于物之交付前已归于买主时,卖主于危险移转后物之交付前所支出必要之费用,买主须依委任规定赔偿之。

前项情形,卖主所支出之费用若非必要者,买主须依管理事务之规定赔偿之。

依第五百九十八条规定,可见权利移转,即为危险移转。但危险既已移转,则权利未有不移转者。若关于买卖标的物之危险,于物之交付前已移转于买主时,例如不动产之买卖,买主在交付前为登记。则此时所有权已归买主,危险亦归买主。而卖主就标的物所支出之费用,使仍由卖主担负,实与事实不符。盖于危险移转后物之交付前,卖主之于标的物,不啻由买主委任代为保管。故买主对于所支出必要之费用,须依委任规定赔偿之。对于非必要之费用,须依管理事务之规定赔偿之,方合于当事人之意思。

第六百零三条　前五条规定,于卖出关于物之权利因得占有其物者准用之。

前数条规定,皆指买卖后取得所有权者而言也。然如地上权之买卖,就权利之行使得将其物占有者,亦准用前五条之规定。

第六百零四条　依强制执行之卖出,其经管买卖或受委任人及其辅助人,不得为自己或为他人之代理人,买收卖出之标的物。

由于强制执行之卖出,须保护各方利害关系人之利益,并应担保办理卖出事务人之公平。所有经管买卖或受委任人及其辅助人,皆与强制卖出有关系。故对于卖出之标的物,不得为其自己或为他人之代理人买收之,所以防办理卖出人之舞弊也。

第六百零五条　前条规定,于强制执行外之卖出本于因法律规定,以他人计算有卖出财产权之权利人所委任者准用之。

于强制执行外所有之卖出,如提存物之卖出,质物之卖出,或破产管财人之卖出,皆本于法律规定。以他人计算有卖出权人所委任者,故准用前条规定。

第六百零六条　违前二条规定之卖出及其标的物之交付,若无债务人、债权人及以所有人名义参与卖出事务之利害关系人同意,不生效力。

前项情形,买主得定相当期间催告,令利害关系人于期间内确答是否同意。若利害关系人于期间内不为确答者,视为拒绝同意。

因拒绝同意再行卖出者,前买主须赔偿新卖出之费用及其价金之减少额。

违前二条之规定,其卖出及其标的物之交付应否有效,须依利害关系人之是否同意为准。利害关系人者,即债权人、债务人及以所有人名义参与卖出事务之人也。买主可对于利害关系人,定相当期间催告其是否同意。若无确答,即视为拒绝同意。既不得利害关系人之同意,则违法之卖出,应为无效。而买主自不可将买得之物,再行卖出。否则,须赔偿新卖出之费用及价金之减少额。

第三款　买　回

买回云者,据买卖当时特约,以卖主意思解除契约也。买回规定,各国不一。或以真正买回之意义,设买回规定,其义谓原买卖并不解除,实由买主复将所买之物,卖于卖主。德国民法即据此义,认买回为特种买卖之一。惟据此义,则前之契约,仍为有效,正不必特设规定。本案规定之买回不然,其效力在买卖之解除,实非真正买回之义。盖真正买回,则有二买卖。即第一买卖之买主,复作第二买卖之卖主。第一买卖之卖主,复作第二买卖之买主。谓之买回可也,谓之再买卖亦可也。前之所谓买回,不过将前次成立之原买卖从而解除之耳。

第六百零七条　卖主于买卖契约时,订立买回特约因而行使其权利者,得将买主所支付之价金及契约费用返还之而解除其买卖。

买回为解除买卖之契约,卖主欲保留此解除权,须于订立买卖契约时,并订买回特约。嗣后行使此权利时,自可依据特约,而解除前次之买卖。惟须返还买主所支付之价金及契约之费用。

第六百零八条　卖主非预行提出买主所支付之价金及契约之费用,不得行使买回权。

价金之利息,视为与买主就买卖标的物而收受之利益,互相抵消。但有特别意思表示者,不在此限。

买回虽为保护卖主之利益,然使卖主随时得主张此权利,则买主将因此而受损害。故卖主对于买主,既须负返还价金及契约费用之义务,又须负预行提出之义务,俾买主得以准备。惟价金之利息,应否返还,亦一疑问。本案视为与卖主就标的物所收受之利益相抵消,亦属公允。但当事人间有特别意思表示者,则从当事人之意思。

第六百零九条　卖主于行使买回权前,须偿还买主保存买卖标的物所支出之费用及其他必要费用。

买主于改良买卖标的物所支出之费用及其他有益费用,以因此增加之价格现存者为限,卖主须偿还其增加额。

卖主行使买回权,要不可使人受损害。故买主当占有买回标的物时所支出费用,卖主于行使买回权前,须分别偿还之。其费用可分为二:(一)保存费及其余必要费用,须全数偿还;(二)改良费及其余有益费,限于因此增加之价格现存者,卖主须偿还其增加额。

第六百十条　买主对行使买回权之卖主,须交付买卖之标的物及其附属物。因归责于买主之事由致买卖之标的物不能交付或显有变更者,买主须赔偿因此所生之损害。

卖主既依据特约行使买回权,买主即须交付买卖之标的物及其附属物。至其就标的物所收受之利益,则苟无特别意思表示,应视为与价金之利息相抵消,可无庸返还。惟因归责于买主之事由,致原标的物不能交付或显有变更者,则卖主因此所受之损害,买主须任赔偿。

第六百十一条　行使买回权前,买主将买卖之标的物处置,其因此而生第三人之权利,买主须除去之。

以强制执行与假扣押执行方法所为之处分,或破产管财人所为之处分,与前项之处分同。

卖主买回其标的物,须能完全行使其权利。苟买主于行使买回权前,就买卖之标的物,如抵当于第三人,设定其权利时,则买主应先除去之。又因强制执行与假扣押执行所为之处分,或破产管财人所为之处分,而生第三人之权利时,买主应同任除去之责。

第六百十二条　买回权,须于为特约后五年内行使之。

前项规定,当事人依特约定行使买回权之期间者不适用之。

第二章 契 约

买回期间,永久存在,则买主之权利,常立于不确实之地位,而于改良增修,必多怠惰,于社会经济,殊生影响。故本条限制其行使期间,使两造均可遵守:(一)法定期间,当事人未约定期间者,须于特约后五年内行使之;(二)当事人已约定期间,则依当事人之约定,不适用前项规定。

第六百十三条 订立买卖契约时将保留买回权之特约登记者,其买回权之行使,对于第三人亦生效力。

第六百零九条规定,于前项情形准用之。

登记赁借主权利,以余期一年间为限,得与卖主对抗。但以害卖主为目的之赁贷借,不在此限。

买回特约,须于买卖成立时预行订定。如订定后,因欲强固买回权之效力而为登记者,须使得与第三人对抗,以保护卖主之利益。惟应照第六百零九条规定,卖主行使其买回权,须偿还第三人保存标的物之费用及其他必要费用,与改良所得之增加额。又赁借主权利而为登记者,以其余期一年间为限,得向行使买回权之卖主对抗。但赁贷借之行为,而以害卖主为目的者,不能对抗卖主买回权之行使。

第六百十四条 卖主之债权人,欲依第三百九十六条规定而行使卖主之买回权,买主得从买卖标的物现时之价额中扣除卖主应返还于己之金额,以其余额清偿卖主之债务。若尚有余剩,得返还于卖主,消灭其买回权。

前项价额,审判衙门得因卖主之声请定之。

卖主之债权人,依第三百九十六条规定,得因保全债权行使属于债务人之权利。故债务人有买回权者,卖主之债权人亦得行使之。惟债权人之目的,欲代债务人买回者,必标的物现时之价额,扣除返还于买主之金额外尚有余额也。故买主得从买卖标的物现时之价额中扣除卖主应返还于己之金额,以其余额清偿卖主之债务。若再有剩余,返还于卖主,以消灭其卖回权。此种价额,当事人如有争执时,审判衙门得因当事人之声请定之。

第六百十五条 不动产共有人之一人,以特约保留其买回权而卖出其应有部分者,至其不动产之分割或拍卖时,卖主就买主所受之部分或应受之部分或价金得行使其买回权。

不动产共有人之一人,附买回特约卖出其应有之部分于他人时,则他人即为共有财产权之一人。嗣后卖主向其行使买回权,再作共有人,事固当然。苟买回权未行使以前,而共有之不动产分割或拍卖时,则卖主仍得就买主所受或应受之部分(就分割言之)或应得之价金(就拍卖言之)行使其买回权。盖此皆卖主买回权之标的也。

　　第六百十六条　前条情形,买主若为不动产之拍卖人时,卖主得支付拍卖价金及依第六百零九条规定应偿还之费用而行使其买回权,其不动产之全部所有权即由卖主取得。

　　因他共有人请求分割而买主为拍卖人者,卖主不得专就其应有部分行使买回权。

　　共有不动产付之拍卖,若由买主以外之共有人或第三人为拍卖人,则卖主自应依前条规定,得以买回买主应有之部分。苟即由买主为拍卖人,则卖主可选择行使其权利:(一)或就其应有之部分买回之,回复其原状;(二)或支付拍卖价金及第六百零九条规定应偿还之费用,取得其全部所有权。此第一项之意也。如因其他共有人请求分割,而买主为拍卖人者,则卖主不得专就其应有之部分为买回,必须买回其全部。盖分割请求出自买主以外之共有人,若非买回其全部,则化共有为专有之机会,又不知再需何日也。

第四款　特种之买卖

　　买卖之种类不一,其效用亦殊。如货样买卖,试验买卖,其买卖之手续,既与普通不同,而其效用亦别有所在。

　　第六百十七条　货样买卖,视为卖主就买卖标的物担保其有货样之性质。

　　买卖以货样为名,则买卖之标的,固以符合货样为必要也。在买主既以其有货样之性质而始承订,在卖主自必以适合货样之性质而为给付。于其契约成立之始,至未给付之前,应视卖主就买卖标的物担保其有货样之性质。若给付之标的物与货样不符,买主自可主张解除契约,或请求损害赔偿也。

　　第六百十八条　试验买卖,买主就买卖标的物得随意拒绝或同意。

　　试验买卖,推定其以买主之同意为停止条件而订立之买卖。

试验买卖,与现实买卖不同,以买主之是否同意为其买卖成立与否之标准。买主就买卖标的物表示同意,使买卖为有效;或拒绝同意,使买卖为无效,均属其自由故买主之同意,即为买卖契约所附之条件。然条件有解除条件与停止条件二种。试验买卖,既得买主同意,当然非解除条件。故推定其为停止条件,以期合于当事人之意思也。

第六百十九条 试验买卖之卖主,负有许买主检查及标的物之义务。

试验买卖,其标的物是否适合买主之意思,不能推定。如与买主之意思不合,则买主必不表示同意,其买卖即为无效。买主欲期买卖之确实,须检查其标的物。卖主欲取信于买主,应任买主检查其标的物。故买主有检查之权利,卖主负被检查之义务。

第六百二十条 试验买卖之买主,于约定期间就买卖标的物不表示同意者,视为拒绝同意。无约定之期间,而于卖主所定之相当期间内不表示同意者亦同。

因试验将买卖标的物交付于买主,而买主怠于为前项之同意者,视为已经同意。

试验买卖,既以买主之同意为条件,则是否同意,须于一定之期间表示。庶权利关系,易臻确实。故买主于约定期间内不表示同意者,或于卖主所定之相当期间内不表示同意者,均视为拒绝同意。俾卖主得易觅买主,以期交易之活动。如因试验卖主已将买卖标的物交付于买主,苟买主不欲买卖之成立者,应速返还之;或认标的物为适合者,应即承诺之。若既未返还而又不承诺,则视为买主已经同意。

第三节 互 易

互易者,当事人两造互约移转金钱所有权以外财产权之契约也。按广义之互易,则交易大半皆互易也。特自货币通用既著,货币与他之互易,特称作买卖。自余之互易,始称互易。今世诸国法律,以买卖实用最多,规定特详。而狭义之互易,大抵准用买卖规定。我国草案亦然。

第六百二十一条 互易,因当事人以非金钱所有权之财产权为互相移转之约而生效力。

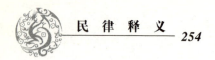

当事人之一造以金钱所有权与其他之权利为移转之约者,其金钱准用买卖价金之规定。

互易虽属双务契约及有偿契约,然其标的物则异,以非金钱所有权之财产权为互相移转之契约。但当事人一造所给付,恒与他造所给付不相等,由当事人补足金钱以充其差额者,称补足金。此种契约,属互易乎?抑属买卖乎?议论不一。或有以补足金数逾互易物价格者为买卖。例如以马易牛。马之价值百元,牛之价值四十五元,而补足金额为五十五元。则互易之价格少,补足金额之价格多,应视为买卖。然若补足金额与交易物价格适相等者,则又何属。本案不问补足金额之多寡,苟由互易而发生者,均以互易论。而此项金钱,准且买卖价金之规定。

第四节 赠 与

赠与者,当事人一造以无偿界自己财产于相对人,相对人允受之之契约也。故赠与之成立要件有三:(一)赠与必为自己财产。赠与之作用,不外赠与人将其物之所有权界受赠人,使之取得权利。(二)赠与必须无偿。即赠与人界予财产权于相对人,须绝无交换某种利益之性质。若稍合交换利益性质,即使予者所受利益,较其所供者极微,相对人所受利益,较其所出者为大。亦不得以赠与目之。(三)赠与为一种契约。赠与非单独行为,须由赠与人与受赠人之意思表示合致,即一方行赠与,而相对人必表示允受之意思也。

第六百二十二条 赠与,因当事人之一造表示将自己财产以不索报酬而与相对人之意思,其相对人允受之者发生效力。

赠与必须当事人之意思合致。一方为赠与,一方须允受,而效力始生。有谓受赠人对于赠与有益而无损,不必问其允否,使径享赠与利益,殆无不可。此说不然。人苟不愿受赠,讵可以受赠强之。况受赠人不表示允受意思,即有拒绝赠与之意。则契约不能成立,效力无自发生。故本条规定赠与之本义。

第六百二十三条 赠与须用书据。

赠与不依前项规定者,各当事人得撤销之。但已履行之部分,不在此限。

赠与为无偿契约，当事人一造受利益，一造须减损其财产。故必郑重出之。虽依前条规定，当事人意思合致，即生效力。惟苟无书据，效力仍未强固，当事人得撤销之。然不依书据之赠与，若使悉归无效，未免失之过严。故已履行之部分，权利确定，不可轻易，则不许其撤销，以保护受赠人之利益。

第六百二十四条 赠与人于赠与履行有害于自己身份相当之生计或不得履行法定扶养义务者，得拒绝履行。

受赠人有数人，其请求权竞集者，依权利成立之先后而定次序。

赠与本为示恩之举，赠与人无所利于其间，受赠人虽似债权人，究不得与他债权人同视。故法律减轻赠与人之责任，以保护之。若履行赠与，有害与自己身份相当之生计，或未能履行法定之扶养义务者，得拒绝受赠人履行赠与之请求。又受赠人有数人，而有前项情形，不能一一履行者，应依权利成立之先后，以定次序。即成立在先者，或为履行，而在后者则为拒绝也。

第六百二十五条 定期给付之赠与，因赠与人或受赠人死亡失其效力。但有特别之意思表示者，不在此限。

定期给付之赠与，苟当事人定有终期赠与，自届期而失效力。然若当事人未定期限，则赠与效力，何时终结，宜因赠与人或受赠人死亡而失效力。盖推测当事人之初意，此种定期赠与，赠与人愿及身负责，不欲羁束其继承人。且赠与为示意之举，大抵欲见好于相对人本身，非并及其继承人也。

第六百二十六条 赠与人只因故意或重大过失所生之事项，负其责任。

赠与人无支付因迟延所生之利息。

赠与效力，虽适用关于契约通则，然究与债权关系有别，故赠与人只负故意或重大过失之责任。如第三百二十五条所规定特定物保管义务之通则，赠与人固不适用之。又赠与系一方受利益之行为，即交付有迟延，亦不必依金钱债务之例，支付因迟延所生之利息。

第六百二十七条 赠与标的物之权利有瑕疵，赠与人不任担保之责。但赠与人故意不告知瑕疵者，不在此限。

赠与人约以将来所取得之标的物为给付,而取得其物时明知关于其物之权利有瑕疵,或因重大过失而不知者,受赠人本于其瑕疵得请求不履行之损害赔偿。关于卖主担保义务之规定,于前项情形准用之。

赠与人以固有之物为给付者,若其标的物有瑕疵,固无另议他物为给付之义务,自不任担保之责。如明知有瑕疵而故意不告知者,是有反于诚实及信用,且恐第三人接受时,致遭损失,故应任担保之责。又赠与人以将来所取得之物为赠与,则取得其物时,自不宜接受有瑕疵之物,而转给赠与人。苟预存为赠与人所有之意,明知标的物有瑕疵,与夫因重大过失而不知瑕疵,竟收受之而赠与之,殊反于为赠与之美意。受赠人得拒却之,而请求不履行之损害赔偿。关于此种情形,赠与人应负卖主担保之义务。

第六百二十八条　赠与标的物有瑕疵,赠与人不任担保之责。但赠与人故意不告知瑕疵者,不在此限。

赠与人约以将来所取得之替代物为给付,而其给付之物有瑕疵,并赠与人取得其物时明知或因重大过失而不知者,受赠人得请求另行交付无瑕疵之物。

前项情形,赠与人故意不告知瑕疵者,受赠人得请求不履行之损害赔偿,以代有瑕疵之物。其请求准用于担保卖出物有瑕疵之规定。

本条为补充前条之意。因其为替代物之给付,故有瑕疵时,得请求另行交付无瑕疵之物。其余规定之意,与前项同。

第六百二十九条　附有担负之赠与人,若自己已为给付,得向受赠人请求实行担负。

担负之实行系以公益为目的者,若赠与人死亡,主管官署得命受赠人实行担负。赠与人对受赠人行赠与,同时为自己、或第三人、或公益,使受赠人负某种给付之义务者,为附担负赠与。然赠与与担负,非如卖买等双务契约,一方义务,作他方对价。申言之,即非对待交付之性质,乃主从连属之关系。赠与主也,担负从也。赠与契约不成立,担负当然消灭。而担负消灭,决无害赠与之成立。惟赠与人已向受赠人为给付,得向受赠人请求实行担负。若受赠人担负之实行系以公益为目的者,则虽赠与人死亡,担负不因之消灭,主管官署,仍得命受赠人实行担负,以维持公益。

第六百三十条　因赠与标的物之权利或物有瑕疵,受赠人所应受利益

之价格不及其担负实行之必要费用额者,受赠人得拒绝实行担负。但因瑕疵所生之不足额已得赔偿者,不在此限。

受赠人不知有前项瑕疵实行担负者,其逾于前项价格之费用,对于赠与人得请求赔偿。

附担负赠与,既以赠与为主,而担负为从。则因赠与所得之利益,必多于实行担负所需之费用,始合赠与之性质。若因标的物或权利有瑕疵,致损其原有之价格。而受赠人之所得,较少于实行担负之费用额者,则赠与为有名无实,而受赠人或反因之受损失,故得拒绝实行担负。若受赠人不知赠与之物有瑕疵,实行其担负。而担负之额,逾于因赠与所得之利益者,则受赠人得向赠与人请求赔偿,以保护其利益。

第六百三十一条　受赠人不实行担负者,赠与人对于受赠人以有双务契约解除之要件时为限,得依不当利得之规定,于实行担负所需费用额之限度,请求返还赠与物。但第三人得实行其赠与之担负者,不在此限。

附有担负之赠与,受赠人于收受赠与物后,自以实行担负为必要。若受赠人不实行时,赠与人虽不得以此为解除赠与之原因,然不实行担负,如因归责于受赠人之事由(即双务契约解除之要件),得依不当利得之原则,于不逾实行担负所需之限度,向其请求返还赠与物。此指赠与人对于受赠人而言也。至第三人得因自己而请求担负之实行者,自不准用此规定,盖以保护第三人之利益也。

第六百三十二条　受赠人因重大过失对于赠与人或其近亲有忘惠之行为者,得废止其赠与。

赠与人之继承人,以受赠人故意并不法杀害赠与人或妨碍赠与之废止时为限,得废止其赠与。

赠与为加惠行为,受赠人一方受利益。若受赠人于赠与前有忘惠之行为者,则虽加之惠,亦属无益,故不如废止之为愈。又定期给付之赠与,以赠与人死亡失其效力。若无定期者,自应继续有效,使其继续人负此义务。惟受赠人有不法情事时,则应废止赠与。

第六百三十三条　赠与之废止,须向受赠人以意思表示为之。

废止赠与,得依不当利得规定,请求返还赠与之标的物。

赠与之成立,须由当事人两造意思之合致。则废止时虽不必得受赠人之同意，应向受赠人表示其意思。又赠与后而为废止者，则受赠人必有废止之原因。而因赠与所得之标的物，实属不当利得，故赠与人得请求返还之。

第六百三十四条　下列各款情形，不得废止赠与：

一、赠与人抛弃其废止赠与之权利者；

二、自可行其废止权利之日逾一年者；

三、受赠人死亡者。

前项第一款之抛弃，非有废止权人于知废止原因后为之，不生效力。

废止非可任意为之，亦有一定限制。如赠与人抛弃废止之权利者，或有废止权而经久不行使者，或废止权无可行使者，则废止权应消灭。

第六百三十五条　道德或礼节上之赠与，不得废止之。

本条为保存善良习惯而设。如因慈善之心而为赠与，例如见贫困之人而赠与衣食金钱，此为道德上之赠与也。又如因习俗所致而为赠与，例如嘉礼凶礼，各有致送；午节年节，各有节赏，此为礼节上之赠与也。凡此均有道德上或礼节上之规则，并非违背善良风俗，故不得依法律之规定废止之。

第五节　使用赁贷借

贷借之种类不一。有标的物系代替物，贷主移转其所有权于借主，使借主负还同种物之义务者，称消费贷借。又有标的物系特定物，贷主不移转其所有权于借主，仅移转其占有，使借主负还原物之义务者，称使用贷借。此二种皆系无偿之贷借也。若为有偿者，则称赁贷借。而赁贷借之中，又有使用赁贷借、用益赁贷借之别。兹先述使用赁贷借。

第六百三十六条　以使用为标的之赁贷借，因当事人之一造约明以某物贷于相对人使用，其相对人约明支付其赁费而生效力。

使用赁贷借，为赁贷主约使赁借主就某物使用之契约。故使用赁贷借之贷主不仅如使用贷借，只将物之使用权委之借主，仅负不妨害消极的债务已足，尚须进而负积极的债务，使赁借主得完全使用。而赁借主所负义务，为支付其赁费，与使用贷借必属无偿者不同。可知使用赁贷借为双务契约,亦为有偿契约也。

第六百三十七条　不动产之赁贷借契约,其存续期间逾一年者,须以书据为之。

不依前项规定之赁贷借契约,为未定有存续期间。

赁贷借存续逾一年者,关于不动产上之利害及所有赁费,于当事人极有关系,故须以书据为之。否则,视为未定存续期间,以防争执。

第六百三十八条　赁贷主须以合于约定使用之形状,将赁贷物交付于赁借主,并须于赁贷借之存续期间中保持其形状。

赁借主得使用赁贷物。自受标的物交付始,且于受交付后,赁贷借存续中,须得常保其形状,方可达使用之目的。故赁贷主有交付适合约定使用形状之标的物义务,并于赁贷借存续中,有保持其形状之义务。

第六百三十九条　将赁贷物交付于赁借主时,其物存有废止或减少约定使用之瑕疵者,赁借主得请求免支付其废止时间之赁费,或减其减少时间之赁费。赁贷借契约存续中生出瑕疵者亦同。

前项规定,于赁贷主以特约所确保之性质有瑕疵,或嗣后所发生之瑕疵适用之。

其以特约确保土地一定之面积者,视为以特约确保物之性质。

第五百八十二条规定,于赁费之减额准用之。

赁借主为使用赁贷物而出赁费,宜使其达完全使用之目的。如赁贷物有瑕疵不能完全使用,则赁借主必受损害,故应减少其赁费,或减其减少时间之赁费。

第六百四十条　前条所规定之瑕疵,于订立赁贷借契约时已存在,或嗣后因归责于赁贷主之事由而发生者,赁借主得请求不履行之损害赔偿,以代前条主张之权利。

前项规定,于赁贷主除去前条所规定之瑕疵有迟延者适用之。但赁借主得自行除去瑕疵请求赔偿必要之费用。

赁借主对于赁贷物有瑕疵,本可请求减少赁费。如其瑕疵于订约时已经存在,及嗣后因归责于赁贷主之事由而生者,或赁贷主知有瑕疵而除去有迟延者,是赁贷主违反交易上之诚实,应负损害赔偿之责。苟赁借主自行除去瑕疵者,得向赁贷主请求赔偿必要之费用。

第六百四十一条　赁借主于订立契约时,知其赁贷物有瑕疵者,无前二条规定之权利。

赁借主因重大过失不知有第六百三十九条第一项所规定之瑕疵,或知其物有瑕疵而领受其赁贷物者,以赁贷人确保其无瑕疵,或故意不告知瑕疵,或赁借主于订立契约时或领受赁贷物时将前二条之权利保留者为限,得主张之。

赁借主于订约时已知赁贷物有瑕疵者,无前二条之权利,盖赁借主已抛弃此项权利也。又赁借主于领受赁贷物时,因重大过失,不知废止或减少约定使用之瑕疵者,或于领受当时知其有瑕疵而领受之者,则以赁贷主确保其无瑕疵,及故意隐蔽其瑕疵,或赁借主于订约时及受领时保留担保权者为限,得主张前二条之权利。

第六百四十二条　以契约免除或限制赁贷主关于赁贷物瑕疵之责任者,若赁贷主故意不告知瑕疵,其契约无效。

赁贷主担保赁贷物瑕疵之责任,以契约免除或限制之者,自属有效。若赁贷主故意隐蔽其瑕疵,不告知赁借主者,殊有反于交易上之诚实,法律不能保护之,应使其契约无效。

第六百四十三条　赁借主因第三人之权利不能就赁借物为约定之使用者,准用第六百三十九条、第六百四十条、第六百四十一条第一项及第六百四十二条之规定。

赁贷物瑕疵担保之义务,已如前述。至赁贷物之权利有瑕疵者,其担保义务亦同,故准用前列各条之规定,使赁贷主负其责任。惟赁借物上第三人权利,赁借主恒无由知之,且不易知之。若犹责赁借主负过失责任,未免过刻,故第六百四十一条第二项规定,不适用于本条之赁借也。

第六百四十四条　赁贷主负赁贷物使用上所必要之修缮义务。

赁贷主为保存赁贷物所必要之行为,赁借主不得拒绝。

赁贷主恐赁贷物有毁损,致赁借主不能完全使用时,应于必要限度内以自己费用修缮之。此积极义务,与使用贷借贷主仅负消极义务者不同。惟赁贷主既负修缮义务,则凡关于保存该物所必要之行为,可不问赁借主意思如何,得经自行之,赁借主不能拒绝。

第六百四十五条　赁贷主违赁借主之意思欲为保存行为者,若赁借主

第二章 契约

因此不能达赁借之目的,得解除契约。

赁借主虽不能拒绝赁贷主之保存行为,惟赁贷主反乎赁借主意思,欲行保存行为,致赁借主不能因是而达赁借之目的,则固不能强赁借主以难堪,故许赁借主得将契约解除之。

第六百四十六条 关于赁贷物诸税及其他担负,由赁贷主任之。

赁贷物有各项担负,如租税等其重者也。赁贷主虽将其物许赁借主使用,然所有权仍属自己。故当事人苟无特约,理宜使赁贷主任之。

第六百四十七条 赁借主就赁借物所支出之必要费用,赁贷主须偿还之。但动物之赁借人,须担负其饲养费用。

赁借主就赁借物所支出之有益费用,若因此使该物之价格增加者,赁贷主须偿还其现存之增加价格。但赁借主得使赁借物回复原状,收回附属该物之工作物。关于赁借物所支出之费用有二:一为必要费用;一为有益费用。必要费用应由赁贷主担负,故须尽数偿还之。惟赁借物若系动物,则其饲养费,为赁借主所预期,虽属必要费之一,应归赁借主担负。有益费用,赁贷主只偿还其现存之增加价格。至附添于赁借物之工作物,其设置费用虽亦属有益费,然赁借主得于无害赁贷主利益之范围内,不求偿费用,将该工作物收回之,亦两利之道也。

第六百四十八条 赁借主赁借动产、房屋及屋基者,每月末日须支付赁费。若赁借其他土地,于每年末日须支付之。

按本国习惯,房屋之赁费,系月终支付。土地之赁费,系年终支付。本条即准固有之习惯而定。

第六百四十九条 赁借主因疾病及其他一身上之事由致不能使用赁借物者,不得拒绝赁费之支付。但赁贷主须自赁费中扣除因赁贷物之不使用而毋庸出费之额及已取得之利得额。

赁借主因赁贷主使第三人使用赁借物而不能使用该物者,无须支付赁费。

赁费为使用赁借物之对价。赁贷主以赁贷物供赁借主使用时,赁借主自应负支付赁费之义务,即使因疾病及自余一身上事由,致不能使用赁借物者,亦不能拒绝赁费之支付。惟因赁借物之不使用,而赁借主得节省费用时;或因赁借主不使用,而赁贷主得依他种方法取得利益时,则赁贷主应从其赁费中扣除之。又赁贷主使第三人使用赁借物，竟使赁借主不能使用该物时，应为解除契约。然在不得随时解除之赁贷借，则赁借主就其不得使用之程度，无须支付赁费。

第六百五十条　赁借主依契约所定之用法使用赁借物，因使该物变更或毁损者，不任其责。

赁借主有使用赁贷物之权利。故依约定用法使用赁借物，致该物变更或毁损者，则为行使权利之当然结果，赁借主不任其责。

第六百五十一条　赁借主违背契约而使用赁借物，或经赁贷主阻止而仍使用者，赁贷主得提起停止赁贷物使用之诉。

赁借主虽有使用赁借物之权利，然必依约定用法为准。如违背契约而使用赁借物，则赁贷主得阻止之。若既经阻止，仍不依约定用法而使用，恐有害于赁贷主之利益，故赁贷主得提起诉讼，而停止赁贷物之使用。

第六百五十二条　赁借主，或由赁贷主许其使用赁借物之人，虽经赁贷主阻止仍为违背契约之使用，致显然侵害赁贷主权利，或赁借主怠于应有之注意，显然使赁借物灭失或毁损之虞者，赁贷主得声明解约。

赁借主违背契约使用赁借物，不听赁贷主之阻止，或赁借主怠于注意致赁借物有损失之虞，而不利益于赁贷主者，则可不待至法定期间，赁贷主得先行声请解除契约，而实行停止不当之使用。

第六百五十三条　赁借主不支付赁费全部或一部继续至二期者，赁贷主得声明解约。但赁借主于受解除之声明前交清赁费者，其解约声明权即行消灭。

赁借主于受前项解约声明前，得因抵消而免其债务者，若于声明后即为抵消时，其解约之声明无效。

赁借主有支付价金之义务，而支付又有一定时期。若继续至二期，不支付赁费全部或一部，则赁贷主得声明解约。惟尚有限制二：（一）赁借主于未受解约声明前先交清赁费者，则解约声明权应归消灭；（二）赁借主于受解约声明前已得因抵消而免其债务者，若于受声明后速为抵消，则解约之声明无效。

第六百五十四条　赁贷主依前条之规定而解约者，须将预付之赁费归还。

第二章 契 约

赁贷主既以赁借主不支付赁费而解除契约,若于赁借主预付之赁费而不返还,是为不当利得矣,故设第一项之规定。又第五百四十四条所定契约当事人之一造,行使其解除权者,各当事人使相对人负有回复契约前原状之义务,于本条之归还赁费时亦适用之。

第六百五十五条　于赁借中发见赁借物之瑕疵,或第三人就赁借物主张其权利者,赁借主须速通知赁贷主。但赁贷主已知者,不在此限。

赁借主怠于前项之通知者,须赔偿因此而生之损害。

赁借主虽负修缮义务与担保义务,但以已知者为限。如赁借主于赁借中发见赁借物之瑕疵,或第三人主张其权利时,则赁借主应从速通知,使赁贷主履行其义务。若赁借主怠于通知者,则因此而生赁借物之损害,赁借主须赔偿之。

第六百五十六条　赁借主怠于前条第一项之通知,致赁贷主不能保持赁贷物现状者,赁借主不得主张第六百三十九条所规定之权利,或请求不履行之损害赔偿。

赁借主使用赁借物,须为相当之注意。如怠于为前条之通知,至不能保持赁贷物现状,则不得主张第六百三十九条之减免赁费,或请求不履行之损害赔偿,以保护赁贷主之利益。

第六百五十七条　赁借物与赁借中有不能预见之危险应筹预防方法者,赁借主须速通知赁贷主。但赁贷主已知者,不在此限。

第六百五十五条第二项及前条之规定,于前项情形准用之。

赁借物于赁借中有不能预见之危险,惟赁借主知之较悉。而赁贷主恐有不知,故应由赁借主从速通知,以便防止危险,而保护赁贷物。如有怠于通知者,除赁贷主已知者外,应准用第六百五十五条第二项规定,而任赔偿。

第六百五十八条　赁借主非经赁贷主承诺,不得将赁贷物转贷于人。

赁借主违前项规定使第三人使用赁借物者,赁贷主得解除契约。

赁贷借者,赁贷主与赁借主所订之契约也。其订约之意,只以赁贷物供赁借主使用,非以供第三人使用也。如赁借主转贷于人,实违反契约之本意,故必经赁贷主承诺而后可。如不经认可而使第三人使用者,无论是否转贷,赁贷主得解除契约。

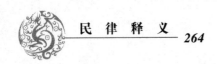

第六百五十九条 赁借主将赁借物转贷于人系合法者,于转借人使用赁借物之过失,由赁借主任其责。

得赁贷主承诺而将赁贷物转贷者,是为合法。合法转贷以后,赁借主非从此脱离关系也。其对赁贷主仍享有赁借主之权利,负担赁借主之义务。故转借人使用赁贷物之过失超过程度,仍由赁借主负其责,盖非此不足保护赁贷主利益也。

第六百六十条 赁借主非经赁贷主承诺,其权利不得让与。

第六百五十八条第二项及前条之规定,于前项情形准用之。

赁贷借之让与,其性质应与转贷同视,故准用前二条之规定。惟合法让与以后,则据债权让与原则,让受人地位为赁借主,负支付赁费义务。此后赁贷借关系,则存续于赁贷主与让受人之间。让与人之前赁借主,与赁贷借关系无涉,此自明之理也。

第六百六十一条 赁借主于赁贷借关系终结后,须归还赁借物。

赁借主使第三人使用赁借物者,赁贷人得于赁贷借关系终结后,请求第三人归还赁贷物。

赁借物之所有权,仍属赁贷主,赁借主不过于赁借期间内占有之而已。故赁贷借关系终结后,赁借主须返还赁借物。又赁借主经赁贷主承诺,将赁借物转贷于第三人,至赁贷借关系终结时,第三人得直接返还于赁贷主,不必由赁借主转交。赁贷主亦得直接向第三人请求返还赁贷物,以期便利。

第六百六十二条 赁借主若不履行前条义务,赁贷主得以损害赔偿之名义,请求支付赁费。

于前项请求外,得请求其他损害赔偿。

赁借主于赁贷借终结后,仍不返还赁贷物,在赁借主或欲继续赁借,在赁贷主或因此而受损害。故赁贷主得以损害赔偿之名义,请求支付赁费。又赁借主若因赁贷物毁损,不能返还,则请求赁费,尚不足以回复原有之利益,故得请求其他损害赔偿。

第六百六十三条 不动产之赁贷主,依后五条规定就不动产赁费及其他由赁贷借关系所生之债权,于赁借主之动产上有质权。

不动产赁贷主,对赁借主虽有请求赁费及自余由赁贷借所生之债权,然使仅据债权通则,其效力尚嫌薄弱。故各国立法例,有许其于赁借主动产上主张先取特权,或使其于赁借主动产上有法定质权(日本民法第三百十二条以下,德国民法第五百五十九条以下)。本案亦许其有法定质权,以保护之。凡不动产赁贷主,就不动产赁费及其他由赁贷借所生之债权,得主张此权利。

第六百六十四条　不动产赁贷主之质权,只于前期并本期赁费或其他债务,或前期所生之损害赔偿请求权上有之。

于赁借主不动产上之质权,所应担保之范围,宜有限制。否则,恐妨害赁借人之利益。故设本条规定,以防无益之争议。

第六百六十五条　土地赁贷主之质权,于赁贷地上之动产,或因利用土地而设建筑物所附之动产,或借土地利用之动产上有之。

建筑物赁贷主之质权,于赁借主附设于建筑物之动产上有之。

前二项质权,其效力不及于禁止扣押之物。

法定质权之标的物,不可无明文规定。于土地赁贷主之质权,则有三种:(一)赁借主附于赁借地上之动产,例如租地而建设操场设备、秋千架等是也;(二)利用土地而设建筑物所附之动产,例如于耕牧地上设盖房屋,其中所置备之一切器物等是也;(三)供土地利用之动产,例如修饰土地所用之刈草机是也。于建筑物赁贷主之质权,则为赁借主附设于建筑物之动产,例如于房屋中设置之火炉、电扇等是也。惟禁止扣押之物,不足以供担保,故不得为质权。

第六百六十六条　不动产赁贷主之质权,于赁借主取去质权标的物之动产时消灭。但于赁贷主所不知时,或虽有异议而仍取去时,不在此限。

取去前项动产,若赁借主因适于营业,或适于通常生活关系,或所遗动产足供赁贷主之担保者,赁贷主不得有异议。

不动产赁贷主之质权,于赁借主所设备之动产上而存在。如赁借主取去质权标的物之动产时,则其质权消灭。但有制限二:(一)取去时须系赁贷主已知者;(二)须赁贷主知之而无异议者,盖所以保护赁贷主之利益也。惟赁借主取去之动产,若系适于业务之通常执行,或适于通常生活关系,及所遗动产已足充分供赁贷主之担保者,则即使取去,在赁贷主无损,故无异议权。

第六百六十七条　依前条规定有异议权之赁贷主,得不待审判上之保护禁止赁借主取去其质物,或于赁借主离去赁贷不动产时,占有其质物。

于赁贷主所不知时,或有异议而赁借主仍取去质物者,赁贷主得因附设于不动产之故请求其归还,或于赁借主离去不动产时,得请求其交付所取去之质物。

赁贷主知取去质物后逾一月者,其质权消灭。但赁贷主已先在审判上主张前项权利者,不在此限。

赁贷主于赁借主动产上之质权,须得完全行使,始足以保护其利益。故赁贷主得以自己之力,禁止赁借主取去其质物。或赁贷主于赁借主离去不动产时,得占有质物。又赁贷主不知赁借主取去或离去时,或对于取去及离去有异议时,得以附设于不动产之故,请求赁借主归还。或以赁借主离去,请求其交付所取去之物。惟赁贷主知其取去已逾一月者,除其于审判上已主张权利外,其质权应消灭。

第六百六十八条　赁借主得提出担保,以免赁贷人行使质权,并得提出与各标的物价格相当之担保,消灭其质权。

赁借主欲免除赁贷主之行使质权,须先提出担保,或提出与标的物价格相当之担保,以使质权消灭。盖赁借主既提出相当担保,则赁贷主可免意外之损失。而赁借主又得将其动产,免质权之拘束也。

第六百六十九条　赁贷借以满所定期间而止。

赁贷借必有一定期间,于期间内自属有效。如已逾期间者,非继续改订,即属终结。故以满所定期间而止。

第六百七十条　当事人虽定有赁贷借之期间,若其一造或两造将期间内得解约之权利保留者,准用次条规定。

赁贷借之当事人,如定有期间者,自应依前条之规定,至期间已满为止。若于订约时,当事人一造或两造保留有解约之权利者,自可于期间内而为解约。但解约得准用次条之规定。

第六百七十一条　赁贷借之期间未定者,当事人不问何时,得声明解约。赁贷借于声明解约后满下列期间而止:

一、土地之赁贷借一年;

二、建筑物之赁贷借三月;

三、动产之赁贷借三日。

赁贷借未定期间者。则依立约之本意,当事人自得随时声明解约。惟声明后即须实行,则不预期解约之相对人,恒虞不利。法律所以保护之,凡赁贷借不因提议解约,即告终结,必待法定期间完满后,方生效果。而其期间,又视赁贷借标的物而殊,即土地一年,建筑物三月,动产三日。

第六百七十二条　赁贷借契约之期间逾二十年者,各当事人得于二十年后依前条规定,声明解约。但以赁贷主或赁借主终身为期间者,不在此限。

赁贷借期间过长,拘束当事人过久,于经济生活或有不利。故各当事人于二十年后,亦得依前条所列期间,声明解约。惟赁借主与赁贷主约定以终身为期间者,此在当事人或以必要而出此,故不适用前条之规定。

第六百七十三条　赁借主于赁贷借期间满后仍使用赁借物者,若赁贷主或赁借主不于两星期内向相对人表示反对之意思,视为以不定期间而继续其赁贷借。

前项期间,于赁借主自使用继续时起算。

赁借物于期间完满后,返还赁贷主,而赁贷借即为终结。此为普通常例。若赁借主于期满后仍使用赁借物,则赁贷主必表示反对之意思。苟赁借主或以赁费过巨,欲使其继续赁借,则亦必表示反对之意思。故期满后于两星期内,两造均无反对之意思者,自可推定其欲继续契约者居多,应视为以不定期间而继续赁贷借。其继续期间,则以自使用继续时起算。

第六百七十四条　赁借主死亡者,其继承人得依第六百七十一条规定,声明解除赁贷借契约。

赁借物未必悉为继承人所需,故赁借人死亡,而继承人欲解除赁贷借契约者,自可依第六百七十一条所定期间,声明解约。

第六百七十五条　赁贷借契约之解除,其效力不溯及既往。但当事人一造有过失者,相对人得请求损害赔偿。

契约解除,赁贷借即为终止。若必溯及既往,赁贷主须返还赁费,赁借主须偿还使用利益。非特手续上之繁累,抑恐事实上之不能,故解除只对于未来生效力。惟解除之原因,由当事人一造有过失者,则相对人得为损害赔偿之请求。

第六百七十六条　使用赁贷物违契约之本旨者,赁贷主之损害赔偿请求权因一年之时效而消灭。

前项期间,自赁贷主受标的物返还时起算。

赁借主违背契约使用赁借物,则因此而生之损害,须负赔偿之责。而赁贷主亦得为损害赔偿之请求。惟请求之时效,不宜过久。使证据难以调查。故逾返还标的物一年后者,则请求权消灭。

第六百七十七条　赁贷物之返还请求权,因时效而消灭者,前条损害赔偿请求权,亦因时效而消灭。

赁贷物因时间过久,而赁贷主之返还请求权因时效而消灭者,则主权利已不存在。而前条之损害赔偿请求权为从权利,自亦无所附丽,故亦因时效而消灭。

第六百七十八条　赁借主之费用偿还请求权及工作收回权,因一年之时效而消灭。

前项期间,自赁贷借关系终止时起算。

赁借主就赁借物支出必要或有益之费用,有请求偿还之权;所为各种工作,有收回之权。其时效自赁贷借关系终止时起算,逾一年而消灭。

第六百七十九条　不动产之赁贷借若已经登记者,依后五条规定,对于嗣后取得该不动产物权之第三人有效力。

赁贷借之关系,赁借主只能从其权利本旨,对赁贷主要求标的物使用,不能追随标的物,对于赁贷主以外之人,行使其权利,固也。然因不能对抗故,则赁贷主设将标的物让与所有权于第三人,或设定物权于第三人,赁借主即将灭失其权利。夫赁借主权利本形薄弱,赁贷借不能尽其效用,而财产通融之机窒矣。本案有见于此,爰采多数立法例,就不动产赁贷借设特别规定。即不动产之赁贷借已经登记者,对于嗣后取得该不动产之第三人亦有效力是也。其详依后五条之规定。

第六百八十条　不动产之赁贷主将不动产所有权让与第三人,第三人有此所有权时,代赁贷主有由赁贷借关系所生之权利义务。

赁贷主将赁贷物让与第三人,为移转权利。第三人依法律规定,当然受赁贷主所有之权利,并承任其义务,为赁贷主之代位。赁贷主对于赁借主之权利,即为第三人对于赁借主之权利。赁贷主对于赁借主所负之义

第二章 契 约

务,即为第三人对于赁借主之义务。

第六百八十一条 不动产之赁借主因履行义务提出担保者,其取得不动产所有权之第三人并取得因担保所生之权利。但第三人非现受担保或对于赁贷主承任担保偿还之义务者,不负担保偿还之义务。

第三人取得不动产之所有权,则不动产赁借主所提出之担保,当然随不动产为转移,而为第三人取得,于赁贷借终结时,偿还赁借主,此当然也。惟不得因此谓第三人应负偿还担保之义务。苟非第三人现受担保之提出,或对赁贷主承任返还担保之义务者,则不负此义务。

第六百八十二条 不动产之赁贷主将不动产所有权让与第三人,第三人对于赁借主因不履行本于赁贷借关系之义务所生之损害赔偿,赁贷主应负保证人之责。

第三人让受赁贷主之不动产,若对于赁借主不履行由赁贷借所生之义务,则赁借主必因此而受损害。此项赔偿义务,第三人固须担负之。而赁贷主应负保证人之责,以保护赁借主之利益。

第六百八十三条 不动产之赁贷主就不动产设定物权,有侵夺赁借主使用权之效力者,准用前三条规定。

不动产之赁贷主就不动产设定物权,仅有制限赁借主使用权之效力者,其物权取得人不得侵害赁借主之使用权而行使权利。

不动产之赁贷主就不动产设定物权予第三人时,此时应分二种:(一)所设定之物权,有侵夺赁借主使用权之效力者,如地上权是。则赁借主对于第三人,得比照取得所有权之第三人,应准用前三条规定办理。(二)若设定之物权仅有制限赁借主使用之效力者,如地役权是。则该物权取得人,于不侵害赁借主使用权之限度,虽可行使权利,然涉及侵害赁借主使用权之行为,即宜停止行使。

第六百八十四条 为赁贷借标的物之不动产,若由第三取得人更行让与权利或设定物权者,准用前四条之规定。

为赁贷借标的物之不动产,由第三取得人再将其权利让与于人或设定物权者,可比照赁贷主自行让与或设定办法。甲、第三取得人让与权利时,则(一)新取得人代第三取得人有本于赁贷借所生之权利义务;(二)新取得人就赁借主前此提出之担保,其权责关系,亦与第三取得人同；(三)新取得人若不履行由赁贷借所生之权利义务,仍应由赁贷主对赁借主负保证人之责。与第三取得人不履行义务时同。盖此时赁贷借关系,仍存续于赁贷主与赁借主间,既无使第三取得人对赁借主负保证责任之理。法欲保护赁借主,爰仍责赁贷主负保证责任,不因第三人取得人与新取得人而异,亦最适当也。乙、第三取得人设定物权时,亦准用赁贷主自行设定物权之规定。可参照第六百八十三条。

第六节　用益赁贷借

用益赁贷借者,当事人一造约以某物或权利贷于相对人使用、收益,相对人约支付赁费之契约也。此种习惯,中外各国,亦均有之,于经济上颇属重要。本节特规定之。

第六百八十五条　以使用及收益为目的之赁贷借契约,因当事人之一造约明以其物或权利使相对人使用及收益,其相对人约明支付赁费而生效力。

用益者,使用及收益之省文也。收益必与使用相伴,使用而兼收益,乃用益赁贷借之特色。与使用贷借不同,与使用赁贷借亦有异。与使用贷借异者,使用贷借不能收益。此则于使用以外,又可收益也。与使用赁贷借异者,使用赁贷借所付赁费,其取偿仅在使用。此则使用与收益,可兼得也。本条规定其效力之发生,即明示其性质之所在。

第六百八十六条　用益赁贷借,准用使用赁贷借之规定。但后十五条所规定者,不在此限。

用益赁贷借,就使用之点观之,与使用赁贷借之规定无殊。故本条明示其旨,准用使用赁贷借之规定。惟关于收益,须特别规定者,如后列之十五条是也。

第六百八十七条　耕作地之赁借主,应以自己费用修缮其居住或农业用之房屋、道路、沟渠、围障,或为其他通常之修缮。

在使用赁贷借,赁贷物使用上必要之修缮义务,由赁贷主担负。而耕作地赁贷借,赁借主得就地收益,故通常之修缮费用,归用益人担负。

第六百八十八条　耕作地之赁借主,非经赁贷主之承诺,不得于其土地之耕作方法为赁贷借期间后有影响之变更。

耕作地之赁贷借,有一定期间。如赁借主于其土地之耕作方法滥行变更,其影响必及于期满以后,殊有害于赁贷主之利益。故非经赁贷主承诺,则不得为之。

第六百八十九条　耕作地之赁借主,应于收获时节后速支付赁费。

土地使用赁贷借之义务,虽以每年末日支付为通则。然耕作地之赁借主,于收获时节后多有余资。故苟无特约,应于此时为支付时期最为适当。

第六百九十条　耕作地之赁借主,因不可抗力其收益较赁费为少者,得请求减赁费之额至收益额为止。

赁贷借以用益为旨,必其收益之额较赁费为多者,始合赁借主订立赁借契约之初意。若赁借之耕作地,因天灾地变等之不可抗力而收益较赁费为少者,是赁借主须于收益以外再补偿赁费,未免令人所难,故得请求减少赁费之额。

第六百九十一条　前条情形若继续至二年以上,其收益仍较赁费为少者,得解除契约。

耕作地之收益较少于赁费,于赁借主固无所益,于赁贷主反有所损。故有此种情形至二年以上者,于实际上殊多不利。故无论何方,均得主张解除契约。

第六百九十二条　耕作地赁贷主,就其全数赁费于赁借主占有之孳息及依执行律规定不得扣押之农具、家畜、肥料、农产物上亦有质权。

耕作地赁贷主之法定质权,其范围及标的物,有特殊规定,与不动产使用赁贷借不同。就范围言,不动产使用赁贷主,虽得就赁费主张质权,然只以前期及本期为限(第六百六十四条)。耕作地赁贷主,则无此限制,就全数赁费得主张之。就标的物言,不动产赁贷主,只于赁贷地上之动产或附属于动产有质权。而耕作地赁贷主,得就赁借主占有之孳息及农具、家畜、肥料与农产物,均有质权。盖法律体恤佃农,既有各种规定。而保护地主,亦宜扩充质权,庶足以警惰农而谋持平也。

第六百九十三条　耕作地之赁贷借未定期间者,各当事人于其收获时节后次期耕作著手前,得声明解除契约。

按使用赁贷借未定期间者,当事人不问何时,得声明解约。而耕作地之赁贷借则异，苟非定有期间者，于其收获时节后次期耕作着手前，得声明解约。否则，于耕作时间，新旧易主，荒芜者多，易生经济上之损害。

第六百九十四条　耕作地赁贷借终止者，赁借主于返还耕地时，须以善良管理法保持可为耕作之形状而返还之。

耕作地之赁借主，不得任意变更耕作方法，已如第六百八十八条所述。故赁贷借契约终止时，返还耕作地于赁贷主，须以善良管理法保持可为耕作之形状而返还之。盖耕作地以可为生产为本，若返还之后不能供耕作之效用，于赁贷主殊有所损。故本条特明示之。

第六百九十五条　耕作地赁贷借终止者，赁借主于未及收获之孳息、所耕作之费用得请求偿还之。但其请求额不得超过孳息之价格。

前条既以保有可耕作形状责赁借主，故返还当时，与土地尚未分离之孳息及所施耕作之费用，赁贷主不得收取，赁贷主得自后收取之。若不偿还于赁借主，则赁贷主为不当利得矣，故赁借主得请求偿还。惟请求之额，亦有限制，即不得超过所收获孳息之价格是也。

第六百九十六条　土地及其附属物并赁借者，赁借主任保存各附属物之责。

附属物因不归责于赁借主之事由而灭失者，赁贷主负补足之义务。但附属若系兽类，赁借主以适于通常之经济情形为限，应以其子补足之。

用益赁贷借，赁借主往往有将土地并其附属物合为一体赁借之者。附属物即利用该地所用之一切动产。赁借之后，赁借主应任保存之责。如因不归责于赁借主之事由，致附属物有灭失者，因非赁借主怠于保存，赁贷主须负补足之义务。但附属物系兽类，虽灭失非由赁借主之过失，然以适于通常经济情形为限，赁借主应将其子补足之。

第六百九十七条　前条情形，若赁借主先评价而领受附属物，于赁贷借关系终止时亦依评价负返还之义务者，适用后三条规定。

前条为赁借附属物之规定。若赁借时先将附属物评定价格而领受之者，则于赁贷借关系终止时，应依评定之价格返还之，其对于附属物适用后三条之规定。

第六百九十八条　赁借主担负附属物因不可抗力而灭失及毁损之危险。

赁借主以适于通常之经济情形者为限,得处置各附属物。

赁借主领受评价之附属物,负依评价返还之义务。则附属物所有因不可抗力而灭失及毁损之危险,应由赁借主担负。而对于附属物,得以自由处置,惟以适于通常之经济情形者为限。

第六百九十九条　赁借主依通常经济上之规则,照领受时情状负保存附属物之义务。

赁借主新添之物,以附合于附属物者为限,归赁贷主有之。

赁借主虽得依评价负返还附属物之义务,而附属物依然属于赁贷人所有。则赁借主自应照领受时情状,依通常经济上之规则保存之。又赁借主新添之物,附合于附属物者,则从物附随主物之原则,应归赁贷主所有。

第七百条　赁借主须于赁贷借关系终止时,返还其现存之附属物。

赁借主所新添之物,依通常经济上规则其价甚昂者,赁贷主得拒绝领受,其附属物之所有权归赁借主。

赁贷主所受交付之附属物总评价逾赁借主应返还附属物之总评价者,应归赁贷主偿还其所逾额;其不足者,应归赁借主偿还其不足额。

赁借主所领受之附属物,须于赁贷借关系终止时返还之,此当然也。但添附之物,因价昂而赁贷主不愿领受者,则归赁借主所有。惟评价之附属物,苟领受时与返还时价额相同,自无问题。如领受时少而返还时多者,应由赁贷主偿还赁借主。如领受时多而返还时少者,应由赁借主偿还赁贷主。

第七百零一条　赁借主于其所赁借之附属物对于赁贷主有债权者,于所占有附属物上有质权。

第六百六十八条规定,前项质权适用之。

附属物虽与赁贷物同时赁借,然有独立之性质。使于未赁借前,赁借主已于其物上有债权者(如特定物债权),则权利不因赁借而消灭。惟债权亦不能与赁借为混同,故许赁借主于占有附属物上有质权。但赁贷主得提出担保以免赁借人行使质权,并得提出与各标的物价格相当之担保,消灭其质权。故适用第六百六十八条规定。

第七节 使用贷借

使用贷借者,当事人一造,使相对人领取某物使用及收益后,无偿归还之契约也。故使用贷借与使用赁贷借及用益赁贷借不同。赁贷借之赁贷主,负使赁借主对于赁贷物使用、收益之积极的债务。使用贷借,则贷主只负不同时使用标的物之义务,不负有积极的债务也。且赁贷借必属有偿,而使用贷借则以无偿为特色。此两者不同之点焉。

第七百零二条 使用贷借,因当事人之一造约明向相对人领取某物,俟使用及收益后即行归还不给报酬而生效力。

使用贷借,贷主非将标的物所有权移转于借主,不过移转该物之占有权,使借主使用及收益,不给报酬而归还之。此种良善习惯,各国皆有之,且为人生日用交际上必不可少。惟标的物无分动产不动产,均得为之。而对于标的物,以使用为主,收益则例外也。

第七百零三条 贷主仅于故意或重大过失所生之事项任其责。

贷主既负许借主无偿使用或收益其物之义务,则贷主对于借主,无所取偿。法故减轻其责任,与通常债务人有别。贷主就其义务,只负故意及重大过失,始负责任。其理与赠与人减轻责任相同(第六百二十六条)。

第七百零四条 贷主故意不告知借用物有瑕疵,或关于其物之权利有瑕疵,致借主受损害者,负赔偿之义务。

使用贷借既属无偿,故贷主得比照赠与人规定(第六百二十七条及第六百二十八条),即使赁借标的物之权利有瑕疵,或其物有瑕疵,除贷主故意不告知,致借主受损害须负赔偿义务外,概不负责,亦当然之理也。

第七百零五条 借主依契约所定用法使用或收益借用物,致其物有变更毁损者,不任其责。

贷借之标的既在使用及收益,则借主依契约所定用法使用或收益借用物,即其物有变更或毁损,亦属当然之结果。贷主固不应有怨言,借主亦不任赔偿。

第七百零六条 借主非依契约所定用法,不得使用或收益借用物。

借主非得贷主承诺,不得使第三人使用或收益借用物。

贷借既系无偿,则借主对于借用物,更应切实注意,善为保存。其使用或收益,自应依契约所定之用法,无违贷主之意思。而贷主若与第三人无特别感情,借主亦不能掠美市恩,擅将借用物转借,使其使用或收益,以害贷主之利益也。

第七百零七条　借用物通常必需之费,由借主担负。

第六百四十七条第二项规定,于借主所出有益费及收回,使附属于借用物之工作物准用之。

费用有必要与有益二种。必要费属通常者,如动物喂养费之类,借主既不给报酬,自应归其担负。又借主所支出有益费,以因此增加该物价格者为限,得向贷主求偿。而借主又得使借用物回复原状,收回附属该物之工作物。

第七百零八条　约定之期间既满后,借主须归还借用物。

当事人若未约定期间,依贷借之目的使用或收益完毕后,即须归还借用物。但虽未完毕而已逾使用或收益相当之时间者,贷主亦得即时请求归还。既未定贷借期间,又不能依其目的定其期间者,贷主得随时请求归还其标的物。

借主使第三人使用或收益借用物者,准用第六百六十一条第二项规定。

使用贷借之借主,对于借用物不得有处分权。依照约定用法使用后,须将原物归还。而其时间则分两种:(一)当事人间已约定归还时期者,则借主须届期归还;(二)当事人间未约定时期者,则以有无约定使用目的为准。如契约定有使用之目的者,则借主于照约定目的使用完毕后,须归还之。但虽未完毕,而已逾借主可得使用之相当时间者,贷主亦得请求归还。如契约未定使用之目的者,则贷主无论何时,得请求归还。又借主若得贷主承诺,将借用物许第三人使用,致贷借关系终结时,贷主除向借主请求归还外,并准用第六百六十一条规定,得直接向第三人请求归还,与赁贷借之贷主无异。

第七百零九条　遇有下列各款情形,贷主得声明解约:

一、借主违第七百零六条规定;

二、借主怠于注意,致借用物显有毁损情形;

三、借主死亡。

贷主声明解约,则贷借关系即告终结。草案规定,贷主得声明解约之原因有三:(一)借主不从约定用法使用收益,或未经贷主承诺擅许第三人使用、收益;(二)借主无善良管理人之注意,致借用物显有毁损情形;(三)借主死亡。贷主不欲其继承人继续使用借贷物,凡此均许贷主得以解约,以保护其利益。但各国立法例,有以借主死亡为使用贷借终结原因者,然未必合贷主之意思。故本案仅认其有解约权。

第七百十条 使用或收益违契约之本旨,致贷主受损害者,贷主之损害赔偿请求权因一年之时效而消灭,借主之偿还费用请求权及工作物收回权亦同。

第六百七十六条第二项、第六百七十七条及第六百七十八条第二项规定,于前项请求权准用之。

借主于借用物违法使用或收益,致贷主受损害,则贷主有求偿权。此项求偿权,从接受借用物返还时起算,因一年时效而消灭。又借主之求偿费用权及工作物收回权,亦因一年时效而消灭。其期间则从使用贷借关系终止时起算。

第八节 消费贷借

消费贷借者,当事人一造交付金钱等替代物于相对人,相对人约归还同种类品、等数量之物之契约也。消费贷借之成立,必须当事人间实行物之授受。故设有当事人一造,据消费贷借以外之原因,对他一造负给付金钱等替代物之债务,欲将此债务变作消费贷借等债务时,必先由债务人清偿金钱等物于债权人。消灭债务,然后再以贷借名义,由贷主(即债权人)交付金钱等物于借主(即债务人),理固甚明。惟果如此说,则当事人间就同一物品一再受授,甚非计也。本案乃谋简便之法,苟当事人间约以该金钱等物作消费贷借标的物,则消费贷借,即据当事人意思表示而成立,俾一转移间,即得与消费贷借生同种效力。故如买主对卖主之卖买价金债务,雇主对受雇人之佣资债务等,皆得适用之。

第七百十一条 消费贷借,因当事人之一造约明向相对人领取金钱或其他替代物,其后以种类、等级及数量相同之物归还之而生效力。

非因消费贷借而负给付金钱或其他替代物之债务人,得与债权人约明此后作为消费贷借而负债务。

消费贷借,仅据当事人意思表示,不生效力,而以物之交付为成立要件。盖消费贷借之目的,在使借主消费标的物。苟非由贷主交付,借主领受之,即无由达其目的。至成立以后,借主对贷主负还物之义务。此归还之物,其种类、品等、数量,必须视受诸贷主者同。又如寄托等事,虽非消费贷借,而亦负给付金钱或其他替代物之债务。故可由债务人与债权人间,约明以契约更改为消费贷借,庶免彼此交付之烦,而图实际上之便益。

第七百十二条　消费贷借之约付利息者,若其物藏有瑕疵,贷主须易以无瑕疵之物。但借主仍得请求损害赔偿。

其无利息者,借主得照有瑕疵物之价额归还贷主。但贷主知有瑕疵而故意不告知借主者,准用前项之规定。

消费贷借之标的物有瑕疵者,须区分有利息与无利息二种处理之。如为无利息者,则贷主于权利瑕疵,不负责任,借主亦不得另求完全物之交付。即使因瑕疵受损,亦不得请求赔偿。至返还时,可求一同有瑕疵之物归还之。否则,即按有瑕疵物之价额,偿还贷主,亦无不可。如为有利息者,则借主对贷主,得别求交付无瑕疵之物。若因是而受损,并可请求损害赔偿。盖无偿消费贷借,贷主所以示惠,责之不宜太苛。有偿消费贷借,借主既出贷金,保护自应周密,或贷借知有瑕疵不告知者,则属贷主之欺诈行为,不分有偿无偿,贷主均须负责,借主得别求无瑕疵物之交付,如有损害,亦得请求赔偿。

第七百十三条　当事人未定归还时期者,贷主得定相当期间,催令归还。

前项情形,借主得随时归还。

当事人未定归还时期,则借主债务,系无期限。就原则论,贷主无论何时,得请求履行。借主受其请求,即须归还。然法欲充满贷借之希望,特畀借主以相当犹豫期间,俾得如期准备。如贷主未为请求,借主欲归还者,亦得随时归还之。盖归还之借主,或须筹措之期间,而受还之贷主,原无准备之必要也。

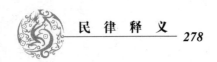

第七百十四条 借主不能以种类、等级、数量相同之物归还时,须以归还时归还地其物之价额偿还贷主。

前项规定,于消费贷借之标的物系特种通用货币失强制通用之效力者不适用之。

借主有归还同种类品等数量之物之债务。此种标的物,如系缺乏或至绝迹,致借主不能履行者,就纯理而论,似可免其义务。然借主假而不归,未免为不当利得。故以给付该物价额代之。而物价标准,则以归还时归还地之价额为断。但标的物若系特种通用货币,不在此例。盖特种通用货币失强制通用之效力时,应适用第三百二十八条通则,以他种通用货币为清偿焉。

第七百十五条 消费贷借之约付利息者,逾一年后须支付利息。其未满一年应归还者,于归还时支付利息。但当事人有特别之意思表示者,不在此限。

附有利息之消费贷借,借主有付息义务。其时期约分为二:(一)当事人特表意思时,从其意思;(二)当事人未表意思时,则逾一年后须支付之。若未满一年应归还者,于归还时须支付之。

第七百十六条 已与人预约为消费赁贷借,及其后相对人之财产显形减少若仍贷借而恐其不能归还者,得撤回预约。但有特别之意思表示者,不在此限。

贷借虽云消费,然仍以归还为主。如当事人间已预约为消费贷借,而相对人之财产日形支绌,则标的物有不能归还之虞,自难强令贷主照约履行。虽其原因发生在约束以前,仍得使其撤回预约,以保护其利益也。

第九节 雇 佣

雇佣者,当事人一造约为相对人服劳务,相对人约予报酬之契约也。所谓劳务,指为相对人所出一切劳力而言,无论为肉体上劳力,与精神上劳力,苟无违反公共秩序,均得为雇佣之标的。如医士、律师及学艺教师之劳力,亦包含其中。所谓报酬,不以金钱为限,即以劳务易劳务,亦无不可。且不必定期予之,例如,于一时付一定金额,使相对人服劳务,亦不失为雇

第二章 契 约

佣。又报酬若无特约,可给以评价相当之率。如评价无准,可给以习惯相沿之率。

第七百十七条 雇佣,因当事人之一造约明为相对人服劳务,其相对人约明予以报酬而生效力。

有非受报酬即不服劳务之情事者,视为允与报酬。

雇佣以有报酬为特质,如系性质上当然无报酬之劳务,不得目为雇佣。例如子为父母服劳务,此系有扶养义务者,不得以劳务论,此外有非受报酬不服劳务之情事者,仍视为雇主已默示约予报酬。申言之,即可照雇佣契约论,所以防争议也。

第七百十八条 雇主非经受雇人承诺,不得将其权利让与第三人。

雇主与受雇人为雇佣契约,受雇人有服劳务之义务,雇主有使其服劳务之权利。然此项权利,非得受雇人承诺,不得让与于第三人。盖雇主之债权,有专属性质。雇主果系何人,关系利害人颇重,故擅行让与,不得为之。

第七百十九条 继续雇佣关系,受雇人与雇主同居而受雇人罹病者,雇主应供给二个月间或雇佣关系终止前所必需之养膳费及医药费。但因受雇人故意或重大过失而罹病者,不在此限。

受雇人以精力全部、或其要部、为标的之继续雇佣关系,与雇主同居而服劳务,如受雇人非因故意或重大过失而罹病者,雇主应供给二个月间、或雇佣关系终止前所必需之养膳费及医药费。但有宜注意者:(一)受雇人疾病期间,应否仍受报酬,虽未有明文,然解释上以计入费用中为当;(二)因受雇人疾病,雇主虽不失即时解约权,然因解约致雇佣终止,雇主不得据是免其供给。所以,保护劳动人也。

第七百二十条 对于受雇人生命健康有危险情形者,雇主于劳务性质之范围内,须为预防危险必需之设备。雇主不履行前项义务时,作为侵权行为,任损害赔偿之责。

雇主为保护受雇人生命及健康之危险,须于劳务性质之范围内,为相当之设备,如处所、器具等,必供给之。盖无处所,则有露宿之虞。无器具,则有席地之患。其影响于生命健康者甚大。故雇主如不履行此义务,应作为侵权行为,受雇人如因此而生损害,须任赔偿之责。

第七百二十一条　前二条所定雇主之义务,不得预以契约免除或限制之。

雇主应尽前二条所列之义务,皆事关公益,欲使其实行,须为实力之保障。故以契约免除或限制此项义务者,法律不承认之。

第七百二十二条　受雇人非得雇主承诺,不得使第三人代服劳务。

雇主非得受雇人承诺,不得将其权利让与第三人,此为保护受雇人而言也。而受雇人对于雇主亦然,非得雇主承诺,不得使第三人代服劳务。盖雇主与受雇人之关系,为专属关系,故不可轻易替人也。

第七百二十三条　受雇人非依约服劳务毕,不得请求报酬。

以期间定报酬者,得于期间满后,请求报酬。

报酬何时付予,须视当事人间有无特约。如定有特约者,则照约定时期付予。如未定特约者,在通常情形,须俟依约服劳务毕后,方可请求报酬。此征之惯例然也。若以期间定报酬,如云每日或每月薪工若干元,则当该期间满后,即或约定劳务未毕,亦得请付准此期间之报酬。

第七百二十四条　受雇人服劳务雇主领受迟延者,受雇人无补服劳务之义务,而得请求报酬。但因不服劳务而节省之物,转向他处服劳务取得之物,或故意怠于取得之物,应扣除其价额。

受雇人为雇主服相当之劳务,而雇主领受迟延者,则咎在雇主,不能再责受雇人补服劳务。无论劳务已否服毕,均视为已服劳务者,有请求报酬之权。但因是竟使受雇人得不当之利得,亦与情理未协。故受雇人因不服劳务而节省之物,例如所备器物,未曾使用,或转向他处服劳务而取得之物,及因故意怠于取得之物,均应自报酬额中扣除,以昭平允。

第七百二十五条　受雇人因己身之事故不服劳务为时无几者,不失请求报酬权。但受雇人有过失者,不在此限。

受雇人于雇佣契约成立后,固不应为第三人服劳务,亦不得因自己之事而荒怠劳务。但因疾病、兵役及其他事故未服劳务,而为时亦无几者,则与完全服满劳务相去无间,故不失其请求报酬权。至受雇人因过失而不服劳务,则情事既殊,自难准用。

第七百二十六条　给定雇佣期间届满者,雇佣关系消灭。

期间在五年以上之雇佣契约,及以当事人之一造或第三人终身为期之雇佣契约于五年后，当事人之一造得随时声明解约。声明后满三个月，雇佣关系消灭。

雇佣关系，至何时而终结乎？（一）期间完满则为终结。当事人苟就契约定有期间者，则雇佣关系，自因期满而终结。（二）期间在五年以上而已过五年者，及以当事人一造或第三人终身为期间而已过五年者，则当事人无论何造，无论何时，均得声明解约。声明后满三月，其雇佣关系消灭。盖民法虽不限雇佣以最长期间，然长期雇佣之流弊，亦宜预防也。

第七百二十七条　未定雇佣期间，及不能依雇佣之性质或其目的以定其期间者，各当事人得依后二条规定，声明解约。

未定期间之雇佣，又不能依雇佣性质及目的定其期间者，各当事人无论何时，得声明解约，但须依后二条之规定。

第七百二十八条　以日定报酬者，无论何日得声明解约，其雇佣自次日终止。

以六个月以下之期间定报酬者，得声明自次期以后解约，但须在本期前半期预行声明。

以六个月以上之期间定报酬者，依前项声明解约，须于三个月前为之。

以期间定报酬者，其雇佣解约可分三种：（一）以日定报酬者，则计算最为便捷，故解约无论何日，均得声明之，其雇佣自声明之次日终结；（二）以六个月以下之期间定报酬者，例如以每星期、每一个月、每三个月计算，得声明自次期以后解约，但须在本期前半期预约声明；（三）以六个月以上之期间定报酬者，亦得声明自次期以后解约，但因期间较长，预先于三个月前声明之。

第七百二十九条　不以期间定雇佣之报酬者，得随时声明解约，声明后满二星期雇佣终止。

雇佣未定期间，其报酬亦未定期间者，则声明解约，自得随时为之。但雇佣即时终止，于相对人或多不利。故须俟声明后满二星期始行终止。

第七百三十条　当事人定有雇佣期间，若有正当事由，各当事人得即时声明解约。但其事由因当事人一造之过失而生者，对于相对人任损害赔偿之责。

正当事由，谓雇佣解约不能履行，或显难履行之事情，此无论雇佣定有期间与否，各当事人可不必预先声明，得即时声明解约。但因重大事由而解约，则事出于不得已，相对人即因解约受损，就原则论，亦不得请求赔偿。惟事由因当事人一造过失而生者，则事属例外，对于相对人，亦须赔偿之。

  第七百三十一条　雇佣期间届满后，受雇人仍服劳务，雇主明知不即声明异议者，视为不定期间继续雇佣。

  雇佣定有期间，则期届满，雇佣契约应即解除，事属当然。如受雇人仍接续服其劳务，是受雇人有继续雇佣之意。雇主明知期间已满，不即声明异议，是雇主亦有继续雇佣之意。本条推测当事人之意思，视为不定期间继续雇佣，于实际最为便利也。

  第七百三十二条　长期之雇佣终止后，受雇人得向雇主请求给与证明书，证明雇佣关系及其继续期间。

  若受雇人请将劳务之信用成绩记载于前项证明书者，雇主应为记载。

  雇佣系不要式契约，当事人间不必尽有书据。而在长期雇佣，受雇人往往有成绩信用可言。故当雇佣终止后，雇主得请求受雇人给予证明书，证明雇佣关系及其继续期间，并得请将所服劳务之信用成绩，记载于前项证书。盖受雇人有此证书，足以证明其技能信用，谋事较易也。

  第七百三十三条　第六百七十五条规定，于雇佣准用之。

  雇佣契约解除原因，除适用通则外，亦得准用第六百七十五条规定。如因正当事由之解除，与期间经过五年之解除，此等解除效力，与赁贷借解除同，仅向将来有效。又因当事人一造过失而解除雇佣契约者，则有过失之当事人，对相对人仍负赔偿责任，亦与赁贷借规定无殊也。

第十节　承　揽

  承揽者，当事人一造约明完成某事项，相对人俟其事项有结果予以报酬之契约也。完成事项，为承揽契约特质，与雇佣不同。法文不限定事项之范围，凡可以依劳务而致之结果，皆得为承揽标的。故如建筑房屋、修制器具等，作制有形物者，固无待论。即如运送货物及旅客，及测绘演艺等，因人类体力学艺之应用，得致有形无形之结果者，均得为承揽契约之标的也。俟事项有结果予以报酬，为承揽契约要件。凡承揽必属有偿，就事项结果予以报酬,即与雇佣有别。雇佣之雇主,须就相对人劳务予以报酬。承揽之定作人,则必就劳务人结果始予报酬也。

第七百三十四条 承揽,因当事人之一造约明为相对人完成其事项,相对人约明俟其事项有结果与以报酬而生效力。

有非受报酬即不为完成其事项之情事者,视为允与报酬。

承揽人约明为相对人完成其事项果属何事,须据契约性质及当事人明示或默示决定之。承揽契约标的,在因劳务使生一定结果,完成即言其结果也。申言之,为承揽人者,须因劳务生一定结果,俾定作人得达其订约之目的而与以报酬也。又承揽约予报酬,亦不限明示。苟有非受报酬即不为完成其事项之情事者,即可视为定作人,已默示约予报酬也。

第七百三十五条 承揽人负完成事项不留瑕疵之义务。

事项之标的物与承揽人确保之性质不符,并使价格灭失、减少,或使通常使用、约定使用之用法灭失、减少者,视为有瑕疵之事项。

承揽人有完成事项之义务。若其事项留有瑕疵,即无由达定作人订约之目的。事项有瑕疵者,谓其事项未具承揽之性质,并使价格灭减,或使通常用法、约定用法灭减也。

第七百三十六条 事项之标的物有瑕疵,定作人得定相当期间,请求承揽人修补其瑕疵。但修补瑕疵需费过巨者,承揽人得拒绝修补。

承揽人修补迟延者,定作人得自行修补,并请求承揽人偿还所需之费用。

承揽人既负瑕疵担保之义务,如事项标的物留有瑕疵,应向承揽人请求于相当期间内修补。但有时修补瑕疵,需费过巨者,例如建筑房舍业已告竣,或因土地界限位置不便,遽欲移动,则与创造无异,此时承揽人得拒绝修补。若承揽人逾相当期间延不修补,定作人得自行修补,而其费用,得向承揽人求偿。

第七百三十七条 承揽人不于前条第一项期间内修补瑕疵,或依前条第一项但书之规定拒绝修补,或其瑕疵不能修补者,定作人得自行选择,或解除契约,或请求减少报酬额。但瑕疵非重要,或事项之标的物为建筑物或土地之工作物者,不得解除契约。

解除买卖及价金减额之规定,于前项情形准用之。

承揽人若不于相当期间内修补瑕疵，或因需费过巨拒绝修补，或瑕疵重大不能修补者，则定作人于解除契约、请减报酬，二者得选择其一行之。但瑕疵若不甚重要，即如减少事项价格或用法系轻微者，或事项标的物为建筑物及土地之工作物修补不易者，虽可请减报酬，然不得行使解约权，所以重公益也。

第七百三十八条　事项之瑕疵，其事由应归责于承揽人者，定作人得请求不履行之损害赔偿，以代解除契约或减少报酬。

事项之瑕疵，其事由应归责于承揽人者，定作人得不解除契约，不请减报酬，而请求不履行之损害赔偿。盖咎在承揽人，不得使定作人受损害也。

第七百三十九条　事项标的物之瑕疵，因定作人所供材料之性质，或依定作人之指示而生者，定作人无前三条规定之权利。但承揽人知其材料或其指示不适当而不以实告者，不在此限。

事项标的物之瑕疵，因定作人所供材料性质或遵定作人指示而生者，则应由定作人任其责，不能行使前三条之权利。但承揽人知其材料或指示不适当，而不以实告，则是有背交易之诚信，故承揽人仍不能免其责。

第七百四十条　关于事项之瑕疵，有以契约免除或限制承揽人之责任者，若承揽人知有瑕疵故意不告时，其契约无效。

关于事项之瑕疵，对承揽人以特约免除或限制其义务者，则其特约有效，定作人亦须遵约行之。但承揽人于订约当时知有瑕疵故意不告者，则亦背交易之诚信，其特约无效。

第七百四十一条　定作人修补事项瑕疵之请求权，其他因事项标的物而生之权利，自承揽人将事项标的物交付定作人后逾一年因时效而消灭。但其期间得以契约伸长之。

事项标的物无须交付者，前项所定期间自事项完毕后起算。

修补瑕疵请求权，为定作人之权利，即为承揽人之义务，其存在须有一定期间。故自事项标的物交付后逾一年，因时效而消灭。其标的物无须交付者，则以事项完毕之期为交付之期。惟欲其期间延长者，得以契约为之。

第七百四十二条　事项标的物若系土地之工作物，前项之时效期间为五年。

土地工作物，在定作人利害较重，瑕疵未易遽见。故须展长其期间，至五年而消灭。

第七百四十三条　承揽人得定作人之同意已调查有无瑕疵或已修补者,前二条之时效,于承揽人向定作人报告调查结果前,或于通知修补瑕疵已毕,或拒绝继续修补前停止之。

第五百八十五条第二项、第五百八十六条至第五百八十八条之规定,于前二条之时效准用之。

前二条之时效有应停止者,如承揽人得定作人之同意,已着手调查有无瑕疵者,则于承揽人报告调查结果前,应停止其时效。又如承揽人得作人之同意,已修补其瑕疵者,则于承揽人通知修补瑕疵已毕,或拒绝继续修补前,应停止其时效。又因事项有瑕疵定作人之权利,与买物有瑕疵买主之权利相似。故前二条之时效,准用第五百八十五条第二项及第五百八十六条至第五百八十八条之规定。

第七百四十四条　事项标的物如已依契约之本旨完成者,定作人负领受之义务。但依事项之性质无须领受者,不在此限。

定作人知有瑕疵而领受其事项标的物者,无修补瑕疵请求权、因瑕疵解除契约权及减少报酬额请求权。但领受时保留此权利者,不在此限。

领受为受承揽人所给付。且领有事项标的物之行为,承揽人若已依契约本旨,完成其事项而为交付者,定作人有领受之义务。亦有某种事项性质上无须领受者,以作已领受论。因领受而生之效力,关系颇重,定作人领受以后,若事项有瑕疵,应即证明之。因瑕疵所生之请求权,其时效亦由此进行。事项标的物之危险,亦移转于定作人。苟定作人知其有瑕疵而领受者,若未曾保留修补瑕疵请求权、因瑕疵解除契约权及减少报酬权者,视为与抛弃其权利同。

第七百四十五条　领受事项标的物时,须与以报酬。但约定领受一部分时应与以报酬者,须于领受时就各部分与以报酬。

以金钱定报酬而未支付者,定作人须自领受事项标的物时起支付利息。但承揽人允其暂缓支付报酬者,不在此限。

按双务契约同时履行原则,则定作人领受事项标的物时,须与以报酬,固属当然。苟当事人特约领受事项一部分应予报酬者,则定作人当领受各部分时,须就各该部分,付准此之报酬。又报酬若以金钱定者,自非承揽人

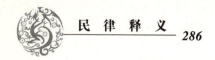

许其缓付,定作人须自领受标的物时起,支付利息,以保公平。

第七百四十六条　前条情形,因事项之性质无须领受事项标的物者,须于事项完成时与以报酬,其利息亦须自事项完成时起支付之。

有因事项之性质无须领受者,例如为定作人修缮房屋等事项是也。则事项完成时,应即与以报酬。而在以金钱定报酬应付利息者,须自事项完成时起支付利息。

第七百四十七条　需定作人之行为始能完成其事项,而定作人怠于行为应任迟延之责者,承揽人得向定作人请求相当之损害赔偿。

前项赔偿额,就迟延之继续时间,并约定之报酬额及承揽人因迟延而得节省之费用额,或因转向他处给付劳务取得之利益而酌定之。

承揽之事项,固有依契约本旨,需定作人行为始能完成者。例如由定作人供给材料,或由定作人指示等是也。如定作人怠于此等行为,承揽人不能独自完成。则因定作人迟延之结果,承揽人得向定作人请求相当之损害赔偿。而其赔偿额之酌定,则(一)就迟延之继续时间,(二)约定之报酬额,(三)承揽人因迟延而得节省之费用,(四)因转向他处给付劳务而得之利益,合此四者而计算之。

第七百四十八条　前条情形,承揽人得向定作人定一相当期间,声明若于此期间内仍怠于行为,即行解约。

定作人不于前项期间内追完其行为者,视为业已解约。

于前条情形,承揽人对于定作人,不得不有救济之法。即定一相当期间,催告其行为,并声明若于此期间内怠于行为,即行解约。所以速事项之完成,而保契约之效力也。如定作人经此声明始终不理,则事项将无完成之望,而于契约之本旨,实属有背,故视为业已解约。

第七百四十九条　定作人领受事项标的物前,其物因天灾及其他不可抗力而有灭失、毁损之危险者,承揽人担负之。但定作人领受迟延者,不在此限。

定作人所供材料因天灾及其他不可抗力而灭失、毁损者,承揽人不任其责。

承揽人因定作人请求将事项标的物送至履行处所以外者,准用第五百九十九条之规定。

关于承揽事项标的物之危险，应归何人担负，亟应明定。于定作人领受前，因天灾及其他不可抗力而有灭失、毁损之危险者，依常理而论，自应归承揽人担负。但遇下列各种情形，又当别论：（一）定作人领受迟延者，则迟延中之危险，应归定作人；（二）定作人所供材料，因不归责于承揽人之事由而生危险者，则承揽人不任其责；（三）承揽人因定作人请求将事项标的物送至履行处所以外之处所者，则准用第五百九十九条规定，从承揽人已将标的物交付运送时起，其危险归定作人担负。

第七百五十条 定作人领受事项标的物前，因定作人所供材料之瑕疵，或依定作人之指示致事项之标的物灭失、毁损或致其事项不能办理，若承揽人即时将其材料或其指示不适当情形通知定作人者，得请求其已服劳务之相当报酬，及请求赔偿不在报酬内之垫款。依第七百四十八条之规定解约者亦同。

承揽之事项，有须承揽人与定作人相需而成者，则定作人固应尽协助之义务，承揽人亦应尽忠告之义务。如因定作人所供材料有瑕疵，或所为指示之不当，致事项标的物灭失、毁损，或致其事项不能实行者，既不能归责于承揽人，自不应使承揽人受其损害，则承揽人有下开权责：（一）承揽人已知材料有瑕疵或指示不当，须即时通知情形于定作人；（二）承揽人已通知时，得请求其已服劳务之相当报酬及不在报酬内之费用。但定作人若因过失而致前项情形者，则除上列权利外，承揽人能依通常之规定，请求损害赔偿。

第七百五十一条 前二条情形，因事项之性质无须领受事项标的物者，于事项完成时视为领受事项标的物。

依事项之性质，无须领受事项之标的物者，如建造房屋、修葺船坞之类，应即以事项完成，与领受事项标的物同视。盖领受因为定作人之义务至无庸尽此义务时，则与已尽此义务者同。

第七百五十二条 承揽人因制造或修缮占有定作人之动产时，就其契约所得之债权，于制造或修缮已毕之动产上有质权。

承揽人依承揽契约所得之债权，自应切实保护，以期实行。故于其制造或修缮已毕之动产上，宜有质权，庶所得之利益得其保障也。

第七百五十三条 不动产工事之承揽人，于定作人之不动产曾施工事者,就其契约所得之债权,于该不动产上有抵押权。

前项抵押权,非于开工前登记,不生效力。

前条为动产工事之承揽人,故对于事项完成之动产上享有质权。本条为不动产工事之承揽人,如对于定作人之不动产上施工事者,则就其工事所支出之费用,应予以相当之担保,故于不动产上有抵押权。但抵押权非登记不能对抗第三人。缘第三人不知该不动产已有抵押权,常有于同一不动产上取得物权者。本条第二项之规定,为巩固承揽人之权利,亦所以免第三人之损害也。

第七百五十四条　承揽人未完成事项前,定作人得随时声明解约。

前项情形,承揽人得向定作人请求约定之报酬。但因解约所节省之费用,或转向他处服劳务取得之价额,或故意怠于取得之价额,均应扣除。

承揽契约解除原因,除适用通则外。本条复为定作人特认一种解除权。苟在承揽人未完成事项以前,定作人得随意声明解约。盖定作人既不欲事项之完成,固无强使完成之必要也。定作人虽得任意解约,承揽人仍得向之请求约定报酬。惟因解约所节省之费用,或转向他处服劳务所取得者,或故意怠于取得者,均应计算扣除之。

第七百五十五条　订立契约时,承揽人未确保估计额已敷其后有非超过估计额不能完成其事项之情形者,定作人以此理由声明解约时,承揽人得请求已服劳务之相当报酬及请求赔偿不在报酬内之垫款。

前项估计额超过之情形承揽人已预见者,须速通知定作人。

承揽工事,有估计额与完成额不符者,事所恒有。如订立承揽契约时,承揽人已确保估计额若干。则此后即有逾额之费用,由承揽人负其责。若承揽人于估计额并未确保,及后欲完成其事项非超过估计额不能者,若强定作人续行契约,于理未协,应予定作人以解约之权。然不能因此害及承揽人之利益,故许其请求相当之报酬及各种之垫款。又承揽人于工作进行中,已预见估计费用,必应逾额者,应速通知于定作人。盖是否逾额,承揽人身亲其事,知之较悉,而定作人非由承揽人告知,常无得而知之也。

第七百五十六条　约定由承揽人供给材料完成事项者,承揽人负交付完成物于定作人,并移转其所有权之义务。

前项契约,适用关于买卖之规定。但有特别之意思表示,或约定由承揽人供给附属物及其他从物以完成其事项者,不在此限。

承揽事项,材料虽由定作人供给者居多,而由当事人约定由承揽人供给以完成其事项者,于事实亦属便利。承揽人应将工作完成之物及其物之所有权,移转于定作人。此项契约,既由承揽人完成事项,又由承揽人供给材料,与买卖性质相似,故适用关于买卖之规定。惟当事人表示他项意思,或其所供材料仅止从物者,仍以承揽论。

第十一节 居 间

居间云者,立于两造之间,约明为相对人报告订立某种契约之机会,或为媒介某种契约,相对人约明与以报酬之契约也。为人报告及媒介者,谓之居间人。约与报酬者,谓之委托人。此项契约,只成立于委托人与居间人之间,而与他一造无有关系。故为委托人之相对人居间者,即为违背契约本旨。自委托人给与报酬之点言之,与委任契约异(委任皆无报酬)。自其对于劳务之结果支给报酬之点言之,与雇佣契约异(雇佣对于劳务之给付支给报酬)。自其于劳务之结果只有权利不负义务言之,又与承揽契约异(承揽负完成其事项之义务)。此所以于委任、雇佣、承揽等契约外,特设本节之规定。

第七百五十七条 居间,因当事人之一造约明为相对人报告订立某契约之机会或为其媒介,相对人约明与以报酬而生效力。

有非受报酬即不为报告订立契约之机会或不为其媒介之情事者,视为允与报酬。

居间人受相对人委托以后,即有报告及媒介之义务。而关于报告及媒介,并须守契约本旨,为委托人效其忠实。而相对人因其报告及媒介,理应与以报酬。惟此报酬,亦不限于明示。苟有非受报酬即不为报告及媒介之情事者,即可视为委托人已允与报酬,以符居间本旨。

第七百五十八条 居间人违契约本旨而为委托人之相对人居间者,不得向委托人请求报酬及偿还费用。

居间人若违背义务,致委托人受损,当依常例任损害赔偿之责,固无俟明文规定。然本条又特别规定,凡居间人违背契约本旨,反为委托人之相对人尽力者,实有背于交易上之诚实及信用,故不得向委托人请求报酬及费用,以示法律禁止不当利得之意也。

第七百五十九条 居间人之报酬,须于契约因居间人报告或媒介而成立时与之。契约附有停止条件者,非俟其条件成就后,不与报酬。

报酬乃居间人因报告媒介而成契约之对价。故居间人如未报告媒介,或虽报告媒介而契约并未成立,或契约虽已成立,并非由其报告媒介而致,委托人均可不予报酬。又契约附有停止条件者,应俟其条件成就后,始与报酬。盖附停止条件之契约,契约虽已成立,然因契约所生效力,在条件成就前尚未确定,不宜责委托人以报酬也。反是,契约若附解除条件者,则因契约所生效力,果否消灭虽未可知,然在条件成就前,契约效力固已发生存续,委托人不得因是免其报酬。

第七百六十条 以有特约为限,委托人须将费用偿还居间人。

前项规定,于居间人已为报告或媒介而契约仍不成立者准用之。

居间人因报告或媒介所出之费用,通常虽包含于报酬中。然事关私益,当事人苟有偿还费用之特约,则当分别偿还之。(一)契约因报告或媒介而成立者,委托人除付予报酬外,须偿还其费用。(二)虽行报告或媒介而契约未成立者,委托人虽不予报酬,然费用仍须偿还之。

第七百六十一条 委托人得随时向居间人解除委托。

居间契约之解除原因,除适用通则外,委托人于委托居间后,有随时解约之权。盖委托人无必须利用居间人报告或媒介,以与人订约之义务也。

第七百六十二条 居间人死亡,其居间终止。

居间契约,因信任居间人而订立。则居间人死亡,其契约当然终止。然委托人死亡,居间契约应否终止,乃事实问题,应依各项事情而定。

第七百六十三条 雇佣居间人之所约报酬为数过巨者,审判衙门因债务人起诉,得以判决酌减定一相当之额。但已支付之报酬,不在此限。

雇佣居间之委托人,每以急于谋生,许居间人以不当高额之报酬。然于委托人损害过巨,殊失法律认许居间之本意。故至债务人起诉时,审判衙门得以判决酌减,另定一相当之报酬额,所以恤佣,亦所以主持公道也。惟已支付者,自不能损害居间人之既得权,故不适用此规定。

第七百六十四条 因婚姻居间所约之报酬,不生效力。但已支付者,不得请求返还。

前项规定,于相对人、居间人约明以使其履行居间契约为目的向居间人负某种义务者适用之。

婚姻之居间者,委托人以欲与某人结婚之事委托居间人,而居间人为之报告结婚之机会,或为其媒介而受其报酬之谓也。此种契约,实有败坏善良风俗之虞。故法律不认为有效,以维持公益。但已支付报酬者,不得以契约无效之故,请求返还,所以保护居间人既得之利益也。又委托人与居间人约明负某种义务,使居间人履行某种契约。然此种契约,性质不明,恐与婚姻居间之契约相似,亦不使其发生效力,所以防他种弊害也。

第十二节 委 任

委任云者,当事人一造委相对人处理事务,相对人不索报酬允为处理之契约也。处理事务,本案仿德意志民法。委任之范围,包含一切事务。故法律行为与法律行为以外事务,均得委相对人处理之。其范围视日本民法原则,仅限法律行为者为广。又本案仿德意志民法,以无偿为委任特色,与雇佣、承揽、居间等契约有别,又与日本民法并认有偿之委任不同。此种契约,于各国久已通行,于实际最为适用。故本案特设本节以规定之。

第七百六十五条　委任,因当事人之一造委相对人为其处理某事务,相对人不索报酬允为处理而生效力。

委任以无偿为特色,与雇佣、承揽等不同。惟既系无偿,其结果只在受任人有处理事务之义务,委任人不负何等义务,故宜属片务契约。但委任契约成立后,委任人有时亦有预付费用、偿还费用等之义务,有称为不完全双务契约者。然契约种类,须就当时本质判定之。其于委任后即受报酬,究与委任之性质无有变更也。

第七百六十六条　受任人有依委任本旨,以善良管理人之注意处理委任事务之义务。

受任人依委任契约所负主要义务,即处理事务是也。其处理事务,须遵委任本旨,以善良管理人之注意处理之,庶不至害及委任人之利益。

第七百六十七条　受任人非经委任人允诺或有不得已事由,不得使第三人代其处理委任事务。

受任人依法得使第三人代其处理委任事务时,于选任及监督第三人,对于委任人任其责。

委任必由委任人信托受任人而为之。常有特种事项,必须受任人亲自处理,不能转托第三人者。故非经委任人允诺,与受任人实有不得已之事由,不得使第三人代为处理。又受任人依法使第三人代为处理委任事务时,于选任第三人及监督第三人,均对于委任人任其责。即第三人代已处理事务之行为,应与自己之行为同视也。

第七百六十八条　受任人为处理委任事务,得使用第三人。

前项情形,于使用人有过失时,受任人依第三百六十条之规定,对于委任人任其责。

依前条之规定,受任人不得擅使第三人代其处理委任事务。原委任关系,为专属之法律关系也。至使用第三人协助处理委任事务,则固无背于委任之性质。惟使用人于处理事务如有过失,应与自己之过失同视,对于委任人宜负同一之责任也。

第七百六十九条　受任人受委任人之指示处理委任事务时,非实有不能从其指示情事,并委任人若知有此情事亦表同意者,不得违委任人之指示。

依前项规定得违委任人之指示时,若无急迫情事,受任人须预行通知委任人,并受委任人确答。

受任人受委任人委托处理事务,应遵照委任人之指示处理之。但实有不能遵照指示情事,且委任人即知有此情事,亦不以受任人违其指示为非者,受任人得违其指示处理之。惟此时受任人须预发通知,且苟非情势急迫,应俟委任人之决定。

第七百七十条　受任人须将必要情事报告委任人。若委任人请求报告处理委任事务情形,须随时报告。委任终止后,须将其颠末即时报告。

受任人处理委任事务之当否,委任人恒不能知其详,故受任人有报告事务情形之义务:(一)受任人须择事情之必要者,报告委任人。(二)若委任人请求报告处理事务情形,须随时报告之;(三)委任终结后,须即时报告其颠末。

第七百七十一条　受任人因处理事务所领取之物,须交付委任人,其收取之孳息亦同。

受任人以自己名义为委任人取得之权利,须移转于委任人。

受任人为处理事务,向委任人领取之物,原为暂时应用。至委任事务终结时,自应交还委任人。其因处理事务所收取之孳息,亦宜同此办理。又受任人于处理事务中,以自己名义为委任人取得之权利,亦不可据为己有,应即移转于委任人。此依委任性质当然之结果也。

第七百七十二条　受任人将应交付委任人之金额,或为委任人之利益应使用之金额自行消费者,须自消费时起支付利息。若有损害,并任赔偿之责。

委任为无偿之契约,自不应借处理事务,居中取利。故受任人应交付委任人之金额,或为委任人之利益应使用之金额。若不即交付,或并未使用。而自行消费之者,则与消费贷借无异,故受任人须支付消费日以后之法定利息。如委任人尚有损害,并须赔偿之。

第七百七十三条　委任人非经受任人允诺,不得将处理委任事务之请求权让与第三人。

委任关系,有专属性质,必由委任人与受任人意思合致而成。故非经受任人允诺,委任人不得以处理事务之请求权让与第三人。盖受任人与第三人感情上之关系,未必即如委任人与受任人之关系也。

第七百七十四条　受任人若请求预支处理委任事务必要之费用,委任人须支付之。

受任人处理事务,遇有必要费用请求委任人预支者,委任人须即支付之。盖受任人无代委任人垫付费用之义务也。

第七百七十五条　受任人处理委任事务支出必要之费用,委任人须偿还其费用及支出后利息。

受任人处理委任事务担负必要之债务,得使委任人代其清偿。若未至清偿期,得使委任人提出相当之担保。

受任人因处理委任事务并无过失而受损害者,得向委任人请求赔偿。

受任人既不索报酬,而为委任人处理事务,自不能使其损失利益。故因处理事务所支出之必要费用,委任人须悉数偿还,及支出后之利息。如因处理事务负担必要之债务,委任人须代为清偿。苟未至清偿期者,应提出相当之担保。若受任人并无过失,致因此而受损害,委任人须任赔偿,以保护受任人之利益。

第七百七十六条　委任契约之各当事人,得随时声明解约。

委任契约当事人之一造,于相对人不利于解约之时期声明解约者,须赔偿其损害。但有不得已之事由时,不在此限。

解除委任契约,除适用通则外,各当事人得随时声明解约。盖委任系于信用,信用既失,自不能强其继续委任。惟当事人一造,苟于相对人所不利之时期声明解约,致相对人受损害者,除出于不得已之事由外,委任人须赔偿其损害。

第七百七十七条　委任,因委任人或受任人死亡、或丧失行为能力而终止。但有特别之意思表示,或因委任事务之性质而不能终止者,不在此限。

委任以特定当事人间相互之信用为基础。故当事人之一造死亡,或丧失行为能力,皆为委任终止之原因。自非有特别意思表示,或因委任事务性质,不能终结者,不宜强受任人,或受任人之继承人,仍负义务也。

第七百七十八条　依前条规定委任终止者,若有急迫情事,受任人或其继承人或其法定代理人,须于委任人或其继承人或其法定代理人能处理委任事务前继续处理,其委任视为存续。

委任虽因当事人一造死亡或丧失能力而终结。然苟有急迫情事,受任人之一造须为委任人之一造继续处理。否则,于委任人尚未接收之时,委任即行终结。则委任人所受损害,不能臆测。故使其委任存续,以保护委任人。

第七百七十九条　委任终止,而于受任人已知之前或得知之前,为受任人之利益,其委任视为存续。

委任虽因各种原因而终止。然在受任人之已知前或得知前,有关于受任人之利益者,其委任应视为存续。前条为保护委任人之利益。本条又为保护受任人之利益也。

第七百八十条　第六百十五条规定,于委任准用之。

契约解除之效力,原则虽溯及既往。然委任之解除,仅向将来有效,不溯及既往。惟因当事人一造有过失而解除者,则因解除所生之损害,相对人得请求赔偿。本条规定之理由,与第六百七十五条同。

第七百八十一条 以处理某事务为标的之雇佣或承揽者,准用第七百六十九条至第七百七十九条规定。

委任本以无偿为特质。如其契约标的专在处理事务而约有报酬者,虽可作雇佣与承揽论,惟其关系既有似委任,不妨准用委任之规定。

第七百八十二条 为他人谋划或介绍者,其因谋划或介绍而生之损害,不任其责。但因契约或侵权行为应负损害赔偿之责任者,不在此限。

委任虽以处理事务为原则。然为人谋划或介绍者,亦为委任关系。若令其任损害之责,恐无人愿为人谋划或介绍矣,故应不任其责为当。惟有特约为损害之担保者,与夫因故意或过失而为不当之谋划或介绍者,仍应负损害赔偿之责,以维持交易上之诚实也。

第十三节　寄　　托

寄托云者,当事人一造交付某物于相对人,托其保管,相对人承诺而领受之契约也。保管者,谓对于寄托标的物保有之,监护之,使无灭失、毁损之谓也。寄托契约特质,即在受寄人专负保管义务之一点。申言之,契约主要效果,专在使寄托人负保管义务者,方系寄托契约。若保管义务并非契约主要效果,不过构成其契约内容之他项权利关系之结果者,或保管义务,不过附随他种主要义务而生者,皆不得为寄托契约。如使用借主或赁借主之借用物保管义务,及受雇人或承揽人对雇主或定作人所负之保管材料义务皆是也。

第七百八十三条 寄托,因当事人之一造约明向相对人领得某物为其保管而生效力。

有非受报酬即不为保管之情事者,视为允与报酬。

寄托标的物,有仅限于动产者。本条但云某物,则动产及不动产,皆包括之。盖不动产有时亦有托他人保管之必要也。又寄托是否因领受其标的物而始成立(要物契约),抑因约定保管其标的物而始成立。本条谓领得某物为其保管,似为要物契约,最适于当事人之意思。又寄托以无偿为本质，然当事人特约报酬，亦无不可。惟约予报酬，亦不限明示。苟有非受报酬即不为保管之情事者，即可视为寄托人已允与报酬。故与委任契约，专属无偿者不同。

第七百八十四条　无报酬之受寄人保管受寄物，须切实注意，与保管自己之财产同。

营业人于其营业之范围内受寄托者，虽无报酬，仍应以善良管理人之注意而任其责。

受寄人受物之寄托而为保管，应以善良管理人之注意保存其物。证之第三百二十五条规定，似为受寄人应有之义务。惟无报酬与有报酬者要有区分，不能负同一之责任。故本条减轻其责，使其与保管自己之财产为同一之注意。然以保管为业者，如商人等，于其营业之范围内，虽不索报酬而受寄托，亦应以善良管理人之注意行其保管，所以维持营业上之信用也。

第七百八十五条　受寄人非经寄托人允诺，不得使用受寄物；非经寄托人允诺或有不得已之事由，不得使第三人代其保管受寄物。

受寄人依法得使第三人代其保管受寄物时，于选任及监督第三人，对于寄托人任其责。

受寄人对于寄托物，非经寄托人允诺，不得为自己利益而使用之。盖受寄托负保管义务，苟使用出于保管所必需，虽自当别论。然为自己利益，即有违寄托本旨也。又受寄人不得将受寄物寄托于第三人。但若经寄托人允诺，或有不得已事由，则不妨寄托之。惟于选任及监督第三人，受寄人仍应负责。盖受寄人与第三人之关系，不能即视为寄托人与第三人之关系也。

第七百八十六条　受寄人为保管受寄物，得使用第三人。

前项情形，于使用人有过失时，受寄人依第三百六十条规定对于寄托人任其责。寄托因信用而生，为专属之法律关系。故受寄人不得擅使第三人保管其受寄物。然使用第三人，为己之辅助人，协同保管，则无不可。若有此种情形，受寄人于使用人之过失，应与自己之过失同视。故对于寄托人，负同一之责任，以昭公允。

第七百八十七条　受寄人于保管寄托物之方法曾经约定时，非实有必需变更其方法之情事，并寄托人若知有此情事亦表同意者，不得变更保管之方法。

依前项规定得变更保管之方法时,若无急迫情事,受寄人须预行通知寄托人,并受寄托人确答。

本条理由,与第七百六十九条同。

第七百八十八条　受寄人将保管金自行消费者,须自消费时起支付利息。若有损害,并任赔偿之责。

按第七百七十二条规定,受任人将委任人之金额自行消费者,须支付利息,若有损害,须任赔偿。本条受寄人消费保管金及赔偿损害,其理由亦同。

第七百八十九条　受寄人因寄托物性质或瑕疵所受之损害,须由寄托人赔偿。但寄托人不知其性质或瑕疵,并无过失或曾将此等情形通知受寄人,或不通知而受寄人已知者,不在此限。

受寄人苟因寄托物性质(如爆发性、传染性等)或瑕疵(如霉烂、腐败等)致受损害,寄托人须赔偿之。但其例外有二:(一)寄托人不知其性质,或不可得而知之,寄托人不任其责;(二)寄托人已通知受寄人,或虽不通知而受寄人已知者,寄托人亦不任赔偿。

第七百九十条　当事人虽定有归还寄托物之时期,寄托人仍得随时请求归还。

受寄人于寄托物均有归还时期者,须于期间内负保管义务,非有不得已事由,不得先期径自归还。惟寄托物则无论何时,仍得请求归还。盖寄托本质使然,不必强使寄托焉。

第七百九十一条　当事人未定归还寄托物时期,受寄人得随时归还。

若定有归还时期,非有不得已事由,受寄人不得于期限前径自归还。

寄托物之归还,当事人未定有时期者,则受寄人自无负担永久保管之义务,得随时向寄托人归还。至定有归还时期者,则于时期未届前,寄托人有拒绝归还之权利,受寄人即有连续保管之义务。故受寄人非因罹病、旅行等不得已之事由,不得于期限前归还之,所以存信实也。

第七百九十二条　归还寄托物,得于保管其物之地归还之。但受寄人无须将寄托物送交寄托人。

受寄人因正当事由将寄托物转置他处者,得于其物现存之地归还之。

归还寄托物有约定处所者,须照约定处所归还之。如无约定处所者,受寄人可在保管处所归还。此盖推测当事人之意思,对于第三百四十六条原则,成一例外。如保管处所在债务人住址,债权人须赴其住址而受归还。若保管处所在其他地点,当事人两造须齐赴该处授受之。惟尚有例外,即受寄人因正当事由将寄托物转置他处者,得于其物现在处所归还。盖转置既出于正当事由,若仍就原处归还,其计甚拙,且有时或无原处可言也。

第七百九十三条　以有特约为限,受寄人得向寄托人请求报酬。

前项情形,寄托人须于保管终止时支付报酬。但以期间定报酬者,须于期间满后支付之。

若履行寄托半途终止,其事由不能归责于受寄人者,受寄人得就已履行之部分请求报酬。

寄托本质虽无报酬,若当事人约予报酬,亦为法律所认:(一)受寄人于保管终止时,可请求报酬;(二)若以期间定报酬者,则每俟期间满后,即得请求;(三)若履行寄托半途中止,而其事由不能归责于受寄人者,则受寄人得就其保管之程度,请求报酬。

第七百九十四条　第七百七十一条、第七百七十四条及第七百七十五条第一项、第二项规定,于寄托准用之。

受寄人为保管寄托物之故,向寄托人领取其物。及因寄托所取之孳息,所得之权利,自应返还于寄托人。此准用第七百七十一条规定也。又受寄人因保管寄托物所需必要费用,请寄托人预付,寄托人须支付之。此准用第七百七十四条规定也。又受寄人因保管所支出之必要费用,及负担必要之债务,寄托人须一并清偿之。此准用第七百七十五条第一项、第二项之规定也。

第七百九十五条　寄托替代物时,若将其所有权移转于受寄人,并使受寄人以种类、等级及数量相同之物归还者,准用消费贷借规定。

受寄人依契约得消费寄托物者,于领得寄托物时起,准用消费贷借规定。

前二项情形,若未定有归还时期及处所者,依寄托规定。

就寄托本质而论,受寄人须将原物归还,不得将寄托物消费。然在寄托替代物时,寄托人将其所有权移转于受寄人,并使受寄人以同种类、等

第二章 契 约

级、数量之物归还者,又当事人特约许受寄人消费寄托物者,则受寄人即得消费之寄托契约,以归还原物为要件。消费寄托,如寄托金钱等替代物时,已明示或默示许受寄人不必归还原物,只以同等之物归还已足,殊与寄托不合。是以消费寄托,为不规则寄托,宁认为消费贷借,适用消费贷借规定为宜也。惟归还时期及处所,苟无特约,可依寄托规定,不适用消费贷借规定,以期协当事人意思。故就时期论,当事人无论何时得请归还(第七百九十条),受寄人不得援用消费贷借之相当犹豫期间(第七百十三条)。就处所论,受寄人可在领得替代物处所归还(第七百九十二条),不适用第三百四十五条及第三百四十七条通则。

第十四节 合 伙

合伙云者,各当事人互约公同出资,以达公同目的之契约也。其各当事人谓之合伙人。公同出资者,即合伙人各对合伙人负出资义务。公同目的者,或为财产上之目的,或为精神上之目的,皆包含之。故无论为营利,属在财产上者;或为学艺、美术、教育、慈善等,属在精神上者,皆得以之订立合伙契约也。

第七百九十六条 合伙,因各当事人约明依契约所定方法公同出资,以达公同之目的而生效力。

经济进步,艺术发达。常有某种事务,非一、二人之精力或财力所能举办者。故合伙之事实渐多,合伙之范围亦愈广。出资为各合伙人公同之义务,并依同一之目的,为一致之进行。本条即为规定合伙之性质及其发生之效力也。

第七百九十七条 合伙人若无特别约定,其出资须平等均摊。

出资,得以供给劳务代之。

出资为酿出资本,各合伙人须从契约,尽力以期其成。故期成所需之资本,须由合伙人供给之,所谓出资义务也。其出资之成数,如未定有办法,似以平等均摊为最平允,且最合于当事人之意思。惟出资不限于金钱等有价物,亦得以给付劳务代之。

第七百九十八条 合伙人以金钱为出资而怠于支付者,须自应出资时起支付利息。若有损害,并任赔偿之责。

以金钱为出资者,则支付金钱,为合伙人之义务,亦所以达公同之目的。如一人怠于支付,则与先支付者,义务不能均等。故使其于应出资时起,支付约定或法定之利息。若支付利息犹未能补充其损害,应任赔偿之责。

第七百九十九条 约定之出资,合伙人无增加之义务。因损失而致出资减少者,合伙人无补充之义务。但有特别约定者,不在此限。

合伙之权利义务,依契约而言,不得随意变更。故合伙虽以达共同目的,然所负出资义务:(甲)宜以约定之出资为限,非有特约。不负增加之义务;(乙)约定所出之资,虽因损失而致减少,然非有特约,亦不负补充之义务。盖不如是,恐未合通常当事人之意思也。

第八百条 合伙人履行义务,须切实注意,与办理自己之事务同。

合伙虽以达共同目的,而与自己之利益,亦有密切之关系,故合伙之事务,应视为自己之事务。履行合伙义务时,宜与自己之事务加同一之注意。

第八百零一条 合伙各业务,须全体合伙人同意决定之。但合伙契约内订明得以过半数决定者,不在此限。

合伙契约内订明,各业务应以过半数决定者,以合伙人全体人数定过半数。但合伙契约内有特别约定者,不在此限。

合伙为达合伙人公同之目的,执行业务,须由全体合伙人公同决定,为最合于合伙人之意思。然全体一致,实际上每多困难,常有约定以过半数决定者。其决定之标准,即以全体合伙人之过半数。例如由七人合伙者,则以四人为过半数而决定之。盖前项为采用德意志民法(第七百零九条),后项为参用日本民法也(第六百七十条一项)。

第八百零二条 合伙业务,须由合伙人公同执行之。但合伙契约内订明,以执行业务之权利专属合伙人中之一人或数人者,不在此限。

前项但书情形,他合伙人不能执行业务,若合伙人中之数人有执行业务之权利时,准用前条之规定。

合伙业务,为合伙全体人共同之利益,由合伙人公同执行之,是为原则。然实际上每多不便。故有约定合伙人中之一人执行业务者,有约定合伙人中之数人执行业务者。执行业务,虽为合伙人之义务。而既有专属,即为执行人之权利。是以他合伙人不得从旁干涉,参与执行,以使责有攸归,而事无旁贷。

第八百零三条 依合伙契约,合伙人全体或合伙人中之数人各有专行业务之权利时,各执行业务人得于他执行业务人执行业务完成前声明异议。其有异议之业务,暂止执行。

合伙利益,为合伙人全体之利益。各执行业务人,自宜捐除私见,共谋公益。如执行业务人因其他执行业务人所为之处分行为或有不当,于执行业务完成前声明异议者,则他执行业务人应即暂缓执行,以保护合伙人全体之利益。

第八百零四条 合伙契约,以执行业务人权利授与合伙人中之一人者,以有正当事由为限,得以他合伙人全体之同意,使其丧失权利。

依前项规定,有执行业务权利之合伙人,以有正当事由为限,得声明辞任。其辞任时,准用第七百七十六条第二项规定。

执行业务,虽为合伙人公共之义务,然合伙人订立合伙契约,以执行业务权授与合伙人中之一人,则此一人为负独任之义务,亦为此一人有单独之权利。其他合伙人,自不宜背合伙契约,使丧失其权利。必以有正当事由,例如其人违背职务上义务,或无执行业务之能力,始能以他合伙人一致之意思,使其丧失执行之权利。至执行业务人,则其职务既有专属,自不宜有初鲜终,中途停止。但若不许其辞任,则又未免过酷。故亦以正当事由为限,许其依委任规定,声明辞任。

第八百零五条 执行合伙业务之合伙人,准用第七百六十六条至第七百七十五条规定。

合伙人执行合伙业务,应依合伙契约或合伙人之意思,固属当然。然合伙契约并无规定,或合伙人亦无特别表示意思时,则执行合伙业务之权利义务,不能无所依据,故使其准用第七百六十六条等之委任规定。

第八百零六条 无执行合伙业务权利之合伙人,得检查业务及合伙财产之状况。以契约除去或限制前项所定之权利者,其契约无效。

合伙为合伙人共同之利益,合伙人既为合伙中之一人,虽无执行业务之权,然对于合伙业务,有密切之利害关系,故得检查业务及合伙财产之状况。若欲限制此项权利,则与合伙性质相背,其契约应属无效。

第八百零七条　合伙人因合伙关系彼此互有之请求权,不得让与他人。但合伙人之请求权因执行合伙业务而生于清算前应受清偿,或关于已分配之利益,或关于清算时合伙人所应受领者,不在此限。

合伙契约,因合伙人彼此信任而成。故合伙人因合伙关系彼此互有之请求权,不得让与他人,为事所当然。但因执行业务所有之请求权,又如各合伙人受分配之利益,或应受分配之余剩财产,此种请求权,纯为财产请求权。无不许让与他人之理由,故不适用原则之规定。

第八百零八条　合伙人得于解散合伙后,请求决算及分配损益。

若合伙存续期间过长,须于业务年度既终办理决算,并分配利益。但有特别约定者,不在此限。

合伙为合伙人全体共同之利害,如合伙财产多于合伙人出资总数,是为利益,少于合伙人出资总数,是为损害。利益固宜分润,损害亦宜分担。使合伙为期不久即行解散者,则于解散后为决算及分配损益。使合伙相继存续者,则于业务年度既终办理前项情事。此证之普通习惯均然。

第八百零九条　合伙人分配损益之成数未约定者,不问其出资种类及价格多少,平等均摊。

仅就利益或损失分配之成数者,其成数视为损失及利益之成数。

合伙契约,于分配损益之成数,常有预行订者,自以约定之成数为准。若使契约内并未定明,是默示合伙人别无轻重之意。则关于分配损益之成数,宜平等均摊。而出资种类与价格多少,均不可问也。又仅就损失定分配之成数,或仅就利益定分配之成数者,其成数均视为损失及利益之共同成数,始合于当事人之意思也。

第八百十条　依合伙契约,合伙人中之一人有执行合伙业务之权利时,其合伙人对于第三人有代理他合伙人之权利。但有特别约定者,不在此限。

合伙与法人有别,故无代表机关。然依合伙契约,有执行合伙业务之合伙人,于执行权外,应有代理权。是以执行业务之合伙人对于第三人,有代理他合伙人之权利也。

第八百十一条　合伙契约,以对于第三人代理他合伙人之权利授与合伙人中之一人者,以有正当事由为限,得以他合伙人全体之同意,使其丧失权利。

执行合伙业务之权利,与前项代理权一并授与者,其代理权以使执行业务权丧失时为限,得使其丧失。

合伙人中之一人,依合伙契约有代理他合伙人之权利时,此项权利,自不可使其随意丧失。故第一,须有正当事由;第二,须得他合伙人全体之同意,方可使其丧失权利。又执行业务权与代理权一并授与一人者,非执行权丧失,其代理权不能丧失,所以保障之也。

第八百十二条　各合伙人之出资,及因执行合伙业务合伙人取得之财产,属于合伙财产。就合伙财产所属权利而取得,或以合伙财产所属标的物之毁损、灭失及追夺因受赔偿而取得者亦同。

合伙财产,为合伙人公同所有。

何谓合伙财产?约举之有四:(一)各合伙人之出资;(二)执行业务合伙人所取得者;(三)就合伙财产所属权利而取得者;(四)合伙财产所属标的物之毁损、灭失及追夺因受赔偿而取得者。凡此种合伙财产,应为各合伙人所共有。

第八百十三条　各合伙人不得就合伙财产处分其应有之部分,或在清偿前请求分割合伙财产。

合伙财产所属债权之债务人,不得以其对各合伙人之债权,与其债务抵消。合伙财产,为合伙人所共有,亦为达合伙人全体共同之目的而存。故各合伙人不能就其应有之部分,随时请求分割。又不得以合伙之债权,与其各人所负之债务,向债务之相对人而为抵消。

第八百十四条　依第八百十二条第一项前段规定所取得之债权,若债务人不知其属于合伙财产,不得以此事由与该债务人对抗。

第四百零九条、第四百十六条及第四百十七条规定,于前项情形准用之。

依第八百十二条之规定所取得财产之债务人,若不知其债权已属于合伙财产者,则其向旧债权人清偿债务,其清偿不能为无效。又如债务人向合伙人取得债权之际,其合伙人对该债务人旧有之债权已属于合伙财产,而债务人不知者,仍得主张抵消,为保护善意债务人也。

第八百十五条　合伙人之债权人,于合伙存续间不得主张合伙人因合伙关系而生之权利。但分配利益之权利，不在此限。

合伙关系，为合伙内部之关系。故因合伙关系而生之权利，合伙人虽可受其持分，而合伙人之债权人，不得代为主张之。盖内部之利益，固不容局外人从旁干涉也。至于因分配利益所得之权利，则为合伙人所专有。债权人为巩固其债权起见，固可代为主张之也。

第八百十六条　合伙因下列各款情形而解散：

一、存续期间届满；

二、合伙人全体同意；

三、合伙事业成功或不能成功；

四、声明解约；

五、合伙人死亡；

六、合伙人为禁治产人；

七、合伙人破产。

合伙非能永久存在者，必有时解散。但解散须有一定之原因，使无明文规定，则临时恐多异议。上列七款，为合伙解散之主要原因也。

第八百十七条　合伙契约未定合伙存续期间，或定明以某合伙人终身为期合伙应行存续者，各合伙人得随时声明解约。但非有不得已事由，不得于合伙不利之时期声明解约。

合伙定有存续期间者，若有不得已事由，各合伙人仍得声明解约。

以契约除去前二项解约之权利。或违前二项规定而限制其权利者，其契约无效。

未定期间之合伙，合伙人固无永受羁束之理。又以某合伙人终身为期者，就该合伙人论，终身受契约之羁束。就合伙论，久暂无确定之期间，可与未定存续期间同视，许其随时声明解约。惟解约即为解散合伙之原因，非有不得已事由，不得于合伙不利之时期声明之。又合伙定有存续期间者，各合伙人遇有不得已事由，仍得声明解约。非此不足以保护合伙人之利益。若以契约除去或限制前二项之权利者，则此契约为有背合伙本旨，应视为无效。

第八百十八条　前条第一项规定，于存续期间届满后默示继续合伙者准用之。

合伙定有存续期间,则合伙关系,自因期满后终结。但合伙人于期满后仍默示继续合伙者,应视为未定存续期间之新合伙,故得准用前条第一项之规定。

第八百十九条 某合伙人之债权人扣押该合伙人于合伙财产应有之部分者,得声明解约。但债务名义得为假执行者,不在此限。

合伙财产为合伙人所共有,合伙人不得处分其对于合伙财产应有之部分。故合伙人之债权人,于扣押该合伙人于合伙财产应有之部分时,对于他合伙人但得声明解约。如此既足保护债权人之权利,亦不至损害他合伙人之利益也。

第八百二十条 因合伙人死亡合伙解散者,其合伙人之继承人须即将死亡情形通知他合伙人。若有急迫情事,须于他合伙人得与继承人公同处理事务前,续行合伙契约内专属于所继承人之业务,其他合伙人亦须续行专属于自己之业务。前项情形,于其目的之范围内,其合伙视为存续。

合伙,以合伙人间之信任为基础。合伙人死亡,固为合伙解散之原因。然合伙关系颇形复杂,如因死亡而遽行解散,则合伙有受损之虞。故第一,合伙人死亡,其继承人须即将死亡情形通知他合伙人;第二,若有急迫情事,其继承人于他合伙人得公同处理以前,凡曾以合伙契约属在被继承人之业务,须继续行之。而其他合伙人,亦仍须执行属在自己之事务。此时该合伙,尚视为存续。

第八百二十一条 因合伙人为禁治产人或破产合伙解散者,准用前条第一项后段及第二项之规定。

合伙人为禁治产人或有破产之情事者,虽为合伙解散之原因,然有急迫情事,得以法定代理人或破产管财人,共同处理其以合伙契约所专属之事务,其合伙视为存续。故准用前条之规定。

第八百二十二条 合伙解散后,依合伙契约专属于合伙人之执行业务权,于该合伙人明知解散或得知解散之前视为存续。但合伙因声明解约而解散者,不在此限。

合伙解散,业务执行权应同时消灭。若拘持此说,则对于不知解散之业务执行人,未免过刻。故因合伙契约有执行权之合伙人,于其已知解散或得知解散前,其执行权仍视为存续。惟合伙因声明解约而解散者则否。

盖声明解约，必对他合伙人行之也。

第八百二十三条　合伙解散后，须办理清算事务。

合伙解散后，于清算目的之范围内至清算终结时止，视为存续。

合伙解散，合伙关系未即因之终止。则清理账目，是为急务。而解散后至清算终结时止，应视为合伙存续。盖清算事务，亦合伙中重要之事务也。

第八百二十四条　合伙之清算事务，由合伙人公同办理，或由其选任人办理。

选任清算人，由合伙人全体过半数决之。

清算事务，为合伙解散后之重要事务。则办理之者，自宜慎重，或由合伙人公同办理，或由选任人办理，均由当事人之意思而定。其选任之方法，自应准用决定合伙业务之办法，由合伙人全体过半数决定之。

第八百二十五条　依合伙契约由合伙人中选任清算人者，准用第八百零四条规定。

选任清算人，依合伙契约由合伙人中选任之者，自应维持契约之效力，与尊重合伙人之意思，不宜遽为变更。非有不得已事由，不可使其丧失权利。而被选任人，亦不得随意辞任，以便速了清算事务。

第八百二十六条　清算人之职务及权限，准用第一百二十六条规定。

清算人若有数人，准用第八百零一条及第八百零二条规定。

合伙清算人之职务及权限，与法人清算人之职务及权限相同，故准用第一百二十六条规定。又清算人有数人时，以公同处理清算事务为原则，故准用第八百零一条及第八百零二条之规定。

第八百二十七条　合伙财产，须先以之清偿合伙之债务，次偿还各合伙人之出资。以合伙财产清偿合伙之债务，若其债务有未届清偿期或在诉讼中者，须于合伙财产中将清偿所必需者划出保留之。

以合伙财产偿还各合伙人之出资，若其出资有不以支付为标的时，须依出资时之价格偿还之。但其出资系以给付劳务或以物品之使用或收益为标的者，无须偿还。

合伙财产为清偿债务及偿还出资，于必要之限度内，须变为金钱。

清算合伙财产之分配，第一，先以之清偿债务；第二，偿还各合伙人之出资。其清偿债务办法,若该债务有未届清偿期或在诉讼中者,须截留清偿必需之数额。其偿还出资办法,若不以金钱为标的之出资,须照出资时价格偿还。但以给付劳务或物之使用为标的之出资,不得请求偿还。偿还必需金钱时,须将合伙财产变为金钱。

第八百二十八条 合伙财产不足偿还合伙之债务及各合伙人之出资者,各合伙人须依分配损失之成数,担负其不足额。

前项情形,合伙人中有无力完缴其担负额者,须由各合伙人平均分任其担负额。

依清算之结果,合伙财产不足偿还合伙之债务与各合伙人之出资者,则各合伙人应同负责任,依分配损失之成数,而担负其不足额。但合伙人中,贫富不齐,有无力给付其担负额者,各合伙人应平均代负之。

第八百二十九条 清偿合伙债务及偿还各合伙人之出资后,所余合伙财产,须依分配利益之成数分与合伙人。

前条为合伙财产清算之不足,本条为合伙财产清算之有余。则此余剩财产,应分配于合伙人。其分配方法,与分配利益之成数同。

第八百三十条 合伙契约定明合伙人中之一人发生下列事项由他合伙人继续者,于该事项发生时退出合伙:

一、声明解约;

二、死亡;

三、破产;

四、禁治产;

五、除名。

退伙云者,仅由退伙人脱离合伙,非从根本上使合伙关系终结也。故合伙契约,定明合伙人中一人发生某事项,而他合伙人仍继续合伙者,则该事项发生时,其合伙人即视为退伙。而退伙之原因,其事项总括之有五。

第八百三十一条 合伙人除名以有正当事由为限,得以他合伙人全体同意,将其除名。

除名,应向除名之合伙人以意思表示为之。

除名有二要件:(一)须有正当事由;(二)须得他合伙人全体之同意。所谓正当事由者,如合伙人怠于出资,或因疾病等事由不能履行义务,或违反义务,妨害事业进行是也。所谓全体同意者,缘除名于合伙关系甚大,不得以一二人之私意为之。然由他合伙人全体同意,自不能再事苟容也。其除名办法,应向除名之合伙人表示意思可矣。

第八百三十二条　退伙人与他合伙人相互之损益计算,须以退伙时合伙财产之状况为准。

退伙人其应有之部分,归他合伙人。但他合伙人向退伙人应归还其作为出资所交出供使用及收益之标的物,并设法免其因合伙关系对第三人担负之义务。且当退伙之际合伙已解散者,应支给其依清算应取得者。其因合伙关系对第三人担负之义务尚未届清偿期者,得向退伙人供相当之担保,以代免其义务之责。

合伙财产不足清偿债务及偿还出资者,退伙人向他合伙人必依分配损失之成数,捐助其不足额。

合伙财产之价额,以必要情形为限,用评价法定之。

合伙人从伙中退出,虽失其合伙人之资格,与合伙脱离关系。然其退伙前所有之权利义务,并不因是而受影响。故退伙人与他合伙人之间,关于合伙财产之损益,就无害合伙存续之范围内,应计算之也。

第八百三十三条　退伙人,于退伙时未终结之业务所生之损益,须分任之。

前项情形,退伙人得请求退伙后各业务年度办结业务之计算应领之金额及未办结业务状况之报告。

合伙业务所生之损益,合伙人有分任之义务。如合伙人于退伙时有未终结之业务,无论能预知其损益与否,其后终结时所生之损益,退伙人仍应分担。否则,恐合伙人预见业务将有损害,意存规避,而先行退伙也。惟退伙人既有此义务,自应许其请求各种报告,即(一)退伙后各业务年度办结业务之计算;(二)应归属自己之金额;(三)未办结业务之状况是也。

第八百三十四条　第六百七十五条之规定,于合伙契约准用之。

合伙契约之解除,其效力不溯及既往,与赁贷借契约之解除同,故准用第六百七十五条规定。

第十五节　隐名合伙

　　隐名合伙者,当事人之一造为相对人出资营业,而分配相对人营业所生之利益之契约也。依上节合伙之规定,合伙人有出资之义务,即有执行业务或选举执行业务人之权利。此之隐名合伙,其出资则同,而执行业务则否。出资人谓之隐名合伙人,营业人谓之相对人。此种合伙,于社会上屡见不鲜,而其性质,又与单纯之合伙稍异。故特设本节之规定。

　　第八百三十五条　隐名合伙,因当事人之一造约明为相对人出资营业,分配相对人营业所生之利益而生效力。

　　隐名合伙之特质,在为相对人出资,不为合伙出资。其分配利益,不因合伙业务所生,而为相对人营业所生。故对于营业上之关系,相对人居其名,隐名合伙人居其实。故合伙之事实虽同,而其性质则异。

　　第八百三十六条　隐名合伙人,得以隐名合伙契约约定不分担损失。

　　隐名合伙人,既不参与执行合伙之业务,则关于合伙之损失,常不得而知,自毋庸分任。然只分担利益,而不分担损失,与通常营业,亦不相符。故须以契约订定,方为有效。

　　第八百三十七条　隐名合伙,准用关于合伙之规定。但后九条有规定者,不在此限。

　　隐名合伙,其大致与寻常合伙相类,以无特别规定为限,得准用合伙各条之规定。

　　第八百三十八条　隐名合伙人,仅得以支付金钱或其他财产为出资。

　　隐名合伙人既不执行业务,又不显著于外,故不能以供给劳务或信用为其出资之标的,其所负出资之义务,以支付金钱或其他财产为限。

　　第八百三十九条　隐名合伙人于其出资之限度内,负合伙损失之责任。

　　出资因损失而减少者,非补足后,隐名合伙人不得请求分配利益。但已领得之利益,不得因补足合伙之损失使其归还。

　　隐名合伙人既不参预营业,则关于业务上一切之责任,不宜担负。其主要义务为出资,故于出资之限度内,负合伙损失之责任。出资因损失而致减少,宜补足之。如未经补足者,则义务既有未尽,即利益不能均沾,故无分配利益之请求权。

第八百四十条　隐名合伙人于每业务年度后,在营业时间内得请求检查合伙业务及其财产状况。若有合伙财产目录及贷借对照表,并得请求阅览。

若有重要事由,审判衙门得因隐名合伙人声请,许其随时检查合伙业务及其财产状况。

隐名合伙人,虽不亲自执行合伙之业务,然其利害所关,亦应详悉合伙之内容,营业之状况。故本条特许其有检查权。

第八百四十一条　营业人于各业务年度后,须计算合伙之损益。其应归隐名合伙人之利益,须支付之。

隐名合伙人未领得之利益,不作为增加出资。但有特别约定者,不在此限。

隐名合伙人既有出资之义务,应得分配之利益。故营业人须于各业务年度后,计算隐名合伙人应得之利益而支付之。又隐名合伙人未经领受之利益,宜妥为保存,不得即作为增加出资,以符合当事人之意思。

第八百四十二条　隐名合伙人分配损益若无特别约定者,视为约定依情事为适当之分配。

隐名合伙人分配利益之标准,自以当事人之约定行之为最适当。如当事人间并无约定者,应斟酌情事,为适当之分配。既不至违背当事人之意思,亦不致与营业之真情相谬戾也。

第八百四十三条　隐名合伙人之出资,属营业人之财产。

隐名合伙人于营业人营业之行为,对于第三人无权利义务。

隐名合伙人,于营业上毫无关系。故其出资,不作为自己加入合伙之财产,作为营业人之财产。于营业上之行为,亦惟营业人与第三人,有权利义务关系。而隐名合伙人对于第三人,不生何种关系也。总之,隐名合伙之关系,只隐名合伙人与营业人之关系,而隐名合伙人与合伙并无他种关系也。

第八百四十四条　隐名合伙因下列各款情形而解散:

一、第八百十六条第一款及第四款所定之事由;

第二章 契约

二、营业人及隐名合伙人同意；
三、营业人死亡或禁治产；
四、营业人或隐名合伙人破产。

隐名合伙解散之原因，不可无明文规定。其第一款，与合伙同者；第二款以下，与合伙异者。但第三款营业人死亡或禁治产，为解散之原因，而不以隐名合伙人死亡或禁治产为终结之原因。盖隐名合伙重在出资，不重在人故也。

第八百四十五条　隐名合伙契约未定存续期间，或定明以某当事人终身为期合伙应行存续者，各当事人于业务年度终，得声明解约。但须于六个月前预行告知。不论已否定合伙存续期间，若有不得已之事由，各当事人得随时声明解约。

本条规定，与第八百十七条合伙解约之规定相似，其理由亦同。

第八百四十六条　隐名合伙解散后，营业人须归还隐名合伙人出资之价额。但出资因损失而减少者，只归还其余存额。

隐名合伙既经解散，即营业之事于此终结，则隐名合伙人所有前之出资，应即如数归还之。如因营业中有损失而致减少者，营业人无赔偿之义务，只归还其余存额，以保持双方之利益。

第十六节　终身定期金契约

终身定期金者，当事人间因特种原因，当事人之一造于某人（或为相对人，或为第三人），终身之间定期给以金钱或他物之契约也。其发生之原因，并非契约之要素，可不必问。至订约之后，应即依约履行债务，至其人之死亡为止。此项契约，与保险契约相似，而性质不同，与实际上甚关重要。故本节特规定之。

第八百四十七条　终身定期金契约，因当事人之一造约明于自己，或相对人，或第三人死亡前定期以金钱或他物给付相对人或第三人而生效力。

本条为规定终身定期金契约之性质。所谓终身者，有以给付人（即条文中之自己）终身为期，有以领受人终身为期（即相对人或第三人），皆足为契约成立之要件。而全属义务，不索报酬，为本契约之特色。

第八百四十八条 终身定期金契约，非立有书据，不生效力。

定期金以终身为期，时甚久长，恒有中途爽约者。故取形式主义，应立书据，以免日后之争执。

第八百四十九条 终身定期金之债务人若无特别约定，须于债权人死亡前，给付定期金。

定期金之额若无特别约定，作为一年之额。

依第八百四十七条之规定，终身定期金契约之期间，以债务人或债权人或第三人生存之时为期间。故于三者之中，无论以何为准，均能有效。然以常情论，其为此契约之本旨，必债权人有不得已之情事，故债务人负此长期之义务。苟无特别约定时，应视为以债权人生存之时为期间，最为适当。又人之死亡无定期，则所给之金额，亦自无定。若契约中有订定金额者，如无特别约定，应以其金额为一年之金额。盖终身之金额，固莫得而悬定也。

第八百五十条 终身定期金，以无特别约定为限，须按每六个月预付之。

应预付之期间届满前，若有因死亡而使债权消灭者，债务人于此期间之终身定期金，仍任清偿之责。但有特别约定者，不在此限。

支付终身定期金，如以一年为期，恒不能应债权人之需要。故按每六个月预付之，为最适于当事人之意思。又应预付之期届满前，因死亡而债权消灭者，以期间论，虽未满一期间。以预付论，业已逾此期间。则债务人不能以债权消灭为理由，苟无特别约定，于此期间之终身定期金，仍宜支付之。

第八百五十一条 终身定期金之债务人曾领取定期金之原本者，若怠于给付定期金，或不履行其他义务，相对人得解除契约。

前项情形，债务人须归还原本。但相对人须于已领得定期金内，将原本之利息扣除，以其余额归还债务人。

终身定期金，有以债务人自己之资财为给付者，有债务人领得原本为给付者。前者为债务人纯粹之义务，后者为债务人当然之义务。如债务人负当然之义务，而怠于履行，则相对人得以解除契约。契约解除后，则债务人应将其原本归还。惟已支付者,得于原本之利息中扣除之,庶债务人亦不至受损失也。

第八百五十二条 第五百三十一条之规定,于前条情形准用之。

前条之归还原本及扣除利息而返还定期金,各相对人应同时履行,始足以昭公允,故准用第五百三十一条之规定。

第八百五十三条 死亡之事由应归责于终身定期金债务人者,审判衙门因债权人或其继承人起诉,得宣告于相当之期间内,仍存续其债权。

前项规定,仍得行使第八百五十一条所定之权利。

按终身定期金之本旨,原以终身为期之人死亡而止,此固当然之事也。若死亡之事由应归责于终身定期金债务人时,苟债权即因此消灭,则何以惩儆奸狡之债务人,其弊害恐无所底止。故使债权人或其继承人得向审判衙门起诉,审判衙门得判定于相当之期间内,将终身定期金债权仍旧存续。如债务人曾领取定期金之原本者,亦许相对人得解除契约。

第八百五十四条 本节规定,于终身定期金之遗赠准用之。

终身定期金,由当事人间订立契约而成立者,是为通例。然由当事人之一造,以遗嘱而使其发生效力者,于实际上亦恒有之。各国法律,均认此制。其一切关系,准用本节之规定。

第十七节　博戏及赌事

博戏者,以不经济之行动,凭事实偶然之胜败,得丧财产上利益之契约也。赌事者,以其所主张之确否,得丧财产上利益之契约也。此项契约,均为侥幸契约。虽非正当,然实际行之者甚众,宜以法律明示其关系。

第八百五十五条 博戏及赌事,不能发生债务。但因博戏或赌事已给付者,其后不得请求归还。

前项规定,于败者因履行债务对胜者担负他项债务时适用之。

有以博戏及赌事为常业者,犯刑律上之罪,固宜禁止。即偶尔为之,既无益于国家之经济,且有使风俗浮薄之害。不宜使其发生债务,以寓禁惩之意。惟败者对于胜者已为给付,不能以债务不成立为理由,请求归还。盖法律虽不保护收受者,而给付者之信实,亦宜保持也。又败者对于胜者,

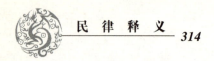

当时不即给付,为担负新债务,其实诚系赌博之债务,亦应使其不发生效力。盖法律若承认此项债务,适予人以巧避本条之禁令也。

第八百五十六条　彩票、抽签等事,曾得该管官府许可者,依彩票、抽签等契约而发生债务。

其未得许可之彩票、抽签等契约,适用前条之规定。

彩票者,因得彩取得一定之金额也。抽签者,因得彩取得金钱以外之物也。此等事实,亦属博戏之一种。以纯理论,亦不能于法律上发生效力。然有时经官署许可者,自不得与普通之博戏同视,应使其发生债务效力。惟未经许可者,仍适用前条之规定。

第八百五十七条　以交付商品或有价证券为标的之契约,若当事人仅意在授受约定价格与交付时交易所或市场价格之差额而订立者,视为博戏,其当事人之一造有授受差额之意思,而为相对人所知或可得而知者亦同。

以交付商品或有价证券为标的之契约,有时当事人之意思,在视其标的物之约定价格与交付时交易所价格或市场价格之差额,以赢朒为胜败者。其形式虽似买卖(所谓差额买卖),而其实际与博戏相类,故应照博戏例办理。又当事人一造之意思,仅在授受其差额,而为相对人所知或可得而知者,其契约自应许差额买卖同视,即应与博戏同视。盖立法之意,视其契约之精神何如,而形式虽有不同,可勿问焉。

第十八节　和　　解

和解者,互相让步之谓也。其得为和解之事项约有三种:(一)就某项法律关系,彼此停止争执;(二)除去某项法律关系不明确之状态;(三)除去某项请求权不确实之状态,此项契约,皆涉及财产上、人事上之关系,亦为各国法律所公认。故特设本节以规定之。

第八百五十八条　和解,因当事人约明互相让步,就某项法律关系彼此停止争执,或除去不明确之状态,或除去某请求权不确实之状态而生效力。

所谓就某项法律关系彼此停止争执者,于其法律关系之存否不能确定

第二章　契　约

而停止争执之谓也。除去不明确之状态者,就法律关系所生请求权之范围或内容不能明确,而除去之谓也。除去某项请求权不确实之状态者,就某法律关系所生之请求权,纯然事实上之关系,能否实行权利,不能确定,而除去之谓也。凡此经当事人协商,互相让步,于实际最为有益。故本条特明定之。

第八百五十九条　依和解契约内容认为确定之事项若与真实不符,并若知其情事则当事人间不至争执,或不明确之状态,或实行请求权不确实之状态可以不致争执者,其和解无效。

和解之原因,必由两造争执而起。而争执恒由于事实之不确定,此属当然。至依和解内容所确定之事项,与实际之事实不符。并若知其情事,则当事人间不至争执,而不明确之状态亦得确定者,和解反有背于当事人之意思,应使其无效。例如就遗嘱有争执,为之和解。嗣后寻出确据,足证其遗嘱无效者,则其前之和解,仍属无效。

第十九节　债务约束及债务认诺

债务发生,恒有一定原因。例如赔偿损害、偿还不当利得。此种债务,依事实而发生者也。又如买卖、赠与及消费贷借。此种债务,依当事人意思而成立者也。事实与意思,皆为债务发生之原因。由此原因而成债务,所谓要因债务。然债务成立,必以原因为要件。则债权人非立证证明此原因,即不得实行债权,于债权人殊多不利,于交易上亦多不便。故近世各国,于票据债务等不要因债务之外,又认依契约不关债务原因之债务关系,即债务约束及债务认诺是也。本草案特设本节以规定之。

第八百六十条　债务约束,因当事人依契约使发生不以原因为必要之债务而生效力。

债务契约,如买卖、互易、贷借、承揽、雇佣、居间等,皆为达经济上之目的,有原因可证者也。若必拘此为例,而无因之债权,有难以证明者,必多争议。本条之意,谓当事人依契约使发生债务不必要原因时,其契约即为债务约束。此种债务,与其原因分离独立。债权人不必证明原因,即有请求权。债务人亦不得以无原因为对抗。

第八百六十一条　债务认诺,因当事人之一造向相对人依契约认其已存在之债务关系而生效力。

债务认诺,与诺成契约有异。诺成契约者,于债务成立前,因当事人之一造承诺,而债务成立也。债务认诺者,依契约已存在之债务关系,当事人之一造向相对人认诺之也。债务认诺,其债务发生之原因不必问。已认诺之后,其效力与债务约束同。

第八百六十二条　前二条契约,非立有书据不生效力。但依和解之方法,或依契约本旨扣除计算之余额而为债务约束或债务认诺者,不在此限。

债务约束及债务认诺,既为不要因债务,使契约成立时,不注重形式。而立有书据,恐难确实,易生当事人之争议。故苟无契约,即不生效力。但依和解之方法,或于抵消之余额而为债务约束或债务认诺者,又当别论。盖此时当事人为债务约束或债务认诺之意思甚明,无庸再用书据也。

第二十节　保　证

保证者,债务人与债权人于债务成立时,有第三人出而担保。如债务人不履行其债务,由第三人代为履行之契约也。保证之债务人谓之主债务人,担保之第三人谓之保证人。保证之效用,足以增加债务人之信用,与巩固债权人之权利。既由保证人为之担保,则债务人之义务,亦即为保证人之义务。各国法律,均认此制。本节特规定之。

第八百六十三条　保证,因保证人对于第三人之债权人约明第三人不履行债务时,代负履行之义务而生效力。

为担保将来成立之债权或附条件之债权,亦得为保证契约。

保证债务者,保证人对于债权人,为债务人担保必能履行其债务之谓也。其所担保之债务,谓之主债务。而保证债务,则为从债务。主债务不能履行,则保证债务代履行之。惟主债务被取消时,则保证债务亦失效力。此指现实债务而言也。至对于将来成立之债权而为担保,或附条件之债权而为担保,则其保证既同,其效力亦无异。

第八百六十四条　主债务之利息、违约金、损害赔偿及其他附属于其债务者,保证契约悉包含之。

第二章 契约

保证债务之范围,应以主债务之范围为范围。保证人担保债务人履行其债务,宜使完全履行,方足尽保证之义务。故关于主债务所有之利息,及因主债务所生之违约金,与损害赔偿及其他附属于债务者,亦应担保其履行,始符保证之本旨。

第八百六十五条　保证人之担负较主债务重者,减缩之与主债务之限度同。但保证人仅就其保证债务约定违约金或损害赔偿之额者,不在此限。

保证债务之标的,必与主债务之标的同,且宜轻于主债务,不能重于主债务。故有时其担负逾于主债务之限度者,应减缩之使与之同。惟保证人约定不履行保证债务,应给付违约金或任损害赔偿之责者。则其成立之原因,既直接由保证债务而起,非因主债务而起,自与主债务之违约金及损害赔偿不同。故不得以此限度为准。

第八百六十六条　主债务人所有之抗辩事由,保证人亦得主张之。

主债务人抛其抗辩,保证人仍得主张之。

保证债务为从债务,主债务人所有之权利,保证人亦得享有之。故主债务人所有之抗辩,如留置权之抗辩,延期之抗辩等,保证人均得主张之。即主债务人抛弃其抗辩权,不得因此害及保证人之利益。盖债权人既因保证而加以保障,保证人亦因保证而予以权利也。

第八百六十七条　保证人于主债务人有权撤销其债务发生原因之法律行为时,得拒绝履行保证债务。

主债务人若对于债权人有债权已届清偿期,彼此抵消,债权人所受结果与清偿同者,准用前项之规定。

保证债务之履行,因主张债务人应履行而不履行,遂由保证人代为履行也。若主债务人有取消发生债务之法律行为之权利,则主债务原可不必履行。苟债权人请求保证人履行保证债务,自得据此理由为拒绝。又主债务人对于债权人有债权,已届应清偿期者,若彼此能抵消,使债权人满足,保证人亦可拒绝履行保证债务。

第八百六十八条　债权人未证明向主债务人强制执行而无效果者,保证人得拒绝履行保证债务。

保证债务为从债务,债权人应先向主债务人请求清偿。于未向主债务

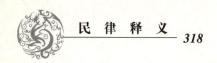

人请求之先,不得向保证人请求。故债权人不能证明其对于主债务人所为之强制执行而无效果者,则保证人得以请求不合程序为理由,拒绝履行。

第八百六十九条　遇有下列各款情形,保证人不得主张前条之权利:

一、保证人已抛弃前条之权利时;

二、保证契约成立后,向主债务人执行显有困难情形时;

三、主债务人已受破产宣告时;

四、主债务人之财产不足清偿其债务时。

前条之拒绝履行,为保证人之利益。然保证人如已抛弃此权利者,则其后不得再行主张。又主债务人或于保证契约成立后,移居外国,于执行显有困难情形,或主债务人已经破产,无可执行,及财产减少,不足清偿时,保证人均不得以未经强制执行为理由,而为履行之拒绝。

第八百七十条　向主债务人请求履行及中断时效,对于保证人亦生效力。

保证债务随主债务而存在,主债务所有之关系,亦为保证债务之关系。故向主债务人请求履行时,及债务之时效中断时,对于保证人亦均发生效力。盖非此不足以符保证之旨也。

第八百七十一条　数人保证一债务虽非共同保证,亦作为连带债务人而任其责。

保证人有数人时,其对于债务人为同一之担保;即对于债权人,负同一之责任。至保证人间虽非有共同行为,自法律观之,应使负连带之责任。即向保证人一人为请求,其效力及于他保证人。有一人为履行,他保证人均免保证之义务。

第八百七十二条　保证人既向债权人清偿债务,债权人向主债务人之债权,于其清偿之限度内移转于保证人。但其移转有害债权人之利益者,不得主张之。

主债务人于自己与保证人间之法律关系所生抗辩,不因前项移转而生效力。

前二项规定,保证人间债权人为清偿外之输出者亦准用之。

保证人只有担保之义务,并无清偿之义务。如保证人向债权人而为清偿,则应取得债权人之债权,即债权人对于主债务人之债权,当然移转于保证人。然移转为保护保证人之利益,亦不能害及债权人之利益。例如债务仅清偿其一部分,而债权人因欲得余额之清偿时,保证人不得妨其行使担保物权之全部。又债权之移转,于保证人与主债务间成立之法律关系而生之抗辩,不受其影响。例如保证人已履行其债务,若向主债务人为赠与时,主债务人得主张之,以排斥保证人之请求。而此项规定,于保证人为抵消等之输出行为时,亦得准用之。

第八百七十三条　受主债务人委托而为保证者,遇有下列各款情形得向主债务人请求免除保证之责:

一、主债务人之财产显然减少者;

二、保证契约成立后,因情事变更向主债务人实行权利显有困难情形者;

三、主债务人有意迟延者;

四、债权人及保证人受得以执行之判决命保证人清偿者。

主债务未届清偿期者,主债务人得提出相当担保于保证人,以代免除保证之责。保证人如受主债务人之委托而为保证者,则其义务,应有制限。于上列四款情形,均保证人难免受保证之损害者。故得向主债务人请求免除保证之责。如主债务人恐不能取得保证人之信任,则于主债务未届清偿期前,得提出相当担保于保证人,以免保证人受无端之损害。

第八百七十四条　保证人未受主债务人之委托而为保证者,准用前条之规定,但保证人违主债务人之意思而为保证者,不在此限。

未受主债务人委托而为保证者,若与主债务人之意思不相违背,则准用前条之规定,以减轻保证人之责任。

第八百七十五条　保证人有数人者,其相互关系准用连带债务人相互关系之规定。

保证人有数人时,应令其为连带债务人而任其责。故其相互间之关系,准用连带债务人相互关系之规定。

第八百七十六条　保证人就现存之债务,约定于一定之期间内为保证者,债权人于其期间届满后一个月内怠于为审判上之请求者,保证人免其责。

保证债务定有期限者,则期限届满,保证人免其责任,自属当然。但期

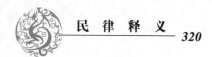

限经过后,即时可以免责,于保护债权人之意思,未免过薄。故必于期限届满后一个月内,债权人怠于为审判上之请求者,保证人始能免责。

第八百七十七条 债权人抛弃其担保债权之物权或对于共同保证人之权利时,保证人依第八百七十二条规定就已弃之权利可受赔偿之限度,免其保证之责。

债权人将担保债权之权利抛弃者,约分二种:一为抛弃担保债权之物权,一为抛弃共同保证人之权利。于此时期,不得谓保证人不尽其责,应使保证人依第八百七十二条之规定,于其抛弃之权利中,得受赔偿之部分,而免其责任。

第八百七十八条 用自己之名义为自己计算,委任他人供与信用于第三人者,因供与信用而生之债务,对受任人任保证之责。

例如,有甲、乙、丙三人。甲对于丙,未取得十分信用。而甲为自己计算,欲取得丙之信用。非以自己之名义,委任乙使供与信用于丙不可者,此为信用委任。如因供与信用而发生债务,则乙为委任人。甲既委任之于前,自应为保证于后。此本条所以规定之也。

第三章 广 告

广告者，以广告声明完结其所指定之行为，与以一定之报酬也。为此广告之人，谓之广告人。应广告而完结其行为者，谓之行为人。广告发生，与行为完结，未必同一时间。故广告虽为契约之一种，而学者有以广告为声请订约，以完结其指定行为为默示承诺者。然此说殊多费解。盖广告为广告人之单务约束，观本章下列各条之规定自明。

第八百七十九条 以广告声明完结某行为与以一定之报酬，该广告人对于完结其行为者，负与以报酬之义务。其行为人不知广告而完结其行为者亦同。

广告与承揽不同。承揽者，承揽人约明为定作人完成其事项，定作人视其事项有结果与以报酬也。广告者，广告人以广告声明完结其行为与以报酬也。故广告为广告人之单务约束，行为人知有广告与否，在所不问。而广告人只因广告之一事，即负此义务也。

第八百八十条 完结广告所定行为有数人，仅最初完结其行为者，有受报酬之权利。

数人同时完结前项之行为者，各有平等分受报酬之权利。但报酬之性质不便分割或广告内声明应受报酬者仅一人时，以抽签法定之。

前二项规定，于广告有特别意思表示者不适用之。

完结广告所定行为，应受报酬之权利，固属当然。然数人完结其行为者，宜如何办理：一、完结如有先后者，则以最先完结者受报酬之权利；二、完结如系同时者，则各行为人均有平等分受之权利。但亦有不尽然者。如因报酬之性质不便分割，则何人应得报酬，以抽签法定之。又或广告声明仅一人得受报酬者，则此报酬应属何人，亦宜以抽签法定之。此系法定办法也。若广告有特别意思表示者，则以当事人之意思为准。

第八百八十一条 数人共同完结广告所定行为者，广告人须依条例，按各关系人应有之部分分配报酬。

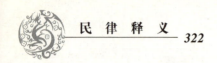

前项分配方法,其显违条例者无效,须由审判衙门以判决分配之。

有关系之一人就广告之分配表明异议者,广告人于各关系人互争权利调和未就之前,得拒绝清偿。但各关系人仍得为关系人全体,请求提存报酬。

数人共同完结广告所指定之行为,事所恒有。如登广告悬赏缉犯,由数人共同捕获正犯。或登广告招寻逃婢,由数人共同寻获原人是也。此时,广告人应按条例,分配各关系人应得之报酬。苟不依条例而为分配,则可诉请审判衙门判决之若分配本按条例,而关系人中有异议者,则广告人因无分配之标准,得拒绝清偿。而各关系人仍得为全体之报酬,请求提存。

第八百八十二条　前条情形,若报酬之性质不便分割,或广告内声明应受报酬者仅一人时,以抽签法定之。但广告内有特别意思表示者,不在此限。

前条规定,例如,广告中声明知风报信者赏洋若干元。苟知风报信同时有二人时,则依抽签法定之,最为公允,其理由与第八百八十条同。

第八百八十三条　广告所定行为无人完结时,得撤回广告。

撤回广告之方法,与广告之方法同。

不能用前项方法撤回广告者,得用他项方法撤回之。但其撤回,仅对于知之者有效力。

广告后无人完结其行为时,则得撤回广告。盖此广告苟永久存在,广告人将常负此义务,而行为人常欲思完结其行为而取得报酬也。撤回之方法,仍以广告为之,或另以他项方法为之,均无不可。惟此撤回,对于知之者有效力,苟不知有此广告者,固无撤回之必要也。

第八百八十四条　广告人得于广告内表示其不撤回。

广告人定有完结其行为之期间者,推定其抛弃撤回广告之权利。

广告之标的,在于招揽他人之完结其行为。至不欲其行为完结将广告撤回者,已非初意。故有于广告时,预先表示其不撤回者,或预定有完结其行为之期间者,均可无庸撤回,视为已抛弃其撤回之权利同。

第八百八十五条　广告内声明仅优等人与以报酬者,以定有应募期间为限,始有效力。

前项情形,应募合于广告与否,应募者何人之行为为优等,由广告内所定之人判定之。若广告未定判定人,由广告人判定之,应募人对于此项判定,不得声明异议。数人之行为判定为同等者,准用第八百八十条第二项之规定。

广告内定明应将关于事项之权利让与者,广告人始得请求让与。

有以征求学术、技艺为标的之广告者,常与优等者以报酬。但征集必有一定之期间,于此期间内应募者,方为有效,否则不生效力。惟优等以比较而出,如何可为优等,如何不得为优等,其标准甚属难定。故由广告内所定之人判定之,或由广告人判定之,而应募者不得有异议。如判定数人为同等者,则均有平等分受报酬之权利。惟如著作、发明等权利欲请求让与者,广告人须于报告内明定之,否则无效。

第四章　发行指示证券

发行指示证券之当事人，必有三人。例如甲发行证券，指示乙将金钱、有价证券或其他替代物给付于丙是也。甲为指示人，乙为被指示人，丙为证券领取人。甲因发行指示证券，故采与丙（即领取人）以用自己之名，向被指示人领取给付之权利。又使乙向丙为给付，而授以与已计算之权利。故发行指示证券者，甲对于乙本有直接之给付，兹使乙向丙请求给付，而甲再对丙为给付也。此种制度，各国皆通行之。我国习惯上亦屡见不鲜，是以本章特规定之。

第八百八十六条　某人以证券指示他人将金钱、有价证券或其他替代物给付第三人，此证券既交给第三人时，领取人有用自己名义向被指示人索取给付之权利，被指示人有给付后归与指示人计算之权利。

本条所称某人，即为指示人。所称他人，即为被指示人。所称第三人，即为领取人。盖指示人以证券交于被指示人，使其以金钱、有价证券或其他替代物给付领取人。领取人知有指示证券之关系，得以自己名义向被指示人索取给付之权利。而被指示人既代指示人为给付，则必有所取偿，故有与指示人计算之权利。

第八百八十七条　指示人以交给指示证券于领取人为给付者，其给付非被指示人向领取人已经给付，不生效力。

依前条规定，指示人以证券指示被指示人，向领取人为给付。此为原则。若指示人以交付指示证券于领取人为给付者，只可为指示人证明移转某财产于领取人之方法，不得为业已移转财产，必待被指示人给付于领取人后，始生移转财产之效力。例如甲欲以一定之金额返还于丙，交付指示证券于乙。为被指示人，则必丙受得乙之给付后，始生清偿之效力。若仅交付证券与承认证券，均不能发生清偿之效力也。

第八百八十八条　被指示人于给付时期未到之先拒绝承任或预先拒绝给付者，领取人须即时通知指示人。其领取人有不能主张证券上之权利或不欲主张者亦同。

被指示人有给付领取人之义务,证之指示证券性质,固已明显。惟被指示人于给付时期未届之先,不肯承任,或预先对领取人拒绝给付者,则因无害于领取人之利益,法所允许。惟领取人应即通知指示人,以保交易上之诚实及信用。至领取人对于证券上之权利,不能主张或不欲主张者,亦宜同此办理。

第八百八十九条　被指示人承任指示证券,即有依其证券之内容给付于领取人之义务。

前项情形,被指示人仅得以本于承任之内容效力,或指示证券之内容,可以对抗领取人之事由,或直接可以对抗领取人之事由,与领取人对抗。

被指示人既经承任指示证券,则其效果,对于领取人即应依指示证券之性质,担负给付之义务。否则,不足以维持证券之信用。惟使被指示人如负绝对给付之义务,于理亦有不合。故限于下列事由,得与领取人对抗:(一)承任之内容效力可以对抗领取人者;(二)指示证券之内容可以对抗领取人者;(三)有直接可以对抗领取人之事由者。

第八百九十条　领取人得随时将指示证券,向被指示人求其承任。

指示证券上记载承任情形,承任人署名即生前项承任之效力。但交给指示证券前已记载有允为承任情形者,于将指示证券交给领取人时即生承任之效力。

被指示人承任指示证券之方式有二:(一)于交付指示证券前未经允为承任者,则领取人得随时将指示证券向被指示人求其承任,其承任之证明为署名;(二)指示证券上已记载有允为承任情形者,则不必再求被指示人之承任,领取人取得指示证券时,即发生承任之效力。

第八百九十一条　不以指示证券互易给付物者,被指示人无须给付。

被指示人于给付时请求领取人交付指示证券,为其给付之凭证。此为事实上当然之办法。若领取人不交出指示证券,与给付物互易,即为违背交易上之诚信,被指示人可无须给付。

第八百九十二条　指示证券之领取人对于被指示人由承任所生之请求权,因三年之时效而消灭。

指示证券既经被指示人之承任,其领取人即有请求权。然此请求权永久存在，其弊亦大。故经过三年而不请求者，因时效而消灭。

第八百九十三条　被指示人对于指示人负有债务，指示人因其债务交给指示证券者，若被指示人已向领取人给付，就其给付之数对于指示人免其债务。

指示证券，其发生之原因不一。如因被指示人对于指示人负有债务，指示人因索偿债务而发行指示证券者，则被指示人向领取人为给付，不啻印向指示人履行债务。故于给付后，其债务即应免除。

第八百九十四条　指示人与被指示人未向领取人承任或尚未给付前，得撤回其证券。指示人虽有特约对于领取人负不撤回之义务，亦得撤回。

前项撤回，须由指示人向被指示人以意思表示为之。

发行指示证券为一种授权行为，如被指示人尚未向领取人承任或给付者，则证券尚未完全发生效力，应许指示人有自由撤回之余地。即有不撤回之特约，亦不妨及撤回之效力。至撤回之方法，由指示人对被指示人以意思表示为之。

第八百九十五条　指示证券之领取人，得将其证券让与他人。但指示人禁止让与者，不在此限。

前项禁止让与，以据指示证券足以认明，或指示人于被指示人承任或给付前通知被指示人者为限，对于被指示人有效力。

证券之效用在流通。指示证券亦证券之一，除指示人禁止让与之外，应使领取人得将其证券让与他人。惟让与与被指示人最有重要关系，故必经其认明，或于承任及给付前通知者，始为有效，以保护被指示人之利益。

第八百九十六条　指示证券之让与，准用债权让与之规定。但后二条有规定，不在此限。

指示证券之让与，非将指示人与被指示人间之债权让与，乃让与其因交付而生之权利。惟指示证券，亦债权之一种，故准用债权让与之规定。

第八百九十七条　指示证券之让与，非于证券有让与里书交给让受人者，不生效力。

让与里书者，于证券上注明让与之年、月、日及让与人与让受人之姓名也。此为证券让与之方式。如无此种手续，则为方式不备，故不能发生效力。

第八百九十八条 被指示人对于指示证券之让受人已承任其证券者,不得以自己及领取人间所生法律关系之事由,与让受人对抗。

让受人承受指示证券后,被指示人已经承任者,则被指示人应负给付之义务。至其与领取人间所生法律关系之事由,与此毫不相涉,不能以对抗领受人之事,对抗让受人。此与债权让与之规定,略有不同也。

第八百九十九条 本于指示证券之权利,不因指示人、被指示人或领取人之死亡或能力丧失而消灭。

指示证券,是对物信用,非对人信用也。故其物存在,虽让与亦可,与当事人毫无关系。即当事人有死亡,或能力丧失,亦无害于证券之效力。

第五章　发行无记名证券

无记名证券者，约明依券面之所载给付于其持券人之证券也。发行此种证券，有使债权易于移转之利，实际上最为适用，故设本章以规定之。

第九百条　发行证券，约定向证券之持有人为给付者，其持有人得依约定字样向发行人请求给付。但持有人就证券无处分之权利者，不在此限。

发行人已向证券之持有人为给付，虽持有人就证券无处分之权利，亦免其债务。无记名证券之发行，一方有发行者，一方即有领受者。发行证券者，谓之发行人。领受证券者，谓之持有人。然何不曰领受人而曰持有人者，缘证券辗转流通，其领受人常不能预定。故即以当时证券在何人之手定之，名曰持有人。证券之持有人，得向发行人请求给付。然持有人如盗窃而来无处分权者，则发行人得证明其事实，拒绝给付。又发行人如不知持有人无处分权而为给付者，亦可免其债务。盖拒绝给付，为发行人之权利，其权利之行使与否，固应听其自便也。

第九百零一条　无记名证券，其流通虽非因发行人之意，发行人亦任其责。

无记名证券，不因发行人死亡或能力丧失后失其效力。

无记名证券之债务关系，由发行人有使债务发生之意思而生，非由授受证券人间之契约而生。故无记名证券发行后，虽因遗失、被盗或其他与发行人意思相反之事由而流通，发行人亦不得免其责任。又无记名证券亦系对物信用，非对人信用，发行人即有死亡或能力丧失，而其效力仍在。盖非此不足以保护持有人之利益也。

第九百零二条　无记名证券之发行人，仅得以本于发行之效力，或证券之内容，可以对抗持有人之事由，或直接可以对抗持有人之事由，与持有人对抗。

发行人既发行证券，立于债务人之地位，自不能与持有证券之债权人

第五章　发行无记名证券

对抗。惟于下列事项,则为例外:(一)本于发行之效力,可以对抗持有人之事由;(二)本于证券之内容,可以对抗持有人之事由;(三)有直接可以对抗持有人之事由。其理由与第八百八十九条第二项同。

第九百零三条　不以无记名证券互易给付物者,发行人无须给付。

发行人依前项规定收回证券,虽持有人就证券无处分之权利,仍取得其证券之所有权。

第一项规定,与第八百九十一条同。第二项,发行人既向持有人为给付而收回证券,则发行人即可免除债务。虽其持有人无处分之权利,然债务既经免除,自应取得证券之所有权。

第九百零四条　无记名证券因毁损或变形不适于流通者,持有人得向发行人请求换给新无记名证券。但证券之内容及不明者,不在此限。

前项换给证券之费用,须由持有人担负,并须先行支付。

无记名证券,如有毁损或变形之情形,不适于流通者,则持有人之权利,将不能保。得支付费用,向发行人请求换给新证券。若毁损或变形过甚,致不能辨别其真伪者,则与灭失同视,不得再求更换,以防虚假。

第九百零五条　无记名证券遗失或灭失,得依公示催告之程序,宣告无效。但证券中之记载与此相反者,不在此限。

发行人因前持有人请求有报告实施公示催告,或受禁止支付命令所必要事宜,并供与证明所必要材料之义务。但其费用,须由前持有人担负,并须先行支付。

前二项规定,于利息、定期金、分配利益及见票即付无利息之无记名证券不适用之。

无记名证券有遗失或灭失时,应依公示催告之程序,宣告无效,使持有人得因此请求另行交付无记名证券,以保护其利益。惟其费用,应由前持有人担负。盖既与以请求换给之权利,自应负所供费用之义务也。至于利息、定期金及分配利益之无记名证券,次条另有适当之规定。又见票即付之无记名证券,其性质与金钱无异,自不适用本条之规定。

第九百零六条　以除权判决宣告无记名证券无效者,其受判决人得向发行人请求换给新无记名证券。但其费用,须由请求人担负,并须先行支付。

除权判决,于民事诉讼律中有详细之规定。于判决后,原持有人得支付费用,向发行人请求换给新无记名证券,以代无效之证券。

第九百零七条　本于无记名证券之请求权,于清偿期届满后逾二十年而消灭。但持有人于其期间未满前欲受给付以证券提示发行人,或于审判上主张本于证券之请求权者,不在此限。

发行人得就提示期间及其起算日,于证券中别定之。

无记名证券之请求权,较指示证券之请求权期限为长。盖因辗转流通,非宽其期间,无以尽其效能也。然其消灭时期,亦应明定。否则,无论延至何时,持有人均有请求权,殊不足以保护发行人之利益。

第九百零八条　无记名证券之持有人依前条规定提示证券,或于审判上主张权利者,其本于证券之请求权,于提示期间满后因二年之时效而消灭。

持有人既提示或为审判上之主张,其时效期间,不宜过长。故于提示证券期间届满后,因二年之时效而消灭。

第九百零九条　审判衙门因公示催告声请人之声请,以命令禁止发行人于所发行无记名证券为给付时,为声请人停止时效及提示期间之开始及进行。

前项停止,自声请发前项命令时起至公示催告程序终止时止。

前条规定请求权之消灭,于提示期间满后之二年。但此二年之时效,亦有应行停止者。如审判衙门因公示催告声请人之声请,向发行人发禁止给付之命令,即应停止时效,并停止第九百零七条所定期间之开始及其进行。其时效停止之终止期,则以公示催告程序终止时为准。

第九百十条　无记名证券之发行人,得因持有人请求,将特定债权人姓名记入证券。但发行人无必为其记名之义务。

前项情形,发行人须向证券上所记债权人为给付,始免其债务。

无记名证券,每有遗失,查究为难,故持有人得请求发行人,将特定债权人姓名记入于证券,以防遗失时,为他人所得无以争辨。但此为变通之办法,并非必要之手续。故发行人无必为其记名之义务。证券上经此种记名后,至何时失其效力,则发行人向所记人为给付始。

第九百十一条　利息、定期金及分配利益之无记名证券,适用后三条

第五章 发行无记名证券

之规定。

无记名证券具特种性质者,约有三种,如利息无记名证券,年金无记名证券及分配利益之无记名证券是也。凡此证券,为用颇广。故虽许其一般发行,但其性质,与通常无记名证券稍异,故适用后三条之规定。

第九百十二条 利息、定期金及分配利益无记名证券,其提示期间以四年为度,自届清偿期之年终起算。

普通无记名证券之请求权,于清偿期届满后二十年而消灭。但利息、定期金及分配利息之无记名证券,其请求权之性质,须迅速实行。故其提示期间,缩短为四年。其起算之期,则以届清偿期之年终为始。

第九百十三条 发行无记名证券,以其利息之无记名证券一并交付者,其利息证券,于主债权消灭,或支给利息之义务消灭或变更后仍有效力。但利息证券中之记载与此相反者,不在此限。

就无记名证券为给付,其利息证券未归还者,依前项规定所应支付利息之额,发行人得保留之。

发行无记名证券时,并将利息无记名证券同时发行者,此二种证券间,虽有主从之关系,然利息证券仍具有独立性质。即主债权消灭(如收回证券),或支付利息之义务消灭(如已清偿者)或变更(如利率减少),其利息证券,仍属有效。惟已就无记名证券为给付者,则依第九百零三条规定,应即以证券互易。如未将利息证券归还者,则发行人得保留所应支付利息之额。

第九百十四条 利息、定期金及分配利益之无记名证券遗失或灭失时,若前持有人于提示期间届满前通知发行人者,前持有人于提示期间届满后,得向发行人请求给付。但遗失之证券于提示期间届满前已提示发行人,或于提示期间届满前已在审判上主张本于证券之请求权,或证券上记名除去其请求权者,不在此限。

前项请求权,因三年之时效而消灭。

依第九百十二条规定,提示期间以四年为度。则遗失或灭失证券者,如未届四年前通知发行人,及至四年届满后,仍得主张其本于证券之请求权。缘利息、定期金及分配利益之无记名证券,不得以公示催告宣告无效,故不得不别定方法也。

第九百十五条　发行人发行各种使用票,于未表明债权人而含有对持有人负给付之义务者,准用第九百条第一项、第九百零一条至第九百零三条之规定。

发行各种使用票,如发行入场券或观览券等,虽未表明债权人为何人,而发行人对于持有人,恒有负给付义务之意思,故得准用发行无记名证券之规定。

第九百十六条　发行证券,指定债权人姓名,而附载得向证券持有人依券面所载为给付者,债务人得给付于持有人,以免债务。但持有人无向债务人请求给付之权利。

前项情形,不以证券互易给付物者,债务人无须给付。

例如发行人甲发行一种证券,指定丁为债权人。依常例论,则必此券移转于丁,乃得向甲请求给付。然券面附载甲得向持有人乙或丙为给付者,则甲不必向丁而为给付。即可向乙或丙互易给付物,而为给付。俾乙或丙再向丁而为给付,于实际亦甚便利。但乙或丙本非债权人,不得径向甲请求给付,以防流弊。

第九百十七条　前条证券若遗失或灭失,得依公示催告程序,宣告其无效。但别有订定者,不在此限。

第九百零九条关于时效之规定,于前项情形适用之。

前条证券,如有遗失或灭失时,与无记名证券同一办法,得依公示催告程序,宣告无效,俾将免去支付之窒碍。此项公示催告之声请期间,准用第九百零九条所规定之时效。

第六章　管理事务

管理他人之事务,有因委任而起者,有因管理而有权利义务者。本章之所谓管理事务,乃不因委任,亦非有权利义务之行为焉。管理人之事务者,为管理人。被人管理其事务者,为本人。此种行为,全由世界进步,事务繁杂,而以公德及公益为主者也。

第九百十八条　无委任或并无权利义务为他人管理事务者,依本人真意或得以推知之意,用最利于本人之方法管理之。

视本条立法之意,便知管理事务者,并无私利存于其间,亦非由何种关系而起,乃全以公益为心,公德为重。视他人之事务,如同己之事务。故本条特明揭其旨。

第九百十九条　管理事务,若违本人真意或得以推知之意为管理人所应知者,虽无过失,亦须赔偿因管理所生之损害。

管理事务系为本人尽公益之义务,或为其履行扶养义务者,不适用前项之规定。

依前条规定,管理事务,须依本人真意,或得以推知之意为准,此为管理人应有之注意。若因不注意而与本人之意思相反时,不问其有无过失,应赔偿其管理所生之损害。然管理事务,如为尽公益之义务,或为本人履行扶养义务者,虽与本人之意思相反,亦不得适用前项之规定。

第九百二十条　管理人因使本人身体、名誉或财产免急迫危害而为事务管理者,以有故意或重大过失为限,于因管理所生之损害任赔偿之责。

管理人依前条之规定,须负过失之责任。然管理事务,因免本人急迫危害而起者,则以故意或重大之过失为限,负赔偿之责。盖为管理之原因不同,故管理之责任亦有轻重。

第九百二十一条　管理人开始管理,须即时通知本人。若无急迫情事,须受本人之指示。

管理事务,虽非一种权利义务,但恒有借此为口实,干涉他人事务,以害本人利益之弊。故管理人于开始管理时,负通知本人之义务,且于无急迫情事时,应受本人之指示,方足以预防此弊。

第九百二十二条 管理人须继续管理至本人,或其继承人,或法定代理人得为管理时止。但其继续管理若违本人之意或显有不利于本人之情形者,不在此限。

管理事务,必本人有不能自行管理之情事,始由管理人为之管理。如管理后遽然停止,恐于本人有不利益。故必使继续至有人管理时止。苟管理人违反管理之本意,或有不利于本人之情形者,则有人管理,反不如无管理之为愈也。

第九百二十三条 第七百七十条至第七百七十二条规定,于管理事务准用之。

管理人与受任人虽有不同,然受任人所负第七百七十条至第七百七十二条所规定之义务,管理人亦应负之,以尽管理事务之责任。

第九百二十四条 管理人若系行为无能力人或限制能力人,仅依侵权行为及不当利得之规定,任赔偿损害及归还利得之责。

管理事务,宜于事实有益。如无能力人或限制能力人,固不能任管理事务之责。苟其所负之责任与有能力人同,非特于本人既属无益,即与保护无能力人之意,亦觉相背。故本条特明定之。

第九百二十五条 管理事务利于本人,并合本人真意,或得以推知之意及有第九百十九条第二项情形者,管理人为本人所出之费用及担负之债务,准用第七百七十五条规定。

管理事务不属于前项者,本人须依不当利得规定,将因管理事务而得者归还管理人。

因管理事务与本人有利,且不背乎本人之本意者,则管理人为能尽其责,自不宜令其再受损害。故为管理所出之费用,及为管理所负之债务,宜依第七百七十五条受任人处理委任事务之规定,得向本人请求赔偿。又管理事务如无此项要件,管理人自无此等请求权,而本人却受不当利得,则须依不当利得之原则,本人因返还其因管理事务之所得于管理人,以保护其利益。

第九百二十六条 管理事务,若本人追认管理人之行为,准用委任之规定。

管理事务,本人有于当时承认者,有于事后追认者。如于当时承认,自应依上列各条之规定。于事后追认,则准用委任各条之规定。

第九百二十七条　管理事务,于本人有错认时,以现被管理其事务者为本人,有因管理事务之权利,亦负其义务。

管理事务,本非有专属之性质。苟管理人于本人有错认时,例如以某房屋为甲所有,为之管理。而其房屋实非甲所有,乃为乙所有者,则应以乙为被管理事务之本人。所有因管理所生之权利,固乙有之。即因管理所生之义务,亦乙负之。庶于事理,方为妥协。

第九百二十八条　他人之事务信为自己之事务而管理之者,准用不当利得之规定。

前项之管理人若有过失,及管理时已知自己无管理权利者,准用侵权行为规定。以他人之事务信为自己之事务而管理之者,则管理人与被管理人之关系,准用不当利得之规定,不能援用本章各条之规定。又以他人事务而以为自己事务,明知自己无权利者,则为一种侵权行为。被管理人如因此受损害,准用侵权行为之规定。

第七章　不当利得

不当利得者，无法律上原因，而因他人给付或因其他方法受利益，致他人被损害之事实也。受利益者谓之受益人。各国立法例，亦有以不当利得为准犯罪者。而据近世之法律观之，则都规定于民律中。本草案即仿其制，设本章以规定之。

第九百二十九条　无法律上之原因，因他人之给付或其他方法受利益，致他人受损失者，负归还其利益之义务。

虽有法律上之原因，而其后消灭，或依法律行为之内容因结果而为给付，其后不生结果者亦同。

以契约认诺债务关系成立或不成立者，视为给付。

有法律上之原因者，其给付与收受，自属正当，法律上应视为有效。如无法律上之原因，而因他人之给付（例如财产上之给付或劳务之给付是）或其他方法（如加工、混合者是）得受利益，致他人受损失者，则于事理不合，应返还其利益。又先有法律上之原因，而其后已经消灭，或因某事项之结果而为给付，其结果不发生时（例如因某甲将留学而给以学金及其后某甲未曾留学之类），亦适用此规定。又如债务关系以契约认诺者，应与独立之财产给付同视。即认诺后，如收受者无正当之原因，而给付人致受损失者，亦以不当利得论。

第九百三十条　因清偿债务而为给付者，若有永远可排斥债权人请求权之抗辩，得请求归还其给付。但消灭时效之抗辩，不在此限。

债务人于未届清偿期之债务因清偿而为给付者，不得请求归还。

债务人于清偿债务后，发见有永远可以排斥债权人请求权之抗辩，则应视为未负债务，原可无庸清偿。其因清偿所为之给付，得请求归还。盖债务人既有正当之抗辩，而债权人受其清偿，殊属不当利得也。至清偿未到期之债务，如因折息清偿，或其他种原因而为清偿，若仍得请求归还，则债务关系，益形复杂。而刁狡者或借此以试其欺罔，故不能准用此规定。

第七章　不当利得

又附条件之债务,于其条件未成就以前先行清偿者,与此正同。故不得以债权人为不当利得论。

第九百三十一条　因清偿债务而为给付,若给付时明知债务不存在者,不得请求归还。其履行时效完成之债务,或道德上之义务而为给付者亦同。

清偿债务者,为欲终了其债务关系也。若因清偿债务而为给付,于给付时已明知其债务并不存在,则其给付,是自己故意损失其权利,不得以债权人为不当利得,而请求归还。又如经过时效之债务(本可不必清偿而故为清偿者)或道德上之义务(如怜其贫困而馈送衣食之类),均不得以收受者为不当利得,均不得请求归还。

第九百三十二条　因结果而为给付,若其结果本不能发生,并为给付人所明知或给付人违诚实及信用妨碍其结果发生者,给付人不得因结果不发生请求归还。

依第九百二十九条之规定,因结果而为给付。其后不生结果者,收受人应负归还之义务,否则为不当利得。若给付人逆知其结果决不能发生,或以不当之方法防阻其结果发生时,给付人不得以结果不发生为口实,请求返还。盖给付时自愿丧失其权利,并非收受人之不当利得也。

第九百三十三条　给付之受领人,因受领给付而违法律所禁或背善良风俗者,负归还给付之义务。

前项情形,若给付人亦应任其责者,不得请求归还。但以担负债务为给付者,不在此限。

受领给付而为法律所禁者,如官吏受贿等是。又受领给付而违背善良风俗者,如强制索取等是。为维持国家之秩序及善良之风俗起见,应使受领人返还其所受之给付。惟给付人有时亦应共负责任者,如官吏受贿而枉法、纳贿人反曲为直等是也。此时应使给付人不得请求返还其给付,以示惩儆。但以担负债务为给付,如发生债票,急应使其收回,免致流毒社会。

第九百三十四条　无权利人就权利之标的物为处分而对于权利人有效力时,其因其处分所受之利益,负归还于权利人之义务。

前项情形,若其处分未得报偿,因处分直接受利益人负前项之义务。

无权利人本不能处分权利物,其因处分所受之利益,自应返还于权利人，例如，甲以动产寄托于乙，则乙有保管之义务，并无处分之权利。苟将此动产卖之于丙，而丙不知此动产为甲所有时，则丙为善意，自不得认此买卖为无效。而乙因买卖所取得之利益，应返之于甲，否则，即为不当利得矣。又其处分未得报偿。如乙将甲所寄托之马赠之于丙，则丙无论知否为甲之物，苟甲提出异议时，应即返还于甲。否则，而为不当利得矣。

第九百三十五条 向无权利人为给付对于权利人有效力时，无权利人因此所受之利益，负归还于权利人之义务。

无权利人者，如债权让与人无权利之存在也。权利人者，如债权让受人新取得权利者也。苟债务人向债权让与人而为给付，则债权让受人将因此而有权利之损害。故须使债权让与人，以其所受之利益，返还于债权让受人。否则，即为不当利得。

第九百三十六条 不当利得之受益人除归还其所受之利益外，若更有收益，或因不当利得之权利而取得，或因不当利得之物灭失、毁损、侵夺而受赔偿者，均须归还。但因不当利得之利益其性质不能归还，或受益人因其他事由不能归还者，须偿还其价格。

因不当利得而所受之利益，固应归还。即附属于不当利得之权利而取得之物，亦应归还。本条特明揭之，以防争议。至因不当利得而收受后不能归还者，则应付相当之价格，以代归还原物。

第九百三十七条 不当利得之受益人，其所受利益已无存者，免前条之义务。但后五条规定，不在此限。

依前条规定，不当利得之受益人，应返还其所受之利益固已。但其所受利益，如因不可抗力而灭失，或因善意而消费者，则除下列五条外，应免除其返还及赔偿价格之义务。

第九百三十八条 不当利得之受益人，于受利益时知无法律上之原因，或其后知之者，须将受领时或知其无法律上原因时，现存之利益附加利息，一并归还。若有损害，并须赔偿。

受益人明知无法律上之原因而故为领受者，则其领受必非善意，或领受后始知无法律上之原因者，则其初出于善意，其后乃出于恶意。均与寻常之不当利得不同，应加重其责任，使附加以利息，并须负损害赔偿之义务。

第七章 不当利得

第九百三十九条 因结果为给付,而其结果之发生依法律行为之内容可认为不确实时,其结果不发生者,受益人应自受给付之时起,依前条规定而任其责。但利息自受益人知结果不发生之时起支给之,其收益以受益人知其结果不发生之时所存者归还之。

为某事项结果而为给付(如出洋留学而给以学资),而其结果之发生依法律行为之内容可认为不确实时(如欲留学而不通外国语),是受益人已预知结果不能发生,实存不当利得之意。如其结果不发生,则受益人应负前条所规定之责任。

第九百四十条 法律上之原因,依其法律行为之内容认为或有消灭情形者,若给付后其法律上之原因消灭时,准用前条之规定。

有法律上之原因而为给付,则领受者亦属正当。但给付时依其法律行为之内容,预知其有消灭情形者,则其给付本非必要,而领受亦属贪得。苟给付后法律上之原因竟至消灭时,受益人须返还所受之利益,与前条之受益人同。

第九百四十一条 给付之受领人,因受领给付而违法律所禁或背善良风俗者,自受领给付时,依第九百三十八条之规定任其责。

依第九百三十三条之规定,因受领给付而违法律所禁或背善良风俗者,应负归还给付之义务固已。然此种重大违法,非加重其责任,不足以示惩儆,故使负第九百三十八条规定之责。

第九百四十二条 善意之受益人因不当利得而败诉者,自起诉时依普通之规定任其责。

前项规定,于善意之受益人履行债务迟延时准用之。

不当利得而出于善意者,其情固有可原。故因他人提起返还不当利得之诉而败诉者,则自起诉时起,依普通规定使负责任。即于应返还之标的物有毁损、灭失时,应使其任赔偿,或使其支付利息,以保护相对人之利益。且此规定,于受益人履行债务迟延时亦适用之。盖两者其用意固无甚殊异也。

第九百四十三条 无法律上之原因而担负债务者,免除债务之请求权虽因时效而消灭,仍得拒绝履行其债务。

无法律上之原因而担负债务者,应使其有免除请求权,此固当然之事。

然请求权如因时效而消灭,苟债务人仍为给付,则领受人殊属不当利得,故使其得拒绝履行债务。

第九百四十四条 不当利得之受益人不索报偿,而以其所受者让与第三人时,第三人于受益人因此免归还义务之限度内,负归还之义务。其第三人视为无法律上之原因,而由债权人直接受利益之人。

不当利得之受益人,以其所受利益之全部或一部让与第三人而不索报偿者,依第九百三十七条之意义度之,受益人得免除返还让与之部分。与第三人之取得,虽有正当原因,而实际即为间接之不当利得。故以第三人视为无法律上之原因,而由债权人受利益之人,仍使其负返还所得部分之责。

第八章　侵权行为

侵权行为,亦谓不法行为,即侵害他人权利,而为有责违法之行为也。加侵害者,谓之加害人。受侵害者,谓之被害人。此种行为,为发生债权之重要原因。即加害人因赔偿损失而为债务人,被害人因受其赔偿而为债权人。近世各国,债权编中都有此规定。故于本编亦特设本章。

第九百四十五条　因故意或过失侵他人之权利而不法者,于因加侵害而生之损害,负赔偿之义务。

前项规定,于失火事件不适用之。但失火人有重大过失者,不在此限。

权利人之权利,法律所应保护者也。苟有人不尊重法律,由故意或过失侵害他人之人格或财产,则须赔偿其所生之损害。否则,强暴者无以惩,懦弱者常罹患矣。惟失火之事,虽因不注意而起,然多属不可抗力。故除有重大过失外,不责令其赔偿,以示区别。

第九百四十六条　因故意或过失违保护他人之法律者,视为前条之加害人。

权利以法律为保障。国家制定以保护他人权利为目的之法律,如警察法规等,国人皆有遵守之义务,以尽互相保护之义。苟违反之,即与侵害他人之权利无异,应负赔偿损害之责任。

第九百四十七条　以背于善良风俗之方法故意加损害于他人者,视为第九百四十五条之加害人。

对于他人秘密之事,不宜泄露。对于他人居住之所,不宜侵入。即所谓善良风俗是也。如故意违反之,致他人受损害者,则与侵害他人之权利无异,应视为第九百四十五条之加害人,负赔偿之义务。

第九百四十八条　官吏、公吏及其他依法令从事公务之职员,因故意或过失违背应尽之职务向第三人加损害者,对于第三人负赔偿之义务。但因过失任损害赔偿之责者,以被害人不能依他项方法受赔偿时为限。

官吏于审判时违背职务,必该官吏应依刑事诉讼程序处罚时,始于其

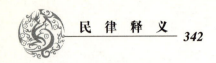

违背职务所生之损害负赔偿之义务。但因拒绝执行职务或因怠延而违背职务者,不在此限。

官吏者,服国家之职务。公吏者,如公证人、公断人是也。从事公务之职员者,如议员、委员等是也。其违背应尽之职务,直接加损害于人者,应负刑事、民事上之责任,固属当然。如违背以保护第三人为目的之职务,则为保护第三人起见,应负损害赔偿之义务。但须分别故意、过失。如出于故意,固当任损害赔偿之责。如出于过失,则惟于被害人不能依其他方法受赔偿时为限。至司法审判衙门之推事,行政审判衙门之评事,于裁判之际违背职务,以不应受刑事上处罚为限,不令赔偿损害,以减轻其责任。如因拒绝或延宕职务之执行致他人受损害者,应依第一项之规定,任赔偿之责。

第九百四十九条 前条情形,被害人因故意或过失不以法律上之救济方法除去损害者,不生损害赔偿之义务。

因前条情形,将致损害,被害人或可以法律上之救济方法除去之。如因被害人故意或过失怠于为之而始见损害者,是被害人咎由自取,法律亦不保护之。故官吏、公吏等不生损害赔偿之义务。

第九百五十条 数人因共同侵权行为加损害于他人者,共负赔偿之义务。其不能知孰加损害者亦同。

教唆人及帮助人,视为共同行为人。

因数人共同之侵权行为加害于人,致生共同之损害时,则应同负责任,共受赔偿之义务。至教唆人及帮助人,虽其侵权行为之方法不同,而其实际无异,应视为共同行为人,使同负其责。

第九百五十一条 因未成年或因精神、身体之状况需人监督者,加损害于第三人时,其法定监督人负赔偿之义务。但监督人于其监督并未疏懈,或虽加以相当之监督仍不免发生损害者,不在此限。

依契约代监督人为监督者,亦负前项之义务。

未成年者或有精神病者,为无能力人,其责任应由法定或约定监督人负之。惟监督人已尽监督之义务,而仍不免发生损害者则否。

第九百五十二条 为某种事业使用他人者,于被用人执行事业加损害于第三人时,负赔偿之义务。但使用主于选任被用人及监督其事业已尽相当之注意,或虽加以相当之注意仍不免发生损害者,不在此限。

依契约代使用主监督其事业者,亦负前项之义务。

适用前二项规定时,使用主或监督人得向被用人行使求偿权。

被用人为使用人执行某种事业而加损害于他人者,则因使用人之事业而起,应令使用人任损害赔偿之责。惟使用人对于被用人,得行使求偿权。

第九百五十三条 承揽人为承揽事项加损害于第三人者,定作人不负赔偿之义务。但定作人于定作或指示有过失者,不在此限。

承揽人独立承办一事,得独立为其行为。而定作人非使用主比也。故所有加他人之损害,由承揽人自负其责。

第九百五十四条 占有动物人,其动物加损害于他人者,负赔偿之义务。但依动物之种类及性质已尽相当之注意保管之,或虽尽相当之注意保管之仍不免发生损害者,不在此限。

依契约代占有人保管动物者,亦负前项之义务。

适用前二项规定时,其占有人得向挑动该动物之第三人,或挑动该动物之他动物之占有人,行使求偿权。

占有动物人,应负注意保管之义务。如因不注意而伤他人之生命、身体或毁损物件者,应负赔偿之责。至第三人有挑动该动物之情事者,则占有人对于第三人,得行使求偿权。

第九百五十五条 因设置或保存土地之工作物有瑕疵加损害于第三人者,其工作物之自主占有人负赔偿之义务。但占有人于防止损害之发生已尽必须之注意者,不在此限。

依契约有代占有人保存工作物之义务,或法律上有为自己权利保存工作物之义务者,亦负前项之义务。

适用前二项规定时,若就损害原因别有任责者,负赔偿义务人得向其行使求偿权。

凡设置或保存工作物,苟有瑕疵,即应修补,此当然之义务也。如因瑕疵而生他人之损害,应任赔偿之责。惟自主占有人已尽必须之注意,而因别有任责人发生损害原因者,则占有人于赔偿之后,得向之行使其求偿权。

第九百五十六条 前条情形,若损害原因之事由在前占有人占有终止后一年内发生者,前占有人负损害赔偿之义务。但前占有人于其占有时已

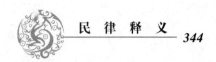

尽相当之注意可防止损害发生者,不在此限。

占有终止,不任赔偿之责,为普通之情事。但如前条情形,前占有人不能证明于其占有时已为相当之注意,或后占有人虽为相当之注意,仍不能防止损害之发生者,则推定其为因前占有人不注意而发生,应由前占有人负损害赔偿之义务。

第九百五十七条　因侵权行为之损害非直接被害人,不能请求赔偿。但法律别有规定者,不在此限。

赔偿侵权行为之损害,应使直接被害人有请求权,以定赔偿之范围。至于间接被害人有无此请求权,以有无他项法律规定为准。

第九百五十八条　害他人之身体,致被害人丧失或灭失活动能力,或加增生活上之需要者,加害人须支付定期金于被害人,以赔偿其损害。

定期金准用第八百五十条之规定。

必有重大之事由,被害人始能请求偿给总额,以代支付定期金。

损害他人之身体,使丧失活动能力者,则被害人或因此不能自求生活之方,故加害人须给定期金以补偿之。又因重大事由,如被害人欲移居外国时,则因不便于支给定期金之故,应使其得请求偿给总额,以代支给定期金。又支给定期金之法,应照普通惯例,按每六个月预付之,可适用第八百五十条之规定。

第九百五十九条　审判衙门,依前条规定以判决命加害人支付定期金者,须以职权命其供具担保。

前项担保之方法及数额,审判衙门酌定之。

审判衙门所定担保未能充足,被害人得声请增加。

审判衙门因被害人之起诉,以判决命加害人支付定期金作损害赔偿之方法时,须同时以职权命其供具相当之担保。如被害人以审判衙门所定担保未能充足,亦得声请增加。如此始足以保护被害人之利益。

第九百六十条　害他人之身体自由或名誉者,被害人于不属财产之损害,亦得请求赔偿相当之金额。

前项请求权不得让与他人,亦不得由继承人继承。但依契约认诺此项请求权,或已就此项请求权起诉者,不在此限。

人之身体自由或名誉,均受法律保障,他人不得而侵害之。故有损害之者,被害人得向加害人请求相当之损害赔偿,以保全其利益。惟此项请求权,乃专属于被害人,除因契约认诺或提起诉讼外,不得让与或继承之。

第九百六十一条 审判衙门因名誉被害人起诉,得命加害人为回复名誉之适当处分,以代损害赔偿,或于回复名誉外,更命其为损害赔偿。

毁损名誉,有可以金钱补偿之者,或应为恢复名誉之适当处分者,审判衙门于名誉被害人起诉时,得于二者斟酌命加害人为之。或二者并用,亦无不可。

第九百六十二条 依侵权行为侵夺他人之物者,须将其物归还被害人。

物各有主,不能侵夺他人之物以为己有。如依侵夺行为侵夺他人之物者,其第一步之办法,须将其物归还原主,而损害赔偿次之。

第九百六十三条 依侵权行为侵夺之物,其负归还义务人于因天灾及其他不可抗力不能归还时,仍任其责。但义务人证明其物有不被侵夺亦不能归还之事实者,不在此限。

前项规定,于应归还之物因天灾及其他不可抗力而毁损者准用之。

侵夺他人之物,应即归还于原主固已。惟因天灾或其他不可抗力致物灭失或毁损不能归还时,加害人须负赔偿之责任,以保护被害人之利益。

第九百六十四条 加害人赔偿侵夺物之价格者,被害人得自算定价格标准之时起,请求支付赔偿额之利息。

加害人不能将原物归还于被害人,而赔偿其价格者,亦宜从速交付,使被害人不至多受损失。苟迟延而不即履行,则被害人得据履行债务迟延之通例,自算定价格标准之时起,请求支付赔偿额之利息。

第九百六十五条 加害人于其侵夺之物已出费用者,得向被害人请求偿还其费用。

物之占有人对于所有人请求偿还费用权之规定,于前项情形准用之。

加害人就其侵夺物出费用时,依纯理论,其侵夺既属不当,则其所出费用,亦属自招损失,不得请求偿还。然按前条赔偿价格之时,并应支付利息,而于所出费用,独不得请求偿还,是待被害人过厚,而待加害人未免涉于酷矣。故本条规定,准据占有人与所有人间费用偿还之例,得请求偿还。

第九百六十六条 依侵权行为侵夺之动产,其负赔偿损害义务人若向侵夺时占有其物人既已赔偿,虽第三人为侵夺物之所有人或为其他之物权人时,义务人亦免赔偿之义务。但明知第三人于侵夺物有所有权或其他物权,或因重大过失而不知者,不在此限。

加害人侵夺他人之动产,应负赔偿损害之责固已。然对于何人赔偿乎?则向侵夺时占有其物人为赔偿,最属正当。赔偿之后,虽有该动产所有权或其他物权之第三人,亦不应使其再行赔偿,以昭平允。但明知有第三人,或因重大过失而不知者则否,盖以防狡顽也。

第九百六十七条　因侵权行为毁损他人之物者,须向被害人赔偿其物之减价额。

前条规定,于前项情形准用之。

因侵权行为而毁损他人之物者,则其物之价格必形减少,虽未至全部灭失,应赔偿其全部价格。然其减少之价格,须由加害人赔偿,庶被害人之利益,得以保护。

第九百六十八条　害他人之生命者,须向担负埋葬费人赔偿埋葬费。

被害人于其生命被害时依法律规定对第三人负扶养义务,或有应负扶养义务之关系,并因其被害至第三人丧失扶养请求权者,加害人须于可推知被害人之生存期间内,应供与扶养之限度向第三人支付定期金,以赔偿其损害。其第三人于加害时为胎儿者亦同。

加害人于侵害他人之生命时,则其应负赔偿之责任有二:(一)对于被害人自身之关系,则须赔偿埋葬费;(二)对于被害人家属之关系,则须向有扶养权利人支付定期金。如此始不至以加害人之行为,而损害第三人之利益也。

第九百六十九条　前条情形,若被害人依法律规定,对于第三人应给付家事上或职业上之劳务,加害人须向第三人支付定期金,以赔偿其应得之劳务。

被害人依法律规定,对于第三人应给付家事上或职业上之劳务者,如夫妻有互相扶助之义务,一人被害,而其他一人,则必受种种之困苦。故加害人应支付定期金,以赔偿其所失劳务上相当之损害。

第九百七十条　依前二条规定以支付定期金赔偿损害者,准用第九百五十八条第二项及第九百五十九条之规定。

支付定期金赔偿损害者,如因第三人有重大事由,应使其得请求偿给总额,或使加害人提出相当之担保,故准用第九百五十八条第二项等之规定。

第九百七十一条　害他人之生命者,其被害人之父母、配偶人及子于不属财产之损害,亦得请求赔偿相当之金额。加害时子为胎儿者亦同。

第一千二百四十条第二项之规定,于前项情形准用之。

一人之生死关系,其影响常及一家。故一人被害,应予其父母、配偶人或其子有金钱上之赔偿请求权,于实际最为有益。

第九百七十二条　一侵权行为所生之损害有数人共任其责者,数人作为连带债务人而任其责。

本条与第九百五十条有异。彼则就其有共同之行为而言,此则就其有共同之责任而言。既有共同责任,则对于赔偿损害,应连带而负其义务。如监督义务人与被监督人共负责任,或使用人与被使用人共负责任是也。

第九百七十三条　依第九百五十一条及第九百五十二条之规定,就他人所加之损害负赔偿义务者,于他人亦应负损害赔偿之义务时,其相互间之关系,仅他人负义务。

依第九百五十四条至第九百五十六条之规定,负损害赔偿之义务者,于第三人亦负损害赔偿之义务时,其相互间之关系,仅第三人负义务。

按数人为损害赔偿义务人连带而任其责时,固依前条之规定,但以无特别之情形为限。其相互之间,当以平等之率负赔偿义务。然如第九百五十一条,监督人与被监督人;第九百五十二条,使用人与被使用人,同负赔偿责任时,其相互间之关系,应使被监督人及被使用人负全部义务。又如第九百五十四条,则动物之挑拨人,应负全部义务。余均准此。此为于求偿义务之通例外,又设特例也。

第九百七十四条　第三人得请求损害赔偿时,若直接被害人亦有过失者,准用第三百八十七条之规定。

损害赔偿,其责任应有专属。若第三人向加害人请求损害赔偿,而直接被害人亦有过失时,则审判衙门,得斟酌情形,定损害赔偿之责任,故准用第三百八十七条之规定。

第九百七十五条　官吏、公吏及其他依法令从事公务之职员,本其职

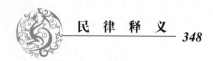

务选任他人处理第三人之事务,或监督其处理事务,或允许其法律行为而为共助者,若因违背职务而他人加损害于第三人,与他人共负赔偿义务时,其相互间之关系,仅他人负义务。

官吏、公吏等,本其职务选任或监督及协助他人处理事务,因他人违背职务,加损害于第三人,依第九百七十二条规定,应与他人共负赔偿之义务。对于被害人,彼此负连带债务人之责任。惟其相互之关系,仅他人负全部义务,以明责有攸归之义也。

第九百七十六条　依侵权行为之损害赔偿请求权,自被害人或其法定代理人知有损害及加害时起三年不行使者,因时效而消灭。自侵权行为时起逾二十年者亦同。

损害赔偿之义务人因侵权行为受利益,致被害人受损失者,于前项时效完成后,仍应依不当利得之规定,归还其所受之利益。

被害人有赔偿请求权,所以保护其利益也。然使其有此权利,延不实施,永久存在,于社会亦属不利,故使其因时效而消灭。又加害人因侵权行为而受利益,实属不当利得。故于侵权行为之请求权外,发生不当利得之请求权。且此请求权,不因前项时效而消减。

第九百七十七条　依侵权行为对于被害人取得债权者,被害人之废止债权请求权虽因时效而消灭,仍得拒绝履行。

加害人以诈欺等侵权行为取得被害人之债权时,则被害人对于加害人,有废止债权之请求权。然此请求权因时效而消灭,而被害人仍须履行债务,于事理实属不合,且非所以保护被害人也。故本条规定,于请求权消灭后,被害人仍得拒绝债务之履行。

卷 ◆ 下

第三编

物　　权

物权云者,直接行于特定物之权利也。详言之,即人得直接施行自己之行为于特定物上之法律上之力也。故依此定义以言,则物权要件有二:(一)须行于特定物上之权利。依第一编第四章所定,凡谓物者,以有体物为限。故无体之物,不得为物权之标的。又虽有体物而不可为财产之物,亦不得为物权之标的。又虽可以为财产之物,而非特定物,只可为债权之标的,而亦不得为物权之标的。(二)须直接行于特定物上之权利。所谓直接行于特定物上之权利者,即依法律之保护,使其物服从自己之势力也。在债权虽亦有以物为标的者,然其直接之效力,系在要求人之行为,其对于物之关系,不过因人而及之耳。故为间接而非直接,惟物权则直接对于物而有权利。因以上二要件之故,其所生之效果,则有三焉。第一,物权有追及权。何谓追及权?即物权之标的物,无论辗转归于何人之手,皆得追随其物而行使其权利也。第二,物权有优先权。何谓优先权?即得先于他种权利而主张自己之权利也。盖一物不容二主,为法律之格言。故吾人既于某物上设定物权,即他人对于此一物上,不得再设定同一之物权。就令他人而对之设定数个物权时,其优劣依设定之前后定之。则设定于前之权利,必优于后之权利,是为原则,故曰优先权。第三,物权有物上诉权。何谓物上诉权?即对侵害者有请求标的物返还、原状回复、损害赔偿、妨害排除之权。此种权利,因物权之效力而发生,故曰物上诉权,或又谓之物上请求权焉。至于物权之种类,则各国古今之立法例,亦颇不一致。本编斟酌本国之习惯及多数之立法例,分物权为所有权、地上权、永佃权、地役权及担保物权之五种。至占有则为一种保护行使权利，属于事实上之法律关系，实际非物权也。然与物权之性质最为相近，故亦属诸本编，而以为各种物权之殿。

第一章 通 则

通则者，规定物权之设定及移转，即得丧及变更所共通适用之一大原则也。此种原则，为设定及转移物权时所不可或缺之一种要件。否则，其所设定或移转之行为，即不能发生效力。又此种原则，无论于不动产物权及动产物权，皆可适用。故本编以之冠于各种物权之首，而独立为一章。

第九百七十八条 物权，于本律及其他法律有特别规定外，不得创设。

创设物权之方法，所以采用法定主义者，因物权之对于一般人，有极强之效力，可以对抗之。若许以契约或依习惯创设，则影响于经济上、社会上者，其弊害必大。例如买取不动产者，于买取当时，在不动产上究有何种物权。如不依法律而创设者，则买取者一时究难查悉。迨既买之后，始行发见，则买主既难防御于事前，每蒙不测之损害于事后，即影响及于经济。故近世之立法例，在无论何国，皆严加限制物权之种类。以习惯上之必不可缺者，则采入法律之中，而以为法定物权主义。舍此以外，则不许另行创设物权。故本律亦采此旨。惟民律为普通私法，其如特别物权及附随特别物权之债权之类，均应以特别法规定之。故本条于律文限制外，并及其他法律之特别规定也。

第九百七十九条 依法律行为而有不动产物权之得丧及变更者，非经登记，不生效力。

按物权之效力，其对于第三人极为强大。故关于不动产物权之得丧变更时，必使履行一定之方式，则第三人亦不致受意外之损害，而社会亦因之安全矣。惟按之各国立法例，关于此种之方式，有颇有可言者焉。其方式有三：(一)曰地券交付主义。此种主义，即以地券交付于权利人，于券上记载不动产物权之得丧变更，以确定不动产物权之权利状态。使有利害关

第一章 通 则

系之第三人,得就交付之地券,以推知其不动产物权之状态也。(二)曰登记公示主义。此种主义,于不动产所在地之官署备置公簿,于簿上记载不动产物权之得丧变更。使有利害关系之第三人,得就其公簿推知不动产物权之权利状态。若不动产物权之得丧变更而不登记者,则不得以之对抗第三人,惟于当事人间则曾发生效力。(三)曰登记要件主义。此种主义之形式,与前列之登记公示主义略同。惟不须公示之方式。其于不登记时,则不仅不得对抗第三人而止,即于当事人间亦不能发生效力也。以上三种主义,地券交付主义失之繁杂,近世已为一般所废弃。若登记公示主义,虽于不登记时不得对抗第三人,然于物权之本质,亦无甚关系也。惟登记要件主义,则非特方式之简捷易行,且其不得对抗第三人之物权,亦不得于当事人间发生效力,洵为合法理之主义。故本律采之。

第九百八十条 动产物权之让与,非经交付动产,不生效力。但让受人先占有动产者,其物权之移转于合意时生效力。

让与动产物权时,让与人若继续占有动产,让与人与让受人间得订立契约,使让受人因此取得间接占有,以代交付。

以第三人占有之动产物权而为让与者,让与人得以对第三人之返还请求权让与让受人,以代交付。

前三项之规定,于让与无记名证券者准用之。

凡关于不动产物权之得丧变更,须依登记而成立,既于前条规定之矣。其关于动产物权之让与,又将奈何?夫动产者,非若不动产之有一定地位,而可以随便流动。且其物品又极繁夥,自不得援用不动产物权登记之例,而以交付其标的物为让与之成立。质言之,即移转其占有也。惟交付主义亦分为二:(一)曰交付公示主义。以占有移转为让与动产物权之公示方法,在占有移转以前,当事人不得以之对抗第三人,惟其意思表示即已发生完全效力。(二)曰交付要件主义。以占有移转为动产物权让与成立之要件,在占有移转以前,其物权之让与,匪特不得对抗第三人,即于当事人间,亦不能发生效力。以上二主义,其交付公示主义之不合于法理,与彼登记公示主义同。故本律亦采交付要件主义也。是谓动产物权让与之原则,而为本条第一项之所规定者是。但如依让与以外之权利,如赁贷借之类,在让受人于未让与之先,已占有其标的物者,则自无交付之必要。故于其让与合意时，即行发生效力。此第一项但书之规定。又若让与人虽经让与之后，而仍继续占有其标的物者，则法律许于当事人间订立契约，使生让受人应取得间接占有之法律关系。如另给赁贷借契约之类，以代交付，是谓占有之改定。此第二项之规定。又以第三人占有之动产物权而行让与者，如赁贷主以赁贷于第三人，赁贷物为动产物权让与时。然其对于赁借主，本有请求返还之权。惟于让与时，得让与其请求返还权与让受人，以代交付。此第三项之规定。以上三者，皆为交付要件主义之例外，盖欲使动产物权之易于移转也。至无记名证券，本可视为动产，其详于第二编第五章定之。故关于让与之要件，亦准用动产物权让与之规定。此第四项之所由设也。

  第九百八十一条 一物之所有权及其他物权同归于一人者，其他物权因混同而消灭。但物权存续所有人或第三人于法律上有利益者，不在此限。

  前项之规定，于占有不适用之。

  夫物权既有创设，必有消灭。其消灭之原因，有基于时效者，则适用本律总则之规定。又有基于标的物灭失者，为自然之消灭，皆无待另为规定。又物权消灭之特别原因，于各种物权之后定之。其可为一般消灭原因者，乃于本章定之。所谓一般消灭原因者何？即混同是也。混同者，谓或种权利关系有不可并有之二个资格同归于一人之谓也。于此之时，应消灭其不能并有之一物权焉。例如甲于乙所有土地有地上权。其后乙为甲之继承人，即地上权与所有权混同，则地上权应消灭。自理论言之，混同只不能实行权利而已，不得为权利消灭之原因。但必使不能实行之权利存续而无实益，且足以增法律关系之错杂，则不如任其消灭之为愈。故混同为物权消灭之原因，是为原则。然其例外有二：（一）凡一物之所有权及其他物权同归于一人时，若所有人或第三人于其物权存续有法律上之利益者，则其物权不混同而消灭，以免害及所有人及第三人之权利也。例如甲以其所有土地先抵押于乙，乙为第一抵押权人。次又抵押与丙，丙为第二抵押权人。若其后甲为乙之继承人，则乙前有之第一抵押权仍旧存续，而甲于此时仍为所有人，有法律上之利益。盖丙之第二抵押权，本不能得完全之清偿。若使第一抵押权消灭，则丙为第一抵押权人，反能受完全之清偿，而受其害者为甲。故第一抵押权存续于甲，有法律上之利益。又如甲于乙所有土地有地上权,而以此地上权抵押于丙。其后甲向乙购得此土地,则丙(第三人)之地上权存续,而有法律上之利益。盖若消灭其地上权,即消灭丙之抵押权,而不利于丙。故法律仍许存续也。此为第一项但书之规定。(二)凡一物之所有权及占有同归于一人时,其占有不因混同而消灭。盖占有本不问其有无权利,皆受法律上之保护故也。此为第二项规定。

第九百八十二条　所有权外之他物权及以其为标的物之权利同归于一人者,其权利因混同而消灭。

前条第一项但书、第二项之规定,于前项准用之。

所有权外之他物权者,如地上权、永佃权、地役权之类是。以其为标的物之权利者,如抵押权、质权之类是。今设有地上权,与抵押权之类同归于一人时,则亦得适用因混同而消灭之原则。例如甲对于其有地上权之土地,以其地上权供抵押于乙。其后乙为甲之继承人而取得此地上权时,则其抵押权即因之而归于消灭。本条第一项之规定以此。第二项规定亦为混同消灭之例外,参照前条之解释可也。

第二章 所 有 权

何谓所有权？可别性质上及作用上之观察以说明之。其自性质上之观察者，则谓所有权者，总括的支配物之权利也。盖所有权以外之物权，不过行使其一方之权利而止，而无支配权之可言。惟所有权则有完全之支配权。若自其作用上观察之，则所有权者，于不抵触法令及他人权利之范围内，有自由使用、收益、处分之权利。此种权利，盖自罗马法以来，无不包入于所有权之内容。是为所有权之所独具之能力，而决非其他物权之所能望其项背者也。夫所有权之于物权中为最重要者，且亦易滋纷议者。然其大致，则不外对于不动产及动产设定之耳。若夫共有，则一种特别之所有权。此本章所以连类及之也。

第一节 通 则

本节所谓通则者，系规定所有权共通之法则（第九百八十三条至第九百八十七条），而异于第一章所谓之通则。盖第一章之通则，规定物权之创设、消灭及得丧变更者也。而本节所规定者，则为所有权之内容及其范围而并及其请求权者也。

第九百八十三条　所有人于法令之限制内，得自由使用、收益、处分其所有物。

按所有权之范围，依其物之性质及法令所定之限制内，于事实上、法律上有管领其物唯一之权利，固非可以列举尽之者。但其重要之作用，则本条所举之使用、收益、处分三者而止，故本条明示之。然或谓所有权内之使用、收益、处分三者，在事实上有不能并存之憾。然此种事实，于所有权之资格，固毫无损害也。何则？其所以不能保存者，不过一时为他人之权利所制限。设一旦他人之权利消灭，则此种之权利，亦立时可以回复。故学者谓之所有权之反归力。至限制所有权之法令有二：（一）为公法；（二）为

第二章 所有权

私法。私法之限制,于本律定之。若夫公法之限制,如公用征收、公共地役之类,则非本律范围之所及也。

第九百八十四条 所有人于其所有物,得排除他人之干涉。

他人因避去生命、身体、自由、财产现有之危险不得已而有干涉行为,并因危险所应发生之损害较重大于因干涉所应发生之损害者,不适用前项之规定。但所有人仍得请求损害赔偿。

所有人对于其所有物,于法令所定限制内得自由行使其权利,此为前条之规定。但对于其所有物,既有自由行使其权利之权,自可要求一般人不得稍加妨害。若他人而有干涉之时,即得排除之。惟干涉之他人或不干涉之他人,因其生命、身体、自由、财产现有危险,欲行避免,而有干涉之举动者,是为紧急行为,所有人自不得排除之,此乃当然之理。例如甲有乔木一株,势将倾倒。若其倾倒时,必致损害及于乙之家宅者,乃甲不设法拔去或予以相当之预防,乙即有干涉之权。惟甲因损失其乔木而所发生之损害,则尚可请求乙为之赔偿而已。

第九百八十五条 物之成分于分离后,仍属其物之所有人。但本律有特别规定者,不在此限。

凡孳息,均属于原物之所有人,本为物权之原则。例如土地之收获,牛马之犊驹,当然为土地及牛马之所有人所有,可不待言。然物之成分分离以后,是否为原物之一部分,抑为一部物体,或应于所有权之外另有权利原因,若不明为规定,必致争端。故设本条,凡物之成分分离后,依然属于其物之所有人,是为原则。但物之成分分离后,为善意占有人取得其所有权者,则不属其物之所有人所有,是为例外。

第九百八十六条 所有人对于以不法保留所有物之占有者,或侵夺所有物者,得回复之。

按本于所有权之请求权,其目甚多。本律以所有物之回复请求权及所有权之保全请求权,规定于本节中。而以对于占有人之归还孳息请求权,及损害赔偿请求权,规定于占有中。占有之确认请求权,规定于民事诉讼律中。本于所有权之执行参加权,规定于执行律中。此外,另以相当处分规定一切本于所有权之请求权。本条所定,即所有物之回复请求权。盖所有人占有其标的物,始能保全其所有权。故法律许其对于无权利而继续占有他人之所有物,或侵夺他人之所有物者,所有人得向其取回。例如,对于受寄之赃物及因窃盗所得之物,皆有请求回复之权者是也。

第九百八十七条 所有人对于用前条以外之方法妨害其权利者,得请求除去之。

有依前项方法妨害其权利之虞者,所有人得请求避止足为妨害之行为。

用前条以外之方法者,用保留或侵夺以外之方法也。凡用此种方法而妨害所有人之权利者,应使所有人得向妨害人请求除去妨害。即有妨害其权利之虞时,亦得请求避止其足为妨害之行为。否则,即所有权有不能完全保护之憾矣。

第二节 不动产所有权

不动产者,即定着于一定处所之有体物也。其大别有二:曰土地,曰建筑物是也。建筑物者,定着于土地之工事。其最着者如家屋是。夫家屋等之建筑物,必有一定之限界。故一所之建筑物,属于一人所有或数人共有,毫无疑问。然关于土地之所有权,于平面之外,以及何点而止,学说颇有争论。故类多采法定主义,如第九百九十一条之规定是。又关于取得不动产所有权之特则(第九百八十八条至第九百九十条),土地所有权之内容及其限制(第九百九十一条至第一千零二十二条),建筑物所有权之特则(第一千零二十三条),以及不动产所有权消灭之特则(第一千零二十四条至第一千零二十六条),皆于本节规定之。

第九百八十八条 以不动产所有权之移转为标的而结契约者,须以文书订之。

按不动产所有权之移转,大抵缔结契约。此项契约,必须依文书之方式订之,始能确实可据。其有依遗嘱而移转不动产所有权者,应依遗嘱之特别方式,则又不待言。故无须另设明文规定也。

第九百八十九条 无主土地,属国库所有。但淤浅、洲渚、涸河及冲断地所有权之取得,另以法令定之。

在古昔野蛮时代,于所有权之取得,有所谓先占者。其意即最先占有

第二章 所有权

无所有者之物也。然自近世人文日进,而因先占取得所有权者,仅以动产为目的。若不动产之先占,于德国主义虽亦有认之者,然以国家有优先先占权。在法国主义,则不动产之先占,全属于国家所有,而以私人为继承取得者。其对于无主之土地,则概属国库所有,而不许私人先占。至淤浅、洲渚、涸河、冲断地等所有权之取得方法,与地方之习惯及河川法等有密切关系,且系涉及行政范围者,故须听特别法之规定,而不规定于本律。此但书之立法本意也。

第九百九十条　取得不动产之所有权无须登记者,取得人非为取得登记后,不得处分所有物。但法令有特别规定者,不在此限。

取得不动产之所有权无须登记者,例如继承、拍卖是也。此时,于法律上未定有明文为限,其新所有人不得于登记其取得之前处分其所有物。盖登记之所有人,与现在之所有人必须一致,始能确保交易上之安全。若未为取得之登记,即能处分其所有物者,是登记之所有人,非现在之所有人矣。故设本条,以杜其弊。

第九百九十一条　土地所有权,于法令之限制内及于地上、地下。若他人之干涉无碍其所有权之行使者,不得排除之。

凡土地所有权之范围,于地面之外,尚有地面以上之空间,与地面以下之地心。是否均为所有权之范围所及,若无明文,则土地所有权之范围,以事实上决不能仅及地面而止。例如田内所栽之树木、禾黍,其根则着于地下,其躯干必须占一位置于空间。故普通之立法例,于法令之限制外,凡土地之所有权,均得及于地上地下。然所谓法令之限制者何耶？其在地上者,例如于地面建造数十层之高楼,法非所禁。然欲以铳取通过之飞鸟者,则应从狩猎法之规定。其在地下者,矿产之类,有规定为全属国家所有者。是则所有权之范围,不得不因之缩小也。舍此以外,则于地面、地上、地下皆得管领之。但他人干涉其地上、地下之所有权时,而无碍于其地面之所有权者,则不得因藉口保护之故而滥加排除。盖于所有人并无实益者也。

第九百九十二条　土地所有人因邻地所有人之请求关于疆界不明之处,负协力确定之义务。

凡土地之所有权,不得超越土地之疆界,而其疆界则由人定之。然有时若因疆界不明时,应认为土地所有人有确定疆界之权,俾土地所有人能完全行使其权利也。

第九百九十三条　土地所有人得与邻地所有人以公同费用,设足以标示疆界之物。

设置及保存界标之费用,相邻人平均担负；测量费用,按土地广狭分担之。

异所有者之二土地相邻接时,如所有者为预防疆界之纷议起见,应明定其疆界,而设立足以辨明疆界之物,即界标是也。其设立之费用,土地所有者与邻地所有者,应共通担负。惟关于设置及保存之费用,可以平均担负。若测量费用,则应视其所有地之广狭,而定其应出之持分。此为本条第一项及第二项之所定。

第九百九十四条　土地所有人于自他土地有煤气、蒸气、臭气、烟气、音响、振动及与此相类者侵入时,得禁止之。但其侵入实系轻微或按土地形状、地方习惯认为相当者,不在此限。

凡土地所有人于自己之土地设立工场之类,其煤气、蒸气、臭气等有累及于邻地之所有人,致使其不得完全利用土地者,邻地之所有人,自应有禁止之权。然其侵入实系经微,或依其土地之形状,或地方之习惯,认为无甚损害者,应令邻地所有人忍受,而无有禁止之权。此本条规定之理由也。

第九百九十五条　建筑工作物自疆界线起,须有一定距离,并注意预防邻地损害。

前项距离,另以法令定之。

凡土地所有者于自己疆界线内,有自由建筑工作物之权。然非留相当之余地,则邻地常间接受其损害。盖通常两建筑物之间,非存有相当之距离,使于兴作修缮之时,得有使用之地,并以预防邻地之损害。此本条第一项之规定也。若距离之尺寸,在日本民法则采用法定主义,惟在本律则不为规定。而在第二项云以法令定之者,盖意在详审各地之习惯也,故让诸特别法焉。

第九百九十六条　违前条规定而建筑工作物者,土地所有人得请求废止或变更其建筑。但自着手建筑已逾一年,或其建筑已成者,仅得请求损害赔偿。

凡邻地所有人违背前条规定而建筑房屋时,土地所有人得请求建筑人

第二章 所有权

废止其建筑,或变更其建筑。此所有权当然之作用,自无待言。然若许其绝对施展此项作用者,无论建筑着手已经过若干时,或建筑已否竣工,均可请求废止变更,亦有害于私人及国家之经济。故着手已逾一年,或已竣工者,仅使其得请求损害赔偿,不得请求废止或变更也。

第九百九十七条　种植竹木,自疆界线起须有一定距离。

第九百九十五条规定,于前项适用之。

凡土地所有者,在自己所有范围内,有自由种植竹木之权。但竹木之枝,往往易逾疆界线。且竹木之根,亦常有蜿蜒及于邻地之内者。是即侵害邻地之所有权矣。故欲预防此种弊害者,非于种植之时预留一定之距离,使其扶疏之枝、蜿蜒之根,不致有侵入邻地之憾。至其距离之多少,则适用第九百九十五条规定,而另以法令定之。要在审察竹木之蔓延力而别之,故于本条不设以一定之制限。

第九百九十八条　土地所有人遇邻地竹木之枝根有越疆界线者,对竹木所有人得行催告,令其于相当期间内刈除之。

竹木所有人不应前项之催告者,土地所有人得刈除越界竹木之枝根作为己有。

越界竹木之枝根若与土地之利用并无妨害,不适用前二项规定。

按如前条之规定,凡有不留距离而致所植竹木之枝根有越疆界线时,则其逾界之枝,邻地所有人本有剪除之权。其逾界之根,邻地所有人本有截取之权。然私权以不背人情为尚,故须先行催告,令其相当期间内刈除之。迨催告而不应者,始得由邻地所有人刈除之。但以与邻地之利用实有妨害者,始得适用本条第一项、第二项之规定。若与土地之利用并无妨害者,则不能适用该两项之规定,致妨他人所有竹木之生存。

第九百九十九条　果实有落于邻地者,视为该地之果实。但该地若系公用地,不在此限。

按落于邻地之果实,是否应归原物之所有人,抑归邻地之所有人,自古立法例,即不一致。本律则视为邻地之果实,以维持相邻人间之和平,而即为第九百八十五条之特别规定。然若邻地系供公众使用之地,例如公行之道路等类,则以果实视为公众所有,较为不便。莫如仍视为原物所有人之果实,较为合理。故本条复设例外。

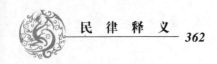

第一千条 土地所有人遇由邻地自然流至之水，不得妨阻。

夫水之就下，为自然之性。故土地所有者，对于自邻地自然流来之水，不得因图一己之利益，任意修筑堤防，开凿沟渠以妨阻之。否则，邻地必变为泽国，渐成废土。非特有碍公众之卫生，且亦妨害国家之利益。故特设本条，使土地所有人负有承水之义务。自邻地言之，即为排水之权利，使藉省事实之争执，此不可少之规定也。

第一千零一条 水流若因事变在低地阻塞，高地所有人得自以费用，施必要之工事以疏通之。

前项担负费用，若有特别习惯者，从其习惯。

承水地之所有人，不得妨阻自然流至之水，此为消极之义务。但即使其负消极之义务矣，自不得不与以积极之权利。盖自然流至之水，因事变致在低地阻塞时，一方既无宣泄之机，他方又来源不绝，推其极必将成为泽国无疑。然其所以致此之原因，因承受高地之排水也。于此之时，高地所有人当然有代为疏通之义务。而低地所有人，即有享受此种代疏通之权利。故本条令高地所有人得自以费用施必要之工事，以代低地所有人以疏通其所承受之水也。但有特别习惯者，如该地习惯，此项费用应由高地、低地两所有人平均或按成担负者，或须悉由低地所有人担负者，则从其习惯分别担负可也。

第一千零二条 甲地因蓄水、排水或引水所设之工作物破溃阻塞，致损害及乙地或恐其及之者，甲地所有人须自以费用施必要之工事，修缮疏通或预防之。

前条第二项规定，于前项适用之。

甲、乙两相邻地，其甲地因蓄水、排水或引水而设置种种工作物者，若其破坏阻塞，则必致泛滥流溢，其损害将及于乙地，或有及之之虞者，甲地所有人须自以费用施以必要之工事，以为修缮疏通或预防之具。否则，乙地所有人即有请求甲地所有人设施必要工事，以为修缮疏通或预防之权利。若其费用之担负有特别习惯时，则从其习惯可也。

第一千零三条 土地所有人，不得设置使雨水流及于邻地之工作物。

按邻地虽有承水之义务，然以自然流至之水为限。若夫设置使雨水流注之工作物，则为人工流至之水，而非自然流至之水。此种义务，若再令邻地加重负担，则非特有害邻地，且邻地重负义务，与情理亦觉不合。故设本条，使邻地所有人不得设置工作物，而免加重损害及于承水地也。

第一千零四条 高地所有人欲使浸水之地干涸，或排泄家用、农工业用余水，以至河渠或沟道为界，得使其水通过低地。

前项水道，须择于低地损害最少之处所及方法为之。

高地所有人，须对低地之损害支付偿金。

土地之中，有所谓浸水地者，其水必不可不向下排泄。又有因人利用水之结果，而其余水应疏通之者，于必要上有当使之通过低地者。设此种高地之所有者，所排泄之水，非经过他人土地，不能接于公流或下水道时，为免其浸水之害，又排泄其余水。故本条许高地所有者，有设置工事使水通过于低地之权。但处所及方法，不可不择损害于低地之最少者为之，并须支付偿金焉。

第一千零五条 土地所有人因使其土地之水通过，得使用高地或低地所有人所设之工作物。但须按其受益之分，担负设置保存工作物之费用。

凡浸水地之所有人，于排泄其浸水或排泄其所利用之余水者，应于自己土地上设置工作物，以为疏通积水之具。但因经济上理由，许其使用邻地之工作物，以使通过而达于公流或下水道，故有本条之规定。不然，则必须为设置同一目的之工作物，匪特耗废财物，且势将使用邻地，均非所宜。惟其费用，则应视受益之部分，而为担负。

第一千零六条 甲地所有人，非通过乙地不能安设水管、煤气管及电线，或虽能安设费用过钜者，得通过乙地之上下而安设之。但安设时，须择乙地损害最少之处所及方法，并对乙地所有人支付偿金。

凡为利用土地之必需而安设水管、煤气管及电线者，法律亦许其得利用邻地，以全其利用。但邻地因而受损害者，则亦应支付偿金，盖以保护邻地之利益也。

第一千零七条 依前条安设水管、煤气管、电线后，情事若有变更，乙地所有人得请求甲地所有人变更其安设。

变更安设之费用，由甲地所有人担负之。但有特别情事者，得使乙地所有人担负其费用之一部。

凡为利用土地之必需而安设水管、煤气管及电线之后，因情事变更，无须使用乙地为之,则乙地所有人应请求变更其安设,以保护乙地之利益。故本条畀乙地所有人以请求变更安设之权。至变更费用,以无关于乙地之利益为限,应使甲地所有人担负之。

第一千零八条　不通公路之土地所有人,因至公路得通行周围地。但通行地因而生损害者,须支付偿金。

前项规定,于土地所有人若不通行他人土地而至公路其费用过巨或有非常不便者适用之。

前二项情形,通行权人须择自己所必要及周围地损害最少之处所及方法为之。

土地之中有所谓袋地者,其四周必为他土地所围绕,而不能直接通至公路。即本条所谓不通公路之土地也。惟其与公路虽形间隔,然而不可不设法以使之与公路相通,以便出入。是非由围绕地经过,即何以达公路。故本条特与不通公路之土地所有人以邻地通行权也。此为第一项之规定。然有时土地之所有者,非全不能通至公路。不过其通行有费用过巨或则感非常之不便者,其情形如非由水路不能通至公路时,或有崖岸而土地与公路显分高低通行为难时,学者对于此种土地谓之准袋地。故法律亦许以假道围绕地以通至他之公路。此为第二项之规定。至于通行权之行使,不可不有一定条件。其关于场所及方法者有二:第一,须选其必要者;第二,须择其于围绕地损害最少者。若对于通行地之损害,则不可不支付偿金。此为第三项及第一项但书之规定。

第一千零九条　有通行权人得开设道路。但通行地因而生损害者,须支付偿金。

按前条既规定不通公路之土地所有者,有通行围绕地之权,但有时仅通行他人之土地,尚不能满足其利用之目的者,则于必要时,法律仍许其有开设道路之权。此本条之所由设也。但因之而生之损害,则不能不令有通行权人担负之。

第一千零十条　因土地一部之让与分割致有不通公路之土地者,土地所有人欲至公路,仅得通行让受人、让与人或他分割人之所有地。

前项情形,通行权人无须支付偿金。

按袋地发生之原因,有因于天然者,有因于人为者。人为之情形有二:

(一)土地所有者让与其土地之一部时;(二)因分割而生不通公路之土地时。盖邻地通行权,出于法律之不得已。故许其通行围绕地,而有第一千零八条之规定。此则因于分割者或让与者之故意或过失。故法律使之仅得通行分割者或让与者之土地,而不得对于他之土地以行使其通行权。且于损害时,亦不负支付偿金之义务。

第一千零十一条 二建筑物,其所有人各异,并其间有空地者,土地所有人得与邻地所有人以公同费用在其疆界安设围障。

安设围障、保存之费用,相邻人平均担负之。

有二建筑物,其所有人不同,且其间有空地时,应使各所有人得设围障,防止邻人自由出入,俾得安全利用建筑物及行使土地所有权。本条第一项认其有设置围障之权,第二项更明示担负费用之方法。

第一千零十二条 围障,须用七尺高之垣墙。但当事人有特约或另有习惯者,依其特约或习惯。

相邻人之一造,得自以费用安设高于前项所定之围障。

按围障之高低,须由彼此协议定之。若未协议而有习惯者,亦可依其习惯。但有既无习惯,而又彼此协议不合者,自不可不仰诸法定之高度,以为准绳,始可免无益之争执。但相邻人之一造,其愿以自己之费用,设置高于此法定尺寸之围障者,法律亦所不禁。盖于彼造之利益,并无损害也。

第一千零十三条 土地所有人,得禁止他人入其内地。

前项规定,按习惯得入他人未设围障之山林或牧场、刈取杂草或采取野天产物者,或依渔业法、狩猎法之规定,得入他人地内捕鱼或狩猎者不适用之。

土地所有人,得禁止他人入其内地,以维持其所有权之安全。惟必以已设有围障者为断。若既未设有围障,依地方之习惯或特别法之规定,他人能入其地内有刈取杂草或采取野天产物及得渔猎者,即不得禁止之,以免违背公益之习惯,及特别法之规定也。

第一千零十四条 土地所有人,因邻地所有人在其疆界或旁近营造或修缮建筑物,以有必要情形为限,须许其使用土地。但因而受损害者,有请求偿金之权。

土地所有者,于疆界或于疆界近旁为筑造墙壁或建物者;又其修缮时,往往有非立入邻地不能为之者,即能为之。或须于工作物与境界线之间,存留充分之余地。故法律于此时许土地所有者有使用邻地之权。但以必要情形为限,且须请求邻人之许可。于邻人有损害时,应支付偿金以赔偿之。

第一千零十五条 土地所有人,遇他人之物品或动物偶至其地内,其占有人、所有人欲寻查收还者,须许其进入。

因前项情形受损害者,土地所有人得请求赔偿;其未受赔偿前,得留置前项之物品或动物。

土地所有人,遇有他人之物品,因风力、水力及其他天然力而至其所有地内,或他人之鸟兽鱼类而至自己之所有地内时,若他人欲进入地内从事寻查及收还者,土地所有人应负认许之义务。惟有损害时,有请求赔偿之权。且未赔偿之前,有留置其物品或动物之权利。

第一千零十六条 水源地之所有人,得自由使用泉水。但有特别习惯者,不在此限。

按土地所有权之通例,凡所有权及于地上、地下,且于其所有权之范围内,有自由使用、收益、处分之权。而物之成分虽已分离,仍属其物之所有人所有,为所有权之原则。故水源地之所有人,对于其地所生之泉水,当然有自由使用之权。至其程度,则须有限制。而其限制,则以各地方之习惯为主。故有本条但书之规定。

第一千零十七条 土地所有人,因其家用得以偿金对邻地所有人请给不用之水。

但在自己地内,无须以过巨之费用及劳力足以得水者,不在此限。

夫民非水火不生活,昏暮叩人之门户求水火,无不与者。一若水火之为物,为社会之所公有者。但水之为物,必附着于土地。其土地既为私人所有,则水亦为土地所有人所有。于是人对于水,亦得主张所有权矣。人对于水既有所有权之主张,则甲所有之水,乙不能使用之;乙所有之水,甲亦不能使用之。此按诸所有权之原则,为当然之结果也。然试循此原则以行,于吾人之生活必需上有不可通者。于是法律乃设为救济之方法,使邻地所有之水,于其不用时,土地所有人因家用之必要,得支付偿金以请求给与使用。惟于自己地内有不用过巨之费用及劳力而可以得水时,则不能对于邻地所有之水，而请给使用。

第一千零十八条　水源地之所有人，对于因工事而断绝或污损泉水者，得依侵权行为之规定请求损害赔偿。但所断绝或污损之泉水非饮用或利用土地所必要者，不得请求回复原状。

水源地之所有人，如因开凿土地、营造房屋或其他工事，致将其所有之泉源断绝或损污者，则水源之所有人，应依侵权行为之法则，任损害赔偿之责。所谓侵权行为者，侵害他人权利且有责违法之行为也，故负赔偿之义务（参照第二编第八章）。但于此所负赔偿之责任，以不得已为限。盖使之回复原状者，则必须工事于经济上所损反大。故本条但书规定所断绝或污损之泉水，非饮用或利用土地所必要者，不得请求回复原状，即物权之所以异于债权者也。

第一千零十九条　前三条规定，于土地所有人使用井水时适用之。

按前三条规定，皆为水源地所有人使用泉水之法则。本条云使用井水时适用者，因井水与泉水之性质相同，故关于泉水之规定，亦许其适用于井水。此本条所以特设适用之规定也。

第一千零二十条　沟渠及其他水流地之所有人，得自由使用其水。但有特别习惯者，不在此限。

水性至流动无定，于理论上似不能认为私人所有。然上流土地所有者，每有先于下流土地所有者，而利用其水流之权，故法律因预想之结果，使水流地之所有人得用公共之流水。况近世学说，均主张河底及水流共为沿岸地之所有者，则水流地之所有人可以自由使用，更不待言。然其程度应依各地方之习惯。否则，即有害及于他人利益之虞。又水流地之所有人，虽得使用流水，然不得处分之。例如专用全部流水不使他人使用，或变其水流妨及他人使用，皆为法律所不许，是不可不知者也。总之，使用流水则可，滥用流水则不可。

第一千零二十一条　水流地所有人，其对岸地若系他人所有，不得变更其水路或幅员。

水流地所有人，若两岸土地均系其所有，得变更其水路或幅员。但须留下游自然之水路。

前二项情形，若有特别习惯者，从其习惯。

夫水性就下，其迤逦曲折，皆具自然之势，非可以人力强之者。否则，搏之而激，遏之而泛，为不可避之事实。故法律关于水流权之一端，除利用之外，其他水路及幅员之形势，皆不许所有人以任意变更。此本条分别规定之理由也。第一项情形，谓水流之两岸异其所有者，其不得变更原因有二：（一）因甲岸之所有者，兼有其水流所有权，而对岸则属于乙之所有。设甲变更水路，使水流直奔乙岸。因水势过激之结果，乙岸将被冲损。或甲变更其幅员，使由广成狭。倘乙岸地形低下，即有被侵之虞。（二）因甲、乙各有其一岸，且中分其水流之所有权。设甲利用其水流，以水管引水至他处。则乙所有部分之水流，立见减少。又若甲于其岸旁再行开掘，使河面由狭或广。然其来源有限，则乙因受甲变更幅员之影响，而其水流必因之更浅矣。故法律不许其变更水路或幅员也。第二项情形，即水流之两岸，均属于同一人所有时，则其变更水路或幅员也，似与他人绝少利害关系。然水流之性质，上流之变动，下流常受其影响。故上流所有者，虽因其两岸系属于同一人之所有，有变更水路及幅员之权，而对于下流之水口，则不可不保存其固有之形状，即不得伤害他人之权利也，但于国有河川及市乡之公有沟渠，不适用变更水路及幅员之权。且其地方有异乎法律之习惯时，仍应从其习惯，以免反乎人情。

第一千零二十二条 水流地所有人，因用水有必要设堰者，得使其堰附着于对岸。

但因而生损害者，须支付偿金。

对岸地所有人若有用水之权，得使用前项之堰。但须按其受益之分，担负设置及保存工作物之费用。

凡欲使水流地之所有人全其水之使用权者，应使其得自设堰，或使其得用他人所设之堰，此本条之所由设。其第一项，例如甲地所有者，又有水流全部之所有权。而对岸属于乙之所有者。当水流地之所有者，有设堰之必要时，得使其堰附着于对岸。倘有损害，应负赔偿之责。第二项，例如对岸之所有者，亦有水流地之一部。属于其所有时，即得使用其堰。但其设置及保存费用之担负，应视其所用水之成分而为担负。

第一千零二十三条 一建筑物得区分之，而各有其一部。

按所有权之通则，凡所有人行使所有权时，本有自由处分之权。故其

第二章　所有权

对于土地，得割让其一部或分割为数部而行使权利。兼以经划分明，故区分亦易。若夫建筑物者，定着于土地之上，榱桷毗连，区分不易，不知者以谓一建筑物之内部。既连络一气，或且疑为不能区分者。然以事实而论，以一建筑物区分为若干部分，各就其一部分而有所有权者，亦属常有之事。且为调和社会经济之观念及法律思想起见，此种规定，犹为不可少者。此本条之所以设也。其所以异于共有者，因共有之性质，为数人共有一所有权。此则各有各人之所有权者，故不能混为一事。

第一千零二十四条　不动产所有权之消灭由于抛弃者，因登记始生效力。

按不动产所有权之取得，既须登记而发生效力（第九百九十条）。则欲消灭其所有权者，亦当以登记而发生效力，固不待言。若夫所有人之抛弃其所有权，本属于自由处分权当然之结果。然表示抛弃之意思而不为登记者，不能发生消灭所有权之效力。故应按照物权原则，曾以登记为凭，且以维持登记之信用也。

第一千零二十五条　前条不动产，其先占之权利专属国库。
前项不动产，国库以所有人名义登记者，取得其所有权。

无主土地属于国库所有，此为第九百八十九条之规定。惟无主建筑物应属于何人所有，尚无明文规定。故本条复重言以声明之，云前条不动产者，即被抛弃后之不动产也。盖不动产若于被抛弃后无主所有者，则其先占之权，全属国库所有，而不能属诸私人。盖近世文明进步，法律严禁私人取得先占。故遇有不动产之无主者，舍国库外，莫得而先占之也。其先占之不动产，国库若以所有人名义为登记者，则国库即为其所有人，而非先占人矣。

第一千零二十六条　不动产之所有权因其标的物灭失而消灭。

关于不动产消灭所有权之法则，于第一千零二十四条定有因登记始生效力。然彼则对于标的物未灭失者而言。若其标的物已灭失者，则所有亦即因之消灭。盖物权为对物所行使之权利，今也物之不存，权利将焉附之。故本条于标的物之已灭失者，准其消灭所有权，且亦无须登记。例如房屋之所有权，于其房屋被烧毁而消灭是也。但不动产所有权因公用征收而消灭时，则另依公用征收法令定之，非本律范围之所及也。

第三节　动产所有权

　　动产者亦为有体物,惟不若不动产之附着于一定处所,盖能以人力或自然力自由流动者也。故其范围较不动产为广。而其所有权之效力,则及于标的物之全部及其附属物焉。然有体物有固体、液体、气体之分,而固体动产则有一定之限界。其所有权之效力,自易确切。若夫液体、气体则须以人为区划之,必收容于一切之容器,始得为特别所有权之标的。故又谓之准所有物。今本节所谓动产所有权者,规定得丧之方法,以适于实际之用。至动产所有权之内容及其限制,则可适用本章第一节之规定,而不必另设明文。

　　第一千零二十七条　动产所有权之让受人,依第一千二百七十八条及第一千二百七十九条规定受占有之保护者,虽让与人无移转所有权之权利,亦取得其所有权。

　　凡让与动产之所有权时,若让与人有移转其所有之权利,而能以标的物交付于让受人者,则让受人因让与之效力,取得所有权。此固显而易明者。但有时让受人为平稳及公然之法开始占有动产之人(第一千二百七十八条),或系盗赃、遗失物、菳失物占有人,而其所占有者,系金钱或无记名证券,或系由拍卖公共市场或系向贩卖与其物同种之物之商人以善意买得者(第一千二百七十九条),均得即时取得于其动产上行使之权利。故当此之时,虽让与人无移转所有权之权利,似乎让受人不得藉让与之效力,取得所有权矣。然其有占有之保护在。故藉占有之效力,以取得所有权。故有本条之规定,以确保交易上之安全。

　　第一千零二十八条　以所有意思占有无主之动产者,即取得其所有权。

　　按无主物因先占而取得其所有权之制度,其由来已古。然其主义,有可分为自由先占主义及先占权主义之二者。所谓自由先占主义者,使先占有者自由取得无主物之所有权也。所谓先占权主义者,非有先占权之人,不得因先占而取得无主物之所有权也。但近世各国立法例,如法、德学派关于无主之动产,概认人民有先占取得之权利,于不动产则认以国家始得

第二章 所有权

先占。本律悉依此旨，于第九百八十九条及第一千零二十五条，既规定对于无主不动产认先占权主义。则于本条对于无主动产即不能不认自由先占主义，使先占无主动产者，得以其动产为其所有，而利用其动产也。

第一千零二十九条 捕获之野栖动物回复其自由时，视为无主物。但所有人尚在追捕中者，不在此限。

驯养之野栖动物不能复归一定之处所者，视为无主物。

夫前条既规定占有无主动产之权利。然无主动产之性质，不可不知。故本条及第一千零三十条皆规定无主物之性质。本条所定者，因家畜以通常之动产论。若野栖动物本为无主物，均毋庸详加规定者。惟野栖动物于被获后回复其自由者，或驯养之野栖动物，不能复归一定处所者。则应否亦以无主物论，不可无明文规定，此本条之所以设也。但在追捕中，其自由尚未完全回复，故不得以无主物论，斯复有第一项但书之规定。

第一千零三十条 蜂群移住于他人土地者，视为无主物。但所有人尚在追捕中者，不在此限。

夫非人所饲养之蜜蜂，本为无主物，有先占者即能取得其所有权。至为人饲养之蜜蜂，则本为饲养主之所有物。但以其移住于他人土地而复为无主物，惟以所有人不追捕时为限。其理由与前条相似，当无另立一条之必要。

第一千零三十一条 数所有人之蜂群移住于他人土地合为一群者，其蜂群作为追捕各所有人之分别共有物。

前项分别共有人应有之部分，按其所有蜂群之数定之。

数所有人之蜂群移住于他人土地合为一群者，如甲、乙各有蜜蜂一群，本系异地而居。今乃均移住于丙之所有地，混合而为一群，而甲、乙追捕及之。则甲与乙对于其混合蜂群之关系，应分别共有之。惟如甲有蜂五百头，乙有蜂四百头而混合者。其共有权效力之所及，亦应各按其原有之蜂数，而定其共有之持分。故云分别共有物之部分，按其所有蜂群之数定之。

第一千零三十二条 甲蜂群与他人所有之乙蜂群相合并住其蜂室者，乙蜂群所有权及以此为标的物之他权利，其效力及于甲蜂群。甲蜂群所有权及以此为标的物之他权利归于消灭。

凡甲蜂群与他人所有之乙蜂群混合，且住于乙蜂群之蜂室者，甲蜂群应属于乙蜂群所有人之所有,而甲蜂群之所有权当因之消灭。盖甲蜂群之所有人,本应有防护其蜂群,以不使飞逸之责。今既不能防护,不得不失其所有权也。

第一千零三十三条　拾得遗失物人,依特别法令所定取得其所有权。

遗失物者,谓占有者无抛弃占有之意思。又非因他人之夺取,偶然丧失占有之动产也。凡拾得遗失物者,于吾国古来之法律,均有规定。如唐律拾得遗失物满五日不送官者,各以亡失罪论。赃重者坐赃论,私物坐赃者减二等。明律凡得遗失之物,限五日内送官。官物还官,私物召人识认。于内一半给与得物人充赏,一半给还失物人。如三十日内无人识认者,全给限外送官者。官物坐赃论,私物减二等。其物一半入官,一半给主。清律同。中华民国暂行刑律第三百九十三条,侵占遗失物、漂流物或于他人物权而离其管有之财物者,处该物价额二倍以下价额以上罚金。若二倍之数未达五十元时,处五十元以下额价以上罚金。良因拾得之遗失物,虽不知其何人所有,然必系有主之物,可无容疑。故于刑律处罚綦严。在民律亦须依特别法令之限制。所谓特别法令者,如遗失物法及其招领遗失物清、查遗失人及将遗失物返还遗失人之种种法规是也。此种法规,在吾国尚无明文规定。其若有规定者,则拾得遗失物之人,须按照此种法规之所定,履行其方法后。而无人认领者,则其所拾得之物,既无由返付,即与无主物同。故可取得其所有权。

第一千零三十四条　发见埋藏物而占有之人,依特别法令所定取得其所有权。但埋藏物系在他人所有物中者,其所有人取得埋藏物之半。

埋藏物者,谓藏于所难睹之场所,不知究属何人所有之动产也。故埋藏物之发见,不以地下为限。而埋藏物之性质,细别之约有二种。其一以个人之自由意思而埋藏之者,其二因地震或其他事变而埋藏之者是。若夫发见后之所属,在昔罗马法以埋藏物为添附于土地之物,属于土地所有者所有,是谓添附主义。其后一变而归于发见者所有,是谓先占主义。或使发见者与土地所有者各得其半,是为并合主义。至近世法国法系诸国,凡以故意发见埋藏物者,不得取得所有权。德国及日本则皆不设此区别。吾国唐律:于他人地内得宿藏物隐而不送者,计合还主之分,坐赃论减三等。明律:若于官私地内掘得埋藏之物者,互听收用。若有古器、钟鼎、符印、异常之物，限三十日内送官，违者杖八十，其物入官。清律：于埋藏上加无主二字，余略同明律。新刑律无明文规定。盖发见埋藏物而占有之者，须使其取得埋藏物之所有权，以酬其发见之劳。但埋藏物系属他人之所有时，应使其取得埋藏物之半，以保护其所有权。但关于探访埋藏人之方法，非民律范围之所及，故须有特别法令规定。而发见埋藏物而占有者，亦不得谓为犯罪，故刑律亦无明文。

第一千零三十五条　拾得漂流物或沉没物之人，依特别法令所定，取得其所有权。

漂流物者，为水上之遗失物，沉没物者，为水中或水下之遗失物。其原因或由近水之处被水力冲激，或于船舰因水力鼓荡所致。至漂流与沉没之分，则以物品之性质及重量而异。若夫拾得此种动产之人，依特别法令所定，取得其所有权之理由，可参照第一千零三十三条。

第一千零三十六条　动产，因附合而为不动产之成分者，不动产所有人取得动产所有权。但动产所有人得本其权利原因，保留其动产所有权。

凡动产与不动产附合者，谓之不动产之附合。即有一动产附着于不动产之上也。依学说可分为土地之附合、建筑物之附合、植物之附合三种。但于法律，则不论何种附合，不动产之所有者，可取得附合于其不动产之从物之所有权。例如，建筑房屋而附合以砖瓦，则此砖瓦之所有人，势不能复对之而主张权利。然有一例外，即不得妨害因权原而使其物附属于他人不动产之权利也。例如，地上权、永佃权、赁借权者，以自己费用于其土地或建筑物上设施以种种之建设者，其所有权不能归土地所有者取得其动产所有权。而彼设施之者，仍依然可以保存其所有权也。

第一千零三十七条　数所有人之数动产相附合，非毁损不能分离，或欲分离而需费过巨者，各动产所有人按其附合时价格之分，共有其合成物。

前项附合之动产，若得分别主从，主物之所有人取得合成物所有权。

凡动产与动产附合者，谓之动产之附合。即二个以上之动产，附着合并而成一物也。夫数个之动产属个别之所有者。因附合至非毁损则不能分离时。或于其分离时需用过巨之费用者，其合成物之所有权，属主动产之所有者所有。盖附合后之物，法律视为一端，故曰合成物。至其主从之分，悉系事实问题，故法律不能为之预定也。然而，物之不能区别主从者，

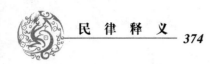

于主从之间,不可指数。故法律于此复设有规定曰:不能区别主从者,应以其附合当时价格之成分,而共有其动产。

第一千零三十八条 前条规定,于数所有人之数动产相混合不能识别,或欲识别而需费过巨者准用之。

混合与附合异。附合则尚可辨别物质,如砖瓦之附合于房屋者,其砖瓦固犹为砖瓦也。若夫混合者,一物与他物相混,非特其物质之混淆,且又甚至不能辨识者。其情形有二,为液体之混合(如以酒与水相混)与固体之混合(如金与银相混)是。此种混合,其分离则更较附合为难,而费用亦愈巨。故本条许其准用附合之规定也。

第一千零三十九条 依前条规定,物之所有权消灭者,关于其物之他权利亦消灭。

合成物或混合物为物之所有人单独所有时,关于其物之他权利仍存于合成物或混合物之上;其为分别共有时,存于其应有部分之上。

夫附合及混合,皆以旧物另组织一新物者也。故其效果之所及,新所有者因添附于物上而取得所有权时,旧所有者之权利,即因之消灭。盖数动产既构成一新组织物。即其构成部分之原物,已失独立存在之能力。故其原物之一切权利,即当然消灭。即第三者所有时,因所有权消灭之结果,存于物上之他权利,亦同时消灭。故添附恒为物权消灭之一原因,是为原则。此第一项之规定。若夫自为附合物或混合物之所有者时,则其原物之一切权利并不消灭。其情形有二:(一)因添附而为合成物、混合物之单独所有者时,存于其物上之权利,此后仍存于合成物、混合物之上;(二)因添附而为合成物、混合物之共有者时,存于其物上之权利,此后存于其持分之上。此第二项之规定。

第一千零四十条 加工作于他人动产者,取得加工物之所有权。但材料价格显逾因工作而生之价格者,其加工物属材料所有人。

加工人若供给材料之一部者,其价格合算于因工作而生之价格。

依前二项规定,材料所有人丧失其权利时,关于材料之他权利亦消灭。若材料所有人为加工物所有人时,他权利存于加工物之上。

加工者,加工作于他人所有动产之上也。此工作物于法律认为别物,故曰加工物。但加工物应归何人所有,学者议论纷纷。有主张归于材料者之所有者,有主张应归制作者之所有者。有分为能复原形者,则归材料者之所有。其不能复原形者,则归制作者之所有。纵横庞杂,一是莫衷。然自物之性质上言,就材料而加以工作者多,为工作而用材料者少。故原则必由材料之所有者,取得其加工物之所有权。但因工作之结果,其所生之价格,显超过于材料之价格,则是以工作为主,而以材料为从,即法律亦视为因工作而后用材料。故特使其加工物之所有权,不属之材料所有者,而属之加工者。此第一项之所由规定也。然加工有往往附合属于自己之材料与属于他人之材料,而加工作于其合成物上者,是加工者亦供材料之一部矣。于此之时,孰为主物,孰为从物,无由定之。故法律使合算于加工者所供材料之价格,与因工作而生之价格。以超过他人材料价格为限,使加工者取得其物之所有权。此第二项之所由规定也。但材料所有人既丧失其取得加工物之所有权时,则关于材料之一切权利,亦均归消灭。若自有其加工物时,则一切权利,仍存于其物之上。此为第三项之规定,而其理由与前条无异。

第一千零四十一条　因前五条规定受损失者,对于因此而受利益之人,得依不当利得规定请求偿金。

因前五条规定者,即因第一千零三十六条至第一千零四十条之规定也。该五条所规定者,为附合、混合、加工等事。云受损失者,因无论其为附合、混合、加工,其结果必有一人受损失。而取得所有权者,往往为不当利得。故法律使之对于受损害者任赔偿之责。其赔偿方法,则应依善意、恶意以定责任之差等。即新所有者为恶意时,于赔偿所受利益之外,更附以利息。此外尚有损害时,亦当任赔偿之责,盖适用不当利得之原则也。

第一千零四十二条　动产所有权,因抛弃其权利而消灭。其权利为第三人所取得者亦同。

动产所有权之取得,虽以交付标的物为要件,然不因丧失占有故,丧失其所有权。但动产所有人抛弃其权利,或第三人依占有之效力及其他之原因,取得动产所有权时,前所有人之动产所有权应归消灭。至动产所有权,因其标的物灭失而消灭,乃当然之理,故不另设明文。

第四节 共 有

共有者,数人共同所有一种财产之状态也。盖一物不容二主,故法律有一物一所有权之原则。本律亦有一物不容有二个以上所有权之规定(参照第九百八十一条)。然数多之人,虽不能于同一物上有专属之所有权。但同一之物,为数多人共同所有者,当亦不反乎所有权之原则。故法律亦不禁之,实即所有权之变态也。若语其原因,除于前节所述动产之附合埋藏物发见之外,举其要者,有继承与契约之二种。所谓契约者,如合伙契约、夫妇财产契约、共同契约其最著者。若夫共有之形式有二:(一)数人依其所有分而以其物为其所有,即分别共有;(二)数人依法律规定或契约公同结合而以物为其所有,即公同共有。前者于第一千零四十三条至第一千零六十二条规定之,后者于第一千零六十三条至第一千零六十七条规定之。然本节所规定之共有,仅指所有权而定。但所有权以外之一切物权,固亦可准用共有之规定也。故学者谓之准共有,于第一千零六十八条规定之。

第一千零四十三条　数人按其应有部分而有一物者,为分别共有人。

各分别共有人之应有部分未分明者,推定为均一。

所谓分别共有者,即一所有权而有多数权利主体之谓也。自论理言,各分别共有人皆有完全之所有权,互相集合,故必须限制各分别共有人之权利范围,以调和其集合,使分别共有人完全享有其权利,是为必要。然欲应此必要者,庶依各分别共有人所分割之部分,使其共有。此第一项所以规定也。至于其应有之部分,以无反证时,普通推定其为均一。盖分别共有时,其应有部分均一者多,不均一者少,故有第二项之规定。

第一千零四十四条　各分别共有人按其应有部分,对于分别共有物之全部有使用、收益之权。

共有者虽非单独所有权,然其对于共有物之得以使用、收益,固与所有权无异。其所以异者,因共有本非单独所有权。故于使用、收益之际,不得不加以限制。其限制维何?即按其应有部分而为使用、收益是也。盖对于共有物之使用、收益,苟无限制,则必致害及他之共有者之利益。故本条规定使各共有者,只能就其共有物之全部,按其所应得之部分,而为使用、收益也。

第一千零四十五条 各分别共有人,得自由处分其应有部分。

各分别共有人,非经其余分别共有人之同意,不得对于分别共有物加以变更或其他处分。

按前条规定,各分别共有人于不害他分别共有人之权利范围内,既得行使其使用、收益之权利。然按诸所有权通则,所有人于法令之限制内得自由使用、收益、处分其所有物(第九百八十三条)。夫共有犹所有权也,故于使用、收益之外,尚须规定处分权焉。处分者,包变更、消灭而言。然消灭共有物,为侵害共有者之权利,故为法律所不许。惟变更有时或且有利益于他之共有者,故以他共有者之同意为条件,仍许其为变更。但处分不能超过于个别应有之部分。变更为既得同意之行为,故无须此项限制。

第一千零四十六条 各分别共有人对于分别共有物,得为保存行为。

各分别共有人,非按其应有部分价格之过半数议决,对于分别共有物不得为改良行为。

按保存行为,为管理分别共有物之必要行为,且费用亦无几,故得以各分别共有人之单独行为行之。若改良分别共有物,虽系为分别共有物之有益行为,然而非必要者,且费用必巨,故不许以单独行为为之。但有应有部分价格过半数之议决时,亦可为改良行为。所谓价额过半数者,与人过半数别。盖各分别共有人应有之部分,其价格未必平均。故于其过半数时,人数或为少数,是盖容易实行起见也。例如甲、乙、丙、丁、戊五人分别共有一种财产,其应有之部分,甲为五百元,乙为四百元,丙、丁、戊各二百元。当协议之时,甲、乙同意,而丙、丁、戊不同意。以人数言,甲、乙二人之同意,本为少数。然以价额言,则甲、乙二人总数为九百元,已超过总数一千五百元之半数,应以过半数同意论,而得为改良行为。若夫采人数过半数制者则为少数,而不得为改良行为矣。

第一千零四十七条 分别共有人之一人抛弃其应有部分或死亡而无继承人者,其应有部分属于其余分别共有人。

凡分别共有人之一人,抛弃其持分或无继承人而死亡时,其应有之部分即为无主物。依原则言,无主物为动产时,可依先占取得之。为不动时,归之国库。然在数人共有时,其何人有先占意思,既不可知。且归之国有,亦害他之共有者之利益。故法律使归于他之共有者,即共有者为二人时,以共有物为专有物。为二人以上时,当应其部分而为分配,是谓共有者部分之增加。

第一千零四十八条　各分别共有人对第三人,得就分别共有物全部为本于所有权之请求。但回复分别共有物之请求,须为分别共有人全体之利益行之。

夫各分别共有人既为所有人,即应与所有人受同一之保护。故各分别共有人对于第三人得为一切行为,与单独所有人同。然关于请求回复其分别共有物,非由分别共有人全体为之,恐害及分别共有人利益,故不之许。至为分别共有人全体请求回复共有物,应依何种方法,则依当事人之意思,及审判衙门之意见而定。故本律不为预想之规定。

第一千零四十九条　各分别共有人按其应有部分,于分别共有物之担负有清偿之义务。

前项规定,于当事人有特别契约者不适用之。

各分别共有人,既可对于分别共有物,依其应有部分享受利益,自应就其分别共有物担负义务。所谓义务者,如管理费、保存费、收益费及其他一切租税、捐款之类皆是。盖与共有者之共同利益有关,故其费用亦应由各分别共有人按其应有部分分别担负。但此等事项,如当事人间有特约不应部分担负费用者,则可从其特约,亦不必令各分别共有人分别担负也。

第一千零五十条　因清偿分别共有物之担负,而分别共有人之一人对于其他分别共有人有债权者,得向其人及其特定承受人请求偿还。

债权之性质,依普通言之,其效力仅能及于当事者而不得对抗第三者。然共有之一人,就共有物对于他之共有者有债权时,法律仍许其对于特定承受人行使之。例如甲、乙两人为分别共有人。而关于其分别共有物,乙欠甲之垫付费用,尚未清偿。忽将其应有之部分让与于丙。当此之时,甲即得对于丙请求清偿前所代乙垫付之费用。丙于此时应即履行此种清偿,而再向乙请求返还。盖不如是,则共有者常得以其应有部分让与于人而免其义务,则他共有者反因此而受损害矣。所谓特定承受人者,如因特约而承受其部分者皆是也。

第一千零五十一条 各分别共有人,得随时请求分割分别共有物。但仍得订立十年以内不分割之契约。

若有重要事由,各分别共有人虽有前项契约,亦得请求分割。

共有制度,自经济上言之,颇不利益。盖非意见合致,既不能为物之利用改良。且共有者对于共有物,其利害关系颇为冷淡。此种制度,于国家经济既受损害,并易启分别共有人彼此之争论。故法律不能不予各分别共有人以随时请求分割共有物之权。所谓分割者,以分别共有关系消灭为目的之清算程序也。夫分别共有之取得,有依法律行为而取得者,有依法律规定而取得者(如附合之类)。然其性质为一所有权。故其丧失之原因,亦与所有权同。例如标的物灭失之类,自可毋庸另设明文。但分别共有物,为所有权之变更,不能无特别丧失之原因。分割者,即分别共有特别丧失原因之一也。盖分割之时,即分别共有之各部分,归于分别共有人之各人,而共有关系即因之消灭,与第一千零四十七条恰成反对之比例。但若急速分割共有,有不利益于分别共有人者,则仍许其于一定期间内不得请求分割。此第一项但书之所由设。然有重要之事由,如于市场状况以变卖其共有物为获利最多者时,则不问有无契约,各分别共有人,亦得请求分割。否则,不能保护分别共有之利益。此第二项之所由设也。

第一千零五十二条 分割,依分别共有人之协议行之。

前项协议若有不谐,各分别共有人得提起请求分割之诉讼。

前条既规定分别共有物,可以随时请求分割。本条复归定其分割之方法。所谓分割之方法者有二,曰协议上之分割与裁判上之分割是也。今本条规定一以协议分割为原则,而于共有者间协议不合时,始得适用裁判上之分割,而提起请求分割之诉讼。

第一千零五十三条 分割,以原物分配于各分别共有人。

不能以分配原物之法而行分割,或虽能分割而恐其价格显有损失者,其分割以原物售得金额分配之。

原物之变价,准用出售质物之规定。

按分割之方法,以原物分配于各分别共有人为其原则。但共有物之不能分割,或不易分别者,则以原物为拍卖,以其所得分配于各分别共有人,亦无不可。但于此之时,各分别共有人有优先买得之权。出售质物之规定，于第一千二百二十一条至第一千二百二十三条定之，以后再为说明。

第一千零五十四条　对分别共有物有物权之人，或各分别共有人之债权人，得自以费用而参与分割。

有前项参与之通知而拒绝参与竟行分割者，不得以其分割对抗发参与通知之人。但分别共有人能证明其分割并非诈害发参与通知之人者，不在此限。

按对分别共有物有物权，或对各分别共有人有债权之人，即为分别共有之利害关系人也。夫利害关系人，得参与于因标的物所生之争议，藉以防御自己之权利，本为理之正，故于分割时亦许其参与而陈述意见。然于接受参与通知后而拒绝其参与者，则利害关系人对于其分割之协议或裁判，即得主张抗议。但分别共有人，能证明其非为对于利害关系人有恶意而为分割，则亦不得主张抗议，以示限制。

第一千零五十五条　因清偿分别共有物之担负，而分别共有人之一人对于其他分别共有人有债权者，当分割时，得以应归他分别共有人或其特定承受人之部分，供清偿之用。

前项分别共有物一部之变价，准用第一千零五十三条第三项之规定。

按分割者，以使分别共有关系消灭为目的之清算程序，前既言之矣。然分割既为清算程序，则关于分别共有之共同债务，须于分割时清偿之，固不待言。即分别共有之一人对于他之分别共有人有债权者，则亦应于此时请求清偿。例如甲、乙为分别共有人，而甲对于乙有债权。当分割时，甲得请求乙履行其债务。若其不能履行时，可以其应有之部分供清偿之用。如于此时有适用变价者，则当准用出售质物之规定，以为准据之法则。

第一千零五十六条　各分别共有人按其应有部分，对于他分别共有人因分割而得之物负担保之责，与卖主同。

按分割依各分别共有人应有部分为之。若因分割而归属于分别共有人中一人之物，如有依分割前发生之原因被第三人追夺，或发见瑕疵者，是分割之部分与应有之部分不符矣。故本条令为分别共有人，依其应有部分与卖主负同一之义务。所谓卖主义务者，于第二编第二章第二节第二款定之，已有释义，兹不复赘。

第一千零五十七条　各分割人，须保存分割所得物之证书。

分与数人之物,其证书须归取得最大部分之人保存之。无取得最大部分者,由分割人协议定保存证书之人。若协议不谐,声请审判衙门指定之。

各分割人得使用保存之证书。

共有物之证书于分割之后,分割者间应保存之,其方法有三:(一)分割终了后,各分割者要保存关于其所受之证书,如本条第一项是;(二)同一物数人分割其各部分止有共通之一证书时,以受其最大部分者保存之,如本条第二项前半;(三)如系平均分割而无最大部分者,以分割之协议定证书之保存者。若协议不合,则由审判衙门指定之,如本条第二项后半。又证书之保存者,苟有他之分割者请求欲使用其证书时,保存者有应其请求之义务,如本条第三项之规定是。

第一千零五十八条 疆界线上所设之界标、围障、墙壁、沟渠,推定为相邻人之分别共有物。

在疆界线上之墙壁为一建筑物之部分者,或高低不齐二建筑物之墙壁,其逾低建筑物之部分非为防火之用者,不适用前项之规定。

凡相邻地之所有人,为确定土地之疆界,或为防止互相侵越,以共同费用,于疆界线上设置界标、围障、墙壁、沟渠之类,则以分别共有为通例。故本条第一项推定其为分别共有物也。然有时如墙壁之类,通为建筑物之一部,而在疆界线上;或二建筑物高低不齐,高建筑物之墙壁,所逾于低建筑物之部分者,仍为高建筑物之一部,而不能推定其系为防火之用者,即不能推其为分别共有物,而适用第二项之规定。

第一千零五十九条 墙壁之分别共有人得增高其墙壁。但其墙壁若不胜增高之工事,须自以费用加工作或改筑之。

依前项规定,墙壁增高之部分专属工事人之所有。

按墙壁之分别共有,与其他各物之分别共有同。故关于其分别共有之权利义务,亦应依通常分别共有人权利义务之法则而定。又墙壁之分别共有人,应使其得利用墙壁,始能完全行使其权利。故本条许其于共有之部分外,得为增高或其他加工事业。但此增加之部分,既为其分别共有人之一人费用,则其所有权亦因专属于其一人,而不属于各分别共有人之共有,始为允当。

第一千零六十条 增高墙壁之分别共有人,须对于因此而受损害之人支付偿金。

所谓因增高墙壁而所生之损害者,例如因墙壁增高,应时常修理之损害,须向增高墙壁之人请求支付偿金,以赔偿其损害。否则,偏袒一造,殊非公平之道也。

第一千零六十一条 数人分一建筑物而各有其一部者,建筑物及其附属物之共用部分,推定为各所有人之分别共有物。

共用部分之修缮费及其他担负,由各所有人按其所有部分价格分担之。

按数人区分一建筑物,各以其一部为其所有者,例如甲、乙共区分房屋一所,其前院属甲,其后院属乙,本极明了。但如前后院中间之墙,及出入之大门,系属甲、乙、丙所共用者,则此墙此门,即为各所有人之分别共有物。又如其墙其门因损坏而须修缮费者,则其修缮费等之担负,均应由各所有人按其所有部分之价格分担之,庶昭公允。

第一千零六十二条 分别共有物分割之规定,于第一千零五十八条及第一千零六十一条之分别共有物不适用之。

按共有物本以准许分别为原则。然有时于其物之性质上有不能分割者,是为例外。其情形有二:(一)设于疆界线上之界标、围障、墙壁及沟渠属于相邻者之共有者(第一千零五十九条);(二)数人分有一所建筑物时,其共用之部分应为分别共有人之共有者(第一千零六十一条)。因以上二者,若一经分割,即有致坏之虞,故不适用分割之规定,以保全其物品。

第一千零六十三条 数人依法律规定或契约,公同结合因而以物为其所有者,为公同共有人。

各公同共有人之权利,于其标的物之全体均有效力。

所谓公同共有者,数人依法律之规定(如公同继承)或依契约(如合伙契约或夫妇共有财产契约)而为公同结合,因而以物为其所有者也。其所以异于分别共有者,因此数人者,即非依其应有之部分而对其物有所有之权。但以共同结合之故,对于其物有公同共有耳。盖分别共有为所有权之集合体,而公同共有则为数人共有一所有权。故各公同共有人之权利,及于其标的物之全体,而非若彼分别共有人之仅及所有之部分已也,是谓公同共有之特色。故另设自本条以下至第一千零六十七条之规定。

第二章 所有权

第一千零六十四条 公同共有人之权利义务,依法律或契约定之。

按前条既规定公同共有,系依法律或契约而公同结合。则其结合之时,必有公同关系。在此公同关系者,即为成立之原因。故公同共有人之权利义务,当依为其原因之法律规定或契约内容而定其范围。

第一千零六十五条 各公同共有人,非经全体一致,不得行其权利。但法令及契约有特别订定者,不在此限。

按公同共有之各所有人,既不能以其应得之部分而有所有权。则关于管理及行使其他所有权时,是非各公同共有人意思一致,不得行使权利。否则,必至害及公同共有人之权利。即于诉讼之时,亦须公同共有人全体为当事人,始有效力。若法律及契约有特别订定者,则从其订定,而得不受本条之拘束,是为例外。

第一千零六十六条 各公同共有人,于公同关系尚存在时,不得请求分割公同共有物,或处分其应有部分。

按公同共有,既因特别原因而公同结合。则其于公同关系尚存在时,自不宜使各公同共有人得请求分割公同共有物,亦不宜使其有处分公同共有人所有之权利。例如,因夫妇关系而结合夫妇共有财产契约者,非于离婚后,不得请求分割其公同共有物,盖以维持公同之关系也。

第一千零六十七条 公同共有权,自公同关系终止,或因标的物之让与归于消灭。分割公同共有物,依分割分别共有物之法行之。但法令或契约有特别订定者,不在此限。

公同共有者,因公同关系而成立之权利也。故其公同关系终止者(如合伙解散之类),或其标的物让与于单独人有其所有权者,则其公同共有即因之消灭。此第一项之所由设也。夫公同共有既消灭后,则其清算程序亦为不可少者,故须向各公同共有人而为分割,至其分割之方法,若法令或契约无特别订定者,自应依分割分别共有物之规定以分割之。此第二项之所由设也。

第一千零六十八条 本节规定,于所有权以外之财产权由数人分别共有或公同共有者准用之。但法令有特别规定者,不在此限。

按本节规定,共有系仅指所有权而言。然所有权以外之一切财产权,如地上权、永佃权、地役权之类,固无不可为分别共有或公同共有也,学者谓为准共有者即是。盖权利之性质虽殊，而其为共有则一，斯仍得准用同一之规定，故本条云然。但于法令或契约有特别规定者，则不能准用本条之规定，故复设但书。

第三章 地 上 权

地上权者,因以他人土地上之工作物或植物为其所有,而使用其土地之物权也。其权利人谓之地上权人。今试分析使用之权利及其范围言之。关于使用他人土地之权利者,当先定地上权之性质。盖地上权之性质,在罗马古法视土地上之定着物为土地之构成部分,绝对的不许与土地分离,而别立于一个所有权之下。洎其后,社会经济日益发达,此种制度,实际每多不便。于是始承认一种用益权,使得于他人之土地上占有其定着物,是则地上权之滥觞也。其后,法国民法虽间接承认于他人地上得有建筑物或竹木,而究未明定地上权之性质。学者遂解之谓一种建筑物或竹木所有权焉。奥国民法分土地所有权为直接所有权,而以地上权为间接所有权。德国民法视地上权为土地之负担,而其所担负者,即为于土地上下有建筑物之权利。普鲁士民法及比利时民法草案以地上权为对于他人土地上之家屋或树木,有自由处分之权利。而日本现行民法则以地上权为土地使用权之一种。要而言之,欧洲大陆本于罗马法之观念,以定着物为土地之构成部分。故其定地上权之性质,必自定着物之所有权一方着眼。日本本于其固有之观念,以定着物为土地以外之独立物。故其定地上权之性质,亦必自土地之使用一方着想。本律则折中两主义而为立法。至于关于使用之范围,在各国立法例,亦不一致。德意志民法限于建筑物,普鲁士及比利时则限于家屋、树木,日本民法则仿法兰西之例,而限于建筑物及竹木,在本律则更扩而充之为工作物或植物。盖就社会经济上之现象论,虽因竹木以外之植物而使用他人之土地时,其使用之权,亦有巩固永久之必要,故本律不惜扩充其范围也。本章即据此定义,而分别规定为地上权之内容、设定之方法(第一千零六十九条至第一千零七十二条)与其效力(第一千零七十三条)、消灭(第一千零七十四条至第一千零七十九条)及应支付地租之特则(第一千零八十条至第一千零八十五条)而使适用。

第一千零六十九条 地上权人,得因在他人土地上有工作物或植物而使用其土地。

按自古各国,关于地上权之立法例,已如前详述矣。然大致以建筑物及竹木为限。惟本条则应社会上经济之需要,而推想应利用他人土地者,不仅建筑物及竹木已也。故扩充其范围,而浑括为工作物及植物二项,以明示得使用他人土地,而成立为地上权之要件焉。

第一千零七十条　地上权依法律行为而设定。但法令有特别规定者,不在此限。

凡取得地上权之原因可分为二:(一)为原始取得;(二)为继承取得。原始取得之原因,惟时效一种。时效规定,应参照本律第一编第七章,兹不具论。若继承取得又可分为二种;第一,为设定取得;第二,为继受取得。设定取得者,谓初无地上权之土地,由其所有人创设一新地上权以与人者是也。继受取得者,已设定之地上权,由此主体而移于彼主体者是也。今本条所定者,即为设定取得。凡设定取得地上权者,必以法律行为为之,是为原则。何谓法律行为,可参照本律第一编第五章规定。惟法令有特别规定者,即不依法律行为,亦可设定之,是为例外。

第一千零七十一条　因契约而设定地上权者,须立设定书据。

按地上权有限制土地所有权之效力,亦为重要之物权。其设定地上权之契约,为物权契约,须经登记,始生效力,自不待言。而此契约又以订立书据为必要之方式。故立约时如不践行此方式,则虽有登记,亦不能成立。盖因其权利之效力,既重要如彼。若于设定之初,不竭力加以慎重之注意,恐无以免后日之争。故设为本条。

第一千零七十二条　让与地上权者,须立让与书据。

凡已设定之地上权,法律许其让与于人。而契约之效力,与让与土地所有权同,须经登记始生效力。然于登记之外,尚有一种要式行为,即订立书据是也。其理与前条略同。惟前条与本条系均指因契约设定或让与地上权者,须订立设定或让与书据。若系法律者,则于此种方式并非必要,故条文上仅云因契约也。

第一千零七十三条　本于土地所有权之请求权规定,及第一千零五十八条至第一千零六十条规定,于相邻地上权人间,或地上权人与土地所有人间准用之。

第三章　地上权

按地上权人之权利,有时应与土地所有人同视。故应准用本于土地所有权之请求权规定。所谓本于土地所有权之请求权者,如请求损害赔偿权(第九百八十四条),请求回复不法保留及侵夺物权(第九百八十六条)及请求除去其权利之权是也。第一千零五十八条至第一千零六十条之规定,即疆界线上所设之界标、围障等工作物,应推定其为相邻人之分别共有物也。墙壁之分别共有人,得增高其墙壁也。增高墙壁之分别共有人,须对于因此而受损害之人支付偿金也。此种权利关系,地上权人与邻地地上权人间,或地上权人与邻地所有人间,为事实上不可免者。故有本条之规定,以资准用。

第一千零七十四条　地上权,因涂销其设定登记而消灭。

夫地上权之取得,原因于设定或继受,前既详言之矣。惟关于地上权之消灭,究系何如,是不可无明文规定者也。本条规定其消灭之方法。至消灭之原因,则于第一千零七十五条以下规定之。地上权之消灭方法,应有必要之行为以成就之。其行为维何,即登记之涂销是也。盖以地上权之发生及存在,皆表见于登记簿上。如消灭之际,不从而涂销之,则社会一般必将误信登记,以既消灭之地上权为交易之标的,其妨碍交易之安全,而毁损登记之信用者甚非浅显,是非法律之所许者也。是为地上权消灭原因之一。

第一千零七十五条　地上权存续期间已满,地上权人或土地所有人,得请求涂销设定之登记。

前项规定,于地上权人表示抛弃其权利之意思者准用之。

凡地上权之存续期间业经届满,或于未届满时,地上权人表示抛弃其地上权之意思者,则其权利已不复存在。则地上权人与土地所有人之双方,均得使其地上权消灭,而涂销登记。此种行为,固不必由双方合意行之,盖所以保护所有权人之权利也。是为地上权消灭原因之二。

第一千零七十六条　设定行为未定地上权存续期间者,审判衙门因当事人起诉,于二十年以上五十年以下之范围内,酌量其工作物或植物之种类及一切情形,定存续期间。

所谓地上权之存续期间者,乃自此时至彼时之一定期间内,得行使其权利之谓也。关于存续期间之限制,于欧洲各国立法例,大都认地上权有永久无期之性质。其限定地上权之存续期间者，惟比利时耳。本律虽不认其永久之性质，然而亦未尝设有最长期之限制。故地上权人及土地所有人间，无论约定如何之长久月日，亦不得不认为有效。此就设定行为定有地上权存续期间者而言。至若未定有存续期间者，地上权人本可随时抛弃。但因而有争议以致起诉于审判衙门时，则审判衙门得于二十年以上五十年以下之期间内，定其存续期间。盖其期间失之过长，则减少土地之效用。失之过短，则适足以害地上权人之利益。故示其两端，使得斟酌工作物或植物之种类而定其长短，以调和当事人之利益。惟审判衙门所定之期间，宜自设定地上权时起算乎，抑宜自判决之时起算乎？本条未设明文规定，尚宜加以修正为是。

第一千零七十七条　设定行为未定地上权存续期间者，地上权人得随时表示抛弃其权利之意思。但有特别习惯者，不在此限。

地上权者，亦为财产之一种，故权利人得随时抛弃之。惟于当事人当设定地上权时，未定有存续期间者，且无特别习惯时，法律即许其随时抛弃，庶不戾民情。

第一千零七十八条　地上权，不因工作物或植物之灭失而消灭。

地上权之消灭原因，或由于期间届满，或由于抛弃权利，或则因标的物灭失，或则因公用征收，其原因亦至不一也。惟于地上权人所有之工作物或植物，虽为使用他人土地之原因，而究非地上权存在之要件。故此等工作物或植物虽经灭失，而地上权乃决不致因之消灭。本条云地上权不因工作物或植物之灭失而消灭。惟本律立法例既采用土地使用权主义，则其性质亦迥异欧洲各国之仅由工作物或植物一方面着眼者。故即无明文规定，其于地上权之存灭，固无丝毫之关系也。

第一千零七十九条　地上权人于其权利消灭时，得回复其土地原状而收回其工作物及植物。

前项情形，若土地所有人声明欲交出时价购买者，地上权人非有正当理由，不得拒绝。

前二项规定，若有特别习惯者，从其习惯。

地上权人，于其标的地上所建设之工作物及其所种植之植物，乃本于正当之权原而附着之者，不能适用添附之原则，使属于土地所有人，自不待论。然土地之使用，以地上权存续时为限，且不得因而使土地所有人受重大损失。故于地上权消灭后，竟不收回，或虽收回而不回复土地之原状，亦非所以保护土地所有人之道。本条第一项规定，职是故也。惟地上权人虽可收回其工作物或植物，然当地上权消灭之际，如土地所有人声明欲交出时价购买，则地上权人不得拒绝之。盖已有之工作物或植物，一旦收回，则其物与土地之价格，常致因之减少。不惟非当事人两造之利益，即就社会经济上观之，亦不可不谓之失策。故以先买之权，畀予于土地所有人。然使土地所有人滥用此种，因而损害地上权人之利益，亦非所宜，故以交出时价为必要。但土地所有人虽已声明交出时价，然地上权人有正当理由时，仍可拒绝其购买。所谓有正当理由者，如其工作物或植物之用途已定，或已有他人要约欲出高价购买者是。惟无此理由者，则不得拒绝。此本条第二项规定之所由设也。然而各地方之习惯不同，非立法者之所能预想。故第三项规定，有特别习惯者，从其习惯。

第一千零八十条 地上权人应向土地所有人支付定期地租者，适用后五条之规定。

按设定地上权者，有索取报偿与否之别。其不索取报偿者，自可毋庸多所规定。惟索取报偿者，不可不规定一般之准则，而为支付地租之通例，其条文则于后五条定之。所谓后五条者，指第一千零八十一条及第一千零八十五条而言也。

第一千零八十一条 地上权人，因不可抗力继续三年以上于使用土地有妨碍者，得表示抛弃权利之意思。

夫利用土地，为地上权人唯一之目的。今者，地上权人虽欲利用土地，然因不可抗力致不能达其利用之目的至三年以上者，自得使其抛弃权利，以免除支付地租之义务，庶足以保地上权人之利益。所谓不可抗力者，如水旱、偏荒及战争之类皆是也。

第一千零八十二条 地上权人，虽因不可抗力于使用土地有妨碍，不得请求免除地租或减少租额。

凡地上权人之存续期间，类皆长久。虽因一时之不可抗力致妨及其土地之使用，然而安知其不得收效于将来哉。故地上权人因一时之不可抗力，不许其为请求免除地租或减少租额之原因。若许请求，则不足以保护土地所有人利益。

第一千零八十三条　地上权人，继续三年以上怠于支付地租或受破产之宣告者，若无特别习惯，土地所有人得表示消灭其地上权之意思，并得请求涂销其设定之登记。

前项地上权消灭之意思表示，用通知之法行之。

凡设定地上权而既索取报偿者，则此种报偿，即为地上权人之义务。乃地上权人怠于履行此种义务，且继续至三年以上者，则为土地所有者利益计，自应设法使之解除契约。其虽未怠付租金而受破产之宣告者，则其信用已失。若令地上权仍旧存续，实有害于土地所有人之利益。故本条与土地所有人以表示消灭地上权意思之权，并得请求涂销其设定之登记。惟为地上权消灭之意思表示者，须通知相对人行之。但通知之后，是否应俟地上权人之同意，然后消灭，则本条未经规定。

第一千零八十四条　使用赁贷借之规定，于地租准用之。

按使用赁贷借之规定，即当事人之一造约明以某物贷于相对人使用，其相对人约明支付其赁费之规定也（参照第六百三十六条）。此种规定，其最要之条件为赁金。赁金者，为使用物之报酬，其性质与地租同。故地租之规定，亦得准用赁贷借之规定。其详可参照第六百三十六条至第六百八十四条，惟于本章无抵触者为限。

第一千零八十五条　地上权人，依第一千零七十七条规定表示抛弃其权利之意思时，若应支付地租者，须于一年前先行预告或支付未至支付期之一年分地租。

凡未定存续期间之地上权，其权利人虽得随时抛弃，如第一千零七十七条所定，然不得因此使土地所有人有所损失。故应支付地租者，须于一年前预告其抛弃之意思。若欲即时抛弃者，亦须支付一年分之地租，始得抛弃，庶土地所有人无骤失收益之憾。

第四章 永佃权

永佃权者，支付佃租，而于他人土地上为耕作或牧畜，利用他人土地之物权也。其权利人谓永佃权人。与地上权之异点，盖在以耕作、牧畜为目的，以支付佃租为要件之二端。所谓耕作者，为栽培植物施劳力于土地之谓。牧畜者，以收益为目的而饲养畜类之谓。佃租为使用土地之代价。惟关于栽培植物及支付佃租二点，亦颇有与地上权相似者。但地上权不以地租为要件，故有无偿之地上权。若夫永佃权，则非支付地租不能成立。至于栽培植物一层，则以耕作时之目的并其设定时之行为而断。在昔罗马时代，凡属于市有或寺院所有之未开土地，个人得于每年支付一定地租，而永久以之供耕作之用。于是彼时之大法官视为物权之一种，付以物上诉权之效力。其后模仿希腊赁借土地种植葡萄之制，旋又对于一切财产均承认此种权利。惟其性质，则有主张为买卖者，有主张为赁贷借者，议论纷歧，莫衷一是。至芝诺大帝，始定为一种非买卖非赁贷借之一种永佃契约。而以耕作上之不利益，为永佃人之负担。惟于近世德、法民法均未设明文规定，其判决例虽有认许之者，而学者均主张本于限定主义，不承认为物权。日本民法本于其固有之永小作权之习惯，而又参以罗马古法之观念，于物权编内特设有永小作权之规定。至于吾国，租佃田地之习惯，由来已久。故本律亦承认之为一种物权，以明其权利义务之关系。盖此制度之设，在土地所有人一方既受有佃租，又受改良土地之利益。在永佃权人一方，得于使用他人土地收耕作或畜牧之利益，于实际良便。此本律所以亦承认之之理由也。兹本章之所定者，为永佃权之内容及设定行为（第一千零八十六条至第一千零九十条）与效力（第一千零九十一条至第一千零九十六条）及其消灭（第一千零九十七条至第一千一百零一条）焉。

第一千零八十六条 永佃权人得支付佃租，而于他人土地为耕作或牧畜。

永佃权之制度，各国互异，前既略言之矣。盖有仅于他人土地耕作或

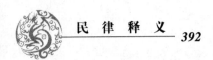

牧畜为永佃权者,有于他人土地狩猎、捕鱼为永佃权者。其实,于他人土地狩猎、捕鱼,究不得谓之为一种物权。故本条仅认许以于他人土地耕作或牧畜者为永佃权,以明示永佃权之定义,清其界限。

第一千零八十七条　永佃权,依法律行为而设定之。但法令有特别规定者,不在此限。

凡设定物权,通常皆依法律行为而设定。永佃权者,亦为物权之一。故其设定也,亦应依照法律行为。但法令有特别规定者,不在此限。其理由可参照第一千零七十条关于设定地上权之规定,兹不赘述。

第一千零八十八条　以契约设定永佃权者,须立设定书据。

按以契约设定永佃权者,亦为要式行为,于登记之外尚须订立设定书据,以备双方遵守。其理由可参照第一千零七十一条,关于以契约设定地上权时,亦须订立设定书据之规定,兹亦不赘言。

第一千零八十九条　永佃权存续期间为二十年以上五十年以下。

若设定期间在五十年以上者,短缩为五十年。

永佃权之设定,得更新之。但其期间自更新时起,不得过五十年。

前项情形,若法令有特别规定者,不适用之。

永佃权之存续期间所以定为二十年以上者,因短期借地之时,其永佃权人与土地之关系甚浅。仅有赁借权,亦足以得完全之保护,无认为物权之必要也。所以定为五十年以下者,以其期间失之过长,则常足以妨害土地之改良进步也。惟就立法言,则此二十年与五十年之规定,皆非一定不易之标准。要在审察民情习惯之何如耳,此本条第一项之规定。但永佃权之存续期间虽为五十年以下,惟当事人间如设定五十年以上之永佃权,则于本律视为全体无效。故应缩短之为五十年,盖所以尊重当事人之利益,为本条第二项之规定。又永佃权之设立,除法令有特别规定外,得更新之。更新云者,于存续期间届满前,使现存之永佃权消灭,更设定一新永佃权之谓也。盖法律为维持公益,虽有禁止设定长期永佃权之必要,而当事人间亦未始无希冀永佃权之长久存在者,使必俟已存之永佃权消灭,始能再行设定,则于前途之经营,常有妨碍之虞。故特设此两便之法,以谋事实上之便利。但更新后之期间,自更新时起,仍不得过五十年,自不待论。此本条第三项、第四项之规定也。

第四章 永佃权

第一千零九十条 设定行为未定永佃权存续期间者,除关于期间有特别习惯外,概作为三十年。

凡设定行为而未定永佃权存续期间者,如有特别习惯,应从习惯。因此时既有特别习惯,即可视为当事人间有依据其习惯之意思故也。若无特别习惯者,自不能不以法律定之,故本条规定概作为三十年也。其所以然者,因欲避解释上之烦杂。故于二十年以上五十年以下,酌中定为三十年。

第一千零九十一条 永佃权人,得将其权利让与他人。但设定行为禁止让与或有特别习惯者,不在此限。

第一千零七十二条之规定,于前项情形准用之。

永佃权为财产权之一,且非专属之权利。其得以自由处分而以之让与于人,本无不可。但以设定行为禁止让与,或关于让与有特别习惯时,法律并不强行干涉。故许依设定行为或依特别习惯办理。惟让与之时,效力务期确实,故应准用第一千零七十二条之规定,而订让与书据。

第一千零九十二条 永佃权人,于其权利存续期间内为耕作或牧畜,得将其土地赁贷于人。但设定行为禁止赁贷或有特别习惯者,不在此限。

永佃权人有直接管领标的物之权利。故在永佃权存续期间内,得将其土地赁贷于人,以供耕作、牧畜之用。但于设定行为禁止赁贷或有特别习惯者,则不得按照本条之规定而为赁贷。

第一千零九十三条 第一千零七十三条规定,于永佃权准用之。

永佃权人须使其能完全利用土地,故本于土地所有权之请求权,及相邻地间之分别共有权等,皆得准用第一千零七十三条之规定,而使永佃权人亦一体享有之,故有本条之规定。

第一千零九十四条 永佃权人之义务,除设定行为或习惯或本章所定外,准用用益赁贷借之规定。

用益赁贷借者,以使用及收益为目的之赁贷借契约,因当事人之一造,约明以其物或权利使相对人使用及收益,其相对人约明支付赁贷者也。永佃权之性质,则为支付佃租使用他人土地,以耕作、牧畜为其收益之目的,固颇与用益赁贷借有相似之点。故关于永佃权人之义务,可以适用用益赁借主义务之规定。惟以习惯或本章无特别规定者为限。

第一千零九十五条 永佃权人,不得于土地上为足生永久损害之变

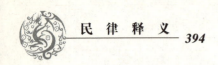

更。但有特别习惯者,不在此限。

永佃权人之权利,不过于其权利存续期间内,有耕作或牧畜而使用他人土地之权利。若于其土地上为足以生永久损害之变更,实有害于土地所有人之利益。故本条特设明文以禁止之。

第一千零九十六条 永佃权人虽因不可抗力于收益受损失时,不得请求免除佃租或减少租额。但有特别习惯者,不在此限。

永佃权为物权。故关于标的物收益之危险,应归永佃人负担为正当。且永佃之期限尤复甚长,即使因一时之不可抗力,致减少其收益额者,然而尚可冀其回复于将来。故永佃权人不得因不可抗力致收益受损失,而为请求减少佃租之原因,以保护土地所有人之利益。

第一千零九十七条 永佃权,因涂销其设定登记而消灭。

永佃权之设定,须以登记而发生效力。则其消灭也,亦当以涂销登记而发生效力。此自然之理,应参照第一千零七十四条关于地上权消灭时涂销登记规定。

第一千零九十八条 永佃权存续期间已满,永佃权人或土地所有人得请求涂销其设定登记。

永佃权人表示抛弃其权利之意思,及土地所有人表示消灭永佃权之意思时,准用前项之规定。

存续期间已满,为永佃权消灭之一种重要原因。故于此之时,永佃权人或土地所有人之一造,又不愿其永佃权之更新者,即可请求涂销登记。其理由与第一千零七十五条同。所谓永佃权人表示抛弃其权利之意思者,其原因于第一千零九十九条定之。土地所有人表示消灭永佃权之意思者,其原因于第一千一百条定之。

第一千零九十九条 永佃权人因不可抗力继续三年以上全无收益,或尚不及佃租继续五年以上者,若无特别习惯,得表示抛弃其权利之意思。

永佃权为谋土地所有人及永佃权人彼此之利益而存者。故永佃权人不得随意抛弃其权利,使永佃权消灭,以妨害土地所有人之利益。然永佃权人因不可抗力全无收益继续至三年以上,或所得收益不及佃租继续至五年以上者,若仍援原则而不许变通,则永佃权人之亏累,未免过巨。此本条使其得表示抛弃权利之意思,而消灭其永佃权,以免除支付佃租之义务。

第四章 永佃权

第一千一百条 永佃权人继续二年以上怠于支付佃租或受破产之宣告者,若无特别习惯,土地所有人得表示消灭永佃权之意思。

前项消灭永佃权之意思表示,用通知之法行之。

永佃权,以不许永佃权人或土地所有人任意抛弃消灭为原则。而复为永佃权人设有因不可抗力继续至三年以上全无收益,或尚不及佃租继续至五年以上者,得表示抛弃其权利之意思之例外,而免除其义务。其为永佃权人一方之利益,可谓保护周至矣。然而立法以公平为主。故于土地所有人一方之利益,亦不可不为保护也。欲为土地所有人为保护者,以许其得表示消灭永佃权之意思是也。然欲为此种意思表示者,非可以任意为之,亦当原因于永佃权人之特定事宜为要件。此本条之所以设也,其理由略与第一千零八十三条同。

第一千一百零一条 第一千零七十九条规定,于永佃权准用之。

永佃权消灭时,所有永佃权人与土地所有人之权利义务,有不可不用明文规定者。惟永佃权为使用他人土地之权利,其性质与地上权略同。故以准用第一千零七十九条之规定为是。即永佃权人与地上权人负同一之义务,应回复土地原状而收回其耕作物或家畜,并土地所有人有先买权,永佃权人非有正当理由不得拒绝之也是已。

第五章 地 役 权

地役权者,依设定行为所定之目的,以他人土地供自己土地便宜之用之物权也。质言之,即土地所有人在他人土地上所享有之权利也。故地役权之构成,必须二个土地。其一为地役权所附着之土地,即所谓需役地是也。其二为负担地役权之土地,即所谓供役地是也。但地役权乃从属于需役地所有权利,故不能离需役地所有权而独立。即土地所有人不得将土地所有权与地役权分离,以为让与或为其他权利之标的。此地役权之所以异于他物权者一。若就其对于所有权之限制而论,则地上权于永佃权为大,而地役权为小。若就其权利自身之效力而论,则质权与抵押权足以剥夺所有权,而地役权则仅以限制所有权之行使。此地役权之所以异于他物权者二。溯其沿革,在昔罗马,即有役权之制。役权者,为人或土地之便宜,而使用他人所有物之权利也。其为人而使用者,曰人之役权,如用益权、使用权、居住权。此外罗马法分类虽多,然今日各国皆已不认。其为土地而使用者,曰地之役权,即今之所谓地役权是也。德、法诸国袭罗马遗制,皆承认用益、使用、居住三种役权。一般学者以妨碍财产之流通改良,实为经济上不利之制度,往往致其全力以攻击之。故近世以来,颇有日就衰颓之趋向。至地之役权,即所谓地役权,乃利用土地所必要之制度。故各国皆认之。本律亦采此主义,因特设本章之规定,而分别定为取得地役权之特则(第一千一百零二条至第一千一百零六条)、地役权之效力及其让与(第一千一百零七条至第一千一百十七条)与其消灭之特则(第一千一百十八条至第一千一百二十四条)焉。

第一千一百零二条 地役权人得依设定行为所定之目的,以他人土地供自己土地便宜之用。

地役权之定义,既如条文所定。今试引申言之:(一)地役权为便用他人土地之物权也,故地役权之标的物须为土地。若以土地以外之物为标的者,不得为地役权。欧洲各国自罗马以来,于自己土地建筑房屋时,以他人

第五章 地役权

房屋供支柱之用之权利,亦谓之地役权。本律则否。盖欧洲向来之观念,以房屋为土地之成分。而本律则以房屋为土地以外之独立不动产,故不采此说。(二)地役权乃土地所有人在他人土地上所享有之权利,故非土地所有人,即不能享有。又为他物权之一种,故非在他人土地上亦不能享有。由此关系推论,可知地役权乃从属于需役地所有权之权利,故不能离于需役地所有权而独立。(三)地役权乃以他人土地供自己土地便宜之权利。盖地役权之内容,为供役地之使用。而其使用之目的,则在图谋需役地之便宜。故为地役权目的之便宜者,乃需役地自身之便宜,而非需役地所有人之便宜。即为供役地自身所供之便宜,而非由于供役地所有人之劳力所供之便宜。(四)地役权之目的,依设定行为定之。所谓设定行为者,大别可分四种:其一,以土地之使用为目的者,如通行地役权是;其二,以土地之收益为目的者,如汲水地役权是;其三,以免除由于相邻关系所生之法定义务为目的者,如引水地役权是;其四,以禁止行使属于土地所有权之行为为目的者,如观望地役权是。盖地役权之设,本所以谋需役地所有人之利益。故其目的,亦须以设定行为定之。惟依时效取得者为例外耳。

第一千一百零三条　地役权,依法律行为而设定之。

地役权为需役地所有人之利益而设,故应依法律行为取得之。所谓法律行为者有二,一曰契约,二曰遗言。以契约设定者,须有一定之方式,于第一千一百零四条定之。以遗言设定者,其方式应于本律第五编定之,均俟后详。

第一千一百零四条　以契约设定地役权者,须立设定书据。

地役权之设定,以登记为成立,固不待言。但于当事人间尚须订立书据,以便彼此信守。其理由与第一千零七十一条及第一千零八十八条同,不复加以赘述。

第一千一百零五条　继续并表见之地役权,得因时效而取得之。

可因时效取得之地役权,必须具备继续与表见二要件,缺一不可。盖不继续之地役,不致使土地所有人被重大烦累。故常有本于交谊,容许相邻人之行使者。如以其行使多年,遽使成就时效,则有土地者亦将时时警惕,不肯使他人得以利用,非所以维持相邻人之和亲也。至于不表见之地役,其行使与否,非土地所有人所能知。如承认取得时效,则所有人必于不知不觉之中,丧失莫大之利益,亦非所宜。故二者均不能因时效取得地役。反乎此,如其地役有继续、表见之性质,则土地所有人所感觉之烦累必较大,其得以防止之时间亦甚久。而竟置之不问,则是怠于权利之行使,虽使时效成就亦不为苛。此本律所以限于继续且表见之地役权,承认由于时效之取得也。

第一千一百零六条 分别共有人或公同共有人之一人因时效而取得地役权者,他分别共有人或公同共有人亦取得之。

对于分别共有人或公同共有人之一人时效中断及时效停止者,对于各分别共有人或各公同共有人不生效力。

地役权为不可分之权利。而共有人中之一人,又非其全体之代表。故就理论言,非唯一共有人不能仅为应有部分取得地役权。即其一人之取得时效成就,亦不能为共有人全部取得之。惟地役权之成立时,需役地所受之便宜恒大,而承役地所受之损害恒小。以社会经济之眼光观之,实为有益之事。故本条以地役权不可分之原则,应用于共有人有利之方面。无论其为何种共有,如其中之一人因时效成就,而取得地役权者,他共有人亦即取得之。而其结果则有二:(一)对于共有人中一人之时效虽为中断,对于行使地役权之各共有人亦不生效力。例如甲、乙二人行使地役权时,虽中断其一人之时效,而他之一人如具备时效要件,仍可为全体取得之。(二)共有人中一人之时效,虽有停止原因,其各共有人之时效,仍继续进行。如前例一人之时效虽停止。他之一人仍可全体取得之也。

第一千一百零七条 地役权人因行使权利,得为必要之事项,但须择于供役地损害最少之处所及方法为之。

行使地役权时,于其行使之主行为外,尚须为种种附属行为,始能达其目的。故本条规定,凡为行使地役权所必要之行为,地役权人皆得为之。例如汲水地役权人因汲水之故,得通行供役地是也。惟关于此种行为,如漫无限制,必致害及供役地所有人之利益。故此种行为,须择其于供役地损害最少之处分方法为之,故复有但书之规定。

第一千一百零八条 次序相同而在一供役地上设定之数地役权相竞者,各地役权人得请求确定其行使权利之范围。

地役权为物权,故得直接使用供役地,且得优先于供役地所有人而使

第五章 地役权

用之,乃当然之理,故不用特设明文。惟有次序相同,且于一供役地上有数个地役权相竞,不能完全行使其权利时,应设规定,以资遵守。其方法则使各地役权人为确定行使权利之范围,得向他地役权人为审判外之请求(如缔结契约之类)或为审判上之请求,以确定其行使之范围,故有本条之规定。

第一千一百零九条 地役权人因行使其权利在供役地上设置工作物者,须保持其通常之状态。

设置工作物,恒为行使地役权所必要,故亦使地役权人得以为之。惟其设置之时,如因而变更供役地之状态,则供役地所有人每致受不当之损失。故必须保持其通常之状态,以保护供役地所有人之利益。

第一千一百十条 地役权人设立地役权后,不得因需役地之必要,增加扩张其地役权之范围。

地役权范围之大小,供役地所有权限制之轻重系焉。如地役权人得任意扩张,则土地所有人之利益,必致时时为所剥蚀。故本条规定,设定地役权之后,地役权人不可因需役地之必要增加,而扩张其范围。例如甲地所有人因家用之故,在乙地取得汲水地役权。其后虽在甲地开设场圃,亦不得扩张其范围,汲引乙地之水,以供灌溉之用。

第一千一百十一条 供役地所有人,得使用其地上所设之工作物。但有碍地役权之行使者,不在此限。

前项情形,供役地所有人须按其所受利益之分,分担设置及保持工作物之费用。供役地所有人得使用需役地所有人所设置之工作物者,其旨在使供役地之所有人不必再设工作物,以节无益之费用。但其使用之后,应按照其受益之部分,分担设置工作物及其保持之费用,以为义务。

第一千一百十二条 供役地所有人依设定行为或特约,应以其费用设置或修缮工作物供地役权人行使地役权者,其义务,供役地所有人之特定承受人亦担负之。

地役权人因行使地役权,得于承役地上设置工作物者,则其设置及修缮之费用,均属地役权人负担,乃当然之理。但当事人间如有特约,使供役地所有人负担设置、修缮之义务者,地役权人不惟对于供役地所有人得要求其设置、修缮,即对于其特定承继人亦得要求之。盖此种权利,就其本来之性质论,虽不过为一种债权,但本律则以其与地役权有密切关系之故,视为土地所有权之负担,使得对抗特定承继人。至其得以对抗一般承继人,更无论矣。

第一千一百十三条　供役地所有人,得随时将行使地役权必要部分之土地所有权委弃于地役权人,以免前条之担负。

供役地所有人,依于设定行为或特约负担设置、修缮工作物之义务者,无论何时,得就行使地役权所必要之部分,委弃土地所有权于地役权人,以免其义务。盖此种义务,本非地役权性质上当然之结果。且负担之重,又非供役地所有人之所能堪者。如必严责其履行,殊失公平之旨。且此义务,实为供役地上之负担。供役地所有权既经丧失,其所有权上之负担亦应随之消灭,故本条规定,所以许承役地所有人以委弃免责之权利也。

第一千一百十四条　需役地虽分割或让与其一部,其地役权仍为各部存续之。但地役权之性质仅关于土地之一部者,不在此限。

依前项但书情形,供役地所有人得向无地役权之各部所有人请求同意而变更地役权之设定登记。

地役权者,为需役地之便益,而使用供役地之物权也,有不可分之性质,故分割需役地或将需役地之一部让与时,地役权仍为各部而存续之。然地役之性质,有仅关于土地之一部者,则为例外。其地役权不为各部而存续,仅为其一部而存续。例如有地一区,其隅有园庭,为其园庭设观望地役。当其地未分割时,其地全部皆为需役地。既分割后,只有园庭之土地为需役地,亦仅取得该土地之所有人有地役权而已。

第一千一百十五条　供役地虽分割或让与其一部,其地役权仍存续于各部之上。但地役权之性质仅关于土地之一部者,不在此限。

前项但书情形,无地役义务之各部所有人得向需役地所有人请求同意而变更地役权之设定登记。

需役地既有不可分之性质,供役地则亦同具此种性质。故供役地虽分割或让与其一部,然其供役之义务,不因之而消灭。其理由与前条同,应参照该条释义。

第一千一百十六条　地役权人因保全其权利,对于妨害行为得请求排除或禁止之。

第五章 地役权

地役权之目的,在使用供役地之土地,以为需役地之便宜者也。故地役权人于其地役权范围之内,有自由使用之权,即对于妨害行为得请求排除或禁止之,以保全地役权人之权利。

第一千一百十七条 地役权,不得离需役地而为让与或为他权利之标的物。

地役权者,为供需役地便宜而存之物权,前既屡述之矣。故地役权应从属需役地,不得分离。当地役权移转时,若当事人间无特别约定者,应与需役地之所有权一并转移。又于需役地上设定担保物权时,其地役权应为担保物权之标的物,亦无待言。惟不得仅以地役权让与他人,或以其为他权利之标的物。此本条特设之限制也。

第一千一百十八条 地役权,因涂销其设定登记而消灭。

地役权之设定,以登记为要件。故以法律上别无规定为限,地役权之消灭,亦以登记为要件,以维持登记之信用。此本条所由设也。

第一千一百十九条 地役权存续期间已满,需役地所有人或供役地所有人,得请求涂销其设定登记。

前项规定,于地役权人表示抛弃其权利之意思时准用之。

地役权之约定存续期间已满,或地役权人表示抛弃地役权之意思时,须使利害关系人得请求涂销其设定登记,始能保护其利益,而免地役权之永久不废。

第一千一百二十条 地役权无存续之必要时,审判衙门得因当事人起诉,宣告地役权消灭。

前条第一项之规定,于前项情形准用之。

地役权成立后,如因土地情形变迁不以其存续为必要时,审判衙门得因当事人起诉,宣告地役权消灭。例如,供役地之所供给,就需役地观之,已不以为便宜时,其地役权即无存续之必要。此时如犹使供役地为无益之供给,殊非法律上认许地役权之本意。故当事人得提起诉讼,请求为消灭之宣告。

第一千一百二十一条 需役地或供役地分别共有人之一人,不得按其应有部分使地役权归于消灭。

地役权有不可分之性质。故地役权人不得分一个地役权为数个,亦不得仅使地役权之一部归于消灭。其理由盖以地役权之内容,或为行为,或为不行为,要皆有不可分之性质。故其权利,亦当然为不可分之权利。例如,通行地役权倘仅行使一部,则绝对不能达通行之目的故也。此本条所以定为凡需役地或供役地之分别共有人中之一人,不得按其应有部分,使地役权消灭。

第一千一百二十二条　地役权,因需役地或供役地灭失而消灭。

地役权为需役地所有权之从权利,而供役地又为行使地役权所必要。故需役地灭失,地役权不能独立存在。供役地灭失,则地役权绝对的不能行使。故设此规定。

第一千一百二十三条　地役权二十年间不行使者,因时效而消灭。

前项期间若系不继续之地役权,自最后行使时起算。若系继续之地役权,自妨害行使之事实发生时起算。

地役权人二十年间不行使其权利,即因时效而消灭。其时效之停止、中断等,则均依第一编第七章之规定,兹不具述。惟关于时效之起算点,有不继续地役与继续地役之分。不继续地役,自地役权人最后行使时起算。例如通行地役权人自最后通行之时起,二十年间不为通行其权利,即消灭是也。至若继续地役,则自妨害行使之事实发生时起算。例如水道地役权,自水道破坏、闭塞不堪使用之时起二十年间,地役权人置之不顾,即因之消灭是。此为本条所亟于规定者。

第一千一百二十四条　需役地之分别共有人或公同共有人之一人有时效中断或停止之情事者,对于他分别共有人或公同共有人亦生效力。

按地役权以不可分为原则,应用于共有人有利之方面。故需役地之公同共有人或分别共有人中如有一人,关于消灭时效有中断或停止之情事者,则他共有人之消灭时效亦因之而不能进行成就。故本条云共有人之一人有时效中断或停止情事者,对于他共有人亦生效力也。

第六章 担保物权

担保物权者,为确保履行债权,以物之交换价格归属于权利人之物权也。原夫物权之分别有二,曰主物权,曰从物权。主物权者,独立存在之权也。从物权者,从属于他权利而存在者也。从物权者,又有从属于物权与从属于债权之别。其从属于物权而供其便宜者,地役权是也。其从属于债权而为之担保者,即担保物权是也。盖吾人所负担之债务,均应以吾人之财产,任清偿之责。故债务人之财产,即为债权之担保。然一切债权均立于同等地位,而又皆无追及之力。假令债务日增,担保日减,则债权人往往蒙意外之损失。是以欲求债权巩固,不可不使债务人提供特别担保。而特别担保有对人担保及物上担保之别,二者虽同有使债权巩固之效力。然就清偿之便利言,自以对人担保为优。然就清偿之确实言,则以物上担保为优。故二者有不可偏废之势,以本律之所以并存也。惟对人担保之规定,于第二编第二章第二十节设有明文。而物上担保之规定,则本章各节所列者是也。

第一节 通 则

通则云者,规定担保物权之共通规则者也。故其所规定者,如担保物权之种类(第一千一百二十五条),设定担保物权之方法(第一千一百二十六条),得以担保物权担保之债权(第一千一百二十七条及第一千一百二十八条),得为担保物权标的物之物(第一千一百二十九条至第一千一百三十三条),以及其有不可分之性质(第一千一百三十四条)之类,皆为一般担保物权所适用,爰列举于本节。

第一千一百二十五条　担保物权,为抵押权、土地债务、不动产质权及动产质权。但法令有特别规定者,不在此限。

担保物权之种类,自来各国,类多采用限定主义,以明文定之。惟各国习惯不同,社会经济之情况互异,故其所定往往不能一致。如罗马法,则仅有质权一种。德意志法系则有抵押权、土地债务、动产质权、不动产质权四种。法兰西法系则有留置权、先取特权、不动产质权、动产质权、抵押权五种。而留置权一种,本为德法之法系所同认。惟其规定之方法,互有出入。至先取特权之是否为担保物权,则为德、法两派争论之焦点。盖在德意志法系,视为债权之特别效力,规定于破产法中。法兰西法系,则视为物权之一种,或规定于债权担保篇,或规定于物权篇。欲知二者之当否,请先就先取特权之性质及其由来而一纵论之。先取特权者,或种之债权人依法律规定,在债务人之总财产或特定财产上优先受清偿之权利也。盖债权之效力,以同等为原则。惟法律为维持善良风俗、增进社会公益之故,关于或种债权,不可不设此例外,以厚其保护,是则先取特权之所由来也。惟先取特权之在罗马法,认为法定质权之一种。债权人依法律规定,当然取得之。其弊也,常致第三人不能明知其权利之所在,因而受意外损失。罗马末世,经济信用之失坠,未始非受法定质权之影响也。于是德意志法系诸国,鉴于罗马之覆辙,乃竭力减削法定质权之制,以公益上应特别保护之债权规定于破产法中。仅于债务破产时,与以优先受清偿之权利。而债务人资力充裕时,则仍适用债权同等之原则。在法兰西民法,凡债权人就债务人财产上强受清偿之权利,皆称为担保权。担保权中又有特别之担保权二种,一曰质权,二曰先取特权及抵押权。先取特权及抵押权固属同类,惟抵押权以不动产为标的,故须以契约设定。而先取特权则依法律规定,当然发生,且其标的物亦不限于不动产耳。故法兰西法系之先取特权,实为物权之一种。与罗马法上之法定质权,殆无以异。虽然,担保物权乃债权当然之效力,非能存在于债权之外。且依近世法律观念,物权为直接管领标的物之权利。而债权人对于债务人之财产,则皆为直接管领。故以吾人观之,担保权中惟有直接管领标的物之权利者为物权耳。若夫有先取特权之人,仅能就其标的物先受清偿,而不能为直接管领。故先取特权与普通担保权,乃程度上之差异,而非性质上之差异。普通担保权不得为物权,则先取特权自亦不得为物权,此理论上当然之结果也。本律因取德意志主义,不以先取特权为物权。而所谓担保物权者,仅以本条规定之四种为限。但此为普通法上之规定。如有特别法令认许他种担保物权者,自为例外。

第六章 担保物权

第一千一百二十六条 担保物权,依法律行为而设定之。但法令有特别规定者,不在此限。

担保物权,一方为债权人之利益,一方为权利上之限制,与各当事人均有利害关系。故本条规定须以法律行为设定之。但法令有特别规定者,不得依此限制。

第一千一百二十七条 担保物权,得因担保无定金额之债权而设定之。

无定金额之债权当事人,于设定担保物权时,须表明应担保金额之最高限度。

所谓无定金额之债权者,如终身定期金是。此种债权,其金额未定,然亦得设定担保物权以担保之。惟担保之金额,须豫为表明,以免将来以担保物清偿时,有妨众债权人之利益,而毁坏交易上之信用。故本条特设第二项,须表明应担保金额之最高限度之规定,以防其弊。

第一千一百二十八条 担保物权,因担保附条件之债权及将来之债权亦得设定之。

担保物权者,以其标的物之卖得金清偿债权之物权也。故以抵当权担保之债权,须为金钱债权,或为可换作金钱债权之债权,自不待论。又附期限之债权,得以担保物权担保之,亦当然之事,均毋庸另设明文。惟附条件之债权及将来之债权,为担保之故,能否设定物权,不能无疑。盖附条件之债权者,其债权虽已发生,而其效力犹未确定。将来之债权者,尚未发生之债权。就理论言,本不能设定物上担保。惟本律为增进社会信用,以谋经济上之进步起见。故于本条特设明文,以杜无益之争论也。

第一千一百二十九条 担保物权,以动产及不动产为其标的物。但法令有特别规定者,不在此限。

按本律之所谓物者,均以有体物为限。有体物者,能于宇宙中占一部分之空间者也。其详于本律第一编第四章定之。但物而能于宇宙中占一部分之空间者,舍动产及不动产外,初无其他品质之可言。故能为担保物权之标的物者,自以动产及不动产为限。易词以言,即担保物权之标的物,以有体物为限。盖担保物之性质,为管领有体物之权利。就理论言,当然不得以无体物为其标的。惟设定担保物权之目的,本所以谋债权之巩固。

若就此目的以言，则凡有交换价值者，不问其有体无体，以之为担保物权之标的，皆有适当之性质。故本条规定，担保物权之标的物虽以动产及不动产为原则，而法令有特别规定者，虽无体物，亦得为其标的。而于经济之信用，固亦毫无妨碍也。

第一千一百三十条　担保物权，不得以不能让与之物为其标的物。

按物有融通物与不融通物之分。融通物者，得自由让与于人之物也。不融通物者，不得自由让与之物也。担保物权者，乃以出售其标的物，得有金额，始能受清偿之权利。故如以不能让与之物为其标的，则非特不能奏担保之效，且亦永远无受清偿之日矣。故本条特以明文定之。

第一千一百三十一条　担保物权，不得以将来可以取得之物为其标的物。

在外国立法例，间有认许将来可取得之物，得为担保物权之标的者。此种制度，就社会经济言，非无相当之理由。然由法理上观察，无论何人，不能处分自己所无之权利，为不易之原则。如未经取得之物，亦可为担保物权之标的，则是认许各个人得以处分他人之权利。不然，则是认以不能为目的之法律行为也。抑法律上而有此制度，则继承人得藉以处分被继承人生前之财产，殊与善良风俗有乖。故本条所以限定将来可取得之物，不得为担保物权之标的也。

第一千一百三十二条　担保物权，不得以物之一部为其标的物。但分别共有人之应有部分，不在此限。

凡物之一部，不得为担保物权之标的物。此物权之性质，当然之结果。但分别共有人之应有部分，非共有物之一部，而为行使所有权之范围，且于本律第一千零四十五条定有各分别共有人得自由处分其应有部分。故为分别共有人达其行使所有权之目的起见，是不妨以其应有部分为担保物权之标的，即与他分别共有人之利益，亦不致有害。故于本条但书认许之。

第一千一百三十三条　担保物权之标的物，须于设定时指定之。

担保物权之标的物应于设定时指定之者，即担保物权之标的物，应为特定物之意也。夫特定物之意义有二。若就其与他财产之关系言之，则特定物者为诸财产中特定之一部，而非其全部也。就其与法律行为之关系言之，则特定物者有一定之特质，不能以同种类同数量之物代替之者也。夫以债务人之总财产为担保物权之标的,究与社会公益有害,故近世各国鲜认许之者。若以代替物为担保物权之标的,其性质与罗马之法定质权无异。故以今日之法律观念衡之,已不得谓之担保物权。故本条根据特定物之原理,而以设定时指定之物为限。

第一千一百三十四条　担保物权人,于债权全部未清偿以前,对于标的全部得行使其权利。

担保物权乃以标的物之全部及其各部,对于物权之全部及其各部为不可分之担保。故债权虽有分割、减杀,担保物不至因之缩小、变更。而担保物之分割、减杀,亦复不能影响于债权应受担保之范围。例如甲对于乙有千元之债权。乙以价值千元之房屋为其担保时,其实际非以一元之土地担保一元之债权,乃一方面以一元之债权受千元之担保,一方面以一元之土地担保千元之债权。故债权虽分为数个。而数个之债权人,皆可就千元之担保物全部上行使其担保权。此不可分之第一结果也。又担保物虽分割为数个,而债权人仍得就各个担保物上行使千元之债权。此不可分之第二结果也。至债权之一部,虽因履行或其他原因消灭,而债权人犹得就千元之担保物上行使其余存之债权。此不可分之第三结果也。或担保物虽灭失一部分,债权人仍得就其余存之部分上行使千元之债权。此不可分之第四结果也。夫不可分之原则,担保物权性质上之结果。然近世各国民法莫不承认之,所以保护债权人之利益也。但此非关于公益之原则,故当事人间得以特约避其适用。虽无明文,亦得认为当然,自不待论。

第二节　抵　押　权

抵押权者,标的物不由债权人占有,于其担保之不动产上就卖得金额受优先清偿而成立之担保物权也。故抵押权之利益有三:(一)设定抵押权后,仍得占有标的物而使用、收益、处分之,是于设定抵押权人有利益。(二)抵押权人不负保存标的物之义务,而能取得完全之担保权,是于抵押权人有利益也。(三)标的物仍存于所有人之手,即仍存于设定抵押权人之手,于改良并无妨害,是于社会有利益也。虽然,此种进步之立法例,非一蹴而能逮者也。何以言之？在原始时代,无论何国,大都以债务人之身体为债权担保。其后文化渐开，知严酷之无益，始有物上担保之制。然是时之物上担保，亦仅有动产质权而已。洎夫社会经济渐次发达，债权额数亦因之加巨。动产价值较小，不足供担保之用，乃以不动产为质权之标的。然设定质权，必以质物之占有移转于债权人，其所以保护债权者，固不为不厚。而所有人之保护，则不免失之薄弱。且担保物权之设，所以谋债权之巩固。债权人往往不欲投劳力资本，以谋其利用改良。故为质权标的之不动产，常有芜秽不治之虞。此法兰西学者所以有不动产质权，非文明国人所宜设定之诮。降及近世，社会一般知不动产担保无移转占有之必要，而以使用、收益委诸他人者之失策。于是以不动产为担保时，始有不移转占有之制。是则抵押权之所由发生也。至于抵押权之种类，则亦有三：（一）为法律上之抵押；（二）为审判上之抵押；（三）为因法律行为而设立之抵押。在各国立法例之所同认者也。惟审判上之抵押，非实际上所必要。故本律仅认因法律行为而设立之抵押及法律上之抵押二种。又各国立法例，有认动产及不动产俱可为抵押物者。然以动产为抵押物，实际并不能全其效用。除法律特别规定外，应以不动产为原则。又有认债务人之一切财产，俱可为抵押权之标的物者。然与以特定物为标的物之原则不符，故本律亦不采用。至本节之所规定者，为抵押权之内容与其设定时之特则（第一千一百三十五条至第一千一百三十七条）、效力及其让与（第一千一百三十八条至第一千一百六十四条）并其消灭（第一千一百六十五条至第一千一百七十九条）、以及权利抵押（第一千一百八十条及第一千一百八十一条）、法律上抵押权之原则（第一千一百八十二条）也。

第一千一百三十五条　抵押权人于债务人或第三人不移转占有而供担保之不动产，得就其卖得金额较他债权人先受清偿。

抵押权者，使抵押权人之债权，得以其标的物卖得之金额清偿之，以确保其债权必能受清偿之物权也。设定此物权之债务人或第三人谓之设定抵押权人。而抵押权之重要条件，即在标的物不由权利人占有之一点。而其与质权之相异者，亦即在此。论者或谓物权乃管领物之权利，抵押权人不过于不动产上有受优先清偿之诉权，其间初无管领之关系，谓之物权，无乃失当。此说似亦有理。然视抵押权为非物权，不特戾于向来之观念，且亦不能说明其有追及权及优先权之理由。况当抵押存在之时，所有人对于

第六章 担保物权

抵押物如为不当之处分,抵押权人得从而干涉之。此种关系,欲谓之非管领其可得乎？然则管领关系,既无不备。即抵押权之为物权,亦可不辨自明矣。惟抵押权不能离于所担保之债权而独立存在。故其所担保之债权,如有消灭、移转,抵押权亦即随之,此乃不易之理。是以以吾人之眼光观察之,抵押权固必须附从于债权,始能存在。此其所以为从物权也。又抵押权之标的物,有属于债务人所有者,有属于债务人以外之第三人所有者,要皆存在于他人所有物上之权利,故亦为他物权也。夫抵押权既为物权矣,则其生有追及之效力。即无论何人,为保存抵押物,抵押权人皆得对之请求清偿,并以抵押物代价供清偿之用。此为抵押权之重要内容。本条所谓就标的物之卖得金额较他物权先受清偿者,即优先权也。优先权之主义有二。其一,有抵押权之债权人对于无抵押权之债权人,得排斥之,而就抵押物上受优先之清偿。其二,先设之抵押权人,在抵押物上优于后设之抵押权人而受清偿。此种权利,实为抵押权重要之内容。而担保之实益,亦即在是。而抵押物之品性,必以债务人或第三人所有之不动产,始能达其担保之目的。此又不可不注意者也。

第一千一百三十六条　以契约设定抵押权者,须立设定书据。

抵押权之设定行为有二,一曰遗言,二曰契约是也。以遗言设定者,须遵用遗言方式,始生效力,初非本条范围之所及。至于以契约设定者,则以订立设定书据为必要之方式,所以防诈欺错误,而保护双方之利益。此本条之所由规定者也。

第一千一百三十七条　抵押权,非不动产所有人不得设定之。

抵押权之实行,盖在以抵押标的物卖得金额为清偿其债权之用,其势必致使标的物所有人丧失其所有权。故设定抵押权实为处分行为之一种,非所有人自无此等权利。故本条规定,设定抵押权之人以不动产之所有人为限。

第一千一百三十八条　抵押权所担保者,为原本、保存费用、实行抵押权费用、违约金、已至清偿期最后三年分之利息及四年以内之迟延利息。但设定行为有特别订定者,不在此限。

前项关于利息之规定,于抵押权担保定期金债权者准用之。

抵押权所担保之债权,大抵有原本、抵押物之保存费用、实行抵押之费用（如拍卖费用）、违约金、利息之各种。而利息又有约定利息及迟延利息两种。本条所定者，约定利息以已至清偿期最后三年分者为限，迟延利息以自迟延时起四年以内者为限。其以抵押权担保定期金债权者，亦适用关于约定利息之规定。以上种种之担保，原本及违约金，均须于设定时登记之。其余各项无须登记，即当然生担保之效力。盖保存费用乃为债务人及众债权人利益所为之支出实行费用，乃抵押权当然发生之结果。至约定利息，其利率已于设定时登记，计算不虞困难。迟延利息则为普通常有之事，虽不登记，亦不至使他债权人受意外损失。惟定期金及利息额数与时俱增，如不加以限制，则他债权人之担保，必致因之递减，甚非公平之道。此本条第一项所以定有一定之限制也。

第一千一百三十九条　抵押权，对附加于其标的物而成为一体之物亦有效力。但设定行为特别订定或系诈害他债权人者，不在此限。

凡附加于抵押物而成为一体者，即为抵押物之成分，应使同属于抵押权范围，始不反于当事人之意思，而立法精神亦得贯彻。例如，设定抵押权人于抵押地上栽植树木，则抵押权亦能及于树木是。又如抵押房屋增筑时，抵押权亦能及于增筑之部分是。惟关于土地抵押权之范围，不能及于房屋，是为例外。其他如设定行为有特别订定者，从其所订。盖抵押权之范围，所以及于附加物者，其实际上之理由，在不反于当事人之意思。如当事人显有反对之意思表示者，则实际上即无适用此规则之必要，故亦为例外。又若附加行为系出于诈害他债权人者，亦不得为抵押权之标的，而保护众债权人之利益。此皆本条但书所定者。

第一千一百四十条　抵押权实行权利时，对于为抵押物之从物亦有效力。但设定行为有特别订定或系诈害他债权人者，不在此限。

前项规定，于抵押物之从权利准用之。

凡附属于抵押物之从物及附属于抵押权之从权利，不问其附属关系自何时发生，均属于抵押权之范围。但实行抵押权时，已脱离主从关系者，或于设定行为时有特别订定者，或系诈害他债权人者，则均不在此限，而为例外。

第一千一百四十一条　抵押权于实行权利时，对于由抵押物分离之天然孳息亦有效力。

抵押权,非以收益为目的之权利。且抵押物之占有,仍属于所有人。故由抵押物所生之孳息,当然为所有人取得。但当行使抵押权时,所有人关于物之一切权能,已因扣押处分而剥夺,不能再为收益行为。故本条规定,关于行使抵押权时所分离之天然孳息,使属于抵押权范围,以厚其保护。

第一千一百四十二条　抵押权于实行权利之时,于设定抵押权人就抵押物得收取之法定孳息亦有效力。

前项之效力,抵押权人对于应清偿法定孳息之义务人非以实行抵押权之事通知后,不得与之对抗。

实行抵押权时,抵押物所有人就抵押物得收取之法定孳息,亦属于抵押权范围,其理由与前条所述者相同。但此时之抵押权人,对于应交付法定孳息之人,须以实行抵押权之事实通知之后,始得与之对抗。抑以保护第三人之利益也。

第一千一百四十三条　不动产所有人因担保数债权,得就同一不动产设定数抵押权。

前项情形,抵押权之次序,以登记先后定之。

不动产所有人得就同一不动产上设定数抵押权,以担保数债权。至其担保之次序,则以登记之先后定之。故虽设定在先而登记在后者,即不能优先受清偿。盖抵押权有优先效力。然其效力以登记而确定,故先登记之权利,优于后登记之权利也。

第一千一百四十四条　先抵押权之消灭,与后抵押权之次序无涉。

设定抵押权人,得更设定与消灭抵押权同一次序之抵押权。

前二项规定,于登记之设定行为有特别订定者不适用之。

数债权人就同一不动产上有抵押权时,如先设之抵押权消灭,后设之抵押权是否得以依次递进,亦一疑问。但如本条所定,则不畀以递进之效力。盖设定次位抵押权时,当事人之意思,乃以先抵押权所担负债权之余额担保此债权,显然无疑。若于先抵押权消灭之际使次进抵押权得以递进,非惟有害于所有人之利益,亦且反乎当事人之意思。故有第一项之规定,后设之抵押权既不得递进其次序。则所有人于此范围内,尚有自由处分之权。其得更设定一抵押权,使与已消灭之抵押权为同一次序,自不待论。故有第二项之规定。但以上二项之规定，所以保护抵押物所有人之利益。如当事人间于设定行为有特别订定且已登记者，应仍从其所定，而尊重当事人之意思。故有第三项之规定。

第一千一百四十五条 当实行抵押权时，设定抵押权人未设定与消灭抵押权同一次序之抵押权，或以先抵押权担保之债权额未达其登记之金额者，须按各抵押权人之次序，以抵押物之卖得金分配之。

实行抵押权时，各抵押权人间及抵押权人与所有人间之关系，不可不知。本条即规定其关系者也。其情形有二：（一）先抵押权消灭，所有人未设定同一次序之抵押权时，此时应按各抵押权人之次序，以卖得金额分配之，其所有人不得以已就消灭之抵押权次序受其分配；（二）以先抵押权担保之债权未达登记金额时，此时亦按各抵押权人之次序以次分配，所有人不能按抵押权所担保之债权实额与登记金额之差，取得其卖得金额。

第一千一百四十六条 不动产所有人设定抵押权后，于同一不动产上得设定地上权、地役权及其他权利。

前项权利若有损害及于抵押权人时，抵押权人得请求消灭之。

前项请求，以通知之法行之。

担保物权有限制所有人处分之效力，已为前述。然其设定目的，原所以谋债权之巩固，使其处分而不害于债权人之利益，则亦不必尽举而限制之，以妨碍社会经济之发达。故自本条以至第一千一百四十九条，皆规定抵押物所有人得对于抵押物而为处分之权利。本条所定，为地上权、地役权及其他权利之设定。夫抵押权之设，所以担保债务之清偿也，使债务人能尽清偿之义务。则事实上即无实行抵押权之时。故抵押权之存在与他种物权之设定，无绝对不相容之性质。则抵押物所有人于设定于抵押权后，得更设定地上权及其他权利，亦固其所。然此等权利之设定，往往有减少抵押物价值之虞，使一任所有人之自由，漫无限制，则抵押权之实益，或且荡然无存。故其所设定之权利，若有损害及于抵押权人，抵押权人得请求消灭之，以保护自己之利益。惟此种请求关系，于权利人之利益者甚大，不有确定之证明方法，不足以杜纷争。故非以通知之法行之，不生效力。

第一千一百四十七条 不动产所有人设定抵押权后，得将不动产让与他人。

第六章 担保物权

前项让与,与债务及担保之关系不受影响。但设定行为有特别订定者,不在此限。

抵押物所有人于设定抵押权后,仍得以其所有权让与于人,但不得因而害及抵押权人之利益。故设定行为如无特别订定,则虽有让与,而其担保债务之关系,亦不因之变更。例如甲对于乙有债权。因于乙之不动产上有抵押权时,乙虽以其不动产让与于丙,甲仍得于此物上,就其对于乙之债权受优先清偿是也。

第一千一百四十八条 前条情形,让受人承受债务者,债权人于承受后一年以内,须以文书通知债务人保留债权。

债权人不为前项之通知者,债务人免其债务。

依前条情形,抵押权人实行权利后,让受人得求偿于债务人,乃当然之理。然事实上债务人之资力,不能永久不变。则此求偿权之能实行与否,即不可预期。故让受人为预防损失计,常有承受让与人之债务,而扣留相当代价以为抵偿者。就通常情形而论,当有此承受时,在债权人固无维持其原债权之必要。然因债务人与让受人之行为,致使关系变更,而不畀债权人以相当之方法使得自为保障,则亦难保不因之而有所损失。故本条规定,债权人于承受后一年以内,得以文书通知债务人保留其债权。如逾一年而不为通知者,则债务人即免债务。

第一千一百四十九条 抵押不动产之分割或让与其一部,与债务及担保之关系不受影响。但设定行为有特别订定者,不在此限。

前项规定,于以数抵当不动产担保一债权而以其不动产之一让与他人者适用之。

抵押物之分割或让与其一部之情形有三:(一)抵押物因共有人之请求分为数部时;(二)抵押物所有人以抵押物之一部让与于人时;(三)抵押物为数个而所有人以其一个让与于人时。以上三者,如设定行为无特别订定债务及担保之关系,均不受影响。此担保物权不可分原则之结果也。

第一千一百五十条 抵押权人实行权利时,得请求审判衙门拍卖其抵押物,就其卖得金清偿债权。

前项拍卖,准用执行律之规定。

抵押权人实行权利者,即已至清偿期,债务人不清偿其债务,应使抵押权人实行其抵押权。而实行之方法甚多，或移转其所有权，或用其他处分之方法。然以拍卖，即以抵押物变价为适当清偿之法，最为普通。若有数抵押物时，亦可同时请求拍卖。此当然之事，更无须另设明文者也。

第一千一百五十一条　抵押物之卖得金，按各抵押权人之次序分配之。其次序同者，各抵押权人平均分配之。

数债权人于同一不动产上各有一抵押权者，拍卖抵押物时，自应按设定次序，分配其金额。若次序相同者，则平均分配之。此种意义，固不待烦解而自明者也。

第一千一百五十二条　债权人于数不动产上有担保一债权之抵押权而应同时分配其价金者，须按各不动产之价额，分别担负其债权。

若仅以一不动产之价金而行分配者，抵押权人得以其价金受全部债权之清偿。

前项情形，其次抵当权人得于前项抵押权人依第一项规定，就他不动产应受清偿之金额限内，行使抵押权。

凡债权人，于数不动产上有担保一债权之抵押权而应同时分配其偿金者，则须按各不动产之价额，分别担负其债权。盖就理论而言，抵押权乃不可分之权利。债权人于数个抵押物上，无论就何抵押物行使债权，皆其自由。惟欲绝对的贯彻此理论，则次序在后之抵押权人，往往受意外损失。故仅按各不动产价额分别担负之，此第一项之规定也。债权人于数不动产上有担保一债权之抵押权，而仅以一不动产之价金行分配者，则抵押权人得就其价金受全部债权之清偿。盖前项所述抵押权之分割，本所以保护次位抵押权人之利益。如数抵押物不同时拍卖，犹用分割负担之方法。则位次在先之抵押权人，不能及时得债权全额之清偿。且他项抵押物亦难保异日无灭失、毁损之虞，非所以保护抵押权人之道。故于第二项规定，使抵押权人得受全额之清偿也。但抵押权人中之一人，于数抵押物中就其一抵押物之价额，已受全部清偿者，则次位抵押权人就已受清偿之抵押权人，在他不动产上应受清偿之金额限内，得行使其抵押权，所谓抵押权人之代位是也。盖前抵押权人如于数个抵押物中，就其一个之价额受全部清偿。则此物上之次位抵押权人，往往不能再行使其权利。而他不动产上之次位抵押权人，或抵押物所有人，则反因前抵押权之消灭，而受意外之利益。本律为预防此不公平之结果计,故于此时使因前抵押权之行使而受损失之次位抵押权人,得在他抵押物上,代前抵押权人之位而行其权利。此第三项之所由设也。

第一千一百五十三条 第三取得人,有为抵押不动产出必要费或有益费者,须以其不动产之价金较抵押权人之债权先支付之。

关于偿还费用之占有规定,于前项情形适用之。

抵押不动产之第三取得人,于其占有时,出必要费及有益费者,各抵押权人均受利益。故应较抵押权人之债权先受清偿,以保护第三人之利益。否则,各抵押权人反受不当利得矣,是岂法律之所许哉!

第一千一百五十四条 对土地及土地上所存建筑物有所有权人,仅以土地或建筑物抵押于人,其后拍卖抵押不动产时,其设定抵押权人视为设定地上权人。但地租因当事人起诉,由审判衙门定之。

对土地及土地上所存建筑物有所有权人,以土地及建筑物抵押于人,其后土地及建筑物之拍卖人各异时,适用前项之规定。

按本律立法例,凡土地与建筑物为独立之不动产,均得为抵押权之标的。故往往有仅以土地或房屋付拍卖。然土地与房屋实有相联定着之关系。于是遇有仅以土地或房屋设定抵押权者,则于其拍卖之后,与土地或房屋之所有人间之关系若何,不可不知。本条规定为对土地及地上所存建筑物有所有权,仅以土地或建筑物抵押于人者,则于拍卖之时,仅得拍卖其所抵押之土地或建筑物。但其拍卖之物为土地时,建筑物所有人视为取得地上权人,仍得利用其土地。拍卖之物为建筑物时,土地所有人视为设定地上权人,须以其土地供建筑物买得人之用。至其地租,则因当事人起诉,由审判衙门定之。此为第一项之规定。反之,若对土地及地上所存建筑物有所有权,而以土地及建筑物抵押于人者,则于拍卖之时,对其土地及建筑物均得行之。但其拍卖人各异时,亦适用前项之规定,视为设定地上权,而由审判衙门以裁判定其地租。此为第二项之规定。

第一千一百五十五条 土地所有人于设定抵押权后,在抵押地上营造建筑物者,抵押权人得将建筑物与土地并行拍卖。但抵押权人对于建筑物之价金,不得行优先权。

土地所有人(即抵押物所有人)于设定抵押权后,在抵押物上营造建筑物者,应使抵押权人得以土地与其建筑物一并拍卖,以保护其利益。否则,必拆去建筑物,于经济上所损甚巨,亦非所宜。然建筑物并非抵押权之标的物,故虽得与土地一并拍卖,然抵押权人不得对于建筑物之卖得金额受优先清偿。

第一千一百五十六条　抵押权人于债权清偿期届满后,得订立契约取得抵押物之所有权,以代清偿,或用拍卖以外之方法处分抵押物。

拍卖虽为行使抵押权最重要之方法。然其程序繁重,收效迟缓。在经济发达之社会,往往非抵押权人所欲实行。故本律既于第一千一百五十条规定实行权利时,得拍卖其抵押物,就其卖得金清偿债权。而复于本条规定,清偿期届满后,抵押权人得与所有人订立契约,取得抵押物所有权,以代清偿。或以拍卖以外其他之处分方法处分之。所谓拍卖以外之处分方法者,如以抵押物卖与于人是。此种方法,亦须于清偿期届满后,抵押权人与所有人间订立契约为之,庶不致害及设定抵押权人之利益。

第一千一百五十七条　以抵押权担保之债权,不因时效而消灭。

凡债权于一定期间不为行使,即依时效消灭。各国法律,大都有同一之规定。惟消灭时效之设,其理由有二。一则因时期经久,证据难于保存。故设此制度,以防诉讼上之争议。一则因债权人多年不行使,可知其无重视此权利之意思,虽使之消灭,亦不为苛。但此二理由,皆不能适用于抵押权所担保之债权。盖抵押权之设定,以登记为必要。而抵押权所担保之债权,亦不可不同时登记之。登记乃最有力之证明方法,诉讼上之争议不虞其起。债权人于取得债权时,同时又取得抵押权以担保之,其重视此权利亦昭然无疑。且以登记之物权不因时效消灭,乃不易之理。若使以抵押权担保之债权因时效消灭,是与已登记之物权可因时效消灭无异。故本条规定,以抵押权担保之债权不因时效消灭。

第一千一百五十八条　设定抵押权人之行为有使抵押物价格减少之虞者,抵押权人得请求避止其行为。

遇有急迫情形,抵押权人得自为必要之保全处分。

因前二项请求或处分所生之费用,由设定抵押权人担负,并须较以抵押物清偿之诸债权先行清偿。

抵押物之价格,因设定抵押权人之行为有减少之虞者,抵押权人大抵

第六章 担保物权

对之有二种权利:(一)为请求避止其行为。例如,抵押土地本为宅地,设定抵押权人欲改为耕地,致其价格将有减少时,抵押权人得请求其勿为此等行为。盖债权之得受完全清偿与否,视抵押物价值之大小为断。故以此权利界之,使得保卫自己之利益。至于请求,或用审判上之方法为之,或用审判外之方法为之,均无不可。(二)自为必要之处分。盖抵押物价格因设定债权人之行为将致减少,而其情形急迫,如依第一项之请求,有不能保卫者。抵押权人得自为必要之保全处分,此所谓抵押权人之自力救济是也。夫自力救济,往往为纷争之源。各国法律未有轻于认许之者。惟当情形急迫之时,如必为前项请求,则程序繁重,往往不能奏保卫之效。故于此时,特以明文认许之,上列二者,皆为有益于众债权人之行为。故其所生之费用,使得先于诸债权人而受清债。

第一千一百五十九条 设定抵押权人使抵押物价格减少者,抵押权人得请求其将抵押物回复原状,或提出损害赔偿之担保。

前项规定,于设定抵押权人之行为有使抵押物价格减少之虞时准用之。

抵押物价格,因设定抵押权人之行为有减少之虞,如抵押权人不为前两种保全行为者,日后尚得依侵权行为之规定,向设定抵押权人请求回复原状或损害赔偿。惟设定抵押权人之资力,不能历久不变。如将来实行损害赔偿之请求权不能奏效,则抵押权人所受损失,即陷于不可恢复之状态。故于此时使抵押权人对于设定抵押权人请求提出损害赔偿之担保,以为信用。

第一千一百六十条 抵押物之价格,因不能归责于设定抵押权人之事由而减少,设定抵押权人受损害赔偿时,准用前条第一项之规定。但以所受之损害赔偿额为限度。

因不归责于设定抵押权人之事由,致抵押物价格减少者,设定抵押权人无赔偿其损害之责。惟其事由如为第三人之侵权行为,则设定抵押权人得请求损害赔偿。此时若使设定抵押权人免赔偿之责,则设定抵押权人反因他人之行为而受不当之利益。故本条依不当利得之原则,使抵押权人于设定抵押权人所受损害赔偿之限度内,得请求回复原状或提出损害赔偿之担保,如前条第一项之所定。

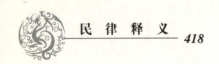

第一千一百六十一条　抵押物之价格,因不能归责于设定抵押权人之事由而减少时,抵押权人得为预防减少所必要之处分。

因前项处分所出之费用,须较以抵押物清偿之诸债权先行清偿。

因不能归责于设定抵押权人之事由,致抵押物价格有减少之虞时,应使抵押权人得为必要处分,以预防其减少。致因此处分所支出之费用,对于众债权人及抵押物所有人均受利益,故使得先于众债权而受清偿。

第一千一百六十二条　抵押权不得离债权而为让与,或为他债权之担保。

抵押权为从权利,而非专属权利。故不得离债权而自由让与,其理甚明。惟关于抵押权不得为他债权之担保之点,应略与说明。夫以抵押权为他债权之担保者,其情形有二:(一)抵押权人以其抵押权更担保他人对于自己之债权;(二)抵押权人以其抵押权让与于对同一债务人之他债权人,使担保其债权是也。但以抵押权为他债权之担保,非惟无害于抵押权之性质,且为社会经济上有益之事。本条所以禁止者,因恐法律关系之日趋于复杂也。

第一千一百六十三条　担保旧债务之抵押权,于其标的之限度内得移于新债务。

但系第三人设定抵押权者,须经其承诺。

债务关系有因一定之事由而变更者,如给付特定物之债务,由于更改变为给付金钱之债务是也。于此之时,旧债务消灭,担保旧债务之抵押权,当然不能存在。当事人间如欲于旧债务设特别担保,则不可不更为设定行为。惟就事实而论,倘当事人间有使旧抵押权存续之意思,犹必使之新为设定,则徒劳而无益。本条因特为规定,此时得于标的之限度内,因当事人合意,保留其抵押权,以为新债务之担保。惟抵押物如为第三人所有时,其存续与否,关系于其人之利益者甚重,故非经承诺,不得为之。

第一千一百六十四条　以抵押权担保之债权,若有分割或让与其一部,担保之关系不受影响。但设定行为有特别订定者,不在此限。

前项规定,于债务分割时适用之。

以抵押权担保之债权虽分割,而其抵押权仍不分割,所以巩固抵押权之基础。故各债权之分割人,就其分割之部分,仍得实行全部抵押权。其以债权之一部让与他人或分割债务者,与分割债权无异,故亦准用此规定。此亦担保物权不可分原则之结果也。

第一千一百六十五条 抵押权,因涂销其设定登记而消灭。

凡设定抵押权须经登记,故以法律上无特别规定为限,非涂销其设定登记,不生消灭之效力,以维登记之信用,其理由与第一千零七十四条、第一千零九十七条及第一千一百十八条同。

第一千一百六十六条 债权消灭,设定抵押权人得请求涂销其抵押之登记。

前项规定,于抵押权人表示抛弃其权利之意思时准用之。

抵押权为从物权,以主债权之存在为前提要件。凡主债权消灭时,不问其原因如何,抵押权当然随之消灭。惟因变更为新债务而消灭者,得移于新债务,本不待言,是为第一项之规定。又抵押权为一种财产权,得以自由抛弃,无待多辩。在日本民法,且认许抵押权人得对于他债权人抛弃其抵押权,或对于他抵押权人抛弃其次序。惟本律则不认许之,以防法律关系之复杂,是为第二项之规定。

第一千一百六十七条 为债务人设定抵押权之第三人,若代清偿债务或因抵押权人实行抵押权致失抵押物之所有权时,依保证债务之规定,对于债务人有求偿权。

第三人以其所有物为债务人设定抵押权者,得为清偿,以消灭其抵押权。此时,其法律上之地位与保证人相似,得依保证债务之规定,对于债务人有求偿权。其因抵押权人实行权利,致丧失抵押物所有权者亦同。

第一千一百六十八条 就抵押不动产取得所有权或地上权之第三人,得对抵押权人提出或提存价金,或与时价相当之金额,以消除抵押权。

消除者何?就抵押物取得所有权或地上权之第三人,对抵押权人提出或提存价金,或与时价相当之金额,以消灭其抵押权之程序也。盖抵押权人,关于抵押物所最感其利害者,惟在价格之有无大小而已。若取得相当之金额,足以清偿其债权,即以无实行其权利之必要。反乎此,在抵押物上取得所有权,或其他重要权利之人,则非消灭抵押权,不足以保存其权利。此本条所以使第三取得人得提出价金或与时价相当之金额,以消除抵押权。盖此种法则,在第三取得人不必向抵押权人清偿债权全额,而能保有其所取得之不动产。在抵押权人得取得金额,与就抵押不动产受清偿无异。即设定抵押权人,亦因此有易将关于抵押物权利移转于第三人之利益。诚一举而三善备之良法也。但何人得为消除之人,不可不知。盖得为消除之人,须以设定抵押权后取得所有权或地上权之人为必要,其取得地役权、赁借权及其他权利者不与焉。盖所有权与地上权,皆为对不动产上有最强大之权利。若因实行抵押权之结果,其权利人必致重大损失。且不动产上既负有抵押权,则其地位不能确定。而不动产之利用改良,亦大有妨碍。故法律为保护权利人计,而仅与所有权及地上权人以消除抵押权之权也。

第一千一百六十九条 附停止条件之第三取得人,在条件成否未定之间,不得消除抵押权。

凡第三人之所有权或地上权之取得,有附停止条件者,则非至条件成就不能取得其权利。故在成否未定之时,亦不得行使消除权。其关于权利之取得,附有解除条件或始期者,当然可以行使,自无待言。

第一千一百七十条 第三取得人欲消除抵押权时,须在六个月前对各抵押权人以文书为消除之声明。

前项文书,须记明下列事项,并送达之:

一、取得之原因,年、月、日,让与人及取得人之姓名、住所;

二、抵押不动产之性质,所在价金及第三取得人之担负。

第三取得人欲消除抵押权者,须对于各抵押权人以文书声明之。而声明消除之期间,以从速为宜。故本条不予以何等规定。惟消除之结果,于抵押权人有重要关系,不可不予以相当之犹豫期间,使得斟酌情形,决定消除与否。故此项声明,须于六个月以前以文书为之,至文书之内容须记明取得之原因者,即所有权或地上权之取得,无论由买卖让与或其他之原因,均须记明之,所以辨认第三取得者之权利,有无适法之原因也。须记明取得之年、月、日者,所以辨认当事人之有无行为能力及行为之效力也。须记明让与人及取得人之姓名、住所者,所以辨认移转权利之当事人为何人也。所谓价金者,指第三取得人所支出之买受价金也。其他之负担者,如地租之类皆是。又声明消除之文书,须送达于各抵押权人者,盖消除为抵押权消灭之原因,关系甚重。故必须依法定方式,以其文书请求于审判衙门,委

第六章 担保物权

诸送达机关以送达之,方昭郑重。

第一千一百七十一条 第三取得人因行消除而提出或提存之金额,须按各抵押权人之次序分配之。

凡消除既已成立,则因消除而提出或提存之金额,自应分配与各抵押权人,本不待言。惟其金额之分配,须按各抵押权人之次序分配之,即优先权之结果也。

第一千一百七十二条 抵押权人受第一千一百七十条之送达后若不愿消除者,须于一个月内以文书将声请拍卖抵押不动产之事通知第三取得人,并须提出拍卖费用之担保。

抵押权人发前项通知后,须于一星期内声请拍卖。

拍卖之声请,不依前二项规定者为无效。

抵押权人以第三取得人所提出或提存之金额为不敷者,得声请拍卖其抵押物,是谓增价拍卖。夫增价拍卖之程序,于本条定之,其要件有三:(一)须通知第三取得人,而其期间为一个月内。盖抵押权人欲拒绝第三取得人之消除,而声请增价拍卖时,必须于受消除声请之送达后一个月内,以增价拍卖之事通知第三取得人。如过此期间,即丧失声请拍卖之权利,所以防当事人间之权义关系久久不确定之危险也。(二)须提出拍卖费用之担保。依第一千一百七十四条规定,拍卖费用有应归声请人负担者。故非预提出其担保,不得滥行声请。(三)实行声请,抵押权人对于欲行消除之第三取得人既发声请拍卖之通知后,须于一星期内实行声请拍卖之事。如过此期间,亦不能再为声请。以上三者,皆为声请增价拍卖之要件,如缺其一,虽有声请,亦为无效。所以防抵押权人之滥用权利,而确定当事人间之关系也。

第一千一百七十三条 抵押权人欲声请拍卖者,须于前条第一项期间内通知债务人及抵押不动产之让与人。

抵押权人欲声请增价拍卖时,必须于受消除声请之送达后。一个月内,对于债务人或抵押物之让与人以声请拍卖之事通知之。但此项通知,究非声请拍卖之要件。故抵押权人虽怠而不为或逾一个月之期间者,然亦无碍于声请之效力。

第一千一百七十四条 拍卖所得金额,按各抵押权人之次序分配之。

拍卖所得金额多于因消除而提出或提存之金额者，其拍卖费用，由欲行消除之第三取得人担负之；少于因消除而提出或提存之金额者，由声请拍卖之抵押权人担负之。

抵押权人行增价拍卖而所得拍卖之金额，如何分配之，不可不知。但按第一千一百七十一条所定，凡因消除而提出或提存之金额，须按各抵押权人之次序分配之。然消除与拍卖，其程序虽异，而其为抵押权之实行则同。故因拍卖而卖得之金额，亦应按各抵押权人之次序分配之。此为本条第一项所定者是。又抵押权人欲行增价拍卖时，其拍卖之费用，应由何人负担，亦一问题。故于本条第二项复规定，凡拍卖所得金额多于因消除而提出或提存之金额者，则拍卖费用由欲行消除之第三取得人负担，所以防消除权之滥用也。反之，若拍卖所得金额少于因消除而提出或提存之金额者，则拍卖费用由声请拍卖之抵押权人负担，亦所以防滥行声请之弊也。

第一千一百七十五条　抵押权人，非得他抵押权人及欲行消除之第三取得人同意，不得撤回拍卖之声请。

撤回拍卖之声请，有视为承诺其消除之效力。

撤回声请，须得他抵押权人及欲行消除之第三取得人同意，始得为之。盖拍卖之结果，如得高价，则他抵押权人可受多额之清偿。如得低价，则欲行消除之第三取得人可免拍卖费用之负担。二者皆有利害关系，故须得其同意，始得撤回。抑当未经声请之前，他抵押权人亦难保无声请拍卖之意思。如使已声请之人得以自由撤回，则他抵押权人往往不能得预期之结果。其利害关系，尤为密切，更不可不与以同意之权也。是为撤回声请之要件，而本条第一项之所定者是。但拍卖之声请，既经各人同意撤回，则与自始未曾声请者无异。故于本条第二项规定，视为有与承诺其消除之效力。

第一千一百七十六条　消除抵押权之第三取得人，得请求涂销抵押之登记。

抵押权之消除，实即使抵押权消灭。既消除后，自应使第三取得人请求涂销登记。至已拍卖抵押物后，抵押权是否因拍卖消灭，抑尚须登记，应由执行律规定之，故于本律，不另设明文。

第一千一百七十七条　最后登记抵押权后逾十年，债权人之所在不明者,其抵押权得依公示催告程序,使归消灭。

前项公示催告之声请,由管辖不动产所在地之审判衙门专管之。

公示催告云者,对于不分明之相对人示以不利益之结果,使其在审判衙门声明权利之裁判上之催告也。权利主体不确定之权利状态,有害交易安全,不得不思有以确定之。当权利主体分明时,可以确认之诉为之确定。而权利主体不分明者,则不得为确认之诉。此则公示催告程序之所由设也。但公示催告之后,其不依催告而声明权利之人,必受不利益之结果。故各国诉讼法上得为公示催告者,以法律有明文规定者为限。我国民诉律则亦然。而抵押权之得依公示催告程序,使归消灭,则本律特于本条定之。盖抵押权为不动产上重大之负担,如久不消灭,则妨碍不动产之流通,使不得安全交易,甚非社会经济上之利益也。至于公示催告之要件有二:(一)须债权人所在不明。盖公示催告之目的,在确定权利状态。故非债权人所在不明时,不得为之。所在不明云者,去其向来之住所、居所而不知其现在之住所、居所及现在所者也。(二)须最后登记抵押权后逾十年。盖公示催告,可生抵押权消灭之效果,关系于债权人之利益者甚重。如甫经取得抵押权,即可依此程序,使归消灭,非所以保护债权人之道。故必于最后登记后逾十年始得为之。若夫公示催告之声请,由管辖不动产所在地之审判衙门专管,果属当然之理。惟何人得为声请,条文未经规定为憾耳。

第一千一百七十八条 审判衙门,依前条规定为除权判决者,须以职权通知抵押不动产所在地之登记所。

登记所受前项通知,须以职权即时登记之。

审判衙门,依前条规定为除权判决者,即除权判决以公告之法行之也。公告者何?即以其正本粘贴于牌示处,并登记全文于官报及新闻纸至少二次之方法是也。其详应参照民诉律之规定。抵押权因宣告消灭抵押权之除权判决而消灭,固属当然之事。惟为维持登记信用,对于此项抵押权曾为除权判决者,亦应登记,以资查考。

第一千一百七十九条 抵押权,因其标的物灭失而消灭。因抵押物灭失或毁损应支付之赔偿金,须按各抵押权人之次序分配之。

前项赔偿金,非经各抵押权人同意,不得支付于设定抵押权人。

抵押不动产灭失其全部,则抵押权失其标的物,自归全然消灭。其仅毁损一部时，依抵押权不可分之原则，应存续于其余存部分之上。若抵押权标的物之灭失毁损，由于第三人之侵权行为者，则设定抵押权人所应受之赔偿金额，须按设定次序分配于各抵押权人。且非经各抵押权人同意，不得支付于设定抵押权人，以保护抵押权人之利益。

第一千一百八十条　地上权及其他关于不动产物权，得为抵押权之标的物。

抵押权之标的物须为不动产，且须具备本律第一千一百三十条至第一千一百三十三条之性质，可无待言。惟地上权及其他关于不动产之物权，皆为不动产上强大之权利，且得独立让与于人。故本条亦认为抵押权之标的物也。

第一千一百八十一条　关于抵押权规定，于前条之抵押权准用之。

以地上权或其他不动产物权为标的之抵押权，其标的物或其发生原因虽与普通抵押权有差异，而其性质则相同。故凡关于抵押权之规定，皆得准用之。惟准用与适用有别。故普通抵押权之规定，其有与之不相容者，则不得引用之也。若云适用，则无此限制。

第一千一百八十二条　依本律及其他法令而成立之法律上抵押权，准用本节之规定。

罗马以来各国法律，大都设有法律上之抵押权。所谓法律上之抵押权者，即以法律之力，于一定关系上，不问当事人意思如何，当然视为有抵押权存在是也。此种抵押权之种类，虽各国互有不同。然其最普通者，则有三种。其一，妻对于夫之不动产，有法律上之抵押权。其二，未成年人及禁治产人对于监护人之不动产，亦有法律上之抵押权。其三，国家及其他公共团体对于其会计官吏之不动产，亦有法律上之抵押权。此三种之设，固各有相当理由。在我国法典未备，关于此种之抵押权，究有若何之分类，虽不可知。然本律认许其有法律上抵押权，则又毋庸疑议者也。

第三节　土地债务

土地债务者，以权利人就土地之卖得金先受一定支付，为其土地上之责任者也。故土地债务与对人责任，全然分离而独立之对物责任。质言之，即以物上责任为内容之物权也。夫一切责任皆有对人与物上之别。对人责任，在同一法律关系上，必限于特定之某人为其主体。而物上责任之主体，则当然随物移转，不以特定之某人为限。例如债权本为对人责任。如其关系不变更，则债务人之财产，无论入于何人之手，其责任亦不因之转移。而土地债务，则为一种物上责任。其标的物在于何人之手，则土地债务之权利人，即可对于其人行使权利，不必以最初之设定人为责任主体，亦不问当事人间有无移转责任之意思。此则土地债务之特质，判然别于债权者也。然以物上责任为内容之权利，有从属于他权利者。而土地债务，则有完全独立之性质。其生存、消灭自有原因，不以他权利为前提。就事实上言，土地所有人所为设定此种利而畀之他人者，必其对于他人有应为给付之债务，然后以此担保之，使债权人易满足其希望。然此等关系，不过土地债务成立之缘由，而非成立或存续之要件。故设定之先，虽债务关系存在亦可成立。设定之后，其债权关系虽有变更、消灭，亦绝不因之而受影响。此又土地债务之所以异于抵押权及质权者也。惟土地债务，在我国习惯所无。外国立法例中，亦不过德意志新民法及英、美习惯法有之。本律因模仿德意志民法之结果，而有本节之规定。然于实际，恐无适用之时也。今本节之所定者，为土地债务之效力（第一千一百八十三条）、准用法则（第一千一百八十四条）、清偿（第一千一百八十五条及第一千一百八十六条）及设定之方法（第一千一百八十七条及第一千一百八十八条）与其变更（第一千一百八十九条），而以因定期金设定土地债务之特则（第一千一百九十条至第一千一百九十四条）为之附。

第一千一百八十三条　土地债务权利人，于土地之卖得金得较他债权人先受一定金额之清偿。

前项金额，谓原本、利息及实行权利之费用。但设定行为有特别订定者，不在此限。

土地债务者，以土地卖得金受一定金额之清偿为标的之物权也。故其对于土地之卖得金额上，有受一定支付之权利，是为土地债务之目的。至其支付之原因，或为债务之履行，或为单纯之给付，皆所不论。而支付之金额，除设定行为有特别订定者外，为原本、利息及实行权利之费用，皆包在内。

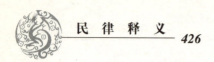

第一千一百八十四条 关于抵押权之规定，以与本节规定及土地债务之性质无抵触者为限，于土地债务准用之。

抵押权者，担保债权之从物权也。土地债务者，独立之物权也。性质既异，故抵押权之规定，亦不得全适用于土地债务。然二者皆属担保物权。债权人为受一定金额清偿之故，得出卖其标的物则一。故抵押权规定之可以适用者，仍许其适用，以节繁复。

第一千一百八十五条 土地债务权利人，非于告知后经六个月，不得请求清偿土地债务之原本。但设定行为有特别订定者，不在此限。

前项规定，于土地所有人偿还土地债务之原本时准用之。

关于土地债务之利息，其清偿期依习惯或依法律之规定，无须更设明文规定。然关于土地债务之原本，其清偿期应规定明晰。盖土地债务，非抵押权可比，与其所担保之债权，初无关系，不以明文规定，果何从而知其清偿期哉！

第一千一百八十六条 土地债务之原本、利息及实行权利费用，须于登记其土地债务之登记所所在地清偿之。但设定行为有特别订定者，不在此限。

普通债务之履行，须于债权人住所地为之。而土地债务之支付，则为物权之行使，不得适用普通债务之法规。故本条定为须于登记其土地债务之登记所所在地为之。但设定行为有特别订定者，则从其所订，是为例外。

第一千一百八十七条 土地债务，得以发行无记名土地债务证券之法而设定之。前项情形，准用无记名证券之规定。

无记名证券者，券面不记载权利人之姓名，仅约明依券面之所载而给付于持券人之一种证券也。此种证券，有使债权易于移转之利，于实际上甚属便益。若土地债务，本为一种物上责任，法律欲使其易于流通起见，故亦许以作成证券，不记载权利人之姓名而设定之。设定之后，即可依交付证券之方法，使之辗转流通，亦甚便利。故本律特许之。至发行无记名土地债务证券时，自应准用发行无记名证券（第二编第五章）之规定，可不待言。

第一千一百八十八条 土地债务，其土地所有人亦得为自己而设定之。

第六章 担保物权

前项设定,土地所有人向登记所为自己设定之土地债务声请登记,并因其登记而生效力。

土地债务,本为一种物上责任,而非对人责任。故其债务之成立,不以债权为要件。虽土地所有人,对于自己亦得设定土地债务,俾得满足其需要,而法律亦所认许之者也。此所以有本条第一项之规定。至于设定此种土地债务之法,自与设定普通物权无异,亦应声请登记而发生效力。此所以有第二项之规定也。

第一千一百八十九条 抵押权得变更为土地债务,土地债务亦得变更为抵押权,不必经次序相同或在后之权利人同意。

抵押权者,标的物不由债权人占有而成立之担保物权也。土地债务者,为义务人就该土地之需要,因即以该土地为抵押而设定之担保物权也。细别之,其性质有对人与物上之别。然其不占有标的物及因标的物之卖得金额而先受一定支付,则为二者之所同。质言之,即同为担保物权之一种也。故若因当事人之意思,而原以对人责任变为物上责任,或以物上责任变为对人责任,于实际均无利害,且有足以巩固以物担保之信用,故为法律所特许者也。至于变更之后,对于同等次序或在后次序之权利人,不致发生损害,因无须待其同意。

第一千一百九十条 土地债务权利人应受之金额若系定期金,适用后四条之规定。

定期金者,为当事者之一人,均于某年限间定期给付金钱,或其他物于其相对人之谓也。凡因此种情形而设定土地债务者,与因原本债权而设定土地债务,其性质本系相同。然因定期金而设定土地债务,其免除之方法,必须规定明确,始能保护土地所有人之利益。故特设后四条之规定,而于本条先揭示其适用之范围焉。

第一千一百九十一条 设定定期金土地债务时,须定足以免除土地债务之金额,并登记之。

凡定期金债务,必系按期支付。其总额若干,一时必难预知,且或有不能预计者。然则积铢累锱,必将至盈千累万之巨,而于设定土地债务人一方,使之负无限之责任,殊非所宜,抑亦免除为难矣。故本条对于设定定期金土地债务者,亟亟以明定足以免除土地债务之金额为必要也。于明定此种免除金额之后，尚须有登记之程序，以免当事者间之争执。

第一千一百九十二条 土地所有人，得清偿前条之金额而免除定期金土地债务。

前项之清偿，非于告知后经六个月，不得为之。但设定行为有特别订定者，不在此限。

清偿定期金土地债务之免除金额，其请求免除之权利，惟土地所有人有之。若第三取得人或土地债务权利人，皆不得有此请求权。盖若令此种人而亦有请求权者，必至害及土地所有人之利益也。至于清偿之程序，须于清偿期六个月前先行通知。惟有特别订定者，则从其订定。

第一千一百九十三条 土地债务权利人于前条期间经过后，得请求清偿土地债务之免除金额。

土地债务权利人，本无请求土地所有人为免除其债务之义务，但于土地所有人既为清偿之通知后，经过六个月而不为清偿者，此时若再不许土地债务权利人为清偿之请求，殊非重视债权之道。故本条规定，许土地债务权利人得为清偿之请求也。

第一千一百九十四条 定期金土地债务得变更为土地债务，土地债务得变更为定期金土地债务，不必经次序相同或在后之权利人同意。

定期金土地债务与土地债务之别，不过给付时间之差异而已，性质上固同为一种物上责任之权利义务。故其与土地债务即不能免有一种相同之特则，此本条所以许其因当事人之意思而互为变更也。其理由略与第一千一百八十九条相同，应参看之。

第四节　不动产质权

质权者，为担保其债权，使权利人占有债务者或第三者所提出之物，而对于其物有先于他债权者受清偿权利之物权也。此种物权，以使债权者占有其质物为必要之条件。故法律不许以不可让与之物为质权之标的，且须移转其占有始生设定质权之效力。其与抵押权差异之点，即在于此。抑抵押权之标的物以不动产为限，于经济社会究少融通。若质权之标的物，则于不动产之外，且得以动产为之。于有体物之外，且得以无体物为之。以

第六章　担保物权

无体物为质权标的者,即权利质也。又质权之权利人对于质物,得依其用法而为使用、收益。此与抵押权之差异者,又其一也。故质权之分类,有不动产质权、动产质权及权利质之分。今本节之所定者,为不动产质权。若动产质权与权利质之规定,则俟诸次节。何谓不动产质权?即债权人占有债务人或第三人提出之特定不动产,以担保其债务之质权也。但按之各国立法例,颇有不认质权为物权之一种者。然而此种权利之性质,既为确实之担保效力,且于其标的物而设定之从属权利,则虽欲不谓之物权,亦不可得也。本节爰规定其内容(第一千一百九十五条)、准据法则(第一千一百九十六条)及其他特则(第一千一百九十七条及第一千一百九十八条)与其效力(第一千一百九十九条至第一千二百零五条),而以共有人应有部分为标的物之不动产质权之特则为之殿。

第一千一百九十五条　不动产质权人,因担保债权,得占有向债务人或第三人领受之不动产,于其不动产之卖得金较他债权人先受清偿。

不动产质权,为担保物权之一种,而于其以不动产为标的物就其卖得金额有优先受清偿之权,则与抵押权无甚相异之可言。惟抵押不以债权人之占有标的物为必要,而不动产质权则以债权人之占有标的物为必要,此即二者相异之点也。因于本条揭明其旨,以使抵押权与不动产质权之易于辨别也。

第一千一百九十六条　关于抵押权规定,以与本节规定无抵触者为限,于不动产质权准用之。

不动产质权与抵押权既颇多相似之点,则其性质即不无相同之处。夫性质既相同,则关于其规定,自亦有可以准用之条。故于本条特认许其准用抵押权之规定,而以无抵触者为限。

第一千一百九十七条　设定不动产质权时,须将质物交付债权人。

质权人,不得使设定质权人代己占有质权。

不动产质权人既以占有标的物为必要,则其于设定质权之时,于登记之外,自不能不令设定质权人交付质物,以为设定不动产质权之成立。此本条第一项之所由设也。然交付之后,不动产质权人,固不必自己占有其物,即由不动产质权人交付第三人占有之,亦无不可。惟使设定质权人代质权人而为占有,则第三人或因之而受不测之损害,殊有害于交易之安全,故为法律所不许。此第二项之所由设也。但依习惯而言，于既设定质权之后，仍由设定质权人占有其质物者，亦所在而有。例如房屋所有人于房屋设定质权后，仍居住于其房屋，月出租金之类。然于此情形，则另生赁贷借关系，而不得以代己占有论也，是当然不在第二项规定范围之内。

第一千一百九十八条　不动产质权之存续期间不得过十年。

以十年以外之期间设定不动产质权者，其期间短缩为十年。

不动产质权之设定，意在使权利人占有其标的物而为使用或收益。在设定质权人之一方，转无此种权利，则其有妨物质之改良必也。况不动产质权之设定，有使权利人负管理其标的物之义务。即在质权人一方，亦非仅有权利而止。则有长期间之存续期间者，必非所宜。故本条斟酌短长，而规定其最长期间为十年焉。但如于本条未公布以前，而已定有较长之存续期间，或有不合法之存续期间者，则均须依本条之规定而短缩为十年。

第一千一百九十九条　不动产质权所担保者，为原本、实行质权费用、违约金、迟延利息及因质物隐有瑕疵而生之损害赔偿。但设定行为有特别订定者，不在此限。

凡以不动产质权所担保之债权额，须规定明晰，以杜无益争执。但不动产质权，其质权人不得请求利息，故本条无利息之规定。惟须担负保存质物之费用，是乃当然之理。然因质物隐有瑕疵，则质权人所受之损害，应以质物担保其赔偿，此亦债权关系之通则也。故本条于原本、实行质权费用、违约金、迟延利息之外，特设因质物隐有瑕疵而生之损害赔偿一项。但当事人间有特别订定者，则为例外，自不得援本条之规定相衡。

第一千二百条　不动产质权人，得依质物之用法而为使用及收益。但设定行为有特别订定者，不在此限。

凡质权之原则，既以占有为必要。则占有之后，决不能委诸荒芜，寄诸扃钥。于是乎有使用之问题。然不动产必有通常之用法，如土地之用为耕种，房屋之用为居住，是其最普通者。则质权人之使用时，即不能逾越其通常使用之范围。夫使用之后，必有收益。此种权利，即得归质权人所有，而不属于设定质权之人，尤无待言。但当事人间有特别订定者，则为例外。

第一千二百零一条　不动产质权人，于其债权受清偿以前，得留置质物。但对于较已有优先权利之债权人，不在此限。

留置云者,即债权人因欲使确实履行债务,关于其所占有物品,于该物之债权未受清偿以前,得暂行留置之权利也,是谓留置权。须对于占有物直接而生之债权,始得行使之。而不动产质权人于债务人清偿之先,设定质权之后,既得占有其质物。则当其于未清偿之先,对于质物当然有留置之权,以保持其权利。然若对于较已有优先权利之债权人,不得主张留置权,以免害及优先债权人之利益也。

第一千二百零二条 不动产质权人,于其权利存续期间内,得以质物转质于人。

前项情形,若质物因转质致生不可抗力之损失者,不动产质权人任其责。

转质云者,将质权所担保之债权与其质权,同质于第三人之设定质权行为也。但存续期间既经届满之后,则不动产质权已归消灭,自无转质之可言。此本条第一项之所规定者也。然不动产质权人虽能享有转质之利益,然不能因此致设定质权人受其损害。故因转质而生之一切损失,仍应由不动产质权人任其赔偿之责。此本条第二项之所规定者也。

第一千二百零三条 不动产质权人,须以善良管理人之注意保存质物。

不动产质权人虽有占有质物之权利,然此种占有,非若有所有权之占有者,有自由处分之余地。故其对于占有之质物,隐含有管理之意思。夫既有管理之意思,即应负与管理人同一之责任。则其对于质物须有善良之保存,适当之注意,以保设定质权人之利益,实为不可辞之责任。故有本条之规定。

第一千二百零四条 不动产质权人,负支付管理不动产费用及其他应担负之义务。但设定行为有特别订定者,不在此限。

不动产质权人,法律既许其有使用、收益之权,如第一千二百条所定,则关于前条之管理保存费用及其他负担,自不应再令设定质权人负此义务,以昭平允。

第一千二百零五条 不动产质权人,不得请求其债权之利息。但设定行为有特别订定者,不在此限。

不动产质权人,对于其质权既有使用、收益之权,则此种利益无异即为债权之孳息。故法律不许其于额外再行要求利息。惟于当事人间设定时有特约者，则从其特约。盖民律以不违反当事人之意思为原则也。

第一千二百零六条　分别共有人之应有部分设有不动产质权者，适用后二条之规定。

凡以分别共有人之应有部分，为不动产质权之标的物者，关系较普通之不动产为繁复。故须另设明文，以定其关系。后二条之规定，即明其关系者。本条先为揭示其适用之范围者也。

第一千二百零七条　质权人于分别共有物之使用、收益及管理，得行使设定质权人所有之权利。

凡分别共有人之应有部分，必与其他部分相连，断不能若普通不动产之界划分明。然则分别共有人，于其应有部分上设定质权者，质权人对之所行使之权利究竟其范围何若，不可无明文规定之。故有本条之设。盖质权人对于以分别共有人之应有部分为质物者，关于其行使使用、收益及管理分别共有物之权，应与分别共有人有同等之权利。因分别共有物上之质权，与通常物上之质权，应有同一之效力。不得以分别共有物之故而独异也。

第一千二百零八条　质权人得请求分割分别共有物。但于出售质物权发生以前，须经设定质权人之同意。

前项请求权，于契约订有一定期间内不为分割者，不受影响。

分割分别共有物后，归设定质权人所有之部分，质权人于其上有质权。

凡分别共有物，必数个权利人对于一物体而有所有权者。则其相互关联，即有不能完全行使权利之弊。法律以使分别共有物之容易分割为宜，故于设定质权之后，特许质权人有请求分割之权。但其于出售质权发生之前，即清偿期到来之前，非经设定质权人之同意，不许滥行分割。此第一项之所由设也。但于当事者设定契约订有于一定期间内不得分割者，则此种请求权，即属不生效力。此第二项所由设也。若分割目的既达之后，则质权人之质权范围，仅以达于其应有部分上而止，于其他之共有部分已无关系之可言。此第三项之所由设也。

第六章 担保物权

第五节 动产质权

　　动产质权有广狭二义。广义之动产质权，兼狭义之动产质权及权利质而言。狭义之动产质权者，动产质权人因担保债权，得占有债务人或第三人所提出之动产，并于其动产之卖得金较他债权人先受清偿之一种从物权也。权利质者，债务人或第三人以不动产或动产以外可以让与之财产权为标的物，而担保债权之一种从物权也。但以纯学理言之，权利质之性质，究与物权有间。故多数学者均不认之为物权，以之与动产质权分别规定，于实际辄多不便。爰仿多数立法例，附于本节之后。若夫动产质权，设定程序至为简易，而仍有担保债权之效力，是为特色，于各国自古皆有行之者。即在中国，亦何独不然。故本律参酌各国情形，兼及本国习惯而定为本节。但以船舶及有价证券为质者，仍依特别法之规定。其在特别法无规定者，则亦准用本节之规定。今本节之所定者，如动产质权之内容（第一千二百零九条）、取得之法则（第一千二百十条至第一千二百十二条）、设定之效力及让与之法则（第一千二百十三条至第一千二百三十四条）与其消灭之条件（第一千二百三十五条至第一千二百四十条），而以分别共有人应有部分上设定质权之特则（第一千二百四十一条）及权利质（第一千二百四十二条至第一千一百五十九条）与法律上之动产质权（第一千二百六十条）以为之附。

　　第一千二百零九条　动产质权人，因担保债权，得占有向债务人或第三人领受之动产，并于其动产之卖得金较他债权人先受清偿。

　　动产质权亦为担保债权之一种从物权，其性质本与不动产质权无异。故亦以占有债务人或第三人所提出之标的物为担保之要件，而于其标的物所卖得之金额，有优先于他债权受清偿之权利。其理由与第一千一百九十五条同。所以另用明文规定者，盖欲明动产质权之内容，而杜当事人间之争议也。故设为本条。

　　第一千二百十条　动产质权之设定，因以质物交付于债权人而生效力。但法令有特别规定者，不在此限。

　　质权人，不得使设定质权人代己占有质物。

按质权既以占有标的物为要件，而动产尤为易于流动移转者。故凡以动产为担保质权之标的物者，须使债权人占有其动产为必要。非特足以保全质权之效力，抑且免债权人实行质权之困难，而第三人亦不致蒙不测之损害矣。此第一项规定之理由也。在质权人既以占有标的物而发生效力，则在设定质权人一方，即不能代质权人而为占有，亦理所当然者。此第二项规定之理由也。

第一千二百十一条　债权人依第一千二百七十八条、第一千二百七十九条规定受占有之保护者，虽设定质权人无处分其质权标的物之权利，仍于其标的物取得质权。但标的物系盗赃、遗失物、挢失物者，不在此限。

第一千二百七十八条之规定者，谓以平稳及公然之法开始占有动产之人也。第一千二百七十九条之规定者，谓占有人以善意向公共市场买得之遗失物或挢失物且系金钱或无记名证券而保有其占有之权利者也。凡设定质权，以设定质权人之有处分其标的物之权为质权之成立。然有时设定质权人虽无处分权，而债权人领受其质物时，确系善意并无过失，且系平稳及公然之占有其质物者，应使依占有之效力取得质权，以保护其利益。但其质权，若系盗赃或系遗失物、挢失物，则应使所有人有回复之权。如第一千二百七十九条第一项之所定者，则应认为例外。否则，于保护所有人之道，未免失之太薄。

第一千二百十二条　动产质权之标的物又发现为第三人质权之标的物者，债权人当领受时若系善意，于其标的物取得较第三人质权有优先之质权。

前条但书规定，于前项情形准用之。

动产之为物，本易于流动移转。故有时有同一标的物而发现二个以上质权者，亦为恒有之事。然则于此情形，其究以何者有优先之权，不可无明文规定。故本条规定，除盗赃、遗失物或挢失物外，应使善意领受之质权人，取得较第三人质权有优先之质权，以保护其利益。至若盗赃、遗失物或挢失物，则其所有人有取回之权，自不得以其质权对抗之。故有第二项之规定。

第一千二百十三条　动产质权所担保者，为原本、利息、实行质权费用、违约金、迟延利息及因质物隐有瑕疵而生之损害赔偿。但设定行为有

第六章 担保物权

特别订定者,不在此限。

动产质权之担保范围,与不动产质权之担保范围相似。而不动产质权,其质权人于法应有收益之权,故不得再以其质权担保利息。动产质权则不然,于法律既无收益之权,故利息亦应以质权担保之。本条所以于原本、实行质权费用、违约金、迟延利息及因质物隐有瑕疵而生之损害赔偿外,添入利息一种,以明动产质权担保范围之所在。

第一千二百十四条 动产质权,对附加于其标的物而成为一体之物及为其标的物之从物,亦有效力。但设定行为有特别订定或系诈害他债权人者,不在此限。

凡附加于动产而成为一体之物及其从物,皆有不能分离之势。故关于所有权时,其所有权之效力,即能及于附加物及从物之上,则于质权时既以移转占有为必要,亦当然使质权之效力及其附加物及从物之上为便。此种规定,非特与当事人意思相合,且藉以保护国家经济上之利益,而巩固质权者也。

第一千二百十五条 动产质权,对于由标的物分离之天然孳息,亦有效力。但设定行为有特别订定者,不在此限。

凡动产之天然孳息,系与动产分离之物也。但按诸凡孳息均属于原物所有人所有之原则(参照第九百八十五条),则于质权之标的物而有与其物分离之天然孳息者,亦当令质权人有其质权之效力,庶与原则无悖。惟此项天然孳息,若必令其交付设定质权人,诸多不便,但即以其卖得金充清偿债权之用可矣。

第一千二百十六条 设定质权人得更设定质权。

设定前项质权,因欲得其次质权之人以文书通知先质权人,使其于债权受清偿后将质物交付于其次质权人而生效力。

凡设定质权者,应使其得设定第二位或第三位等之质权,以保护其利益。然质物已归第一位质权人占有,则设定第二位以下之质权时,应归何人占有,不可无适当之法。各国立法例,于兹亦颇不一致。有使取得次位之质权人,得通知先位之质权人,令其于债权受清偿后,即时将质物交付于己者。依此办法,则先位之质权人,因接通知而负于受清偿后交付质物之义务。是次位之质权于未占有质物之先,得将来占有质物之权,不啻业已占有，殊属简易可行。故本条亦采之。但本条之规定，系泛指质权而言，其性质不啻为质权之通则，而范围亦不以不动产及动产为限。则列入动产质权节中，颇不相宜，尚愿立法者有以修改之。或于不动产质权之前，特立质权通则一节，而以不动产质权及动产质权两节改为两项。则非特于立法体例眉目稍清，即于学理亦较明晰也。

第一千二百十七条　动产质权之次序，依其设定先后定之。

凡动产质权之设定，有为将来之债权设定之者，有为附条件之债权设定之者。然其次序，仍应依设定之前后而断，始足昭公允，而免质权人间之种种争执也。

第一千二百十八条　动产质权人，依设定行为所定，得收取由质物而生之孳息。

动产质权人不得就质物而为收益，此其所以异不动产质权也。然以设定行为认质权人有收益权者，法律为重视当事人意思起见，自不在禁止之列。盖法律规定不使动产质权人就质物而为收益，乃为保护设定质权人而设，非为公益而设。故不妨以当事人间之意思，以设定行为而另订动产质权人得收取由质物所生之孳息之契约，以期双方之便利。

第一千二百十九条　动产质权人于其标的物出有费用者，得向设定质权人依管理事务规定，请求偿还。

动产质权人，得收回附在标的物之工作物。

凡以动产为标的物而设定质权者，关于其质物之保存，有需费始能为之者。则此等费用，自不能责动产质权人负出费之义务，第使其通知设定质权人足矣。若质权人任意出费，是必系为自己之利益而为之，应使依管理事务之规定，索还其所出之费用。故有第一项之设。但质权人若于质物上附有工作物者，则按照加工之原则，凡加工作于他人动产者得加工物之所有权之规定（参照第一千零四十条），则动产质权人对于其所加工之物，当然有收回之权。故有第二项之设。

第一千二百二十条　动产质权人，欲以其标的物之卖得金清偿己之债权，得向审判衙门声请拍卖。

前项拍卖，准用执行律之规定。

凡质权已届清偿期而尚未受清偿者，为巩固质权计，须使动产质权人

第六章 担保物权

得出售其标的物,以卖得金充清偿债权之用。惟出售之办法,应依拍卖之程序,声请审判衙门行之。此第一项之所由设也。但既许其出售,则变价之方法,亦须规定。此第二项之所由设也。

第一千二百二十一条 质物之卖得金,依各动产质权人之次序分配之;其次序同者,各动产质权人平均分配之。

动产质权人,对于质物之卖得金有优先受清偿之权利。故于其质物既经拍卖之后,若有两个以上之债权人,而次序不同者,应依其次序分配之。其次序相同者,应平均分配之。例如甲、乙二人对于丙之质物,各有一百元之债权。而甲之次序在先,乙之次序在后。其质物之卖得金为一百六十元。依优先受清偿之原则,则应按其次序得完全清偿其一百元之债权,而乙则仅能得六十元耳。若甲、乙二人之质权为同时设定者,则应以此一百六十元之卖得金额平均分配,甲、乙各得八十元而以为清偿,是为优先权之特质。

第一千二百二十二条 动产质权人于债权清偿期届满后,得订立契约取得质物之所有权,以代清偿,或用拍卖以外之方法处分标的物。

动产质权人依设定行为或清偿期前所定契约,取得质物之所有权。或不依法定方法而处分其质物,此为法律所不许。盖清偿期前,债务人需钱正亟。动产质权人乃乘人之急,饵以小利,取得质物,致债务人大受损害,事所恒有,禁止之所以保护债务人也。至届清偿期后,必无是弊。况质权人于此时本有出售质物之权,若另立特约,处分质物,于债务人固无害也。

第一千二百二十三条 动产质权人以有正当理由为限,得依鉴定人所评之价即以质物充清偿。

前项情形,动产质权人须预受审判衙门之允许。

凡已届清偿期而动产质权人犹未受清偿者,本可声请拍卖其标的物,而以其卖得金为清偿。如第一千二百二十条所定者是也。但拍卖质物,必有一切费用,所需自巨。又若拍卖时无人承买等事,则其无形中之损失,尤难预计。故为便利质权人起见,质权人经审判衙门之许可,得请鉴定人评价,即以其质物充清偿之用,而免双方之多需杂费,有害无利也。

第一千二百二十四条 动产质权人,须以善良管理人之注意保存质物。

动产质权人,既有占有设定质权人所提出标的物之权利,则其标的物必在质权人监督权之内,自应使其负有保存质物之义务。且须以善良管理人之注意出之,俾不致有害及于设定质权人之利益。其理由与第一千二百零三条略同。

第一千二百二十五条　动产质权人有收取其标的物所生孳息之权利者,须以对自己财产相同之注意而收取孳息,并为计算。

前项孳息,须先抵收取费用,次抵债权利息,次抵原本。但设定行为有特别订定者,不在此限。

动产质权人非于法律上当然有收益权,不过得以特约订明使其有收益权而已。既得以特约使其有收益权,则动产质权人于其有收益权时之义务,不能不以法律确定之。此本条第一项之所由设也。若夫收取孳息,必须一定费用。但动产质权,既无法定收益之权利,而使其负担收取之费用,究非所宜。故于收取孳息之后,应先抵除其收取费用。于此如有赢余,则应抵除其债权之利息。若再有赢余,则始抵除其原本。条文之所以不厌精详者,盖为保护双方权利起见。然于设定行为特有订定者,是为例外。此本条第二项之所由设也。

第一千二百二十六条　动产质权所担保之债权,不因时效而消灭。

动产质权为物权之一,且须登记而发生效力。则按照登记物权不因时效而消灭之原则,则动产质权所担保之债权,当然不因时效而消灭。抑质权人既占有其质物,而不丧失占有,是债务人承认其所负债务也明矣。则占有一日不丧失,即其质权所担保之债权,亦决不因时效而消灭。综以上之理由,因有本条之规定(参照第一千一百五十七条)。

第一千二百二十七条　因质物损败或其价格减少有害及担保之虞者,动产质权人得依执行律之规定拍卖质物,以其卖得金代质物。但依设定质权人之请求须提存之。

依前项拍卖者,须于请求拍卖前通知设定质权人。但不能通知者,不在此限。

因质物损败或其价格减少有害及担保之虞者,如债务人以果实为质物,其性质为易于腐败者。而一经腐败,即其价额有减少之虞。而于其所担保之物,未免亦受影响。则动产质权人对之应拍卖其质物,而保持其债

第六章 担保物权

权,并即以卖得金为债权之担保。但债权未届清偿期间,遽令债权人因质物而持有多金,且金钱之性质系为代替物,而又容易使人消费者,则于债务人必多危险。故法律许债务人请求债权人为提存,而不许债权人不应此要求。此第一项之所由设也。但于拍卖之前,不可不咨询债务人之意思,但以不能通知者为例外。所谓不能通知者,如不明债务人之所在地之类是也。此第二项之所由设也。

第一千二百二十八条 动产质权人对于侵害其权利者,得请求回复原状、损害赔偿及排除其侵害。

动产质权人其权利被侵害时,法律应设保护之法。故本条规定,使其对于加害人得请求回复原状、损害赔偿(即因担保欠缺或减少所受之损害)及排除其侵害,而保护其权利,以巩固其担保也。

第一千二百二十九条 质物损败或显有减少价格之虞者,设定动产权人得向质权人请求返还质物,而供以他项担保。但不得改用保证人担保。

动产质权人须速以质物恐有损败之事通知设定质权人。但不能通知者,不在此限。

因质物损败或其价格减少有害及担保之虞者,在动产质权人一方,得通知设定动产质权人拍卖质物,以其卖得金代质物。如第一千二百二十七条所定者,则其于保护权利人之道,不可谓不详。然此种拍卖或于义务人显无利益,则其于义务人一方未免较薄,于是乃有本条之规定。因质物损败或显有减少价格之虞者,设定动产质权人亦得通知动产质权人,供以他项之担保,而请求返还原物。惟质权系物上责任,故除仍以物为担保外,不得改为对人责任,而以保证人为担保。如是庶于保护义务人之道,与保护权利人者,有同等之待遇,而无畸轻畸重之憾。

第一千二百三十条 动产质权人显有侵害设定质权人之权利时,设定质权人得请求以质权人之费用提存质物,或以质物交付于审判上选任之保管人。

凡动产质权人未得设定质权人之承诺,而滥用其质物,或赁贷于人及为其他侵害设定人权利之行为时,应使设定质权人得为适当之请求,以质权人之费用提存质物,或以质物交付于审判上选任之保管人,而为保管,以保护义务人之利益。总之,动产质权既以占有质物为要件,而又易于流动移转。故滥用之弊更易发生。此法律所以不厌烦细,而为绵密之规定也。

第一千二百三十一条　动产质权,不得离债权而为让与,或为他债权之担保。

动产质权与不动产质权同,亦为从物权,盖从属于他权利而始能存在者也。故法律不许以动产质权与其所担保之债权分离,各自独立,而为让与,或以之供担保之用。若违反此法则仅以债权让与于人,其动产质权归于消灭。但让与适法者,动产质权依法律当然移转于新债权人,不必另行交付,此为本条之理由。

第一千二百三十二条　动产质权人,以得设定质权人承诺为限,得以质物转质他人。

以动产质权转质于人,于设定质权人之利害关系甚大。故法律原以不许转质为原则。然因质权人之不得已情形,若绝对不许其转质于人,亦非平允之道。故以得设定质权人之承诺为限,得以质物转质于人。其未经设定质权人承诺者,则为侵权行为,不生法律上之效力。

第一千二百三十三条　担保旧债务之动产质权,于其标的之限度内得移于新债务。但系第三人设定动产质权者,须经其承诺。

凡担保旧债务之动产质权,如其债务已经消灭,而另有新债务发生者,以不逾其标的之限度为限,得移作新债务之担保。盖旧债务虽已发生,而新债务仍继续存在。若不以担保旧债务之动产质权移作新债务之担保,则必须复设定同一之动产质权以为担保。其程序至繁,徒多周折。故法律设此简捷之法,使移旧作新也。但系第三人设定动产质权者,则当事人间不得自由移改,须经第三人之承诺始得为之。

第一千二百三十四条　以动产质权担保之债权,若有分割或让与其一部担保之关系不受影响。但设定行为有特别订定者,不在此限。

前项规定,于债务分割时适用之。

以动产质权担保之债权,虽分割其一部或让与其一部者,然于设定行为无特别订定时,其担保之效力,曾不因分割或让与而受影响。例如质权人死亡,其继承人有数人分割其质权时,不得因其一人之分割部分业经清偿,而归还其质物。又关于债务之分割时亦同。例如债务人死亡,其继承

第六章 担保物权

人有数人,分割其债务时,亦不能因其一人已清偿其分担部分而请归还质权。法律所以如此规定者,盖欲巩固动产质权之基础也。

第一千二百三十五条 动产质权,因其所担保之债权消灭而消灭。

前项情形,质权人须以质物交付于有领受质物权利之人。

动产质权为担保物权之一,故须从属于他权利,始能成立。若他权利消灭时,其质权亦因之消灭,此固不待烦言而解者也,因有第一项之设。质权既经消灭,则质权人自无占有质物之必要,而应以质物交付于有领受质物权利之人,为不可少之程序。所谓有领受质物权利之人者,为设定质权人及其继承人或第二位之质权人皆是也。此为第二项之规定。

第一千二百三十六条 为债务人设定动产质权之第三人,若代清偿债务,或因动产质权人实行动产质权致失质物之所有权时,依保证债务之规定,对于债务人有求偿权。

第三人代债务人以自己之物设定动产质权者,其责任与保证人之责任同。故于代清偿债务之义务外,或因清偿迟延,致动产质权人实行动产质权,而失其质物之所有权时,对于债务人自当有求偿之权,以维第三人之利益。否则,保证人之亏损未免过巨,此本条所特与第三人以求偿权也。

第一千二百三十七条 动产质权,因质权人返还质物于设定质权人而消灭。

返还质物时,虽保留质权,依其存续仍无效力。

动产质权之存在,即以占有为唯一之要件。则动产质权人向设定质权人归还质物时,即为占有之丧失。夫占有既经丧失,则其质权亦当然消灭。故于此时虽欲保留质权,使其存续,然以质物已经返还之故,仍不能发生效力,尤宜注意焉。

第一千二百三十八条 动产质权,因其抛弃而消灭。

前项之抛弃,因质权人向设定质权人表示意思而生效力。但动产质权为第三人之权利标的物者,不在此限。

动产质权,为其权利人之利益而存在。故权利人有不欲保留其权利之意思者,即可抛弃之。但一经权利人之抛弃,即动产质权归于消灭。此第一项规定之理由也。惟权利人欲抛弃其权利者,不可无一定之方式。其方式维何? 即向设定质权人表示意思而生效力。至义务人(即设定质权人)

之是否承诺,则不问也。然以第三人就动产质权无权利时为限。若第三人对之有权利时,则非经第三人之承诺,当事人间即不能自由抛弃。此第二项规定之理由也。

第一千二百三十九条 动产质权人丧失其质物之占有时,动产质权消灭。

动产质权以占有为要件,前既屡言之矣。则动产质权人而丧失质物之占有,而不得向第三占有人请求回复时,其质权存在之要件,既已欠缺。若不使动产质权人之质权归于消灭,即动产质权人可将其动产质权,以与第三人对抗,第三人因之不将受不测之损害耶?故以消灭其质权为宜,而免第三人受无形之损害。此为本条所以规定之理由也。

第一千二百四十条 动产质权,因其标的物灭失而消灭。因质物灭失或毁损应支付之赔偿金,须按各质权人之次序分配之。

前项赔偿金,非经各质权人同意,不得支付于设定质权人。

按动产质权之标的物灭失时,其质权即为消灭,自不待言。但世人往往有以贵重物品而担保轻微债务者。若因标的物灭失之故,即为债务消灭,而任令债务人受重大之损害,殊非公平之道。况债权人既占有质物,依法律应负有以善良管理人之注意保存质物之义务,乃竟沦于灭失,或致毁损。则损害赔偿之责任,不能不令质权人负之。夫质权人对于质物之卖得金,本依设定之次序,有优先受清偿之权利。则支付赔偿金时,亦应依其设定之次序而为分配。此第一项规定之理由也。但欲支付此项赔偿金,而质权人间之分配犹未妥协。致不能得各质权人之同意者,即不得支付于设定质权人。此第二项规定之理由也。

第一千二百四十一条 分别共有人之应有部分设有动产质权者,准用第一千二百零六条至第一千二百零八条之规定。

分别共有人得就其应有部分之动产设定质权,其关系与就分别共有人应有部分之不动产而设定质权者无异,故准用第一千二百零六条至第一千二百零八条关于分别共有人就其应有部分之不动产设定质权之规定,毋待另设明文。

第一千二百四十二条 可以让与之财产权,均得为质权之标的物。

以前项权利为质者,准用动产质权之规定。但本律及其他法令有特别规定者,不在此限。

凡所有权以外之财产权有可以让与于人者,如地上权、永佃权、地役权、占有权,以及其他著作权、商标权、有价证券之类,皆为可以让与于人之财产,其性质即与物相同,故此等财产权,法律亦许其为质权标的物。但此种财产权,并非一种真物,实际即以权利为质也。故在外国立法例,有谓之权利质者。关于权利质之规定,若本律或其他法令无特别规定者,则应使准用动产质权之规定,以期权利质之规定,不致或有疏漏。故于本条特揭其准用之法则也。

第一千二百四十三条　权利质,须依让与权利之规定而设定之。

按动产质权之设定,以移转占有为要件,前既屡述之矣。然权利质之标的物,并非一种真物,即无体物居多。倘亦准用动产质权之规定,而以占有为要件。然则试问权利人将何自而占有之?义务人抑将何自而交付之耶?故不得准用设定动产质权之法则,而须另依让与权利之规定。因特设本条,以定权利质设定行为之法则。

第一千二百四十四条　权利质权人因受其债权之清偿,不得依执行律所定之方法行其权利。

动产质权人实行动产质权时,得依执行律所定之拍卖方法,使其债权以卖得金而受清偿。但此种方法,在权利质权人实行权利时,则不得准用。盖权利质权人得依债权之索取命令,或转付命令,实行权利。惟于此之外,债权人与债务人间仍不妨以合意另订方法。故本条关于实行权利之方法除明示不得依执行律所定之方法外,别无他种明文也。

第一千二百四十五条　设定权利质权人,得质权人之同意而抛弃为质权标的物之权利者,其质权消灭。

凡以债权以外之权利为质权之标的物者,因质权人抛弃其权利而消灭质权。此乃当然之理,固无待详定者。但有时有因设定质权人之抛弃其权利而消灭质权者,是不可无明文规定者也。盖设定质权人之权利,既经以为质权之标的,而入质于人。然则设定质权人对之是否尚有抛弃之权,似属疑问。然依本条所定,须得质权人之同意。即设定质权人尚有抛弃之权,而其质权亦归于消灭也。

第一千二百四十六条　以债权为标的物之质权,适用后八条之规定。

凡以权利为标的物之质权，其情形复杂。须另设特别规定者，惟债权及有价证券耳。关于以债权为标的物之质权，则有本条以下至第一千二百五十五条之规定。关于以有价证券为标的物之质权，则有第一千二百五十六条以下至第一千二百五十九条之规定。本条之所以设者，于规定以债权为标的物之质权所适用之法则以前，先行明示后八条适用之范围者也。

第一千二百四十七条　债权质之设定，因债权人通知债务人而生效力。

前项情形，债权若有证书，债权人须交付于质权人。

凡债权人欲于其对某特定人之债权上，设定质权于第三人者，应依让与债权之规定，以其设定之事实通知债务人，然后乃生设定质权之效力。故虽有设定行为而犹未践通知之程序者，其设定即为无效，所以有本条第一项之规定。但于既通知后，其对于债务人一方固得谓为完全发生效力。然而关于其债权，如有证书者，应以此项证书交付于质权人。否则，其设定行为对于质权人一方，亦不能完全发生效力，所以复有本条第二项之规定也。

第一千二百四十八条　设定债权质人，得更设定债权质。

设定前项质权，由欲得其次质权之人以文书通知先质权人而生效力。

凡同一标的物（无论其为不动产或动产），法律均许其设定二个以上之质权。故以债权为标的物，法律亦许其设定二个以上之质权，以昭平允。惟其得为设定行为者，应以债权人为限，可不待言，是为本条第一项之规定。但设定此项第二位债权质之效力，是否如前条所定，以债权人通知债务人而发生，抑不须通知债务人而径行发生，亦一问题。然依本条第二项所定，则应由欲得次位之质权人，以文书通知先质权人而发生效力。至对于债务人一方，即不为通知，亦无妨于更设定质权之效力。

第一千二百四十九条　债权质，对于实行质权时得收取之利息及其他定期金亦有效力。但设定行为有特别订定者，不在此限。

第一千一百四十二条第二项之规定，于前项情形准用之。

为债权质标的物之债权，其利息及其他定期金，以无特别订定为限，质权之效力，均能及于实行质权时可收取之权利所生之部分。盖推测当事人之意思，断无不欲以此充清偿之用也。准用第一千一百四十二条第二项之

第六章　担保物权

规定者，即准用抵押权于实行权利时，对于设定抵押权人就抵押物得收取法定孳息之效力。抵押权人对于应清偿法定孳息之义务人，非以实行抵押权之事通知后，不得与之对抗之规定也。

第一千二百五十条　以债权为质权之标的物，其清偿期较先于其所担保债权之清偿期者，质权人得请求债务人提存其清偿之标的物。

前项情形，债权之标的物若系金钱，质权人于提存金钱债权有质权。若非金钱，质权人于提存物有质权。

为质权标的物之债权，如其清偿期在其所担保债权之清偿期之前者，应使质权人得向债务人提存清偿之标的物，庶不至害及债权人（即设定债权质人）之利益，且亦隐寓保护债权人之意焉。盖原债务之清偿期既在于前，而其所担保质权之清偿期既未到来，即质权人亦不得先受清偿，故有提存清偿标的物之方法。是为本条第一项之规定。但提存物若系金钱，质权人对于提存物债权亦即有质权。其所设保护之法，亦不可谓不备矣。是为本条第二项之规定。

第一千二百五十一条　前条第一项情形，债权之标的物不适于提存者，质权人得请求债务人，以其清偿之标的物交付于审判上所选定之保管人。

前条第二项规定，于前项情形准用之。

债权之标的物不适用于提存者，如易于毁败及需多量费用保存之物是也。遇有此种情形，应使质权人得请求将标的物交付审判上所选定之保管人，而代为保管之，俾得完全保护质权人之利益。

第一千二百五十二条　以债权为质权之标的物，其清偿期限较后于其所担保债权之清偿期者，质权人得直接向债务人索取。但金钱债权质权人以对于自己债权额之部分为限，得索取之。

前项情形，债权之标的物若系金钱，质权人所索取金额视为受设定权质人之清偿。若非金钱，则于所受之物有质权。

凡为质权标的物之债权，其清偿期在其所担保债权之清偿期前者，则依第一千二百五十条规定，而令质权人对于债务人有提存其清偿之标的物之权。若其清偿期在所担保债权之清偿期后者，则应依本条之规定，须令质权人得直接向债务人索取，而免债权人（即设定质权人）之责任。又债权之标的物若系金钱，而其额且多于担保债权额者，例如其原债权额为一千元，而设定质权之担保额仅六百元时，则债权人仅得向债务人索取六百元，而不得索取一千元。迨其既取得之后，即视为受设定质权人之清偿无异。若非金钱，则仅于所受之物有质权而已。

第一千二百五十三条　不以支付金钱为标的之债权为数质权之标的物者，仅先质权人得依前条第一项规定，向债务人索取。

前条第二项规定，于前项情形准用之。

按为标的物之债权，仅一个质权之担保，且系为金钱债权者，则质权人限于对自己债权额之部分，得索取之，如前条之所规定者是。至有多数质权人时，各质权人为不害先位质权人优先利益范围内，皆有索取之权，可无待明文规定。但非金钱之债权，则其所索取者为入质债权之全部。若质权人有数人时，应由何人索取，迨既索取后，数质权人有何项权利，皆宜规定明晰。故本条第一项规定，仅许先位质权人之一人得向债务人索取，庶不背优先受清偿之原则。但各质权人有数人而次序相同者，则应准不可分债权之规定（参照第二编第一章第六节）办理，自无待言。

第一千二百五十四条　债务人非得质权人同意，不得向债权人清偿债务。

债务人不能得前项之同意者，须提存其为清偿之标的物。但清偿之标的物不适于提存者，须交付于审判上所选定之保管人。

第一千二百五十条第二项之规定，于前项情形准用之。

凡既以对于债务人之债权而设定债权质于第三者时，则债务人欲行清偿之时，非经质权人之同意，不得向债权人清偿其债权。否则，债务人之债务既经清偿，即清偿人之债权归于消灭。而债权质之标的物，亦同归于尽，非将害及于质权人之利益耶！故本条第一项规定，非得质权人之同意，不得向债权人清偿债务也。然于此有一问题焉。即因不得质权人同意之故，致债务人永远不能脱离其债务关系，究竟亦非所以保护债务人之道。故本条第二项规定，复使债务人提存清偿债务之标的物，或以交付保管，而脱离其债务关系。至提存物与质权人之关系，亦应规定明晰。故本条第三项设有准用第一千二百五十条第二项规定之规定也。

第一千二百五十五条　以债权为标的物之质权之规定，于以土地债务为标的物之质权适用之。

土地债务,为一种物上责任,其性质本与债权有别。然自经济一方面言之,应于债权同视,庶不致有害及于权利。故以土地债务为标的物之质权,应适用以债权为标的物之质权之规定。

第一千二百五十六条 以有价证券为标的物之质权,适用后三条之规定。

以有价证券为标的物之质权,其情形亦较以其他权利为标的物之质权为复杂。故法律于既规定以债权为标的物之质权之适用条文外,复规定以有价证券为标的物之质权之适用条文,其详于第一千二百五十七条至第一千二百五十九条定之。本条先行揭示后三条之适用范围者也。

第一千二百五十七条 以无记名证券为标的物之质权,适用动产质权之规定。

得以用背书让与之证券设定质权者,须将其事记入证券,再以证券交付与质权人。

无记名证券之质权,其主要之标的物为证券上之权利,而非证券。然证券其物,与证券上之权利互相依附,不可分离。故无记名证券之质权,应与法律以证券其物为标的物之质权(即动产质权)同视。凡以无记名证券入质者,须将其证券交付于质权人。故本条第一项云适用动产质权之规定。至得以背书让与之证券若以其入质,应将让与情形,于证券上记明,而将其证券交付与证券人。则设定质权之效力,始能巩固。云背书让与者,在日本谓之里书让与。即为证明证券等权利之移转,于票后载明被让与人之姓名,及背书之年、月、日与作成背书人姓名、签印,而以之交付于人,即生让与之效力者是也。故遇有此种情形,设定质权者亦应用背书让与之法,记明其设定质权情形。此本条第二项之所规定者是也。

第一千二百五十八条 以有价证券为标的物之质权,其所担保之债权虽未届清偿期,质权人亦得索取有价证券之权利,并于发通知之必要时,有发通知之权利。债务人亦得只向质权人为交付。

凡因有价证券而获有权利,其性质须迅速实行。故虽于所担保债权之清偿期前,然质权人于以有价证券为质之担保债权,亦得索取其有价证券之权利。且遇有必要时,并得发通知以防御自己及设定质权人之利益之权利。而债务人为清偿时,亦得直接向质权人为给付也。

第一千二百五十九条　以有价证券为标的物之质权,若以附属该证券之利息证券、定期金证券、分配利益证券并交付于质权人者,其质权对于此等证券亦有效力。

前项情形,利息定期金或分配利益之清偿期若较先于质权所担保之债权之清偿期者,设定质权人得请求返还此等证券。但当事人有特别订定者,不在此限。

凡有价证券,必有附属权利之证券,如利息证券、定期金证券、分配利益证券之类是。然则以主有价证券设定之质权,其效力能否及于附属权利之证券,自古学说,聚讼甚纷。各国立法例,亦不一致。本条规定之附属证券,与为主之有价证券共交付于质权人时为限,其质权之效力,亦能及之。至在各国间有以当事人彼此之间无特别订定为限,使质权人于质权所担保债权之清偿期前,得索取利息证券、定期金证券者。然本条仅使设定质权人于质权所担保之债权清偿期前,只得请求返还其已届清偿期之利息证券、定期金证券等项。而对于此等证券之质权,因其返还归于消灭,似较此善于彼也。

第一千二百六十条　依本律及其他法令而成立之法律上动产质权,准用本节之规定。

法律上之动产质权,为保护特种之权利人而设,乃实际所必需者。本律因参照近世各国之法典,认许法律上之动产质权亦为物权。惟何项权利人始有法律上之动产质权,以规定于民律及他项法令中为主,于此不另设明文。但法令上之动产质权,其性质与普通之动产质权无异,自应准用本节各条之规定,以归划一。故于本条特设明文规定之也。

第七章 占　　有

　　占有有广狭二义。广义占有，泛指人加实力于物上之事实而言，故曰所持，或曰自然占有。例如饬仆送物至某处，当该仆持物犹未至某处之前，则持物即为仆之占有是也。狭义占有者，谓以为自己之意思所持之某物也，故亦曰法律上之占有。据以上二定义以言，占有者，谓人于物上既加以实力，使其物全然入于自己范围之内，有不受他人干涉之程度，惟不必以与自己肉体接触为限。但须有占有其物之意思。盖无此意思者，即不感利害者也。质言之，占有者，谓人于物上以占领其物之意思，而加以实力者之一种权利也。惟占领之意思，要达如何之程度，在各国立法例均不一律。其大致有二：（一）要认为自己所有而所持之意思；（二）以有为自己之意思为已足。然按诸人所持物之意思有三阶级。第一，全为自己所有之意思。第二，虽认为他人所有物，然尚有基于自己之利权而所持之意思。第三，全为他人之所有物而所持之意思。以上三阶级，以第一阶级之意思最为完全，自可为占有。第三阶级全然欠缺自己意思，自非占有，皆可无疑。惟第二阶级，依第一立法例则为非占有，然依第二立法例则固可谓之为占有。近世文明各国，大概采取此第二立法例，益扩张其保护之范围，而定为法典。故本律亦采此主义也（参照第一千二百六十二条）。至关于占有性质之学说，有谓为权利者。其主张事实说者，则谓占有不过为一种事实，故法律上不得认为权利。如法兰西、德意志等国民法，仅云占有，不云占有权者，即采取此种学说者也。其主张权利说者，则犹有独立权利与所有权之两说。在本律之立法例，因仿德意志民法之结果，故采用事实说。虽然主张占有为非权利者，大半基于沿革上之理由。如罗马市民法中本不认有占有。其后因社会之必要，始从而保护之，非许以权利也。抑若因之而认为权利矣，则凡因侵夺之不正行为而取得权利者，亦必与真正权利者受同一保护。是因保护占有而反对他之权利矣。但在日本民法则反是。其所以排斥事实说而采取权利说之理由有二：（一）权利之数，因社会之进步而增加。罗马所不认为权利,而今日认为权利者,殆不可指数。然则即以之而认为权利,庸有何伤。(二)法律之所保护者,仅问其有保护之必要与否,不问其原因之正不正。其有因不正原因而受保护者,固不止占有一种也。况占有之原因,固不纯为不正者。故不能因有不正原因之故,而使正当占有者,反失享受保护之利益。且占有之出于盗贼或侵占者,究居少数。苟必使人人证明其权利之所在,极为困难。故当不证明之时,法律上得推定其为自己之权利。即使其权利不属于占有者,别有权利者在。然权利者不得行使,即为其人之怠慢,法律自应保护占有者,而不保护怠慢者。又自他方面观之,近世文明各国,无不禁止自力救济。法律既保护正当占有者,则其对于不正占有者,亦当然另有救济之道。二者并行不悖,庶与各方权利均有关顾。而人类之安宁秩序,自因此维持矣。此法律所以保护之理由也。但本律系采取德国立法例,故不认占有为一种权利。然吾未见其可也。今本节之所定者,为占有之内容,其种类(第一千二百六十一条至第一千二百六十六条)、取得(第一千二百六十七条至第一千二百七十四条)、效力变更(第一千二百七十五条至第一千三百零九条)与有消灭之关系(第一千三百十条至第一千三百十四条),而以数人之占有(第一千三百十五条)及准占有(第一千三百十六条)为之附。

第一千二百六十一条　本律所称占有人,谓对于物有事实上管领力之人。

占有有广狭二义,前既述之矣。大半立法例之采权利主义者,必以法律上之占有为原则,即所谓狭义之占有也。其采事实主义者,则必以事实上之占有为原则,所谓广义之占有也。本律因模仿德意志民法之结果,认定占有为吾人之一种事实,而非权利。故本条规定,以对于物加以事实上管领力之人为占有人。虽然,人于物上仅能加以事实上之管领力,而实际无占有其物之意思者,以纯法理言,究不得谓之合于占有之要素。今本律仍采此旨,是沿袭于罗马法之旧脑筋,深不合于进步之法理,且亦何以应社会经济之必要耶!是其缺点一。但既以事实上有管领力之人为占有人矣,理宜对于所持者均应视为法律上之占有,始为妥协。然本律仅认之为占有补助人,而不认为占有人。虽托维持公益之美名,然于事实上必多窒碍,是其缺点二。本条规定为开宗明义之条文,而我国民律占有意义之所在,亦不难从而探测之矣。

第一千二百六十二条　以所有意思占有物之人，为自主占有人。此外之占有人，为他主占有人。

按本律立法例既采取广义之占有，而认定占有为一种事实。然仅于事实上对物能加以管领力而止，不必问其有无所有之意思也。今如本条之所定者，以有所有意思而占有物之人为自主占有人，否则为他主占有人，是则模仿权利说立法例之结果也。然则以之与前条相衡，不亦矛盾。抑在德意志民法，亦并无此种规定者乎？在日本民法第一百八十条，虽有占有权者因以为自己之意思所持其物而取得之之规定，然彼系主张权利说者当然之规定。若主张事实说者，自不宜复有此条也。

第一千二百六十三条　自知无占有权利而占有物之人，为恶意占有人。此外之占有人，为善意占有人。占有人因重大过失不知无占有权利者，视为恶意占有人。

夫占有人所以区别善意恶意者，因关于时效及因果实所生之实益，有重大关系。何谓与时效有关系？如以所有之意思，于三十年间和平并公然占有他人未登记之不动产者，取得其所有权（参照第三百条）。又如未取得不动产之所有权，而用所有人之名义为登记，以所有之意思于二十年间和平并公然占有不动产，并其占有之始系善意而无过失者，取得所有权（参照第三百零一条）之类，皆以和平并公然为主。所谓和平及公然者，即善意也。何谓与果实所生之实益有关系？例如凡善意占有人，因推定其有适法之权利，得使用及收益占有物（参照第一千二百八十条）。而恶意占有人，则负返还孳息之义务（参照第一千二百八十一条）。因以上所述两种之原因，故本条规定设有善意与恶意之区别也。

第一千二百六十四条　以强暴或隐秘之法而占有物之人，为瑕疵占有人。以平稳及公然之法而占有物之人，为无瑕疵占有人。

以强暴或隐秘，与平稳及公然并称者，大致可分二段说明之。即一谓强暴占有与平稳占有也。平稳占有者，自占有之初及占有之中间，不用强暴之手段。而强暴占有则反是。但平稳与强暴，以现在之情形定之。故强暴占有自其暴行胁迫停止时，仍为平稳占有。反之，平稳占有而以强暴手段保持之，亦为强暴占有。二谓隐秘占有与公然占有也。此二种占有之区别，皆为一时的而非永久的。故始隐秘而后公然者，为公然占有。始公然而后隐秘者，仍为隐秘占有。又瑕疵占有与无瑕疵占有之区别，不过瑕疵占有于法律上之保护力较为薄弱。至其性质果属于何种，应由审判官依据种种方法推定之可也。

第一千二百六十五条 本于质权、赁借权、保管及与此相类之法律关系对于他人有占有权或负占有义务者，为直接占有人。其他人为间接占有人。

间接占有人与第三人成立前项之关系时，其第三人亦为间接占有人。

凡对于他人本于物权或债权之法律关系而占有之权利，或负占有之义务时，欲明示其相互间之关系及对于第三人之关系者，必须先规定其占有人及他人之地位。凡处于此等地位之占有人，法律皆谓之直接占有人。盖以其因物权或债权之关系，而直接管领力及于物者也。若其他之占有，则皆为间接占有人。惟关于所有权之占有，则为直接占有而非间接占有，此犹不烦深解者也。又如间接占有人以其所占有之物，与第三人成立物权及债权等项之关系时，则此第三人之权利人，亦为间接占有人，而非直接占有人。

第一千二百六十六条 仆婢、商工业学习人及本于与此相类之法律关系而为他人占有之人，为占有补助人。

按本律之立法例，既采取广义占有之旨，则凡关于仆婢、商工业学习人，似宜均为间接占有人矣。然仆婢、商工业学习人等，须从主人之指示。故实际为主人之机关，而非主人之代理人。其虽有为主人领受物品时主人为完全占有人，而此等人则并非直接占有人，亦非间接占有人也。故有本条之规定。

第一千二百六十七条 占有，因对于物有事实上管领力而取得。

凡物，不论其先有无占有人之存在，但使有人就其物为事实上之管领时，即为原始取得占有人，法律即应保护之。而事实上管领力存在与否，为事实问题。若有争论，由审判衙门断定之可也。然对于物得排斥他人干涉，且得左右之，即谓之有事实上之管领力亦可。各国立法例，有以占有意思为取得占有之要件者（为自己占有之意思）。本律则除于第一千二百六十二条认为自主占有人外，凡在事实上其物在人之管领力内，虽其人无欲取得占有之意思,亦为占有,以保护之。此种规定,诚为采取事实说立法例之结果,因得认为当然。但其关于自主占有人之规定,必以以所有意思占有为要件,是所不能无疑者也。

第一千二百六十八条 第三人为他人而为占有补助人对于物有事实上管领力时,其他人取得占有。

第三人依第一千二百六十五条规定,对于他人为直接占有人而于物有事实上管领力时,其他人取得间接占有。

第三人为他人而为占有补助人者,即占有补助人为主人之谓也。其对于物有事实上管领力时,则不问主人知之与否,皆取得占有。盖占有补助人代主人占有之机关,若非占有补助人,而为直接占有人占有其物者,如第一千二百六十五条所定者,则其有关系人,第能取得间接占有,而不能取得占有。但其取得间接占有,不待直接占有人有为间接占有人占有之意思,亦不问间接占有人知其取得间接占有与否,仅以第一千二百六十五条规定之关系成立之一种事实,当然取得之而已。此本条两项之所由设也。

第一千二百六十九条 占有,得以交付标的物之法而为让与。

占有有法律上之利益,故应使其可以让与于人。但占以使有事实上之管领力为必要,故于让与之时,亦应使让与之人交付其标的物于让受人,始为占有之完全成立,亦即为让与之成立。易词以言,即让与因交付而终结,亦即因让受人得于事实上管领其标的之地位而终结。是为占有让与之原则。

第一千二百七十条 占有让受人现已于其物有事实上管理力者,其占有得仅由当事人表示意思而让与之。

按占有让与既以标的物交付为原则,如前条之规定。但有例外,如乙为甲之占有补助人,为甲占有某物。甲对于乙欲让与占有。此时其物已在乙之管领力下,只须彼此合意愿授受占有,即以移转占有论。否则,必由乙将其所持有之标的物返还于甲,再由甲交付于乙。往返周折,劳而无益。其他如间接占有人以占有让与于直接占有人,使其为完全占有时,亦莫不皆然。故本条特设此例外之规定也。

第一千二百七十一条 占有让与人因特别之法律关系继续占有者,其占有得仅由当事人表示意思而让与之。

占有让与之原则,如第一千二百六十九条所定。其第一例外,如前条所定。本条则规定其第二例外者也。何谓第二例外?如甲将其占有让与于乙,其后欲为乙之占有补助人继续占有时,则不必由甲交付于乙,而为占有让与,再由乙交付于甲,而为占有补助,仅依当事人合意愿授受占有,即得让与其占有。又如甲将其占有让与于乙,其后为乙之直接占有人,继续其占有,而以乙为间接占有人时,依原则亦应由甲交付于乙为占有让与,由乙交付于甲为直接占有。然依本条规定,则可不必辗转交付,仅依当事人之意思表示,即为让与成立。故亦为例外之规定也。

第一千二百七十二条　间接占有之让与,其占有人得以让与其对直接占有人之请求交付权而为之。

前项情形,直接占有人对让与人如有可以拒绝交付之事由,对让受人亦得拒绝交付。

间接占有人(如赁贷人)以其所占有之物让与于第三人者,不必先向直接占有人请求交付其物,然后以其物为让与。可仅将其向直接占有人(如赁借人)之请求交付权让与于他人,即为占有让与成立。否则,必先向直接占有人请求交付,然后将其占有让与第三人。再由第三人交还原直接占有人,而自行取得间接占有,烦劳殊甚。故有本条第一项之规定,而简易其程序也。但其为让与之时,如直接占有人对于让与人(即间接占有人)有可以拒绝交付之事由者,则其对让受人(第三人)亦得拒绝交付,此为当然之理。故有本条第二项之规定,是为第一千二百六十九条之第三例外也。

第一千二百七十三条　由占有补助人为占有者,让与人得以此后为让受人占有通知占有补助人而让与之。

前条第二项规定,于前项情形准用之。

凡占有人欲以其占有让与于占有补助人时,则其占有之物,本为占有补助人所占有,自可省略交付之程序,仅由让与人通知第三人,令其此后为让受人占有之,即生让与之效力。若能拒绝交付事由者,亦应准用前条第二项之规定,使对让受人亦得拒绝交付。此本条两项之所由设,而为第一千二百六十九条之第四例外也。

第一千二百七十四条　占有得继承之。

占有虽为一种事实，然属于法律上之利益，故应使其可以继承。而继承人第依开始继承一事，即取得占有，无须事实上立于管领其物之地位，亦不必问其知否占有，或有无占有之意思。此为继承法不变之原则也。在外国立法例，往往有不许继承占有者。然本律因从德意志法系之结果，故仿照其第八百五十七条之规定，而设为本条。

第一千二百七十五条　动产占有人于其物上行使权利，推定其为适法。

为不动产上之权利人而登记者，推定其权利为适法。

凡行使权利者，以实际有其权利为常态。无权利而行使者，毕竟属于变态。然占有者行使于占有物之权利，推定为适法者。盖法律不能推定人之恶意，且使占有者一一证明其为真正自己之权利，亦属举证困难。故法律对占有人于其物上行使权利，推定其为适法，惟以动产为限。若系不动产，则须以登记为要件。其占有人对于未登记之不动产而行使权利者，法律不能推定其为适法也。

第一千二百七十六条　占有人，推定其为以所有之意思，善意、平稳及公然占有者。

法律以不能推定人之恶意为原则。故凡对于一般占有人以无反证为限，法律皆推定其为善意、平稳及公然占有者，以保护占有人之利益。所谓推定者，有假定之意，即于无反证前姑假定其为善意、平稳及公然占有者。若一有反证，则此项推定，即为无效。

第一千二百七十七条　有证据足明其前后两时均为占有，推定其为前后两时间继续占有者。

继续占有者，占有之时间连续无间断者也。然本条所举谓前后两时之占有者，则其中间必有若干时间之隔断。以纯理言，当然不能谓为继续占有。然法律因不能推定人为恶意之故，且为保护占有人利益起见，故凡对于前后两时不相连续之占有，仅以有证据足以证明其为前后系属一人占有者为限，即推定其为继续占有。盖前后两次占有，以相继续者为常例，不相继续者为变例。故本条特推定其为继续占有也。

第一千二百七十八条　以平稳及公然之法开始占有动产之人若系善意并无过失者，即时取得于其动产上行使之权利。

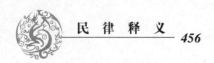

前项规定，于无记名证券之占有准用之。

凡不动产权利之授受，依登记之方法，其权利所在，极为明了。苟取得者加以注意，不至与无权利者为交易。即令有之，亦不过为让受人之过失，使之自负责任，亦理所当然。反之，若动产则不特其交易移转较不动产为烦，且无登记方法，亦无由确证其权利之所在。苟与无所有权者为交易，而使之归于无效，一任真正所有者之取回。则动产之买卖，颇为危险。其结果于商业之发达，亦有妨害。故法律对于具备某条件（如善意、平稳及公然之类）而占有动产者，即时取得行使其动产上之权利。但或者谓若果如是，则主位之所有权反被从位之占有所压倒，则于保护所有权之道，未免失之太薄。然自社会情状言之，以保护占有为至当之事实。盖物至归于善意占有者之占有，其所有者不能云全无过失。若所有者苟预防其物入第三者之手，则当自占有其物。乃竟不然，而信他人使之占有，则因信其人而生之结果，所有者不可不甘受之也。况占有者固毫无过失者乎？然欲取得此权利者，应具备之要件有五：（一）要为动产之占有者；（二）要为平稳之占有；（三）要为公然之占有；（四）要为善意之占有；（五）要为无过失之占有。此皆为本条所规定者也。

第一千二百七十九条　前条情形，占有物若系盗赃、遗失物及前占有人不由己意而芟失之物，其有回复权人自被盗、遗失或芟失之时起二年以内，得向占有人请求回复其物。

前项规定，其盗赃、遗失物或芟失物若系金钱或无记名证券，或占有人由拍卖或公共市场，或向贩卖与其物同种之物之商人以善意买得者不适用之。

盗赃又遗失物、芟失物所有者，无抛弃之意思，而失其所有，且亦人所不能免之事。使之即时丧失其所有权，未免过酷。故法律许被害者又遗失主、芟失主于二年间，得对于占有者请求其物之回复。此本条第一项之所认许者也。盖即时取得权利，所以保护占有者，此则保护所有者，法律所以持其平也。但有时占有者颇受损害。故本律第二项特举四种情形者如下：（一）其盗赃、遗失物或芟失物系金钱或系有价证券时；（二）占有者由拍卖以善意买受盗赃又遗失物、芟失物时；（三）占有者由公共市场以善意买受盗赃又遗失物、芟失物时；（四）占有者由贩卖与其物同种之物之商人以善意买受盗赃又遗失物、梦失物时是也。

第一千二百八十条　善意占有人，因推定其有适法之权利，得使用及收益占有物。

善意占有者，法律何以许其使用及取得孳息（收益），其理由盖有种种。其第一说曰：占有者既受推定有适法之权利，故可作权利者，而使其使用及收益。从此说时，是不必区别意思之善恶，虽恶意占有者，亦受权利之推定也。第二说曰：占有者就其占有物施保存之劳力，其取得亦须投以费用。故作为其报酬，而使以使用及收益也。从此说时，恶意之占有者，亦尝投以劳力费用，何以法律独许善意者，是不足采。盖善意之占有者，确信自己为真正之权利而使用、收益。迨其收益之后，往往随时消费，或以供日常之生活。苟一旦逢真正权利者之请求，而不可不返还，则其物既已消费，势不得不从自己固有财产中设法偿还之。是因使用、收益而反受损害也，又自他方面言之，占有者返还孳息，则权利者不能不返还费用，不特涉于烦难，且占有者因其确信为自己之权利，未尝用意于费用之证据，亦甚困难，而权利者（所有人）反将因之而为不当利得也。

第一千二百八十一条　恶意占有人负返还孳息之义务。若其孳息业经消费，或因过失而毁损或怠于收取者，并负偿还其孳息价金之义务。

恶意占有者，自其占有之初，即知为他人之权利，而故意以不当行使，法律上自毫无保护之必要，故其结果须返还其孳息。若既有消费者，则偿还其孳息之价金。又若因过失而毁损时，或怠于收取时，则亦偿还其孳息之价金。至于强暴或隐秘之占有者，有时亦为善意。虽用此等手段，而自信为真正权利者有之。然必不能与善意占有者受同一之待遇。依法律，应包括于恶意占有之内。

第一千二百八十二条　占有物因可归责于占有人之事由而灭失或毁损者，善意占有人对于其回复人以因灭失或毁损现受利益为限，负赔偿之义务。但无所有意思之占有人，须赔偿其全部。

凡占有物之灭失、毁损，其事由系应归责于占有人者，若其占有人系善意占有人又为自主占有人时，本应负全部赔偿之义务。但以之与无所有意思之占有人相较，不亦失之太酷。故仅令以因灭失或毁损之现受利益为限，盖所以保护善意自主占有人之利益也。

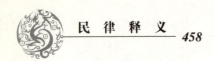

第一千二百八十三条　占有物因可归责于占有人之事由而灭失或毁损者,恶意占有人对于其回复人,负赔偿全部损害之义务。

前项规定,于占有人无所有意思时准用之。

恶意占有人及他主占有人,皆明知其占有物属他人所有。故占有物之灭失、毁损,有应归责于占有人之事由者,应使恶意占有人及他主占有人,对于其回复人负担赔偿全部损害之义务,以示与善意占有人及自主占有人相区别也。惟第二项规定,似与前条但书之规定重复。

第一千二百八十四条　善意占有人,对于占有物之回复人请求偿还保存其物所出之必要费。但于占有人尚取得孳息时,无须偿还通常之必要费。

必要费者亦曰保存费,有通常费及临时费之二种。占有者返还占有物时,要由回复人偿还因保存其物所费之金额及其他之必要费于占有人。但占有人尚继续取得孳息时,则通常之必要费用,即可取偿于孳息,当然应归占有人负担。

第一千二百八十五条　善意占有人,得对于占有物之回复人请求偿还改良其物所出之有益费。但不得逾回复占有物时现存之增加价格。

有益费亦曰改良费,占有人为占有物改良而费之金额也。于回复人请求返还占有物时,占有人对之有请求偿还有益费之权利,本不待言,但以现存之增加价格为限。盖物因其有益而施以改良费用者,则其改良之程度,必有一定之增加价格。若占有人所求偿之有益费用,有逾于物之增加价格者,回复人仅得偿还其所增加价额之数而止。故有但书之规定。

第一千二百八十六条　恶意占有人对于占有物之回复人,得依管理事务之规定,请求偿还保存其物所出之必要费。

恶意占有人,明知无占有其物之权利。故法律仅许将必要之费用,依管理事务规定,向回复占有物人请求清偿。至其所出之有益费,不在请求清偿之列。盖此项费用,若许其清偿,恶意占有人可于其占有物多加有益费,藉以钳制回复人,则其弊之所及,将至不堪设想。故本条禁止之。

第一千二百八十七条　占有人,得请求偿还其前占有人于占有物所出之费用。占有物之回复人,负偿还于其取得权利前所出费用之义务。

现在占有人取得占有时,即取得请求偿还权。现在之回复占有物人取得其回复权利时,亦即取得偿还义务。故现在占有人,应使得请求其前占有人所有之请求偿还权,即现在占有人代理前占有人而为请求也。而回复占有物人,应使负偿还其取得权利前亦存在费用之义务,即回复占有物人代理现在占有人而为清偿也。是为本条两项所规定之理由。

第一千二百八十八条　占有人因欲受费用之偿还,得留置占有物。但因侵权行为取得占有者,不在此限。

留置云者,即债权人因欲使确实履行债务,关于其所占有物品,于该物之债权未受清偿以前,得暂行留置之权利也。今者,占有人因对于回复人,欲受其所施于占有物之费用偿还,而回复人犹未履行时,当然应令占有人得有留置其占有物之权利,以冀回复人应偿还之费用速予清偿也。故留置云者,质言之,即暂缓交付其物而对之有使用及收益之权利之谓也。在外国立法例,且有设立专章者,惟本律特不仿此例耳。所谓侵权行为者,即不法行为也,即侵害他人权利且有责违法之行为也。凡因此种行为而占有他人之物者,应负损害赔偿之责任。故本条不许其因欲受费用之偿还,而行使留置占有物之权利。

第一千二百八十九条　占有人,于附合于占有物之物其费用未受清偿者,得收取之。

前项情形,占有人须以其费用回复占有物之原状。

凡占有人以他物附合于占有物者,往往时有减少占有物价格之虞。故在回复人一方,以使其收去为宜。况占有人既以自己之材料工作附合于他人之物,断不能任其无偿回复于人,故亦以收去为是。但二个以上之物,既附着合并而成一物,往往有非至毁损不能分离者,或需过分之费用者。则惟有使回复人偿还其费用而取得其所有权。然如回复人不为清偿者,占有人亦惟有收去其所附合之部分而已。且于此时其收去之费用,应由占有人以自费负担,而不能求偿于回复人。

第一千二百九十条　占有人,于附合于占有物之物其费用不得请求偿还者,得收取之。但收取有毁损占有物之虞者,不在此限。

前项规定,于占有物之回复人提出时价通知占有人欲买取者,不适用之。

不得请求偿还之费用者,如善意占有人于占有物上所加之奢侈费,不得请求偿还。恶意占有人不仅于占有物上所加之奢侈费,不得请求偿还,即所加之有益费,亦不得请求偿还。故以此种费用使附合于占有物之物,应使其得收去之。但其收去之后,有足以毁损占有物或且于毁损之后物有减少价额之虞者,不在此收去范围之内。此第一项之规定也。然回复占有物人提出时价,请求不必收去而愿为买取者,则于占有人、回复人双方均无损害。故法律即不许其收去,以维持经济上之利益。此第二项之规定也。

第一千二百九十一条　善意占有人于本权诉讼败诉者,自其诉讼拘束发生时起,视为恶意占有人。

凡占有人与本权人提起诉讼时,以其诉讼之胜败,而判别其为善意、恶意。故于本权诉讼而胜诉者,则为善意占有人,以其必能为种种之证明也。于其诉讼而败诉者,则为恶意人,以其证据之必不能有充分之证据力也。惟恶意占有人应负返还孳息之义务。其孳息之起算点,则自诉讼拘束发生时起。盖诉讼拘束发生以前,尚未经判决为恶意占有人。则证诸法律不溯既往及法律不能推定人为恶意之原则,则当然尚得为善意占有人,而不负返还孳息之义务。若既经判决而认为恶意占有人,则一切权利义务,自当均依恶意占有人之例办理。

第一千二百九十二条　因强暴或隐秘之占有人,依侵权行为之规定对于占有物之回复人,负损害赔偿之义务。

因强暴或隐秘之占有人,于法律上谓之瑕疵占有人。当其占有之初,自始已不能受占有之保护。故回复占有人对之应令依侵权行为之规定,而负担损害赔偿之义务。此法律所以惩恶意占有人之道也。

第一千二百九十三条　占有人之特定继受人,得任其选择,或仅就自己之占有,或并就前主之占有而主张之。

占有人之特定继受人,应听其选择,或仅主张自己之占有,或并主张自己之占有与前主之占有,以享有取得时效之利益,均无不可。盖既为特定继受人,则当然应有特别之权利,故许其选择而为占有。况取得时效之完成,其期间内本无须一人为占有人也。至占有之种类,则依既占有人与其占有物之关系而定。故前主虽为恶意占有人,而其特定继受人为善意时,仍以善意占有论。若特定继受人并主张前主之占有时,则对于瑕疵等之占有,亦均应由特定继受人负责。否则,以继受人而超越前主之范围,亦觉不

第七章 占 有

当。但此均毋庸另设明文者,故本条规定不及之。

第一千二百九十四条 占有人之普通继受人,须继续其前主之占有。

普通继受人,大旨系直系卑属,而亲等近者。故其资格,与特定继受人即有不同之点。当其继受占有财产时,应依继承之原则,取得其前主之占有而继续之,非新取得一占有也。本条云须继续其前主之占有,如其前主之占有为瑕疵占有,则继承人亦为瑕疵占有人。诸如此类,可推而知矣。

第一千二百九十五条 占有人对于侵夺或妨害其占有之行为,得以己力防御之。占有人因强暴或隐秘其占有被夺者,若系不动产,得于侵夺后即时排除加害人取回之。若系动产,得就地或追踪向加害人取回之。

占有,对于其相对人虽为瑕疵占有人,仍得行使前项之权利。

凡法律既认占有为一种利益,故皆以占有为当受法律保护之。其保护之道维何? 不过对于未来者,加以适当之防御。对于已来者,仅加以适当之排除而止。夫学者谓法律禁止自己保护,而本条独许其得以己力防御之,岂不自相矛盾耶? 不知以法律而许其己力防御者,则此种防御力实为法律所付与,而非自己之主张。故律文虽云以己力防御,然实际即依法律之力而为防御也。第二项规定取回之方法,以不动产及动产而异。盖不动产必定着于一定处所,若动产则可随人而为转移。故对于不动产之被侵夺者,无须追踪之劳。而对于动产,则因其是否已被转移而异。其未转移者,可就地方取回之。其已转移者,则追踪取回之。第三项之意,则谓占有人之占有虽系出于强暴或隐秘者,然根据法律不推定人为恶意之原则,并根据第一千二百七十六条之规定,故遇有第三人侵夺瑕疵占有人之占有物者,亦得如善意占有人之行使其防御、排除及取回之权利。

第一千二百九十六条 占有补助人得依前条规定,行使占有人之权利。

占有补助人为占有人之机关,承占有人之命令指挥,而管领占有物者也。故亦使其得行使前条各项所定防御、排除、收回之权利,庶几得达完全保护占有之目的。故本条付与以与占有人同一之权利也。

第一千二百九十七条 占有人其占有被侵夺时,得请求返还其占有物。但占有人系自现占有人或前占有人侵夺占有未逾一年者,不在此限。

前项请求,对侵夺人之特定继受人不得主张之。但其继受人知侵夺之

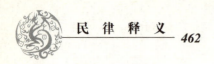

事实者,不在此限。

占有人其占有被侵夺时,依第一千二百九十五条之规定,须使其得向侵夺人或其继受人有排除其侵害、取回其物之权利,以冀达完全保护占有之目的。然占有人之占有,原系侵夺现占有人或其前占有人而来。且于侵夺之后,其期间未逾一年,而复被第三人侵夺者,则不得向此第三人侵夺者收回占有物。盖现占有人或其前占有人,其占有被侵夺于得请求回复占有之期间内,应许前占有人得回复占有。故不许侵夺人请求收回,以保护本权人或前占有人之利益也。是为本条第一项之规定。但此种规定,对于不知侵夺事实之特定继受人,亦不得请求收回占有,以保持交易之安全。然如继受人已知被侵夺之事实者,则其占有自始即为恶意,故仍得向之请求占有物也。

第一千二百九十八条　前条之请求权,因侵夺后逾一年而消灭。但曾以诉讼主张之者,不在此限。

前条之请求者,即因占有物被侵夺而请求其返还之权也。此种权利,于被侵夺后占有人于一年内不行使其权利者,则逾一年而不得主张之。盖收回占有之请求权,若随时皆得主张,则权利状态恒不确定,颇有害于社会之安宁。惟于一年之内曾经提起诉讼者,则当其诉讼未终结以前,其请求权因诉讼之拘束而尚存效力。故虽逾一年,仍得主张之。

第一千二百九十九条　占有人其占有被妨害时,得请求除去其妨害。但占有人自加害人或其前人侵夺占有未逾一年者,不在此限。

占有人,应使其得向妨害其占有之人,及其一般继受人,请求除去其妨害,以完全保护其占有。然如占有人之占有,原系出于侵夺或加害其占有人而来,且其侵夺后又未逾一年,致其占有被妨害者,不得请求除去。盖加害人或其继承人于其占有被侵夺后一年以内,尚得主张请求收回占有之权,故加害人即不能行使其权利也。

第一千三百条　前条之请求权,因妨害后逾一年而消灭。但曾以诉讼主张之者,不在此限。

前条之请求权者,即占有人于其占有被妨害时,请求除去其妨害之权也。此种权利,亦以被妨害后逾一年不行使而消灭。故有本条之规定,其理由与第一千二百九十八条同。

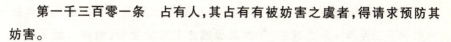

第一千三百零一条 占有人,其占有有被妨害之虞者,得请求预防其妨害。

第一千二百九十九条但书之规定,于前项情形准用之。

占有人对于现在之妨害,既如第一千二百九十九条规定,有请求除去其妨害之权。但对于将来之妨害,是否亦得许其请求预防,是不可无明文规定者也。本条第一项为规定占有人,于其占有有妨害之虞者(即将来之妨害),亦得有请求预防其妨害之权利。第二项所指第一千二百九十九条之但书规定者,即占有人自加害人或其前占有人侵夺占有而未逾一年者,不得请求除去其妨害之规定。此种规定,于本条第一项情形亦得准用之。

第一千三百零二条 前条之请求权,因妨害占有危险发生后逾一年而消灭。

前条之请求权者,即占有人于其占有有被妨害之虞者,得请求预防其妨害之权也。此种权利,如届妨害占有之危险发生且逾一年而不行使者,则归于消灭。故有本条之规定,其理由与第一千二百九十八条同。

第一千三百零三条 对于依第一千二百九十七条、第一千二百九十九条及第一千三百零一条之占有而为请求者,不得主张本于本权之异议。

依第一千二百九十七条之请求者,请求返还占有物也。依第一千二百九十九条之请求者,请求除去占有之被妨害也。依第一千三百零一条之请求者,请求预防占有之被妨害也。以上三者,皆为本于占有之请求。故其目的,与基于本权之请求者迥异。盖本于占有之请求者,所以保占有人之利益,故不问其为权利者与否,皆可主张之。若夫本权之请求,则基于实体法上之权利。故为占有请求者,不得主张本于本权之异议,职是故也。

第一千三百零四条 依前条所揭之占有而为请求者,其相对人因明其非侵夺占有或妨害占有,得主张自己有占有权或有为妨害行为之权利而为异议。

夫为占有请求之相对人,虽不能对之主张本于本权之异议。然如有得破除其请求之要件者,亦未始不可主张之,以排斥占有人之请求。盖法律关于占有人既不厌求详,设为种种之请求,以保护其权利。而于相对人一方,既不许其主张本于本权之异议。然若有足以排斥占有人之请求者,自亦应许其主张,庶几两得其平。

第一千三百零五条　本于第一千二百九十七条、第一千二百九十九条及第一千三百零一条之请求,于为其原因之事实发生后,相对人若于本权诉讼受确定判决明示其有占有权利或有为妨害行为之权利时,不得主张之。

于本权诉讼所主张之请求,若经和解,适用前项之规定。

凡侵害占有或妨害占有及欲妨害占有之加害人,其后于本权之诉讼受确定判决,判其有占有权利,或判其有妨害占有之权利时,本于占有之请求。当然消灭,不得再行主张。否则,于回复占有状态后,更须回复权利状态,于经济上所损甚大。故于第一千三百零二条原则规定之外,更设为本条第一项例外之规定也。其若经和解而受公断其有占有之权利,或公断其有妨害占有之权利时,则亦适用第一项受判决之规定,而消灭其占有之请求权。故复有第二项之规定。

第一千三百零六条　占有诉讼,于本权诉讼各不相妨。

本于占有之请求,得于审判上主张之,所谓占有诉讼是也。而占有诉讼之目的,在占有者自为保护其利益,不问其为权利者与否,皆得主张之。若夫本权诉讼,则本权者必须以实体上权利属于自己而为理由。故本权诉讼,与占有诉讼之目的迥异,其性质亦互相独立也。即占有诉讼之提起及其判决,与本权诉讼之提起及其判决,两不相妨。故本权诉讼得与占有诉讼各别提起,或同时提起,甚或合并提起之,均无不可。惟本权者得以本于本权之理由,而维持占有诉讼,占有人不得本于本权之理由,而为防御。审判衙门亦不得本于本权理由而为判断占有之当否。否则,本权者必至蔑视占有者之权利也。

第一千三百零七条　第一千三百零五条之确定判决及和解,有使消灭占有诉讼之效力。但以关于本案之部分为限。

夫占有诉讼,虽与本权诉讼两不相妨,然第一千三百零五条规定之本权诉讼,已有确定判决及和解时,其以前系属于审判衙门之占有诉讼,关于本案之部分,当然使其消灭,以免占有诉讼无益进行。而占有诉讼中关于担负诉讼费用之部分,依旧存续,仍须为担负诉讼费用之审判。盖本条之规定,系为第一千三百零五条之占有诉讼判决之效力而设也。

第一千三百零八条　占有人因己之过失或偶然事变,致其所占有动产移于他人之占有地内，而他人并不占有之者，因欲搜索及收回，得请求允许其进入占有地内。

前项情形，土地占有人若受损害，得请求赔偿。

占有动产，因占有人之过失或因偶然之事变，致移于他人之占有地，而他人不为占有其物者，则不得以占有侵夺人或占有妨害人论，故不得向之请求返还占有物，或请求除去占有之妨害。然而，法律若不认动产占有人有请求权，亦不能完全保护其占有。故于不害土地占有人之利益范围内，不得不认定保护动产占有人利益之请求权。故本条第一项规定，动产占有人有请求入内搜索及收回之权。而于相对人之土地占有人一方，则于第二项规定，许其有请求赔偿损害之权，以持两方之平。

第一千三百零九条　他主占有，自其占有人向使已占有人表示所有之意思时起，变为自主占有。

前项规定，于他主占有人因新权利原因以所有之意思开始占有时准用之。

凡占有取得之后，往往有变更其性质者。如善意占有，自其占有人知无占有权利之时起，变为恶意占有。恶意占有，自其占有人确信有占有之权利时起，变为善意占有。又如瑕疵占有，自其占有人公然且平稳保持占有时起，变为无瑕疵占有。无瑕疵占有，自其占有人为保持其占有而用强暴或隐秘之法时起，变为瑕疵占有。此等事项，皆可推测而知，不烦明文规定。惟关于他主占有而变为自主占有者，则最有问题，故法律特为规定之。夫他主占有本有广狭二义，广义则包含代理占有而言，狭义则专指无有为自己意思而为他人占有者言，故亦曰不完全占有。其与自主占有区别者，全以所有意思之有无为断。然意思属于心理之作用，而非可求之物质。苟无所有意思之占有者，忽变更其意思，认为自己所有而行使其权利，则真正所有者，必因之大被损害。故法律为使占有权性质变更时期明确起见，凡他主占有欲变更其性质为自主占有者，应使备具本条所列之二要件。其第一要件，为占有者对于使自己为占有者表示所有之意思时，使自己为占有者以所有者为原则。所有者有数人时，要各自为意思表示，无论明示默示，又不论在裁判上裁判外，均无不可。其第二要件，为占有者因新权原更始以所有意思为占有时，新权原谓因新法律上之原因取得所有权，其原因不

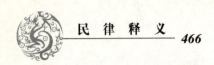

问为与本人之关系,或与第三者之关系皆是。以上二要件,均为本条第一项及第二项所规定者是也。

第一千三百十条 占有,因占有人抛弃对于物之事实上管领力而消灭。

占有,以占有人对于物有事实上之管领力而成立。其抛弃之时,则为失其管领力矣。惟抛弃之行为,系为占有者出于自动,使占有物离其管领力而言。所谓因抛弃占有之意思而为之者是也。凡占有物之管领力,既经占有者之抛弃,则其已无占有之意思,可想而知,故应使其占有归于消灭。此为占有消灭之第一原因也。

第一千三百十一条 占有,因占有人丧失对于物之事实上管领力而消灭。但占有人仅暂时不得行其事实上管领力者,不在此限。

占有,因于物有事实上之管领力而取得之。其丧失管领力时,占有自应消灭。即占有人丧失其占有动产无发见之希望者,此种事实亦即占有消灭之原因。然占有人仅暂时不得行其事实上之管领力者,但于本律尚规定有许行返还之请求及请求之时期在,自不得以丧失事实上之管领力论,其占有当然不归于消灭。例如因遗忘而丧失占有物者,然而不能谓为占有消灭之原因,是为例外之规定。此即占有消灭之第二原因也。

第一千三百十二条 占有,因其标的物灭失而消灭。

占有,因管领力之存于标的物而成立。今若标的物丧失,则管领力即无所附丽,而占有亦不成占有,自应令其归于消灭,更无待言。是为占有消灭之第三原因也。

第一千三百十三条 间接占有,因下列各事由而消灭:

一、直接占有人丧失对于物之事实上管领力时,但丧失原因仅关于直接占有者,不在此限;

二、直接占有人对于间接占有人表示此后为自己或为第三人占有之意思时;

三、为间接占有原因之法律关系撤销或终结时。

直接占有人者,如质权人、赁借人、监护人等代表间接占有人为占有者也。但间接占有人,因之亦能实行事实上之管领力。故直接占有人丧失物之事实上之管领力时,间接占有人亦丧失其占有。例如赁借人委弃其赁借物,致赁贷人事实上不能管领之时,其间接占有,亦即消灭。然直接占有人丧失占有之原因,仅关于其直接占有人时,则间接占有人,此后即为完全之占有人,而继续其占有。例如赁借人委其赁借之屋,而私去其赁贷人,则间接占有人即为完全占有人,而继续其占有矣。此为第一款之规定。若直接占有人向间接占有人表示此后为自己或为第三人占有之意思时,各间接占有原因之法律关系消灭,故间接占有亦应消灭。此为第二款之规定。若为间接占有原因之法律关系被撤销时,其效力溯及既往,故应使间接占有消灭。若有间接占有原因之法律关系终结时,其效力虽不溯既往,然亦应使间接占有消灭。此为第三款之规定。以上三款,直为占有消灭之第四原因也。

第一千三百十四条 由占有补助人为占有者,其占有因下列事由而消灭:

一、占有补助人丧失对于物之事实上管领力时;

二、占有补助人对于本占有人表示此后为自己或为第三人占有之意思时。

由占有补助人为占有者,其主人(或能指示占有补助人之本义)为占有人,则其占有补助人仅为占有人之机关而已。占有补助人对于物失事实上之管领力时,与占有人(即本人)失之者同,其占有自应消灭。此为第一款之规定。若占有补助人向占有人(即本人)表示此后为自己或为第三人占有之意思时,占有补助人非为占有人(即本人)之机关,对于物而行事实上之管领力,其占有补助亦应消灭。此为第二款之规定。以上二款之规定,即为占有消灭之第五原因也。

第一千三百十五条 数人共占有时,各占有人于其占有物使用权之范围及方法,不得互请求占有之保护。

数人共占有一物者,无论其关系为分别关系,抑系公同关系,但各占有人之对外关系,得向第三人主张占有之效力,而其对内关系则不得各自其占有部分而主张占有之效力。盖各占有人所共有之占有物,其使用权之范围及方法,皆关于本权,故不得自其占有部分而互为请求占有之保护。

第一千三百十六条 不占有物而得行使之财产权,其行使财产权之人为准占有人。

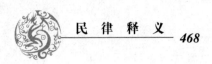

第一千二百六十二条至第一千三百十五条之规定，于前项占有准用之。

不占有物而得行使之财产权者，即无体物也。夫占有之标的物，以有体物为要件。故不能管领物而仅得行使其权利者，不得谓之占有。然物之管领，与权利之行使，二者全为同一，无不能受法律保护之理由。故近世各国立法例，皆扩张占有之意义。以有体物之占有为占有，而以权利之占有则为准占有，且许其准用关于占有之规定。惟准占有范围之沿革，有不可不一言者。当罗马帝政时代，其范围仅限于役权。中古寺院法则广及于财产权之全部，且及于亲族法上宗教上之权与国家之爵位，皆得为准占有之标的。至于近世，则渐悟准占有范围过广之非。因折中至当而以财产权为限，与凡关于不必要物之所持之物权及债权之行使，皆得为准占有之标准。至财产权以外之私权则否。本条亦依照此范围，而以不占有物而得行使之财产权为准占有之标的，以此种之占有人，为准占有人，是为近世最进步之立法例。

第四编

亲　属

　　亲属者何？规定亲属与亲属关系之法律关系者也。此种法律关系，应属于私法，可不待言，故各国皆以之列于民律之中。但在吾国古昔，在习惯虽有亲族之称，于法律无专门之辑。即有之，亦仅指同宗族之亲而已。如《户律立嫡子违法门》，《条例》有曰"于昭穆相当之亲族内"等语。夫同宗然后有昭穆，异性固无所谓昭穆。然则亲族者，非专指同宗族亲之用语而何？惟各国之所谓亲族者，其意义则不如是狭窄也。盖其于同宗之血族外，复包有异性之配偶者及姻族在内。然则彼之所谓亲族者，于吾之所谓亲族者，其范围之广狭，有不可同日而语者。乃今欲编纂民律，自不得不以亲族二字之外，另求适当用语也。夷考中国旧时律例，凡指族亲姻亲之全体者，必曰亲属。其例有三：（一）亲属相为容隐律：所谓亲属者，是包大功以上亲及外祖父母、外孙，妻之父母、女婿与小功以下及无服之亲等而言。（二）亲属相盗律：其各居亲属注有云，同居亲属不分同性异性，自期亲、大功、小功、缌麻以至无服之亲皆是。夫概言小功、缌麻，则母族在内。又缌麻之服则远族在内。是律言亲属，其为包括父族、母族、妻族之亲而言，尤可想见。（三）亲属相奸律：所谓亲属，亦包同宗无服之亲及无服亲之妻与缌麻以上亲及缌麻以下亲之妻、若妻之前夫之女及同母异父姊妹而言。据以上三例以观，则吾国旧律，凡包括族亲、姻亲之称，则均谓亲属。与亲族之用意，显有区分。故本律亦从此旨而定名曰亲属律。其律文内遇有专指同宗亲族者，则称谓亲族。又按各国关于亲属律之立法例，其所采主义，有家属主义与个人主义之别。个人主义者，以个人为社会之本位。

家属主义者,以家为社会之本位。取个人主义者,于法律上并不认有家之存在。故凡关于由家而生之一切家属之权利,自皆不认。惟认夫妻、亲子之关系而已。取家属主义者则不然,于夫妻亲子之关系外,更于法律上明认有家之存在。故由家而生之一切家长、家属权利皆认之。以上两大主义之优绌,若专从理论上着想,则家属主义之长处固多,短处亦不能免。个人主义短处固有,长处亦复不少。惟编纂一国之法典者,须实际与理论兼顾。况法律之所以发生两个主义者,必社会上先有此两种情形之存在。夫惟社会,然后能产生法律,法律奚能产生社会哉。故以个人制度之社会,采用个人主义之法律,然后乃能两合。否则,以家属制度之社会,而采用个人主义之法律,则亦不免两离。今试按诸中国今日社会实际之情形,一身以外,人人皆有家之观念存在于其间。故同住一家者为家属,其统摄家政者为家长。现行于社会者,既全然系家属制度。而家长、家属等之名称,又复散见于旧律各门,是法律上亦明认所谓家矣。虽云此种数千年之习惯,非牢不可破者。然私律以合乎民情为尚。因是之故,故欲编纂中国亲属律者,应取家属主义,而不应取个人主义也。虽然,日本民法亦采取家属制度者也。但以中国现行之家属制度相较,亦犹有别。盖日本向有家法而无宗法,故其宗即寓于家者也。所谓寓宗于家者是,凡继家之人即为继宗之人。所谓家督相续者,惟嫡子可继之。且异姓之人入于其家者,即弃其固有之姓,而从其入家之姓。故其嫡长之系统因家而传,合宗于家也。中国则不然,宗法与家法自有区别。故嫡子未必尽为家长,为家长者亦不拘于长子。盖中国嫡长之系统,不由家而传由宗而传也。故同一家属制度,而实际之不同又如此。此本律之立法例,所以不能全同于日本民法者以此。

第一章 通 则

通则云者,指规定亲属律所共通适用之一般规则而言。故本章之所定者,为亲属之分类及其范围,与亲等之计算方法,皆为亲属律所共通适用者，因以之弁诸一编之首。

第一千三百十七条　本律称亲属者如下：

一、四亲等内之宗亲；

二、夫妻；

三、三亲等内之外亲；

四、二亲等内之妻亲。

父族为宗亲，母族及姑与女之夫族为外亲，妻族为妻亲。

亲属者，赅宗亲、配偶及姻亲而言，前已说明。兹本条之所定者，为亲属之分类与其范围者也。盖亲属情谊有由同宗之血统而生者，有由婚姻之结合而生者。其发生之原因，既不相同。故其命名，自不能各异。今本律之所分类者，为宗亲、夫妻、外亲、妻亲之四种。第一，宗亲。宗亲者，指同宗亲属即同一祖先所出之男系血统之谓也。试举切近易知之例，如祖父、子孙、兄弟姊妹、伯叔等均属之。然细别之，又有血统上宗亲与拟制上宗亲之别。血统上之宗亲者，指男系之血统而言。本宗妇女出嫁而生之女系血统，虽系血统联络，然而不得谓之宗亲，此重男系国家当然之立法例也。但既属男系血统，即不问其为嫡子与庶子，均属宗亲。故其后虽有承继等事入于他家，然并不失其宗亲之关系，此又异于日本之民法者也。拟制上之宗亲者，即谓其亲属关系之成立，非本于血统，由法律之拟制而准诸亲族之谓，即嗣子与嗣母之亲属关系是也。第二，夫妻。夫妻者，因婚姻而成之亲属。故妻为夫之亲属，且取得夫对于宗亲之身份。质言之，即夫以妻为亲属，妻以夫为亲属，是法制上视夫妇为一体当然之结果。第三，外亲。外亲者，由女系血统而连续之谓也。凡除宗亲、夫妻及妻亲外，固莫不皆可以外亲二字包括之，不必专指母之本生亲族而言也。故外亲不以母党为限，以所有女系血统均包括在内，较为妥当。即母或祖母之本生亲族，又女孙女诸姊妹、诸侄女以及其他诸姑之子孙，亦均可以外亲名之也。第四，妻亲。妻亲者，由婚姻而生夫与妻之本生亲族之关系，即指妻之本生亲族之谓也。夫对于妻有妻亲，对于妾则无妾亲。故妾之父母、祖父母、叔姑及兄弟姊妹皆不生亲属关系。以上均为本条第一项各款之所定者也。复次，应说明亲属之范围矣。亲属之范围者，即在范围内之人法律上谓为亲属。否则，法律上不谓为亲属之意也。夫亲属关系，从天然之情形上着想，原无一定之范围。其所以划一定之界限而定为范围者,法律为之也。故就天然之情形而论。凡血统关系之推算由父而祖,上推之于数十百世以前之鼻祖。由子而孙,下推之于数十百世以后之云初。既有血统相联络,即世数辽远,均可谓有亲属关系。然于实际上则毫无利益者也。故各国法律关于此点,概设有一定之限制,以定亲属之范围。如罗马民法、西班牙民法、比利时民法、日本民法,皆以六亲等为限。意大利民法则以十亲等为限。法国民法则以十二亲等为限。其等差虽有不同,然其定有范围则一也。本律亦按照此种立法例,远征沿革,与夫旧律所载之丧服图,以为定亲属范围之标准。又亲属之中,除夫妇无所谓范围外,凡本条第一项各款所定之宗亲、外亲、妻亲三种,固莫不皆有一定之范围者也。爰复有第二项之规定。试分述之。所谓父亲为宗亲者,盖宗亲之范围,考诸古来之经典,历代之法制,皆以九族为断。《尚书·尧典》："以亲九族,九族既睦。"则上古宗亲已以九族为限可知。但解释九族之意义,有广狭之别。然明律与清律之服制图,则均以高祖至玄孙之九族为同宗亲属之范围。其云九族者,系以自己为本位,直系亲则由己上推至四世之高祖,更由己下推至四世之玄孙而止。旁系亲则由己横推至三从兄弟而止。因族兄弟、再从兄弟、堂兄弟及兄弟,同为四世高祖之孙故也。以九族定亲族之范围,是为中国法制之特色。盖各国于实际上以不得与己并时生存之四世外直系亲多列在亲属范围内,而于实际上得与自己并时生存之旁系亲,如族兄弟之类,每多置诸族亲之外。独本律采取九族制度。则从实际着想,于高祖以上五世之祖及玄孙以下五世之孙,实际上与己不得并时生存者则略之。其实际上得与己并时生存者,其亲分虽远,仍列入亲属范围。是本律以九族定亲属之范围者,不较合于实际耶。所谓母族及姑与女之夫族为外亲者,盖外亲之范围,一依外亲服图而定。但外亲服图虽只示明母族之亲属范围,并不示明出嫁女之夫族之亲族范围,实则母族与出嫁族均以自己为本位。试一反观,其理自明。如己对于母之父为外祖父,即女之子对于己亦为外祖父。故仅明母族之亲属范围者,即于出嫁族之亲属范围,可以类推而知。故本条云母族及姑与女之夫族为外亲也。所谓妻族为妻亲者,盖妻亲之范围,则依妻亲服图而定。于直系亲则妻之父母、妻之祖父母及外祖父母。于旁系亲则妻之伯叔及姑,妻之兄弟及其妇,妻之兄弟之子,妻之姊妹及妻之姊妹之子,为其界限。但妻亲云者,专指夫对于妻之宗亲而言。至于夫之宗亲与妻之宗亲间,在法律上并不生亲族相互之关系。以上三者,皆为本条第二项之规定者也。

第一千三百十八条　亲等者,直系亲从己身上下数以一世为一亲等。旁系亲从己身或妻数至同源之祖若父并从所指之亲属数至同源之祖若父其世数相同即用一方之世数。世数不相同,从其多者以定亲等。

凡己身或妻所从出,或从己身所出者,为直系亲。非直系亲而与己身或妻出于同源之祖若父者,为旁系亲。亲等应持之服,仍依服制图所定。

亲等者,规定亲属之亲疏远近之等差者也。但律文既定有亲等,不可不规定其计算之方法。本条即规定其计算方法者也。所以然者。因继承之问题,全依亲等而定。亲等最近者最先继承。无最近亲则及于次近亲。故亲等计算法,为亲属法中之所不可不规定也。然亲等计算,有罗马法计算法、寺院法计算法两种。依罗马法之计算法,于直系亲属则算其间之世数而定亲等。故世代之数,与亲等之数,正相吻合。为亲子间为一世,则为一亲等。祖父母与孙之间为二世,则为二亲等。以上以下,均准此推之。于旁系亲属,则由同出之始祖下降于旁系亲属之各方,合算其世数而定亲等。盖由旁系亲属之一方,溯诸同始祖,再由同始祖,更下数至他方,合算其世数,以定亲等。如计兄弟姊妹间之亲等,先从一方溯诸同源之父母,作为一等。更由父母下至他方,又加一等。故兄弟姊妹为二等之旁系亲。计伯叔与侄间之亲等,则先由侄溯诸父母作为一等。更由父母溯诸同源之祖父母,又加一等,由祖父母更下至伯叔再加一等。故伯叔与侄为三亲等之旁系亲。从兄弟姊妹为四亲等之旁系亲。其余以此类推,是罗马法之计算法也。寺院法之计算法,于直系亲属间之计算,与罗马法同。其所异者惟旁系亲耳。其旁系亲之计算法,是不合算双方之世数,专算一方之世数而定亲等者。故从始祖下至旁系亲之各方世数双方相等者,虽无论从何方计算,均不相异。若双方世数不相等,则从其多者。如兄弟姊妹从其同源之父母起算,无论下至何方,均是一世。故不合算,单依其一方之世数定为一亲等之旁系亲。至伯叔与侄,从其同源之始祖起算,下至伯叔为一世,下至于侄为二世。则从其多者,定为二亲等之旁系亲。从兄弟姊妹亦为二等旁系亲。其余以此类推,此寺院法之计算法也。凡亲等计算,在各国只有依此两种而定。但在西洋、日本,则多系用罗马法之计算法。然在吾国,既无先例。今欲采用亲等计算法者,若在直系亲,则为罗马法与寺院法之所同。若在旁系亲,则二者显有出入。抑中国之直系亲,上至高祖,下至玄孙,由己而上推下推,均以四世为止。旁系亲,则族兄弟与再从侄,亦认其在亲属范围之内。若取罗马法之计算法,其直系亲以一世为一等,应以四亲等为限,而旁系亲则须依八亲等为限。试以族兄弟而论,如由族兄弟上溯至族伯叔又为一等,更由族伯叔父上溯至妻伯叔祖父,复上溯至曾伯叔祖父。比至同源之高祖,已有四等。复由高祖下至曾祖、祖父、父,比至己身,又为四等。合算之,己与族兄弟是为八等之旁系亲矣。然在直系亲只认四等,而于旁系亲反认八等,于理甚为不合。故于各国虽采取之,然按诸中国亲属实际之范围,既有不合。则惟有舍弃罗马法计算法,而采取寺院法计算法,则于服图所载之宗亲,均可以四等括之。盖依寺院法计算法以定中国亲等,则直系旁系均以四等亲而止。依寺院法计算法中国直系亲属以四等为限,已无疑矣。至于旁系亲,依寺院法计算法亦只有四等而已。盖寺院法之旁系亲计算,是由同源之祖下至旁系亲属各方,专依一方世数定亲等,不合算双方。中国所认旁系亲属之最远者,莫如族兄弟。然以寺院法旁系亲计算法数之,则族兄弟亦得为四等亲。盖由高祖递降而下,曾伯叔祖父、族伯叔祖父、族伯叔父、族兄弟,以一世为一等,其间不过四等。又由高祖递降而下,曾祖、祖父、父、己身,以一世为一等,其间亦不过四等。然寺院法亲等相同时,只用一方之数定亲等,不用双方,故族兄弟亦为四等亲。而旁系亲之范围亦于此而尽。直系旁系共以四等亲为限,则按诸吾国亲属制度最为合宜。故本律采用寺院法计算法以定亲等也。兹将族亲、外亲、妻亲各亲等图列于下,并以罗马法计算亲等图附列于后,以备参考。

（一）族亲亲等图

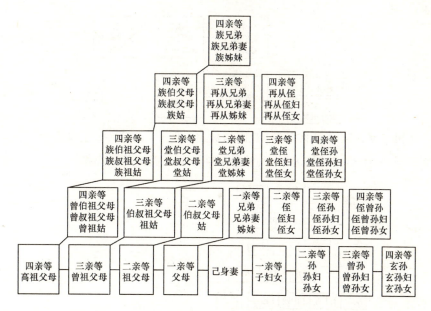

（二）外亲亲等图（双线格不在本图亲等内）

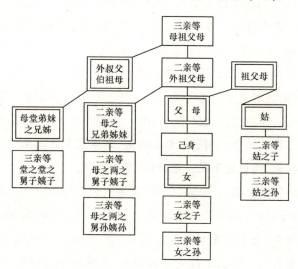

(三) 妻亲亲等图

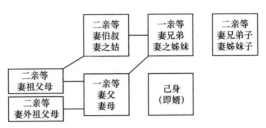

附　罗马法计算亲等图(凡图内数目,即亲等之数。如父母为甲一,子女为子一,胞兄弟姊妹为甲三,堂兄弟姊妹为乙四。其余类推)

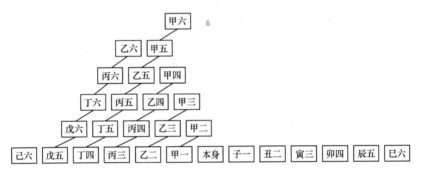

第一千三百十九条　妻于夫之宗亲、外亲,其亲属关系均与夫同。

夫妻本为一体,实立于同等之地位。故妻于夫之亲属,应取得与夫同一之地位。此本条之所以设也。惟夫之妻亲,在妻之一方对之仍系宗亲。而妻之外亲,则妻对之亦仍系外亲,而夫对之不过为妻亲之一部。故妻之宗亲、外亲有二,即一为己之宗亲、外亲,一为夫之宗亲、外亲是也。

第一千三百二十条　嗣子从承继日起,其亲属关系与所嗣父母之亲生者同。子于继母、嫡母之亲属关系,与其亲生者同。

嗣子与嗣父嗣母固生亲属之关系,则甚浅显而易明者也。至嗣子与嗣父、嗣母之亲属关系,如嗣子与嗣父、嗣母之宗亲、外亲等,嗣子对之亦应生亲属之关系与否,是不可无明文规定者也。故本条第一项规定,特许与嗣父母之所亲生者同。但亲生者其亲属关系,系从出生时即行发生,嗣子则应从承嗣之日起始发生耳。又子之与继母,庶子之与嫡母之亲属关系,是否从同,亦不可无明文规定。但嗣子与嗣父、嗣母之亲属关系,既与所亲生者同。则与继母、嫡母之亲属关系,亦当与继母、嫡母之所亲生者同,以昭

第一章 通则

平允。此本条第二项之所规定者是也。

第一千三百二十一条　亲属彼此互有同一亲等之关系。

亲等只论亲疏,不问尊卑。故亲属之关系,彼此易地而相同。例如父与子为一亲等者,子亦以父为一亲等。又如孙以祖为二亲等者,祖亦以孙为二亲等。由此而推,以及直系、旁系,或至外亲、妻亲,凡有亲等之可以计算者,则莫不使其相互间有同一亲等之关系。盖规定亲属关系与规定服制等级者,其目的固有不同也。故于同一亲等之相互间,不令其等差轻重之可寻也。

第一千三百二十二条　由婚姻或承嗣而生之亲属关系,于离婚或归宗时即解销。

由婚姻或承嗣而生之亲属关系,是由法律上拟制之亲属,非天然血统上之亲属也。故其结合之原因,悉由于某条件而成立。一旦某条件归于消灭,如夫妻至于离婚,嗣子至于归宗者,则因某条件而生之亲属关系,即当然因之解销,可不待言。爰于本条特明示其解销原因,以免疑议。

第二章 家　　制

家制者何？规定家之组织及家属间之一切法律关系者也。盖本律之立法例，既采取家属主义，而不取个人主义。则由家而生私法上之权利义务，有必须规定者，是无容疑。惟吾国家属制度，凡宗与家有划然之界限存焉。盖宗者，指系统上之关系。家者，指实际上之组织。故承继宗祧者为嫡长，统摄家政者为家长。宗自为宗，家自为家。故有大宗、小宗之别，无本家、分家之名，是中国系统向来以宗传不以家传也。故关于家制之规定，应从家之实际组织上入手，即从家长、家属之关系上着想。其系统上之关系，不应阑入于家之中。本章应分为总则及家长、家属之两节以说明之。

第一节 总　　则

总则者，规定家之如何成立之一种共通规则。故以之列于第一节，而为一般之原则，以便一般之遵守者也。

第一千三百二十三条　凡隶于一户籍者为一家。

父母在欲别立户籍者，须经父母允许。

凡家长、家属之名目，均由家而定。故同在一家者为家属，否则非家属。家长对于家属负扶养之义务，否则不负之。故一家之界限，有不可不釐然确定者，即籀于此。夫吾国定一家之界限者，向以户籍为标准。故旧律户律、户役门有曰：一家曰户。又曰：人户以籍为定。而在各国，亦多有户籍法之规定。故定一家之界限，应以户籍为准。同隶于一户籍之下者，为一家。其不同一户籍者，即不得为一家。此本条第一项之所定者是也。虽然家属以情谊为团结，凡情志既离者，法律虽强为束缚，于事实转无利益。故有欲分家而别立户籍者，则非法律之所禁。至分家之条件，则应以兄弟间之协议为定。但父母在欲别立户籍者（不限于兄弟分家，即父子分家亦是），则须经父母之允许。旧律别籍异财门例文有云：祖父母、父母在

第二章　家　制

者,子孙不许分财异居。其父母令分析者听。恰与本条第二项之规定暗合。虽分财异居与别立户籍微有差异,然既许其分析,则别立户籍,为当然之事,自非法之所禁。又所谓父母允许者,别于家长允许也。盖父母之地位不必即为家长,而家长亦不必以父母为限。本条云经父母允许者,则虽家长有不允许而父母已允许者,即可别立户籍。条文所以不以家长允许为限者,因恐有非父母而为家长时,则究非父母可比,法律是不能与以允许之权也。是为本条第二项之规定。

第二节　家长及家属

中国系统以宗传,不以家传,前以略言之。则关于家所应规定者,不宜从系统上着眼,以免混宗于家。而应从家之实际组织上着眼,庶几宗家有别。此本节立法之主旨也。所谓家之实际组织者,即家系由家长及家属之组织而成。凡属于一家者,家长外均得谓为家属。然家长与家属间交互之关系,以及家长之资格、家属之范围等,实际上均有重大之关系。故为法律之所亟应规定者也。但本条称为家长、家属而不称为户主、家族者,其理由有二:(一)因吾国对于家属之名,向例皆用家长,不用户主。如旧律户役脱漏户口条:凡一家曰户。全不附籍者,则家长处十等罚。隐蔽差役者亦如之。而脱漏户口之辑注有曰:一家之事,由家长为主。隐蔽差役之辑注有曰:脱户免差独坐家长。又欺隐田粮之辑注有曰:一户人口,家长为主。所有田粮,家长主之。是吾国向来凡指统摄家政者,均用家长不用户主之明证。况本律所规定者,是家不是户。故称统摄家政者,仍应定名为家长为是。(二)因吾国凡用于家长之对待名词,向例亦用家属。旧律名例有"流囚家属"之条。邮驿有"病故官家属还乡"之条。其他律例,凡属于一家长之统率者,统名为家属,不少概见。至于家族二字,则惟日本民法有之。在吾国,为所不经见者也。况称之为族,与同宗亲族之意易混。故本条称家长之对待者曰家属,而不曰家族,即此意也。

第一千三百二十四条　家长,以一家中之最尊长者为之。

何人应充家长,是为家长之资格问题,法律上不可无明文规定者也。抑家长之权利义务,皆由正当之资格而生。故其资格,尤不可不明确规定者。但旧律无明定家长资格之专条。惟卑幼私擅用财之辑注有曰：家长统于尊长。夫统率家政之尊长，实即统摄家政之家长。但尊长对于卑幼之谓，家长对于家属之谓耳。然则一家之家长，应尊长充之，可不待言。至于何谓尊长，则卑幼私擅用财条之辑注有云：父辈曰尊，而祖辈同。子辈曰卑，而孙辈同。兄辈曰长，弟辈曰幼。是尊卑为本诸亲属之身份，长幼系因同辈之年龄而区别也。第一家之中从卑幼视之，有时尊长有多至数人者。如子之对父母虽为尊长，而父母之对祖父母则为尊长上之尊长矣。然则于此情形，究以何人为家长，于是法律乃为之规定曰：以最尊长者为之。如祖父母、父母同居，应以祖父母为最尊长，是即应以祖父母先为家长也。即本条之所定者是也。但既居一家中最尊长之地位者，则嫡长与否，直系与否，均非所问。此为宗家有别当然之结果也。

第一千三百二十五条 最尊长者，于不能或不愿管家政时，由次长者代理之。

前条系规定家长资格之原则。然必以最尊长者然后始克充家长，于事实上或有不可通之处，是不可无例外以救其缺。本条及第一千三百二十六条之规定即其例外也。本条所谓最尊长者于不能或不愿管家政时，即最尊长者或因年力就衰，精神不逮，致不能统摄家政，或因由于自己之意思，不愿统摄家政时，是不能不以次长者代理家政。但代理之资格，不过假最尊长之名称统摄家政而已，其实际之家长仍为最尊长也。此即本条之规定，而为前条之第一例外也。然按诸外国立法例，有于最尊长不能或不愿管家政时，尚有静养之制度。然既静养后，则最尊长者固未必犹居家长之地位，是不若代理制为合宜也。

第一千三百二十六条 一家中尊辈尚未成年时，由成年之卑辈代理之。

凡一家之中，有尊辈在，固应以尊辈充家长之任。但有尊辈尚未成年而卑辈已成年者，此时若仍照第一千三百二十四条所定之原则办理，则由以未成年之尊辈为家长。夫一家中有成年人在，而使未成年人充当家长，统摄家政，于实际上殊多窒碍。故本条特认已成年之卑辈，有代理未成年之尊辈，统摄家政之权。如一家中有三四岁之叔，二三十岁之侄，而别无尊辈者，自不得不令其侄代理其叔暂摄家政。是为第一千三百二十四条之第二例外也。

第一千三百二十七条　家政统于家长。

一家之中,既设家长以为主宰。则家长职权之所在,理应令其统摄全家之家政。然无明文之规定,家政之职权范围,究难明确。此本条之所以特设明文规定也。但家长既有统摄家政之权利,则在家属即生服从之义务,此又浅显而易明者,故条文不特设规定。

第一千三百二十八条　与家长同一户籍之亲属为家属。

夫区别家属与非家属之要件有二,即一须同一户籍,二须系亲属(为家长之亲属)是也。凡亲属,不以家属为限,而家属则以亲属为限。旧律户役漏脱户口条若将他人隐藏在户,其注解有曰:他人者,所以别于亲属也。既非亲属不得同居,当别立户籍云云。以非亲属为家属,使之附籍,既为律之所禁。则得为家属可使之附籍者,必以亲属为限,可以类推。但所谓亲属者,不以族亲为限,即异姓之外亲、妻亲,亦应包括在内。而所谓亲属不专指与家长有亲属关系,即与家长之家属有亲属关系者,亦得谓为家属。至若雇工人,于法律上不过生雇佣关系,况其地位本非亲属,则虽同在一家,自不得为家属。至奴婢之来,系由于买卖,且亦永久居住于家长之家,然而无亲属之关系。抑买卖人口,既经悬为厉禁,在法律上亦只生雇佣关系,自无家属之关系可言。故法律上认为家属者,仅以同居之亲属为限耳。

第一千三百二十九条　异居之亲属欲入户籍者,须经家长允许。

凡亲属之范围,较家属为广。故一家以外之亲属尚多,是即异居亲属也。异居亲属欲入家长之户籍,而为家长之家属,有必须经家长之允许者。盖凡欲入籍居者。即隶属于家长统率之下,且家长对之有扶养之义务。故于入籍之初,应与家长以允许之权也。

第一千三百三十条　家属以自己之名义所得之财产,为其特有之财产。

所谓家属以自己之名义所得之财产者,如家族由职业而得之财产,及其他因赠与或遗赠家属所得之财产是也。此种财产为家属之特有财产,即本条之规定也。

第一千三百三十一条　家长、家属,互负扶养之义务。

夫家政统于家长,既为同居之家属,则家长扶养家属,本属当然之事。

然于家长不能自存，而于家属有扶养之资力时，亦应使之扶养家长，以示亲亲之意。故有本条之规定。但家长、家属互为扶养之义务，与亲属互相扶养之不同。家长、家属互相扶养之义务，以同居一家者为限。若先同居后异居者，不在互为抚养之列。故条文仅云家长、家属互负扶养之义务也。

第三章 婚 姻

婚姻者,为组织社会之根本。故婚姻正而秩序风俗以维,婚姻乖即秩序风俗以颓。斯易称有天地。然后有万物,有万物然后有男女,有男女然后有夫妇,有夫妇然后有父子、君臣。中庸亦曰:君子之道造端乎夫妇。第质实言之,则曰夫妇,而法律之规定,则曰婚姻。故昔贤有云男女以正,婚姻以时,王化所基。婚姻礼废,夫妇道苦,大矣哉婚姻也。然则婚姻者,非家之始基、亲属之造端乎?此本律所以于规定家制之后,特为规定婚姻也。但统观古今中外婚姻之状态,约分五种。一曰掠夺婚,专用暴力掠夺他人妇女据为己妻之谓也。盖征诸古代历史及近代野蛮人种中多有此种习俗。第此可以力掠得者,彼亦可以以力劫回。彼此扰攘,有害于社会之和平。二曰买卖婚,专以金银财帛送给女之父母因而买得其女之谓也。夫男女婚姻出于买卖,虽较彼掠婚已为稍进,然而究竟有背乎人道。三曰聘娶婚,专以聘娶礼物为金钱买卖之代位。即妇女之父母以得礼物故,遂将妇女许配之谓也。是妇女终身婚姻大事,尚专由父母主持者也。四曰允诺婚,专以男女之情愿与其父母之同意而结为婚姻之谓。至其聘礼之备否,初非所问者也。五曰自由婚,专由当事人自由契约而定,不用国家与教会干涉之谓也。夷考诸国婚姻制度,在今日已为由允诺婚而进于自由婚时代。然以吾国社会婚姻实际之状态,于掠夺婚一种,早已悬为厉禁(如旧律婚姻门强占良家妻女等律例是)。而买卖婚一种,陋习所沿,尚未尽除,往往两家议婚时,有计较聘金多寡者。若在中流以上之社会,则两家议婚,只言聘礼,不言聘金。然则聘娶婚一种,似已为吾国社会所公认。本律为统一全国习惯,挽救衰颓起见,故亦认定聘娶婚焉。盖法律若认买卖婚,则聘金多寡、交付迟延,皆可据以为拒绝婚姻之理由。若认聘娶婚,则只须备有聘礼足矣。且中国婚姻,仅有纳采、问名、纳吉、纳征、请期等礼,自古已然,于今未改。故本律规定,婚姻专认聘娶也。但聘娶婚之成立,尚专重在父母之意思。至于男女之间,其意如何,概不置问。然婚姻为男女终身大事,若重拂其意，强为结合，将易生夫妇反目之忧，难望家室和平之福。是以本律既专认聘娶婚外，复兼采允诺婚，俾于男女之间各得同意，以崇礼教，而顺人情。本此理由，乃设为下列四节之规定。

第一节　婚姻之要件

婚姻之要件者，即婚姻于何成立之条件也。夫本律既采取聘娶婚并兼采允诺婚主义，然应适用法律上之何种程度限制，始得许其聘娶、允诺，法律上不可不先用明文规定之。此本节之所由设也。盖婚姻而合乎此条件，在法律上始得认为婚姻。否则，事实上虽成立为婚姻，法律上仍不认为有婚姻之效力。此婚姻所以须有一定之要件也。

第一千三百三十二条　男未满十八岁、女未满十六岁者，不得成婚。

凡婚姻之要件之最重者，以及婚年岁为第一。及婚年岁者，即法律上所认之成婚年岁也。法律所以规定及婚年岁者，系为防遏早婚计。盖早婚之弊颇多。举其重者。（一）有害于男女身体之健康。（二）男女之体格尚未十分发育，则其结婚后所生之子女体格亦多羸弱。（三）一国之国民精神，均由一家之子女所积而成。但家庭既多羸弱之子女，即国家亦必多羸弱之国民。（四）婚姻为男女终身大事，须有立身治家之知识，方可谋及家室。否则，年岁过稚，其知识未充，即谋虑亦必有限。（五）教养子女，乃父母之责任。故成婚后，于财产上固须有养育子女之能力，于道德上亦须有教育子女之才智。若结婚过早，己身方且仰给父母之教养，而欲责其教养子女者，盖亦难矣。综此数弊，故各国法典皆规定及婚年岁。兹先列表于下，然后再说明理由焉。

德国	男	满二十一岁	女	满十六岁
法国	男	满十八岁	女	满十五岁
意大利	男	满十八岁	女	满十五岁
比利时	男	满十八岁	女	满十五岁
荷兰	男	满十八岁	女	满十六岁
瑞士	男	满十八岁	女	满十六岁
日本	男	满十八岁	女	满十五岁

第三章 婚 姻

上列各国法定及婚年岁,国与国异。盖及婚年岁,须视国民身体发育迟早而定。而身体发育之迟早,又与一国之土地气候有关,故彼此不能强同也。然本条所以定为男满十八岁、女满十六岁者,盖原因历史上之沿革也。礼内则有曰男子二十而冠,三十而有室;女子十五而笄,二十而嫁。《孔子家语》哀公问于孔子曰:男子十六岁而精通,女子十四而化育,是则可以生人矣。而礼男必三十而有室,女必二十而嫁,岂不晚哉。孔子曰:夫礼言其极耳,不是过也。男二十而冠,有为人父之端。女十五而笄,有适人之道。朱子家礼有曰:男子年十六至三十,女子年十四至二十,乃可成婚。其见于经礼者如此。至见于法令者,通典唐太宗贞观元年诏曰:男年二十、女年十五以上,并须申以婚媾。明太祖洪武元年制曰:男年十六、女年十四以上并听婚娶。然历史上既有此种及婚年岁之规定,则其土地气候当亦考之熟矣。故本条特参酌古今之宜,中外之制,而定为男满十八岁、女满十六岁者,始得许其成婚。其有未达及婚年岁之婚姻可撤销之,以防早婚之弊。

第一千三百三十三条　同宗者不得结婚。

同宗者,指血统关联之同姓者而言。盖我国自有姓以来已数千年,而历代帝王之兴,于其从征之功臣,每有赐姓之举。甚者且有冒姓,如冒顿之冒刘氏,沙陀之冒李氏。年代久远,习与同化。抑将细考其宗源,而不自知。故本条之所以仅谓同宗而不谓同姓者,应以狭义解之。盖凡属同宗者,虽系异姓,亦禁结婚。至于支派之远近,籍贯之同异,则初非所问。

第一千三百三十四条　在本律规定之亲属范围内,不得结婚。但外亲或妻亲中之旁系亲其辈分同者,不在此限。

前项规定,于第一千三百二十二条亲属关系解除后适用之。

在本律规定之亲属范围内而有切近之尊卑辈分或为同母异父者,亦不得结婚。

近亲结婚之禁止,为中外所同。惟所谓近亲者,其界限不一。依罗马法,近亲婚姻之禁止,以直系血族暨四亲等以内之旁系血族及直系姻族为限。依寺院法,则仅禁止直系血族、姻族及兄弟姊妹间之婚姻,或禁止直系血族、姻族及三亲等内之旁系血族、姻族之婚姻而已。本条规定,则凡在亲属范围内者,概不许结婚。惟外亲中姑之子女,母舅之子女,及两姨之子女,与妻亲中妻之姊妹,虽亦在旁系亲属中,但为现在社会实际上互相结婚者颇多。本律为尊重习惯计，故特许之，而有本条第一项但书之规定。又近亲婚姻之禁止，不因亲属关系解销而弛。故有第二项之规定。又其身份虽不属于亲属范围，而有切近之尊卑辈分可稽者，如女婿之姊妹，及子孙妇之姊妹，及妻前夫之女，以及同母异父之姊妹等，亦均不许其结婚。故又有第三项之规定。

第一千三百三十五条　有配偶者，不得重婚。

夫一妻多夫与一夫多妻，皆为近世文明国之法律所禁。故既有夫者，不得复有夫。既有妻者，亦不得重有妻。此本条规定之理由也。惟前婚无效，或撤销，或离婚，或一造死亡时而再行婚嫁者，则有配偶者已变为无配偶，故不能以重婚论。

第一千三百三十六条　女从前婚解销或撤销之日起，非逾十个月不得再婚。若于十个月内已分娩者，不在此限。

凡于婚姻解销或撤销后，若遽许其再婚，则后日所生之子，果为前婚之子，抑为后婚之子，易生疑义。故本条为防制血统混乱起见，特为规定非经过十个月后不得再婚。但于十个月内因前婚所怀之孕若已经分娩者，则许其于十个月内再与人结婚。盖已经分娩，则混乱血统之问题，即以消灭，自可无自严行限制。故复有但书之规定。

第一千三百三十七条　因奸而被离婚者，不得与相奸者结婚。

所谓相奸者，即奸夫奸妇是也。若奸妇因与人奸通，致被离婚，而改嫁于人，本为法所不禁。若其仍与奸夫结婚，是非特破溃廉耻之防，抑亦长邪淫之风也。且在旧律犯奸门，和奸男女同罪，奸妇给付本夫听其离异。若嫁与奸夫者，奸夫主婚之人各处罚，妇人仍离异等语。则此种立法例，在吾国亦为自古依然。本律因采取此意而设为本条之规定。

第一千三百三十八条　结婚须由父母允许。

继母或嫡母故意不允许者，子得经亲属会之同意而结婚。

按本律既兼采允诺婚主义。则婚姻须经两造同意，是为婚姻成立之重要条件。但婚姻系男女终身大事，非寻常契约可比。而青年子女，阅历未深，血气未定，往往只顾目前，不知计及将来之利害，而致贻后悔，每有佳偶而反成怨偶者。法律故规定结婚须由父母允许。以父母爱子之情，必能为子女熟权利害也。况家属制度之原则，子妇于结婚后，仍多与父母同居。

则姑媳间之感情,亦当先行筹及。但条文所谓父母允许者,须经父母双方均行允许。若只得父或母一方之允许者,仍不得结婚。此本条第一项之规定也。然有时其母若以嫡母或系继母,而故意不为子女允许婚姻者,则子女得经亲属会允许而结婚,以遏故意阻挠之渐。故复有第二项之规定。

第一千三百三十九条 婚姻,从呈报于户籍吏而生效力。

凡发生婚姻效力之初期,必有一定之方式。其方式维何?即呈报户籍吏是也。故有虽经结婚而犹未呈报者,法律上不能发生婚姻之效力。而正式结婚与非正式婚姻之区别,亦因此而判。此本条之所由设也。至呈报之要件与程序,则于户籍法中规定之。

第一千三百四十条 违第一千三百三十二条至第一千三百三十八条之规定而结婚者,户籍吏不得受理其呈报。

违第一千三百三十二条至第一千三百三十八条之规定而结婚者,其情形有七:(一)未达及婚年龄而结婚;(二)同宗结婚;(三)亲属结婚;(四)重婚;(五)女经离婚未逾十个月而再婚;(六)相奸者结婚;(七)不经父母允许而结婚。以上七种情形,在法律上均不得发生婚姻之效力。故虽有呈报,然户籍吏本有审查其婚姻违法与否之权。若其为违法者,即得拒绝受理。斯本条规定户籍吏对于以上七种之违法呈报,不得受理,以免违法婚姻之蒙混成立也。

第二节 婚姻之无效及撤销

凡无效及撤销于总则外,再于亲属编婚姻章中,特设规定者,以婚姻之无效及撤销,与寻常法律行为之无效及撤销不同。盖婚姻之无效及撤销,既为当事人之大不幸,而与一家之平和秩序,亦均大有关系。故婚姻之无效及撤销,各国法律,多于总则外特别规定,所以昭慎重也。婚姻之无效及撤销条件,各国法律亦多有严密之规定。今依本律所定婚姻无效之条件,大致约有二端:(一)无结婚之意思;(二)不为呈报户籍吏。而婚姻撤销之条件,大致则有八端:(一)未达及婚年龄;(二)同宗结婚;(三)亲属结婚;(四)重婚;(五)违背再婚期限;(六)相奸者结婚;(七)未经有允许权者之允许;(八)因诈欺或胁迫而为婚姻。在法律于婚姻之无效及撤销,既为特别规定，即不得妄以他项事由而主张无效及撤销，可不待言。但婚姻之无效云者，谓当然无效，初不待审判厅之宣告也。故本律不采用宣告制度，而当事人间即不生夫妇之权利义务。故其所生之子亦为私生子。婚姻之撤销云者，亦与普通法律行为之撤销不同。以婚姻撤销之效力，只在将来生效力，不溯及既往故也。且普通法律行为之撤销，只须通知相对人。而婚姻之撤销，则必向审判厅呈请宣告。故关于婚姻之无效及撤销，尤不能不于本编特设规定也。

第一千三百四十一条　婚姻之无效，以开列于下者为限：

一、当事人无结婚之意思；

二、不为第一千三百三十九条之规定之呈请者。

婚姻为男女终身大事。既经结婚，非于万不得已，不得作为无效。盖即一与之齐，终身不改者是也。故婚姻无效之原因，不可不有法律规定。本条即规定其无效之原因者也。至无效之原因，计有二种，如本条各款所定。但在第一款所谓当事人无结婚之意思者，以事实错误为限，其他事故，当然不得援引。

第一千三百四十二条　婚姻，惟依后三条所规定，始得向审判厅呈诉撤销。

既定或既成之婚姻一旦撤销，则于婚姻当事者实有重大之影响。故婚姻之撤销与普通法律行为之撤销不同。盖婚姻撤销之原因，均由法律所明定。若不合于法律所定之原因者，则概不得呈诉撤销。至撤销之原因，则如后三条所定。本条特明示其适用之范围。又婚姻之撤销，须呈诉于审判厅为之，而不许当事人任意为之，尤为特色。

第一千三百四十三条　婚姻，违背第一千三百三十二条、第一千三百三十六条所规定者，得由当事人及其亲属或检察官撤销之。但若违背第一千三百三十五条所规定者，前夫亦得撤销之。

凡法律许撤销婚姻者，或因其婚姻有害于公益，或于公益虽无害，而于私人之利益有关系者。故于前者为因公益之撤销，后者为因私益之撤销。因公益之撤销，非但与其婚姻有利害关系者得撤销之，即国家代表之检察官，亦得有撤销之权。若因私益之撤销，则检察官不得干涉，惟于法律所限定之人得撤销之。本条所规定之撤销权，如未达及婚年龄、同宗为婚、亲属

第三章 婚 姻

结婚、重婚、违再婚期限、相奸者为婚等（第一千三百三十二条至第一千三百三十六条），均有害于公益。故于各当事人或其亲属外，并予检察官以撤销之权。至若重婚，则于前夫之利益极有关系，故亦许其有撤销之权。但法律不与前妻以撤销，未免稍偏。

第一千三百四十四条 婚姻，违背第一千三百三十八条所规定者，惟有允许权者得撤销之。

凡婚姻，须经有允许权者之允许，是为第一千三百三十八条所定。若有未经允许而结婚，则与允许权者之权利有失。故惟许有允许权者得撤销之。此为保护私益起见，予以撤销权之意也。

第一千三百四十五条 因诈欺或胁迫而婚姻者，惟当事人得撤销之。

夫因诈欺或胁迫而为婚姻者，则当事者无自由决定婚姻之意思可知。但究竟被诈欺或胁迫与否，惟当事人心知之。故法律惟与当事人以撤销权。至关于婚姻之诈欺，各国立法有不以诈欺为撤销婚姻之原因者，如法国民法是。其理由则谓，美则格外褒扬，丑则故意伪饰，是婚姻之常态。若以诈欺为撤销婚姻之原因，则婚姻之可撤销者，必日见其多。在德国则以诈欺为婚姻撤销之原因，其理由以人被欺诈时，则无自由决定婚姻之意思也。本律因之，故亦认诈欺为撤销婚姻之原因。但其诈欺须出于当事人者为要，如男诈欺女、女诈欺男是。若其诈欺出于第三人时，则不得撤销。例如，因媒妁之诈欺而为婚者，则不在此限。盖媒妁为第三人也。又如诈欺若关于财产亦不得撤销。例如，某女与某男言余有嫁赀若干。某男羡其嫁赀之丰，遂与结婚。后某女临门，并无一文之嫁赀。在此时，某男虽为某女所诈欺，然不得以之为撤销婚姻之原因。以财产之多寡，与婚姻之目的并无关系。故于财产上虽实被诈欺，然不得因此而撤销婚姻。若关于由胁迫而为婚者，英、法、德、日诸国，均认为撤销婚姻之原因。以既被胁迫，则意思之自由必系缺乏。故如某男以劫女，女怵其威，遂行允诺，然于实际即为由于胁迫者。因亦可以撤销婚姻之原因。所谓惟当事人有撤销权，即惟被诈欺或被胁迫者有此权利之意也。

第一千三百四十六条 以上之撤销权，以六个月为限。

前项期限，在第一千三百四十三条，除所称第一千三百三十二条、第一千三百三十五条外，从知有婚姻时起；在第一千三百四十四条，从有允许权

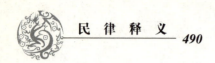

者知有婚姻时起；在第一千三百三十五条，从发见胁迫或免离诈欺时起。

凡有撤销原因之婚姻，法律原许其有撤销权者撤销之。但撤销权之行使，若漫无限期，则经过数年或数十年后，无论何时，均得撤销其婚姻，非特不利于婚姻当事人，亦非所以维持一家及社会秩序之道。故各国法律关于婚姻撤销之期限，其因有害于公益而生之撤销权。虽以无期限为原则，至因有害于私益之撤销权，则多有一定之期限。本律为保护公益与私益计，亦兼为保护婚姻当事人与维持一家及社会之秩序计，故因有害于私益而生之撤销权，既规定其行使之期限。有害于公益而生之撤销权，其行使之期限，亦一并规定之，而统以六个月为限。此为本条第一项之规定。而其期限之起算点，则各依其原因而有不同。故复设第二项之规定。

第一千三百四十七条　第一千三百四十三条所称违第一千三百三十二条而生之撤销权，至年龄及格时即消灭。

第一千三百四十三条所称违第一千三百三十七条而生之撤销权，自前婚解销或撤销之日起经十个月或已分娩者，即行消灭。

违背第一千三百三十二条而生之撤销权者，未达及婚年龄之撤销原因也。盖未达于及婚年龄之婚姻，凡有撤销权者欲撤销其婚姻，当于未达及婚年龄之前撤销之。若既达及婚年龄，则有撤销权者之撤销权，自应消灭。因法律于未达及婚之年龄之婚姻，亦以予父母等以撤销权者，深虑未达于及婚年龄而结婚之人，其意思能力尚未完全，无审决婚姻善良与否之识，故有撤销权之设。若既达及婚年龄，当事者既有完全之意思能力，则有撤销权者之撤销权，自无行使之必要。此本条第一项之所由设也。违第一千三百三十七条而生之撤销权者，违背再婚期限之撤销原因也。夫不经十个月后之再婚法律特予以撤销权者，盖为防混乱血统而设也。若自前婚撤销或离婚或夫亡之日起，已经过十个月，则可无混乱血统之虞。于此情形，公益上撤销之原因既不存在，而私益上反有保护之必要，故撤销权即应消灭。又虽未经过十个月，若妇人所怀之胎已分娩者，则其为前夫之子已经明了。故亦无混乱血统之虞，而撤销权亦因之消灭。此本条第二项之所由设也。

第一千三百四十八条　第一千三百四十四条之撤销权，于六个月内经有允许权者追认其婚姻已逾二年者即消灭。

第一千三百四十五条之撤销权，于六个月内经当事人追认其婚姻者即消灭。

夫撤销权之行使,以六个月为限,于第一千三百四十六条既明定之矣。但有允许权者,若于六个月中将可得撤销之婚姻特行追认,则于追认时,撤销权即因之而消灭。盖追认者抛弃其撤销权也。又虽未经追认而结婚已逾二年,而撤销权仍未行使者,则不问其在此二年内有允许权者明知有此婚姻与否,其撤销权亦悉归于消灭。盖婚姻已经二年之久,从公益上着想,有使其婚姻继续之必要,较诸保护私益更为密切。因婚姻者,于身份及财产上均有重大关系。故苟可速行确定其效力者,法律亦务使之速定也,是为本条第一项之规定。又因诈欺、胁迫而为婚姻者,其撤销权之行使,固亦以六个月为限,如第一千三百四十六条规定。但当事者于发见诈欺或免离胁迫之后,六个月内自行追认此婚姻者,则于追认之时,撤销权亦归消灭。故有本条第二项之规定。以上二项,皆为尊重家庭之秩序而设之规定也。

第一千三百四十九条　婚姻撤销之效力,不追溯既往。

当事人于成婚时不知存有撤销之原因,其因婚姻而得之利益,惟以现存者为限,须归还相对人。若知存有撤销之原因,须归还所得利益之全部。如彼造善意者,并任损害赔偿之责。

按普通法律行为之撤销,其撤销之行为从始即作为无效。然婚姻者,与人之身份上有直接之影响。今以既成立之婚姻从而撤销之,并使其效力溯及既往,则在婚姻中所生之子,有因撤销而一朝变为私生子者,然则与私人之利益将大有妨碍也。故婚姻撤销之效力,不若普通法律行为撤销之效力,可以溯及既往。而仅使之对于将来生效而已。但在德意志民法,则婚姻撤销之效力溯及既往。本条第一项之规定,盖采取日本立法例者也。又就财产上之关系言之,亦以不溯既往为原则。盖由婚姻而生之夫妇财产关系实甚复杂,若于婚姻撤销后,一一使之回复旧状,势必扰累不堪故也。但效力虽不溯既往,其有不应得而得之财产,则仍须归还。故法律明为区别有撤销原因之存在与否,以定归还之程度如下:(一)于结婚时不知其存有撤销之原因者,则于撤销时惟归还现存之由婚姻而得之财产足矣,在婚姻中已消费之利益,不必归还;(二)于婚姻时明知其有撤销之原因者,则须归还利益之全部。盖存有撤销之原因者,于婚姻之当时,既已明知,乃仍与之故意结婚,自不能令其享有因婚姻而得之利益。故法律规定,于此情形非特现存之利益应行归还，即由婚姻而得之利益，已经为偿还自己债务之用及供婚姻中日用之费者，亦应一律归还。又如撤销原因之存在，此造知而彼造不知者，则此造对于彼造，非但应返还全部利益而已，倘彼造蒙损害时，并须赔偿之。所谓损害云者，非徒指财产之损害而言，即名誉、节操有被损害者，亦均在此范围之内，而同负赔偿之义务。

第三节　婚姻之效力

从婚姻所生法律上之效力，其大要有三：（一）因婚姻而生之亲属关系，如夫妇间之关系，夫对妻亲及妻对于夫之宗亲、外亲之关系是也；（二）因婚姻而生之家属关系，如女入夫家则为夫家之家属是也；（三）因婚姻而生夫妇间之权利义务，如同居、扶养、监护、夫妇间之契约财产债务是也。因婚姻而生之亲属关系，已于本编第一章规定之。因婚姻而生之家属关系，已于本编第二章规定之。故本节所规定者，专为夫妇间之权利义务。

第一千三百五十条　夫须使妻同居，妻负与夫同居之义务。

凡夫妻而不同居者，则婚姻之目的将何由得达。故本条规定，夫有使妻同居之权利，妻亦负与夫同居之义务。但夫为正当之事外出，或其力不能携妻同居，及为法律所禁阻者，自不在同居之列。前者如出仕、经商、游学之类，后者如夫在兵营、戍所、监狱之类。

第一千三百五十一条　关于同居之事务，由夫决定。

凡同居事务须由夫决定者，例如指定住址、租赁房屋等事，均为夫妇同居中所必不能少之事。然夫以为应于某处指定住址者，妻或抱反对之意见。妻欲租定某房屋，夫或抱反对之意见。彼此各执，终无定议，断非所宜。故本条规定，以一切裁决之权专属于夫，以免争议。盖同居之费用既归夫负担，则同居之事务亦当由夫裁决，揆诸事理，庶觉允当。

第一千三百五十二条　夫妻互负扶养之义务。

凡为夫者，应扶养其妻，固不待言。至于夫无资力不能生活，而其妻实有足以扶养其夫之资力时，则妻亦应扶养其夫。故本条云，夫妻互负扶养之义务也。

第一千三百五十三条　妻未成年时，其监护人之职务、由夫行之。

第三章 婚姻

无行亲权者之未成年人,须设置监护人,为民法上不易之原则。然有夫之妻,虽未达于成年,而其夫已达成年者,则应以夫为其妻之监护人,不必于夫外别置监护人。此本条之所由设也。

第一千三百五十四条 夫妻间所订立之契约,在婚姻中各得撤销之。但不得害及第三人之权利。

关于夫妇间之契约,各国法制互有不同。有禁止夫妇间订立卖买及赠与之契约者,亦有全不禁止而事后可以随意撤销者。本律则对于一切契约均许夫妇间自由订立为原则,惟许其在婚姻中各得撤销之而已。其所以许其撤销者,盖夫妇非他人可比,所定之契约,大抵偏于畏爱者为多,实缺意思之完全自由,难免有不公平之处。故于夫妇两造各得撤销之权也。至其撤销以在婚姻中为限者,盖至婚姻撤销或解销后,则夫妇间之契约,即当然成为完全有效之契约矣。又撤销之效力,其契约从始即作为无效。但有一限制,即不得害及第三人之权利是也。如妻以财产赠与于夫,夫即以此赠与于第三人时,日后其妻对于夫虽将赠与契约撤销,然其标的物已归于第三人所有之财产者,则仍不得取回,而保第三人之权利。

第一千三百五十五条 妻于寻常家事,视为夫之代理人。

前项妻之代理权,夫得限制之。但不得与善意第三人对抗。

关于同居之事务,虽应由夫决定,至于日常之家事,应由妻为之方为便利。所谓日常家事者,如薪、米、油、盐等家常琐事皆是。此等事项,法律既规定妻为夫之代理人,则妻得独断行之,本不待言。然妻之代理权限,夫欲加以限制者,仍得限制之。惟不得以限制为理由,而与善意第三人对抗。然若夫以限制之事先行通知第三人者,则仍得对抗之。

第一千三百五十六条 由婚姻而生一切之费用,归夫担负。但夫无力担负者,妻担负之。

由婚姻而生一切之费用者,简言之,即婚姻后所有应用之一切费用也。此种费用,以习惯论,应由夫担负。惟夫无力担负时,亦可由妻担负,庶得互尽扶养之义务。本律因依据习惯而为本条之规定。

第一千三百五十七条 夫妇于成婚前关于财产有特别契约者,从其契约。

前项契约,须于呈报婚姻时登记之。

现在吾国习惯于成婚时，订立夫妇财产契约者，殊不多觏。然近来世界交际日繁，将来亦必有模仿外国习惯而订立夫妇财产契约之一日，是则不能不依其契约办理。故本条特设第一项之规定。惟此项契约，应在呈报婚姻时先为登记，然后始能发生效力。否则，将来设有争执，无由证明。虽有特约，亦不能有效。故本条复有第二项之规定。

第一千三百五十八条　妻于成婚时所有之财产及成婚后所得之财产，为其特有财产。但就其财产，夫有管理、使用及收益之权。夫管理妻之财产显有足生损害之虞者，审判厅因妻之请求，得命其自行管理。

各国民法，于夫妇财产制，规定綦严。其所以然者，因外国习惯，凡夫妇结婚时，就其财产，多以契约预行订定。故有夫妇财产契约之问题，而无特别财产契约之规定。盖习惯上均有夫妇财产之观念，故法律上应有夫妇财产详细之规定。中国习惯则反是。夫妇财产问题，多数国民均无此观念。若法律亦模仿一般外国之制度，漫行规定，则于事实无补，而转滋纷扰。故本条关于特有财产之范围，则用明文规定。所谓成婚时所有之财产者，即指妻出嫁时携来之一切妆奁及财产而言。至成婚后所得之财产者，如妻于嫁后因赠与或劳动而得之财产是也。此种财产之管理、使用及收益之权，依照吾国习惯，亦以之使归属于夫为宜。但于夫之管理显有侵害于妻之财产者，则妻得请求自行管理。于是而夫权及妻之利益两方均有兼顾矣。

第四节　离　婚

夫妇之伦，联之以恩，合之以义，持之以礼。三者具备，而后无愧于正始之道。故一与之齐，期以终身不改。离异之说，诚非君子所忍言。是故虽犯七出之条，仍有三不去之理，所以维风化也。惟夫妇究由人合，本殊于天属之亲。时处其常，固不容有仳离之叹。事逢其变，亦难保无情意之暌。《礼》曾子问曰：婚礼既纳币有吉日，女之父母死，则如之何？孔子曰：婿使人吊。如婿之父母死，则女之家亦使人吊，父丧称父，母丧称母。父母不在，则称伯父、世母。婿已葬，婿之伯父致命女氏曰，某之子有父母之丧，不得嗣为兄弟，使某致命。女氏许诺而弗敢嫁，礼也。婿免丧，女之父母使人请，婿弗许而后嫁之，礼也。女之父母死，婿亦如之。由斯言之，则因有故，而离婚,固非礼之所禁也。又《唐律》:诸犯义绝者离之,违者徒一年。若夫妻不相安谐而和离者不坐。疏议曰:夫妻义合,义绝则离。违而不离,合得一年徒罪。又谓官司判为义绝者,方得此坐。若未经官司处断,不合此科。若夫妻不相安谐,谓彼此情不相得,两愿离者不坐。清现行律婚姻门出妻条,与唐律略同。盖义绝必离,奚容姑息。恩绝应离,势难强合。故不应离而离,则于礼有悖。应离而不离,则于义有乖。本节因特采此意,订为离婚制度。但考诸各国关于离婚之法制别有三种:(一)自由离婚,即许以当事人之意思自由离婚之谓也;(二)呈诉离婚,即须呈请审判厅待其宣告始得离婚之谓也;(三)禁止离婚,即不认有离婚制度,而仅有别居制度。但别居制度,夫妇关系并不解销,不过除去法律上之同居义务而已,于事实上反多妨碍。故本条采取离婚制度,斟酌于一二两种之间。或谓婚姻之撤销与离婚,其性质上无甚差异。今本律既认婚姻之撤销矣,似可不必再认离婚制度,不知婚姻之撤销与离婚二者显有区别:(一)因婚姻撤销之原因,须于结婚时已经存在,而离婚之原因,则须于结婚后发生;(二)因婚姻之撤销,凡婚姻当事人以外之人,亦可呈请。而离婚则惟两造得呈请之。以上两点,是为婚姻之撤销与离婚之区别。故法律于婚姻之撤销外,其关于离婚者,别设一节规定之。

第一千三百五十九条　夫妻不相和谐而两愿离婚者,得行离婚。

夫各国法制中有只认呈诉离婚不认两愿离婚者,既如前述。但中国法律上之沿革,固明明有夫妻不相和谐而两愿离异不坐之条(见法律户律)。盖其情不洽,其恩已离,不可复合,是两愿离婚即为吾国律例所认。故本条亦仍之。惟所谓两愿者,系指夫妇两造之同意而言。若一造欲离婚,彼造不愿意时,则虽不和谐,亦不得离婚。盖结婚既本于两造之情愿,则离婚亦须本于两造之情愿是。若许一造任情为之,反足以长离婚之风,非法律规定不得已之本意也。故除呈诉离婚外,须以两愿为必要。

第一千三百六十条　前条之离婚,如男未及三十岁或女未及二十五岁者,须经父母允许。

夫法律既许两愿离婚,然苟无限制,易启滥行离婚之弊。故男子未及三十岁、女子未及二十五岁时,其离婚须经父母之允许后,始得为之。盖虑少年夫妇之智虑未周,或因不忍一时之忿,轻议离婚,卒致自贻后悔者有

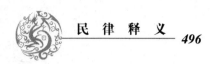

之。故本条规定须经父母允许，是为两愿离婚之要件。

第一千三百六十一条　第一千三百三十九条之规定，于两愿离婚时准用之。

违前条规定而离婚者，户籍吏不得受理其呈报。

凡婚姻效力之发生，须自呈报户籍吏始。如第一千三百三十九条所定，则离婚效力之发生，自直同一办理，故曰准用。此本条第一项之所由设也。又如未满三十岁之男子及未满二十五岁之女子，于两愿离婚时，未经父母允许而为呈报者，则户籍吏应有拒绝其呈报之权，以免不合法离婚发生效力。此本条第二项之所由设也。

第一千三百六十二条　夫妇之一造以下列情事为限，得提起离婚之诉：

一、重婚者；

二、妻与人通奸者；

三、夫因奸非罪被处刑者；

四、彼造故谋杀害自己者；

五、夫妇之一造受彼造不堪同居之虐待或重大之侮辱者；

六、妻虐待夫之直系亲属或重大侮辱者；

七、受夫直系尊属之虐待或重大侮辱者；

八、夫妇之一造以恶意遗弃彼造者；

九、夫妇之一造逾三年以上生死不明者。

凡呈诉离婚之原因，以法律所特定者为限，又须由夫妇之一造向审判衙门提起诉讼，经判决确定始得离婚为要件。但定离婚原因之立法例约有二种：（一）以夫妇之一造对于他造有重大之过失为限。其非本于一造之过失事实，不得为离婚之原因。如夫之直系尊属虐待彼造及生死不明等是，是为法国法系。（二）为不问夫妇过失之有无，凡实际上陷于不能达其婚姻目的之境地时，即得提起离婚之诉，是为德国法系，而本律之所采者是也。第一款所谓重婚者，盖夫妇之一造与人重婚，则其重婚之婚姻已为无效，然其前婚尚依然有效也。但于此时前婚之有效与否，应听前夫前妻之自由。故法律予前夫前妻之呈请离婚之权。第二款妻与人通奸，夫可提起离婚之诉者，以既成为夫妇后，即负贞洁之义务。妻与人通奸，是反乎贞洁之义务矣。故夫得提起离婚之诉。但贞洁之义务,夫妇两造均应遵守。妻与人通奸,法律既许其夫提起离婚之诉,而夫与人通奸,则除因奸受刑外,其妻不得请求离婚,似乎严于责妻而宽于责夫。不知妻与人通奸,既于夫之名誉有关,且有混乱血统之虞。故文明诸国之法律,凡妻与人通奸,恒视夫与人通奸之制裁为严。又通奸与强奸异。故妻被人强奸时,夫不得提起离婚之诉。第三款因奸非之事,非丧失廉耻之男子,决不肯为。然夫即为奸非,若未受刑,为其妻者,虽明知之,然不得因之请求离婚。惟既被处刑,则非特为家门之玷,即社会公众,亦均认为罪恶之徒。而于妻之名誉,亦受损害。故法律许妻得提起离婚之诉。第四款,因夫妇以恩相联,以义相合。若忍而至于谋杀害,则直以仇敌视夫妇矣。若于此时犹不许其离婚,则床第之间,常有性命之忧。法律为尊重人命起见,故先许其离婚。若果有谋杀害之实据,于离婚后,犹得请求刑事处分,自不待言。第五款,所谓虐待与侮辱皆为事实问题,须待审判官之决定。例如,故意不予以日常生活之费用,使之冻馁,或无故而肆行殴打者,均为不堪同居之虐待。又如妻当众暴扬夫之罪恶,或夫抑勒妻犯奸等类,均为重大之侮辱。但侮辱之事实须在结婚后发生。若发生在结婚前而发觉在结婚后者,不在此限。如结婚前与人私通,或曾为娼妓,或曾怀胎,至结婚后而始发觉者,并不得请求离婚。第六款所谓直系尊属,即妻之舅姑及其以上之亲,于礼妻应孝事。今乃非特不为孝事,抑从而虐待之,或重大侮辱之,则为之夫者,奚能忍受。且旧律所载,七出不事舅姑实居其一。故本款从而为提起离婚之诉原因之一。第七款因妻于夫之直系尊属,苟有不合,为尊属者自有训诫之权。然世有子妇并无失德,为舅姑者漫肆威福,至叱责殴打朝夕无已者,是虽为子妇之不幸,而家庭和平之福,亦不可望。故法律特许妻有提起离婚之诉之权。第八款,因既为夫妇,彼此有共同生活,共负扶养之义务。若夫妇之一造,无故遗弃彼造,则在此已轶于情理,复何能专责彼造坚守盟约乎?但所谓遗弃者,须出于恶意为限。故如夫因谋生远出,远出后又因身患疾病,遂至不能寄赀回家,使其日用缺乏,即不得谓为恶意之遗弃。第九款所谓生死不明者,离家之后,久无音信,生死不得知之谓也。若离家虽逾三年,而时有书信往来,则其生死可得而知。故三年之期限,应从接到最后书信之日起算。盖逾三年以上生死不明,虽与恶意之遗弃,其性质究有分别。然若

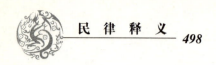

仍令彼造坚守,是非情理之平,故法律亦许其请求离婚也。

第一千三百六十三条 夫妇之一造,于彼造犯前条第一款至第三款之行为同意在前者,不得提起离婚之诉。

夫行使离婚权者,不可无一定之限制。本条以下至第一千三百六十五条,皆规定离婚权之限制者也。盖离婚之原因虽存在,或因他故不使其诉权发生,或虽发生而仍使消灭者有之。本条之规定,盖本于离婚诉权不使发生之理由也。夫重婚、通奸及夫因奸非罪被处刑之三者,虽皆为离婚诉权之原因。若此一造对于彼造之所为,从初始时已同意者,则离婚诉权不能发生。盖于始既表示同意,于后复以之为离婚之原因,实与故纵其非无异。故法律剥夺其请求离婚之权。

第一千三百六十四条 因第一千三百六十二条第一款至第八款所列情事而有呈诉离婚权之人,须于明知离婚之事实时起于六个月内呈诉之。若离婚原因事实发生后已逾十年者,不得呈诉。

离婚诉权之消灭时效,各国法制有照普通消灭时效者,亦有特别规定者。盖夫妇间之恩义,非常人可比。故一造即有不法行为,彼造或明知而曲恕,或虽不知而经过数年后,其和好一如从前者亦有之。故本律采第二主义。关于离婚诉权消灭之期间,特为短缩,从明知离婚原因之事实时起,以六个月为呈诉之期。若其原因事实十年间并未之知,则呈诉离婚之权,亦即消灭也。

第一千三百六十五条 因第一千三百六十二条第八款之情形,于生死分明后,不得呈诉离婚。

第一千三百六十二条第八款,称夫妇之一造逾三年以上生死不明者,彼造呈诉离婚。但此项呈诉权,至生死分明时,当然消灭。故本条特为规定也。

第一千三百六十六条 两愿离婚者,离婚后子之监护由父任之。未及五岁者,母代任之。若订有特别契约者,依其契约。

凡离婚后,亲子之关系不可无明文规定。本条及第一千三百六十七条即规定其关系者也。夫因结婚而生之亲属关系及家属关系,至离婚时则皆归解销,自不待言。特母子之关系,本于天性。非如妻对于夫之亲属及夫对于妻之亲属,其关系由人为而结合,至离婚时亦可由人为解销之也。故妻即被离婚,若生有子者,则母子之名依然,而监护之权利自在。但离婚后,夫妇既各异处,则关于其子之监护,究应谁任之,是法律之所亟宜规定者也。按监护其子之事,两愿离婚与呈诉离婚者稍有不同。本条先规定关于两愿离婚时监护其子之任。夫监护其子之事,若父母同居,原应共任其劳。至离婚时,则父母既各异其志,则监护之事,理应定一专属之人。本条以属诸其父为原则,而以未满五岁之幼子,则甫离襁褓,尚难离母而独存。故以属诸其母为例外。然若两愿离婚时,凡事均可从容筹议。关于监护其子之事,则订有特别契约者,依其契约可也。本条为当事人间无特别契约者而设。

第一千三百六十七条　呈诉离婚者,离婚后子之监护准用前条之规定。但审判衙门得计其子之利益酌定监护人。

前条规定两愿离婚时,关于监护其子之任应属其父。若子年幼未满五岁,则属于母。即呈诉离婚时,亦可援用。但呈诉离婚,审判衙门有准驳之权。则关于离婚后监护其子之事,依法律规定,或其父母之契约。审判衙门见其有不利于子者,得别行选任监护其子之人,而以有利益于其子为主。

第一千三百六十八条　两愿离婚者,于离婚后,妻之财产仍归妻。

凡妻之财产在婚姻有效时,既不并入夫妇共有财产中。则至离婚时,自应仍为妻之所有,初无容疑。然若无明文规定,则妻于其财产外,对于夫妇共有财产或至多所觊觎。且夫对于妻之财产,至离婚时亦易生乾没揩留之念。惟法律有明文规定者,斯离婚后关于财产之纷议可免。

第一千三百六十九条　呈诉离婚者,得准用前条之规定。但依第一千三百六十二条应责于夫者,夫应暂给妻以生计程度相当之赔偿。

前条规定为两愿离婚时,夫妻财产之关系。但此种规定,于呈诉离婚时亦准用之。纵令离婚之原因由妻造成(如妻与人通奸而呈诉离婚是),但妻对于夫亦只得请求离婚而止,不得将其财产一并乾没。盖妻之咎在于违背婚姻之信义,其于财产上毫无关系故也。然于此时妻亦不得向夫要求离婚生计之费。若离婚之原因由夫构成(如因夫被处奸非刑而呈诉离婚是),则夫应给妻以生计程度相当之赔偿。盖女子能自食其力者少,离婚后易至失所故也。但所谓生计程度相当之赔偿者,须从其妻之身份而定,并须兼顾夫之财力能否给付为标准。否则,于妻之身份虽云相当,然于夫之财力不能给付,自不能专从妻之一方着想,而定为赔偿额也。

第四章 亲　子

亲子者何？即父母与子女间之关系也。此种关系，实因婚姻而发生。故本律于既规定婚姻之后，即规定亲子，以期完成家属制度之目的。此本章规定之理由也。

第一节 亲　权

何谓亲权？即父或母本于为父或母之身份，依法律之规定，对于其子或女所有之权利及义务之集合，如监护、教养、惩戒并允许其择定职业之类皆是也。凡有此亲权之人，法律上谓之亲权者。

第一千三百七十条　亲权，由父或母行之。

在罗马法之规定，有谓父权即亲权者。是以亲权专属于父之思想也。然在近世进步之立法例，则为父母两人同为子之天然保护者，即应同有此亲权。故近今各国法律多有父母均有亲权之规定，本律亦从之。但父母信同时均得有亲权矣。若许其同时行使，万一父之意见与母之意见不合，所谓行亲权者之意见有冲突时，究应何所适从，抑教养方法不出于一途，实非其子之利。故本律规定亲权由父或母行之。以原则论，概由父行使亲权，所谓统于一尊也。然有死亡，或不知有父，或虽有父而不能行使亲权时，则应由其母行之。总之，父母二人不得同时行此权利，是为本条规定特用或字之主旨。

第一千三百七十一条　行亲权者为继母或嫡母时，准用一千四百十七条、一千四百二十一条、一千四百二十二条之规定。

凡继母对于夫前妻之子与嫡母对于夫妾所生之子，既非其所自出，则爱养未必尽同于所生，往往有加以虐遇苛待者。如法律亦全与以惩戒、护养、教育、管理财产等权，万一继母、嫡母借此行使亲权之名，而阴行其苛待之实，则于子之利益上必生绝大之危险。故本律于行亲权者为继母与嫡母时,则须有监督人以监督其行使亲权。云准用一千四百十七条、一千四百二十一条、一千四百二十二条之规定者,即准用监督人之规定也。

第一千三百七十二条　行亲权之父母,须护养并教育其子。

法律既规定有亲权者,则关于亲权之效力,不可无明文规定。本条以下至第一千三百七十六条,即规定亲权之效力者也。何谓亲权之效力?即行亲权之父母有保护其子之身体及管理财产权利与义务之谓也。故亲权可别为对于其子身体上之权利、财产上之权利两种。本条盖先就对于其子身体上权利而总括规定之。考各国民法关于亲权之效力,大都只规定指定住所、惩戒、管理财产及收益等权利,无总括之规定。其先冠以总括规定一条者,自德国新民法始,本律仿之。所谓护养者,指一切保护与养育而言,即保护其子之利益者也。故凡免除其不利益者,亦为保护。如虑其子流于不肖,禁止其与狎朋昵友往来,或拆阅其与友朋往来之书信,皆可为保护其子之利益。所谓教育者,非徒使之入学校已也,如使之学习商业、工业,亦谓教育。是虽为亲权者之权利,然亦为亲权者之义务。惟其为权利,故对于不愿受教育之子可施夏楚。又惟其为义务,故应视父母财力之程度而为教育其子之方。

第一千三百七十三条　子须于行亲权之父或母所指定之处,定其居所。

指定其居所之权利,是由护养与教育当然发生之结果,而为亲权效力之一种。盖任子得以自由选择居所,则易于比匪之伤,而流入游荡。法律有鉴于此,欲使行亲权者达其护养与教育之目的,因与行亲权者以指定居所之权利。是征诸各国,固莫不皆然者也。故有本条之规定。

第一千三百七十四条　行亲权之父母于必要之范围内,可亲自惩戒其子,或呈请审判衙门送入惩戒所惩戒之。

审判衙门定惩戒时期不得逾六个月。但定有时期后,其父或母仍得请求缩短。惩戒云者,行亲权之父母对于子之身体得加以责罚之谓也。关于此事,各国立法例互有不同。法民法规定,行亲权人无擅自惩戒其子之权利,须呈请审判衙门经其允许后始得送入惩戒所(法民法三七五条至三八三条)。在英国法则规定,行亲权人有亲自惩戒其子之权,无送入惩戒所之权。德国法则取折中主义,既认行亲权人有惩戒其子之权,又可呈送审判衙门为相当之援助。日本民法亦大致相同。统观各国法律,以父母既有护养与教育其子之责,若不与以惩戒权,则其目的必不可达,矫邪归正,虽亦可藉教育之力渐为感化,然至教育之力穷,则有非惩戒不足神其用者。此惩戒权之所由起也。本律系采德国主义,惟其惩戒权之要件有二:(一)有惩戒权者,惟行亲权之父母。故虽继后之嗣父,与再嫁后之母,无惩戒权。而嗣父母对于嗣子,嫡母对于庶子,继母对于夫前妻之子,亦有惩戒权,以其为行亲权之父母故也(在外国立法例,父再娶者,对于前妻之子不得有惩戒权,盖恐信后妻之言而虐待其子也。此种事实,在吾国社会上为所恒有。然于法律明定,转与道德上之观念庸有未合,故不采取)。(二)须于必要之范围内,始得惩戒其子。所谓必要之范围者,即于护养及教育上所必要。盖非是,则不能达其护养及教育之目的。然惩戒为一种手段,并非目的。法律认行亲权人用惩戒之手段,必有他项目的存乎其前,可想而知。今若无此目的而滥施其惩戒之手段者,是为逾越必要范围,而非法律之所许。是为本条第一项之规定。又父母虽惩戒其子,而仍冥顽不率教者,自不得不请求官厅之惩戒,以冀达其护养、教育之目的。此时审判衙门从其父母之请求,而对于其子实行惩戒。但与普通犯罪之惩戒不同,故其惩戒时期不得过六个月,且许其父母有请求缩短期限之权。庶于惩戒之中,曾不失爱护之道。是为本条第二项之规定。

第一千三百七十五条 子营职业,须经行亲权之父或母允许。

夫未成年之人,其智识多未十分完全。若许其径任己意自营职业,则利害得失之计虑,必不能周备。法律为保护未成年人利益起见,故规定关于营职业之事项,必须经允许后,始为有效。至于何人有允许其职业权利,即行亲权之父母是也。以子之能营职业与否,惟父母知之最深故也。

第一千三百七十六条 子之财产,归行亲权之父或母管理之。关于其财产上之法律行为,由行亲权之父或母为之代表。

凡行亲权之父或母,对于其子财产上亲权之效力,大致可分为管理权与代表权两种。所谓管理权者,即子之财产行亲权之父母得代为管理之,凡子因遗产继承、遗赠、赠与或以自己之名义而得之财产,均为其特有财产。然子既未成年,对于其财产初无管理之能力,自应以行亲权之父母代为管理为是。所谓代表权者,即关于其子财产上之法律行为,得为其子之代表。盖行亲权者为其子之法定代理人,则其子之关于财产之一切法律行为,自得代表之。如子有资本,其父代为之营业,则由营业而生之利益损失,直对于其父而生结果,其子虽欲不承认不可得也。

第一千三百七十七条　子为人承嗣者,所嗣父母行其亲权。

父母对于其子得行亲权,依前各条所定,其理自明。然子有为人承嗣者,此时行亲权者为所嗣父母,抑为所生父母,不能无疑。故本条明定之。惟所嗣父母得行亲权,是盖本于习惯,实亦理所应尔。

第一千三百七十八条　行亲权之母于再嫁后,不得行其亲权。

凡行亲权之母于再嫁时,必有后夫。既有后夫,则于保护其子之心思,多不能专精周挚。故本条规定再嫁之母,从其再嫁时,不得行其亲权,而监护之问题以起。

第一千三百七十九条　行亲权之父母,于女出嫁,不得行其亲权。

夫女之应服从父母之亲权,与男子同。然女之服从亲权,以在父母之家时为限。若一经出嫁,则应从夫,故父母不能向之行使亲权。盖为服从夫权计,自不得不脱离亲权。否则,亲权、夫权必两相冲突。此本条之所以限制亲权也。

第二节　嫡　　子

嫡子者,即法律上有效婚姻之男女间所生之子也。质言之,即妻所生之子关于嫡子之身份权利,为亲属上及继承上之关系最为重大,故于亲子间首及之,而设为本节之规定。

第一千三百八十条　妻所生之子为嫡子。

何谓嫡子,不可不设为开宗明义之规定。本条即规定嫡子之定义者也。

第一千三百八十一条　嫡子,以妻之受胎时期在婚姻有效中,并夫于受胎时期内曾与妻同居者推定之。

妻所生之子为嫡子,是为普通之观念。但以严格的解释衡之,有时虽系妻之所出,而仍不得认为嫡子者。例如,出生虽在结婚后,而受胎实在结婚前者。又虽于婚姻有效中所生之子,其实因妻与夫以外之男通奸而受胎者,或妻并未与夫同居而受胎者皆是。此等情形,虽亦为正妻所生,然由法律上严正解释之,并不得为嫡子。夫嫡子之权利,在法律上与他子既全然不同,则关于嫡子之身份,在法律上亦须有明确规定。此本条之所由设也。但何者为受胎时期,则应从第一千三百八十二条而为推定。

第一千三百八十二条　从子出生日回溯第百八十一日起至第三百零二日止,为受胎时期。

受胎时期有与前项异者,若能证明事实,以其时期为受胎时期。

关于受胎时期之证明,极为困难。故各国法律多设为受胎时期之规定,以受胎不可测而知。而受胎之时期,则可推而定。所谓受胎时期者,据胎儿在母腹中最短之日数与最长之日数两相比较,而即以其差数为受胎时期也。据医学家言,胎儿之在母腹中,有经过百八十日而即生者,最长期有经过三百日而始生者。其最短期与最长期相去之百余日,即为受胎时期。盖欲知何时受胎,应从胎儿出生之日逆数至百八十日起,以至三百余日为止,总不外此百余日内受胎。故即以此百余日为受胎时期,是即法律上所谓受胎时期是也。受胎时期与怀胎时期异。受胎时期指在母腹中最长日数与最短日数之两差数而定。怀胎时期是由受胎时起分娩时止而言。故怀胎时期或有长至三百余日,或短至百八十日之差。而受胎时期总不外此百余日也。夫受胎时期与嫡子之身份大有关系,故规定时期应稍从宽大为是。本律因以德意志民法为模范,故定受胎时期为一百二十二日。其时期之计算法,则从子之出生日逆数至百八十一日起始,至三百零二日为止之一百二十二日间,为受胎时期。而此受胎时期若有一日在婚姻有效中,即推定其为夫之嫡子。是为本条第一项之规定。然法律为此推定,不过举人间最普通之例为标准。若事实与此有异者,又不可无特别规定。于是有本条第二项之规定。本条第二项所谓受胎时期与前项异者,若将事实证明后,则以其时期为受胎时期也。所谓受胎时期与前项异者,如结婚后不满百八十一日,与婚姻解销后逾三百二日而生之奇胎,间亦有之。夫不满百八十一日与逾三百二日而生之奇胎,是出乎前述受胎时期之外。故必须将事实证明后,如经医生检查胎儿发育之程度之类,始得以其时期为受胎时期,而推定其为嫡子也。否则,不能认为嫡子。

第一千三百八十三条　第一千三百八十一条之推定,若事实与之相异

者,夫得不认之。

凡妻之受胎时期在婚姻有效中,且夫于受胎时期内曾与妻同居者,其所生之子即为嫡子,是为第一千三百八十一条之推定也。然此不过法律之推定而已。若其事实有与推定相异者,不可不与其夫以否认权。所谓与法律推定相异之事实有二:(一)受胎时期在婚姻有效中,法律因而推定其为嫡子,而实际有与之相反者。如成婚后未经过百八十一日,与离婚后已经过三百二日内所生之子,法律即推定其为夫之嫡子。然于实际情形,与法律规定或有相反者,自当特与其夫以否认权。(二)夫于受胎时期内曾与妻同居者,法律亦即推定其为嫡子。而实际有与此相反者。如受胎时期之一百二十二日内,夫虽曾与妻同居,然或因疾病衰老,不能人道。在此情形,法律亦与其夫以否认权,否认者即撤销其子之嫡出身份也。但于解释本条之时,有应注意者二:第一,为受胎时期虽在婚姻前,而出生在结婚后,各国法律虽亦有作为嫡子者,本律则不许之。盖本律规定受胎时期须在婚姻中。故受胎时期在婚姻前者,是在本律推定之外,即不待夫之否认,亦非嫡子。第二,为受胎时期虽在婚姻有效中,而夫并未与妻同居者,如于夫离家远出,或夫生死不分明时,而妻受胎。于此情形,其受胎时期,虽亦在婚姻有效中,然夫既未与妻同居,是亦在本律推定之外。故不待夫之否认,亦非嫡子。

第一千三百八十四条 前条之不认,夫须提起诉讼。

前条规定,若事实与法律推定相反,则其夫有否认权。一经否认,则其子变为私生。是夫之否认与子之身份上实有重大之关系。故其事实究竟与推定相反与否,必须由审判官之判断,始为无弊。故夫虽有否认权,亦仅能向审判衙门提起否认之诉而已。经审判衙门确定判决,始生效力。若夫提起否认之诉,经审判衙门审判后,以为不应否认,则其子依然有嫡子之身份也。

第一千三百八十五条 不认之诉,自夫知子之出生时起于一年内为之。

夫嫡出否认权之行使时间,不适用普通之时效,而为特别规定者。盖嫡出之身份,急须确定。故为夫者既知有可以否认之事实,即不可犹豫,须即为否认之诉。但使经过长时期后,则证据易致湮灭,而判定亦极难。且嫡出之身份不即确定，继承亦因之而生障碍，于公益上又有关系。故各国之立法例，关于嫡出否认权均用特别规定也。本律所以特设本条，即本此理由。

第一千三百八十六条　经夫承认为嫡子后，不得撤销。

前条规定否认权因不行使而消灭，本条规定否认权因承认而消灭，是为否认权消灭之第二原因。盖法律所以与夫以否认权者，深恐事实与法律推定相异时，若仍依法律所推定，未免拂乎其夫之意故也。若子之出生后，其夫自行承认之，法律即不许其再行撤销，以嫡出之承认，即表示其否认权不行使之意，所谓放弃否认权也。故一经夫之承认后，若其嫡出之事实与法律之推定相异，亦不得将承认重行撤销。但因诈欺及强迫而为承认者，不在此限。

第三节　庶　子

庶子者，非妻所生之子也，观于第一千三百八十七条之规定而自明。但吾人对于庶子之名称，有不能无疑者焉。条文所谓非妻者，系指未具备婚姻之条件者而言。然所谓未具备婚姻条件，正与苟合或无效之婚姻相类。夫由苟合或无效之婚姻所生之子，曰私生子，而不曰庶子。如第一千四百零三条所定，盖以其母为非妻也。然彼之所谓非妻者，与此之所谓非妻者，正无以异。且本律立法例采取一夫一妻之制度，不认一夫多妻制度。故关于妻之外，无准许置妾之明文。然则法律既不认有妾矣，而反沿用旧习，认庶子于私生子之外，何厚于子而薄于母耶。因此之故，立法者因狃于旧思想，致本节各条之规定，均有不能自圆其说之憾。有修改之责者，应于此处注意之。

第一千三百八十七条　非妻所生之子为庶子。

夫嫡子与庶子，在法律上其权利既有不同，则庶子之身份与嫡子亦自有区别，此在亲属编之所亟宜明确规定者也。本条规定，非妻所出之子为庶子，即所谓妾出是也。在外国，一夫只有一妻，于正妻外既无所谓非正妻之名。则于嫡子外，亦自无所谓庶子之名。吾国社会习惯，于妻外有妾者尚多，故亲属中不得不有嫡子与庶子之别，因设有本条之规定。以上为原案之理由也。但此种规定,即默认有妻妾制度矣。虽云对于既往者,不得不稍留余地,故为此苦心经营之规定。然于立法之原则,究多不合。

第一千三百八十八条 第一千三百八十一条至第一千三百八十六条之规定,关于庶子亦准用之。

嫡子与庶子之分别,以其母为分别,不以其父为分别也。故在亲属法上,凡其父对于嫡子之规定,关于庶子亦可准用。如第一千三百八十一条至第一千三百八十六条规定,虽皆其父对于嫡子之规定,然对于非妻所生之庶子,亦均可准用。此本条之所由设也。

第一千三百八十九条 妻年逾五十无子者,夫得立庶长子为嫡子。

夫正妻所出为嫡,非正妻所出为庶,其间名分划然。故有嫡子在,万无以庶为嫡之理。若只有庶子并无嫡子之时,得立庶子为嫡子与否,亦系一问题。故本律依旧律习惯,凡妻年逾五十以上无子者,得立庶长子。但此种规定,系有二条件:(一)无子;(二)妻年逾五十是也。故虽无嫡子有庶子,若其妻年未逾五十,与妻年虽逾五十而有嫡子者,均不在此限。且条文规定,夫得立庶长子为嫡子,明曰得立,是夫之权利,而非义务。故虽有庶子而夫不愿立为嫡子者,庶子与庶子之母,均无要求立为嫡子之权。云庶长子者,以庶子有几人时,应立其长者之意也。

第四节 嗣　　子

嗣子者,法律拟制之子也。嗣子与所嗣父母,本无亲子关系。法律模拟自然亲生子,假定其为所嗣父母之子也。嗣子因所嗣父母有立嗣行为而生亲子关系。立嗣行为者,使非自然亲生子与自然亲生子生同一亲属关系之法律行为也。立嗣制度发源最古。中国不必论,即在欧西,亦于罗马时代即已盛行。近世各国,除英、美、荷兰不采此制外,若法、若意、若比、若德、若日本,无不有之。惟欧洲立嗣制度,精神与我稍异,其用意惟在慰藉孤独,救护贫困,扶助遗孤,奖励战士,而于继续宗祀一层,则殊非所重。我国礼经即有为人后之文。古重宗法,大宗为一尊之说。大宗无后,族人应以支子后大宗。故惟大宗得立后,而小宗则否,支庶更无论矣。子夏传曰:为人后者孰后?后大宗也。又曰:大宗者,收族者也,不可以绝。何休云:

小宗无后当绝。孔子曰：凡殇与无后者，祭于宗子之家。由是观之，中国古昔立嗣制度，实与宗法制度、祭祀制度切切相依而不可分离，决非欧制所能比拟。自三代而降，封建废，世禄绝，宗无论大小，而人各亲其亲，称其称，暮年失子者，既不能听其孤独零丁，无所依倚。身后有遗产者，更不能任其货财房屋无所归属。故立嗣精神，不能尽与古合。降至晚清，现行律所载无子者，许令同宗昭穆相当之侄承继。若立嗣之后却生子，其家产与原立子均分。曰无子者，则无大宗小宗及为嗣为庶之分。曰其家产与原立子均分，则于承嗣之外，尤注重家产之处置也。本节则折中古义，参酌今制，于我国所特有习惯之必应维持者，悉保存之。外国制度之不宜于中国者，则不采用之。于我国旧制之不能实行者，则变通之。兹试说明立嗣行为之要件焉。

夫立嗣行为之要件有二：（一）为实质上之要件；（二）为形式上之要件是也。实质上之要件者，为嗣父母及为嗣子所必需之能力也。但立嗣之意，重在嗣父。能使为嗣父之要件具备，则嗣父之妻当然为嗣母矣。故关于实质上之要件，须分嗣父与嗣子之二者以说明之。而关于嗣父之要件有四：（一）非成年人不得为嗣父。盖我国嗣子制度精神与外国异。外国嗣子重在养生，我国嗣子重在慰死。凡重养生者，则立嗣为慰藉之具，而年龄之限制，不得不严。此欧西各国所以有非年满五十或六十不得立嗣之制也。重慰死，则立嗣为嗣续之计，而年龄之资格不妨稍宽。此日本所以有成年以上即得立嗣之制也。本律使成年人得为嗣父，亦由古昔冠而生子之义。然必成年始得为嗣父，未成年则否。盖立嗣行为，必由嗣父自为之。未成年人无能力行为，而许其为人之父，是父子关系亦得以他人意思干涉之矣。况立嗣非婚姻可比，既无情欲迫促之威，更无家政待理之虑。故未成年人不妨许其为婚姻，而决不许其为嗣父。《礼》年十七至十六为长殇，十五至十二为中殇，十一至八岁为下殇。孔子曰：宗子为殇而死，庶子弗为后也。言为殇而死，则无长殇、中殇之别。但宗子年未满十九而死，且弗为立后。其非宗子年在十九岁以下者，则不得立嗣于生前，更无待言。旧律有寻常夭亡未婚之人，不得概为立后。又所故之人业已成立，俱应为其立后之条。所谓夭亡者，据户部则例则以二十岁上下为限，是犹从古人长殇之义。且以夭亡与成立对举，男子成立至速亦在二十岁上下。故本律以成年与否而定为得为嗣父之标准。(二)非男子不得为嗣父。凡在各国,关于立嗣初无男女之别,即未嫁之女亦得立嗣,已嫁之妇亦得不为夫立嗣,而为自己立嗣。然征诸我国习惯则反是,不独未嫁之女无立嗣之例,即已嫁之妇亦不得为自己立嗣。盖妇人从夫不从身,立后后宗,非后己。故因其夫有后而己亦有后,不得仅使己有后而反令夫无后,况我国专重男统而不重女统者乎?故非男子不得立嗣,为当然之结果。(三)非已婚之男子不得为嗣父。得子为婚姻结果,欲子而婚,人之常情。若不婚亦可得子,启壮男不婚之弊,有人口减少之虞。且世风日薄,每有以立嗣为分析财产之计者,故限制不得不从严也。(四)非无子者不得为嗣父。无子者,无男子之谓也。故有女子者,仍不妨立嗣。盖先已有子,更以他人之子为子,既有害其先有子之权利,更足以酿家庭之变故。抑有子而更立嗣子,其不恤人之无子耶!实为悖理灭情之甚。《唐律疏仪》依月令无子者,听养同宗于昭穆相当者。清现行律无子者,许令同宗昭穆相当之侄承继。敦彝伦,弭祸源,防微杜渐,用意甚深。故本律从之。至关于嗣子之要件则亦有四:(一)非男子不得为嗣子。我国嗣子制度,重在承祀,且又专重男统,不重女统。故女子不能承祀,即不能为嗣子,此理之易明者也。(二)非亲族或同宗不得为嗣子。我国嗣子制度,重在承祀。鬼犹求食,须求所归。立嗣精义,实基于此。其详于第一千三百九十一条说明之。(三)非亲族中辈分相当之人,不得为嗣子。亲族有尊属亲与卑属亲之别。尊卑有序,不可凌乱。嗣子为法律拟制之子,故立嗣行为发生效力后,父子之名遂定。若辈分不相当,亦得为其嗣子,极其弊必至伯叔甥舅可以易位,昆季姊妹可互相为后。亲等变乱,名分乖违,而一切亲族关系将混淆而不知所极矣。此无论古今中外之所均不许者也。(四)非有兄弟者,不得为嗣子,即独子不能出嗣之意。其详于第一千三百九十三条说明之。若形式上之要件,则无论生前立嗣,死后立嗣,均须呈报户籍吏登记之后,始生效力。其详则于第一千三百九十六条说明之。

第一千三百九十条 成年男子已婚而无子者,得立宗亲中亲等最近之兄弟之子为嗣子。亲等相同,由无子者择定之。

若无子者不欲立亲等最近之人,得择立贤能或所亲爱者为嗣子。

嗣父之要件凡四,均于本条规定之,即成年男子已婚无子是也。嗣子之要件亦有四，而本条规定其三，即宗亲兄弟之男子是也。夫嗣子制度与继承制度相同。礼言为人后者为之子，是为人子者即为人后，一而二二而一者也。既为之后，即有继承遗产权。故立嗣亦宜援继承例，于亲族同宗之间，更参亲疏远近，以定其先后次序。本律爰折中定制，分为三等。首宗亲，以其为高曾之族，血脉最近也。次同宗，以其原出一本，气类相属也。再次异姓外亲，以其情谊素孚，不妨稍事变通也。本条即规定择立宗亲之法者也。至择立同宗及异姓外亲之法，则于第一千三百九十一条定之。又在旧律，继承须先尽亲等最近之人，由近及远，以次递推。近亲无人，始许择立远房。夫亲等最近之人，为数无几，而欲得贤者能者为嗣子，又为人之常情。故既许择立矣，而又以最近亲等为限。设最近亲等者只一二人，虽至不肖，亦不能不以其为嗣子。揆诸情理，当未尽协。本条为扩张择立之范围，但使其为宗亲兄弟之子，俱可择立。盖嗣子贤否，于家政之废兴，家业之盛衰，有重大关系。若予立嗣人以自由选择权，则不肖者既不能主张应嗣之权利，而立嗣人亦得以其财产授之于贤能，非特一家之福，抑亦一国之利也。

第一千三百九十一条　无前条宗亲亲属或虽有而不能出嗣或不欲立其为嗣者，无子者得择立同宗兄弟之子为嗣子。

若无子者不欲立同宗兄弟之子，得由其择立下列各人为嗣子：

一、姊妹之子；

二、婿；

三、妻兄弟姊妹之子。

择立宗亲之法，既于前条规定之。本条则规定择立同宗及异姓外亲之法者也。夫异姓为嗣，自唐迄于明清，莫不皆干例禁。诚以族类既殊，姓无所受，不可以承祀也。虽然，寻常异姓，本属路人，无骨肉之亲。以其为嗣，诚大不可。至异姓而为至近亲属，则微有不同。论血脉，则彼此姻娅同根一本，较同宗之人或犹近也。论情谊，则往来亲密，自幼团聚，较宗亲或犹亲也。宗亲同宗俱可承嗣，而异姓亲属独断断然以谓不可，似非人情所近。此本条所以许以异姓亲属为嗣也。不过仍严定其范围耳。其范围则如本条第二项各款所定，共有三种。舍此之外，仍不许滥行择立。于变通之中，仍寓限制之意，庶无流弊乎！

第四章 亲 子

第一千三百九十二条 遇有下列各款情形,得准用前二条之规定,为无子而死亡者立嗣子:

一、成年者;

二、未成年未婚而出兵阵亡或独子夭亡而宗亲内无应为其父之嗣子者;

三、未成年已婚而其妻孀守者。

凡人于死亡后,其专属一身之权利,概行消灭。其非专属一身者,如财产权之类,则移转于人。故据法理而论,生前未为人父,死后虽为人父,亦不生法律关系。惟各国情形,有不能尽以法理相绳者。盖不孝有三,无后为大。名德之后,必有达人。若其人既已成立,或且执干戈以卫社稷之难,不为置后,何以劝贤而教忠。至若丁单祚薄,独子夭折,又或穷嫠矢志,誓守柏舟,乃不为置后,何以继绝而全贞。旧律关于此种人死亡后,均许其立嗣,故本律仍之。又第一款所谓成年者,因未成年而死亡,谓之殇。无为人父之道,故无立后之理。至若成年者,古昔仅后大宗。三代以后,已有变通。在法律则宗不论大小,子不分支庶,凡无后者皆得立嗣,但以成立为限。故本款因之。第二款前半之意,意在奖励战士。盖人当临阵之际,固有忠义性成,奋死不顾,自甘为国效力者。然因嗣续之重,不能不恝然忧之。故国家对于可爱可敬之军人,必有特别待遇。故本款规定,无论成年与否,已婚与否,凡出兵阵亡者,准其立嗣,亦犹勿殇汪锜之遗意也。第二款后半,则谓未成年未婚而夭,依原则论,本无立嗣之理。然夭者系独子,而族中人又无应为其之嗣子者。此时若不为夭者立嗣,则其父之后绝,故本款亦特许其立嗣也。第三款盖从妇人之志为其夫立嗣,俾有所依赖以不逾初志也。

第一千三百九十三条 独子不得出为嗣子。但兼祧者,不在此限。

独子不许出嗣,盖所生必不可弃也。况不忍于人之父母而忍于己之父母,是不孝之尤。此犹仅自嗣子一方言者。若自嗣父母一方言之,则是夺人之子以为子,不忍于己之不祀,而忍于人之不祀,是不仁之甚。故为法律所不许。但有时所生虽不可弃,而长房或他房亦不可无后,旧律于是有兼祧之例。盖以济礼之穷而重绝人之世也。本条因之,故有但书之规定。

第一千三百九十四条 出为嗣子者,须经父母同意。无父母者,须经直系尊属同意。

年在十五岁以下出为嗣子者,得由其父母代为允许。

嫡母、继母,非得亲属会同意,不得为出嗣之允许。

出为嗣子,于终生身份生最重要之效果,似应绝对听当事人自由,始得以保护其利益。但父母之于子,恒终生相依,不忍分离,而以老年为尤甚。若出嗣一听人子自由,不经父母同意,必有觊觎货财,争为人后,而弃亲弗顾者,殊为人心风俗之害。然概由父母主持,不问子之意思如何,则必有委弃其子,以为赠与、买卖之具者。本条折中定制,以父母允许为出嗣之要件,而不使父母代子主持。故子不欲出嗣,父母不得强之。父母不欲出嗣,其子亦不得强之。盖出嗣之意思,必先出于子,子有此意思而后请求父母允许。此本条第一项之所由设也。但在幼小之子不能发表意思者,父母不能以之出嗣。然似此办理,亦多不便。盖吾国习惯,嗣子多系婴儿,盖欲养成父子、母子间之自然恩爱也。然于此等幼小之子,事实上既无意思能力。故法律上不得不定有代为意思表示者。此本条第二项之所由设也。嫡母、继母,与庶子、继子恒多龃龉。若对于幼小之子,有代为允许出嗣之权,必有设计驱逐庶子、继子者。故复设第三项之规定以保护之。

第一千三百九十五条　依第一千三百九十二条规定,立嗣子时若死亡者,有妻由其妻行之,无妻由其直系尊属,或家长,或亲属会行之。

以遗嘱择立嗣子者,从其遗嘱。

生前立嗣,由嗣父择立,固不待论。至死后立嗣,嗣父既不能择立,自不能不指定有择立权之人。而死亡者之妻实为被择立者之嗣母,故于此应有择立之权。然如第一千三百九十二条第一项第二款之未婚者,即为无妻者,而其择立之权,则应属诸直系尊属、家长、亲属会焉。是为本条第一项之规定。以遗嘱择立嗣子,外国立法例有否认之者。吾国以宗礼为重,遗嘱立嗣,自应有效。此本条第二项之所由设也。

第一千三百九十六条　出嗣,自报名户籍吏登记之日发生效力。

夫立嗣行为,关系至重。在吾国亦然。其行为发生效力后,父子之名分遂定。身份能力因是变更,故须用郑重之方式以公布之。本条特规定立嗣行为形式上之要件,使依婚姻之方式,报名户籍吏登记后始发生效力也。

第一千三百九十七条　违背第一千三百九十条至第一千三百九十二

第四章 亲　子

条规定者,所嗣父母、嗣子或所嗣父母、嗣子之法定代理人、家长或利害关系人,得声请审判衙门撤销之。

违背第一千三百九十三条及第一千三百九十四条第一项规定者,嗣子之本生父母或直系尊属得撤销之。

违背第一千三百九十四条第三项规定者,嗣子或亲属会得撤销之。

立嗣之撤销,于其人社会上之地位影响甚大,故不得与他项法律行为适用同一之规定。各国法律,皆于此设特别规定以限定之。本条及第一千三百九十八条之设,即此意也。本条定有撤销权之人及撤销之方法。盖第一千三百九十条至第一千三百九十二条之规定,有保护所嗣父母之利益者,有保护嗣子及第三人之利益者,亦有关于公益者。故所嗣父母、嗣子及法定代理人等,法律皆使其有撤销权。第一千三百九十三条及第一千三百九十四条第一项之规定,专为嗣子、本生父母或其直系尊属之利益而设。故其有撤销之人,亦以本生父母及其直系尊属为限。第一千三百九十四条第三项为保护嗣子之规定,故惟嗣子及亲属会有撤销权。至撤销之方法,则须向审判衙门声请,不得仅向相对人以意思表示为之。

第一千三百九十八条　违背第一千三百九十条规定,未成年未婚而立嗣子者,其有撤销权人之撤销权,自立嗣子者成年或成婚而消灭。

违背第一千三百九十四条第一项规定者,其父母或直系尊属之撤销权,自知其出嗣日起逾六个月而消灭,自登记之日起逾二年者亦同。

凡撤销权不行使而永不消灭者,则嗣子、嗣父母间之关系,即永不确定,反致有害公益。此消灭时效之所以不得不亟为规定也。故本条斟酌情形,而设为消灭时效,如第一项及第二项之所定。

第一千三百九十九条　遇有下列各款情形,所嗣父母得请求以其嗣子归宗:

一、嗣子不孝有据者;

二、嗣子行为放荡足为家门之玷者;

三、嗣子逃亡三年不归者;

四、嗣子生死不明在三年以上者。

立嗣之消灭原因有二,曰撤销、曰归宗是也。撤销者,使有欠缺之立嗣归于无效之法律行为也。归宗者,解销有效立嗣之法律行为也。其请求有由所嗣父母请求者,有由嗣子请求者。本条则规定所嗣父母得请求以其嗣子归宗之原因也。第一款规定因嗣子有继承遗产之权,当嗣母在时为子者,既不能尽孝养之道,而于其死后,反得继承其财产,于伦理风教实有未合。故特以此为归宗原因之一。第二款例如浪费无度,家财消费始尽,而家业因以衰落。又如寡廉鲜耻、犯罪受刑辱及门庭是也。第三款所谓逃亡者,未得嗣父母许可,去嗣父母指定之居所或违嗣父母意不复归家之谓也。盖嗣子逃亡不归,不愿长居嗣父母家可知,故嗣父母可请求使之归宗。第四款因嗣父母所以立嗣子之故,在因奉侍无人,或因抱孙情切。若嗣子生死不明,为期甚久,亦不许归宗,则是嗣父母有子等于无子,且因之而不得另立他人为嗣,殊属不当。故以为归宗原因之一。所谓归宗者,即含有解销前之有效之立嗣,而另为有效之立嗣之意。

第一千四百条　遇有下列各款情形,嗣子得请求归宗:

一、所嗣父母虐待不堪者;

二、所嗣父母生有男子而本生父母无男子者。

前项请求,若嗣子年在十五岁以下,由其本生父母或直系尊属行之。

前条规定,为嗣父母请求归宗之原因,本条则规定嗣子请求归宗之原因也。第一项第一款因嗣父母既虐待其嗣子者,乃仍维持其父子、母子间之关系,匪惟无益,徒增苦累,故许嗣子自行请求归宗。第二款因本生父母先有数子,及出嗣后数子皆亡。此时纵令嗣父母无子,尚应设法兼祧,以嗣所生。况嗣父母已有子乎?若不归宗,在嗣父母不以多一子而加益,在本生父母则以无子而绝祀。使为嗣子者父人而自绝其父,非法律之所许也。但嗣子年在十五岁以下,尚无发表归宗意思之能力,故由其本生父母或本生直系尊属代为发表之。此本条第二项之所以设也。

第一千四百零一条　归宗,须由请求者请开亲属会议决之。

请求归宗若由嗣父母或嗣子一方之意思为之,恐有滥行归宗之弊,故须由亲属会议决行之。外国立法例虽有使其向审判衙门请求者,但吾国习惯,家事多不愿经官,故不采用。

第一千四百零二条　第一千三百九十六条规定,于归宗准用之。

第一千三百九十六条规定者,即出嗣自报名户籍吏登记之日发生效力是也。夫出嗣既须报名户籍吏而请其登记,则归宗亦当报名户籍吏登记之日然后发生效力,庶维登记之信用。故本条云准用其规定也。

第五节 私生子

私生子者,即苟合及无效之婚姻所生之子也。盖婚姻之制度,实夫妇之权舆。若因两相慕悦之私,致有感于情欲之事,则是失其婚姻之正,不得被以夫妇之名,既隳男女家室之防,遂为父母国人所贱。准之于礼则已悖,揆之于情则应离。故其所生之子,亦复不能与诸子齿。各国法例于此等之子,有屏逐于人群之外者。然以之与人道主义相衡,则殊有未合。夫人禀天地之中以生,故天地之性以人为贵。既以含生负气,同居覆载之中,岂得挫折摧残,等诸蠕蚁之列。况共此知觉,共此食息,亦犹人也。特不幸以父母苟合之故。又不幸而为苟合者之子,是真社会之无告者矣。故在旧律卑幼私擅用财门条例,分析财产止以子数均分,奸生之子依子量与半分。如别无子,立应继之人为嗣,与奸生子均分。可谓仁至义尽矣。惟本律改奸生子之名为私生子者,因既名奸生子,只限于因奸而生之子。至于因无效之婚姻而生之子,则不能包括在内。是不如统名为私生子,庶于义稍为赅备也。

第一千四百零三条 由苟合或无效之婚姻所生之子,为私生子。

男女之结合,必先以婚姻。天下之男虽多,不得尽为吾夫。天下之女虽多,亦不得尽为吾妻。夫妻者,专指结婚后之此造对于彼造而言,外此则为苟合。至于无效之婚姻,其男女间虽曾为婚姻,惟以不具备要件之故,致被解销。则虽结婚于法律上直视为未结婚者同,故亦不得视为夫妻。其详如第一千三百四十一条之规定。则其所生之子,法律亦不认其为嫡子,而亦认为私生子,因有本条之规定。

第一千四百零四条 私生子,经父认领始为父之私生子。父于认领后不得撤销。

前项之认领,须呈报于户籍吏。

私生子之亲子关系,各国法例不同。有以私生子须经其父母之认知始生亲子之关系,如日本民法是。有以私生子对于其母之亲子之关系,不待认领,惟对于其父之亲子关系,有须其父认领者,如德意志民法是。本律因采用德意志民法之结果，以私生子对于其母由分娩及出生显然之事实，即可确定其为母子，故母子之关系不待认领而始定也。至父子之关系，则有必须认领者。如与某女私者共有甲、乙、丙三人，或因甲贫而乙富，则必误认为乙之子。又若丙为名誉之人，则将转攀丙为其子之父。然受误认者未必即为造孽因者。因此之故，法律特规定私生子须经其父之认领也。但一经认领，则不得撤销。何则？认领者即对于私生子表示其为自己之子也。况于认领之后，则私生子之身份即因之而确定。故法律不许自由撤销。是为本条第一项之规定。又认领为确定父子之身份，其意思表示时必须十分明确，始得免异日之翻悔。故亦依婚姻之形式而为要式行为，必须呈报于户籍吏焉。

第一千四百零五条　父虽为无能力人，亦得不经法定代理人之允许而认领私生子。

凡无能力人之为法律行为，以须经法定代理人之允许为原则。认领既为法律行为之一种，似亦须经法定代理人之允许为是。不知对于其子之认领，与寻常之法律行为不同。以认领者系为自己所出之子，而其子究竟自己所出与否，惟其父知之最确，非第三人之所得参与者。故其父虽未成年，若既为认领，即生效力。且其父虽为禁治产人，但于本心回复中所为之认领，亦生效力。

第一千四百零六条　认领私生子之效力溯及出生时，但不得害及第三人已得之权利。

认领私生子之效力者，即因认领而其父与私生子间亲子之身份因而确定也。但私生子对于其父之亲子身份，自其认领时确定，并非于认领时发生。故认领当溯诸其子之出生时发生效力。如私生子之出生在于去年正月，而其父至今年正月始为认领。则其认领之效力，应溯诸去年正月起，即生亲子之关系，而因此所生之权利亦可取得，义务亦应负担矣。惟认领之效力，溯诸其子之出生，则易损及第三人之权利。如前例私生子于去年正月出生，其父于今年正月认领，于认领前其父已将所有财产一万元分配于甲、乙两嫡子，甲得五千元，乙亦得五千元。今若因认领私生子之故，而遇变更此分配，则甲、乙两子已得之权利必有损害，是为法律之所不许者也。但书之规定以此。

第一千四百零七条　私生子或其他利害关系人,得举反对之事实,呈请其撤销认领。

夫认领者,不过由其父一方之意思表示而生效力。若其父并非真正私生子之父,故意将他人之子认领为自己之子,则非特毁损私生子之利益,其与利害关系人之利益,有时亦被毁损矣。故认领与事实相反时,法律特与私生子及其他利害关系人以撤销权。此本条之所由规定也。

第一千四百零八条　私生子及其他法定代理人,得据事实请求其父认领。

前项规定,因认领与事实相反之结果。本条规定为有可以认领之事实,而其父不认领者,乃有请求之办法。请求认领者,即寻觅父系之谓。关于寻觅父系,各国法例互有不同。澳大利亚、西班牙、葡萄牙诸国之法典,许父系之寻觅。而法兰西、意大利、荷兰等国之法典,除一二例外,则不许寻觅父系。其所以然者,各有理由焉。在不许寻觅之国,则谓无耻之女子,不嫁而私通。比其有子,恒指最有富力、最有名誉之男子,以为其子之父,而遂其讹诈之术者。故法律为之禁止。在许寻觅之国,以为法律若禁止寻觅父系,恐未必足以保护正直之人,或反奖励狡猾淫荡之人。盖渔色之徒,引诱良家子女,比至有孕,则又决然舍去。而被诱者或致终身不能适人,其弊害转至无极。故法律以准许寻觅为是。以上二说,果各持之成理。本律因折中异同,而准许私生子及其他法定代理人以有确实证据时为限,许其请求认领,而设本条之规定。

第一千四百零九条　经父认领之私生子,父与其母成婚后即为嫡子。成婚后认领者,从认领时起为嫡子。

夫私生子与嫡子之身份,自其子之出生时而已定。其于出生后尚得变更其身份者,须有法律之拟制,其理由盖不欲以其父母之过失而累及于子。加之父母既悟苟合之非,而就婚姻之正,是已能修盖前愆。法律为奖励人之改过计,因特与其子取得嫡子之身份也。至取得嫡子之条件有二:(一)为父母成婚;(二)经父认领。故认领而不成婚,与成婚而不认领者,私生子均无得嫡之理由。但其父母即使成婚,其父亦已认领,而认领在成婚前,与认领在成婚后者,又自有别。即认领在成婚前者,从其父母成婚时始取得嫡子之身份。认领在成婚后者,从其父认领时始生效力是也。以上之两条件具，则私生子依法律规定，当然取得嫡子之身份。即不待其父母之意思表示，可自求为嫡子。又其父母虽有反对之意思表示，尚依然为嫡子也。

第五章 监　　护

　　监护之制，仿自罗马。盖罗马之初制，凡家长死，其在家长权下之子，如独立而为家长。惟女子及十四岁以下之男子，须服从监护权。其后增定十五岁以上至二十五岁以下之男子，须服从财产管理权。大抵家长死，子女未成年，得以遗嘱指定监护人，是为遗嘱监护人。遗嘱未指定者，以血族关系最近者为监护人，是为选定监护人。凡无遗嘱监护人与法定监护人者，则由裁判所选定之，是为选定监护人。而监护人之职务，大别有财产之管理与能力之补助之两种。在日本旧习，监护之制甚不完备，其民法中之监护一章，乃参酌欧洲法国之监护法而成，分为四节：曰监护之开始，曰监护之机关，曰监护之事务，曰监护之终了，而以保佐附之。且未成年之监护与成年之监护，亦不分析。今本律采用德国民法监护章之编次，分为三节：曰未成年人之监护，曰成年人之监护，曰保佐是也。以下试顺次分节规定之。

第一节　未成年人之监护

　　监护之设，原以保护未成年人为主。本节分为三款：一曰监护之成立；二曰监护之职务；三曰监护之终止。其详于逐款说明之。

第一款　监护之成立

　　何谓监护之成立？即何时始用监护人，何人得为监护人之意也。
　　第一千四百十条　未成年人无行亲权之人或行亲权人不得行其亲权时，须置监护人。
　　未成年人而尚有父母，则父或母当先担任保护其身体财产之职务，即亲权是也。但未成年人而上无父母者，则无行亲权之人矣，于是乎监护之需要以生。又或父母先亡其一，而其存者或不知所在，或已受禁治产之宣告，及其他原因不能行其亲权时，则监护亦即开始。是为监护成立之要件。

第一千四百十一条　监护人以一人充之。

按罗马法规定许有二人以上之监护人。各国现行民法如法兰西等国，亦有许用二人以上者。但监护人系为保护无能力人之身体、财产而设，其职务颇与职权相等。监护人若有二人以上，则意见不统一，恐转致家庭之纷扰。抑关于亲权之行使，如第一千三百七十条所定，以父或母之一人行之为限。然则监护人之设置，亦以一人为宜。此德、日等国民法所以均主用一人，而本律从之。

第一千四百十二条　监护人须依下列之次序充之：

一、祖父；

二、祖母；

三、家长；

四、最后行亲权之父或母以遗嘱指定之人。

监护人分为遗嘱监护人、法定监护人、选定监护人之三种，前既言之。其先后之次序，则各国不同。德国民法及日本民法皆以遗嘱监护人为先，法定监护人次之，选定监护人又次之。惟按之吾国习惯，似多不合。譬如父母亡而祖父母尚在，或父母亡而为家长之伯、叔、兄尚在。则依吾国习惯，其未成年之子，未有不由祖父母或家长监护者也。设使遗嘱监护人在法定监护人之先，则遗嘱所指定之人，或有较祖父母、家长为疏者，然则以疏间亲，甚非人情。故本条以祖父、祖母、家长为法定监护人，列在遗嘱监护人之先。

第一千四百十三条　父于临终时，因子之母不能行亲权者，得以遗嘱指定监护人。

未成年人之父死，其母应为行亲权人。然母有因特别事故不能实行亲权者，此时应许其父指定监护人。父母临终时因未成年之子之父母，不能行亲权而有指定监护人之必要者，故本条许得以遗嘱监护人也。

第一千四百十四条　无第一千四百十二条所规定之监护人时，由亲属会选相当之人充之。

既无祖父、祖母、家长等之法定监护人，又无父或母遗嘱指定之监护人，则非别行选定监护人不可。德国设监护审判厅之制，故遇遗嘱监护人、法定监护人俱无时,即由监护审判厅选定监护人。日本不设监护审判厅,且因审判厅之干涉不合于习惯,故予亲属会以选任监护之权。吾国习惯,家庭之事,亦以不经官府干涉为原则。故本条不采德制而采日制也。

第一千四百十五条 监护人非有正当之事由,不得辞其职务。但妇女或年逾六十者,不在此限。

监护人自信为有正当之事由坚不肯任事者,于审判厅未经判定以前,应由监护人之监督人暂行接理其职务。

为监护人之义务,乃法律上之强制负担也。然有正当之事由者,亦得特许其免除义务。盖强制负担为原则,特许免除为例外也。至关于免除义务之事,在各国民法往往有罗列事情者。然法律上有限定情事,难免挂漏。故本条用抽象的规定也。此为第一项之规定。至于是否有正当事由,则以亲属会承认为断。必俟亲属会认其有正当事由,监护人始可免除其义务。若亲属会不认为正当之事由,而监护人自信其有正当之事由,不服亲属会之决议而不肯任事者,应使监护人之监督人暂行接理其职务。而其责任,则仍由监护人负之。此为第二项之规定。

第一千四百十六条 下列之人不得为监护人:

一、未成年人;

二、禁治产人或准禁治产人;

三、破产人;

四、褫夺公权人;

五、对于被监护人现为诉讼或曾为诉讼人,或其直系亲属及其配偶;

六、审判厅认为不胜监护之任者。

监护人以管理他人之身体、财产为职务,其责任繁重,非有完全之能力者,不克任之。且既有完全之能力,而于被监护人之利益恐有损害者,亦不得任为监护人。故各国民法,于监护人选任,大都明定若者为无能力,若者当除斥,若者当免黜。无能力者,未成年及禁治产人,或准禁治产人是也。除斥者,其人之行为不合乎监护人之资格,当选任之初,即除斥之,使不得为监护人也。免黜者,既任监护之职,因其行为与监护之职任有损,乃免黜之也。本条第一款、第二款均属无能力者。夫未成年人及禁治产,或准禁治产人自己在亲权或在监护保佐下,乃转以监护他人,决非所宜。若第三款至第六款,则皆在当除斥或免黜之列。破产者,不可托以他人之财产,无待言矣。褫夺公权之人,为国家所认为无德义心者,不可托以他人之身体、财产,亦无待言。其对于被监护人为诉讼或曾为诉讼之人,以及其人之直系亲属或配偶曾为诉讼者,则与被监护人实处利害相反之地位,自不可使为监护人。其余有不胜监护之任者,既为审判衙门所认定,则不当使为监护人,更无疑义。此本条各款之所由设也。

第一千四百十七条　遗嘱指定监护人时,并得指定监护人之监督人。若未指定监督人,须由监护人于任事前呈请审判衙门招集亲属会选定之。

监护人由亲属会选定者,于选定监护人时,并须选定监护人之监督人。

前二项之监督人出缺时,监护人须即招集亲属会补选之。

凡有执行之员者,必须有监察之员。设使别无监察之员,则被监护人之身体、财产,犹未处于安全之地位。故各国监护法多设监护人之监督人一职。特监督人有法定为必需常置者,有指明条件可置可不置者。前者例如日本,后者例如德国。盖德国有监护裁判所之制,监督之职,裁判所实任之。日本民法之于监护一事,则意在避去裁判所之干预。故在德国,惟监护职务中有管理财产之任者,或监护职务由数名监护人共任之者,均须设一监督人。此外,则设否属于自由。在日本,则监督人为必需常设之机关。吾国习惯,家庭之事,亦以避去裁判所干预为宜。故本条采用日制也。第一项系规定何人当为监护人之监督人也。其最先应为监督人者,为遗嘱指定之监督人,其次为亲属会选定监督人。特是以遗嘱指定监护人者,设使并未指定监督人,而其时亲属会犹未招集,则被指为监护人者,势可听其独自担任。故法律予监护人以呈请审判厅招集亲属会选定监督人之权。惟法定监护人则无需用监督人之必要,是宜注意。

第一千四百十八条　第一千四百十五条、第一千四百十六条之规定,于监护人之监督人准用之。

第一千四百十五条系规定监护人非有正当之理由不得辞职,第一千四百十六条系规定何人不得为监护人。以上二条之规定,亦应加于监护人之监督人者。盖监督人责任之重要,与监护人同。故亦须受法律上强制之负担及资格之限制也。

第二款　监护之职务

何谓监护之职务？即规定监护人于被监护人之身体上、财产上之权利义务者也。其详俟逐条说明之。

第一千四百十九条　监护人有第一千三百七十二条至第一千三百七十五条所载行亲权人之权利义务。

监护之职务大别有三，一为对于被监护人身体上之职务，二为对于财产上之职务，三为代表其法律行为之职务。本条规定为监护人对于被监护人身体上之职务也。所谓第一千三百七十二条之规定为护养教育，第一千三百七十三条之规定为指定居所。第一千三百七十四条之规定为惩戒子女，第一千三百七十五条之规定为允许营业。以上四者，为行亲权者之权利义务，故监护人亦得有之。盖监护实为延长亲权而设，胥与有行亲权者同一之权利义务。

第一千四百二十条　被监护人之财产，归监护人管理之。关于其财产上之法律行为，由监护人为之代表。

监护人对于被监护人，当然有代表其法律行为之权利，并应负财产上关于管理之职务。此本条以下至第一千四百二十五条所规定者皆是也。

第一千四百二十一条　监护人于被监护人之财产有重大关系时，须经亲属会之允许始得代表之。其于被监护人之行为有财产上之重大关系者，须经亲属会允许，监护人始得允许之。

不依前项之规定者，被监护人得撤退之。

凡监护人对于被监护人之财产或其他行为有重大之关系者，监护人不得专断之，须经亲属会之同意。其理由与第一千三百七十一条之规定略同。

第一千四百二十二条　监护人对于被监护人之财产，须依下列之规定：

一、监护起始时，须速即邀同监督人开具被监护人之财产清册；

二、监护人对于被监护人有债权或负债务者，须于开具财产清册前报告监督二人；

三、监护人每年须开具被监护人岁出之预算，经亲属会指定后，始得开

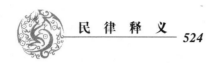

支。但遇急需时,不在此限;

四、监护人须商同亲属会,将被监护人所有之金钱,除岁需出款外,概为妥行存放;

五、监护人须将被监护人之财产情形,向亲属会每年至少报告一次。

监护人对于被监护人之财产上职务,不可无详细规定。本条即规定其职务者也。第一款规定,凡监护人就职之初,即须邀同监督人调查被监护人之财产,开具清册。其目的有二:一则监护人欲证明其担任管理财产之额,以便监护事毕时,计算正确之交替;一则监护人欲查明被监护人财产之多寡,以便预定被监护人应受教养之程度。且其调查之时期,以监护开始时速即为必要。第二款规定,凡监护人开具被监护人财产清册时,遇有被监护人所有之债权及所负之债务,概应开列,自无待言。然使监护人自己对于被监护人有债权或负债务者,其于开列清册时,易启乘机蒙混隐匿之弊。故本款令监护人于开具清册之前,先行向监督人声报,所以使贤者藉以避嫌疑,不肖者无从图私利也。第三款规定,被监护人之财产,不能听监护人任意支出,其理由无待赘言。所谓岁出之预算,以被监护人之生存、教育、疗养、看护所需及管理财产之费为率。预算者不能求一定之金额,定其最高之限度而已足。非必求费用之细数,定其共计之总数而已足。此项预算,须每年开具一次,经亲属会指定后,始得开支。但遇急迫之情事立即需用者,不在此限。第四款规定,被监护人所有之金钱,除岁需出款外,监护人须商同亲属会妥为存放。一则免空行储藏之无益,一则防监护人漫然消费之危险。第五款规定,被监护人之财产情形,非由监护人逐年报告,则监护人有私曲之行为,亲属会亦无从裁判之,其为害于被监护人者,良匪浅鲜。此岁须报告之理由一也。且监护人非时时报告财产之状况,则监护终止之时,或因阅时过久,证据失灭,致有难以自为辩护之虑。此岁须报告之理由二也。在第三款既有亲属会核定岁出预算之规定,非报告本年财产上之情形,则亲属会何曾核定次年之预算。此岁须报告之理由三也。

第一千四百二十三条 监护人违前条规定者,亲属会得撤退监护人。被监护人因而受损害者,并须赔偿。其仅不报债权者,以丧失债权为止。

凡监护人有不遵前条各款规定者,亲属会即有撤退监护人之权。以保被监护人之利益。其被监护人若竟因此而受损害者,则监护人尚须负赔偿

第五章 监护

之责任。若仅犯前条第二款之规定,有债权而不报告者,系属监护人自己之疏忽,于被监护人尚无损害,故其罚至丧失债权而止。

第一千四百二十四条　监护人之报酬,得由亲属会准其劳力及被监护人之财力酌定之。

各国民法,于监护人之报酬,有不以给与为原则者,如法、意是。有以不给与为原则,而由裁判所酌定者,如荷兰是。有以给与为原则者,如葡萄牙是。夫禁其给与报酬,虽基于以监护人之职务,如对于国家强制负担之思想。然即为强制负担,亦无必禁其报酬之理。故本条采德、日新民法之例,不以受报酬为监护人当然之权利,惟以亲属会之决议给以相当之报酬而已。在监护人固无自行要求报酬之权利也。而报酬之多寡,则一以监护人之劳力与被监护人之财力为准。

第一千四百二十五条　监护人非经亲属会允许,不得让受被监护人之财产。

违前项规定者,被监护人得撤销之。

监护人若许其让受被监护人之财产,则监护人或有利用其地位而以不当之廉价取得财产之弊。然使竟禁止其让受,则于监护人或亦有失利之虑。故本条声明以亲属会允许为条件,如未经亲属会允许,监护人擅自接受者,则被监护人至有能力时,即得撤销之。又本条所谓让受者,若被监护人处于第三人之地位时,亦包在内。

第一千四百二十六条　监护人之监督人,其职务如下:

一、监督监护人之事务;

二、监护人出缺时,须即招集亲属会补选;

三、监护人旷职时,须暂行代理其职务。

监护监督人之设,所以监视监护人,察其是否旷职,或执行事务是否违反法律,及有无损害被监护人之利益也。本条第一款乃监督监护人职务之本体,第二款及第三款皆所以慎重监护人之职务,不使一日旷缺之意也。

第一千四百二十七条　祖父母为监护人时,于第一千四百二十一条至第一千四百二十六条之规定不适用之。

监护人之职,以经理被监护人之财产一事最为繁重。故本法特设种种规定,如第一千四百二十一条至第一千四百二十六条之所定者,皆为防范

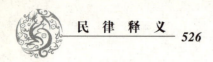

监护人损害被监护人财产起见。若祖父母为监护人,则谊属祖孙,固无所用其防范,亦自无报酬之可言,更可不必加以监督。故有本条之规定。

第三款 监护之终止

何谓监护之终止?即规定何时则监护终止,何时则监护人之职务终止,并于其职务终止时,应有如何之处理之意也。

第一千四百二十八条 遇下列情形时,监护终止:

一、第一千四百十条之条件解销时;

二、被监护人死亡时;

三、被监护人受死亡之宣告时。

第一千四百十条规定,凡未成年人上无行亲权之人,或行亲权人不得行其亲权时,须有监护人。本条第一款所谓条件解销者,即未成年人已达成年,或虽未达成年,而已有行亲权之人之时是也。至第二款及第三款之规定,未成年人既已死亡,或受死亡之宣告时,则监护主体不存,自无设置监护之必要,而监护亦因以终止也。

第一千四百二十九条 遇下列情形时,监护人之职务终止:

一、监护人死亡时;

二、监护人遇第一千四百十六条第二款至第六款之原因而丧失资格时;

三、经亲属会撤退时;

四、依第一千四百十五条而辞职时。

前条所谓监护终止者,无监护之需要也。本条则专指监护人之职务而言。第一款所谓死亡者,自包失踪宣告在内。第二款所谓丧失资格者,如第一千四百十六条所称破产、褫夺公权、对于被监护人为诉讼及审判衙门认为不胜监护之任是也。第三款所谓亲属会撤退监护人者,指第一千四百二十三条所规定而言。第四款所谓依第一千四百十五条而辞职者,谓有正当理由之辞职,及妇女或年逾六十岁者之辞职皆是也。

第一千四百三十条 监护人于监护终止或职务终止时,须速即邀同监督人结清账目,将所管财产交还。

监护人死亡时,前项之职务由其承继人任之。

监护终止之原因，如系未成年人达于成年，则监护人须对于被监护人负清账之责。如系审判厅撤销或不能执行监护，则监护人须对于有监护权之他人负清账之责。如系被监护人死亡或宣告失踪，则监护人须对于承继人或其遗产管理人负清账之责。此为第一项之规定。但监护终止之原因，如系出于监护人死亡或宣告失踪，则由其承继人或其遗产管理人负清账之责。此为第二项之规定。

第一千四百三十一条 第一千四百二十八条、第一千四百二十九条之规定，于监护人之监督人准用之。

第一千四百二十八条及第一千四百二十九条之规定者，即监护之终止，即监护之职务终止之原因也。此等原因，于监护人之监督终止及监督人职务之终止时，亦准用之。故有本条之规定。

第二节 成年人之监护

夫监护之设置，以未成年人既无意思行为能力，而于其上又无行亲权之人，为其身体、财产之利益起见，故特设监护人焉。若于成年人则自无监护之问题。但于成年人中亦有不能有意思行为能力者，如心神丧失之人之类。以此等之人而不为设置监护人，则于其身体、财产必有多量之危险。于是法律为保护其利益起见，复有成年人之监护之设置，即本节所规定者也。

第一千四百三十二条 成年人受禁治产之宣告时，须置监护人。

何者谓禁治产人？于本律第一编第二章规定之。盖禁治产人必系居恒心神丧失之人，虽已成年，而其身体、财产均属他人为之保护管理。故其必需监护人之处，正与未成年人同。然未成年人亦或有心神丧失之事。但既系未成年，即包在未成年监护之内。故本节则专指成年人言。

第一千四百三十三条 监护人须依下列之顺序充之：

一、夫或妻；

二、祖父；

三、祖母；

四、家长。

未成年而受监护者，必系父母俱亡，或不能行其亲权者，父母不在监护人之列。已成年而受监护者，其父母或有尚存在者，自应先以父母为监护人。乃本条无明文规定，不得谓非立法者之疏忽也。至于夫妇为共同之生存，其关系至为亲切。且女已嫁从夫。故本条规定，夫妻得迭为监护人也。又翁姑则包在家长之内。

第一千四百三十四条　无前条规定之监护人，由亲属会选相当之人充之。

本条理由与第一千四百四十四条之理由同。惟遇父母为监护人时，若父母死亡而祖父母已不在，此外又别无家长者，设使后死之父或母于临终时指定监护人者，则从其指定。

第一千四百三十五条　由夫或妻及祖父母依第一千四百三十三条规定而为监护人者，不用监督人。

本条理由与第一千四百二十七条之理由同。

第一千四百二十六条　监护人于监护目的上必要之范围内，须准被监护人之财力护养疗治其身体。

成年人之监护人，对于被监护人之财产，与未成年人之监护人，对于被监护人之身体、教育、惩戒、营业诸端之监护权相若。故成年之被监护人系心神丧失之人，监护人对于其身体，自以护养疗治为主要。惟以监护目的上必要之范围为限，不许其于身体之自由，受过甚之束缚也。

第一千四百三十七条　未成年人监护之规定，除与本节规定抵触外，于成年人之监护人准用之。

未成年人之监护一节，内有与第一千四百三十二条至第一千四百三十六条（即本节之规定）不相反背者，均使准用于成年人之监护人方为适当。此本条之所以设也。

第三节　保　　佐

保佐者何？质言之，即准禁治产之监护人也。何谓准禁治产？应参照本律第一编第二章之规定，兹不复赘。

第一千四百三十八条　受准禁治产之宣告人，须置保佐人。

凡受准禁治产之宣告者,如心神耗弱者、盲者、聋者、哑者、浪费者皆是,详见总则编之规定。法律对于此等之人,亦令设置保佐人,以保护其利益。故有本条之设。

第一千四百三十九条 关于成年人之监护人之规定,于保佐人准用之。

保佐人虽非监护人,然关于成年人监护人之规定,以准用于保佐人为宜。此本条所以设也。

第六章 亲 属 会

亲属会者，就监护及其他法律所规定应行会议之事件，因本人并亲属及其他利害关系人之呈请而成立之议决机关也。吾国习惯，遇有重要事件，则邀同族中及亲戚会议处理。但此不过为习惯上之事实，并非法律上之制度也。既为习惯上之事实，且亦无背乎善良风俗、公共秩序者，法律自宜采取之，庶与私法尊重习惯之旨相合。而征诸欧洲诸国之法律，若德若法若意若葡以及西班牙、比利时等国。皆设有亲属会之规定，即日本亦如之。但各国民法，凡亲属会之招集、组织、决议等事，均认审判官之干涉居多。夫亲属会而使审判官干涉，又与吾国习惯不符。故本律规定，于决议一层。以不取审判官干涉主义为原则。其他若招集、组织等事，则仍认审判官之干涉，是为例外。

第一千四百四十条 依本律及其他法令之规定应开亲属会时，审判厅须因本人、亲属、监护人、监护人之监督人、保佐人、检察官或利害关系人之呈请招集之。

按诸吾国习惯，遇有亲族争议，多由亲属处理。其招集之原因，则未有限定。然既变习惯上之亲属会为法律上之亲属会，则必具法律原因而招集之，亲属会始生法律效力。所谓法律上招集之原因者，依本条之规定有二：(一)为本编第三章、第四章、第五章及第五编中有规定须开亲属会者是；(二)为他项法令所规定有须开亲属会者是。至于得呈请招集之人有六。第一，即会议事件所发生之本人。第二，亲属。第三，监护人与监护人之监督人。第四，保佐人。第五，检察官。第六，利害关系人。是也。若招集之权，则全属于审判厅。盖亲属间之事，苟可逃官吏之干涉，则不使官吏干涉之，是为本律立法之精神。但亲属议决事件皆重大者多，若选定会员招集会员等事，一任亲属等之自由，则亲属中有意图谋私利者，皆集合便于自己之人而会议之，其会议亦决无公平之望，而于设立亲属会之目的亦终不能达矣。本律有鉴于此，故特以招集之权归诸审判厅。即选定亲属会会员之

第六章 亲属会

权,亦全属诸审判厅。质言之,即亲属会非由审判厅之招集,不能自行集会也。

第一千四百四十一条　亲属会会员,三人以上七人以下为限。

亲属会之会员,若员数过少,则易流于偏私。若员数过多,则议论庞杂。故本律亲属会会员至少为三人,至多不得逾七人,而一任招集者之选择约定。如三四人、五六人之类,均无不可。

第一千四百四十二条　亲属会会员,得由指定监护人之权利者以遗嘱选定之。

无前项选定时,审判衙门须从亲属内及与本人相关切者内选定之。

凡亲属会会员之选定权计有二种。一、有指定监护人之权利者。所谓有指定监护人之权利者,如第一千四百十二条所定,最后行亲权之父或母,于保护子之利益有完全之权利,当然亦有选定亲属会会员之权利。但其选定,须于临终时以遗嘱为之,是即本条第一项之规定。二、为审判厅。如无遗书选定亲属会会员时,则由审判厅咨询检察官之意见及司法警察之报告选定之。但其选定须从于与本人相关切之人中选定之,即为本条第二项之规定。但以上两种之选定会员,均不必以亲属为限。

第一千四百四十三条　监护人、保佐人及第一千四百十六条所列之人,不得为亲属会会员。

依前条之规定,是凡为亲属而被审判厅之选定者,均可为亲属会会员矣。然有不能一概论者。盖法律对于亲属会会员之资格,特有二种之限制。一则因会议之事常与其人有关系者,法律限制之不许其为会员,如监护人、保佐人是也。惟监护人之监督人不在限制之内者,以监护人之监督人与亲属会会员同为监督之机关,并非执行之机关故也。一则因其人之身份、地位、品行、道德,难胜亲属会会员之任。法律亦限制之,不许其为亲属会会员,即第一千四百十六条所规定者是也。即无监护人之资格者,亦不得为亲属会会员。

第一千四百四十四条　亲属会会员非有正当事由,不得辞职。

亲属会会员之义务,亦如监护人及监护人之监督人之义务,均含有强制之性质。故一经选定,即不得随意推辞。惟有正当之理由者,则许其辞职。何谓正当之理由?系属事实问题。故法律不为明定,一任审判厅之酌夺而已。

第一千四百四十五条　亲属会员之议事,以会员过半数之同意决之。会员于所议之事有关系自己利害者,不得加入议决之数。

亲属会会员之会议,以会员过半数决之。所谓过半数者,系认会员之过半数,非到会员之过半数也。如审判厅选定会员有七人,到会者只有五人,而决议时同意者有三人。夫三人之决议,虽于到会员数实居多数,然于总会员实居少数也。故总会员有七人时,必须有四人之同意,方得为过半数之议决。是为本条第一项之规定。凡监护人与保佐人不得为亲属会会员者,以会议之事,常与其人有关系故也。但有非监护人、保佐人而为亲属会会员,遇有所议之事实,若与其人有利害关系者,亦不得与于议决之数,而以他会员之过半数同意为议决。

第一千四百四十六条　亲属会会员出缺时,会员须呈请审判厅补选之。

会员因一时之事故不能到会者,须由其余会员呈请审判衙门选定临时会员。

凡亲属会会员有一出缺,而其余会员悉应改选,则无此理由。故会员出缺时,惟就出缺者补选足矣,是为本条第一项之规定。但有时仅因一时之事故,致不能到会者,若将会议停止,待其事毕到会,再行开议,则以一会员而牵动全会议。若竟任其暂缺,亦属不合。故可呈请选定临时会员以代理之。迨其事毕到会,则临时会员即失资格。是为本条第二项之规定。

第一千四百四十七条　为无能力人、限制能力人而设之亲属会,须继续存在至成为有能力人时止。

前项亲属会,除初次招集外,得由本人、法定代理人、监护人、监督人、保佐人或会员招集之。

亲属会有临时亲属会与常设亲属会之别。临时亲属会者,为因特别事件而开之亲属会是。至于常设亲属会,则为无能力人或限制能力人而设。其应议事件时时发生。若第一次会议事件完毕,即时将亲属会解散。第二次又有会议事件发生,再行续选会员。则选定之事,必不胜其烦。故为无能力者而设之亲属会为常设亲属会,其选定之会员,于无能力者未达于成年或能力未回复之前,当继续存在,不必每会议一次选定一次之会员也。

此本条第一项之所由设。至于常设之亲属会于第一次开会时,须由审判厅招集,固也。但于第二次开会时,则由本人、法定代理人、监护人、监督人、保佐人或会员招集之可也,无须再向审判厅呈请。此本条第二项之所由设。

第一千四百四十八条　会员或第一千四百四十条所列各人有不服亲属会之决议者,得呈诉于审判衙门。

亲属会之决议,原有拘束监护人及其他各人之效力。如监护人欲为某事,因求亲属会之允许。若不得同意,则监护人不得为之,是其决议有绝对之效力也。然亲属会之决议,亦不能保其绝无偏执者。故对于亲属会之决议有不服者,可呈诉于审判衙门而撤销其决议。其得提起不服之诉者,本人、亲属、监护人、监护人之监督人、保佐人、检察官、利害关系人及会员是也。惟于议决时,曾经表示赞成之会员,则不得提起不服之诉。

第一千四百四十九条　亲属会有不能议决者,得呈请审判衙门审判之。

所谓亲属会不能决议者,如到会之会员无过半数,或竟见分为数派。无论何派,均不得过半数是。在此时,会员既不能决议,而又不能无决议以终。则会员得呈请审判衙门以审判代决议,然仅会员有此权耳。

第七章　扶养之义务

　　扶养之义务者,法律所特定之人,对于不能存活,无力求教育之人,而与以生活之资、教育之费也。其受人之扶养者,谓扶养权利者。其与人以扶养者,谓扶养义务者。扶养非特衣食居住而已,即医药之费、教育之费均包在内。但法律以命令世人不害他人为原则,不命令世人利益于他人。今扶养之义务,是命令世人利益于他人。故属一例外之事。则其范围之宜狭,可不待言。故在英、法、德等国之制度,扶养义务以配偶者、直系血族及一等亲之直系姻族相互间为止。意大利民法则扩张及于兄弟姊妹间。日本系行家族主义,故家长对于家属亦负扶养之义务。中国亦采家属制度。故于本律别立一章,以亲属、家属均有扶养之义务也。

　　第一千四百五十条　凡直系宗亲及兄弟姊妹,互负扶养之义务。妻之父母及婿亦同。

　　扶养义务者,为相互之义务。即此对于彼负扶养之义务者,彼对于此亦负之,故曰相互也。家长、家属之扶养义务,与夫妻之扶养义务,已于第二章及第三章规定之(参照第一千三百三十一条及第一千三百五十三条)。本条则专定家长及夫妻以外之扶养义务者也。其类有三:(一)为直系亲属,如父母之于子,祖父母之于孙是也;(二)为兄弟姊妹;(三)为妻之父母及婿。以上三种亲属,彼此均应负扶养之义务,是为本条之规定。

　　第一千四百五十一条　负扶养义务者有数人时,须依下列之次序而履行义务:

　　一、直系卑属;

　　二、夫或妻;

　　三、家长;

　　四、直系尊属;

　　五、兄弟姊妹;

　　六、家属;

七、妻之父母及婿。

同系直系尊属或直系卑属者，以亲等最近者为先。

凡负扶养之义务者有数人时，则何人应先履行此义务，法律不可规定之。此本条所以亟规定其顺位也。第一项第一款，因子孙须孝养父母、祖父母，故列诸首位，盖道德之本原也。第二款因夫妻本系共同生活，至一造须扶养时，是应先行扶养之。第三款因家长对于同在一家之家属，则家长应负扶养之义务。第四款因直系亲属对于直系卑属，亦应负扶养之义务。第五款因兄弟姊妹本系同根一气。第六款因家长既扶养家属，故家属亦应扶养家长。第七款为妻亲中之最切近者，莫如婿之对于妻父母故也。第二项规定，如于同一顺位中负扶养义务者有数人时，则应以亲等较近者为先。例如有直系卑属之子与孙同负扶养之义务时，则子之亲等为近，故应先负其义务。孙之亲等为远，故应后负其义务。

第一千四百五十二条　同一亲等之负扶养义务者有数人时，须准其资力分担义务。

同一顺位之扶养义务者有数人，以亲等最近者为先。若其亲等又相同，则其扶养义务，应用何法以定，是法律不可无明文规定，以济前条之穷也。于此之时，则扶养之义务，只有准其资力，而为分担之一法。此本条规定之理由也。

第一千四百五十三条　受扶养权利者有数人时，负扶养义务者须依下列次序扶养之：

一、直系尊属；

二、夫或妻；

三、直系卑属；

四、家长或家属；

五、兄弟姊妹；

六、妻之父母及婿。

第一千四百五十一条第二项之规定，于前项情形准用之。

前二条既规定负扶养义务之顺序，本条则规定受扶养权利之顺序者也。其理由略与第一千四百五十一条相似。

第一千四百五十四条　同一亲等之受扶养权利者有数人时，各准其需

要而受扶养。

　　同一顺位之扶养权利者有数人,以亲等最近者为先,已如前条之规定。但同一亲等之中,受扶养权利者又有数人时,则将如何,自不能不视其需要之标准而为扶养。故有本条规定之设,所以救前条之穷也。

　　第一千四百五十五条　负扶养之义务人,以有扶养之资力者为限。

　　既负扶养之义务,则对于受扶养权利者不能生活之时,即使扶养之。然负扶养义务者,其自己先不能生活,则法律虽课以扶养之义务,亦属无益。故惟有扶养之财力者,始能尽扶养之义务。

　　第一千四百五十六条　受扶养之权利人,以不能自存者为限。但第一千四百五十三条第四款至第六款所列各人因过失致不能自存者,无受扶养之权利。

　　人生世间,贵自树立为原则。故受扶养于他人者,以不能自存为限。所谓不能自存者,即以自己财产不能度日,与以自己之操作仍不能餬口者之谓。但不能自存有不由自己过失而致者,如罹疾病、水火、灾厄是。有由自己过失而致者,如因游荡而破家,坐懒惰而失业皆是。在直系亲属及夫妇、兄弟姊妹之间,其不能自存,虽不问其因自己过失与否,均须扶养。至于他家属若其不能自存,本于自己之过失者,则夺其受扶养之权利,亦不失之苛也。故本条特设规定。

　　第一千四百五十七条　扶养之程度,以受扶养权利者之需要及负扶养义务者之资力为准。

　　夫生活之需要,因人而异。或以自己之资力与劳力足筹生活费之半额,其他半额须仰给于人者,或以全不能自筹者。又男女、老幼、健康、疾病,其需扶养之程度既异,则扶养自难尽同。然扶养之程度,不可专从扶养权利者一方面着想,尚须兼顾扶养义务者之财力何如耳。例如受扶养权利者,每月需五十元。而扶养义务者之财力,每月只能出二十五元,则每月与以二十五元而已足。又如扶养权利者每月只需五元,而扶养义务者每月能出款百元,然亦给以五元而已足。故扶养之程度,须统筹兼顾而定。

　　第一千四百五十八条　扶养之方法,得由负扶养义务者定之。但有正当之事由时,审判衙门得因受扶养权利者之呈请定扶养之方法。

　　扶养之方法,或扶养义务者为节省与便利起见,邀请扶养权利者同居,或不邀请同居,给以日用费者有之。其究竟采用何种方法,是应任扶养义务者之选定。但一任扶养义务者之选定,有时有不便于扶养权利者有之。故以正当事由时为限,得由扶养权利者,呈请审判衙门定之。故有本条之规定。

第一千四百五十九条　扶养之权利义务,因受扶养权利人或负扶养义务人之死亡而消灭。

受扶养权利人死亡时,其承继人不能支付丧葬费用者,由负扶养义务者任之。扶养之权利义务于何时而解销之,是不可无明文规定。本条即规定其解销原因者也。夫附著于人之身份,其人既死亡,则其权利义务自随之而俱去。如兄弟两人。兄为受扶养之权利者,弟为负扶养之义务者。兄死亡则权利解销,兄之子不能承继其父受扶养之权利。弟死亡则义务解销,弟之子亦不须承继其父负扶养之义务。是为本条第一项之规定。但有例外,即受扶养权利者死亡时之丧葬费是也。此项丧葬费,由负扶养义务者任之,并不得以其人既死亡,权利义务即应解销为借口。但负扶养义务者任此费用,必以死亡者之承继人不能措办为条件。若死亡者之承继人能措办此费用时,则负扶养义务者无复担任此项费用之责任。是为本条第二项之规定。

第五编

继　　承

夫人死而继承之事以生，此古今东西之所同者也。夷考继承之历史，继承人所得权利，或为宗祀，或为身份，或为财产，事实虽不同，而其为继承则一也。惟其以继承之事实，汇订为一定之规则，而成为完全法典者，实自近代始。在日本谓之相续。然相续云者，即相为继续之意也。使在中国而欲以此等字句缀诸文字之内，其意固自可通。但以此而作成名词，实未得取义之正。惟中国关于嗣续、宗祧等项，多通用继承二字。故本律于其第五编定名谓继承焉。至继承之范围，按诸中国古无继承之律，其范围故不确定。然而三代以上，宗法盛行，其恃以干国、承家、敬宗、收族者，厥维宗子，此宗祧继承之法也。中古以降，宗法废弛，而官爵之荫袭，丧服之承重，犹致严于嫡长之分，此身份继承之法也。凡以礼制立教之国，不甚注意乎家产。故吾国数千年来，于分析祖父遗业之事，一委诸习惯。苟有兄弟让产者，历史且侈为美谈。晚近风俗衰薄，始有嫡庶子男分析家财田产，不问妻妾所生，止以数均分之例。此其为法虽未尽详，亦渐趋于遗产继承时代，盖可知已。现今欧洲各国，其法律概采个人主义，并不认有家族。故其所谓继承，直一财产之移转，无他义也。日本家制，其性质虽与吾国异。然家制既存，自有继承家长之事，故其民法有家督相续与遗产相续之别。吾国今日家制之不可破，固人人知之矣。惟习俗以相沿而递变。吾国今日之家长，实非昔日宗法之嫡长，固无所谓为继承。即血祀攸关，义取嗣续，向不以大小宗为限，亦与宗祧之继承迥殊。故关于家长及嗣子各法，另于第四编亲属中规定之。若荫袭承重之典，所谓继承之身份权者，礼制所垂，毋容淆混。是故论本编之范围，则关于遗产之继承为多。虽非采个人主义，而其为财产之规定，则大概与欧洲各国法律同也。

第一章　通　则

通则者，规定继承中普通重要之事，以便全编之适用者也。日本相续法无通则之规定。故凡关于继承共通之事，如回复继承权、继承费用等，多定于家督相续章内，特设条文，以声明准用某条。兹本律以通则为冠，将继承中普通重要之规定皆搜集于其中，以免繁杂之弊。故有本章之规定。

第一千四百六十条　继承，以所继人之死亡为始。

继承起始之原因及其时期，不可无明文规定，本条即规定其起始之原因及其时期者也。盖所继人之死亡，为继承起始之原因。而所继人之死亡时，即为继承起始之时期。是为继承之重要规则。

第一千四百六十一条　胎儿有继承之权。但出生时若系死体，不在此限。

胎儿有继承之权者，即习惯所谓遗腹子也。其出生虽在父死之后，然其得有继承之权，与出生在父前者同，此固中外法律所同认者。故本律亦特认其有继承权也。惟出生时若系死体，则生如未生，自无继承权之可言。又若生非死体，而少顷即殇者，按之法国民法，颇有关系。如甲夫妇分产，甲死之后胎儿初生，已系死体。旁系无人，甲之财产应归其父承受。若胎儿生后，少顷始殇者，则胎儿以作继承人论，其财产应归胎儿之母承受。夫以同一甲之财产，因胎儿生系死体及生后始殇之不同，而异其处分，于理何取。故本律不采用之，而一任其家长或妻之处置可也。

第一千四百六十二条　所继人负有债务时，以所继人财产偿还。若继承人愿以自己特有财产认偿者听。

凡继承既以继承其财产权为重要，则继承人偿还所继人债务之法，不可无明文规定也。论民法原理以个人为本位。故所继人负有债务，应以所继人财产清偿，斯为原则。惟在中国旧有父债子还之说。且在亲属编既明认子有特别财产(参照第一千一百三十条),则子如愿以己财偿父债,此亦民德之美行,法律亦不妨以道德为主。故本条听其所愿而不加限制也。

第一千四百六十三条 有母在者,若各继承人欲分财产,须经母之允许。但若别有遗嘱者,从其遗嘱。

考各国法律,概重个人权利。继承人既有继承财产之权,则法律上权利所在,他人不得干涉。即母子之间,亦何独不然。故若欲分析财产者,固不妨以自由意思行之。然而继承人不必尽贤,法律不可不预防弊害。例如有浪费之人,因一旦继承起始,而欲分析遗产,自难免分析之后,消耗净尽。则欲重权利而反失所以保护之道,非立法之得也。惟与其母以允许权,庶对于贤不肖之子之利益,皆可予以两全。矧吾国习惯,有母在者遇有重大之事,本应奉命而行。而在亲属论,则复与母以得行亲权(参照第一千三百七十条)。则其子之利益,亦自能护持。故本条参酌中外情形,于本条定为须经其母之允许,似于礼教风俗尚无大戾。又若父有遗嘱,则父命先于母命。故但书规定,从其遗嘱。

第一千四百六十四条 关于继承财产之费用,由遗产中支付。但因继承人之过失而支出者,不在此限。

关于继承财产之费用,即登记、印花、诉讼、管理各费。其发生在继承起始之后,一以完毕所继承人之后事,一以顾全所继承人之利益,故应于遗产中支付。至继承人因过失妄为支用,则第三人必至亏损。本条有鉴于此,故为之预为之地,而设为但书之规定也。

第一千四百六十五条 回复继承之权,以自继承人或其法定代理人知有继承时起算逾三年而消灭。其继承开始后逾十年者同。

凡继承权之消灭时效,不可无明文规定。盖人有应得继承权而先未之知,竟为他人所继承者。据理而言,似乎无论何时,皆得回复其权利。然继承之事,端绪纷繁,一旦既为人所有,则其人亦必系死者之亲属。若历年久远,尚得夺其既得之权而归于己,则当事人间及对于第三人之关系,必至非常紊乱。故关于此事必有消灭时效,且年限亦不宜过长。况继承人既知有继承之事,断无久置不问之理。故本律以知有继承时起算,逾三年而不请求回复者,则其权利归于消灭。虽然,继承人若不知继承事者,则不能以三年为限。故定为十年,亦所以保护继承人之利益也。又本条特定法定代理人者,以继承人往往有系未成年或禁治产者。若俟本人知有继承之事时起算,则年限延长,徒使继承人之地位久不确定。殊为无益。法定代理人者,乃在法律上代理本人以保护其利益者也。故以代理人知继承之事,亦得请求回复,而不以本人之自知为限。

第二章 继 承

继承者，规定关于继承遗产之人及其效力，与继承人应继之分，并分析遗产等之一切法则者也，故位在通则之次。

第一节 继 承 人

继承人者何？即规定何人有继承资格之意也。此种资格，是为继承人之要件。故本章特设一节以规定之。

第一千四百六十六条 所继承人之直系卑属关于遗产继承人，以亲等近者为先。

若亲等同，则同为继承人。

前项规定，于直系卑属系嗣子者适用之。

盖遗产之继承，其先后应以亲等为准。亲等近者，先为继承人。亲等同者，则同为继承人。例如一人有子若干，孙若干。以亲等论，子为一亲等，孙为二亲等。其子应先有继承权，孙不与焉。然其子若有数人，则数人均系继承人。而其应继之分，应依第一千四百七十四条规定分配。是为本条第一项之规定。至直系卑属云者，嗣子亦包在内。惟于解释上恐有疑义，故复有第二项之规定。

第一千四百六十七条 继承人若在继承前死亡或失继承之权利者，其直系卑属承其应继之分为继承人。

妇人夫亡无子守志者，得承其夫应继之分为继承人。

凡在开始继承以前，如继承人已死亡，或因丧失权利，不准继承者。则其直系卑属（如死亡者之子）得与其伯叔同为继承人。此盖本诸吾国旧习所谓得承继其应继之分者是也。所谓承继应继之分者，即承死者或丧失权利者之本分。以继承人固有之权利分之于子孙，无论其有子孙若干，第能得应继之一分，其名义仍属诸死亡及丧失权利者也。是为本条第一项之规定。第二项则谓继承人死亡或丧失权利而又并无子孙，若其妇独能守志，则其应继之分，应归于其妇。所谓无子守志者，谓并无亲生之子。如承夫分为继承后，族中苟有可嗣之人，仍可立嗣。非谓终身绝后，始自继承也。此种立法例，一本诸清律立嫡子违法门条例第二之规定。

第一千四百六十八条 无前二条之继承人者，依下列次序定应承受遗产之人：

一、夫或妻；

二、直系尊属；

三、亲兄弟；

四、家长；

五、亲女。

直系尊属应承受遗产时，以亲等近者为先。

夫继承云者，不惟承接其产业，实即继续其宗祧。故惟所继人之直系卑属为有继承权。若其人并无子孙，则第处置其遗产足矣，与嗣续问题初无关涉。故不曰继承，而曰承受。第一款首列夫或妻者，盖因本律原理，既认家属有特有财产之制，夫妇一体，与共为尊属者对于子妇财产。既许其共有于生前，岂有子死而反争之于妇，妇死而反争之于子者。揆之人性，必不然也。故法律以夫妻列首，非重夫妻轻父母之意也。第二款所谓直系尊属，即本人之父母、祖父母等之。谓惟亲等有远近，即承受有先后。盖祖父母不得先于父母，曾祖父母不得先于祖父母也。论亲疏不论尊卑，亦理之所当然者（应参观本条第二项规定）。第三款因亲兄弟虽为旁系亲，然与本人既同其所生，究与普通旁系有别。故本律斟酌情谊，应于直系尊属之后，与以承受权也。第四款因本人而无亲兄弟者，则家长为一家之主，家属财产无人承受，自应归其所有。第五款列以亲女者，以吾国习惯，女子无继承财产之例。若非父母特别给与遗产，为女子者不得主张有此权利。然清现行律"卑幼私擅用财门"例文有云：户绝财产果无同宗应继之人，所有亲女承受等语。曰户绝，曰无同宗应继之人者，明非绝户或尚有应继之人，女子犹不得承受其财产也。故本条以亲女殿之，亦取此意。

第一千四百六十九条 乞养义子，或收养三岁以下遗弃小儿，或赘婿素与相为依倚者，得酌给财产使其承受。

按清律载无子立嗣,除依律外,继子不得于所后之亲,听其告官别立。若义男、女婿为所后之亲喜悦者,听其相为依倚,不许继子并本生父母用计逼逐,仍酌分给财产。又凡乞养异姓义子,有情愿归宗者,不许将分得财产携回本宗。其收养三岁以下遗弃之小儿,仍依律即从其姓,但不得以无子遂立为嗣,仍酌分给财产,俱不必勒令归宗各等语。综绎例意,其于乞养义子及收养遗弃小儿不许以之立嗣者,以宗祀之重不容乱也。而许其与女婿均分得财者,以养育之恩无所靳也。然义男、女婿,必平日素相依倚;收养小儿,必在年三岁以下,并同居既久,则恩谊自不比寻常。而例以酌给为文,其家业不必与嗣子均分,亦可无争产之虑。本律爰刺取此义,定入条文。盖虽无继承之权利,而得有承受之亲情,亦曲体人情之意也。

第二节 继承之效力

继承之效力云者,即规定继承人对于所继之财产上,应有如何之效力之谓也。

第一款 总则

总则者,规定关于继承效力之一切共通规则者也。

第一千四百七十条 继承人自继承开始时起,有所继人财产上之一切权利义务。但权利义务专属所继人者,不在此限。

凡继承遗产之时期及权利义务之所属,为继承效力中之最大者,故本条首定之。盖所继人死亡,而继承之事因之发生。然必使经一定之时日,继承人方得继承。则其间权利义务,既无所属,而一切之法律关系,亦将虚悬。故继承开始时,法律亦即与以效力,始免纷议。至继承必以财产为限,凡与财产无关者,如官员荫袭等类,另以法律定之。盖继承人不必即承袭人也,即与财产有关系者,若其权利专属于所继人,不得移转,则继承人亦无从继承。例如所继人与人雇佣契约或与人扶养关系之类,此均专属于个人。故自其人死亡即行消灭,不在继承之例,是有但书之规定。

第一千四百七十一条 各继承人按其应继之分,有所继人之权利义务。

依第一千四百七十四条至第一千四百七十六条之规定,各继承人所继之分,既以身份而殊,则权利已不能从同,即义务自不能一致。本条所谓按其应继之分者,盖具有二义焉。一则继承为平等者(如第一千四百七十四条之嫡子庶子),不负连带之责任。一则继承为异等者(如第一千四百七十四条之私生子及第一千四百七十六条之直系卑属),不论身份之负担,例如所继之人死,有子三人,遗产中负债九千元。其子按其应继之分,应各担三千元。对于债权者每人但偿以三千元而已足。即或有一二人不能分偿债权者,亦不能独向一人追还全额,所谓不负连带责任也。又如一人遗产中负债五千元。一嫡子死,有嫡孙二人。此外庶子一人、私生子一人均存。按其应继之分,则二嫡孙应共担二千元,庶子担二千元,私生子担一千元。债权者亦不得向一人请求清偿,所谓不认分外负担者是也。二义备而后本条之旨始贯彻。

第一千四百七十二条　继承人有数人时,对于各遗产有共有权。

凡继承人有数人而遗产亦有数处者,各继承人按其应继之分,对于遗产有共有权,是为各国法律所同。例如有一人死,遗产总数七千五百元。子三,长子、次子皆嫡子,而第三子为私生子。依第一千四百七十四条规定,长子、次子每人应得三千元,而第三子仅得一千五百元。此时长、次二子对于遗产即有三千元之共有权,第三子仅有千五百元之共有权也。

第一千四百七十三条　各继承人对于遗产物件,非经协议一致不得自行处置。

凡各继承人对于共有之遗产,非经协议一致不得自行处分。但在法国民法第二千四十条,继承人对于遗产之共有只系共同方得处分。盖既为共有之产,自不得以一人意见而定。故必须经各继承人之同意,始得处置之。若既经协议一致,则应重个人之意思,法律亦不得无端干涉,故本条云然。

第二款　继承人应继之分

继承人应继之分者,即对于遗产之承受有数人时,应如何公平分配使各得其应得遗产之数量之意也。质言之,即继承人应得之持分之谓。

第一千四百七十四条　继承人有数人时,不论嫡子、庶子,均按人数平分。私生子,依子量与半分。

夫继承必系其人之子孙,而亲子又有嫡、庶与私生之别。在欧美各国,无所谓庶子,即嫡出与奸生二者,其辨别亦綦严。故不惟无庶子之继承,即私生子亦无继承之权利。日本民法限制虽宽,然其所得之分,不过嫡子二分之一。是盖尊重正当婚姻,凡以正妻以外所出者,法律不与以完全权利也。吾国习惯,继承遗产无嫡庶之分。清律亦有嫡、庶子男分析家财、田产,不问妻、妾所生,止以子数均分,奸生之子依子量与半分等语。故自一夫一妻之制言之,妾非正当之配偶,则妾子自应有别。然法律既无不许置妾之明文,则妾子亦不当歧视。本条爰本于旧律之规定,设为有数继承人时,不论嫡子、庶子,均按人数平分。至私生子虽较诸庶子为暧昧,然既经其父认领,自无任听其失所之理。故亦从旧律量与半分。法律不与以平等,盖视乎其子身份而已。

第一千四百七十五条 私生子外别无子,立应继之人为嗣。其遗产,私生子与嗣子均分。无应继之人,方许私生子承继全分。

依前条所定,私生子固不得与嫡、庶之子等。然至无子而立嗣,据名义而论,私生子出于苟合,而嗣子实为正名定分之后人。据血统而言,嗣子原非亲生,而私生子实出于本身之血统。法律若如嫡、庶之例,不使其与嗣子等,恐人情厚其私爱,一旦生前处置此遗产,或反刻薄嗣子,偏向私生,而于事理不得其平,适以启家庭之变故。故特许其与嗣子均分,体人情亦可以弭家衅也。至亲属无可继之人,则其家为绝户,与私生子以全分,亦不为过。清律有云:如无子立应继之人为嗣,与奸生子均分。无应继之人方许承继全分,盖即此义,本条实承用之。

第一千四百七十六条 第一千四百六十七条第一项之直系卑属若有数人,应以其直系尊属所应得者,依前二条规定而定应继之分。

第一千四百六十七条第一项之直系卑属,若仅有一人,其应继之分,应与直系尊属同,其理易明。若系数人承其直系卑属之分而为继承,此时若无明文规定,则似各继承人应继之分均得独立,与其伯叔平分祖父之遗产,实非事理。故明著之曰:以其直系尊属所应得者,得依前二条规定而定应继之分。盖各继承人既不能代其直系尊属各独享一继承权,自应合数人共袭一分,依其嫡、庶、私生之身份,或嗣子与私生子之关系,而定分之多寡,是则本条公平分配之义也。例如所继人有遗产一万元,生有长、次二子。

第二章 继 承

而次子已死,遗有嫡子、庶子、私生子各一人。此时在长、次二子当然每人得五千元。但次子之三子承其父份,继承祖之遗产时,其应继之份,依第一千四百七十四条嫡子、庶子均以人数平分,而私生子只得半分。故以其父所应得之五千元作五份分之。嫡子、庶子各得五分之二,应各得二千元。私生子则得五分之一,应得一千元。是按第一千四百七十四条之例而定应继之分者也。又如前例次子已死,而仅遗有私生子外别无子者。立应继之人为嗣。此时承其父份,继承祖之遗产,其应继之份,依其父所得之五千元平均分配,嗣子、私生子每人各得二千五百元。是按第一千四百七十五条之例,而定应继之份者也。

第一千四百七十七条 所继人遗嘱有定各继承人应继之份或委托他人代定者,应遵其遗嘱行之,不适用前三条之规定。

依前项方法定有应继份之外,若尚有未定者,仍依前三条之规定。

依第一千四百七十四条至第一千四百七十六条,虽曾规定继承人应继之份,然并非限制所继人自由处置财产之权。故若所继人对于各继承人定有应继之份,法律固无禁止之理。即所继人托人代定,法律亦得允许之。此本律所以依多数立法例,特设本条,以示为前三条之例外。惟此等处置,必用遗嘱,不许其生前预行指定,所以免平日爱憎之弊也。此本条第一项之规定。惟所继人有对各继承人中只指定某人应继之份,而不及他继承人者,则其未经指定之继承人,应得遗产若干,使无明文规定,转滋疑义。故第二项云,依前三条之规定(即第一千四百七十四条至第一千四百七十七条),因各人之身份而定所分之多寡。至受有指定者,其继应之份,自依所指定而行,不得于指定之外而复行干预也。

第一千四百七十八条 所继人在生前或以遗嘱对各继承人有特与以财产时,受与之人仍得依第一千四百七十四条至第一千四百七十六条与各继承人分得遗产,其所受之物不必归还。但所继人仅许暂时利用并未移转所有权者,应以其所受财产之价算入遗产,以定应继之份。

前项但书价额多于应继之份而应归还者,若系性质不可分之物,或经各继承人协议后,准以金钱作抵。

凡继承人受有所继人赠与之物,应否算入应继之份,在各国立法例大致有三种主义:(一)赠与作为无效,其物应行归还者;(二)所继人意思不明时,应将其物归还,若明系赠与,则不在此限;(三)不必归还赠与之物,仍得依其应继之份,与各继承人共分遗产者。以上三种主义。论其得失,则第一主义虽得制所继人处置财产之权,使分析遗产归于公允。然赠与之事,本一契约。赠与人既自定此契约,法律必强使之无效,似与法理不符。在第二主义则专以所继人之意思为重,斯为折中之法。第三主义以不必归还原物为原则,实与赠与性质相合。本条第一项前段系采第三主义,既受赠与,则其物之所有权归其所专有,既不必归还原物,仍得以其应继之份,对于遗产与各继承人同为继承。在生前或以遗嘱云者,系指赠与之方法而言。所谓生前赠与及遗嘱赠与均是。至第一项但书系指第许暂时利用,并未移转所有权者而言。盖所继人常有为某继承人谋自立计,平日以资本名义给与金钱或物,业许其利用以图利益者。此种行为,自与普通赠与异。当继承起始时,应先缴归遗产以定应继之份。惟此时归还之法有二:(一)以原物归还;(二)以所受财产之价额算入遗产,不必归还原物。前者自分析遗产言之,固为正确办法。然或受与人正在利用此物,忽因归还而中止,反至受莫大之损害者有之。故本律依第二方法,许将所受之物估价,以其价算入遗产,定各人应继之份。是则可保受与人之利益,而亦不至害及于各继承人,实为两便。又依第一项但书规定,既将所估之价算入遗产以定应继之份。若其应继之份,较所受财产之价少,则受与人应将多于应继之分者归还,以为各继承人分配之用。此时所受财产,苟系有不可分之性质者,则欲将物之一部归还,不惟害其物之性质,必至减少物价,实非事理所宜。故因保护受与人利益,许以金钱作抵。又受与之物,即系可分,然受与人或以不分为利,各继承人第受金钱,亦无不利者。此时应以各继承人意思为重。若经协议后,亦准以金钱作抵。故复有第二项之规定。

第一千四百七十九条　前条应归还之财产价额,若因受与人之行为而灭失或增减者,当继承开始时,作为仍存原状,按其时价定之。

依前条第一项但书规定所受财产应归还时,本许以先以估计之价,算入遗产,以定应继之份。然此时或因受与人之疏忽,其物已归灭失,至使物价全无者有之。或物价虽非全归无有,而较前低减者有之。或将该物改良,其价较前加昂者亦有之。是皆因受与人行为。而物价较诸受与之时迥乎有别。其应以何时时价为估值之标准,若无规定明文,则将以赠与时时价而定,抑或以继承开始时时价而定,不能无疑。本律以继承之事由所继人死亡时为开始,则所受财产在继承开始时,作为仍存原状,亦应以其时时价估计,实属理之当然。至因受与人之行为云者,系以受与人行为为条件。故因天灾或其他变故,致物价归于灭失或有所增减,则不得作为仍存原状,应依其时现存之状态而定。故若遗产灭失即无可计算,若价有增减,即依增减之价算入遗产,以其非由受与人之行为也。

第一千四百八十条 继承人中有以应继之份移转于第三人者,若在遗产未分析前,共同继承人得于二个月内偿以价格及费用,将其赎回。

前项之第三人知情而不以移转通知共同继承人者,不得以前项期间与共同继承人对抗。

凡继承人以其应继之份移转与第三人时,共同继承人有赎还之权。盖继承人中有因其必要,在继承开始前以其应继之份与人定有移转之约者,或在继承开始后分析遗产前,移转与他人者,此时法律虽无可禁止,然此种财产,往往系传家之物,共同继承人或不忍落于他人之手,或对于遗产有共有关系,因其移转殊多不便。故各国法律多与共同继承人以赎回之权,藉保其利益。本条从多数立法例,既许赎还而复加以限制:(一)须在二个以内;(二)须偿还物价及费用者。盖第三人之权利若久不确定,必蒙损害。故必与以极短期限。至价格及费用应由赎回者备还,自属一定之理,亦所以保护第三人也。然此必在遗产未分析以前移转于人者,始可适用。否则,若已经分析,移转人本有完全处置之权,共同继承人自无可以干涉之理。故此时可否赎回,非法律之所得限制者也。是为第一项之规定。若第二项规定,系欲共同继承人早知移转之事,以定赎还与否。或第三人先未通知,不能以二个月为限也。

第三款 分析遗产

分析遗产者,规定遗产应如何分析于各继承人之方法者也。

第一千四百八十一条 所继人之遗嘱定有分产之法或托他人代定者,须从其遗嘱。

遗嘱禁止分产者,其禁止之效力以五年为限,若逾此年限,其所逾年数为无效。但继承人中有失踪者,得由所继人酌留遗产之一部,不准分析。

凡分析遗产之法,以本于各继承人共同协议为原则。然所继人体察情形,或恐日后各继承人间,因分产之故生有争议,特以遗嘱预定或托人代定者有之。此时应重所继人意思,遵其遗嘱办理。至定此方法,必以遗嘱为凭者。盖遗嘱为所继人最后之意思,依本编第三章有正确之证据。故他人不得因之作弊,而起争端。斯本条第一项所规定者是也。夫共有之物,本以随时分析为原则。然所继人体察情形,认为以暂时不分为利,特立为遗嘱者有之。然若禁止期限过长,则各继承人或竟有变迁,或至所继人之推测有不合者。若必遵守期限,转受损失,且或有害于经济之交通。故本条第二项特以五年为限。然使所继人原定期限不止五年,其效力当作为无效。但所谓无效者,指五年以外失其效力之谓,非谓所定年限全作为无效也。又继承开始时继承人若俱在,固依前述所定年限办理。然或有远离乡井,久无音信,生死不明,或年幼遗失,至长大始能还乡者。此时所继人为其利益起见,或欲特留遗产以相待者,法律自无不许之理。而五年之期亦未免太短。故在第二项但书,不特设何种之制限也。

第一千四百八十二条　继承人除依第一千四百六十三条、第一千四百八十一条第二项规定外,得随时分析遗产。

第一千四百六十三条、第一千四百八十一条第二项,皆规定制限分产之事,继承人自应遵守。在此规定外,得以随时请求分产者,固系共有原则当然之结果。其理果无待赘言而自明者焉。

第一千四百八十三条　胎儿尚未出生者,非留其应继之分,不得分析遗产。胎儿分产之事,以其母为代理人。

依第一千四百六十一条规定,胎儿有继承之权。故当分析遗产之时,若胎儿尚未出生,而一任各继承人之自由分配,则于胎儿之利益不无妨碍,而第一千四百六十一条之效力,亦无由保全。故本条第一项明定各继承人若欲分产,必先留胎儿应继之份,即所以防弊者也。然在德国民法,胎儿若未出生,不准各继承人分析遗产。就法理而论,亦固正当。然本条第一项既令其特留胎儿之份,于实际亦无窒碍。惟胎儿既未出生,不能无代理之人代行权利,此时代理人应属于母无疑。故本条复设第二项之规定。

第一千四百八十四条　继承人中于遗产分析前与他人在遗产上设定权利者,其权利人仅得对设定权利人应继之份行其权利。

继承人中有因其必要,以其应有之份对他人设定权利者,如甲、乙、丙之继承人中之乙因金钱关系,特以未分析之遗产内田地若干抵押与人者。此时抵押权人系对田地全部握有抵押权。后日债权若不得受偿,得以该田地付诸拍卖,以实行抵押权。于此之时,虽各继承人以共有田地按份分析,而对抵押权人终不足以对抗。且抵押权人若以田地拍卖,则第三人(即田地买得人)将与甲、丙二人成一人共有关系。是则前之共有既分,使因实行抵押权之故,复归共有,微特无以达分产之目的,而法律关系且愈错杂矣。故本条特为明定之,凡权利人仅对于设定权利人应继之份行其权利。盖乙之所抵押者,特其分得之份,与甲、丙所有之份无所关涉。其后乙不能偿债,抵押权人行使权利,亦第得以乙所得之份,付诸拍卖而已足。即上述之弊,亦自可免。

第一千四百八十五条　遗产中有债权者,其债权得不分析。若各继承人有反对意思时,依后一条之规定。

凡遗产中有债权者,当分产之际,若其期已到,固可支还金钱,以为分配之用。然其间往往有清偿期尚未到来,或有附条件非成就不能索取者。于此时既不能支还金钱,又不能若物品物权之按份分配,自不如仍许其共有,以免与债权人有所损害。惟各继承人若有反对意思,自以本人意思为重,应依第一千四百八十六条办理。

第一千四百八十六条　继承人中有分得债权者,若至期不能收回,各继承人应按其所得之份公行摊还。但所继人别有遗嘱者,不在此限。

前条规定,分产时债权仍以共有为原则,惟各继承人有反对意思者始行分析。然则继承人中若有分得债权至期不能收回则将若何,此时若分得者自任损失,与他继承人无涉,则分得金钱等者毫无受损,而分得债权之人,独受亏累,甚且失其应得之份,与未继承遗产等,是非公平分产之道。故本条特使各继承人负公行摊还之责。至其摊还之法,系按其所得之份而行分摊。例如遗产为九百元,其中有三百元债权,子三人每人应得遗产三百元。长子、次子均得金钱三百元,而三百元之债权归第三子所有,至期不能受偿,则三子间应各任一百元赔偿之责。此时长子、次子应各以百元还第三子,而三子之所得则均为二百元,无多寡不均之弊。若所继人别有遗嘱,自应遵其遗嘱行之。盖所继人自有处置财产之权故也。

第一千四百八十七条　应负赔还责任之继承人中若有无资力者,则有资力人及请求摊还之人,应按其所得之份公同摊还。但所继人别有遗嘱者,不在此限。

依前条释义所举之例,长子、次子应各以百元还第三子。然此时设次子若无资力,第三子既不能向之取偿。第受长子百元之款,则与长子较,长子尚得二百元,第三子仅得百元,亦非公平分产之道。故依本条规定,长子(有资力人)应以百五十元与第三子(请求摊还之人),使长子、第三子间所得之数相同,自无不均之弊。至所继人若别有遗嘱,应遵其遗嘱,其理由与前条同。

第三章 遗　　嘱

　　遗嘱者,因个人最后之意思,使欲于自己身故后,发生法律上之效力为目的,依一定之方式,而作成之一种书面也。凡所继人每喜以遗嘱处分遗产。故遗嘱之效力,于继承中为绝端强大。且世界进步,个人之自由意思,在一定范围内有不能不尊重者。故本律为之特设一章,而规定关于遗嘱之方法、效力、执行、撤销及其他一切之规则,以便人民之适用。

第一节　总　　则

　　总则者,规定关于作制遗嘱之一切共通规则者也。
　　第一千四百八十八条　遗嘱,非依本律所定方法,由所继人自立者,无效。
　　所继人之立遗嘱也,乃欲以生前自得处置之事,使至死后发生效力。而其效力之种类不一,有关于财产者,有关于家庭事故者,要皆以继承人及其他种之人俱有利害关系。若非定有一定方法,则所继人死后,既不能自证其遗嘱之正确与否。而他人且将乘机而舞弊,转无以利其后嗣子孙。故本条特限以二条件:(一)必依本律所定方法;(二)必系所继人自立。意在使他人不得更改,以维所继人特立遗嘱之本意也。夫遗嘱之必有一定方法,各国古今法例所同。若吾国习惯,死者当临终之际,或有遗言,虽无文书为证,其后人亦有遵行不悖者。是固吾国民之厚于道德,故能恪守遗训。若法律则为普通人民而设,非定有一定方法不可。至在本律所定方法外,所继人别有遗命,而继承人仍能遵行,固为道德所许,法律不干涉之。至立遗嘱之方法,则于本章第二节定之。
　　第一千四百八十九条　满十六岁人,得立遗嘱。
　　立遗嘱为一种法律行为,未成年人是否得立遗嘱,自不可无明文规定者也。本条规定,未成年人亦得自立遗嘱。盖遗嘱乃所继人以自己意思处置后事,决不能令法定代理人为之。而未成年人临终时,关于财产等事,若无遗嘱,将何以处置之?故法律许其得立遗嘱也。惟对于遗嘱年龄,不可不加限制耳。关于遗嘱年龄,在各国法律,颇不一律。在日本为满十五岁,在普、奥等国为满十四岁,在法国、德国为满十六岁,在加拿大、纽约为满十八岁,在罗马法则犹有男满十四岁、女满十二岁之别。惟遗嘱年龄,无分别男女之必要。故本条采法、德立法例,无论男女,以满十六岁者,均得有立遗嘱之权。

第一千四百九十条　制限能力人,不必经法定代理人允许,得立遗嘱。禁治产人,不得立遗嘱。

吾国民法规定制限能力人,约分四种:(一)未成年人;(二)禁治产人;(三)准禁治产人;(四)为人妻者。此四者若有法律行为,必须经其法定代理人允许,否则得以撤销。但依第一千四百八十八条规定,遗嘱既须本人自立,而此四种人关于身后之事,又有自立遗嘱之需要,自不能概以民法原则相衡。故云不必经法定代理人之允许。然未成年人得立遗嘱,已于第一千四百八十九条定之。则本条第一项所谓制限能力人者,自仅指禁治产人、准禁治产人及妻而言。惟禁治产人依照本条第二项之规定,不得立遗嘱。然则第一项所指制限能力人者,仅准禁治产人及妻而已。至第二项即为第一项之例外,实采取德意志民法之立法例者也。

第一千四百九十一条　声请撤销禁治产后,在未经允许前,禁治产人立有遗嘱而死亡者,若后经撤销,其遗嘱仍为有效。

依前条规定,禁治产人不得立遗嘱,是指在禁治产中而言。若禁治产原因停止后声请撤销,在未经允许以前,禁治产人立有遗嘱,其效力当若何,是宜明定。盖撤销之声请,未经允许,概照从前宣告办理,系属通例。但禁治产之原因,既经消灭,则自事实而论,其人实与普通常人无异,应许其自立遗嘱。故本条规定,以禁治产后经撤销者为限,其遗嘱可追认为有效。然若在未经允许以前,虽仍为禁治产人,特其所禁系应撤销而未撤销者,故不能衡以原则也。

第一千四百九十二条　遗嘱中有数事,其一事无效者,他事仍为有效。但所继人遗嘱有反对意思时,不在此限。

凡所继人往往于遗嘱中遗嘱数事。当继承开始之际,如无特别事故,

第三章 遗 嘱

得尽遵其遗嘱办理，固属甚善。然或有一事无效者，对于其余各事，应否亦当连带无效，此本条之所以设也。本条规定，关于他事仍应以有效为原则。惟所继人当立遗嘱时，其所嘱咐数事，或系有牵连之关系。若其中有一事无效，其余亦为无效之意预行表明者，或未表明而推其意足以知其如是者，则应重本人意思，不能依法定原则办理，自应以其遗嘱全部均属无效。故有但书之规定。

第一千四百九十三条 遗嘱有对胎儿特与以财产者，准用第一千四百六十一条之规定。

准用第一千四百六十一条规定云者，即言胎儿有受遗嘱之权。但出生时若系死体，当然不在此限。其理由与第一千四百六十一条同。

第一千四百九十四条 如有下列各款情形，不得依遗嘱所定而受遗赠：

一、因故意致死所继人或应继承人而受刑、或未致死因而受刑者；

二、以诈欺或强迫使所继人不能立关于继承之遗嘱或使其不能撤销之变更之者；

三、以诈欺或强迫使所继人立关于继承遗嘱或使其撤销之变更之者；

四、关于所继人之继承遗嘱有添注、涂改、伪造、湮灭、藏匿各情弊者。

凡遗嘱，虽未丧失效力，然有因特别情形，致不得承受遗产者有二。其情形维何，即本条各款之所规定者是也。第一款，故意谋害所继人或应继承人者，其人既因争产而起杀人之心，不惟天理所不容，抑亦人类所共弃。故无论致死与否，法律均夺其受遗之权。然必以故意及受刑为条件者，盖犯罪出于过失，虽经受刑，事非本意。即或一时出于正当防卫，事虽有意，但不至受刑，则仍使之依遗嘱而受遗赠，亦无不可。第二款、第三款，因诈欺或强迫手段，使所继人大拂其本意，其处心虽不至如第一款之狠毒，而阴险则过之。第四款，于所继人之遗嘱作种种之弊窦，皆所以谋一己之私利，而不顾贻害他人，故法律均不许其承受遗赠。盖遗嘱既非由本人意思而定，则遗嘱不得因一时诡计而得，保良善即所以维道德也。

第二节　遗嘱之方法

遗嘱之方法者，规定作制遗嘱时应遵守之一切方式者也。此种方式，若无法律明定，势必纷歧错乱，殊非重视遗嘱效力之意也。故特设本节之规定。

第一千四百九十五条　所继人立遗嘱时，须在遗嘱中记明意旨，年、月、日，自行签名。若有添注、涂改，应注明字数，另行签名。

本条系规定以遗嘱为遗赠之形式时，须遵守之一定方式也。若有不备此方式者，在法律不生何等之效力。本条云云，盖所以保意思之确实，而防他人之作弊。

第一千四百九十六条　所继人有不谙文字、不能自立遗嘱者，得指定证人二人在公证人前口授意旨，使证人笔记，宣读讲解，经所继人认可后，记载年、月、日，同行签名。若所继人不能签名，证人须将其事由记明。添注、涂改者，适用前条后段之规定。

凡所继人既不谙文字，自不能自立遗嘱。于是乎法穷则变，故得使他人代为之。而此人更必依其口授意旨而作笔记。且笔记必须当场宣读，庶所继人及公证人均得阅悉，以稽考其是否正确。证人须有二人者，盖一主笔记，一主监视。至其证人之信用，是否可靠，则委诸所继人之自行选择，悉系事实问题，非法律所能预测者。若夫立遗嘱之方法，与前条所述者同，不必赘述。惟笔记既由证人作制，则证人自应签名。而所继人若不能签名时，更应记明其事，亦事理之所当然者。

第一千四百九十七条　遇有下列各款情形，得指定官吏或相当人员二人为证人，依前条所定方法而立遗嘱：

一、因疾病或危急事故濒死者；

二、从军军人遇有危急事故濒死者；

三、军舰或商船中人遇有危急事故濒死者。

依前项规定所立遗嘱，证人须提出于亲属会或长官、船长，经其承认方有效力。

凡遇有危急事故而立遗嘱者，其大要之方法有三，即本条第一项各款

第三章 遗 嘱

所定者是也。第一款所谓疾病,自指一时病重者而言。危急二字,则所包甚广,除疾病外,凡危急生命者皆是。第二款则为军人在战争中负重伤,不久且死者而言。第三款则为海中遭难,生死存亡争在俄顷者。总之,此种事故,均以危急为条件。否则,不在本条范围之内。所谓官吏或相当人员云者。因在各款情形,其所用证人各有不同。如疾病则用通常相识人,从军则用军官、军属,在军舰、商船者,或用舰长、船员,均无不可。惟此种遗嘱既在危急之际,猝然成立。甚或本人垂死,精神已乱,其言非出本意者,或证人误听,记载不可凭信。或证人利用此机会,而以虚伪之记载出之,为所恒有之事。故既立之后,非提出于一定机关或相当之人经其承认,不生效力。此所以复有本条第二项之规定也。

第一千四百九十八条 前条之遗嘱,若经三个月立遗嘱人尚生存,能依第一千四百九十五条自立者,为无效。

前条所立之遗嘱,乃系因特别情形,出于不得已者,实则多有舛误欺诈之虞,本非善法。故如其人疾病已愈,或各种危急事已经出险,尚得生存,且能依第一千四百九十五条规定自立遗嘱者,则自此时期起经三个月,其遗嘱作为无效。但关于此种期限,有定为六个月者,如日本民法是。然此等期限,不必过长,故本条采德国民法之例,而定为三个月。

第一千四百九十九条 下列各人不得为证人:

一、未成年人;

二、褫夺公权人;

三、禁治产人、准禁治产人;

四、遗嘱人之夫或妻;

五、遗嘱人之直系亲属或家长、亲兄弟及其妻;

六、受遗人及其夫或妻、或其直系亲属;

七、公证人之同居人或其直系亲属。

凡证人之资格,不可无明文规定,本条即规定其证人之资格者也。第一款,因遗嘱关系甚重,未成年人既自无能力,则欲其作证人以证遗嘱之无误,自为法律所不许。第二款,因人而褫夺公权,必因犯罪所致,此等之人在社会上既无信用,其不许其为证人也宜矣。第三款,因禁治产人本无法律行为能力,且其行为得以撤销。准禁治产人虽非全无能力,然关于重要行为,必经保佐人允许。此二者不能许为证人,其理由与未成年者同。第四款,因夫妻本为一体,其对于遗嘱往往有利害关系,若许其为证人,其势必致有所偏袒。自第五款以至第七款所列举者,皆因其身份处于亲属之地位,易涉偏私,故法律亦均不许其为证人也。

第一千五百条　**被监护人在监护中或监护清算未毕前所立遗嘱,有对监护人或监护人之夫或妻、直系尊属与以利益者,须注明非受监护人指使,并经亲属会允许后方有效力。但监护人若系其直系亲属、夫或妻、兄弟姊妹,不在此限。**

凡被监护人在监护中或监护期满清算未毕前,其财产全在监护人之手。故监护人易得乘此机会,使被监护人遗嘱与以利益。即或不自受而使之与其夫或妻及直系亲属,亦与监护人自受同。故日本民法因防弊起见,使此等遗嘱概属无效。然就理而论,因有监护关系,遂不许受被监护人之利益,未免过酷。且情谊所在,有时被监护人自愿与以利益者,法律绝无不许之理。故本条特设二种限制,即一被监护人须注明非受监护人指使,二须经亲属会允许是也。盖仅有一条件,尚恐监护人仍得利用其权力,而使之为违心之注明,故特委亲属会以允许之权,庶免监护人压制之弊。但此就普通监护关系言之。若监护人为被监护人之直系亲属、夫或妻、兄弟姊妹等,则情谊较挚,自无压制之可言,故无限制之必要。此本条但书之所由设也。

第一千五百零一条　**二人以上,不得共同立一遗嘱。**

凡遗嘱之成立及撤销,均以自由为原则,故法律不许二人以上共同立一遗嘱。若二人以上共立一遗嘱者,则其间或有种种之关系,不能发表其独立之意思。即日后一人而欲撤销遗嘱,与之共立者虽反其本意,亦须公共行之,大与自由之原则相反。故本条特禁止之。但在德国民法,对于夫妻有许共立遗嘱之规定。夫以夫妻之关系密切,许之固无不可。然即各立遗嘱,于事实仍无不便,自无共立之必要。此本条之所以舍德国而从日本也。

第三节　遗嘱之效力

遗嘱之效力者,即规定遗嘱在法律上应有如何之效力之意也。此种效力关于继承人之财产,实有重大影响。故本章特设一节以规定之。

第一千五百零二条　遗嘱,自遗嘱人死亡时起发生效力。

遗嘱若附有停止条件,以遗嘱人死亡后条件成就时起发生效力。

遗嘱者,乃遗嘱人在生前处分死后之事,故其效力非至遗嘱人死亡时不能发生,所以本条第一项云自遗嘱人死亡时起发生效力也。然遗嘱人所立之遗嘱有附以停止条件者,如言俟某某结婚后,给与某财产是。其俟某某结婚云者,即一停止条件,盖言结婚之日方可受此财产,在未结婚前尚不能给与也。故此时遗嘱人即已死亡,若条件尚未成就,效力即不能发生。盖必俟其结婚条件成就,而遗嘱方始有效也。本条第二项之规定,即本此意。

第一千五百零三条　遗嘱定有遗赠之事,受遗人当继承开始前或停止条件成就前已死亡者,其遗赠无效。

凡遗赠,以受遗人死亡而无效。盖遗嘱人之以遗产遗赠他人,概与受遗人有种种之关系,必其人亲自领受方为合理。能在继承开始时或条件成就前受遗人死亡,则是效力尚未发生,已无受遗之人,迨至效力发生,而死者又不能得其遗赠。故此种遗赠,应归无效。

第一千五百零四条　遗嘱人得以一物遗赠数人。若各受遗人中有在遗赠效力发生前死亡,或遗赠效力发生后自愿抛弃者,其应得之份,应归各受遗人均分。

凡以一物遗赠数人,中有死亡或自愿抛弃应得之份者,应如何处置之方法,不可无明文规定,本条即规定其处置之方法者也。所谓遗嘱人之以一物遗赠数人者,如将田地三十亩遗赠甲、乙、丙三人。此时若在遗嘱效力发生后,甲、乙、丙受其遗赠,则三人间成一共有关系。以共有之份言之,每人应得十亩。其后三人中如有一人死亡,若依前条规定,死者应得之份应归无效。但在遗赠效力发生后,若有一人自愿抛弃,则本人既不愿受,其继承人亦不得以继承。然则此无效与抛弃之份,应归其余之受遗人均分,方为妥洽。

第一千五百零五条 遗嘱有定数人中一人应得遗赠物者,给与遗赠人得设一方法,定归何人所得。

凡遗嘱有定数人中一人应得一遗赠物者,例如遗赠物为一金表,以甲、乙、丙三人定为应得金表之人。但三人中尚须定一定方法,使归何人所有。此时遗嘱人对其选定方法若已预定,自应依其所定。但有未设定方法者,则给与遗赠人有特定方法以选应得之人之权。至其方法如何,给与遗赠人得以自由设定。此本条规定之理由也。

第一千五百零六条 遗嘱有定受遗人应以多数物中取得其一者,给与遗赠人有选择给与之权。

凡遗嘱人有定受遗人应得多数遗赠物之一者,例如以一牛、一马、一羊、一豕定为遗赠物,而受遗人应于四者之中取得其一。此时取得之法如何,遗赠人如未预定,则依本条给与遗赠人得以选择给与之。即所给与者,无论系牛系马系羊系豕,受遗人均不得抗议,是为最后之办法。

第一千五百零七条 遗赠物若只定种类者,给与遗赠人有以无瑕疵物交付受遗人之责。

凡遗赠物而仅定有种类者,应以何等物给付,是法律亦宜明定者也。本条规定其以无瑕疵物为给付者,即给与遗赠人有以无瑕疵物交付受遗人之责是也。所谓有以无瑕疵物交付受遗人之责云者,其义有二:(一)当以遗嘱人自己所有之物。盖遗嘱本无以他人之物,擅作遗赠之权。故给与遗赠人必将遗产内专属遗赠人所有之物与之。即遗产内未有此物,亦应以金钱购得而与之。何则?遗嘱人若特定以某物赠某人,则其物倘归毁失,给与遗赠人自无交付之责。今所定者特其物之种类耳。故凡属此种类之物,苟非绝无仅有者,则虽遗产内无此物,而其交付之责,仍不能免。(二)应与以无瑕疵物。盖物有瑕疵,即非完成之物。以此交付,殊非遗嘱人之本意。故即受遗人受领后,给与遗赠人尚有以无瑕疵物换回有瑕疵物之责。

第一千五百零八条 遗赠物若只有占有权者,以占有利益所得为遗赠。

凡遗赠物,以遗赠人本有之权利为原则。故遗赠人以物遗赠他人者,自必实有其物者而后可。否则,非其权利所及,即无以遗赠他人之理。若遗赠人对遗赠物仅有占有权者,则受遗人所得利益,亦第以此为限,而不能得其所有权,可无待言。

第一千五百零九条 遗嘱人因遗赠物灭失,或变造,或失物之占有对他人生有权利时,以其权利作为遗赠。

遗赠物与他物附合或混合,遗嘱人对所附合、混合之物生有权利者亦同。

凡遗赠物虽未经存在,然而对于他人生有权利者,亦可作为遗赠。盖遗嘱人以指定所有之物遗赠于人,而于效力未发生前,此物或为他人灭失、变造,或附合、混合而为一物者,则遗嘱人自对于他人生有权利。此时遗嘱中,若别定处置之法,自依遗嘱而行。否则,遗赠物虽已无有,然即以因之而得之权利,移转与受遗人,亦得达遗赠之目的,是与遗嘱人本意相近,故曰以其权利而为遗赠。至本条列举各例,则亦有应说明者:(一)灭失云者,如因他人之故意或过失致遗赠物归于消灭,而遗嘱人有请求赔偿损害之权者是。(二)变造云者,如因他人之故意或过失将遗赠物加以变更另成一物,原物归于消灭,而遗嘱人有请求赔偿损害之权者是。(三)失物之占有云者,如遗嘱人之占有物他人代为占有,而因其过失占有物至于丢失,遗嘱人有请求赔偿损害之权者是。(四)附合云者,如甲物与乙物相附合,为一遗嘱人得其所有权或共有权者是。(五)混合云者,如甲米与乙米相混合为一遗嘱人得其所有权或共有权者是。以上五者,皆得以其权利而为遗赠,即本条两项之所规定者是也。

第一千五百十条 以一定之物为遗赠,其物当继承开始时若有一部不属于遗产者,以一部为无效,全部不属于遗产者,其遗赠为无效。但遗嘱人在遗嘱中有特别之意思表示者,不在此限。

凡遗赠之效力,以所赠物是否属于遗产而为断。盖遗嘱人虽以一定之物遗赠某人,其物当继承开始时,亦有未必尽属于遗产者。盖遗嘱人当立遗嘱之际,其物虽存在,而后因法律行为以其所有权移转于他人者有之,或以他人之物设为自己所有定为遗赠用者有之。若是,则其物之不属于遗产,即不论其一部全部,但于遗产内无此物时,其遗赠应归无效。盖推测遗嘱人之意,固不欲以不属于自己之物遗赠于他人也。至遗嘱中若有特别意思,自当依其意思行之。

第一千五百十一条　依前条但书规定遗嘱有效时,给与遗赠人须以其物交付受遗人。若不能支付或需过巨之费用,各得偿以其物相当之价额。

按前条但书本人意思,遗赠物虽不属于遗产,其遗赠仍为有效时,给与遗赠人自有以该物交付受遗人之责。故此时遗产内即无此物,亦应购而与之。惟若此物非寻常所有,不能赠与,或虽有而购买甚难,须出过巨之费用者,则不能不设一变通之法。故本条定为得偿以相当之价额,则于受遗人既无不利,而给与遗赠人亦不至苦以所难,此亦事之两得其便者。

第一千五百十二条　以债权为遗赠,若遗赠人生前已受偿还者,其物尚在遗产中,以其物作为遗赠。若其债权标的为金钱,给与遗赠人应给相当之金额。

凡遗嘱人有以债权作遗赠者,当遗赠效力发生时,若债权尚未消灭,则依遗嘱所定,受遗人得以握其债权为正当之权利,理固所宜。然惟遗嘱人在生前若其债权已受偿还,则至死后既无债权足为遗赠。而其遗赠效力如何,不能无所规定。本条谓其物若在遗产中以其物为遗赠者,盖此时受偿之物,即因债权而得,以受偿之物为遗赠,与以债权为遗赠同也。然必以受偿之物尚在为条件。因遗嘱人苟将其物消费净尽,则遗赠标的物既归乌有,其遗赠自属无效。但有例外,债权标的若系金钱,则金钱本一流通之物,得以自由利用,并为可以替代者,与普通受偿之物不同。故遗嘱人因受偿所得金钱即以消费,亦不得以遗赠为无效。此本条后段所以特定给与遗赠人应给以相当金额也。

第一千五百十三条　遗赠附有义务者,受遗人按其所受利益负履行之责。

前项遗赠,若因继承人回复特留财产至其物或权利减少时,受遗人按其减少分数得免履行义务之责。

凡遗嘱人有以某物遗赠某人,复令其负此义务者。然若义务少而遗赠多,则受遗人所得利益究无受损之事。否则,义务较重,而遗赠物不克相当,则受遗人不特无所利益,且须以己之资力代为履行义务,所损实甚。故本条第一项对于履行责任以所受利益为限制也。至第二项所定,其遗赠额本较权利为多或相等,惟因回复特留财产(参照本编第四章)至于不足,故定受遗人按其减少分数,免履行义务之责,亦系保护受遗人之意,其义正与

第三章 遗嘱

第一项同。

第一千五百十四条 遗嘱人以遗产全部遗赠于一人者,受遗人于继承遗产上一切权利义务,与继承人同。

夫遗嘱人以遗产全部遗赠一人者,似为必无之事实。然人当弥留之际,或因自无子嗣,特以遗产全赠于素所亲爱之人者,实为法所不禁。若是则关于遗产之法律关系,或系权利所在,或系义务所关,别无他人可以分任。故于此时,受遗人据权利为己有,即其义务,亦应履行,其地位实与继承人同。

第一千五百十五条 受遗人在遗嘱人死亡后,得以抛弃遗赠。

抛弃遗赠,溯及遗嘱人死亡时发生效力。

凡遗嘱效力,以遗嘱人死亡时发生。故当遗嘱人死亡后,其遗赠物即为受遗人所应得。惟受遗人或因种种事故,有不愿受此遗赠者。此时遗嘱虽有效力,然法律断无使之强受之理。故本条第一项许其抛弃也。但必在遗嘱人死亡后者,以在遗嘱人生前,遗嘱效力尚未发生,无抛弃之必要也。至于抛弃遗赠其效力自何时发生,若自抛弃时始生效力,则从遗嘱人死亡后至抛弃间,其权利仍属受遗人,是与抛弃遗赠之本意相反。故本条第二项规定,溯及遗嘱人死亡时发生效力。盖抛弃虽在遗嘱人死亡之后,而其效力可溯及于遗嘱人死亡之时。自法律上言之,直与死亡时抛弃者无异,亦所以重受遗人之本意也。

第一千五百十六条 受遗人是否承认遗赠,得由给与遗赠人定以相当期间,使其表示意思,若至期尚不表示,视为抛弃。

受遗人在未承认以前死亡,其继承人有承认或抛弃遗赠之权。

凡受遗人之承认遗赠与否,本与他人利害有关。故其意思若久不表示,则继承人或利害关系人之权利,难以确定。本条许给与遗赠人定以相当期间,使其表示意思者,即欲早行确定各人之权利关系也。然则受遗人意思至期尚未表示者又将奈何?但本条则视为抛弃。盖不愿抛弃者,自应出而承认。若逾期不承认,直为默示之抛弃故也。是为第一项之规定。又第二项规定,受遗人若在未承认以前死亡,许其继承人有承认或抛弃遗赠之权者,其理由与前条同。

第一千五百十七条 遗赠之承认及抛弃,不得撤销。

受遗人抛弃或承认遗赠后不许撤销者,以抛弃及承认其利害所关甚巨。若既抛弃又得承认,既承认又得抛弃,则利害关系人必将因此而受损害。故本条规定不得撤销,以保护之也。

第一千五百十八条 遗赠未至清偿期者,受遗人得对给与遗赠人请求相当之担保。

凡遗赠未至清偿期,受遗人应否得有请求担保之权,法律亟应明定。盖遗赠若附有限期,或有条件,则在限期未到来,条件未成就间,不能请求履行,是为债权之通则。但给与遗赠人之境遇,往往有渐就贫困,甚至有不能交付遗赠者有之。故法律欲保护受遗人,必与以请求担保之权。此本条之所以设也。相当云者,则或以人为保,或以物为质,悉由受遗人斟酌情形,与给与遗赠人间协议定之。

第一千五百十九条 受遗人自应得遗赠时起,其因遗赠所得利益,归其所有。

应得遗赠时云者,即言遗赠权应归受遗人所有之时也。此种时期应视遗嘱效力发生时期,或遗嘱效力发生后,条件成就时期而定。盖遗嘱效力发生或条件成就,即受遗人应得遗赠之时。故自此时起,其遗赠权利即应归其所有。则从遗赠所得利益,亦应归其所有,实理之当然者也。

第一千五百二十条 给与遗赠人自受遗人应得遗赠时,因改良或保存遗赠物出有费用者,受遗人应负偿还之责。但改良费用以其物现存之增加价额为限,得依受遗人之选择,或偿所费费用,或偿所加价额。

前项偿还改良费用,受遗人得请求相当之犹豫期限。

依前条规定,受遗人自应得遗赠时起,既可享有因遗赠所得利益。则自其时起给与遗赠人,若因改良或保存遗赠物之故出有费用,则受遗人应负偿还之责。惟此种费用须分二种言之:(一)保存费用系必须必要不可缺者;(二)改良费用未必尽出于必要。故依本条第一项后段,以其物价有加并现存者为限,方得清偿。且清偿时受遗人得以自由选择,或偿所出费用,或偿所加价额。盖给与遗赠人虽因改良之故,出有费用。若物价无所增加,或虽有增加而至受遗人应得遗赠时已属无存,则受遗人既不能得利益,自不能强之以偿还。至现存遗嘱虽有增加,然若较改良费用为少,则受遗人偿以所出费用,其所得利益,又不足以相抵。故此时,或偿所出费用,或偿所加价额,受遗人应有选择权也。至第二项规定,偿还改良费用,许受遗人请求相当之犹豫期限者,因恐改良费用甚多,一时不能清偿,给与遗赠人或藉此以为挟制不交遗赠物。有此规定,则受遗人得以主张犹豫期限,给与遗赠人不得将遗赠物扣押,庶足以保受遗人之利益。然本项惟对改良费用为然。若保存费用,既系必要之需,虽其额较巨,亦应早还,不得主张犹豫期限也。

第一千五百二十一条　遗赠无效或抛弃时,其遗赠应归继承人。

凡遗赠至无效或抛弃者,则其遗赠之物,究应属于何人,苟无明文规定,转滋疑义。但本条定谓应归继承人所有者,以继承人与遗嘱人关系最切,故首及之也。

第一千五百二十二条　本节规定,除第一千五百零二条、第一千五百零七条、第一千五百十四条至第一千五百十八条及第一千五百二十条外,遗嘱人在遗嘱中有特别意思表示者,从其意思。

遗嘱本以本人之意思为重,故法律无强制之必要。苟本人在遗嘱中有特别之意思表示者,虽与法律规定相反,仍从其意思行之。本条所定,即指明除某某几条应依法定办理外,余皆可任由本人意思也。

第四节　遗嘱之执行

凡遗嘱之效力,必须俟遗赠人死亡而发生。然遗赠人既死亡矣,必不能亲主执行之任。于是乎,遗嘱之执行问题以起。所谓遗嘱之执行者,即规定遗嘱应由何人执行及其执行之方法者也。其详俟逐条说明之。

第一千五百二十三条　遗嘱人得以遗嘱指定遗嘱执行人一人或数人。
遗嘱执行人有数人时,其所执行事条除保存行为外,以过半数决之。

遗嘱人之遗嘱,必至死后方生效力。故欲遗嘱得以实行,必有执行遗嘱之人,所谓遗嘱执行人是也。夫遗嘱之能否实行,一视遗嘱执行人之能否尽职而断。故遗嘱执行人必由遗嘱人指定,其人数多寡,亦由遗嘱人斟酌情形而定。其指定法必用遗嘱者,以较用他法切实,足为凭信。此本条第一项之所规定者也。但遗嘱执行人有数人时,关于其执行事务,不可无一定之方法。在日本采过半数决定之法,德国则数人共同执行,若有意见,由裁判所裁判之。但遗产裁判所之制，吾国今日尚难采用。故本条第二项特取法日本，用过半数决定之法。惟保存行为系保存遗产之必要行为，故虽未经多数决定，亦得独行之，是为例外。

第一千五百二十四条 遗嘱人得委托他人指定遗嘱执行人。

受前项之委托者，指定遗嘱执行人后，须即通知亲属会。

依前条规定，遗嘱人得自行指定遗嘱执行人固也。但自己得为之事，皆得委托他人。则委托他人代指定遗嘱执行人，亦无不可。故本条第一项持声明之。然受委托者，既指定遗嘱执行人后，应通知何人，亦不可不明设规定。在日本民法，以继承人为受通知之人。德国则使对于遗产裁判所表示指定之意。但按诸本律规定，当遗嘱发生效力时，既须开亲属会请其承认（参照第一千五百二十五条），则指定遗嘱执行人后，亦应对亲属会而为通知，庶归一律。

第一千五百二十五条 遗嘱管理人当继承开始时，须以遗嘱提出于亲属会请求承认。如无管理人由继承人发见亦同。

遗嘱之效力，虽云经遗嘱人死亡而发生，然不可不经亲属会之承认。此本条之所规定者是也。其理由盖谓遗嘱不论有无管理人，苟非经一定机关加以检查，或有他人串同作弊，致乖遗嘱人之本意。故遗嘱人若在生前曾以遗嘱托人保管者，则遗嘱管理人当继承开始时，有以遗嘱提出于亲属会之责。无管理人而由继承人发现者，则此责即应属之继承人也。

第一千五百二十六条 亲属会会同继承人开视遗嘱，或受第一千五百二十四条第二项通知后，须即通知遗嘱执行人，使其执行事务。若遗嘱并未指定执行人，并未委托他人代定者，得依亲属会选定一人或数人为遗嘱执行人。

指定之遗嘱执行人辞职或死亡，遗嘱中无特别之意思表示者，由亲属会选定之。

依前条规定，亲属会虽得检查遗嘱，以定其真伪。然若漫无限制，恐反生弊窦。故开视遗嘱，以必会同继承人为条件。既开视遗嘱，或得第一千五百二十四条第二项通知，知有遗嘱执行人后，亲属会应依本条第一项通知遗嘱执行人，请其执行事务，而亲属会之职务以了。虽然，此指已有遗嘱执行人者而言，若遗嘱并未定遗嘱执行人，又并未委托他人代定者，则应以

第三章 遗 嘱

选定之权,属诸亲属会。盖自法律上言之,亲属会系一合议机关,必能持公平之见。推测遗嘱人本意,选定适当之执行人,以实行遗嘱也。是为第一项之规定。然若于遗嘱效力发生时,已有遗嘱执行人,只因中途辞职或至死亡,自不可无继续执行之人,以竟其事。若遗嘱人当指定遗嘱执行人时,已料及此而在遗嘱中别有嘱咐者,自应从其所嘱咐行之。否则,选定之权,仍属诸亲属会也。

第一千五百二十七条 遗嘱执行人就职后,须即由继承人莅视,编制遗产目录,交付继承人。

遗嘱之事,以关于财产者为多。故当就职之始,非即将遗产编一目录,则其遗产状况,无由明知。且异日事毕,对继承人尚须清算交代。苟遗产状况先不明悉,则日后必有种种轇轕,难以清理。故为遗嘱执行人最初之义务,亦为最重要之义务。至目录必须交付继承人者,以继承人对于遗产关系最为亲切故也。

第一千五百二十八条 遗嘱执行人有代理继承人管理遗产,并执行上必要行为之权限。但遗产中有与遗嘱所定无关系者,不在此限。

凡遗嘱执行人应有若何之权限耶?自不可无明文规定。但其权限如何,应从遗嘱执行人法律上之性质而定。夫遗嘱执行人,在外国立法例,有谓为遗嘱人之代理人者,有谓为债权人之代理人者,有谓为继承人之代理人者,其说甚纷。但遗嘱执行人所实行之事务,无非使继承人得实享其权利而已,故应视为继承人之代理人为宜。其代理关系,虽非继承人所命,然依法律规定而生,实即法定代理人也。夫既有代理关系,其代理权限即为管理遗产,并为执行上必要行为是也。盖遗嘱执行之事,关于遗产者多,故其遗产若与执行上有关系者,皆应属其保管。至若与遗产所定无关系之财产,遗嘱执行人自不干预,尤不待论。

第一千五百二十九条 遗嘱执行人与继承人间,准用第七百六十五条、第七百七十条、第七百七十一条、第七百七十二条、第七百七十五条之规定。

遗嘱执行人与继承人间,本为委任关系,故准用第七百六十五条以下各条之规定也。此种规定,详见本律第二编第二章第十二节内已有说明,兹从简约。

第一千五百三十条　遗嘱执行人怠于执行事务或有其他事由者,利害关系人得请求亲属会另选他人。

凡遗嘱执行人,无论为指定为选定,苟怠于执行事务,或有其他事由,则利害关系人均得请求亲属会另选他人。盖此时若不另选,则其事务之执行,未必悉合遗嘱人之本意。且或致依遗嘱而有利害关系者,因此而受损失,故本条许另选也。

第一千五百三十一条　遗嘱执行人若有不得已事由,得对亲属会辞职。

依前条规定,系使利害关系人得请求另选他人,本条则遗嘱执行人许其自行辞职也。其辞职原因,以有不得已事由为限。至何谓不得已事由,系事实问题,须经亲属会之评定,故条文不能预定也。

第一千五百三十二条　遗嘱执行人执行事务已终未交代前,如有急迫情事,对于遗产应为相当之处置。

遗嘱执行人执行事务虽毕,然在未交代以前,则遗产尚在其手。遇有急迫情事,继承人尚未能为相当之处置。故法律上对遗嘱执行人特课以义务,使其代继承人而为处置。此本条之所以设也。

第一千五百三十三条　遗嘱执行人职务终结时,非先告知继承人或继承人已知之者,不得与之对抗。

遗嘱执行人职务虽已终结,但继承人或有未之知者,若许对抗,则继承人或至受损故欲保护继承人者,当课遗嘱执行人以通知之责。在事实上职务即已终结,遗嘱执行人未发通知,仍不得主张之,以自免其责。但在继承人已知之者,即无通知之必要,而法律则使得与之对抗矣。

第一千五百三十四条　遗嘱执行人不得请求报酬。但遗嘱中有特别之意思表示,或由亲属会酌定给与者,不在此限。

在各国立法例,遗嘱执行人概以不得请求报酬为原则。惟德国则为例外。本律依多数立法例,故亦以不得请求为原则。盖此种责任,必系情重谊笃者,乃能当之,于理自不应请求报酬。但遗嘱人当时特嘱给与报酬者,或由亲属会选定之际酌议给与报酬者,法律自无绝对禁止之理。故于本条但书声明之,以为例外。

第一千五百三十五条　执行遗嘱之费用,由遗产内支付,但不得动用

第三章 遗 嘱

特留财产。

凡遗嘱执行人当执行遗嘱时,有管理遗产及为执行上必要行为之权限,因之必有种种之费用。此种费用,自应由遗产中支付,本无疑义。惟特留财产系遗嘱人依法律规定,以一部留与后人者,若因执行遗嘱得动用此款,则特留财产必当减少,殊非保护继承人之道。故本条但书特加禁止之。

第一千五百三十六条 制限能力或受破产之宣告者,不得为遗嘱执行人。

遗嘱执行人有管理财产及为种种法律行为之权限,故如破产宣告在金钱上无信用者,或能力受制限不能独立为法律行为者,自无为遗嘱执行人之资格。故本条特为明定之。

第五节 遗嘱之撤销

遗嘱之撤销者,谓遗嘱人于既立遗嘱之后,未发生效力之先,依法律之规定,使其遗嘱归于无效之法律行为也。此种行为谓之遗嘱之撤销,须设本节之规定。

第一千五百三十七条 遗嘱人在生前若欲撤销遗嘱,得随时依立遗嘱方法,记明遗嘱要旨撤销之。

撤销遗嘱之一部者亦同。

夫遗嘱人之立遗嘱,既以自由为原则,则撤销遗嘱亦应任其自由。故遗嘱人在生前不论何时,皆有撤销遗嘱之权。至撤销遗嘱,仍须依立遗嘱方法者,欲使证据确凿,免滋争议。又必记明遗嘱要旨者,恐遗嘱人前后曾立数通遗嘱,苟不记明所撤销者系何遗嘱,有不易明悉之弊。故有本条第一项之规定。至撤销遗嘱全部或一部,其所用方法相同。故于第二项复行声明之。

第一千五百三十八条 遗嘱人故意破毁遗嘱,或在遗嘱上说明废弃之意者,其遗嘱视为撤销。

前条规定,系遗嘱人自行撤销遗嘱之方法。本条以下则因各种事故,认本人有撤销之意视为撤销也。本条云故意破毁遗嘱者,遗嘱人既自立之，复破毁之，则弃之如遗，不欲以此为据，可想而知。又在遗嘱上记明废弃之意者，虽非依前条所定方法而行撤销，然其本意已可明悉，故当视为撤销也。

第一千五百三十九条 前后遗嘱有相抵触者，其所抵触之处，前遗嘱视为撤销。

凡前后相抵触者，则应以后之意思为强，前之意思自在撤销之列。故前后遗嘱全相抵触，则前遗嘱作为撤销。仅以一部抵触者，则以抵触之处为限，视为撤销。例如遗嘱人立一遗嘱，以甲物赠林某。后又立一遗嘱，以甲物赠陈某。则前之遗嘱应全行撤销，而甲物应归于陈某是也。又如前之遗嘱言以甲物赠林某，以乙物赠陈某。而后之遗嘱但言以乙物赠王某，则前之遗嘱非全部撤销，所撤销者仅属乙物之部，而甲物仍属林某是也。

第一千五百四十条 撤销行为复经撤销时，遗嘱人若非声明仍用原遗嘱，其遗嘱仍无效。

凡撤销行为复经撤销，其原遗嘱效力如何，自应明定。所谓撤销行为复经撤销者，如遗嘱人先立遗嘱，后依第一千五百三十七条所定方法，将其遗嘱撤销，撤销后，复将其撤销行为再行撤销之意也。是时前立遗嘱之效力，果能回复与否，在德国民法以前立遗嘱与未曾撤销者同，仍属有效。其意谓前立遗嘱之效力，若不能回复，则后之撤销行为，似属无谓。盖以撤销行为复经撤销，即有表示其前立遗嘱未撤销之意思在也。然在日本民法则不然，其遗嘱效力不得回复。因遗嘱人第行撤销行为，并无明言回复前立遗嘱之效力。且前立遗嘱效力即不回复，其后之撤销行为亦未必尽属无谓。故本条规定即采用日本主义，认其遗嘱仍为无效。惟在日本民法第一千一百二十七条但书，谓其行为（即第二撤销行为）若系因诈欺或强迫时，不在此限。故遗嘱人之撤销遗嘱，苟系受人诈欺或强迫所致，则依其第二撤销行为视前立遗嘱仍属有效。但本条因欲理论之贯彻，仍不认此例外。惟遗嘱人声明仍用前立遗嘱者，则本意既明，法律不应干涉，应以本人意思为重也。

第一千五百四十一条 遗嘱与遗嘱后之行为有相抵触致遗嘱不能实行者，其遗嘱视为撤销。

第三章 遗　嘱

遗嘱人既立遗嘱，而其后之行为与相抵触，或使遗嘱不能实行，是遗嘱人有意使然，故应视为有撤销之意思。例如遗嘱以甲物赠林某，而遗嘱人已于生前将该物赠与陈某，则其行为即与遗嘱相抵触。故其遗嘱当然视与已撤销者同。

第四章 特留财产

　　特留财产者,日本所谓公益制度是也。夫死者以自由处分其遗产,苟漫无制限,则或以赠与遗赠等法,尽将所有财产付诸他人,而继承人遂至无所凭藉,不能自立于社会,事实有害公益之大者。故特设条文,定死者必留其遗产若干,以与继承人,而保公益。其理既为中外所莫易,其法亦为各国所从同。故本律亦定为专章,以防其弊。

　　第一千五百四十二条　所继人以其财产之半作为特留财产给与继承人,无继承人者,给与夫或妻、或直系尊属。

　　继承人、夫或妻、或直系尊属,与所继人情谊较挚,故应特留财产之半,维持其生活之具。但关于第一千四百六十八条所指定之亲兄弟、家长、亲女,不许得特留财产者,以亲兄弟或家长义应自立,不应受特留财产,以限制所继人之自由处置权。亲女虽与所继人分属亲子,然于继承之事,本无权利。即在承受之列,所处地位亦居最后。故本条皆不许其受特留财产也。又本条既定继承人或特种承受人应得特留财产之数,则所继人处置财产之权,自受制限。故所继人如有继承人、夫或妻、或直系尊属者,应依本条规定留财产之半与之,不得自由处置也。

　　第一千五百四十三条　特留财产,以所继人死亡时所有遗产及赠与之价额除去所负之债算定之。但赠与系在六个月以前,赠与人及受赠人均无恶意者,不得算入。

　　遗产中权利若附有条件或期间长短不确定者,其价额应以亲属会估价定之。

　　凡应计算入于特留财产者有二,曰赠产,曰赠与价额。盖遗产为所继人留遗之物,自应计算无疑。赠与虽为法律行为,应属有效。然恐因此之故,于应得特留财产人有损,亦应以其价额先行算入,以定得请提减之数。就此二者中,除去所继人债务,以所剩之数确定为继承财产,然后算定特留财产。例如,所继人遗产假定为万元,赠与价额假定为五万元,所继人债务

第四章 特留财产

假定为万元。则以赠与价额加遗产得六万元,中除去债务万元,共剩五万元,作为继承财产。依第一千五百四十二条以半数为特留财产,应得二万五千元。今遗产仅有万元,其数有所不足,应依第一千五百四十五条按其不足之数,将其赠与之额提减之。虽然,赠与之得以提减,以其有损于特留财产也。若因是之故,无论其赠与经历若干年之久,均许提减,殊非保护受赠人之道。故赠与期限以六个月为断,若经过六个月则不在应减之列。又虽经过六个月,若赠与人及受赠人明知其有损特留财产而故为之,是为恶意,自无可以不减之理。故必在六个月以前而赠与人及受赠人又无恶意者,方不算入。是即本条第一项之规定。至所继人遗产若为金钱或有价额之物,其数易晓,自不难计算。然若出于权利或附有条件,或期间不确定者,自非立一善法以估计之不可。日民法系由裁判所选定鉴定人估价。然吾国习惯,以家事不由官吏干涉为原则。故本条第二项,以估计之权委诸亲属会焉。

　　第一千五百四十四条　算定前条赠与价额,准用第一千四百七十九条规定。

　　依前条规定,赠与价额应行计算。惟受与人得赠与后,若因其行为致其价额减少或增加者,则应如何计算,不能无所规定。本条谓准用该条者,即言当继承开始时,以赠与物作为仍存原状,按其实价而定,其理由详第一千四百七十九条。

　　第一千五百四十五条　应得特留财产人若因所继人以财产赠与或遗赠他人,致其应得之数不足者,得按其不足之数请求提减赠与或遗赠。

　　凡继承人所得特留财产有不足时,得行提减赠与或遗赠之权利。例如特留财产为一万元,赠与或遗赠价额为万二千元,而所继人遗产仅有八千元。则不足之数为二千元,此时应得特留财产人得于受赠人或受遗人所得万二千元中减去二千元,以补己不足之数。而受赠人或受遗人仅能实得万元耳。

　　第一千五百四十六条　依前条规定提减赠与或遗赠时,其次序先提减遗赠,次及赠与。先提减后之赠与,次及前之赠与。

　　凡欲提减赠与或遗赠者,应有一定之次序,本条即规定其次序者也。盖赠与之物,早归受遗人所有。若遗赠,则当算定特留财产时,其物当在继承财产中。故应先提减遗赠，次及赠与也。至同一赠与，后之赠与应先提减者，以前之赠与，受赠人得物已久，后之赠与其期较短。两者相衡，应使前之受赠人特享优胜利益也。

第一千五百四十七条　同一遗赠或赠与无先后之别者，依各受遗人或受赠人所得价额，按分提减。

依前条规定系指遗赠与赠与，或赠与与赠与有先后者而言。然同一赠与或遗赠，其间本无先后之别者，此时不能无处置之法。本条则使各受遗人或受赠人同立于受提减之地位，依其所得价额按份缴还。兹以赠与之例言之，如特留财产假定一万元，遗产仅剩九千元，其不足之数为一千元。此时有甲、乙二人为受赠人，甲所得者七千元，而乙所得仅三千元。则提减之法，甲应减七分之一，缴还七百元。乙应减三分之一，缴还三百元是也。

第一千五百四十八条　以第一千五百四十三条第二项之权利为遗赠或赠与时，若行提减其估价，须依该项所定方法提减后若有余额，应归受遗人或受赠人。

遗赠或赠与若为金钱或有价额之物，则其数易晓，不难计算。然有以第一千五百四十三条第二项之权利为遗赠或赠与者，此时其权利既有条件，或有存续期间。不能确定，则不能无计算之法。故本条特声明依该项规定，使亲属会为之估价。价既估定，自可按其特留财产不足之数实行提减，令其缴还。至提减后若尚有余额，应归受遗人或受赠人所得，此则理所当然者也。

第一千五百四十九条　受赠人有无资力者，其应受提减之数，由应得特留财产人担负。

各赠与之物如尚存在，或虽消灭而别有财产，则实行提减时，自可按份令其缴还。然若其间有无资力者，则其应减之数，应归何人担负，各国立法例有三主义焉：（一）归他受赠人担负；（二）此种价额当计算特留财产时，不行算入，使间接归他受赠人担负；（三）归应得特留财产人担负。此三主义中，以特留财产制度而论，当保护应得特留财产人，自以采第一、第二主义为是。若自保护受赠人方面而论，则提减之法，既依第一千五百四十六条定有一定之次序，或依第一千五百四十七条视其所得价额按份提减，自不应因一人之无资力，使他受赠人蒙其损失。仍又应采第三主义。本条即本此理由,故由应得特留财产人担负。即揆之于理,亦似较为妥洽也。

第一千五百五十条 应提减之赠与物若已归他人所有,受赠人须偿应减之价额。

凡受赠人得赠与物后,有依法律行为以该物移转于他人者,则他人既偿以物价,自应得该物所有权。此时若许应得特留财产人向其索还,则他人将以之而受损,非理之平。故本条令受赠人偿还应减之价额者,实出于保护正当所有人之意也。

第一千五百五十一条 所继人或受赠人,与他人间关于继承财产之行为若均有恶意,将加损害于应得特留财产人者,应得特留财产人得行提减之权。

前条之保护正当所有人,系指善意者而言。若所继人或受赠人与他人间关于继承财产,虽有法律行为,而两者均有恶意,欲图损害应得特留财产人之利益,自无与以保护之理。故本条许应得特留财产人,有实行提减之权。所谓得行提减者,系言不论对于何人,均得行此权利也。故本条直为前条之例外,其规定较前条范围尤广。盖前条第定受赠人与他人关系之事,本条则并所继人与他人之行为而定之也。

第一千五百五十二条 应得特留财产人实行提减时,受遗人或受赠人得偿以物价,免缴原物。

应得特留财产人,依前条规定实行提减遗赠或赠与时,受减者固有缴还之责。然若必强令缴还原物,则或物经分析,所剩者不适于用,受减之人至于无所受益者有之。故本条许其偿还物价,免缴原物。若是,则受减者自无所损。而应得特留财产人既获物价,目的已达,亦无得原物之必要,实两全之道也。

第一千五百五十三条 应得特留财产人于继承开始后,有应减之遗赠或赠与时起一年间不行提减者,其权利因时效而消灭。继承开始后经过十年者同。

夫应得特留财产人有此提减之权利,本出于法律保护之意。然其权利若永远不减,则受遗人或受赠人转以受困。故当继承开始后,于应得特留财产人知有应减之遗赠或赠与时起一年间不行提减,其权利消灭。诚以应得特留财产人既已知之,自有可行提减之机会,乃犹迟久不行,实属自误,法律无与以保护之必要也。若不知有应减之遗赠或赠与者,其期限应较长,然亦不能永远存续其时效,故酌定为十年。

第一千五百五十四条 本章准用第一千四百六十七条、第一千四百七十四条至第一千四百七十六条及第一千四百七十八条规定。

第一千四百六十七条规定,即继承人不能继承时,其份应归直系卑属或守志之妻承受其遗产。第一千四百七十四条至第一千四百七十六条规定,即亲生子、私生子与嗣子及直系卑属有数人时应继之份。第一千四百七十八条规定,即继承人受有所继人赠与之物,亦应算入应继之份。以上各条,在本章规定有应准用者,故本条特明示之。至其理由,则已详各条,可无复赘。

第五章　无人承认之继承

　　无人承认之继承者,谓当继承开始时,不知谁为继承人,且亦无人出而承认其继承之意也。遇有此等事实,不可无处置之方法,以冀发现继承人而止。此种处置方法,即本章之所规定者也。

　　第一千五百五十五条　继承开始时无继承人,或第一千四百六十八条之承受人出而承认不能明其有无者,其继承财产作为法人,由亲属会选定管理人管理遗产。

　　凡继承开始时,无继承人及承受人出而承认,欧洲多数学说,谓以后有继承人或承受人出而承认者,财产归其继承。始终无继承人与承受人出而承认者,财产归诸国库,均依普通原则于继承开始时发生效力。然考欧洲各国法律,其继承但有遗产关系,故可依此而行。若日本民法,则特采法人之制。盖日本继承法,有家督继承与遗产继承之别。若依欧洲多数立法例学说,则当家督继承时,苟终无继承人承认,得以国库为家督继承人,于义有所不安。在本律,继承虽仅有遗产之关系,然按习惯言,尚有继承宗祧之事,其情形略与日本相似。此本条规定所以采用日本制度也。至选任管理人之权,不属裁判所而委诸亲属会者,亦犹选定监护人之由亲属会,而不由诸裁判所也。

　　第一千五百五十六条　管理人之职务如下:
　　一、编制继承财产目录;
　　二、为保存遗赠必要之处置;
　　三、声请审判衙门,依公示催告程序公告债权人及受遗人,令为债权及愿否受遗赠之声明;
　　四、依债权人或受遗人之请求,报告继承财产之状况;
　　五、清偿债权或交付遗赠物;
　　六、实行前款职务时,遇有必要情形,得拍卖继承财产;
　　七、有继承人或承受人出而承认或遗产归国库时,清算交代。

前项第三款之债权人及受遗人如为管理人之所知者，并须由管理人另行通知。第五款之次序，先偿债权，次及遗赠。

管理人之职务，依本条第一项之所定者，计有七款。第一款，因管理人虽有管理财产之权，然日后如有继承人或承受人出而承认，或始终无继承人与承受人，而遗产归诸国库时，均应清算交代。故非编制继承财产目录，则财产若干既无凭证，交代将无清结之日。故本款实为管理人主要职务之一。第二款，因管理人管理财产中有为保存行为之必要者，若不与以此权，财产将有损失，非保护之道也。第三款，因管理人受职后，继承财产中如有债权、遗赠等事者，自有清理之责。然债权究系若干，所遗财产果足清算与否，如不足清偿，应若何公平摊还。又受遗人愿受赠与否，非经声明计算后，不得而知。故本款使管理人公告债权人及受遗人令其声明，以便计算。至管理人所知之债权人，并须另行通知，如本条第二项之所定，系出于保护债权人之意也。第四款主旨，盖在保护债权人或受遗人，而防管理人朦混之弊。故债权人或受遗人如视管理人管理有不合之处，可即征其报告，而管理人有速行报告之责。第五款规定，为公告期满管理人最要之职务。至其职务之次序，应先清偿债权，次及遗赠。如第二项所定，盖债权人较受遗人立于优胜之地位也。第六款，因实行前款职务，如必须得继承财产变卖金钱，方能为相当之处分者，许管理人有拍卖之权。其必用拍卖者，以普通买卖，价值或有不公，且防管理人与买者通同作弊，以图遂私。第七款，因继承财产既有人承受，或归国库，则管理人权限应归消灭。故清算交代，实为管理人最后之职务也。

第一千五百五十七条　亲属会遇有必要情形，得使管理人供相当之担保。

夫管理人既由亲属会选定，则一切遗产应归其独掌，他人不得干涉。然或管理人利用其机会，以遗产擅自消费，或私行藏匿者，不可不预为之防。故本条特设规定，与亲属会以监督之权，使管理人供出相当之担保。惟亲属会实行此权时，应以必要与否为断。如管理人富有资产，或其品行向为人所信用者，自无强令其供担保之必要也。

第一千五百五十八条　债权人或受遗人非在公告期满后，不得请求债权或遗赠。若在期内不行声明者，第得对于余剩财产请求之。但债权人或

第五章 无人承认之继承

受遗人为管理人所知者,不在此限。

依第一千五百五十六条特定公告之用意,系使债权人及受遗人于公告期间内各自声明,俾汇算债权、遗赠之额,视遗产之足以清偿与否也。故当公告期限未满,若许债权人或受遗人擅自索偿,则虽遗产寡少,而声明在前者,皆得索偿而去。声明在后者将无余额足以受偿,殊非公平保护之道。依本条特声明之,以示限制。至期内不行声明,则系自误,须俟清偿期内声明之款外,更有余产,方得请求。惟债权人或受遗人为管理人所已知者,则不论其声明系在期内与否,均应与期内声明者同受清偿。即本条但书之所规定者也。

第一千五百五十九条　亲属会选任管理人后,须声请审判衙门公告继承人与承受人,使其出而承认。其公告期间须在一年以上。

夫公告继承人与承受人之期限,所以较公告债权人、受遗人之期限较长者,盖继承人与承受人本系应得遗产之人,故特定其期限为一年以上,使其在期限中出而承认,以保其应得之权利。至声请公告之责,应委诸亲属会为宜。

第一千五百六十条　前条公告期内如有继承人或承受人出而承认,其法人视为未经成立,管理人视为继承人或承受人之代理人。

前项代理人之权限,于承认时消灭。

依第一千五百五十五条规定,继承无人承认,遗产既无所属,故特作为法人。若有人承认,则其法人应视为未经成立。惟法人既为未经成立,则管理人在法律上系何性质,其管理中所为行为有无效力,亟应明定。故本条第一项定管理人为继承人或承受人之代理人。至第二项规定管理人之权限,必俟有人承认时始行消灭者,以继承人或承受人踪迹虽明,或在远地,或因他故,未能即出而承认者有之。此时若许管理人权限即时消灭,则遗产无人管理,继承人或承受人亦必将受损也。

第一千五百六十一条　第一千五百五十九条公告期满,如无继承人或承受人出而承认,其遗产归属国库,他人不得主张权利。

凡公告期满继承无人承认时,最后处置遗产之法若何,此即本条之所规定者也。所谓他人不得对国库主张权利者,以国库地位与继承人、承受人不同。且第一千五百五十九条公告之法,已经详明。期内不行声明,视为舍弃权利,无再设保护规定之必要故也。

第六章 债权人或受遗人之权利

凡继承人之财产与所承人之财产，若合而为一，则债权人或受遗人且有蒙不利之害。甚至其债权及遗赠无由取偿者有之，是不可不明确债权人或受遗人之权利，而筹所以保护之法。此本章之规定为必不可少焉。则本编所以特设本章之理由，亦可以知矣。

第一千五百六十二条 继承债权人或受遗人，在继承开始后三个月内，得声请审判衙门将继承财产与继承人固有财产分离之，以充清偿之用。

凡继承开始后，其遗产应归继承人所有。然继承人或夙负重债，遗产一入其手，其债权人亦得向之索偿，因之使继承债权人或受遗人受其影响。是继承开始以前遗产尚属所继人时，其债权人或受遗人本得受清偿之全额。因继承开始反受损失，甚至无从取偿，殊非公平之道。故本条与以特权，使在一定期限内得声请审判衙门将继承财产与继承人固有财产分离之，以充清偿之用。至本条不委诸亲属会而许其声请审判衙门者，以分离财产事体重大，亲属会无此种权力以处分之也。

第一千五百六十三条 审判衙门若允前条之声请，须就继承人或继承以外之人选定管理人，使负管理遗产之责。

审判衙门若允前条之声请，将其财产分离时，则遗产不能无人管理，故审判衙门有选定管理人之责。至管理人以何人为宜，依审判衙门判决而定。如继承人确有信用，胜管理之任，无作弊之虞者，即委继承人为管理人，亦无不可。否则，仍当选定继承人以外之人当之。

第一千五百六十四条 第一千五百五十六条除第一项第七款外，及第一千五百五十七条之规定，于前条管理人准用之。

本条系规定管理人职务及供担保之事，与第一千五百五十六条及第一千五百五十七条情形略同，故可准用其规定。惟第一千五百五十六条第一项第七款系规定清算交代事宜，与本章略有不合，故别定于第一千五百六十七条焉。

第一千五百六十五条　继承人以外之人为管理人时，实行第一千五百五十六条第一项第五款职务后，须对继承人清算交代。

本条系规定清算交代之事。依第一千五百六十三条用继承人或用继承人以外之人为管理人，本依审判衙门意见而定。但如用继承人时，则清偿债务或交付遗赠物后（即第一千五百五十六条第一项第五款规定），其余财产应为继承人所有，自无清算交代之必要。若用继承人以外之人，则实行职务完毕之后，须即对继承人清算交代，以免其管理之责。

第一千五百六十六条　第一千五百五十八条首段之规定，于本章之继承债权人或受遗人准用之。

第一千五百五十八条首段之规定者，即债权人或继承人非在公告期满后，不得请求债权或遗赠。若在期内不行声明者，第得对于余剩财产请求之是也。此种规定，于本章亦应准用，故本条云然。

第一千五百六十七条　遗产分离后，继承债权人或受遗人对于遗产，较继承人之债权人有先受清偿之权。

夫既有继承债权人或受遗人，又有继承人之债权人，则其权利孰优孰劣，应明为规定。今依本条，此项财产即为所继人之遗产，则继承债权人或受遗人应较继承人之债权人占优胜，先受清偿。分离财产之本意，实即为此优先权也。否则，财产虽已分离，而继承人之债权人，仍得与继承债权人或受遗人同受清偿，则本章规定，非特目的无由得达，抑亦何必多此一举哉。

第一千五百六十八条　继承债权人或受遗人以清偿后，其数若有不足而继承人情愿认偿者，仍得对继承人固有财产请求偿还。但继承人之债权人有先受偿还之权。

依前条规定，继承债权人或受遗人既得分离财产，独受偿还。则受偿之数。若有不足，对于继承人固有财产，仍得索偿与否，不能无碍。但推分离财产之意，为保护继承债权人或受遗人权利起见，故使其有优先权。并非于继承财产以外，不得再对继承人主张权利。所以继承人如愿清偿，继承债权人或受遗人仍可求偿也。惟于此时，继承人之债权人应有优先权。何则？法律对继承财产，继承债权人或受遗人既与以特权，先得受偿。则继承人之债权人，有先受偿还之权，亦以保护其利益也。

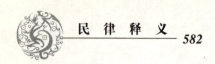

第一千五百六十九条 继承人若以固有财产偿还继承债权人或受遗人，或供相当担保者，得声请审判衙门免其分离遗产。但继承人之债权人有受损害出而反对者，不在此限。

以上各条所定，均为保护继承债权人或受遗人之利益，故许以有分离财产之权。然有因是之故，继承人或重蒙损失，或至损及名誉者，自不能无一相当之法，以图补救。其法有二：（一）继承人以固有财产偿还继承债权人或受遗人；（二）供以相当之担保。有此二者，则继承债权人或受遗人既无所损，自无强令分离财产之理，故许继承人得声请审判衙门免其实行分离。但此种规定，虽为保护继承人而设，然仍不得使继承人之债权人失其利益，故但书复许继承人之债权人特有反对之权也。